भारतीय सामाजिक व्यवस्था

भारतीय सामाजिक व्यवस्था

राम आहूजा

रावत पब्लिकेशन्स
जयपुर • नई दिल्ली • बैंगलोर • गुवाहाटी • कोलकाता

ISBN 978-81-7033-267-1 (HB)
ISBN 978-81-7033-268-8 (PB)

Reprinted, 2015

Published by
Prem Rawat for **Rawat Publications**
Satyam Apts., Sector 3, Jawahar Nagar, Jaipur - 302 004 (India)
Phone: 0141 265 1748 / 7006 Fax: 0141 265 1748
E-mail : info@rawatbooks.com
Website: rawatbooks.com

New Delhi Office
4858/24, Ansari Road, Daryaganj, New Delhi 110 002
Phone: 011-23263290

Also at *Bangalore, Guwahati* and *Kolkata*

Typeset by Rawat Computers, Jaipur
Printed at Nice Printing Press, New Delhi

भूमिका
Preface

स्वतंत्रता के सैंतालीस वर्ष की अवधि के पश्चात हम भारतीय समाज के स्थिर एवं पूर्ण परम्परात्मक बने रहने की आशा नहीं कर सकते। कुछ पीछे और कुछ भविष्य में देखते हुए हम अनुभव करते हैं कि भारत में यदि हम एक ऐसे कल्याणकारी राज्य की स्थापना करनें में सफल नहीं हुए हैं जिस पर प्रत्येक व्यक्ति गर्व कर सकता हो, किन्तु हमने एक स्वस्थ समाज की नींव अवश्य डाली है। भारतीय समाज स्वस्थ इसलिए है क्योंकि एक और तो हमने अनेक आधुनिक संस्थाओं एवं मूल्यों को अपनाया है, तथा दूसरी ओर हमने उन मानदण्डों एवं प्रथाओं को प्रोत्साहित किया है एवं जीवन्त रखा है जिन्हें हम सामाजिक, आर्थिक राजनैतिक एवं सांस्कृतिक विकास के अपने सामूहिक उदेश्यों की उपलब्धि के लिए प्रकार्यात्मक समझते हैं।

भारतीय समाज पर अनेक पुस्तकें उपलबध हैं। प्रस्तुत पुस्तक उनसे कई प्रकार से सादृश्यता तथा कई प्रकार से भिन्नता भी रखती है। यह पुस्तक अनेक प्रकार से अलग व प्रभेदक है। इसमें न केवल सामाजिक परिवर्तन और आधुनिकीकरण जैसे विषयों पर गम्भीर रूप से विचार किया गया है परन्तु उन विधियों पर भी बल दिया गया है जिनके द्वारा विवाह, परिवार और जाति जैसी उप-व्यवस्थाएं भी अपने को जीवित रखने के लिए एकता को बनाये रखते हुए भी स्वयं को बदलती हुई परिस्थितियों में अनुकूलन करती हैं।

विश्लेषण में अनेक प्रतिदर्शों का उपयोग किया गया है। उप-व्यवस्थाओं पर आंकड़े एकत्रित करने हेतु समाज वैज्ञानिक प्रतिदर्ष का प्रयोग किया गया है; समूचे इतिहास में उप व्यवस्थाओं में हुए परिवर्तनों को स्पष्ट करने हेतु उद्‌विकासीय प्रतिदर्श का प्रयोग किया गया है; उप-व्यवस्थाओं के विविध घटकों के बीच अन्तः सम्बन्धों का मूल्यांकन करने के लिए संरचनात्मक प्रतिदर्श का प्रयोग किया गया है; तथा विविध उप-व्यवस्थाओं के बीच अन्तःसम्बन्धों के विश्लेषण के लिए प्रकार्यात्मक प्रतिदर्श का प्रयोग किया गया है। उप-व्यवस्थाओं का विश्लेषण आनुभविक अध्ययनों पर भी आधारित है। क्लिष्ठता व अनर्गल शब्दों को छोड़कर लेखन को सरल बनाया गया है। हमने किसी भी प्रकार के सिद्धान्त को विकसित करने के लालच को स्थान नहीं दिया है क्योंकि ऐसा करने से प्रस्तुत पुस्तक सामाजिक दशर्नों के अस्पष्ट व अनिर्दिष्ट चिन्तन की अभिव्यक्ति ही रह जाती। हमने अपने विचारों को सरल व प्रभावी शैली में प्रस्तुत करने का प्रयत्न किया है। हमारा विश्वास है कि यह पुस्तक समाज के विद्यार्थियों को भारतीय सामाजिक व्यवस्था को समझने में समाजशास्त्रीय परिप्रेक्ष्य प्रदान करेगी।

पुस्तक की रचना धर्मिता तभी सार्थक होती है जब कि उसमें अन्य विद्वानों के दृष्टिकोणों को भी स्थान दिया जाये। हमारी अन्य लेखकों पर आश्रितता स्वरुप में भिन्न है, क्षेत्र में असीमित है, तथा

अनुभूति में बहुधा गहन है । इस पुस्तक में उन सभी के प्रति आभार प्रदर्शन हम भले ही न कर पाएं परन्तु हम उनके प्रति आभारी अवश्य है क्योंकि उन्होंने हमारे लेखन के लिए मौलिक आधार प्रदान किया है । साथ ही हम किसी भी ऐसी वैचारिक विकृति के लिए क्षमा प्रार्थी भी है जो अनजाने में किसी लेखक के लेखन में पैदा हो गयी हो ।

इस पुस्तक का मेरी अंग्रेजी मूल पुस्तक से हिन्दी में अनुवाद डा. विप्र कुमार शर्मा ने किया है । डा. शर्मा एम. पी. इ. कालेज रामनगर (नैनीताल) में अंग्रेजी के प्रवक्ता हैं । उन्होंने समाजशास्त्र में एम.ए. तथा हिन्दी में डाक्ट्रेट भी प्राप्त की है । लगभग 36 वर्षों के अध्यापन अनुभव के साथ वे कई पत्रिकाओं का सम्पादन भी कर चुके है । मैं डा.शर्मा का अति आभारी हूं कि उन्होंने पुस्तक का हिन्दी रुपान्तर सरल भाषा में करके पाठकों को पुस्तक से लाभान्वित किया है ।

राम आहूजा

अनुक्रमणिका
Contents

अध्याय 1

हिन्दू दर्शन : निरन्तरता और परिवर्तन
Hindu Philosophy: Continuity and Change

हिन्दुत्व तथा हिन्दू (Hinduism and Hindus)

'हिन्दुत्व' शब्द को इसके मूल अर्थ के प्रकाश में, इसके मध्ययुगीन अर्थों में, तथा समकालीन अर्थ में समझना उचित होगा। मूल अर्थ में हिन्दुत्व की धारणा को वेदों, उपनिषदों तथा भगवतगीता आदि ग्रन्थों से लिया गया है। तत्पश्चात, ऐसा समय भी आया जब कि कुछ ब्राह्मण आचार्यों ने धार्मिक साहित्य की पुनः व्याख्या की और कुछ प्रथाओं एवं विश्वासों को महत्वपूर्ण एवं निर्णायक बताया। इनमें से कुछ प्रथाएं व विश्वास थे: सती, नर बलि, देवदासी, बाल विवाह, पशु बलि के द्वारा ग्राम देवी की पूजा, शक्ति उपासना में विश्वास, आदि। तत्पश्चात, विशेष कर मुगल काल के बाद, कुछ शिक्षित हिन्दुओं ने इन विश्वासों और प्रथाओं को अशिष्ट, धृष्ट, व बर्बर बताया तथा हिन्दुत्व की इन विशेषताओं के आलोचक हो गए। उन्होंने सुधार की बात कहकर सुधार आन्दोलन भी प्रारम्भ किये; जैसे, ब्रह्म समाज, आर्य समाज, प्रार्थना समाज, राम कृष्ण मिशन, आदि।

हाल ही में हिन्दुत्व पर चर्चा व आन्दोलन में राजनैतिक उद्देश्यों के साथ मुलम्मा चढ़ा दिया गया है और 'हिन्दुत्व' को एक भिन्न बिन्दु प्रदान कर दिया गया है। 'नव हिन्दूवाद' (New Hinduism) जो कि आजकल परिषदों (जैसे, विश्व हिन्दू परिषद), संघों (जैसे, राष्ट्रीय स्वयं सेवक संघ), तथा समाजों (जैसे, भारतीय समाज) के आलोक में प्रसारित किया जा रहा है, मौलिक (indigenous) हिन्दू धर्म को एकेश्वरवादी समरूप धर्म (monolithic uniform religion) के रूप में पुनः गठित करने का प्रयत्न है। यह मान्यता मूल हिन्दू धर्म के आवश्यक तत्वों से विचलन/ अपयान का प्रयत्न प्रतीत होती है।

हिन्दूवाद ने विशिष्ट विश्वासों एवं सिद्धान्तों को स्पष्ट रूप से परिभाषित नहीं किया है। इस्लाम, ईसाई मत, बौद्धमत, जैनवाद, और सिखवाद कतिपय एक रेखीय धर्म हैं क्योंकि इन (धर्मो) के संस्थापक एवं उनके उपदेश एक ही पवित्र पाठ्य-ग्रन्थ में समाविष्ट किये गये हैं; किन्तु हिन्दू धर्म एक रेखीय धर्म नहीं है। वास्तव में यह धार्मिक सम्प्रदायों (sects) का एकत्रित रूप है, जिनमें से प्रत्येक सम्प्रदाय की स्पष्ट तथा स्वतंत्र उत्पत्ति हुई है जो एक विशेष संस्थापक या पंथ (cult) से सम्बद्ध है। शैव सम्प्रदाय, वैष्णव सम्प्रदाय, राम-कृष्ण सम्प्रदाय, राम-सीता सम्प्रदाय व भक्ति सम्प्रदाय आदि हिन्दू धर्म के विविध स्वरूप हैं। प्रमुख भक्ति-सम्प्रदायों में 'एकेश्वरवाद' मिलता है जो एक ही ईश्वर का दावा करता है, यद्यपि वह इसका दावा नहीं करता कि उसका ईश्वर ही केवल एक ईश्वर है। वैष्णववादी विष्णु की पूजा भले ही करते हों लेकिन वे यह दावा कभी नहीं करते कि विष्णु ही सर्वश्रेष्ठ देव है। विश्वास किया जाता है कि विष्णु के अनेक अवतार हुए हैं, जैसे बराहावतार, राम अवतार, कृष्ण अवतार, आदि। शैववादी भले ही शिव की पूजा करते हों लेकिन वे शिव के विविध स्वरूपों

को भी स्वीकार करते हैं, जैसे महादेव, गंगाधर, नीलकण्ठ, और नटराज। हिन्दू इन देवताओं की पत्नियों की भी पूजा करते हैं, जैसे शिव-पत्नी पार्वती की, विष्णु-पत्नी लक्ष्मी की। पार्वती, काली, दुर्गा, चण्डी तथा चौमुण्डा स्वरूप में भी वन्दनीय हैं। इस प्रकार हिन्दू लोग अनेक रूपों में देवताओं की पूजा करते हैं।

थापर व देशपाण्डे जैसे इतिहासकारों के अनुसार 'हिन्दू' शब्द की उत्पत्ति भौगोलिक आधार पर हुई है तथा इसका सम्बन्ध उन लोगों से है जो भारतीय प्रायद्वीप में रहते हैं। फारसियों व यूनानियों के द्वारा सिन्धु नदी को 'हिन्दू' शब्द से सन्दर्भित किया गया है। अरबों ने इसे 'अल-हिन्द' की संज्ञा दी थी। इस प्रकार 'अल-हिन्द' के निवासी 'हिन्दू' हुए। 'हिन्दू' शब्द सर्वप्रथम उन लोगों के लिए प्रयुक्त हुआ जो 'अल-हिन्द' में रहते थे, लेकिन मुसलमान नहीं थे। हिन्दुओं के धर्म के सन्दर्भ में फारसियों ने विविध हिन्दू धर्मों की चर्चा की है। प्रारम्भिक साहित्य में 42 प्रकार से हिन्दू धर्म की व्याख्या है और उत्तर काल के साहित्य में कम से कम यह संख्या पांच तो है ही। कुछ व्याख्याएं यह सुझाव भी देती हैं कि ब्राह्मण धर्म ही हिन्दू धर्म है जबकि कुछ अन्य (व्याख्याएं) 'शिवत्व' एवं 'विष्णुत्व' जैसे सम्प्रदायों को भी इसमें सम्मिलित करती हैं।

अरबों, तुर्कों, अफगानों तथा मुग़लों (सभी मुसलमान) ने हिन्दुओं से स्वयं को पृथक करने के लिए 'अविश्वासी, नास्तिक व काफिर' (non-believers) और 'विश्वासी व आस्तिक' (believers) शब्दों में अन्तर किया। उन्होंने नास्तिकों व काफिरों के लिए 'हिन्दू' शब्द का प्रयोग किया। इस प्रकार हिन्दुओं को अविश्वासी, काफिर, नीतिविरोधी व मातहत जताने के लिए 'हिन्दुवाद' शब्द का स्थायी रूप धारण (crystalize) किया गया। उसके पहले उच्च जाति के हिन्दू अशुद्ध व नीति-विरोधियों को 'मलेच्छ' कह कर पुकारते थे। इस श्रेणी में मुसलमान, अस्पृश्य एवं निम्न जाति के लोग सम्मिलित किये गये थे। इस प्रकार, तुर्कों, मुगलों आदि ने उच्च जातियों को सामाजिक घेरे से बाहर के निम्न जातियों के साथ 'काफिर' शब्द के द्वारा जोड़ दिया जो कि वास्तव में उच्च जातियों के लिए एक भावनात्मक धक्का था।

यूरोपवासियों द्वारा 'हिन्दू' शब्द को ग्रहण करने से इस शब्द को और अधिक प्रचलित किया गया। उन्नीसवीं शताब्दी के पूर्वार्द्ध में ब्रिटिश उपनिवेशवादी शक्तियों ने ईसाई मिशनरियों के धर्म-परिवर्तन के कार्य को प्रोत्साहन दिया। इसने अनेक शिक्षित व प्रबुद्ध हिन्दूओं को अपनी आत्मा की तलाश करने को बाध्य कर दिया (थापर, 1985:18)। परिणाम यह हुआ कि अनेक समूहों का उदय हुआ, जैसे ब्राह्म-समाज, राम-कृष्ण मिशन, प्रार्थना समाज, आर्य समाज, थियोसोफिकल सोसायटी, डिवाइन लाइफ सोसायटी, शैव सिद्धार्थ समाज, आदि जिससे 'हिन्दुवाद' शब्द को और भी हवा मिली। प्राच्य संस्कृत-प्रेमियों (orientalists) ने धार्मिक साहित्य की मीमांसा व टीका टिप्पणी अपने ढंग से की और 'हिन्दुवाद' शब्द को और भी बढ़ावा मिला। क्योंकि ये लोग ईसाईयत से प्रभावित थे, अतः उन्होंने ईसाई धर्म के प्रारूप पर 'हिन्दुत्व' की पुनः परिभाषा एवं पुर्नरचना का प्रयास किया। उन्होंने एकेश्वर का समान्तर खोजने का प्रयत्न किया और एक पुस्तक, एक पैगम्बर, एक संस्थापक और सामूहिक पूजा तथा इसका समर्थन करने वाली संस्था को खोजने का काम प्रारम्भ कर दिया। अतः अनेक सम्प्रदायों (sects) के विपरीत, जो किसी न किसी देवी या देवता से सम्बद्ध थे, इन विद्वानों ने इन देवताओं से परे होकर परमब्रह्म (absolute), अमूर्त (abstract), अनन्त

(infinite) की चर्चा की (थापर, वही: 18)। यह खण्डात्मक स्वार्थों से ऊपर उठकर सार्वभौमिक पहचान खोजने का प्रयत्न था।

रोमिला थापर (*Seminar*, The Hindus and Their Isms, Sept., 1985: 15) के अनुसार एक ईश्वर के अभाव में, जो अपने भक्तों से अविभाज्य भक्ति व आस्था चाहता हो, अनेक देवी देवताओं में विश्वास प्रचलित था, जिन में से कुछ की पूजा होती रही और कुछ भुला दिए गए। इस प्रकार ईसा के पश्चात पहले हज़ार वर्षों में जैसे जैसे शैव और वैष्णव सम्प्रदायों का उदय हुआ प्रमुख वैदिक देवी देवताओं, जैसे इन्द्र, वरुण, अमीन, मित्र, रुद्र, प्रजापति, आदि का पटाक्षेप (decline) प्रारम्भ हो गया। तभी से शिव और विष्णु प्रमुख देवता माने जाते रहे हैं।

वैदिक साहित्य में उल्लेख है कि 'हिन्दुवाद' में धर्म विज्ञान (theology) (जिसका संबंध ईश्वर की प्रकृति तथा धार्मिक विश्वासों की नींव के बारे में सिद्धान्तों के अनुक्रमों के निर्माण से है) का इतना महत्व नहीं है बल्कि पूजा का तरीका महत्व का है। यज्ञ एक अति सावधानी से हर पहलू के विस्तारोल्लिखित आधार पर किया जाने वाला संस्कार (ritual) का सम्पादन था। यज्ञ में हवन, आहूति, व बलि का विशेष महत्व था। बाद में यह महत्व देवता के प्रति उपासना को दिया जाने लगा। देवता को कई स्वरूपों में स्वीकारा गया, जैसे, अमूर्त, अभौतिक, अमानवीय रूप में अथवा काल्पनिक मूर्ति के रूप में जो एक विशाल नक्काशी किये हुए मन्दिर के अन्दर प्रतिस्थापित होती है। पूजा विधियों में एकरूपता की आवश्यकता नहीं थी और न ही इस बात की कि इस संस्कार को कौन सम्पन्न करता है। आगे चलकर भगवत-गीता में आत्मा-ब्रह्म सम्बन्ध, कर्म का सिद्धान्त, पुनर्जन्म, मोक्ष, आत्मा का परमात्मा में विलय, आदि विषयों पर बल दिया गया। और भी बाद में सम्प्रदाय के अनेक खण्डों में विभाजन के द्वारा अथवा अन्य सम्प्रदायों के आत्मसातकरण (assimilation) द्वारा अथवा एक-जैसे सम्प्रदायों के सम्मिश्रण द्वारा कई अन्य धर्मसम्प्रदायों का जन्म हुआ।

प्रारम्भ में प्रत्येक धर्मसम्प्रदाय के अपने नियम, दायित्व, एवं कर्तव्य थे। धीरे-धीरे, यदि एक सम्प्रदाय को विभिन्न जातियों वाले अधिक अनुयायियों की आवश्यकता हुई तो वह स्वयं एक जाति के रूप में स्थापित हो गया (जैसे कबीर पन्थी)। इसलिए 'हिन्दुवाद' को एक वचन (in the singular) की अपेक्षा बहुवचन (in the plural) में 'हिन्दू धर्म' कहना अधिक उपयुक्त होगा (थापर, 1985: 19)। कुछ लोगों का कहना है कि इसे "सनातन धर्म" कहना अधिक सही होगा।

मूल धर्म को समझने के लिए 'धर्म' शब्द केन्द्र बन गया। इस शब्द का सन्दर्भ उन कर्तव्यों की ओर था जिनको पवित्र माना जाता था और जिन्हें प्रत्येक व्यक्ति को 'वर्ग', 'जाति' व 'सम्प्रदाय' के अनुरूप निभाना पड़ता था तथा जो एक दूसरे से भिन्न भी होते थे। 'धर्म' के तत्व इस प्रकार माने गये थे: संस्कार सम्बन्धी कर्तव्यों के प्रति अनुरूपता (conformity), सामाजिक दायित्व, तथा धर्मशास्त्रों में बताए गए परिवार तथा जाति के आदर्शों का पालन करना। मुख्य सम्बन्ध संस्कार की पवित्रता से था। पवित्र कार्यों का सम्पन्न एवं निर्वाह, जो कि सामाजिक दायित्वों में निहित था, इतना महत्वपूर्ण था कि इनसे मुक्ति के लिए व्यक्ति का सन्यास (renunciation) ही एक मात्र रास्ता था।

हिन्दू दर्शन (Hindu Philosophy)

वैदिक दृष्टि से हिन्दू जीवन दर्शन मानव इच्छाओं का पुन्ज है। इसकी दूसरी विशेषता है एकता में

विश्वास। जैसी व्यक्ति की इच्छाएं होंगी वैसा ही स्वविवेक (अन्तर्दृष्टि) होगा, जैसी उसकी अन्तर्दृष्टि वैसे कर्म, और जैसे कर्म वैसा भाग्य (destiny)। अतः जीवित रहते यदि मनुष्य की इच्छाएं पूरी न हों तो वह पुनर्जन्म लेता है; किन्तु उसकी कोई भी इच्छाएं न रहें तो वह 'ब्रह्म' में लीन हो जाता है। इसलिए व्यक्ति को इच्छाओं के विनाश के लिए स्व-विवेक का दमन करना चाहिए। इच्छा ही मनुष्य को सांसारिक बन्धनों में बाँधे रहती है और उसे जन्म मरण के फेर में डाले रखती है। कर्म ही इच्छाओं और पुनर्जन्म के बीच की कड़ी है। अतः इच्छाओं से मुक्ति प्राप्त करने से मनुष्य मरणशीलता से अमरत्व (immortal) की ओर अग्रसर होता जाता है और उसे मोक्ष की प्राप्ति होती है।

वैदिक धर्म या हिन्दू दर्शन का केवल यही विचार मान्य है, यह गलत होगा। वास्तव में हिन्दू साहित्य इस अन्तिम सत्य तक पहुंचने के कई मार्ग दर्शाता है। कुछ बाद के समय में इच्छाओं से छुटकारा पाने का एक मार्ग भगवत गीता में दर्शाया गया था। गीता, जिसे महाभारत का एक अंक माना गया है, पांडवों (जो अच्छाई और न्याय का प्रतिनिधित्व करते हैं) और कौरवों (जो बुराई और अन्याय का प्रतिनिधित्व करते हैं) के मध्य 1000 बी.सी. में लड़े गये युद्ध को दर्शाती है। यह 400 ए.डी. के आस पास संकलित की गई थी। इसमें एक नवीन जीवन दर्शन (कर्म) का प्रतिपादन किया गया है। यह 'कर्म' का दर्शन इच्छाओं के उदात्तीकरण (sublimation) पर बल देता है, न कि उनके विनाश पर। यह कार्य 'कर्म' की सच्ची प्रकृति को जानकर ही किया जा सकता है (कापड़िया, 1972:13-14)।

हिन्दू दर्शन वर्तमान की अतीत के साथ निरन्तरता में विश्वास करता है और भविष्य में भी इसकी झलक देखता है। हिन्दुओं में परम्पराओं के प्रति सम्मान का एक उद्देश्य है। इससे विचारों में एकरूपता तथा सौहार्द/सामंजस्य प्राप्त करने में सहायता मिलती है। विभिन्न अवस्थाएं विभिन्न ऐतिहासिक कालों के महत्व में अन्तर बताती हैं। उदाहरण के लिए, सतयुग में 'सत्य' को धर्म माना गया, यज्ञ (बलि) को त्रेतायुग में धर्म माना गया, 'ज्ञान' को द्वापर युग में तथा 'दान' को कलियुग में सर्वोत्तम धर्म माना गया है। हिन्दू दर्शन पाप, पुण्य, धर्म, आदि आध्यात्मिक/धार्मिक विचारों में भी विश्वास रखता है। इन विचारों का हम हिन्दूवाद के मूल सिद्धान्तों के रूप में विवेचन करेंगे।

हिन्दू धर्म के मूल सिद्धान्त (Basic Tenets of Hinduism)

हिन्दू धर्म के मूल सिद्धान्तों के आलोक में क्या यह कहा जा सकता है कि हिन्दू धर्म समानता और समतावाद में विश्वास रखता है? क्या 'कर्म' और 'पुनर्जन्म' के विचार सभी हिन्दुओं को स्वीकार हैं? क्या 'मोक्ष' ही सब का अन्तिम लक्ष्य है? क्या 'सहिष्णुता' इसका चरित्र है? क्या अहिंसा इसकी प्रमुख विशेषता है? क्या सभी हिन्दू आत्मा के परमात्मा में विलय हो जाने में विश्वास करते हैं?

योगेन्द्र सिंह (1973: 31) का विचार है कि हिन्दू धर्म के आदर्शात्मक सिद्धान्त (normative principles), विश्वासों, आदर्शों, अनुमति तर्क (logic of permissiveness), उदारवाद (liberalism) (यानि कि आज़ाद ख्याल), अस्तित्व (being & becoming), रचना और विनाश (creation & destruction), सुखवाद (hedonism) (यानि कि विश्वास ही सुख का प्रमुख

लक्ष्य है), उपयोगितावाद (utilitarianism), तथा आध्यात्मिकता की अनुभवगम्यता (spiritual transcendence) आदि पर आधारित है। व्यापक अर्थों में, हिन्दू धर्म के मूल तत्व इस प्रकार हैं:

(1) धर्मशास्त्रीय विचार (Theological Ideas)

हिन्दू धर्म कतिपय आध्यात्मिक विचारों में विश्वास रखता है, जैसे पुनर्जन्म, आत्मा की अमरता, पाप, पुण्य, कर्म, धर्म, और मोक्ष। 'कर्म' का विचार उसे सिखाता है कि वह पूर्व जन्म के कर्मों के कारण किसी एक विशिष्ट समूह (जाति या परिवार) में जन्मा है। 'धर्म' का विचार उसे सिखाता है कि यदि वह इस जन्म में अच्छे कर्म करेगा, तो वह अगले जन्म में उच्च सामाजिक समूह में जन्म लेगा। 'मोक्ष' का विचार उसे याद दिलाता है कि उसके पाप और पुण्य उसे जन्म मरण के बन्धन से छुटकारा दिलाने में निर्णायक सिद्ध होंगे।

(2) अपवित्रता और पवित्रता (Pollution and Purity)

हिन्दू धर्म में अपवित्रता और पवित्रता के दोनों विचार भी बड़े महत्व के हैं। यद्यपि अपवित्रता एवं पवित्रता के नियम अलग अलग क्षेत्रों में भिन्न हैं, लेकिन हर जगह जीवन का एक बड़ा भाग उनके अन्तर्गत आता है। उनका महत्व सहभोजी सम्बन्धों, स्पर्श अथवा शारीरिक दूरी स्थापित रखने, अन्तर्जातीय विवाह, मनुष्य के व्यक्तिगत जीवन में अनेक अवसरों (जैसे जन्म, विवाह, मासिक धर्म, मृत्यु एवं प्रार्थना, आदि) में देखा जा सकता है। अपवित्रता का विचार सफाई से नहीं परन्तु जन्म से सम्बन्धित है। पवित्रता के नियम को तोड़ने पर व्यक्ति को शुद्धिकरण सम्बन्धी विधि से गुज़रना पड़ता है। यह विधि सरल होगी या जटिल अथवा इसका स्वरूप नियमों के उल्लंघन की गम्भीरता के आधार पर निर्भर करता है। ऐसे मामलों में जाति समितियाँ (caste councils) आवश्यक अनुशासनात्मक कदम उठाती हैं।

(3) संस्तरण (Hierarchy)

हिन्दू धर्म में संस्तरण इन अर्थों में विद्यमान है: (अ) वर्ण एवं जाति में; (ब) व्यक्ति के करिश्माई लक्षणों या 'गुणों' में (जिनमें सर्वोपरि है 'सत्व गुण' अर्थात् वह तेज या साधुता जो सन्यासियों एवं ब्राह्मणों में होती है; उसके बाद आता है 'रजो गुण' अथवा कर्म और सत्ता के प्रति प्रतिबद्धता जो राजाओं और क्षत्रियों में पायी जाती है; और उसके बाद आता है 'तमो गुण' जो संस्तरण में निम्नतम है और जो दुष्कर्मों के प्रति रूझान एवं आलस्य से संबंधित है); (स) जीवन लक्ष्य के मूल्यों में (जैसे, 'अर्थ' यानि कि धन की प्राप्ति, 'काम' यानि कि यौनवृत्ति और शारीरिक रूप से आनन्द प्राप्त करने वाले भौतिक लक्ष्यों की तलाश, 'धर्म' यानि कि सामाजिक, धार्मिक और सांस्कृतिक क्षेत्रों में नैतिक कर्त्तव्य, और 'मोक्ष' यानि कि जन्म और पुनर्जन्म से छुटकारा पाने का प्रयास)।

(4) मूर्तिपूजा (Idol Worship)

हिन्दू धर्म की सबसे विचारणीय सामान्य विशेषता है मूर्ति पूजा में विश्वास। मूर्ति में समरूपता नहीं है। यह सम्प्रदाय के अनुसार भिन्न है। प्रत्येक सम्प्रदाय का अपना इष्ट देव होता है (कृष्ण, राम, शिव, गणेश, हनुमान, आदि), जो अलग मन्दिर में रखा जाता है और जिसकी विशेष अवसर पर पूजा की

जाती है । मल्लेछों (मुसलमानों सहित) को इन मन्दिरों में प्रवेश निषेध की भावना के पीछे दूसरे धर्मों से संघर्ष करने की अपेक्षा मन्दिर को अपवित्रता से बचाना अधिक था ।

(5) **एकेश्वरवादी चरित्र** *(Monolithic Character)*

हिन्दू धर्म की प्रमुख विशेषता यह है कि यह एक ईश्वर में विश्वास करने वाला धर्म नहीं है बल्कि लचीले धार्मिक सम्प्रदायों का सान्निध्य है । यही लचीलापन इसकी शक्ति है जिसमें ग़ैर-जातीय और वह वेद-विरोधी समूह जो धर्मशास्त्रों के अनुसार आचरण नहीं करते हैं, उन्हें भी अपना अस्तित्व बनाए रखने की अनुमति है ।

(6) **सहिष्णुता** *(Tolerance)*

क्या हिन्दू धर्म सहिष्णु है ? एक विचार तो यह है कि हिन्दू धर्म धर्मनिरपेक्ष (secular) और सहिष्णु जीवन दर्शन है क्योंकि इसमें विविध प्रकार के पंथों एवं सम्प्रदायों का समावेश है जो भिन्न तो हैं, किन्तु सभी सामान्य हिन्दू देवी देवताओं में विश्वास रखते हैं । सामाजिक समुदायों की पृथकता तथा स्पष्ट रूप से दिखाई देने वाली इनकी धार्मिक पहचान ने प्रत्येक समूह को पृथक अस्तित्व में जीने के लिए प्रेरित किया । संघर्ष केवल संरक्षण प्राप्त करने की प्रतिस्पर्द्धा के कारण ही होता था । हिन्दू धर्म की सहिष्णुता इससे स्पष्ट होती है ।

लेकिन विद्वानों का एक समूह ऐसा भी है जो हिन्दुओं की धार्मिक असहिष्णुता का सन्दर्भ देता है । इन विद्वानों ने हिन्दुओं में सम्प्रदायों को लेकर संघर्षों और द्वन्द्वों का ज़िक्र किया है । प्रारम्भ में शैव सम्प्रदाय के लोगों ने बौद्ध और जैन मतावलम्बियों को खूब सताया । बौद्ध मठों को बर्बाद किया गया । ईसा के बाद के एक हज़ार वर्षों के प्रारम्भिक मध्य काल में उत्तर भारत में मिहिरकुल तथा शशांक द्वारा बौद्ध सन्तों की हत्या भी की गई । वैष्णव दृष्टिकोण से हिन्दू धर्म साहित्य की पुनः रचना का कार्य हिन्दू असहिष्णुता का एक अन्य उदाहरण है, क्योंकि यह कार्य केवल जैन परिप्रेक्ष्य को ठीक करने के लिए किया गया था । यहां तक कि कुम्भ मेले में प्राथमिकता के प्रश्न पर दसनामी और बैरागी सन्यासी समूहों के बीच द्वेषभाव होने की जानकारी है । इस प्रकार का वैरभाव हिन्दू धर्म का दूसरे धर्मों के विरुद्ध नहीं था, बल्कि एक सम्प्रदाय विशेष का अन्य सम्प्रदायों के प्रति था ।

(7) **पृथकता** *(Segregation)*

हिन्दू धर्म की एक अन्य विशेषता यह भी है कि यह सामाजिक सम्बन्धों में और पूजा और धार्मिक विश्वासों में सामाजिक समुदायों (जातियों) की पृथकता का समर्थन करता है । पृथकता की प्रकृति निर्भर करती है वर्ण/ जाति की पद स्थिति पर जो कि ब्रह्म पुरुष के शरीर से पैदा हुए हैं (जैसे, ब्राह्मण उसके मुख से, क्षत्रिय भुजाओं से, वैश्य जंघाओं से और शूद्र पैरों से) । इसके विपरीत तर्क यह है कि केवल कुछ ही सम्प्रदाय, जिनमें प्रमुख शंकराचार्य हैं, इस प्रकार की पृथकता में विश्वास रखते थे । लेकिन यह तर्क ठीक नहीं है क्योंकि सभी हिन्दू विश्वास करते हैं कि किसी विशेष समूह की सदस्यता का निर्धारण जन्म से होता है, न कि गुणों से । कुछ भी हो, यह तो कहा ही जाता है कि हिन्दू धर्म में विविध सम्प्रदायों का अभ्युदय एवं पतन न हुआ होता, यदि किसी विशेष समूह में जन्म लेने मात्र से बौद्धिक स्थिति का निर्धारण हुआ होता ।

(8) ***अहिंसा*** *(Non-violance)*

क्या हिन्दू धर्म अहिंसा में विश्वास करता है ? एक मत है कि हिन्दू अहिंसावादी है जबकि दूसरा मत है कि धार्मिक हिंसा हिन्दू धर्म में अपरिचित नहीं है। गीता का सन्देश भी निश्चित रूप से अहिंसा नहीं है। 'बलि' देने का विचार भी अहिंसा के आदर्श पर आधारित नहीं है। लेकिन बाद में सत्रहवीं शताब्दी तक उपमहाद्वीप में चलने वाला भक्ति पंथ निश्चय ही हिंसा प्रयोग के विरुद्ध था।

यह कहा जा सकता है कि हिन्दू धर्म में अहिंसा का उदय भक्ति, उपासना, और सांस्कारिक पक्ष के उदय होने के उपरान्त ही हुआ, या वैष्णव और शैव भक्ति सम्प्रदायों के उदय के उपरान्त लगभग बारहवीं शताब्दी के बाद हुआ, या फिर उदारवादी भक्त परम्परात्मक सम्प्रदायों एवं विभिन्न संतों/ भक्तों के उदय के बाद हुआ जो कि ईसा की 15वीं या 16वीं शताब्दी के पश्चात अस्तित्व में आए, जिन में से उत्तर प्रदेश में कबीर व तुलसी, पंजाब में गुरुनानक, बंगाल में चैतन्य महाप्रभु, राजस्थान में मीराबाई, और महाराष्ट्र में संत तुकाराम और रामदास प्रमुख हैं। इन सन्तों ने लोगों तक न केवल अपनी भाषा में धार्मिक विश्वास पहुंचाए, बल्कि रुढ़िवादी परम्पराओं की तीखी आलोचना करते हुए धार्मिक संस्कारों से लदे हुए विश्वासों को सरल मानव मूल्यों के परिप्रेक्ष्य में पहुंचाया।

आश्रम व्यवस्था (The Ashramas)

हिन्दू दर्शन के अनुसार जीवन चार अवस्थाओं या आश्रमों में विभाजित है: ब्रह्मचर्य, गृहस्थ, वानप्रस्थ, एवं सन्यास। विभाजन की यह योजना धर्म शास्त्रीय अनुमोदन के आधार पर है, यद्यपि आदर्श रूप में यह 'द्विजों' (twice born) अर्थात् ब्राह्मण, क्षत्रिय, वैश्यों में सभी पुरुषों के लिए थी। प्रत्येक अवस्था में निश्चित कर्त्तव्य और क्रिया कलाप निर्धारित हैं। 'ब्रह्मचर्य' की प्रथम अवस्था लगभग 16वें वर्ष के अन्त तक समाप्त होती थी जिसमें ब्रह्मचर्य का पालन करते हुए गुरु के संरक्षण में अध्ययनरत रहना पड़ता था। तत्पश्चात विवाह करके दूसरी 'गृहस्थाश्रम' अवस्था प्रारम्भ होती थी जिसमें व्यक्ति एक गृहस्थ जीवन व्यतीत करता था तथा यज्ञ आदि कर्त्तव्यों की पूर्ति करता हुआ सृष्टि में व्यस्त होकर वंश चलाता था। वृद्धावस्था आने पर व्यक्ति 'वानप्रस्थ' अवस्था में या सापेक्ष निर्मोह की अवस्था में प्रवेश करता था जिसमें व्यक्ति से अपेक्षा की जाती थी कि वह धीरे-धीरे स्वयं को गृहस्थ के जाल से बाहर करेगा और अपना अधिकाधिक समय धार्मिक पुस्तकों के पठन-पाठन व मनन में लगाएगा। अन्त में उसे संसार का त्याग करना और सन्यास लेना होता था और अपने भोगे हुए अनुभवों द्वारा संसार को सत्य मार्ग का दर्शन कराना होता था। इस अवस्था में वह भ्रमणशील और भिक्षा मांगने वाले व्यक्ति का जीवन व्यतीत करता था।

आज हिन्दू आश्रम व्यवस्था में विश्वास नहीं रखते। इसी प्रकार एकाकी जीवन और त्याग में भी उनका विश्वास नहीं है। आज कोई भी व्यक्ति वृद्धावस्था में स्वयं को पारिवारिक जीवन से अलग नहीं करता और न ही कोई सन्यास लेता है।

पुरुषार्थ (Purushartha)

हिन्दू धर्म जीवन के चार उद्देश्य बताता है जिन्हें व्यक्ति को अवश्य प्राप्त करना चाहिए। यदि व्यक्ति के जीवन का मुख्य लक्ष्य 'मोक्ष' की प्राप्ति (अथवा जीवन और मृत्यु से मुक्ति) है तो इस धर्ती पर

दीर्घायु की कामना उसकी तात्कालिक इच्छा होती है। 'पुरुषार्थ' के सिद्धान्त में इन्हीं दोनों लक्ष्यों का सामन्जस्य है। जीवन के चार लक्ष्य या 'पुरुषार्थ' होते हैं: 'धर्म', 'अर्थ' , 'काम', 'मोक्ष'। धर्म, सामाजिक, धार्मिक एवं सांस्कृतिक क्षेत्रों में निर्धारित व्यवहार व दायित्वों के निर्वाह से सम्बद्धित है; 'अर्थ' का सम्बन्ध धन अर्जन और उसके उपभोग से है; 'काम' का सम्बन्ध काम सन्तुष्टि, भौतिक सुख साधना एवं सौन्दर्य कामना की सन्तुष्टि से है; और 'मोक्ष' का सम्बन्ध आत्मा की अनुभूति के आदर्श से है। प्रथम तीन लक्ष्य क्योंकि व्यक्ति के बाह्य से सम्बन्ध रखते हैं, अत: साध्य एवं गम्य हैं; किन्तु अन्तिम लक्ष्य क्योंकि उसमें समाहित है, अत:उसे प्राप्त करने (सिद्ध) के लिए एक अवसर प्रदान किया जाना चाहिए। इन चारों लक्ष्यों की प्राप्ति में जन्म द्वारा प्राप्त निम्न प्रस्थिति व्यवधान नहीं होती। हिन्दू धर्म किसी को भी इनकी प्राप्ति से नहीं रोकता।

हिन्दू धर्म की महत्वपूर्ण बात यह थी कि जीवन के लक्ष्यों (पुरुषार्थ) की प्राप्ति तथा जीवन क्रम को चार अवस्थाओं (आश्रम व्यवस्था) में विभाजित करने में किसी प्रकार की पूर्व प्रतिबद्धता का निर्धारण नहीं किया गया था। लोगों को इस सम्बन्ध में काफी छूट थी। उदाहरणार्थ, केवल द्विजों में उच्च जातियों से यह अपेक्षा की जाती थी कि उन्हें इन मूल्यों व लक्ष्यों को प्राप्त करना चाहिए। इन मूल्यों में से अधिकतम आदर्श प्रेरणात्मक तथ्य थे और कई की प्रकृति नैतिक व धार्मिक थी। इन निर्धारित मूल्यों और कर्त्तव्यों के पालन करने में काफी छूट प्रदान की गई थी। यह कर्त्तव्य देश, काल, श्रम करने की क्षमता, और व्यक्ति के गुणों से सम्बद्ध थे।

हिन्दू धर्म पर उत्तर-वैदिक परम्पराओं, मध्य-युगीन सांस्कृतिक नव जागरण, इस्लाम, तथा समकालीन सुधारवादी आन्दोलनों का प्रभाव (Impact of Post-Vedic Traditions, Medieval Cultural Renaissance, Islam and Contemporary Reform Movements on Hinduism)

प्रारम्भिक हिन्दू धर्म का वैदिक दर्शन बौद्ध धर्म और जैन धर्म से प्रभावित था। यद्धपि दोनों धर्मों का उदय अलग-अलग धर्मों के रूप में हुआ, लेकिन उनकी जड़ें गहराई में हिन्दू परम्परा में ही थीं। जैन धर्म को नगर व्यवसायी समुदाय का संरक्षण प्राप्त था और बौद्ध धर्म को राजसी संरक्षण। दोनों ही धर्मों ने निरन्तरता के मूल्यों (पूर्व नियति, पुनर्जन्म, आत्मा का आवागमन) तथा संस्तरण की उपयोगिता (वर्ण व जाति व्यवस्था में विश्वास) पर बल दिया। दोनों ही (धर्मों) ने मन्दिरों में बलिदान के संस्कार को अस्वीकार किया और अहिंसा को महत्व दिया। बौद्ध धर्म की सदस्यता सभी जातियों और दोनों स्त्री-पुरुषों के लिए खुली थी। बौद्ध धर्म निर्वाण के द्वारा आत्मा की मुक्ति की बात करता है तो जैन धर्म आत्म संयम के द्वारा नैतिक गुणों की प्राप्ति कर आत्मा की मुक्ति का साधन बताता है। संक्षेप में कहा जा सकता है कि बौद्ध और जैन धर्म दोनों ही नास्तिक व निरीश्रवरवादी दृष्टिकोण के पक्षधर हैं जबकि हिन्दू धर्म आस्तिक व ईश्वरीय विश्वास का। एक प्रकार से बौद्ध धर्म व जैन धर्म दोनों ने ही हिन्दू धर्म की कुछ मुख्य विशेषताओं, जैसे शिष्टाचार में कठोरता, संस्कारों की निरंकुशता, संस्तरण पर आधारित मूल्य व्यवस्था, ब्राह्मणों का वर्चस्व, तथा धार्मिक कट्टरता का विरोध किया।

हिन्दू विचारधारा के मूल्यों और विश्वासों पर आगे चलकर भी प्रभाव पड़ते रहे। उदाहरण के लिए नवीं शताब्दी में शंकराचार्य, ग्यारहवीं व बारहवीं शताब्दियों (1017-1137) में रामानुजाचार्य

और चौदहवीं शताब्दी में माधवाचार्य (जिन्होंने एकेश्वरवाद के प्रचार के लिए देश के कोने-कोने में मठों की स्थापना की) के उपदेशों का प्रभाव पड़ा। रामानुज ने वैष्णव सम्प्रदाय की स्थापना की और शैव व जैन सम्प्रदायों तथा निम्न जाति के लोगों को अनुयायी बनाया। दक्षिण भारत में लिंगायत सम्प्रदाय ने अनेक ग़ैर-ब्राह्मणों को शिव आराधकों में बदल लिया।

फिर पन्द्रहवीं व सोलहवीं शताब्दियों में भक्ति सम्प्रदायों का अभ्युदय हुआ, जिन्होंने हिन्दू धर्म में कुछ नवीन मूल्यों को प्रचलित करने का प्रयत्न किया। कबीर (1440-1518), गुरुनानक (1469-1538), रामानन्द (14वीं शताब्दी), चैतन्य (1485-1535), मीरा (1504-1550), तुलसीदास (1532-1623), तुकाराम और रामदास जैसे सन्तों ने हिन्दू धर्म में समतावाद व ग़ैर-संस्तरण मूल्य-व्यवस्था पर बल दिया। उन्होंने हिन्दू परम्पराओं के उदारीकरण तथा इस्लाम के साथ समन्वय का प्रयत्न भी किया।

मध्य युग में इस्लाम धर्म ने भी हिन्दू आदर्शों को प्रभावित किया। यद्यपि दसवीं शताब्दी में ही भारत पर मुसलमानों के आक्रमण प्रारम्भ हो गए थे, लेकिन पन्द्रहवीं शताब्दी और उसके बाद से ही महान हिन्दू परम्पराओं पर इस्लाम संस्कृति के प्रभाव दृष्टिगोचर होने लगे थे। इस्लाम धर्म मूर्ति पूजा में विश्वास नहीं रखता। यह धर्म एकेश्वरवादी और गैर संस्तरणवादी है जो कि समानता में विश्वास रखता है। यद्यपि दोनों ही धर्म (हिन्दू और इस्लाम) सामूहिकता की ओर उन्मुख हैं, किन्तु हिन्दू धर्म में सामूहिकता संस्तरण से जुड़ी है, जब कि इस्लाम धर्म में सामूहिकता संस्तरण से अलग की जाती है।

योगेन्द्र सिंह (1973:67) ने हिन्दू धर्म पर इस्लाम के प्रभाव का तीन अवस्थाओं में विवेचन किया है: इस्लामिक शासन काल (1206-1818) में, ब्रिटिश शासन काल (अठारवीं, उन्नीसवीं तथा बीसवीं सदी के पूर्वार्द्ध) में, तथा भारत के स्वतंत्रता संग्राम की अवधि (1930 से देश के विभाजन तक) में। इस्लामिक शासन के दौरान कुछ मुस्लिम शासकों ने हिन्दू मन्दिरों के विनाश की, इस्लाम धर्म के फैलाने की (इस्लामीकरण) तथा हिन्दुओं के धर्म परिवर्तन की योजना अपनाई थी। इस काल में न केवल हिन्दू और मुसलमानों में तनाव व संघर्ष हुए, बल्कि दोनों संस्कृतियों का आपस में अनुकूलन तथा सहअस्तित्व व समन्वय भी चलता रहा। सूफीवाद ने भी हिन्दुओं को प्रभावित किया। सूफियों ने संसार की नश्वरता, वैरागी व्यक्तिगत नैतिकता, तथा आत्म-बलिदान संबंधी गुणों पर बल दिया। सूफी संतों और दर्शनशास्त्रियों द्वारा प्रचारित संस्कार-रहितता और अमूर्त एकेश्वरवाद संबंधी विचारों ने भी हिन्दुओं को अपील किया। योगेन्द्र सिंह ने संकेत किया है कि कुछ मुसलमान विद्वानों और शासकों ने हिन्दू परम्पराओं के कुछ पहलुओं के साथ समझौता करने का प्रयास भी किया। उदाहरणार्थ अकबर ने 'दीन-ए-इलाही' नामक एक सम्प्रदाय अथवा धार्मिक मत चलाया जो कि हिन्दू, मुसलमान, जैन व जोराष्ट्र धर्मों का सम्मिश्रण था। प्रसिद्ध विद्वान अमीर खुसरो ने हिन्दू परम्पराओं की व्याख्या सहित मुस्लिम जगत को उनका ज्ञान दिया। सोलहवीं और सत्रहवीं शताब्दियों में अनेक मुस्लिम लेखकों व कवियों ने हिन्दी में रचनाएं की। तथापि, इस्लाम धर्म के राजनैतिक व धार्मिक अभिजन (elite) ने न केवल महत्वपूर्ण प्रशासनिक, न्यायिक एवं राजनैतिक पदों को गृहण किया, बल्कि उन्होंने इस्लाम के प्रचार व प्रसार को भी प्रोत्साहित किया। ब्रिटिश शासन काल में उनकी पकड़ ढ़ीली हो गई तथा वे उच्च प्रस्थिति व सत्ता से वंचित होने लगे।

अतः महान मुस्लिम परम्पराएं पूर्व के बल और विश्वास के साथ अपना स्थान बनाए न रख सकीं। अठारवीं शताब्दी में इस्लामी उदारवादी प्रवृत्तियां धीरे-धीरे लुप्त होने लगीं। इनके स्थान पर कट्टरवाद तथा पुनर्स्थापना का कार्य उभरने लगा। हिन्दू परम्परा अनुकूली (adaptive) होने के स्थान पर प्रतिक्रियावादी हो चली और इसीलिए सांस्कृतिक विलम्बना का शिकार हुई। दूसरी ओर इस्लामिक परम्परा अधिक राजनीति प्रवृत्त हो गयी। लेकिन उन्नीसवीं शताब्दी में कट्टरवादी तथा उदारवादी इस्लामिक परम्पराएं ध्रुवीकरण (polarization) की ओर अग्रसर होने लगीं। इन दो सांस्कृतिक शक्तियों के संघर्ष के कारण उपजी राजनैतिक सांस्कृतिक घटनाक्रम ने अलग मुस्लिम राष्ट्र (पाकिस्तान) को जन्म दिया।

योगेन्द्र सिंह (1973:43) के अनुसार ब्रिटिश शासन काल के दौरान दो प्रकार के सुधारवादी आन्दोलनों का उदय हुआ। प्रथम सुधार आंदोलन जो कि वैदिक परम्पराओं के आधार पर हिन्दू धर्म में सांस्कृतिक मूल्यों व आचरण में परिवर्तन से सम्बंधित था; दूसरा नवीन सांस्कृतिक मूल्यों तथा परम्परागत मूल्यों में समन्वय से सम्बन्धित था। प्रथम कोटि के सुधारवादियों में स्वामी दयानन्द सरस्वती, रामकृष्ण (1836-86), विवेकानन्द (1863-1902), और महात्मा गान्धी के नाम हैं, जब कि दूसरी कोटि के सुधारवादियों में राजाराम मोहन राय और नेहरु हैं। दयानन्द, विवेकानन्द और गान्धी जी ने हिन्दू धर्म के मूलभूत आदर्श सांस्कृतिक लक्ष्यों को अस्वीकार नहीं किया। ये सभी लोग वर्णाश्रम व्यवस्था, संस्तरण के सिद्धान्त, तथा कर्म योग या विच्छिन्न (detached) सामाजिक क्रिया के पक्षधर भी थे। इन सभी ने जाति की संस्कार सम्बन्धी अयोग्यताओं (ritualistic disabilities) को हिन्दू परम्पराओं की अज्ञानताओं पर आधारित माना तथा उन्हें अस्वीकार करने की सलाह भी दी। यद्यपि स्वामी दयानन्द सरस्वती ने ग़ैर-हिन्दू सांस्कृतिक मूल्यों तथा धार्मिक विश्वासों को अस्वीकार करने का तर्क पेश किया, लेकिन विवेकानन्द और गान्धी जी ने अस्वीकार करने पर बल नहीं दिया।

इस सब से स्पष्ट है कि हिन्दू धर्म और हिन्दू विश्वासों और मूल्यों को समय-समय पर परिवर्तनों के बीच से गुजरना पड़ा और हिन्दू समाज और हिन्दू दर्शन में भी धार्मिक सांस्कृतिक परिवर्तनों ने स्थान लिया।

नव हिन्दूवाद या सिण्डीकेटेड हिन्दूवाद (The New or Syndicated Hinduism)

नव हिन्दूवाद अथवा सिण्डीकेटेड हिन्दूवाद परिमाप व विस्तार दोनों में मूल हिन्दूवाद से भिन्न है। यह नवीन सम्प्रदाय की रचना नहीं है, बल्कि एक नवीन धार्मिक रूप है जिसमें पूर्ववर्ती सभी सम्प्रदायों के समायोजन का प्रयत्न किया गया है। इस सिण्डीकेटेड हिन्दू धर्म के उद्‌भव का उद्देश्य धार्मिक लक्ष्यों की नहीं, अपितु राजनैतिक हितों की पूर्ति करना है। इसलिए इसको 'राजनैतिक हिन्दूवाद' भी कहा जाता है। मुसलमान व ईसाई लोग हिन्दुओं को 'दूसरा' या 'अन्य लोग' (others) मानते थे, जैसे हिन्दू उन्हें 'मलेच्छ' मानते थे। अतः नव हिन्दूवाद उन्नीसवीं तथा बीसवीं शताब्दियों में अपरिहार्य हो गया। बीसवीं शताब्दी के नव हिन्दूवादी आन्दोलनों, विशेषरूप से आजादी के बाद के आन्दोलनों को राजनैतिक मोड़ दिया गया था और आज भी उनकी पहचान उन्हीं उद्देश्यों से बनी हुई है। रोमिला थापर (1985: 91) के अनुसार इस विकास क्रम के कारण ही वर्तमान में पाये जाने

वाले नव-हिन्दूवाद का उदय हुआ, जिसे मूल हिन्दू धर्म का वंशज (inheritor) तथा दावेदार बताया जाता है।

रोमिला थापर (1985:21-22) तथा अन्य विद्वानों ने नव हिन्दूवाद के मूल स्वयंसिद्ध तत्व व सिद्धान्त (postulates) इस प्रकार बताये हैं:

(1) सिण्डीकेटेड हिन्दूवाद का आधार ब्राह्मणीय ग्रन्थ-विशेषकर गीता तथा वेदान्त दर्शन है। यह धर्मशास्त्रों के कुछ पक्षों को स्वीकारता है और एक आधुनिक परिष्कृत धर्म प्रस्तुत करने का प्रयत्न करता है। यह कहा जा सकता है कि नव-हिन्दूवाद अथवा 'हिन्दुत्व' की विचारधारा अर्जित परम्पराओं तथा इन परम्पराओं के सक्रिय पुनर्गठित के मेल पर आधारित है। या यह भी कहा जा सकता है कि 'हिन्दुत्व' एक ऐसी सुगठित विश्वासों की संरचना है जिसमें अतीत की व्याख्या, वर्तमान का विश्लेषण, तथा भावी आचरण के लिए सुविचार निहित हैं।

(2) इसकी मान्यता है कि ग़ैर-जातीय धार्मिक सम्प्रदायों को न केवल शक्तिशालियों का धर्म स्वीकार करना पड़ेगा, लेकिन आधीन (subordinate) भी बना रहना होगा। निम्न स्तर के लोग नवीन धार्मिक आन्दोलन के द्वारा उर्ध्व गतिशीलता (upward mobility) प्राप्त करने का प्रयत्न कर सकते हैं।

(3) इसका धर्म-परिवर्तन (proseliytization) में विश्वास है क्यों कि इसका दावा है कि हिन्दुओं को यूनानियों, तुर्कों, मुगलों और अंग्रेजों द्वारा हज़ारों वर्षों तक सताया गया था। इस प्रसंग में उन्होंने धर्मान्तरण, मन्दिरों के तोड़े जाने, मूर्तियों के ध्वंस करने तथा मन्दिरों का धन हड़पने के उदाहरण दिए हैं। अतः वे मठों, आश्रमों व मन्दिरों के निर्माण और रथ यात्राओं आदि को न्याय संगत ठहराते हैं तथा ईसाईयों और मुस्लिमों के हिन्दू धर्म में पुनः धर्म परिवर्तन को तर्क संगत मानते हैं। मीनाक्षीपुरम, तमिलनाडु, राजस्थान, मध्यप्रदेश (1982) आदि में धर्म परिवर्तन शिविरों का आयोजन हिन्दू रूढ़िवादियों द्वारा उचित ठहराया गया है। विश्व हिन्दू परिषद का दावा है कि उसने पिछले दस वर्षों में 8,375 मुसलमान परिवारों के 46,777 सदस्यों का धर्म परिवर्तन किया है (विशेषरूप से मेहरात व रावत समुदाय के व्यक्तियों को जो मुर्दों को दफनाने, निकाह करने, हलाल खाने, मूर्तिपूजा का विरोध करने, तथा ईद व शबे-ए-बारात जैसे उत्सव मनाने जैसे रिवाजों को अपनाए हुए थे) तथा राजस्थान के चार ज़िलों (अजमेर, पाली, उदयपुर व भीलवाड़ा) के 2,000 ईसाइयों का भी हिन्दू धर्म में धर्म परिवर्तन किया है। परिषद अब 70 और ग्रामों में यह अभियान चलाने वाली है।

(4) यह (नव-हिन्दूवाद) समतावाद का समर्थन नहीं करता। यह सामाजिक और आर्थिक असमानता का पक्षधर है तथा संस्तरणात्मक संरचना में विश्वास करता है। इसके विपरीत, इस्लाम आदि धर्म सैद्धान्तिक रूप में समतावादी हैं। बौद्ध धर्म जीवन के नैतिक स्तर तक ही बराबरी की अनुमति सीमित रखता है। हिन्दू धर्म का उदय और विकास उस समय हुआ जबकि असमानता जीवन का एक तथ्य था और धर्म का सामाजिक कार्य इसमें परिवर्तन नहीं करना था, बल्कि उन लोगों को सच्चाई से अवगत कराना था जो इन सब तथ्यों को कठोर व अनुपयुक्त मानते थे।

(5) यह धार्मिक अभिव्यक्ति की विविधता को महत्व नहीं देता। यह केवल थोड़े से चुने हुए रिवाजों, संस्कारों तथा विश्वासों को आवश्यक और महत्वपूर्ण मानता है। यह परम्परागत स्थिति से भिन्न स्थिति है। महत्व की बात यह है कि कौन, किन स्त्रोतों से और किस उद्देश्य से इनका चुनाव करता है।

(6) सिण्डीकेटेड हिन्दूवाद के बढ़ते हुए महत्व का एक कारक हिन्दुओं का दूसरे देशों में पलायन है। विदेशों में बसे हिन्दू सांस्कृतिक असुरक्षा की भावना से पीड़ित हैं, क्योंकि वे मुस्लिम देशों और ईसाई समाजों- जैसे ब्रिटेन, संयुक्त राज्य अमेरिका, यूरोप व उत्तर अमेरिका में अल्प संख्यक समुदाय के रूप में रहते हैं। यह अल्प संख्यक हिन्दू समुदाय उस हिन्दूवाद के पक्ष में हैं जिसे वे अपने बच्चों को हिन्दू स्कूलों के माध्यम से सिखा सकें। अन्य देशों में बसे इस अल्प संख्यक समुदाय के लोगों से और उनके द्वारा वित्तीय सहयोग से इन नव हिन्दूवाद और हिन्दू संस्थाओं को आधार मिलेगा। इस 'पलायन' (dispersion) का महत्व स्पष्ट रूप से न केवल भारत में रहने वाले तथा विदेशों में इस हिन्दूवाद का समर्थन करने वालों के बीच के सम्बन्धों से प्रकट होता है बल्कि संघों, परिषदों, और समाजों के द्वारा अन्य देशों में आयोजित उन सभाओं/सम्मेलनों की बढ़ती हुई संख्या से भी होता है जो लोगों का समर्थन प्राप्त करने तथा धनी व सम्पन्न व्यक्तियों के मत-परिवर्तन के लिए संचालित की जाती है।

(7) इस सिण्डीकेटेड हिन्दूवाद तथा 'हिन्दुत्व' ने भारतीय राष्ट्रीयता के एक नये विचार को प्रस्तुत किया है जिसे 'हिन्दू राष्ट्रवाद' कहा जा सकता है। इस विचार के अनुसार, हिन्दूओं को अधि संख्यक होने के कारण और अतीत की विरासत के संरक्षक होने के कारण दूसरों पर श्रेष्ठता दिखाने व प्रभुता जमाने का अधिकार है। हमें बताया गया है कि कोई भी व्यक्ति, भले ही वह ग़ैर-हिन्दू हो, भारतीय हो सकता है बशर्ते कि वह हिन्दू देवताओं को स्वीकार करे और ग़ैर-हिन्दुओं को विदेशी कह कर निन्दा करे। हिन्दू ग़ैर हिन्दुओं की अपेक्षा अधिक देशभक्त हैं। इसलिए ग़ैर-हिन्दुओं को बहु संख्यक लोगों के प्रति वफादारी सिद्ध करनी होगी तथा हिन्दुओं के साथ मिलकर उन पूजा स्थलों को तोड़ना होगा जो हिन्दुओं के मन्दिरों को तोड़कर बनाए गए थे। उक्त बातों का पालन न करने पर ग़ैर-हिन्दुओं को हिन्दुओं के कोप का भाजन होना होगा। उन रुढ़िवादी धार्मिक नेताओं का जो 'हिन्दूत्व' और 'हिन्दू राष्ट्रवादियों' की चर्चा करते हैं न्याय व्यवस्था से विश्वास उठ गया है। उनकी सुस्थापित संस्थाओं के लिए भी कोई श्रद्धा नहीं है। उनकी यह भी मान्यता है कि राष्ट्र शक्ति से बढ़कर लोक शक्ति है।

(8) नये हिन्दुत्व के प्रवक्ता सापेक्ष धर्मनिरपेक्षता (positive secularism) की बात करते हैं। वे सरकार द्वारा मुसलमानों को अनुचित प्रश्रय देने और अल्प संख्यकों को संरक्षण व विशेषाधिकार प्रदान करने को कूट (pseudo) धर्म निरपेक्षता कहते हैं। उनका कहना है कि सकारात्मक धर्मनिरपेक्षता सभी धार्मिक समुदायों के इकट्ठा होने की परिकल्पना करती है जो एक दूसरे से एक समान आचार संहिता (code of conduct), अधिकारों, एवं उत्तरदायित्वों से जुड़े रहेंगे। अतः वे चाहते हैं कि सरकार द्वारा एक सिविल कोड लागू किया जाये जो भारत में सभी लोगों पर समान रूप से लागू हो, भले ही वे किसी जाति या धर्म के

हों। वे नहीं चाहते कि हिन्दुओं, मुसलमानों, ईसाइयों या पारसियों के लिए विवाह या सम्पत्ति सम्बन्धी अलग-अलग कानून हों। वे विश्वास करते हैं कि यह साम्प्रदायिक संघर्षों को समाप्त करने की दिशा में एक आदर्श जनतांत्रिक कदम होगा। वे यह नहीं मानते कि ऐसा करने से अल्प-संख्यकों की विशिष्ट धार्मिक व सांस्कृतिक पहचान बहुसंख्यक समुदाय में गुम हो जायेगी। बल्कि वे कहते हैं कि इस प्रकार की नीति से सभी समुदायों में धार्मिक अन्धविश्वास, व्यर्थ रीति रिवाज और प्रत्यावर्तनशील व्यवहार व आचरण समाप्त हो जायेंगे और उनमें एक वैज्ञानिक स्वभाव का विकास होगा जो कि धर्मनिरपेक्ष राज्य की सफलता का परिचायक भी होगा।

जो भावना उभर रही है वह यह है कि जो नव-हिन्दूवाद या हिन्दुत्व, जो मौलिक हिन्दुत्व की पुनः रचना का दावा कर रहा है, वह अभी स्थापना की प्रक्रिया में है। यह तो समय ही बताएगा कि नव-हिन्दुत्व की यह नयी लहर अथवा हिन्दू राष्ट्रवाद भारतीय राजनीति की धर्मनिरपेक्ष प्रकृति को कितना प्रभावित करेगा। इसी प्रकार समय ही यह भी निर्णय करेगा कि धार्मिक सिद्धान्तानुयायिओं (ideologues) की जो पकड़ जन-साधारण पर रहेगी, वह जनता की रुचियों और आकांक्षाओं को किस सीमा तक पूर्ण करती है या फिर ऐसी सामाजिक व्याधिकीय स्थितियां पैदा करेगी जो समाज को दुर्भावनापूर्ण, ईर्ष्यालु व दुराशय बना देंगी।

REFERENCES

Article on "Hindu Nationalism" in *Frontline*, February 14, 1992, pp. 13-15.

Dasgupta, S.N., *History of Indian Philosophy*, Kitab Mahal, Allahabad, 1969.

Kapadia, K.M., *Marriage and Family in India*, Oxford University Press, Delhi, 1972.

Muller, Max, *Vedanta Philosophy*, Calcutta, 1955.

Pande, Raj bali, *The Hindu Sanskaras*, Bombay, 1949.

Radhakrishnan, S., *The Hindu View of Life*, George Allen & Unwin, 1949.

Singh, Yogendra, *Modernisation of Indian Tradition*, Thompson Press, Delhi, 1973.

Srinivas, M.N., *Caste in Modern India and Other Essays*, Media Promoters & Publishers, Bombay, 1985.

Thapar, Romila, *Seminar*, No. 313, Delhi, September 1985.

अध्याय 2

विविधता में एकता
Unity in Diversity

विविधता (The Diversity)

भारत विश्व का सातवां सबसे बड़ा तथा दूसरा सबसे घनी आबादी वाला देश है, जो विश्व के सम्पूर्ण क्षेत्रफल का 2.4 प्रतिशत अधिभोग करता है । यहां विश्व जनसंख्या का लगभग 15 प्रतिशत भाग विविध सामाजिक, आर्थिक, भौगोलिक एवं पारिस्थितिक दशाओं (ecological conditions) के बीच रहता है । इसके साथ एक 5000 वर्ष की अवधि का मानव जीवन का अतीत भी है जिसमें ईसा से 3000 पूर्व के तथा 2000 पश्चात के वर्ष सम्मिलित हैं । इस देश के पास वह सांस्कृतिक विरासत भी है जो इसे आप्रवासी, आर्यों से (जो हिमालय पार से यहां आये थे) तथा मूल द्रविड़ों और आक्रमणकारी सभ्यताओं से प्राप्त हुई । भारत की सामाजिक, आर्थिक, और सांस्कृतिक विविधताएं यहां की ग्रामीण व शहरी निवास की दशाओं में स्पष्ट दृष्टिगोचर होती हैं । यहां के शहरी क्षेत्र की कुल 21.718 करोड़ जनसंख्या (1991 की जनगणना के अनुसार) और यहां तक कि चार महानगरों (दिल्ली, मद्रास, कलकत्ता, बम्बई) की कुल जनसंख्या (लगभग चार करोड़) अधिकतर विकासशील राष्ट्रों की जनसंख्या से कहीं अधिक है । यहां एक हजार व्यक्तियों की बस्तियां भी हैं, तो एक करोड़ तक की जनसंख्या वाली बस्तियां भी हैं ।

विविधता की प्रकृति (The Nature of Diversities)

विविधता विविध प्रजातियों, धर्मों, जातियों, जनजातियों, भाषाओं, सामाजिक प्रथाओं, सांस्कृतिक व उप-सांस्कृतिक विश्वासों, राजनैतिक दर्शन एवं विचारधाराओं में परिलक्षित होती है। वृहत दृष्टिकोण से विविधताएं इन क्षेत्रों में स्पष्ट हैं:

भाषाएं (Languages)

यद्यपि भारत के संविधान में 18 प्रमुख भाषाओं को (उन तीन भाषाओं सहित जिन्हें अगस्त 1992 में मान्यता दी गई थी) मान्यता प्राप्त है किन्तु लगभग 1652 भाषाएं एवं बोलियां हमारे देश में बोली जाती हैं । ये भाषाएं तीन भाषा-परिवारों से सम्बद्ध हैं: इन्डो आर्यन, द्रविड़, और यूरोपीय । इन्डो आर्यन भाषाओं में हिन्दी, बंगला, मराठी, गुजराती, उड़िया, पंजाबी, बिहारी, राजस्थानी, असमी, संस्कृत, सिन्धी और कश्मीरी भाषाएं सम्मिलित हैं जो भारत की तीन-चौथाई जनसंख्या द्वारा बोली जाती हैं । द्रविड़ भाषाओं में तमिल, तेलुगू, मलयालम और कन्नड़, भाषाएं सम्मिलित हैं; तथा यूरोपीय भाषाओं में अंग्रेज़ी, पुर्तगाली, और फ्रैंन्च भाषाएं सम्मिलित हैं। अन्तिम दो भाषाएं अधिकतर गोआ तथा पाण्डिचेरी में बोली जाती हैं ।

हिन्दी भारत की सरकारी (official) भाषा है और अंग्रेजी सहयोगी (associatied) भाषा ।

1991 के आंकड़ों के अनुसार हिन्दी सर्वाधिक लोगों द्वारा बोली जाती है (24.78 करोड़), तत्पश्चात तेलुगू (7.20 करोड़), बंगला (7.17 करोड़), मराठी (6.72 करोड़), तमिल (6.06 करोड़), उर्दू (4.61 करोड़), गुजराती (4.13 करोड़), मलयालम (3.53 करोड़), कन्नड़ (3.47 करोड़), उड़िया (3.17 करोड़), भोजपुरी (2.31 करोड़) और पंजाबी (2.24 करोड़) बोली जाती है। शेष भाषाएं बोलने वाले व्यक्तियों की संख्या दस लाख और दो करोड़ के बीच है। कुछ राज्य तो आज़ादी के बाद भाषा के आधार पर ही पुर्नगठित किय गये थे, जैसे पंजाब दो भागों पंजाब व हरियाणा में बंटा; महाराष्ट्र दो भागों महाराष्ट्र और गुजरात में बांटा गया। कुछ राज्य जैसे मिज़ोरम तथा नागालैण्ड सांस्कृतिक आधार पर बनाए गए।

***धर्म** (Religions)*

यद्यपि भारत का कोई राज्य धर्म (State Religion) नहीं है, फिर भी यहां सब प्रकार के धर्मों के पालन और विश्वास की स्वतंत्रता पूर्ण गारण्टी है। प्रमुख धर्मों में हिन्दू धर्म (जिसके 1991 की जनगणना के अनुसार 69.77 करोड़ लोग, जिसमें अनुसूचित जाति व जनजाति के लोग भी शामिल हैं, अथवा देश की लगभग 82.69% जनसंख्या अनुयायी है), इस्लाम (जिसके 11.35% जनसंख्या अथवा 9.58 करोड़ लोग अनुयायी हैं), ईसाई धर्म (जिसके 2.43% जनसंख्या अथवा 2.05 करोड़ लोग अनुयायी हैं), सिख धर्म (जिसके 1.96% जनसंख्या अथवा 1.65 करोड़ लोग अनुयायी हैं), बौद्ध धर्म (जिसके 0.71% जनसंख्या अथवा 0.59 करोड़ लोग अनुयायी हैं), जैन धर्म (जिसके 0.48% जनसंख्या अथवा 0.41 करोड़ लोग अनुयायी हैं), तथा अन्य धर्म (जिसके 0.38% जनसंख्या अथवा 0.38 करोड़ लोग अनुयायी है) आते हैं।

हिन्दू धर्म कर्म (कर्त्तव्य पालन), धर्म, पुनर्जन्म (व्यक्ति 84 लाख जन्म लेता है), आत्मा की अमरता, त्याग व मोक्ष (जन्म व मृत्यु से छुटकारा) आदि सिद्धान्तों का अधिवक्ता है।

इस्लाम धर्म भारत में मुस्लिम आक्रमण के साथ आया। यह पूर्णरूपेण एकेश्वरवादी धर्म है जो 'खुदा की मर्ज़ी' को ही भाग्य मानकर उपदेश देता है। यह धर्म मूर्ति-पूजा में विश्वास नहीं करता है और हज़रत मौहम्मद साहब को पैगम्बर तथा 'कुरान शरीफ' को सबसे पवित्र पुस्तक मानता है। इसके अनुसार प्रत्येक धर्मशील मुसलमान के पाँच प्रमुख कर्त्तव्य हैं: अल्लाह में विश्वास, पाँच बार नमाज अदा करना, दान/जकात देना, प्रतिवर्ष एक माह का रोज़ा रखना, तथा जीवनकाल में कम से कम एक बार मक्का की तीर्थ यात्रा करना।

सिख धर्म का उदय पन्द्रहवीं शताब्दी में हुआ। इस धर्म के संस्थापक गुरु नानकदेव तथा उनकी शिष्य परम्परा के नौ अन्य गुरुओं ने धर्म में कपट, आडम्बर, मिथ्याचार के विरुद्ध उपदेश दिए। सिख धर्म के पाँच धार्मिक चिन्ह हैं: केश, कंघा, कड़ा, कृपाण और कच्छा।

ईसाई धर्म का प्रवेश भारत में पुर्तगालियों के गोआ और दमन, दिव में प्रवेश के साथ हुआ और तत्पश्चात सत्रहवीं शताब्दी में अंग्रेज़ों के भारत प्रवेश के साथ।

***जातियाँ** (Castes)*

जातियां वंशानुक्रम पर आधारित अन्तर्विवाही समूह हैं जिनके निश्चित व्यवसाय होते हैं, खान-पान

सम्बन्धी निषेधों का पालन करते हैं तथा अन्तः क्रिया पर सामाजिक प्रतिबन्धों को मानते हैं। भारत में लगभग 3000 जातियां हैं। इन जातियों को तीन श्रेणियों में बांटा गया है: उच्च जातियां (जैसे ब्राह्मण, राजपूत, बनिया, कायस्थ आदि), मध्यम जातियां (जैसे अहीर, सुनार, कुर्मी, आदि), और निम्न जातियां (जैसे धोबी, नाई, आदि)। इसके अतिरिक्त अस्पृश्य जातियां भी हैं (जैसे चूढ़ा, भंगी, रैगर, आदि)। जातियां चार वर्णों से जोड़ी गयी हैं (ब्राह्मण, क्षत्रिय, वैश्य और शूद्र) जिससे सांस्कारिक संस्तरण में उनकी स्थिति का निर्णय होता है।

***जनजातियाँ** (Tribes)*

जनजाति एक ऐसा समुदाय है जो एक सामान्य भौगोलिक क्षेत्र में रहता है और एक सी भाषा और संस्कृति को मानता है। भारत की कुल जनजातिय जनसंख्या 1991 की जनगणना के अनुसार 5.20 करोड़ है जो कि भारत की कुल जनसंख्या का 7.8 प्रतिशत है। प्रमुख जन जातियां इस प्रकार हैं: सन्थाल, भील, मीणा, गोण्ड, मुण्डा, नागा, खासी, ओरांव, गारो, और 'हो'। देश की लगभग दो तिहाई जनजातिय जनसंख्या पाँच राज्यों में पाई जाती है: मध्य प्रदेश, उड़ीसा, बिहार, गुजरात और महाराष्ट्र। तीन राज्यों (राजस्थान, प.बंगाल और आन्ध्र प्रदेश) में 20 लाख से अधिक जनसंख्या वाली जनजातियां पाई जाती हैं। पांच ऐसे राज्य और केन्द्र शासित प्रदेश हैं जहां कुल जनसंख्या के 70 से 95 प्रतिशत जनजाति के लोग हैं। ये हैं मिज़ोरम, नागालैण्ड, मेघालय, अरुणाचल प्रदेश और त्रिपुरा।

***प्रजातियाँ** (Races)*

भारतीय जनसंख्या बहुजननीय (polygenetic) अथवा विविध प्रजातियों का मिश्रण है। बी.एस.गुहा के अनुसार भारतीय जनसंख्या छः प्रजातीय समूहों से बनी हैं: नीग्रिटो, प्रोटो आस्ट्रेलायड, मांगोलायड, मेडिटरेनियन या द्राविड़, ब्राचीसेफाल और नौर्डिक आर्य। ब्राचीसेफालिक नीग्राइड अफ्रीका से आए भारत में आने वाले सबसे पहले लोग हैं। वे अब दक्षिण भारत की पहाड़ी जनजातियों के रूप में तथा अण्डमान द्वीप समूह में पाए जाते हैं जहाँ उन्होंने अपनी भाषा को अभी भी बनाए रखा है। संख्या के मामले में वे अब नगण्य हैं। प्रोटो आस्ट्रेलायड्स या ऑस्ट्रिक्स जो कि मध्यम ऊंचाई वाले, काले रंग वाले, लम्बे सिर वाले, मोटे जबड़े वाले, छोटी ठोड़ी वाले, तथा चपटी नाक वाले लोग हैं, सम्पूर्ण भारत में फैले हुए हैं; विशेष रूप से पूर्वी, मध्य तथा दक्षिणी भारत में और यहीं से वे बर्मा व मलाया तक गए। वास्तव में, इन्हीं लोगों ने भारतीय सभ्यता की नींव रखी तथा इन्होंने ही गन्ना, चावल व साग सब्जियों की खेती की शुरूआत की। उनकी भाषा अभी भी मुण्डा व कोल भाषाओं में बची हुई हैं। द्रविड़ या मेडिटरेनियन प्रजाति में तीन उप प्रकार हैं: असली मेडिटरेनियन, पलेओ मेडिटरेनियन, तथा ओरियन्टल मेडिटरेनियन। इन्हीं लोगों ने नगरीय सिन्धु घाटी सभ्यता को प्रसिद्धि के शिखर तक पहुंचाया जिसके अवशेष हमें मोहनजोदड़ों और हड़प्पा से प्राप्त हुए हैं। द्रविड़ लोग समूचे भारत में फैले होंगे। मंगोलायड प्रजाति के लोगों के सिर चौड़े, कद मध्यम, खाल का रंग भूरा या पीला, नाक छोटी, और होठ मोटे, चपटा चेहरा, गालों की हड्डियां उभरी हुई होती हैं तथा ये असम, नागालैण्ड व मिज़ो पहाड़ियों में पाए जाते हैं। नार्डिक आर्य लोग ईसा से 2000 से 1500 वर्ष पूर्व के बीच मध्य एशिया से आए तथा उत्तरी पश्चिमी पंजाब में स्थापित हो गये

और वहां से गंगा के मैदान तक फैल गए। इन आर्यों ने पहले से बसे हुए अत्यधिक सभ्य सिन्धु घाटी के लोगों से संघर्ष किया। नीग्रिटो प्रजाति के लोग आर्यों से मिल जुल गए थे और उन्होंने धीरे-धीरे उनके सांस्कृतिक लक्षणों को भी अपना लिया।

एकता (The Unity)

इन विविधताओं के बीच एक मौलिक एकता का सूत्र है जो समूचे भारतीय समाज को एक बड़े समाज तथा राष्ट्र को एक महा राष्ट्र के रूप में पिरोए हुए है। एम.एन.श्रीनिवास (1985:105) का मत है कि भारत की एकता आवश्यक रूप से धार्मिक एकता है। भले ही लोग विविध देवी देवताओं की पूजा करें, लेकिन धर्मग्रन्थ—पुराण, ब्राह्मण, महाकाव्य, और वेद—विविध विषमरूपी समूहों को एक ताने-बाने में पिरोए हुए एक वृहद धार्मिक समाज बनाए हुए हैं तथा उन्हें अपने देश की पवित्रता का आभास कराते रहते हैं। भक्तजन विविध तीर्थ स्थलों का भ्रमण करते हैं,लेकिन सभी का उद्देश्य पवित्र स्थलों के दर्शन कर धार्मिक पुण्य अर्जन करना है। विविध क्षेत्रों, भाषाओं और रीति-रिवाजों के लोग तीर्थ स्थलों में एक साथ देखे जा सकते हैं और सभी का एक सामान्य लक्ष्य होता है, 'मोक्ष' की प्राप्ति।

भारत ने एक एकीकृत इकाई के रूप में स्वतंत्रता संग्राम किया। स्वतंत्रता के पश्चात् भारत ने एक राष्ट्र के रूप में चीनी आक्रमण तथा तीन बार पाकिस्तानी आक्रमण का सामना किया। हमारी आर्थिक, सामाजिक एवं राजनैतिक विचारधाराएं धर्मनिरपेक्षता, तर्क, न्याय, आज़ादी तथा समानता पर आधारित हैं। हमारे कानून बिना भेदभाव के सभी पर एक से लागू होते हैं। हमारा संविधान सभी को समान रूप से सुरक्षा प्रदान करता है। हमारी योजनाएं सभी प्रकार के कमज़ोर वर्गों के उत्थान के उद्देश्य से बनती हैं। समान रिवाज़ तथा सामाजिक मूल्यों के प्रति मतैक्य हमारी परम्परागत संस्कृति को सुरक्षित बनाये हुए है। हिन्दुओं में भी जाति प्रथा के निषेधों के पालन करने में एकता का परिचय मिलता है।

इसी प्रकार लोग भले ही यह कहें कि वे एक विशेष क्षेत्र में रहते हैं, लेकिन क्षेत्र का विचार प्रासंगिक है। एक ही क्षेत्र के भीतर छोटे-छोटे समरूप क्षेत्र होते हैं जो अनेक अर्थों में एक दूसरे से भिन्न होते हैं। एक भाषायी क्षेत्र इस प्रकार उदग्र (vertical) एकता प्रदर्शित कर सकता है जो उस क्षेत्र में रहने वाली सभी जातियों में (ब्राह्मण से लेकर अस्पृश्य तक) समान होती है; जबकि जाति, क्षैतिजीय (horizontal) एकता की परिचायक है जो कि भाषायी क्षेत्र को काट कर निकल जाती है। एक राज्य (मान लें उत्तर प्रदेश) में ब्राह्मण स्थानीय दलित (जैसे भंगी, पासी, आदि) लोगों के आदर्शों में भागीदार भले ही न हो,किन्तु वह पूरे भारत में उत्तर से दक्षिण तथा पूर्व से पश्चिम तक ब्राह्मणों के साथ कुछ सांस्कृतिक मूल्यों में भागीदारी अवश्य करता है। इसी प्रकार लोग भले ही अलग-अलग क्षेत्रों में अलग-अलग भाषाएं बोलते हों,लेकिन एक दूसरे से विचार संप्रेषण (communication) के लिए हिन्दी या अंग्रेजी जैसी सामान्य भाषा का प्रयोग करते हैं। हिन्दी ने अहिन्दी भाषी क्षेत्रों में अच्छी प्रगति की है और अब इसे विभिन्न राज्यों में लोगों द्वारा सामान्य संचार के माध्यम के रूप में स्वीकार किया गया है। पहले अंग्रेजी भाषा को यह श्रेय था जो देश के विभिन्न भागों के बुद्धिजीवियों में संप्रेषण के माध्यम के रूप में भूमिका निभाती थी, यद्यपि यह प्रबुद्ध तथा सामान्य जन के बीच बाधा भी उत्पन्न करती थी। भाषाई राज्यों की कल्पना तथा स्कूलों, कॉलेजों और विश्वविद्यालयों में क्षेत्रीय

भाषाओं के माध्यम से पठन-पाठन स्वतंत्रता का ही प्रतिफल है । परन्तु यह नहीं कहा जा सकता कि भाषाई अन्तर समाज में अव्यवस्था पैदा करेगा ।

जाति-प्रथा ने भी भारतीयों को सामान्य साँस्कृतिक विचारधारा प्रदान की है । यद्यपि यह भी सत्य है कि जाति-प्रथा ने अन्तर्जातीय संघर्षों को जन्म दिया है, अस्पृश्यता जैसी समस्या को खड़ा किया है,तथा उच्च और अस्पृश्यी जातियों में दरारें पैदा की हैं,लेकिन यह भी सत्य है कि 'ज़जमानी' प्रथा ने ग्रामीण क्षेत्रों में विभिन्न जातियों में सौहार्द एवं सहयोग बनाए रखा है । पिछले कुछ दशकों में विभिन्न जातियों के शक्ति संबंधों में परिवर्तन आया है । पिछले 47 वर्षों में आए आर्थिक शक्तियों तथा सामाजिक राजनैतिक परिवर्तनों ने बहुसंख्यक जातियों की शक्ति को बढ़ाया है । इन जातियों के नेताओं को स्थानीय, क्षेत्रीय व केन्द्रीय स्तर पर होने वाले राजनैतिक शक्ति संघर्ष में अपनी सामरिक स्थिति (strategic position) का भली भाँति ज्ञान है । इन्हीं जातियों के नेता बड़े प्रकरणों को उजागर करते हैं व उनकी पैरवी करते हैं,जैसे कमज़ोर वर्गों का उत्थान, अस्पृश्यता, भूमि सुधार, आदि के प्रकरण । यह जातीय एकता कभी-कभी राष्ट्रीय व क्षेत्रीय प्रकरणों को उठाने में अहम् हो जाती है और अप्रत्यक्ष रूप से राष्ट्र के विकास की प्रक्रिया में योगदान करती है । इस प्रकार यद्यपि धर्म, जाति व भाषा समाज में कुछ समस्याएं पैदा करते हैं, फिर भी भारत की एकता इन्हीं तीन कारकों में निहित है । यही तीनों भारत के लोगों को विविध स्तरों पर एक सूत्र में बाँधे हुए है । यद्यपि यह दावा नहीं किया जाता कि ये तीनों कारक (धर्म, जाति व भाषा) भारतवासियों के एकीकरण में निर्णायक व महत्वपूर्ण होंगे परन्तु यह सुझाव अवश्य दिया जाने लगा है कि कालान्तर में लोग इस बात की प्रशंसा करने लगेंगे कि भारत के सभी धर्मों, जातियों व भाषाई समूहों के लोग नागरिकों के रूप में एक समान हैं । इससे सहिष्णुता उत्पन्न होगी तथा धर्मनिरपेक्षता को एक आदर्श मूल्य के रूप में बल मिलेगा ।

देश में 'विभाजन' दुष्प्रकार्यात्मक (dysfunctional) हो सकते हैं, लेकिन भारत के नागरिक होने में उनके मूल्य आवश्यक रूप से असंगत व सामंजस्यहीन (inconsistent) नहीं होंगे । इन विभाजित खण्डों के प्रति निष्ठा का लुप्त होना सम्भव न हो, परन्तु इनको राष्ट्र विरोधी कहना सही नहीं होगा । यदि कोई व्यक्ति यह समझता हो कि वह किसी जाति, गाँव, क्षेत्र, या धर्म का है तो वह यह भी सोचता है कि वह एक भारतीय है और एक नागरिक के रूप में उसके दायित्व व कर्त्तव्य भी बनते हैं । इस प्रकार की भावनाएं ही उच्च स्तर पर व्यक्तियों में एकता बनाए रखती हैं और समाज को भी संगठित करती हैं। एकता के इस विचार से व्यक्ति को समाज में विविधताओं से डरने की आवश्यकता नहीं है ।

REFERENCES

India 1992, Delhi, 1992.

Srinivas, M.N., *Caste in Modern India and Other Essays*, Media Publishers, Bombay, 1985.

अध्याय 3

परिवार व्यवस्था

The Family System

भारतीय समाज में परिवार के ढाँचे का विश्लेषण करते समय मैंने सर्वप्रथम 'विखण्डित' (Fissioned) परिवार की धारणा का परिचय प्रस्तुत किया है। यह धारणा 'एकाकी' परिवार या 'साधारण' (Simple) परिवार (चट्टोपाध्याय द्वारा प्रयुक्त) या 'पैतृक' परिवार (ए.एम.शाह द्वारा प्रयुक्त) की धारणा के स्थान पर नहीं अपनाई गई है, बल्कि हमारे समाज में परिवार के मूल ढाँचे को समझने के लिए प्रस्तुत की गयी है। भारतीय परिवार का संरचनात्मक आदर्श पश्चिमी परिवार के ढाँचे से बिल्कुल भिन्न है। इसमें अधिक निरन्तरता तथा साहचर्य व मेलमिलाप रहता है। भले ही बेटे को शिक्षा, नौकरी आदि के कारण बाध्य होकर माता-पिता की पारिवारिक इकाई से अलग होना पड़े, लेकिन अपने माता-पिता के परिवार से उसका लगाव व बन्धन अटूट होता है। परिवार के सदस्यों के बीच बन्धन बड़े व्यापक और दृढ़ होते हैं। इसी कारण भारतीय सामाजिक संगठन को पश्चिम से उधार ली गई धारणाओं के प्रकाश में नहीं समझ सकते। इस नई धारणा (विखन्डित परिवार) के आधार पर भारतीय परिवार के परम्परागत तथा बदलते हुए स्वरुप का विश्लेषण करने से पहले यह आवश्यक है कि परिवार की सामान्य धारणा को समझा जाये।

परिवार के अध्ययन के परिप्रेक्ष्य (Perspectives in Studying Family)

परिवार के मूल्यांकन में तीन उपागमों को मुख्य रुप से प्रयोग किया गया है: (1) प्रकार्यवादी (functionalist) (2) संरचनावादी (structuralist) (3) अन्तर्क्रियावादी (inter-actionist)।

प्रकार्यवादी परिप्रेक्ष्य के अन्तर्गत परिवार एक उप-व्यवस्था या सम्पूर्ण समाज के सम्बन्ध में एक भाग के रूप में माना गया है। प्रकार्यवादी विद्वान परिवार का इन बिन्दुओं के आधार पर आंकलन करते हैं: (अ) उन कार्यों के आधार पर जो परिवार सम्पादित करता है तथा पूर्ण सामाजिक व्यवस्था को बनाए रखने में इसका योगदान, (ब) समाज व्यवस्था के अन्य अवयवों (parts) तथा परिवार के बीच प्रकार्यात्मक सम्बन्ध, और (स) व्यक्तिगत सदस्यों के प्रति परिवार के कार्य।

संरचनावादी परिप्रेक्ष्य में परिवार को एक विशेष समय पर अन्तः सम्बन्धित प्रस्थितियों तथा भूमिकाओं की संरचना के सम्बन्ध में तथा इसका अपने सदस्यों के प्रति सुगठित अधिकारों व दायित्वों के अन्तः सम्बन्धों की संरचना के रूप में देखा जाता है।

अन्तर्क्रियावादी परिप्रेक्ष्य के अन्तर्गत परिवार अपने सदस्यों के बीच की अन्तःक्रिया से सम्बन्धित है। इसमें यह मानते हुए कि कर्त्ताओं की क्रिया उनके लिए अर्थपूर्ण है, यह जानने का प्रयत्न किया जाता है कि परिवार के सदस्य अपनी क्रियाओं का क्या अर्थ लगाते हैं। इस प्रकार अन्तर्क्रियावादी परिवार में विविध स्थितियों को परिभाषित करते हैं और यह जानने की कोशिश करते

हैं कि परिवार का सदस्य किस प्रकार अन्य सदस्यों की भाषा, तौर तरीकों व संकेतों को समझता है जो उसके व्यवहार को तथा दूसरों के साथ उसकी अन्तःक्रिया को प्रभावित करते हैं। अन्तर्क्रियावादी परिवार में व्यक्तिगत तथा वैवाहिक सामन्जस्य की प्रक्रिया की भी व्याख्या करते हैं, अर्थात् परिवार में उत्पन्न तनाव की स्थितियों से मुक्त होने के तरीकों पर भी विचार करते हैं।

प्रकार्यवादी उपागम परिवार के कार्यों की सार्वभौमिकता की कल्पना करता है तथा कुछ विशिष्ट कार्यों से घिरी भूमिकाओं पर भी विचार करता है। यह उपागम परिवार की विभिन्न भूमिकाओं के मध्य सम्बन्ध भी समझाता है और परिवार के कार्यों और भूमिकाओं में परिवर्तन मुख्यतः समाज में तथा सामाजिक मानदण्डों व मूल्यों के परिवर्तन के कारण मानता है।

संरचनावादी उपागम की मान्यता है कि सभी समाजों में प्रस्थितियाँ सार्वभौमिक हैं (जैसे, माता-पिता, दादा-दादी, चाचा-चाची, आदि) और परिवार में सदस्यों की भूमिकाओं में जो अन्तर व भिन्नता मिलती है वह इन्हीं प्रस्थितियों के कारण होती है। उदाहरणार्थ, कुछ समाजों में दादा या परिवार के सबसे बड़े पुरुष सदस्य को पूर्ण सम्पत्ति व सदस्यों के अधिकारों आदि के निर्धारण का कार्य-भार सौंपा जाता है (जैसे उत्तर भारत में पितृसत्तात्मक संयुक्त परिवार में) तो कुछ समाजों में दादा को थोड़ा या कुछ भी अधिकार नहीं होता।

अन्तर्क्रियावादी परिप्रेक्ष्य पारिवारिक जीवन में संरचना एवं भूमिकाओं की विविधताओं का भी अध्ययन करता है। यह मुख्यतः इस तथ्य में रुचि दर्शाता है कि किस प्रकार ये विविधताएं परिवार के सदस्यों के सम्बन्धों को प्रभावित करतीं हैं। अन्तर्क्रियावादी समाजशास्त्रियों का अध्ययन का केन्द्रबिन्दु यह होता है कि किस सीमा तक पति-पत्नि, माता-पिता-बच्चे, सास-ससुर-बहु सम्बन्धों ने समकालीन परिवारों में पारिवारिक एकता बनाए रखने के लिए एक कार्य प्रणाली (moadus operendi) का विकास किया है। कार्य प्रणाली के वर्णन में उन्होंने यह खोजने का प्रयत्न किया है कि व्यक्तिगत सामन्जस्य के लिए अन्तर्क्रिया के कौन कौन से पक्ष आवश्यक हैं (जैसे संयुक्त निर्णय लेना तथा एक दूसरे की भावनाओं और आकांक्षाओं का सम्मान करने की आवश्यकता)। इस प्रकार यह माना जा सकता है कि प्रकार्यवादी अन्य समूहों तथा संस्थाओं से सम्बन्धों का विश्लेषण करते हैं; संरचनावादी परम्परा बनाये रखने पर बल देते हैं जिससे वर्तमान मानदण्डों और मूल्यों को बनाये रखा जा सके; और अन्तर्क्रियावादी सदस्यों के बीच एकात्मकता बनाये रखने का मूल्यांकन करते हैं।

भारतीय परिवार के विश्लेषण का हमारा प्रयत्न संरचनात्मक एवं अन्तर्क्रियावादी दोनों ही है। यह मूल्यांकन मुख्य रुप से जिन समाजशास्त्रियों के अध्ययनों पर आधारित है वे हैं: आई.पी.देसाई, के.एम. कापड़िया, एलिन रास, एम.एस.गोरे, ए.एम.शाह, सच्चिदानन्द, आदि। इरावती कर्वे के ऐतिहासिक परिप्रेक्ष्य का सन्दर्भ भी हिन्दू परिवार के परम्परागत ढाँचे तथा संगठन को समझने में सहायक हो सकता है। परन्तु हिन्दू या भारतीय परिवार के विश्लेषण से पूर्व हम परिवार की सामान्य धारणा व इसके प्रकारों का विवेचन करेंगे।

परिवार की अवधारणा (Concept of Family)

प्रजनन (reproductive) या जैविक (biological) इकाई के रूप में एक परिवार वह समूह है जिसमें स्त्री व पुरुष को यौन सम्बन्धों की स्थापना व सन्तान पैदा करने के लिए समाज की स्वीकृति

प्राप्त होती है । सामाजिक इकाई के रुप में परिवार स्त्री-पुरुष का एक समूह है जो विवाह सम्बन्धों से या रक्त सम्बन्धों से या गोद लेने से बंधा होता है तथा जो आयु, लिंग व अन्य सम्बन्धों पर आधारित भूमिकाओं को अदा करता है और सामाजिक दृष्टि से एक घर या उप-घर के रुप में पहचाना जाता है । गेराल्ड लेसिले (Gerald Leslie, 1982:12) ने परिवार की परिभाषा दो भिन्न लिंगों के वयस्क लोगों के समूह के रुप में बताई है जो कि सामाजिक मान्यता प्राप्त यौन सम्बन्ध स्थापित करते हुए रहते हैं और साथ में उनके अपने बच्चे या गोद लिए बच्चे भी होते हैं । मर्डाक (Murdock, 1949) ने परिवार की परिभाषा करते हुए कहा है कि परिवार एक ऐसा सामाजिक समूह है जिसका एक सामान्य निवास होता है, आर्थिक सहयोग होता है तथा जिसमें प्रजनन क्रिया पायी जाती है । रास (Ross) की परिभाषा में पारिवारिक जीवन के शारीरिक, सामाजिक व मनोवैज्ञानिक तत्व सम्मिलित हैं । रास (1961:31) के अनुसार परिवार नातेदारी के आधार पर एक दूसरे से जुड़े लोगों का समूह है जो एक घर में रहते हैं और जिनमें अधिकारों, कर्त्तव्यों, भावनाओं एवं आधिपत्य का एक निश्चित आदर्श प्रदान करने से ही एकता का भाव बना रहता है । इस तरह वह पारिवारिक संरचना के चार उप स्वरूपों में अन्तर बताती हैं: (i) पारिस्थितिकी (ecological) उप-संरचना, अर्थात् परिवार के सदस्यों की स्थानिक व घर सम्बन्धी व्यवस्था, अथवा रिश्तेदारों की एक दूसरे के साथ भौगोलिक दृष्टि से निकटता । साधारण शब्दों में इसका अर्थ है कि घर का आकार व परिवार का प्रकार क्या है, (ii) अधिकार और कर्त्तव्यों की उप-संरचना, अर्थात घर के भीतर श्रम विभाजन की स्थिति, (iii) शक्ति व सत्ता: की उप संरचना, अर्थात दूसरों के कार्यों पर नियंत्रण, (iv) भावनाओं (sentiments) की उप संरचना, अर्थात् विविध प्रकार के सदस्यों के बीच सम्बन्ध; उदाहरणार्थ, माता-पिता व सन्तान के बीच, पति-पत्नी के बीच, तथा भाई-भाई व भाई-बहन आदि के बीच सम्बन्ध ।

परिवार के प्रकार (Forms of Family)

चट्टोपाध्याय (1961:75) ने तीन प्रकार के परिवार बताए हैं: साधारण (simple), मिश्रित (compound), तथा संश्लिष्ट (composite) । 'साधारण' परिवार में पति पत्नि तथा उनके अविवाहित बच्चे सम्मिलित होते हैं । कभी-कभी ऐसा होता है कि बच्चे के जन्म के बाद एक जीवन-साथी की मृत्यु हो जाती है तब दूसरा पुनर्विवाह कर लेता है । ऐसी स्थिति में बच्चों के दो प्रकार के समुच्चयों (sets) की इकाई को 'साधारण' परिवार नहीं कहा जा सकता । रेखाचित्र नं 1 इस प्रकार की दो इकाइयों को प्रदर्शित करता है ।

रेखाचित्र 1

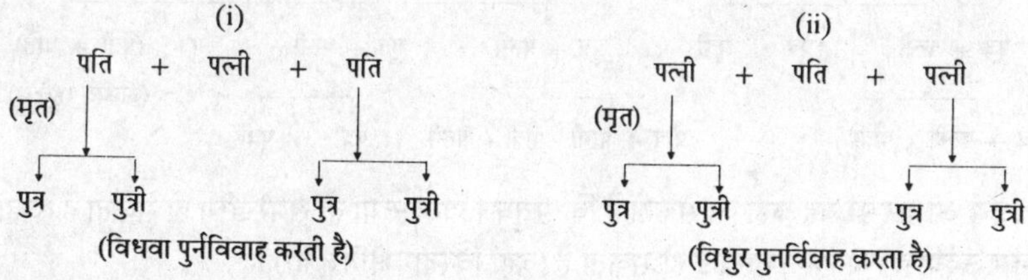

दोनों ही इकाइयों में दो 'साधारण' परिवार हैं। चट्टोपाध्याय ने दोनों ही परिवारों को 'मिश्रित' परिवार की श्रेणी में रखा है। यह 'साधारण' परिवार से इस अर्थ में भिन्न है कि इसमें बच्चों के दो समुच्चय (सेट) हैं—एक मृत साथी से और दूसरा उस जीवित साथी से जिससे पुनर्विवाह हुआ है। किन्तु बच्चों के दो समुच्चयों में एक माँ या बाप समान (common) है। कभी-कभी एक साथी अपने साथी के जीवित रहते भी पुनर्विवाह कर लेता है, अर्थात् या तो एक पुरुष के दो पत्नियाँ हैं या एक स्त्री के दो पति। ऐसे प्रत्येक मामले में भी दो 'साधारण' परिवार सम्मिलित हैं। चट्टोपाध्याय ने ऐसे परिवारों को भी मिश्रित परिवार की संज्ञा दी है। वे ऐसे परिवार को 'मिश्रित बहु पत्नी परिवार' (compound polygynous family) कहते हैं जिसमें एक पुरुष की दो पत्नियाँ और दो प्रकार की सन्तान हो; जबकि वे एक ऐसे परिवार को जिसमें एक स्त्री अपने दो पतियों के साथ दो प्रकार के बच्चों के साथ (दोनों पतियों से) रहती हो 'मिश्रित बहुपति परिवार' (compound polyandrous family) कहते हैं।

बहु विवाह से जुड़ने वाले एकाकी परिवार 'बहु विवाही' (polygamous) परिवार कहलाते हैं तथा माता-पिता व बच्चे के सम्बन्धों से जुड़े हुए परिवार 'संयुक्त' परिवार या 'विस्तारित' (extended) परिवार कहलाते हैं। यह विस्तार क्षैतिज (horizontal) या उदग्र (vertical) दोनों ही हो सकता है। संयुक्त परिवार में समरेखीय (lineally) रुप से जुड़े एकाकी परिवार एक साथ रहते हैं और सामान्य आधिपत्य (common authority) में कार्य करते हैं। इस प्रकार 'संयुक्त परिवार' एक ही घर में रहने वाले दो या दो से अधिक समरेखीय रूप से जुड़े पुरुषों, उनकी पत्नियों और सन्तानों से मिलकर बना होता है जो एक ही व्यक्ति के अधिपत्य में होते हैं।

संयुक्त परिवार कई प्रकार का हो सकता है: (i) एक व्यक्ति, उसकी पत्नी, उनके अविवाहित बेटे व बेटियां तथा उनके विवाहित बेटे अपनी अविवाहित संतान के साथ, (ii) एक व्यक्ति, उसकी पत्नी, उसके अविवाहित बच्चे तथा उस (व्यक्ति) के माता-पिता (iii) एक व्यक्ति, उसकी पत्नी, उस (व्यक्ति) के माता-पिता, उसके अविवाहित बच्चे तथा विवाहित पुत्र व उन (पुत्रों) के बच्चे, (iv) कई भाई अपनी पत्नी एवं बच्चों सहित (v) कई भाई अपनी पत्नी, बच्चों व माता-पिता सहित।

रेखाचित्र 2

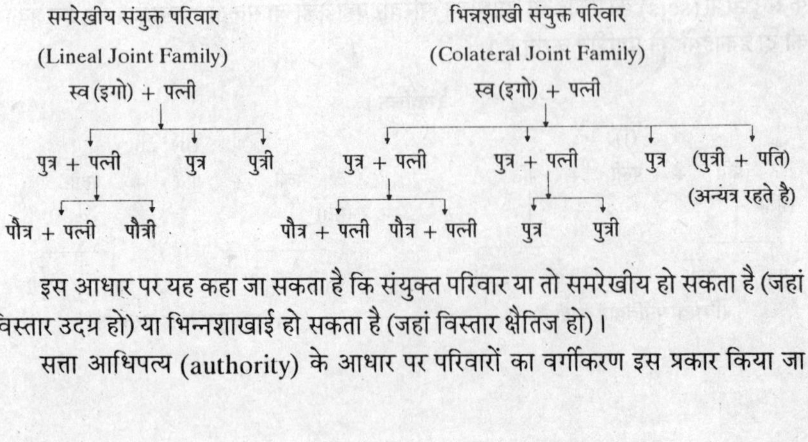

इस आधार पर यह कहा जा सकता है कि संयुक्त परिवार या तो समरेखीय हो सकता है (जहां विस्तार उदग्र हो) या भिन्नशाखाई हो सकता है (जहां विस्तार क्षैतिज हो)।

सत्ता आधिपत्य (authority) के आधार पर परिवारों का वर्गीकरण इस प्रकार किया जा

सकता है: पति सत्तामूलक (husband-dominant), पत्नी सत्तामूलक (wife-dominant) तथा समतावादी (equalitarian)। ऐसा समतावादी परिवार जिसमें पति पत्नी मिलकर अधिकांश निर्णय लेते हों, उसे 'समन्वयवादी परिवार' (Syncretic family) कहते हैं, और ऐसा परिवार जिसमें दोनों जीवन साथियों को अलग-अलग बराबर के निर्णय सौंप दिये जाते हैं, उसे 'स्वायत्तावादी परिवार' (autonomic family) कहते हैं।

बर्जेस और लॉक (Burgess and Locke, 1963: 26) ने व्यक्तियों के व्यवहार के आधार पर परिवारों का वर्गीकरण 'संस्थागत' (institutional) तथा 'सहचारिता' (companionship) के रुप में किया है। 'संस्थात्मक' परिवार में सदस्यों के व्यवहार पर रुढ़ियों/ लोकाचार (mores) व जनमत द्वारा नियंत्रण किया जाता है जबकि 'सहचारिता' परिवार सदस्यों का व्यवहार आपसी स्नेह और मतैक्य (consensus) से बनता है। बर्जेस का मत है कि अमेरिकन परिवार संस्थात्मक परिवार से सहचारिता परिवार के रुप में परिवर्तित हो रहा है।

नातेदारी के बन्धनों के आधार पर परिवारों को 'वैवाहिक' (conjugal) तथा 'रक्तमूलक' (consanguine) में वर्गीकृत किया गया है। प्रथम प्रकार के परिवार में वैवाहिक बन्धनों को महत्व दिया जाता है और दूसरे में रक्त सम्बन्धों को। अमेरिका की परिवार प्रणाली में स्वतंत्र एकाकी परिवार 'वैवाहिक' परिवार का उदाहरण है। इसके विपरीत, भारतीय परिवार प्रणाली में वैवाहिक संबंधों के स्थान पर सन्तान (filial), भ्रातृक (fraternal) और भाई-बहन (sibling) के सम्बन्धों पर बल दिया जाता है। 'वैवाहिक' परिवार व्यवस्था में व्यक्ति का माता-पिता के स्थान पर पत्नी की तरफ झुकाव रहता है, जबकि रक्तमूलक परिवार व्यवस्था में पत्नी को 'बाहरी व्यक्ति' (outsider) माना जाता है जिसकी इच्छाएं और आवश्यकताएं विस्तारित/ संयुक्त परिवार की निरन्तरता बनाए रखने व कल्याण में ही विलुप्त हो जाती हैं। 'वैवाहिक' परिवार अस्थाई होते हैं और माता पिता की मृत्यु के साथ बिखर जाते हैं। रक्तमूलक परिवार काफी लम्बे समय तक चलते रहते हैं क्योंकि परिवार का अस्तित्व एक दम्पत्ति पर निर्भर नहीं रहता है। यदि कभी माता या पिता की असामयिक मृत्यु हो जाती है तब अन्य रक्त सम्बन्धी माता-पिता की भूमिका निभाते हैं। दादा व दादी की मृत्यु के बाद परिवार का नियंत्रण अगली पीढ़ी के पास चला जाता है।

ज़िमरमेन (Zimmerman) (1947:120) ने परिवार का वर्गीकरण न्यासधारी (trustee), गृहस्थ (domestic), तथा आणविक (atomistic) में किया है। परन्तु उन्होंने इन परिवार के प्रकारों को आनुभाविक (empirical) न मानकर आदर्श (ideal) प्रकार माना है। 'न्यासधारी' परिवार में व्यक्ति के अधिकारों का कोई स्थान नहीं होता क्योंकि परिवार का प्रत्येक सदस्य ट्रस्टी की इच्छाओं को मानने के लिए बाध्य होता है। परिवार के मुखिया का अधिकार निरंकुश (absolute) नहीं होता, बल्कि उसे ट्रस्टी के रुप में परिवार के उत्तरदायित्वों के निर्वाह के लिए भूमिका अदा करने हेतु प्राप्त होता है। 'गृहस्थ' परिवार न्यासधारी व आणविक परिवारों के बीच का परिवार है जिसमें इन दोनों परिवारों की विशेषताएं समाहित होती हैं। यह परिवार औपचारिकता (formalism) और व्यक्तिवाद (individualism) के बीच सन्तुलन बनाए रखता है। 'आणविक' परिवार में रूढ़िगत लोकाचारों का महत्व समाप्त हो जाता है और प्रत्येक सदस्य की स्वेच्छा महत्वपूर्ण होती है। इस में परिवार का अपने सदस्यों पर कम से कम नियन्त्रण होता है।

ज़िमरमेन की मान्यता है कि अमरीकन परिवार न्यासधारी से आणविक परिवार में बदला है । क्या भारतीय परिवार भी बर्जेस और ज़िमरमेन द्वारा दिये जये उपरोक्त प्रतिमानों पर चल रहा है ?

भारत में परम्परागत (संयुक्त) परिवार [Traditional (Joint) Family in India]

संयुक्त परिवार शब्द में 'संयुक्तता' की धारणा की विभिन्न विद्वानों ने विविध रूप में विवेचना की है । कुछ विद्वानों (जैसे इरावती कर्वे) ने संयुक्तता के लिए सह-निवास (co-residentiality) को आवश्यक माना है तो कुछ विद्वान (जैसे, बी.एस. कोहन, एस.सी.दुबे, हैरोल्ड गूल्ड, पालिन कोलेण्डा व आर.के.मुकर्जी) सह निवास और सह भोजन दोनों को संयुक्तता के आवश्यक तत्व मानते हैं । कुछ अन्य (जैसे एफ.जी.बेली, टी.एन.मदान) संयुक्त सम्पत्ति-स्वामित्व को अधिक महत्व देते हैं, और कुछ (जैसे आई.पी.देसाई) नातेदारों के प्रति दायित्वों को पूरा करने को महत्व देते हैं, भले ही उनके निवास अलग-अलग हों तथा सम्पत्ति में सहस्वामित्व न हो । 'दायित्व को पूरा करने' का अर्थ है अपने को परिवार का सदस्य मानना, वित्तीय और अन्य प्रकार की सहायता देना तथा संयुक्त परिवार के नियमों को मानना ।

इरावती कर्वे के अनुसार (1953:21) प्राचीन भारत (वेद और रामायण-महाभारत युग) में परिवार निवास, सम्पत्ति और प्रकार्यों के आधार पर संयुक्त था । उन्होंने ऐसे परिवार को 'परम्परागत' या 'संयुक्त' परिवार कहा है । कापड़िया (1966:220) का मानना है कि हमारा आदि परिवार (early family) केवल संयुक्त या पितृसत्तात्मक ही नहीं था, इसके साथ-साथ हमारे परिवार व्यक्तिशः (individual) भी होते थे ।

व्यक्तिवादिता (individualism) की प्रवृत्ति के बावजूद परिवार का संयुक्त तथा सगोत्रक (agnatic) स्वरूप बना हुआ है । कर्वे ने परम्परागत (संयुक्त) परिवार की पांच विशेषताएं बताई हैं: सह निवास, सह रसोई, सह सम्पत्ति, सह पूजा, तथा कोई नातेदारी सम्बन्ध । इस प्रकार कर्वे का संयुक्तता का आधार है: आकार, निवास, सम्पत्ति और आमदनी । इस आधार पर उन्होंने संयुक्त परिवार की परिभाषा इस प्रकार की है (1953:10): "एक ऐसे व्यक्तियों का समूह जो (व्यक्ति) आमतौर पर एक ही छत के नीचे रहते हैं, एक ही चूल्हे पर पका भोजन करते हैं, साझी सम्पत्ति रखते हैं, परिवार की सहपूजा में भाग लेते हैं तथा एक दूसरे से एक विशेष प्रकार के नातेदारी सम्बन्धों से जुड़े होते हैं" । हिन्दू उत्तराधिकार अधिनियम, 1956 के अनुसार 'सह सम्पत्ति' तथा 'संयुक्त सम्पत्ति' शब्दों का अर्थ है कि सभी जीवित स्त्री व पुरुष सदस्य तीन पीढ़ियों तक पैतृक सम्पत्ति के हिस्सेदार होते हैं तथा सहभागियों (coparceners) की सहमति बिना सम्पत्ति न तो बेची जा सकती है और न ही किसी को दी जा सकती है । इस प्रकार, एक व्यक्ति को अपनी पत्नी, दो पुत्रों, दो पुत्रियों, दो पौत्रों तथा दो पौत्रियों के साथ अपनी सम्पत्ति को अपनी पत्नी व चार बच्चों में बराबर बाँटना होगा । पौत्र संतति अपने माता-पिता की सम्पत्ति में से ही हिस्सा लेंगे । पुत्र व पुत्री प्रत्येक की पूर्व मृत्यु पर उनके उत्तराधिकारी एक एक भाग लेंगे ।

आई.पी.देसाई (1956:148) मानते हैं कि सह-निवास तथा सह-रसोई को संयुक्त परिवार की परिसीमा के लिए आवश्यक समझना ठीक नहीं है क्योंकि ऐसा करने से संयुक्त परिवार को सामाजिक सम्बन्धों का समुच्चय एवं प्रकार्यात्मक इकाई नहीं माना जायेगा । उनका कहना है कि एक

घर के सदस्यों के बीच के आपसी सम्बन्धों तथा अन्य घरों के सदस्यों के साथ सम्बन्धों पर ही परिवार के प्रकार का निर्धारण किया जा सकता है। एकाकी परिवार को संयुक्त परिवार से अलग देखने के लिए भूमिका सम्बन्धों (role relations) के अन्तर को एवं विभिन्न रिश्तेदारों के बीच व्यवहार के मानदंडीय प्रतिमान (normative pattern) को समझना पड़ेगा। उनकी मान्यता है कि जब दो एकाकी परिवार नातेदारी सम्बन्धों के होने पर भी अलग-अलग रहते हों, लेकिन एक ही व्यक्ति के अधिकार क्षेत्र में कार्य करते हों तो वह परिवार संयुक्त परिवार होगा। उन्होंने इस परिवार को 'प्रकार्यात्मक संयुक्त परिवार' (functional joint family) कहा है। आवासीय (residential) संयुक्त परिवार में जब तक तीन या अधिक पीढ़ियां एक साथ न रह रहीं हो तब तक यह परम्परात्मक संयुक्त परिवार नहीं हो सकता। उस के अनुसार दो पीढ़ियों का परिवार 'सीमान्त संयुक्त परिवार' (marginal joint family) कहलाएगा। इस प्रकार देसाई ने संयुक्त परिवार के तीन आधार माने हैं: पीढ़ी की गहराई, अधिकार एवं दायित्व, तथा सम्पत्ति।

रामकृष्ण मुखर्जी (1962:98) ने पांच प्रकार के सम्बन्ध बताते हुए—वैवाहिक (conjugal), माता-पिता पुत्र-पुत्री (parental-filial), भाई-भाई व भाई-बहन (inter-sibling), समरेखीय (lineal), तथा विवाहमूलक (affinal) सम्बन्ध—कहा है कि संयुक्त परिवार वह है जिसके सदस्यों में उपरोक्त पहले तीन सम्बन्धों में से एक या अधिक और या समरेखीय या विवाहमूलक या दोनों सम्बन्ध पाये जाते हैं।

परम्परागत परिवार की प्रकृति (Nature of Traditional Family)

आई.पी.देसाई (1964:153-156) ने 1956 और 1958 के बीच किए गए 423 परिवारों के सर्वेक्षण के आधार पर परिवार के दो भिन्न-भिन्न वर्गीकरण दिए हैं: (i) पीढ़ियों की गहराई (depth) को लेकर सदस्यों के बीच सम्बन्धों पर आधारित (ii) अन्य परिवारों के सदस्यों के साथ सम्बन्धों के आधार पर। प्रथम आधार पर उन्होंने परिवार का वर्गीकरण चार प्रकार से किया है: एक पीढ़ी, दो पीढ़ियाँ, तीन पीढ़ियाँ तथा चार या अधिक पीढ़ियों वाले परिवार। इन में से प्रथम दो प्रकार के परिवारों को उन्होंने एकाकी परिवार कहा है और अन्तिम दो को संयुक्त परिवार।

अन्य परिवारों के साथ सम्बन्धों तथा संयुक्तता की सीमा के आधार पर देसाई (वही: 157-61) ने परिवारों को पांच प्रकार से वर्गीकृत किया है: (i) एकाकी परिवार, जो कि कार्य तथा निवास की दृष्टि से अलग होता है; (ii) प्रकार्यात्मक संयुक्त परिवार, जो आवासीय अर्थ में एकाकी होता है, किन्तु अन्य परिवारों के साथ पारस्परिक दायित्वों की पूर्ति के अर्थ में संयुक्त होता है; (iii) प्रकार्यात्मक और सत्तासूचक (substantively) संयुक्त परिवार, जो कि आवासीय दृष्टि से एकाकी होता है परन्तु सम्पत्ति, कार्य की दृष्टि व पारस्परिक उत्तरदायित्वों की पूर्ति की दृष्टि से संयुक्त होता है; (iv) सीमान्त संयुक्त परिवार, जो आवास, सम्पत्ति व कार्य में संयुक्त होता है किन्तु उसमें दो ही पीढ़ियों तक की सीमा होती है; (v) परम्परागत संयुक्त जो कि सीमान्त संयुक्त परिवार की तरह आवास, सम्पत्ति व कार्य में संयुक्त होता है, लेकिन तीन या अधिक पीढ़ियों के सदस्यों का होता है। निम्न चित्र 3 परम्परागत संयुक्त परिवार तथा सीमान्त संयुक्त परिवार के पांच उप-प्रकार दर्शाता है।

रेखाचित्र 3

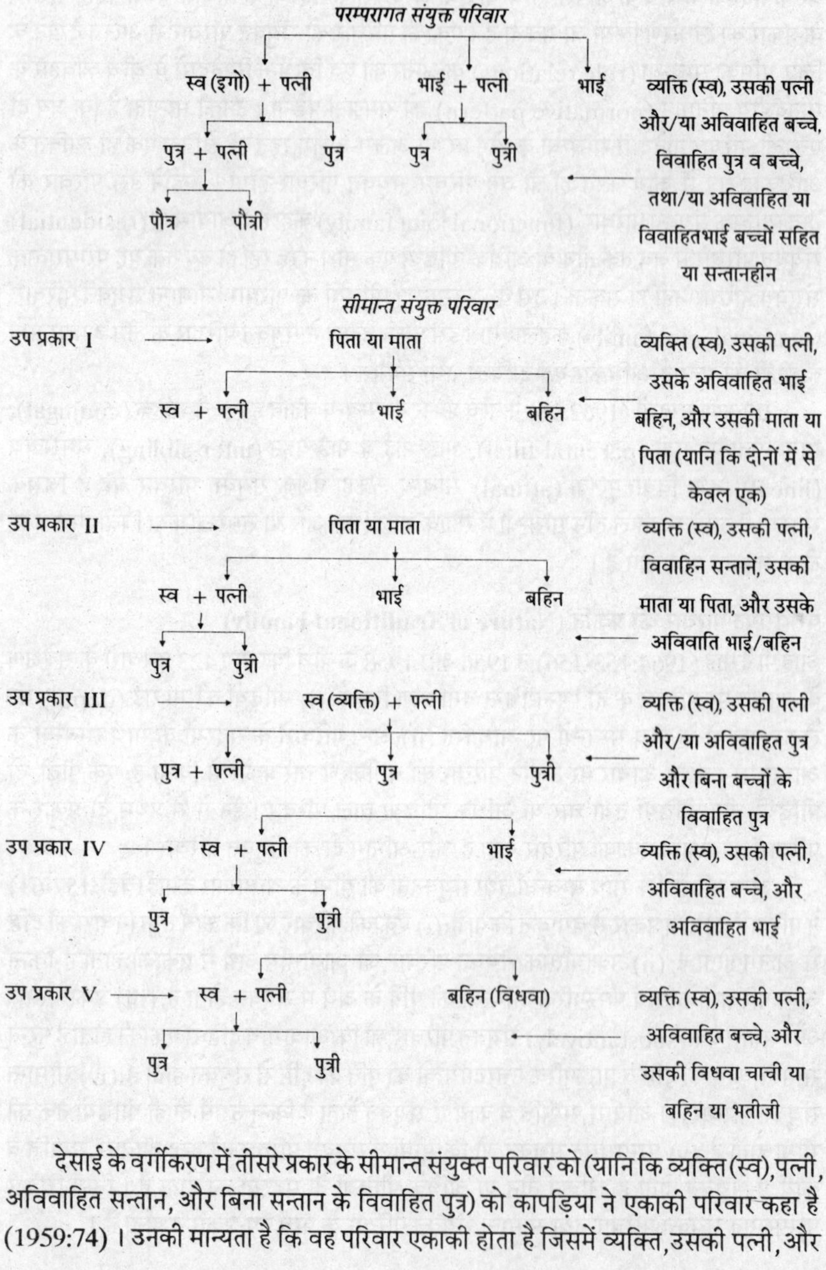

देसाई के वर्गीकरण में तीसरे प्रकार के सीमान्त संयुक्त परिवार को (यानि कि व्यक्ति (स्व), पत्नी, अविवाहित सन्तान, और बिना सन्तान के विवाहित पुत्र) को कापड़िया ने एकाकी परिवार कहा है (1959:74)। उनकी मान्यता है कि वह परिवार एकाकी होता है जिसमें व्यक्ति, उसकी पत्नी, और

उनके विवाहित या अविवाहित बच्चे हों, अर्थात् यह परिवार माता-पिता और उनके विवाहित या अविवाहित बच्चों का समूह है बशर्ते कि विवाहित बच्चों के अपने बच्चे न हों। यदि विवाहित बच्चों के भी बच्चे हों तो वह परिवार संयुक्त परिवार में बदल जायेगा। कापड़िया ने पांच प्रकार के परिवार बताए हैं: (1) एकाकी परिवार अविवाहित पुत्रों के साथ (2) एकाकी परिवार विवाहित पुत्रों के साथ (3) समरेखीय (lineal) संयुक्त परिवार (4) भिन्न शाखाई (colateral) संयुक्त परिवार और (5) विधवा बहिन के साथ और/ या उसके बच्चों के साथ (यानि कि आश्रितों के साथ) परिवार।

कापड़िया द्वारा दर्शाए गए उपरोक्त वर्गीकरण में दूसरे प्रकार का एकाकी परिवार (जिसे देसाई ने सीमान्त संयुक्त परिवार कहा है) ऐलिन रास के द्वारा लघु संयुक्त परिवार कहा गया है। रास (1961:34) ने चार प्रकार के परिवार बताए हैं: (1) बड़ा संयुक्त परिवार जिसमें तीन या चार पीढ़िया एक साथ, एक ही घर में रहती हों, एक ही रसोई में भोजन बनाती हों, साझी सम्पत्ति की मालिक हों, और सभी के खर्चे के लिए आमदनी इकट्ठी हों; (2) लघु संयुक्त परिवार जिसमें माता-पिता, विवाहित पुत्र व अविवाहित बच्चे या दो भाई अपनी पत्नी व बच्चों के साथ रहते हों; (3) एकाकी परिवार जिसमें माता या पिता दोनों अविवाहित बच्चों के साथ रहते हों; और (4) एकाकी परिवार के आश्रितों के साथ, यानि कि माता-पिता, उनकी अविवाहित सन्तान और एक या अधिक आश्रित सदस्य। रास ने लघु संयुक्त परिवार के तीन उप प्रकार बताए हैं:

(i) एक व्यक्ति, उसकी पत्नी, अविवाहित बच्चे व विवाहित पुत्र बिना बच्चों के,

रेखाचित्र 4(i)

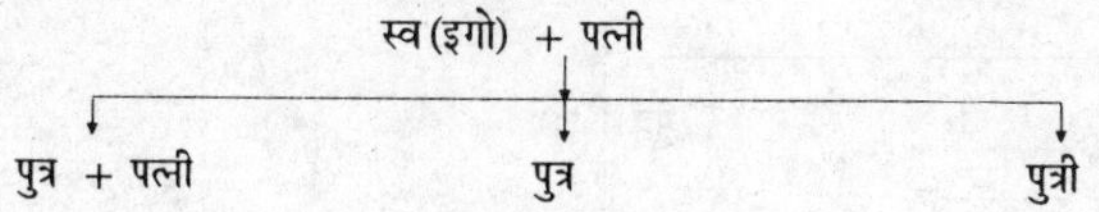

(ii) एक व्यक्ति, उसकी पत्नी, उसके माता-पिता, उसके अविवाहित बच्चे, और उसके विवाहित पुत्र बिना बच्चों के,

रेखाचित्र 4 (ii)

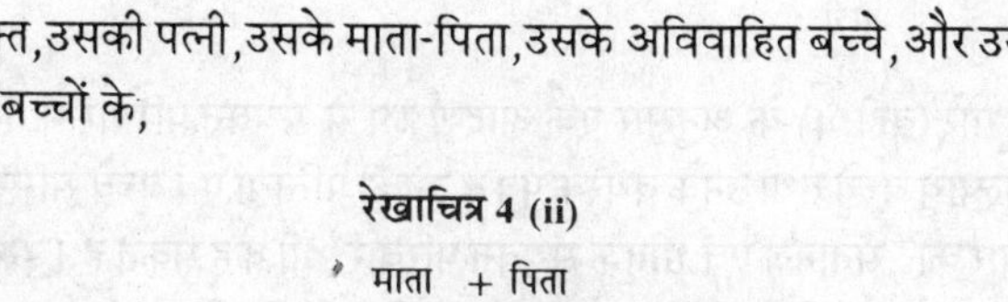

(iii) दो विवाहित भाई, उनकी पत्नियां व बच्चे,

रेखाचित्र 4 (iii)

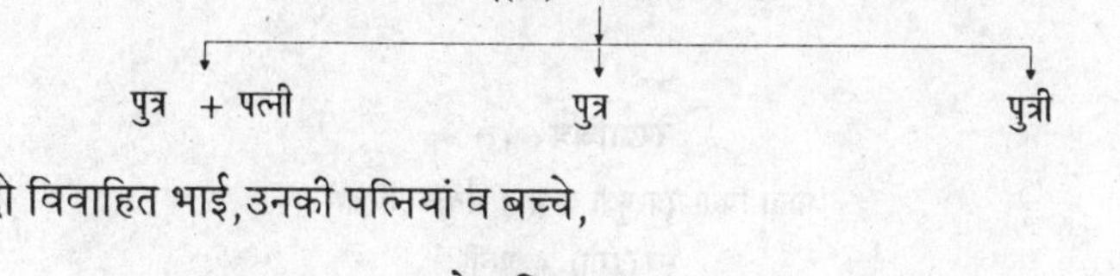

रास के अनुसार एक बड़े संयुक्त परिवार में एक व्यक्ति, उसकी पत्नी, माता-पिता, अविवाहित बच्चे, विवाहित बेटे व उनके बच्चे या बिना बच्चों वाले, तथा उसके विवाहित या अविवाहित भाई सम्मिलित होते हैं।

उपरोक्त सभी वर्गीकरण यह दर्शाते हैं कि संयुक्त परिवार की धारणा के प्रति विद्वानों में मतैक्य नहीं है। इन सभी के विचारों को मिला कर कहा जा सकता है कि "संयुक्त परिवार एक वंशक्रम (geneologically) रुप से संबंधित एकाकी परिवारों की बहुलता (multiplicity) है जो निवास और रसोई बनाने की दृष्टि से इकट्ठे रहते हों तथा जो एक ही व्यक्ति की सत्ता के अन्तर्गत कार्य करते हों।" धीरेन्द्र नारायण (1975:2) ने इसे "दो या अधिक सह-निवासी व सहभोजी नातेदारी इकाइयाँ" बताया है। एम.एस. गोरे (1968: 6-7) का मानना है कि संयुक्त परिवार की व्याख्या में सही दृष्टिकोण यह है कि इसे एकाकी परिवारों की बहुलता मानने के स्थान पर इसे पुरुष सहसम्पत्ति भागियों (coparceners) तथा उनके आश्रितों का परिवार माना जाये, क्योंकि पहली दृष्टि से वैवाहिक संबंधों पर बल दिया जाता है जब कि दूसरी दृष्टि से संयुक्त परिवार में माता-पिता व उनकी संतान एवं भ्रातृक (filial and fraternal) संबंधों पर बल देना अधिक तर्क-संगत है।

रेखाचित्र 5

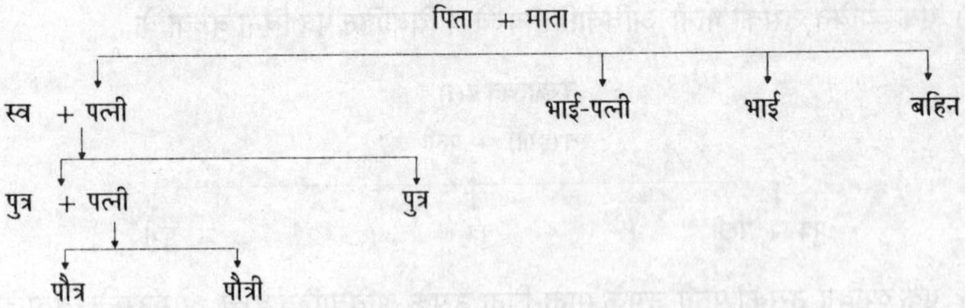

एम.एस. गोरे (वही: 4) के अनुसार एक आदर्श रुप से संयुक्त परिवार में एक व्यक्ति, उसकी पत्नी, उनके अल्पायु बच्चे तथा उनके वयस्क पुत्र व उनकी पत्नियां एवं बच्चे सम्मिलित होते हैं। इस प्रकार के परिवार को "संतानज एवं भ्रातृक संयुक्त परिवार" भी कह सकते हैं। इस प्रकार के परिवार की दो विविधताएं हो सकतीं हैं: (1) एक केवल माता-पिता पुत्र-पुत्री का संयुक्त परिवार और दूसरा केवल भ्रातृक सम्बन्धों (fraternal) का संयुक्त परिवार। इन तीनों को चित्र द्वारा दर्शाया जा सकता है:

रेखाचित्र 6 (i)

माता-पिता पुत्र-पुत्री व भ्रातृ संयुक्त परिवार

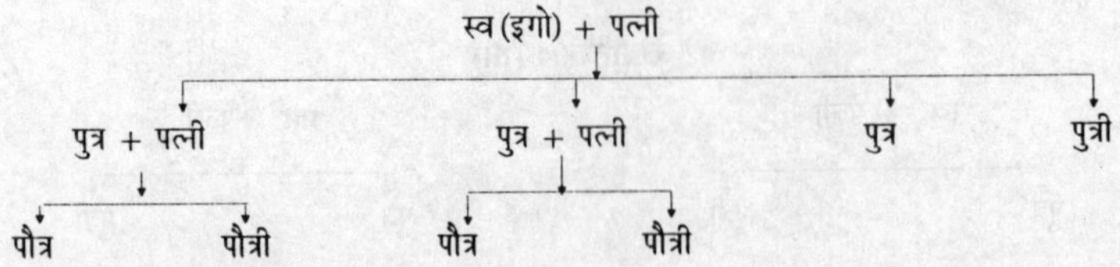

रेखाचित्र 6 (ii)

माता-पिता पुत्र-पुत्री संयुक्त परिवार

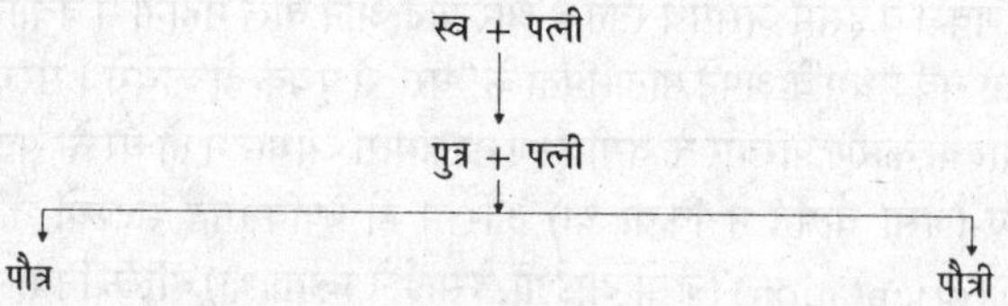

रेखाचित्र 6 (iii)

भ्रातृ संयुक्त परिवार

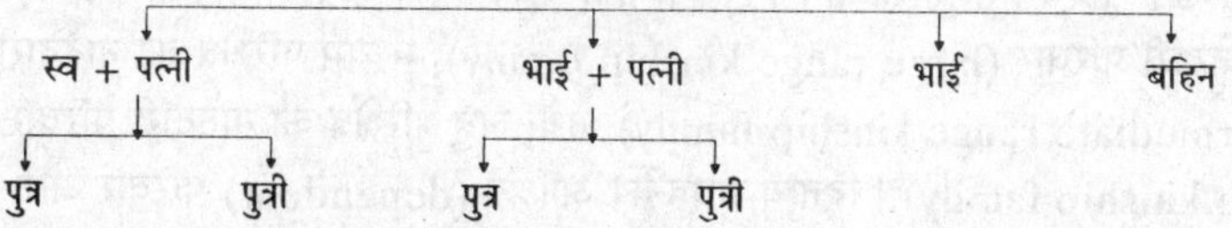

गोरे (वहीः 94) ने दो प्रकार के मूल परिवार तथा एकाकी और संयुक्त और प्रत्येक के तीन उप-प्रकारों की ओर संकेत किया है। एकाकी परिवार के तीन उप भेद हैं:(i) पति,पत्नि व अविवाहित बच्चे (ii) पति, पत्नि, बच्चे और अविवाहित (बिना कमाने वाले) भाई (iii) पति, पत्नि, बच्चे, तथा विधवा माता या अन्य आश्रित जो सह सम्पत्ति भागी नहीं हैं। संयुक्त प्रकार के तीन उप भेद इस प्रकार हैं: (i) पति, पत्नि, विवाहित व अविवाहित बच्चे (समरेखीय संयुक्त परिवार) (ii) पति, पत्नि, विवाहित अविवाहित बच्चे व अविवाहित भाई (भ्रातृक संयुक्त परिवार) (iii) पति, पत्नि, विवाहित पुत्र, विवाहित भाई और उनके परिवार (समरेखीय और भ्रातृक संयुक्त परिवार)।

मेरा तर्क यह है कि भारतीय परिवार का संरचनात्मक आदर्श पश्चिमी परिवार के आदर्श से बिल्कुल भिन्न हैं। भारत में चूंकि आदि परिवार की संरचना वही थी जिसे आज "संयुक्त परिवार" कहा जाता है, अतः हमें इस परिवार को मूल परिवार की इकाई के रुप में समझना चाहिए और इसे "परम्परागत" परिवार की संज्ञा देनी चाहिए, जबकि "एकाकी" परिवार को "विखण्डित" (fissioned) परिवार कहा जाना चाहिए, अर्थात् वह परिवार जो अपनी पैतृक इकाई से पृथक हो गया है। आवासीय पृथक्करण के बाद भी यह अपने पैतृक इकाई पर निर्भर रह सकता है या फिर पूर्ण रुपेण स्वतंत्र इकाई के रुप में भी कार्य कर सकता है। "संयुक्त" शब्द केवल तभी उपयुक्त होगा जब हम "एकाकी" परिवार को मूल परिवार इकाई मानें और इस प्रकार से दो एकाकी इकाईयों के समन्वय से एक नये परिवार की धारणा सामने आती है। लेकिन यह ज्ञात होने पर कि "एकाकी" परिवार हमारी मूल इकाई नहीं है, यह आवश्यक है कि "परम्परागत" परिवार को ही मूल परिवार इकाई मानें और अन्य स्वरुपों को इसी सन्दर्भ में समझें।

भारतीय समाज में सामान्य प्रथा यह है कि नव दम्पत्ति एक स्वतंत्र आत्मनिर्भर घर में वैवाहिक जीवन प्रारम्भ नहीं करते बल्कि पति के माता-पिता के साथ प्रारम्भ करते हैं। इसके विपरीत पश्चिमी समाज में भले ही पुरुष व उसकी पत्नी दोनों में से किसी के भी माता-पिता के साथ एक ही छत के

नीचे वैवाहिक जीवन प्रारम्भ करें (जो कि मकानों की कमी के कारण कभी-कभी होता है), लेकिन इसको वे लोग आपातकालीन व्यवस्था मानकर ही स्वीकार करते हैं और इस व्यवस्था को वे अस्थाई ही मानते हैं। जैसे ही सम्भव होता है वे अपना स्वतंत्र "घर" (household) स्थापित कर लेते हैं। यदि किसी कारणवश वे इसमें असमर्थ रहते हैं और यदि आने वाले महीनों में वैवाहिक कठिनाइयां उत्पन्न होतीं हैं तो सर्व प्रथम वे अपने माता-पिता के "घर" से पृथक हो जायेंगे। संरचना के उपरोक्त आदर्श के आधार के कारण परिवार के वर्गीकरण का हमारा आधार न तो घर के सदस्यों की संख्या ही होना चाहिए (जैसा बोमैन ने किया था) और न ही व्यक्तिगत सदस्यों की क्रियाओं का अभिमुखीकरण (orientation) (जैसा आई.पी. देसाई ने किया था) बल्कि निवास, निर्भरता और नातेदारी सम्बन्धों की विस्तृति (range) को एक साथ मानकर ही परिवारों का वर्गीकरण करना चाहिए। इस आधार पर हम परिवारों को दो समूहों में वर्गीकृत कर सकते हैं: "परम्परात्मक" और "विखण्डित"। प्रथम समूह को तीन उप विभागों में भी वर्गीकृत किया जा सकता हैं: विस्तृत परिक्षेत्र का नातेदारी परिवार (large range kinship family), मध्यम परिक्षेत्र का नातेदारी परिवार (intermediate range kinship family), तथा लघु परिक्षेत्र का नातेदारी परिवार (small range kinship family)। द्वितीय समूह को आश्रित (dependent) परिवार और अनाश्रित (independent) परिवार में विभाजित किया जा सकता है।

रेखाचित्र 7

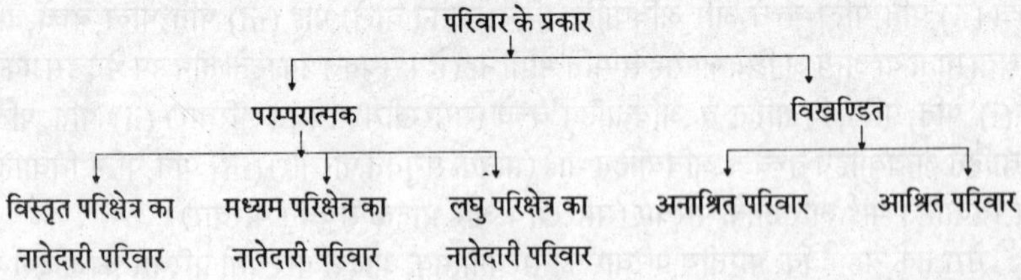

विखण्डित अनाश्रित परिवार (fissioned independent family) वह है, जिसमें पति, पत्नी और उनके अविवाहित बच्चे होते हैं, जिसमें परिवार का मुखिया न तो किसी रिश्तेदार के अधिकार पर आश्रित है और न ही उन पर आर्थिक रुप से आश्रित होता हैं; और *विखण्डित आश्रित परिवार* (fissioned dependent family) वह होता है जहां सदस्य (पति, पत्नी, और अविवाहित पुत्र व पुत्रियां) अलग घर में रहते हैं, लेकिन या तो कार्यों की दृष्टि से या सम्पत्ति की दृष्टि से अपने नातेदारों (पिता, भाई, दादा, आदि) पर निर्भर रहते हैं। यह इकाई एक जीवित कुलपिता (patriach) की सत्ता के आधीन भी होती है।

परम्परागत परिवारों में *विस्तृत परिक्षेत्र के नातेदारी परिवार* में चार प्रकार के स्वजन/ नातेदार होते हैं: प्राथमिक, द्वितीयक, तृतीयक तथा दूरस्थ। यों भी कहा जा सकता है कि विस्तृत परिक्षेत्र का नातेदारी परिवार वह है जिसमें कम से कम दो सगोत्री निकट की पीढ़ियों के प्रत्येक भाई के जनन परिवार (family of orientation) के हों (जैसे चित्र 8 (i) में "अ" और "ब" द्वितीय पीढ़ी में तथा "क" और "न" तृतीय पीढ़ी में और माता पहली पीढ़ी में दर्शाये गये हैं)। ऐसे परिवार का उदाहरण

वह परिवार है जिसमें दो विवाहित भाई होंगे। (जैसे चित्र 8 (i) में "अ" और "ब"), उनके माता-पिता, पत्नी, और विवाहित पुत्र ("क" और "न") तथा अविवाहित पुत्र ("ख" और "प") और अविवाहित पुत्रियां ("ग" और "म") तथा अविवाहित पौत्र ("ट" और "र") तथा पौत्रियाँ ("त" और "ल")। चित्र 8 (i) में चार प्रकार के स्वजन/नातेदार इस प्रकार सम्मिलित होंगे:

प्राथमिक- पति/पत्नि/पिता/माता/भाई/बहिन/पुत्र/पुत्री

द्वितीयक- पिता का पिता/पिता के भाई/भाई के लड़के/पुत्र के लड़के/भाई की पत्नी/पुत्र की पुत्री/पिता की बहिन

तृतीयक-पिता के पिता के पिता/पिता के पिता के भाई/पिता के भाई के पुत्र/भाई के पुत्र के पुत्र/पुत्र के पुत्र के पुत्र

दूरस्थ-पिता के पिता के भाई का पुत्र/पिता के पिता के भाई के पुत्र का पुत्र

रेखाचित्र 8 (i)

विस्तृत परिक्षेत्र का नातेदारी परम्परात्मक परिवार

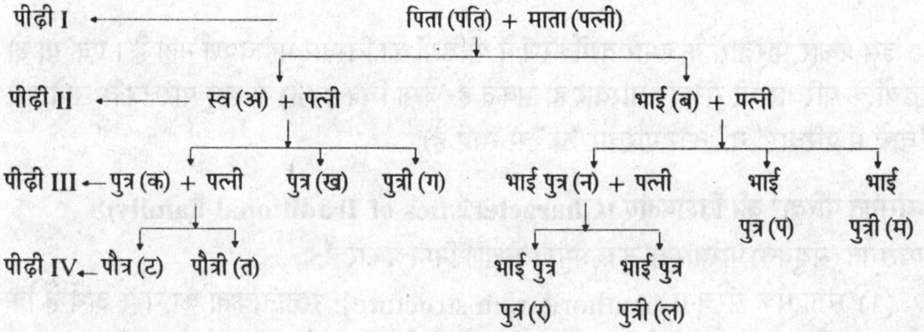

मध्यम परिक्षेत्र के नातेदारी परिवार में तीन प्रकार के स्वजन/नातेदार (kins) होते हैं: प्राथमिक, द्वितीयक तथा तृतीयक। यों कहा जा सकता हैं कि यह वह परिवार है जिसमें वरिष्ठ पीढ़ी के एक व्यक्ति का परिवार (जैसे चित्र 8 (ii) में "क" का परिवार) और निम्न पीढ़ी में कम से कम एक व्यक्ति का परिवार (जैसे चित्र 8 (ii) में "अ" का परिवार) सम्मिलित होता है। उदाहरणार्थ, एक व्यक्ति (स्व Ego) "क", उसकी पत्नी (ख), अविवाहित पुत्री (द), अविवाहित पुत्र (स) और, विवाहित पुत्र ("अ" और "ब") और उनकी पत्नियां व बच्चे ("म" और "न") के साथ।

रेखाचित्र 8 (ii)

मध्य परिक्षेत्र का नातेदारी परम्परात्मक परिवार

लघु परिक्षेत्र के नातेदारी परिवार में केवल दो प्रकार के नातेदार होते हैं—प्राथमिक और द्वैतीयक। इसे यों भी कहा जा सकता है कि इसमें एक ही पीढ़ी के दो सम्बन्धित परिवार होते हैं (जैसे "ग" परिवार) या सात्मीय (adjacent) पीढ़ियों के दो परिवार होते हैं (जैसे "ख" परिवार)। उदाहरण के लिए दो विवाहित भाई (जैसे चित्र 8 (iii) में "ग" परिवार के दो भाई "अ" और "ब") अपने माता-पिता और बच्चों के बिना; या स्व (इगो), उसकी पत्नी, अविवाहित पुत्र, और विवाहित पुत्र अपनी सन्तान के साथ (उदाहरणार्थ, चित्र 8 (iii) में परिवार "ख")।

रेखाचित्र 8 (iii)

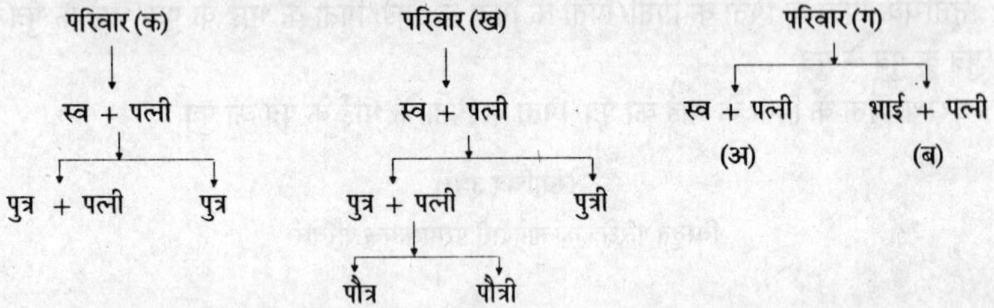

इस प्रकार, परिवारों के हमारे वर्गीकरण में पीढ़ियों का विस्तार महत्वपूर्ण नहीं है। एक या दो पीढ़ियों के परिवार भी संयुक्त परिवार हो सकते हैं (जैसा चित्र 8 (ii) में लघु परिक्षेत्र के नातेदारी परिवारों में परिवार "ग" और परिवार "क" से स्पष्ट है)

परम्परागत परिवार की विशेषताएं (Characteristics of Traditional Family)

परम्परागत (संयुक्त) परिवार के कुछ प्रमुख लक्षण निम्न प्रकार हैं:

(1) सत्तात्मक संरचना (Authoritarian structure): सत्तात्मकता का यहां अर्थ है कि निर्णय तथा निश्चय करने की शक्ति एक व्यक्ति में होती है जिसकी आज्ञा का पालन बिना चुनौती के होना चाहिए। प्रजातंत्रीय परिवार में सत्ता जबकि एक या एक से अधिक लोगों में निहित होती है जिसका आधार दक्षता और योग्यता होता है, सत्तात्मक परिवार में परम्परा से सत्ता आयु एवं वरिष्ठता के आधार पर सबसे बड़े पुरुष के पास ही होती है। परिवार का मुखिया अन्य सदस्यों को थोड़ी ही स्वतंत्रता प्रदान करता है और निर्णय करने में वह भले ही अन्य सदस्यों की राय जाने या न जाने, उसका निर्णय अन्तिम रुप से मान्य होता है। लेकिन जनतंत्रीय परिवार में मुखिया का कर्त्तव्य होता है कि वह अन्य सदस्यों की सलाह ले और कोई भी निर्णय करने से पूर्व उनकी राय को पूर्ण महत्व प्रदान करे।

(2) *पारिवारिक संगठन* (Familistic organization): इसका अर्थ है कि व्यक्ति के हितों का पूरे परिवार के हितों के सामने कम महत्व होता है, अर्थात् परिवार का लक्ष्य ही व्यक्ति का लक्ष्य होना चाहिए, जैसे यदि बच्चा स्नातक परीक्षा उत्तीर्ण करने के बाद उच्च शिक्षा जारी रखना चाहता है परन्तु यदि उसे परिवार के व्यापार को देखने के लिए दूकान पर बैठने को कहा जाय तो उसे परिवार के हितों के आगे अपने हितों की अनदेखी करनी होगी।

(3) *आयु और संबंधों के आधार पर सदस्यों की प्रस्थिति का निर्धारण* (Determination

of status of members by their age and relationships): परिवार के सदस्यों की प्रस्थिति का निर्धारण उनकी आयु और संबंधों द्वारा निश्चित होता है। पति का पद पत्नी से ऊंचा होता है। दो पीढ़ियों में ऊंची पीढ़ी वाले व्यक्ति की प्रस्थिति निम्न पीढ़ी के व्यक्ति की प्रस्थिति से अधिक ऊंची होती है। लेकिन उसी पीढ़ी में बड़ी आयु वाले व्यक्ति की प्रस्थिति कम आयु वाले व्यक्ति की प्रस्थिति से ऊंची होती है। पत्नी की प्रस्थिति उसके पति की प्रस्थिति से निश्चित होती है।

(4) *सन्तान तथा भ्रातृक संबंधों की दाम्पत्य संबंधों पर वरीयता* (Filial and fraternal relationship gets preference over conjugal relationship): रक्त सम्बन्धों को वैवाहिक सम्बन्धों की अपेक्षा वरीयता दी जाती है। दूसरे शब्दों में पति-पत्नी के (conjugal) सम्बन्ध, पिता-पुत्र (filial) या भाई-भाई (fraternal) सम्बन्धों की अपेक्षा निम्न माने जाते हैं।

(5) *संयुक्त दायित्वों के आदर्श पर परिवार का कार्य संचालन* (Family functions on the ideal of joint responsibility): परिवार संयुक्त परिवार के उत्तरदायित्वों के आदर्शों के आधार पर कार्य करता है। यदि पिता अपनी पुत्री के विवाह के लिए ऋण लेता है तो उसके पुत्रों का भी यह दायित्व हो जाता है कि वह उसकी वापसी का प्रयत्न करें।

(6) *सभी सदस्यों के प्रति समान बर्ताव* (All members get equal attention): परिवार के सभी सदस्यों पर समान ध्यान दिया जाता है। यदि एक भाई के पुत्र को 4000 रुपये मासिक आय के साथ एक खर्चीले कन्वेन्ट स्कूल में प्रवेश दिलाया जाता है तो दूसरे भाईयों के (कम मासिक आय वाले) पुत्रों को इन्हीं सुविधाओं के साथ अच्छे स्कूल में पढ़ाया जायेगा।

(7) *वरिष्ठता के सिद्धान्त के आधार पर सत्ता-निर्धारण* (Determination of authority on the principle of seniority): परिवार में (स्त्री-पुरुषों, पुरुषों-पुरुषों, स्त्रियों-स्त्रियों के) बीच के सम्बन्धों का निर्धारण वरीयता क्रम के अनुसार निर्धारित होता है। यद्यपि सबसे बड़ी आयु का पुरुष (या स्त्री) किसी दूसरे को सत्ता सौंप सकते हैं, लेकिन यह भी वरीयता के सिद्धान्त पर ही होगा जिससे व्यक्तिवाद की भावना विकसित न हो सके।

परिवार का बदलता स्वरुप (Changing Family Pattern)

अब हम यह देखेंगे कि हमारे समाज में संयुक्त परिवार में किस प्रकार परिवर्तन हो रहा है। क्या यह टूट रहा है ?

परिवर्तन की प्रकृति (Nature of change)

मेरी मान्यता है कि परिवार की संयुक्तता (अर्थात् सह-निवासी व सह-भोजी नातेदारी समूह) अदृश्य नहीं हो रही है और उस स्थिति की कल्पना भी नहीं की जा सकती है जब कि भारत के लोगों के मस्तिष्क में संयुक्त परिवार की धारणा पूर्णतः विलुप्त हो जायेगी। केवल संयुक्तता की 'संबंध विच्छेदन प्रवृति' में बदलाव आ रहा है। विस्तृत संयुक्त परिवार की अपेक्षा अब छोटे क्षेत्र में कार्य करने वाले दो-तीन पीढ़ियों तक का ही परिवार होगा। साथ ही अधिकांशः ऐसे एकाकी परिवार जिनमें एक व्यक्ति, उसकी पत्नी और अविवाहित बच्चे अलग रहते हैं, प्रकार्य की दृष्टि से अपने प्राथमिक नातेदारों के साथ (जैसे भाई, पिता, आदि) संयुक्त बने रहेगें।

परिवर्तन सम्बन्धी आनुभविक अध्ययन (Empirical Studies on Change)

इस सन्दर्भ में विभिन्न आनुभविक अध्ययन क्या इंगित करते हैं ? इन अध्ययनों का विस्तीर्ण निष्कर्ष तो यह है कि पुरातन शैली के परिवारों (जिनमें अनेक परिवार इकट्ठे रहते थे) की संख्या सामान्य अनुपात से कहीं कम है । 1951 के जनगणना कमिश्नर ने पाया कि छोटे घरों का एक बड़ा अनुपात (33% गांवों में तथा 38% शहरों में) मूल रुप से यह इंगित करता हैं कि देश की परम्पराओं के अनुसार अब परिवार संयुक्त नहीं हैं और संयुक्त परिवार से टूटने और अलग घर स्थापित करने की प्रवृत्ति दिनों-दिन बढ़ती जा रही है । 1950 से 1980 के दशकों के बीच देश के विभिन्न भागों में किए गए अनेक समाजशास्त्रीय अध्ययनों से पता चलता है कि पुरातन शैली का संयुक्त परिवार अब शायद ही कहीं और कभी ही मिले तथा संयुक्तता की प्रकृति अब "सह-निवास" से मात्र "दायित्व निभाने" में परिवर्तित हो रही है । यहां हम भारतीय परिवारों में होने वाले परिवर्तनों का दो दृष्टि से विश्लेषण करेंगे: संरचना में परिवर्तन और अन्त: व्यक्तिगत सम्बन्धों में परिवर्तन ।

संरचना में परिवर्तन (Change in Structure)

भारत में परिवार की संरचना में परिवर्तनों के विश्लेषण में किए गए अध्ययनों में से हम यहां कतिपय प्रसिद्ध विद्वानों जैसे आई.पी. देसाई, के.एम.कापड़िया, एलिन रास, एम.एस. गोरे, ए.एम. शाह और सच्चिदानन्द आदि के सर्वेक्षणों का ही विवेचन करेंगे ।

आई पी. देसाई ने (1964:21) गुजरात के महुवा नगर के 423 परिवारों का 1955-57 में अध्ययन किया था, जहां 25,000 जनसंख्या थी और 4800 घर थे । कुल जनसंख्या में से 78% हिन्दू थे और 22% मुस्लिम थे । पीढ़ी विस्तार के आधार पर 423 परिवारों के निदर्श (sample) में उन्होंने पाया कि 4.02% परिवार एक पीढ़ी के एकाकी परिवार थे, 57.45% दो पीढ़ी के एकाकी परिवार थे, 32.86% तीन पीढ़ी के संयुक्त परिवार थे, और 5.67% चार या उससे अधिक पीढ़ी के संयुक्त परिवार थे । दूसरे शब्दों में 61.47% परिवार एकाकी और 38.53% संयुक्त थे । ये आंकड़े यह प्रकट करते हैं कि संयुक्तता (jointness) की अपेक्षा एकाकिता (nuclearity) अधिक मौज़ूद है ।

कुल 423 परिवारों का वर्गीकरण संयुक्तता के स्तर पर तथा दूसरे परिवारों के साथ सम्बन्धों के आधार पर करते हुए देसाई (वही:69) ने पाया कि लगभग आधे परिवार निवास, सम्पत्ति तथा कार्य प्रणाली (functioning) के आधार पर संयुक्त थे, जब कि एक तिहाई केवल कार्य प्रणाली के आधार पर ही संयुक्त थे । 4.96% प्रकरणों में संयुक्तता शून्य थी, 26.48% में निम्न (low) संयुक्तता) आपसी दायित्वों तक ही सीमित (थी, 17.02% में उच्च (high) संयुक्तता (आपसी दायित्वों और सम्पत्ति में) थी, 30.26% में उच्चतर (higher) संयुक्तता [अथवा सीमान्त संयुक्तता थी यानी निवास, (तीन पीढ़ियों से कम) पारस्परिक उत्तरदायित्व और सम्पत्ति में] और 21.28% में उच्चतम (highest) संयुक्तता थी [यानि कि परम्परागत संयुक्तता अथवा निवास (तीन या अधिक पीढ़ियां), पारस्परिक उत्तरदायित्व और सम्पत्ति में संयुक्ता थी] ।

इस प्रकार देसाई ने (1956:154-56) नगरीय परिवारों में परिवर्तन के विषय में तीन प्रकार के निष्कर्ष दिए: (1) एकाकिता (nuclearity) बढ़ रही है और संयुक्तता घट रही है तथा आवासीय

एवं संगठनात्मक (compositional) प्रकार के परिवारों में पति-पत्नी और बच्चों के समूह की प्रधानता है (2) व्यक्तिवाद की भावना नहीं पनप रही है क्योंकि जो परिवार आवासीय व संगठनात्मक रुप से एकाकी हैं, उनमें से 50% से कुछ कम परिवार उसी नगर में रहने वाले या नगर से बाहर रहने वाले परिवारों से सक्रिय रुप से संयुक्त हैं। (3) संयुक्तता के घेरे में नातेदारी सम्बन्धों की परिधि छोटी होती जा रही है। संयुक्त परिवारों में माता-पिता व पुत्रों, भाई-भाई, व चाचा-भतीजों के सम्बन्धों की प्रधानता रहती है। दूसरे शब्दों में, समरेखीय विस्तार (lineal depth) सम्बन्ध पिता, पुत्र, और पौत्रों के बीच पाया जाता है तथा भिन्न शाखाई सम्बन्ध व्यक्ति, उसके चाचा और उसके अपने भाइयों के बीच ही पाए जाते हैं।

कापड़िया (1956:112) ने भी 1955-56 में अपने किए गए अध्ययन में ग्रामीण व नगरीय परिवारों में परिवर्तनों का तुलनात्मक अध्ययन किया था। उन्होंने गुजरात में सूरत जिले के एक नगर "नवसारी" और इस नगर के आस-पास के 15 ग्रामों का अध्ययन किया था। कुल मिलाकर उन्होंने 1345 परिवारों का अध्ययन किया था, जिनमें से 18% नवसारी नगर के और 82% उसके आस-पास के गांवों के थे।

नगर एवं ग्रामीण दोनों क्षेत्रों के परिवारों की संरचना का विश्लेषण करते हुए कापड़िया (वही, 113-15) ने पाया कि 49.1% परिवार एकाकी थे और 50.9% संयुक्त थे। इस प्रकार कापड़िया ने परिवार के स्वरुप के विषय में निम्नलिखित निष्कर्ष निकाले:

(1) ग्रामीण समुदाय में संयुक्त परिवारों का अनुपात (49.7%) एकाकी परिवारों के समान (50.3%) ही है। दूसरे, जब परिवार की प्रकृति जाति के सन्दर्भ में देखते हैं तो पता चलता है कि उच्च जातियों में (ब्राह्मण, बनिया, पातीदार आदि) संयुक्त परिवारों की प्रधानता है। संयुक्त और एकाकी परिवार का अनुपात 5:3 है। निम्न जातियों में एकाकी परिवार अधिक हैं। इनमें संयुक्त और एकाकी परिवारों का लगभग 9:11 का अनुपात है। इस प्रकार उच्च जातियों में एक संयुक्त परिवार के पीछे 0.6 एकाकी परिवार है, और निम्न जातियों में हर संयुक्त परिवार के पीछे 1.2 एकाकी परिवार हैं। तीसरे, संयुक्त परिवार न केवल कृषि जातियों में (जैसे पातीदार, अनाविल, आदि) प्रधान है, बल्कि व्यवसायिक जातियों में भी हैं (जैसे बढ़ई, दर्जी, सुनार, लुहार, कुम्हार, तेली, चूड़ी वाले, आदि) जिससे पता चलता है कि यह सन्देहात्मक ही है कि संयुक्त परिवार आवश्यक रुप से कृषि अर्थव्यवस्था से ही संबंधित है।

(2) नगरीय समुदाय में एकाकी परिवारों (43.5%) की अपेक्षा संयुक्त परिवार (56.5%) अधिक हैं। अनुपात में एक संयुक्त परिवार के पीछे 0.77 एकाकी परिवार आते हैं। यह तथ्य उस पूर्व धारणा के बिल्कुल विपरीत है जिसमें कहा जाता है कि बड़े नगरों में एकाकी परिवारों में अधिक लोग रहते हैं तथा परिवार की संरचना के विघटन में शहरों का अधिक प्रभाव होता है।

(3) समाघात (impact) गांवों में (यानि की ऐसे गांव जो नगर से सात या आठ किलोमीटर की परिधि में हैं) परिवार का स्वरुप ग्रामीण परिवार के स्वरुप से मिलता जुलता है तथा नगरीय परिवार के स्वरुप से उसका कोई मेल नहीं है (यानि कि संयुक्त और एकाकी परिवारों का अनुपात लगभग समान है)। दूसरे, जहां तक जाति भिन्नता को दर्शाने वाले स्वरुप का सम्बन्ध है, अन्य ग्रामों के विपरीत "निकटस्थ व समाघात" ग्रामों (Impact Villages) में व्यावसायिक (functional) जातियों में

एकाकी परिवारों की ओर धीमी वृद्धि मिलती है और खेतिहर जातियां एकाकी परिवार में धीमी कमी दर्शाते हैं। यह बताना कठिन है कि यह नगर के प्रभाव के कारण है या कि जाति विविधता की अभिव्यक्ति मात्र है।

उपर्युक्त आंकड़ों के प्रकाश में कापड़िया ने दो महत्वपूर्ण निष्कर्ष निकाले: (1) संयुक्त परिवार का ढाँचा एकाकी परिवार की ओर नहीं झुक रहा है (2) ग्रामीण व नगरीय परिवारों के स्वरुप में अन्तर जाति प्रथा में आर्थिक कारकों द्वारा हो रहे परिवर्तन के परिणामस्वरुप आया है।

एलिन रास (1961:303) ने एक नगरीय क्षेत्र में उच्च व मध्यम वर्गीय परिवारों में परिवर्तन के स्वरुप का अध्ययन किया था। उन्होने बंगलौर में 1957 में 157 परिवारों का अध्ययन किया था। उनके साक्षात्कार के पात्रों से कहा गया कि वे दो अवधियों में अपने "घरों" (households) की रचना का वर्णन करें: अपने बचपन के काल का (time of growing up) तथा साक्षात्कार के समय का। उत्तरों से पता चला कि बचपन में साक्षात्कारों के 12.1% परिवार वृहत-संयुक्त (large joint) थे (तीन या अधिक पीढ़ियों तक के समरेखीय व भिन्नशाखाई स्वजनों के साथ), 28% लघु संयुक्त (small joint) थे (यानि कि एक व्यक्ति, उसकी पत्नी, अविवाहित सन्तान व बिना सन्तान के विवाहित पुत्र; या एक व्यक्ति, उसकी पत्नी, उसके माता-पिता, उसकी अविवाहित सन्तान और बिना सन्तान के विवाहित बेटे; या दो विवाहित भाई अपनी पत्नी और अविवाहित सन्तान के साथ), 49.1% एकाकी थे, तथा 10.8% आश्रितों सहित एकाकी (nuclear with dependent) परिवार थे। साक्षात्कार के समय उत्तरदाताओं के परिवारों की संरचना 5.1% वृहत संयुक्त परिवार के रुप में थी, 30.6% लघु संयुक्त परिवार के रुप में, 43.3% एकाकी परिवार के रुप में, और 21.0% आश्रितों सहित एकाकी परिवार के रुप में थी (वही: 36-37)।

उपरोक्त ऑकड़ों के आधार पर रास (वही: 49) ने निष्कर्ष निकाला कि: (1) भारत में आज परिवारों की प्रवृत्ति परम्परागत संयुक्त परिवार से विखण्डन (break away) व एकाकी परिवार की ओर है; (2) लघु संयुक्त परिवार भारत में अब पारिवारिक जीवन का एक विशिष्ट मानक है; (3) अधिकतर लोग अपने जीवन का कुछ समय एकाकी परिवार में बिताते हैं; (4) अपने जीवन-काल में अनेक प्रकार के परिवारों में रहना इतना अधिक हो गया है कि नगर निवासियों के सामान्य क्रम के रूप में परिवार के प्रकारों के एक चक्र (cycle) की चर्चा की जा सकती है; (5) पिता और पितामह की अपेक्षा वर्तमान पीढ़ी के लिए दूर के रिश्तेदार कम महत्वपूर्ण होते हैं। वे उनसे मिलते भी कम हैं, उनके लिए उनमें स्नेह भी कम है, और उनके प्रति अपना उत्तरदायित्व भी कम समझते हैं; (6) नगर में रहने वाला पुत्र अपने सभी सम्बंधियों से काफी दूर हो गया है (घर में कम जगह होने के कारण तथा व्यक्तिवादिता और एकान्त पसन्द प्रवृत्ति बढ़ने से जिसके कारण आगन्तुकों का बड़े संयुक्त परिवारों की अपेक्षा कम स्वागत होता है); अत: उन पर संयुक्त परिवार की तुलना में नियंत्रण भी कम रहता है।

ए.एम. शाह ने 1955-1958 की अवधि में गुजरात में एक गांव (राधवानाज) में 283 घरों (households) का अध्ययन किया। यह गांव अहमदाबाद से 35 किलोमीटर की दूरी पर स्थित है। अध्ययन के समय इसमें 283 घर थे और 21 जातियों सहित 1,185 जनसंख्या थी। कुल घरों में से 34.3% घर छोटे थे (तीन या कम सदस्यों वाले), 47.0% मध्यम आकार वाले थे (4 से 6

सदस्यों वाले), 15.5% वृहत थे (7 से 9 सदस्यों वाले), और 3.2% अति वृहत् आकार के थे (10 या अधिक सदस्यों वाले)।

रचना (composition) की दृष्टि से शाह ने इन परिवारों को दो समूहों में बाँटाः सरल (simple) व जटिल (complex)। "सरल परिवार" उसे माना गया जिसमें पितृ-परिवार (parental family) सम्पूर्ण या उसका कुछ अंश सम्मिलित हो, जबकि "जटिल परिवार" वह हुआ जिसमें दो या दो से अधिक पितृ-परिवार या उनके अंश सम्मिलित हों। "पितृ-परिवार" उसे कहा गया जिसमें एक व्यक्ति, उसकी पत्नी व उनके अविवाहित बच्चे हों। शाह की मान्यता है कि "सरल परिवार" की रचना के छः सम्भावित रुप हो सकते हैं: (i) व्यक्ति और उसकी पत्नी (ii) केवल पति या केवल पत्नी (iii) एक व्यक्ति, उसकी पत्नी और उसके अविवाहित बच्चे (iv) अविवाहित भाई और बहनें (v) पिता व उसके अविवाहित बच्चे (vi) माता और उसके अविवाहित बच्चे। इसी प्रकार से "जटिल परिवार" के तीन सम्भावित रुप हो सकते हैं: (i) दो या अधिक पितृ परिवार (ii) एक पितृ परिवार तथा दूसरे पितृ परिवार के कुछ हिस्से (iii) एक पितृ परिवार के अंश तथा दूसरे पितृ परिवार के अंश।

उक्त वर्गीकरण के आधार पर शाह ने बताया कि 68.0% परिवार उस गांव में सरल थे व 32.0% जटिल। चूंकि शाह का सरल परिवार एकाकी परिवार का तथा जटिल परिवार संयुक्त परिवार का प्रतिनिधित्व करता है, यह माना जा सकता है कि शाह का अध्ययन भी ग्रामीण भारत में संयुक्त प्रणाली का टूटना दर्शाता है।

राम कृष्ण मुखर्जी (1975:4) ने पश्चिमी बंगाल में 1960-61 में 4,210 परिवारों का अध्ययन किया और इस निष्कर्ष पर पहुंचे कि संयुक्त परिवार की सरंचना समय के साथ एकाकी परिवारों में बदल रही है और संयुक्त परिवार का स्थान एकाकी परिवार द्वारा लिया जाना पहले से ही शुरु है।

एम.एस. गोरे (1968: 247-48) ने 1960 में हरियाणा में बसे या वहां से आए 499 अग्रवाल परिवारों (399 मुख्य निदर्श में तथा 100 अतिरिक्त निदर्श में) का अध्ययन किया। प्रमुख निदर्श में जो परिवार थे वे पारम्परिक व्यवसायों तथा महाजनी के काम में लगे थे और अपेक्षाकृत कम शिक्षित थे। ये परिवार तीन विविध खण्डों—नगर, ग्रामीण तथा उपान्त (fringe) से थे। नगर परिवार दिल्ली के थे, उपान्त परिवार दिल्ली के आस-पास के गांवों से तथा ग्रामीण परिवार हरियाणा के रोहतक व हिसार के गांवों से थे। अतिरिक्त निदर्श में जो परिवार थे, वे गैर-परम्परागत व्यवसायों में लगे थे, अपेक्षाकृत अधिक पढ़े-लिखे थे, और नगर क्षेत्र में रह रहे थे। इन चारों प्रकार के परिवारों (नगरीय, ग्रामीण, उपान्त व अतिरिक्त) में से प्रत्येक में से एम.एस. गोरे ने एकाकी व संयुक्त दोनों प्रकार के परिवारों को छाँटा। नगर क्षेत्र के परिवारों का गोरे ने आगे भी वर्गीकरण किया, (i) स्थानीय (जिनमें परिवार का मुखिया दिल्ली में जन्मा था) तथा (ii) आप्रवासी (Immigrants) (जिनमें परिवार का मुखिया दिल्ली से बाहर जन्मा था)। अतः इन 499 परिवारों का विभाजन इस प्रकार थाः शहरी स्थानीय एकाकी व संयुक्त परिवारः 50; शहरी आप्रवासी एकाकी व संयुक्त परिवारः 49; उपान्त एकाकीः 49; उपान्त संयुक्तः 51; ग्रामीण एकाकीः 48; ग्रामीण संयुक्त 52; तथा अतिरिक्त एकाकी व संयुक्त परिवार 100। इस प्रकार कुल अध्ययन किए गये परिवारों की संख्या क्रमशः 195 एकाकी व 204 संयुक्त थी। गोरे ने प्रत्येक परिवार से दो या दो से अधिक व्यक्ति साक्षात्कार के लिए

चुने थे। इस प्रकार उन्होंने 1,174 व्यक्तियों का अध्ययन किया। इनमें से 490 उत्तरदाता एकाकी परिवारों से थे तथा 784 संयुक्त परिवारों से थे।

मुख्य निदर्श के 399 परिवारों को छः आधारों पर वर्गीकृत करते हुए गोरे (वही:94-96) ने पाया कि 154 परिवार तो प्रथम श्रेणी के एकाकी थे, (व्यक्ति, उसकी पत्नी, तथा अविवाहित बच्चे), 41 एकाकी परिवार दूसरी तथा तीसरी श्रेणी के थे (या तो व्यक्ति, उसकी पत्नी, अविवाहित बच्चे, व अविवाहित भाई, या फिर एक व्यक्ति, उसकी पत्नी, अविवाहित बच्चे, और कोई आश्रित जो सहभागी (coparcener) न हो); 137 चौथी संयुक्त परिवार श्रेणी के थे (एक व्यक्ति, उसकी पत्नी, अविवाहित बच्चे और विवाहित पुत्र); 47 संयुक्त परिवार पन्चम श्रेणी के थे (व्यक्ति उसकी पत्नी, अविवाहित बच्चे, विवाहित पुत्र और अविवाहित भाई), और 20 संयुक्त परिवार छठी श्रेणी के थे (एक व्यक्ति, उसकी पत्नी, अविवाहित बच्चे, विवाहित पुत्र, अविवाहित भाई, और विवाहित भाई व उनके परिवार)। यह दर्शाता है कि दो प्रकार के परिवार सभी अन्य प्रकार के परिवारों पर छाए हुए हैं, एक तो वह जिसमें व्यक्ति, उसकी पत्नी, तथा अविवाहित बच्चे हैं (399 में से 154 या 38.6%), और दूसरे वह जिसमें व्यक्ति, उसकी पत्नी और विवाहित व अविवाहित बच्चे हैं (399 में से 137 या 34.3%)।

एडविन ड्राइवर (1962:112-120) ने 1958 में तत्कालीन बम्बई राज्य के नागपुर जिले में एक सर्वेक्षण किया था। उन्होंने 2,314 परिवारों से सम्पर्क किया, जिनमें से 882 नगरों में रहते थे, 309 कस्बों में, तथा 1,123 ग्रामों में रहते थे। इनमें से 93.3% हिन्दू परिवार थे तथा 6.7% गैर हिन्दू परिवार थे। 2,314 परिवारों के विश्लेषण ने दर्शाया कि नगर में 22.9% परिवार संयुक्त थे और 77.1% एकाकी, कस्बे में, 24.9% संयुक्त और 75.1% एकाकी; और गांव में 37.0% संयुक्त तथा 63.0% एकाकी थे। तीनों क्षेत्रों को (नगर, कस्बों और गांव) एक साथ लेने पर पता चलता है कि 30.0% संयुक्त परिवार तथा 70.0% एकाकी परिवार थे (देखें, कापड़िया, 1966: 297)। अतः यह कहा जा सकता है कि नगरीय क्षेत्र में एकाकी परिवार अधिक हैं और ग्रामीण क्षेत्र में संयुक्त परिवार।

परिवार के स्वरुप का आय वर्ग के सन्दर्भ में विश्लेषण करते हुए ड्राइवर ने पाया कि ग्रामीण क्षेत्रों में संयुक्त परिवार उच्च आय वर्ग में (1000 रुपये से अधिक) निम्न वर्गों की तुलना में अधिक हैं, जबकि शहरी क्षेत्रों में उच्च आय वर्ग में निम्न वर्ग की तुलना में संयुक्त परिवार कम हैं। ड्राइवर ने पीढ़ियों के अन्तर के सन्दर्भ में भी परिवार के स्वरुप का अध्ययन किया। जबकि पुरानी पीढ़ी में उन्होने 16.03% संयुक्त परिवार व 28.48% एकाकी परिवार देखे, नयी पीढ़ी में उन्होंने 14.0% संयुक्त तथा 41.4% एकाकी परिवार देखे। यह दर्शाता है कि बूढ़े दम्पतियों में संयुक्त परिवार अधिक पाए जाते हैं (देखें, कापड़िया, 1966)।

बम्बई के यूनिवर्सिटी स्कूल आफ इकानामिक्स और सोशियालाजी ने 1957 में वृहद बम्बई का आर्थिक सर्वेक्षण करते समय 13,369 परिवारों के स्वरुपों का विश्लेषण किया, जिनमें से 74.8% परिवार हिन्दू थे। इन परिवारों से संबंधित आंकड़ों से पता चला कि 11.52% परिवार एकल सदस्यीय (uni-member) थे, 5.74% एकाकी थे, 8.04% एकाकी किन्तु किसी विवाहमूलक नातेदार (affinal kin) के साथ थे, 34.02% सीमान्त संयुक्त थे, और 40.68% संयुक्त परिवार थे (देखें, कापड़िया, 1966: 297-98)। यह दर्शाता है कि लगभग 75.0% परिवार संयुक्त थे और

17.26% यथार्थ एकाकी थे।

सच्चिदानन्द (1977) ने 1970 में बिहार के शाहाबाद जिले के 30 ग्रामों के 720 परिवारों का अध्ययन किया। प्रत्येक ग्राम से उन्होंने स्तरित प्रतिचयन (stratified sampling) के आधार पर 24 परिवारों का चयन किया। परिवारों को स्तरीकृत करने के लिए जिन तीन चरों (variables) का उन्होंने प्रयोग किया वे थे: जाति (दो स्तरों पर), भूमि सम्पत्ति (land-holding) का आकार (तीन स्तरों पर), तथा साझी खेती (share cropping) (दो स्तरों पर)। उन्होने प्रत्येक स्तर समूह से दो परिवार लिए। इन परिवारों के इस निदर्श में 6,675 व्यक्ति सम्मिलित थे।

अध्ययन किये गये कुल परिवारों में से 25.8% एकाकी तथा 74.2% संयुक्त थे (एकाकी परिवारों में आश्रित भी शामिल थे)। सच्चिदानन्द ने परिवार के प्रकार तथा विविध चरों जैसे जाति, शिक्षा, भूमि-आकार, व परिवार के आकार के बीच सम्बन्धों का विश्लेषण किया। उन्होंने पाया कि यद्यपि तीनों प्रकार की जातियों में संयुक्त परिवारों की संख्या अधिक थी—उच्च जातियों में 70.0%, मध्य जातियों में 76.0% तथा अनुसूचित जातियों में 89.0% – किन्तु आशा के विपरीत एकाकी परिवारों की संख्या उच्च जातियों में (30.0%) मध्यम जातियों (24.0%) तथा अनुसूचित जातियों (11.0%) की तुलना में अधिक थी। शिक्षा की दृष्टि से परिवारों के स्वरुप के संदर्भ में उन्होने पाया कि शिक्षा के स्तर में वृद्धि के साथ एकाकी परिवारों की प्रवृत्ति बढ़ती है। जिन परिवारों का शिक्षा स्तर मैट्रिक या उसके ऊपर था उनमें 39.0% परिवार एकाकी थे और जिन परिवारों का शिक्षा स्तर मिडिल या कम था उनमें एकाकी परिवार का प्रतिशत 24.0% ही था। जहां तक परिवार के स्वरुप तथा भूमि-सम्पत्ति का सम्बन्ध था, उन्होने पाया कि जैसे-जैसे भूमि-आकार बढ़ता है संयुक्त परिवारों की संख्या भी बढ़ती है; कम भूमि होती है तो संयुक्त परिवार भी कम होते हैं। इसके बाद उन्होंने रिश्तेदारों के विस्तार (range of kin constituents) के दृष्टिकोण से पाया कि 26.0% परिवारों में केवल प्राथमिक स्वजन थे, 62.0% में प्राथमिक व द्वितीयक स्वजन थे, और 3.0% में प्राथमिक, द्वितीयक, तृतीयक, एवं दूर के स्वजन सम्मिलित थे।

पालिन कोलेण्डा (Pauline Kolenda, 1968) ने 1950 व 1970 के दशकों के बीच किये गये 26 अध्ययनों के आधार पर घरों की रचना (composition of households) से संबंधित परिमाणात्मक (quantitative) तथ्यों (सह-निवास व सह-भोजन इकाइयों) का प्रयोग किया। इन अध्ययनों में नौ ग्रामीण, दस अलग-अलग जातियों तथा सात जिलों का सर्वेक्षण सम्मिलित था। उन्होंने पाया कि: (i) यद्यपि अधिक संख्या में लोग संयुक्त व पूरक (supplemented) एकाकी परिवारों में रहते हैं, लेकिन संरचना की दृष्टि से अधिक परिवार एकाकी ही होते हैं; (ii) संयुक्त परिवारों के अनुपातों में क्षेत्रीय भेद (regional differences) स्पष्ट होते हैं; (iii) संयुक्त परिवार उच्च और भूस्वामी जातियों की एक विशेषता है अपेक्षाकृत निम्न व भूमिहीन जातियों के; (iv) जाति-पद (caste rank) संयुक्त परिवारों के आकार व अनुपात से अधिक संबंधित है। परन्तु कोलेण्डा की मान्यताओं पर सतर्क अनुसन्धान की आवश्यकता है।

इस पुस्तक के लेखक ने दो भिन्न अनुसन्धान प्रयोजनाओं (1976 में "छात्रों में मादक पदार्थों का अभिशाप" तथा 1988 में "महिलाओं के अधिकार: एक महिलावादी परिप्रेक्ष्य") में कार्य करते समय परिवार के स्वरुप का अध्ययन किया। प्रथम प्रायोजना में एक नगर (जयपुर) के 4181 छात्र

उत्तरदाताओं का अध्ययन किया गया था जबकि दूसरी प्रायोजना में एक जिले (जयपुर) के आठ ग्रामों के 753 परिवारों का अध्ययन किया गया था। दोनों अध्ययनों से पता चलता है कि संयुक्त परिवार व्यवस्था अभी पूर्णरुपेण समाप्त नहीं हुई है, यद्यपि एकाकी परिवारों की संख्या बहुत बड़ी है। 1988 के अध्ययन में 51.8% परिवार संयुक्त और 48.2% परिवार एकाकी पाए गए।

उदीयमान प्रवृत्तियां (The Emerging Trends)

उपरोक्त सभी अध्ययनों (देसाई, कापड़िया, रास, शाह, मुखर्जी, गोरे, ड्राइवर, बम्बई विश्व विद्यालय, सच्चिदानन्द, कोलेण्डा और आहूजा) को एक साथ दृष्टिगत करने पर हमारे देश में परिवार संरचना के परिवर्तन से सम्बद्ध निम्नलिखित निष्कर्ष निकाले जा सकते हैं:

1. विखण्डित (fissioned) परिवारों की संख्या बढ़ती जा रही है, अर्थात् पुत्र अपने माता-पिता से अलग रहना पसन्द करते हैं, लेकिन उनके प्रति परम्परागत दायित्वों का निर्वाह करना जारी रखते हैं।
2. परम्परागत समुदायों में संयुक्तता अधिक है और बाहरी प्रभावों से प्रभावित समुदायों में एकाकिता अधिक है।
3. परम्परागत परिवारों (अर्थात् सह-निवासी व सह-भोजी नातेदारी इकाई) का आकार छोटा हो गया है।
4. हमारे समाज में प्रकार्यात्मक (functional) प्रकार का संयुक्त परिवार तब तक बना रहेगा जब तक यह साँस्कृतिक आदर्श बना रहेगा कि एक पुरुष को अपने माता-पिता व अल्प आयु भाई-बहनों की देखभाल करनी है।

स्पष्ट रुप से यह तो बताना सम्भव नहीं है कि भारतीय परिवार में परिवर्तन कब प्रारम्भ हुए। वास्तव में परिवार व्यवस्था कभी भी स्थिर नहीं रही है और बीसवीं शताब्दी में परिवर्तन धीरे-धीरे होता रहा है। बीसवीं शताब्दी के तीसरे दशक के अन्त तक ऐसी कोई भी राजनैतिक, सामाजिक, या औद्योगिक शक्ति नहीं थी जो भारतीय परिवार के स्वयं लागू किए गए एकाकीपन (isolation) को शेष विश्व के परिवारों से तोड़ सके। वस्तुतः 20 वीं शताब्दी के चौथे दशक से, विशेषतः स्वतंत्रता के पश्चात से, परिवर्तन स्पष्ट दृष्टिगोचर होने लगे।

अब यह कहा जा सकता है कि "परम्परागत" से "संक्रमणशील" (transitional) परिवार में होने वाले परिवर्तन की प्रवृत्तियां इस प्रकार हैं: (1) नव-स्थानीय आवास (2) प्रकार्यात्मक संयुक्तता (3) व्यक्तियों में समानता (4) महिलाओं के लिए समान दर्जा (5) संयुक्त जीवन-साथी चुनाव (6) परिवार के आदर्शों/प्रतिमानों का कमजोर होना।

नव-स्थानीय आवास (Neo-Local Residence)

विवाह के बाद कुछ बच्चे अपने माता-पिता के साथ रह सकते हैं लेकिन शीघ्र ही वे अलग रहना पसन्द करते हैं। नव दम्पत्ति एवं उनके परिवार अपने कार्य-स्थान के अनुरुप अपने आवास का निर्धारण करते हैं। अतः नव-स्थानीय आवास अधिक से अधिक सामान्य होते जा रहे हैं। कभी-कभी ये नव-स्थानीय परिवार किसी घटनावश अपने माता-पिता के परिवार में लौट आते हैं, लेकिन अक्सर

वे नहीं लौटते।

प्रकार्यात्मक संयुक्तता (Functional Jointness)

नव-स्थानीय आवास से तृतीयक तथा दूर के नातेदारों से सम्बन्ध कमजोर तो होते हैं, किन्तु पृथक रहने वाले प्राथमिक व द्वितीयक नातेदारों से नहीं। विवाहित पुत्र अपने माता-पिता एवं भाई-बहनों के प्रति अपने कर्त्तव्यों का निभाना जारी रखते हैं। उनके ये सम्बन्ध न केवल कर्त्तव्यों के निर्वहन मात्र के लिए बने रहते हैं, बल्कि उनके प्रति श्रद्धा व स्नेह के कारण भी। नव स्थानीय परिवारों की यह विशेषता रहती है कि वे अपने प्राथमिक व द्वितीयक रिश्तेदारों के साथ आवश्यकता पड़ने पर (बीमारी, बुढ़ापा, बेरोजगारी, आदि में) आपसी सहयोग एवं आर्थिक सहयोग करते रहते हैं।

व्यक्तियों में समानता (Equality of Individuals)

पति, पत्नी एवं अन्य सदस्यों को समान व्यवहार देना बड़े स्तर पर वैचारिक परिवर्तन का ही एक भाग है। व्यक्तिवाद का विचार जिसमें समूह (परिवार) से अधिक पहत्व व्यक्ति को दिया जाता है लगभग समस्त विश्व में बढ़ता जा रहा है। अतः परिवार में कुलपिता (patriarch) व माता-पिता अपनी सत्ता को बच्चों पर थोपते नहीं हैं, बल्कि बच्चों को अपने साधनों व लक्ष्यों के चुनाव की पूर्ण स्वतंत्रता प्रदान करते हैं। व्यक्ति की योग्यता को मान्यता प्रदान की जाती है और नये परिवार में उसकी इच्छाओं को महत्वपूर्ण माना जाता है। व्यक्ति की प्रस्थिति उसकी अपनी उपलब्धियों से बनती है, न कि उसकी आयु और सम्बन्ध से। इस तरह हर परिवार का दर्जा हर पीढ़ी के लिए नये सिरे से निश्चित होता है।

महिलाओं के लिए समान दर्जा (Equal Status for Women)

संयुक्त परिवारों को महिलाओं की आधीनता से जोड़ा जाता है। महिलाओं को घर के सभी कार्यों की जिम्मेदारी सौंपी जाती है और उन्हें खाना बनाने, सफाई करने, कपड़े धोने, एवं बच्चों के लालन-पालन की भूमिका में ही व्यस्त रखा जाता है। उनको मात्र यौन सहयोगी का दर्जा दिया जाता है, किन्तु पत्नी के वैधानिक व अन्य प्रकार के अधिकार नहीं दिये जाते। नये उभरते हुए परिवार इसमें परिवर्तन लाने का प्रयास कर रहे हैं। महिलाएं अब कुछ शक्ति प्राप्त कर रहीं हैं। इसके साथ सम्बद्ध तथ्य यह है कि बाल विवाह का स्थान वयस्क विवाह ने ले लिया है और लड़कियों में शिक्षा प्रसार भी तेजी से हो रहा है। विस्तृत होती अर्थ व्यवस्था में महिलाएं भी अब कार्य कर रहीं हैं तथा जीवन स्तर को उठा रहीं हैं। ऐसे परिवारों में पुरुष स्त्रियों को समान व्यवहार देने लगे हैं। यद्यपि कामकाजी महिलाओं के परिवारों में महिलाओं के लिए समान अधिकार का विचार ज़ोर पकड़ता जा रहा है, परन्तु गैर-कामकाजी महिलाओं के परिवारों में यह सब चर्चा नहीं होती है। महिलाएं क्योंकि परिवार में कोई आर्थिक योगदान नहीं देती हैं, अतः इन परिवारों में पुरुष उनसे अधिक सम्मान की अपेक्षा करते हैं। जब तक घर का कामकाज व बच्चों का लालन-पालन महिला का उत्तरदायित्व रहेगा, तब तक कोई भी परिवार व्यवस्था महिलाओं को पूर्ण बराबरी का दर्जा प्रदान नहीं करेगी।

संयुक्त जीवन-साथी चुनाव (Joint Mate-Selection)

"परम्परागत" परिवार में बच्चों के विवाह उनके माता-पिता द्वारा बच्चों से सलाह लिए बिना ही तय कर दिये जाते थे। लेकिन "संक्रमणशील" (transitional) परिवार में जीवन साथी के चुनाव में बच्चे व माता-पिता संयुक्त रुप से निर्णय करते हैं। इस संयुक्त चुनाव में संघर्ष के अवसर कम होते हैं और नव-दम्पति अपने माता-पिता से अलग गृहस्थी बसाने से पहले कुछ माह या वर्ष उनके साथ रहते हैं। नये परिवार में आने पर नव-विवाहित पत्नी को परिवार के अन्य सदस्यों से अधीन दर्जा मिलता है जब तक कि उसका परिवार में इतना समाजीकरण न हो जाये कि परिवार की प्रथाओं, रीति-रिवाजों का विरोध कम हो जाये। यदि नव विवाहिता अलग निवास में भी रहती है तब भी वह अपने ससुराल वालों के प्रति कर्त्तव्यों का निर्वाह करती रहती है और इस कार्य को अधिक महत्व देती है।

पारिवारिक प्रतिमानों का कमजोर होना (Weakening of Family Norms)

"संक्रमणशील" (transitional) परिवार में परिवार प्रतिमान इस सीमा तक कमजोर हो गए हैं कि अवसरों और पुरस्कारों का वितरण व्यक्ति के परिवार की सदस्यता से नहीं, अपितु उसके गुणों से निश्चित होता है। भारतीय परम्परागत परिवार की संरचना अति विशिष्टतावादी सिद्धान्त पर आधारित की गयी थी। विशिष्टतावाद (particularism) व्यक्ति की परिवार में सदस्यता के अनुसार अवसरों एवं पुरस्कारों के वितरण की व्याख्या करता है, न कि व्यक्ति के विशिष्ट गुणों या योग्यताओं के आधार पर। हमारे प्राचीन समाज में पारिवारिक सदस्यता इतनी महत्वपूर्ण थी कि परिवार के पास ही पुरस्कार और उनके वितरण का नियंत्रण होता था। किसी व्यक्ति के रोजगार के अवसर तथा कार्य जो वह करता था उसकी परिवार में स्थिति से निर्धारित होता था। श्रम-विभाजन अधिक विशिष्ट नहीं होता था और किसी भी वयस्क को किसी भी व्यवसाय के लिए काफी शीघ्रता से दक्ष (trained) बनाया जा सकता था। श्रम का यह विभाजन "प्रकार्यात्मक प्रसरण" (functional diffuseness) कहलाता है। इसके विपरीत आधुनिक औद्योगिक अर्थव्यवस्था में सार्वभौमिक कसौटी (universalistic criteria) के प्रयोग की आवश्यकता है। "सार्वभौमिकता" में विशिष्ट दीक्षा व कुशलता के आधार पर अवसरों का प्रदान किया जाना निहित है तथा इसमें परिवार और अन्य सम्बन्धों पर ध्यान नहीं दिया जाता। "प्रकार्यात्मक विशिष्टता" (functional specificity) में श्रम का विभाजन सम्मिलित है।

जैसे-जैसे भारत में आधुनिकीकरण प्रारम्भ हुआ, परिवार व्यवस्था की विशिष्टतावादी आवश्यकताएँ व्यावसायिक व्यवस्था की बढ़ती हुई सार्वभौमिक आवश्यकताओं से टकराने लगीं। परम्परागत प्रतिमानों की मांग थी कि बाहरी लोगों से सम्पर्क कम किये जायें तथा उन्होंने यह भी स्पष्ट किया कि बाहरी लोगों के साथ अनुबंधित (contractual) सम्बन्ध बंधनकारी नहीं हैं। जो उद्योगों के मालिक थे या उनके प्रबन्ध में लगे थे, उन्हें द्विविधा का सामना करना पड़ा। यदि वे परम्परागत प्रतिमानों का पालन करते तो उन्हें व्यापार में हानि होती और यदि वे सार्वभौमिक कसौटी का पालन करते तो वे दायित्वों का उल्लंघन करते और उनके परिवारों को कष्ट होता। अतः लम्बे अन्तराल के बाद परिवार को ही औद्योगीकरण की मांग के सामने झुकना पड़ा।

निष्कर्ष रुप में कहा जा सकता है कि उपरोक्त प्रवृत्तियां मात्र प्रवृत्तियां हैं। यह निष्कर्ष निकालना गलत होगा कि परम्परागत (संयुक्त) परिवार टूट रहा है और कुलपिता या माता-पिता की प्रभुता समाप्त हो रही है। दाम्पत्य-मूलक परिवार (conjugal families) कुछ शहरी व औद्योगिक क्षेत्रों में हो सकते हैं, किन्तु उनसे पुरानी व्यवहार पद्धतियों के टूटने का संकेत नहीं मिलता। दाम्पत्य मूलक परिवारोन्मुख प्रवृत्ति अभी प्रकट होनी है। ग्रामीण समुदाय इस (दाम्पत्यमूलक) व्यवस्था से अप्रभावित है।

विशिष्ट परिवार-स्वरुप को वरीयता देने के कारण (Causes of Preference for Specific Family Pattern)

लोग संयुक्त (परम्परागत) परिवार या एकाकी/ खण्डित (fissioned) परिवार को क्यों पसन्द या नापसन्द करते हैं? संयुक्त परिवार को पसन्द करने का प्रथम कारण है जीवन की विविध आवश्यकताओं और उच्च जीवन मूल्य के विरुद्ध आर्थिक सुरक्षा की इच्छा। पुरातन काल में बीमारी, वृद्धावस्था, बेरोजगारी, दुर्घटना आदि से सुरक्षा परिवार, जाति, ग्राम तथा जनहितैषी व्यक्तियों (philanthropists) द्वारा चलायी गयी संस्थाओं द्वारा प्रदान की जाती थी, लेकिन आज ग्राम तथा जाति, आदि इस प्रकार की कोई सुरक्षा प्रदान नहीं करते हैं।

कुछ स्थितियों में राज्य ने यह उत्तरदायित्व विभिन्न माध्यमों के द्वारा अपने हाथों में ले लिया है, जैसे राज्य कर्मचारी बीमा योजना, वृद्धावस्था हित योजना, कामगर क्षतिपूर्ति योजना, मातृ प्रसूति हित योजना, आदि, लेकिन ये योजनाएं कुछ ही प्रकार के औद्योगिक संस्थानों तथा कुछ निजी या सार्वजनिक संस्थानों द्वारा ही अपनाई गई हैं। यहां तक कि इन संस्थानों में कार्यरत सभी श्रमिकों को इन योजनाओं का लाभ नहीं मिलता है जब तक कि वे कुछ शर्तों को पूरा न करें। देश की कृषि पर आधारित 70% जनसंख्या के लिए इस प्रकार की कोई भी सामाजिक सुरक्षा योजनाएं नहीं हैं। इन परिस्थितियों ने हमारे समाज में व्यक्तियों को आवश्यकता के समय में सहयोग व सहायता के लिए परिवार संस्था पर ही निर्भर रहने को बाध्य किया है। द्वितीय कारण है स्त्रियों की आर्थिक स्वतंत्रता तथा उनकी नौकरी। सास-ससुर का परिवार में होने का लाभ यह है कि कामकाजी बहू की अनुपस्थिति में उसके बच्चों की देखभाल होती रहती है। तीसरा कारण यह है कि परिवार के बड़ों के प्रति आदर व स्नेह तथा छोटों के प्रति उत्तरदायित्व की भावना बनी रहती है। हमारी युवा पीढ़ी अपने वृद्धायु माता-पिता और छोटे भाई-बहनों के प्रति "धार्मिक" उत्तरदायित्वों को भले ही न समझे, लेकिन वे निश्चय ही यह तो समझते हैं कि अपने नातेदारों का समर्थन करना उनका "सामाजिक" कर्त्तव्य तो है ही। अन्तिम कारण है कि इससे परिवार के सदस्यों की शक्ति व मान-सम्मान बढ़ता है।

दूसरी ओर एकाकी परिवार तथा पृथक निवास के वरण के कारण हैं संघर्षों से बचना, पारिवारिक नियंत्रण से मुक्ति, तथा कुछ भी करने व कैसे भी रहने के लिए स्थान की प्राप्ति अधिक एकान्तता (privacy), शैक्षिणिक आकांक्षाओं एवं सामाजिक महत्वाकाँक्षाओं की पूर्ति के प्रयास, आर्थिक स्वतंत्रता प्राप्त करना, तथा स्वेच्छा से चुने हुए व्यवसाय के द्वारा उच्च जीवन-स्तर बनाना, आदि।

परिवर्तन के प्रकार्यात्मक व दुष्कार्यात्मक पक्ष (Functional and Dysfunctional Aspects of change)

परम्परागत से एकाकी या संक्रमणकालीन या खण्डित परिवार के ढाँचे में परिवर्तन के साथ-साथ एकाकी परिवार के पक्ष तथा संयुक्तता के विपक्ष की अभिरुचि में परिवर्तन प्रकार्यात्मक तथा दुष्कार्यात्मक दोनों ही है। यह प्रकार्यात्मक इसलिए है कि प्रथमतः परम्परागत (संयुक्त) परिवार पराश्रित (parasites) एवं निकम्मे (drones) लोगों को जन्म देता है। कुछ सदस्य यह सोच कर बिल्कुल काम नहीं करते कि परिवार के अन्य लोग उनको पोषण आदि देने के लिए हैं ही। ऐसा इसलिए है कि परम्परागत (संयुक्त) परिवार "सबके लिए एक और सब एक के लिए" के सिद्धान्त पर कार्य करता है। यदि एक व्यक्ति कुछ भी धनार्जन नहीं करता फिर भी उसका, उसकी पत्नी तथा बच्चों का परिवार उतना ही ध्यान रखता है जितना कि कमाने वाले सदस्य और उसके बच्चों व पत्नी का। अतः यदि इस प्रकार के सदस्य काम की तलाश भी करते हैं तो वह आधे मन से ही। यह स्थिति परिवार में सन्देहों, विवादों, गलत-फहमियों, और झगड़ों को जन्म देती है जिससे सदस्यों के सामंजस्यपूर्ण सम्बन्ध व परिवार का संगठन ही समाप्त हो जाता है। (ii) द्वितीयतः, संयुक्त परिवार व्यक्तिवाद को रोकता है। युवक अपने अधिकारों एवं प्रस्थिति के प्रति सचेत हो गये हैं और परिवार के भीतर भी सम्बन्धों के पुनरावलोकन की मांग करते हैं। किन्तु परिवार के वयस्क लोग परम्पराओं में विश्वास के कारण इसको इन्कार करते हैं जिससे युवकों की कठिन परिश्रम करने तथा आगे बढ़ने की चाह कम हो जाती है। (iii) तृतीयतः, संयुक्त परिवार विवादों एवं मन मुटावों की स्थली है। जिस स्त्री का पति अधिक कमाता है वह उत्तेजित होती है, विवाद करती है, विद्रोह करती है और पृथकता की मांग करती है। परिवार में अधिकतर झगड़े संकीर्ण, सन्देह करने वाली, रुढ़िवादी, ईर्ष्यालु, अन्ध-विश्वासी, बातूनी व झगडालू महिलाओं के कारण होते हैं। स्त्रियों के बीच कामकाज का असमान वितरण, बच्चों का लालन-पालन तथा बुजुर्गों द्वारा स्त्रियों के साथ भेदभाव पूर्ण व्यवहार भी विवाद का कारण बन जाता है। फिर, संयुक्त परिवार की प्रकृति ही कुछ ऐसी है कि सदस्यों के बीच तनाव उत्पन्न हो जाता है क्योंकि या तो वे परिवार द्वारा प्रदत्त कर्त्तव्यों और भूमिकाओं के साथ सामन्जस्य करने के लिए इच्छुक नहीं रहते हैं या फिर संयुक्त परिवार उन सदस्यों को समायोजित करने में असमर्थ होता है जो कि परम्परागत स्वरुप से थोड़ा हट कर चलते हैं। (iv) अन्ततः, संयुक्त परिवार महिलाओं की स्थिति को प्रतिकूल रुप से प्रभावित करता है। उन्हें अथक परिश्रम करना पड़ता है और बच्चों के लालन-पालन में उनकी कोई आवाज नहीं होती। वे दमन अनुभव करती हैं तथा भावात्मक तनावों से पीड़ित रहती है।

संयुक्त (परम्परागत) परिवार में परिवर्तन निम्न कारणों की वजह से दुष्कार्यात्मक (dysfunctional) हैं: (i) प्रथमतः, इससे भूमि के छोटे-छोटे टुकड़े हो जाते हैं जिससे कृषि उत्पादन तथा देश की राष्ट्रीय आय भी प्रभावित होती हैं। एक अनुमान के अनुसार 55 से 60% कृषकों के पास 5 एकड़ से भी कम भूमि है, 35 से 40% के पास 5 से 25 एकड़ तक तथा केवल 5 से 10% के पास 25 एकड़ से अधिक भूमि है। अतः 5% खेतिहर ही पूर्णतः खुशहाल हैं, 9% काफी अच्छे हैं और 86% बहुत बुरे हाल में हैं। संयुक्त परिवार में विखण्डन से सम्पत्ति के बंटवारे की आवश्यकता बढ़ जाती है और भूमि के छोटे-छोटे टुकड़े होना आवश्यक हो जाता है जिससे कृषकों

को वैज्ञानिक विधियों का प्रयोग करना लगभग असम्भव हो जाता है। इससे कृषि उत्पादन बुरी तरह प्रभावित होता है और परिवार के आर्थिक स्तर एवं समाज की आर्थिक प्रगति भी प्रभावित होती है। (ii) द्वितीयत:, आवासीय संयुक्तता के विखण्डन ने हमें नकारात्मक अर्थों में प्रभावित किया है क्योंकि संयुक्त परिवार कमजोरों और वृद्धों की शरण-स्थली थी। यद्यपि सरकार ने हाल के वर्षों में वृद्धों, बीमारों, अपंगों तथा बेरोजगारों के लिए सामाजिक सुरक्षा प्रदान करने के लिए अनेक योजनाएं प्रारम्भ की हैं (जैसा कि ऊपर बताया गया है), फिर भी हमारे देश की जनसंख्या का एक अधिक भाग इन लाभों से वन्चित रह जाता है। इस कारण बहुत से लोग वांछित संरक्षण के लिए परिवार पर ही निर्भर रहते हैं। वास्तव में, संयुक्त परिवार में प्रत्येक सदस्य को ऐसा वातावरण प्रदान किया जाता है जिसमें वह अपने अस्तित्व की ही नहीं, बल्कि धार्मिक और मनोरंजन सम्बन्धी आवश्यकताओं की भी पूर्ति करता है। (iii) तृतीयत:, नये उभरते हुए आवासीय एकाकी परिवार में एक व्यक्ति प्रेम, विश्वास और बलिदान के मूल्यों को विकास करने में इतना समर्थ नहीं होता है जितना कि संयुक्त परिवार में होता है। ऐसी एकीकरण की प्रक्रिया के प्रशिक्षण ने हमें वांछित जीवन अनुभव प्रदान किया है और हमारी सामाजिक परिपक्वता में वृद्धि की है जिससे हमारे व्यक्तित्व के विकास को अवसर मिला। इन्हीं लाभों के कारण कहा जाता है कि परम्परागत (संयुक्त) पारिवारिक जीवन बालपन में विद्यालय, यौवन में सुरक्षा कवच, वृद्धावस्था में सान्त्वना, तथा हर समय पूज्यनीय, सम्माननीय व श्रद्धास्पद संस्था है।

परम्परागत (संयुक्त) परिवार का भविष्य [Future of Traditional (Joint) Family]

भारत में परम्परागत (संयुक्त) परिवार जल्दी समाप्त होने वाला नहीं है। कापड़िया (1966: 331) ने भी अनुभव किया है कि संयुक्त परिवार के शीघ्र टूटने की धारणा निराधार है। यह (संयुक्त परिवार) न केवल अर्ध-औद्योगिक कस्बों में ही मजबूत है, बल्कि बड़े नगरों में संकेन्द्रित (concentrated) समुदायों में भी प्रबल है। *अत: संयुक्त परिवार विघटित नहीं हुआ है, अपितु अनेक दबावों एवं तनावों के बीच से गुजर रहा है और इसका भविष्य अन्धकारमय नहीं है*। विभिन्न पीढ़ियों के बीच अनेक झगड़ों के होते हुए भी आगे आने वाली पीढ़ी के लोगों में परम्परागत (संयुक्त) परिवार के प्रति अच्छी भावना है। उनमें अनुशासन के प्रति आदर, पारिवारिक कार्यों में सहयोग, तथा पारिवारिक पर्यावरण में सन्तोष की सामान्य भावना पायी जाती है।

एलिन रास (Aileen Ross, 1961:51) का मत बिल्कुल भिन्न है। उनका कहना है कि यदि पृथक रहने वाले परिवार लम्बे समय तक एक दूसरे के निकट सम्पर्क में न आएं तो पारिवारिक दायित्व व सदस्यों के प्रति भावात्मकता की भावना कमजोर होती जायेगी और पूर्व कुलपिता (patriarch) की सत्ता टूट जायगी। ऐसा होने पर बड़े नातेदारी समूह के साथ पहचान को बनाए रखने के लिए कुछ भी शेष बचा न रह जायेगा।

इस लेखक का मत है कि उन कारणों को उचित महत्व अवश्य दिया जाना चाहिए जो परिवार संरचना के स्वरुप को समय के साथ प्रभावित करते हैं। इनमें से पांच अति महत्वपूर्ण कारक इस प्रकार हैं: (1) पुत्र विवाह और बहू का परिवार में प्रवेश, (2) वरिष्ठ पुरुष/स्त्री सदस्य का देहान्त, (3) किसी अन्य स्थान में उच्च पद वाला कार्य मिल जाना, (4) परिवार की आर्थिक स्थिरता में बाधा उत्पन्न होना,

और (5) भाइयों के संघर्ष, भाई-बहन बन्धनों में विच्छेद, तथा व्यक्ति का समरेखीय स्वजनों के प्रति दायित्वों से वैवाहिक दायित्वों की ओर झुकाव। इस प्रकार प्रत्येक परिवार में विकास चक्र (developmental cycle) की क्षमता होती है। यद्यपि संयुक्त परिवार भारतीय पारिवारिक संगठन का एक सांस्कृतिक आदर्श है, फिर भी परिवार को एक स्थाई इकाई के रुप में नहीं देखा जा सकता। हिन्दू/ भारतीय परिवार में क्योंकि नातेदारी के दायित्वों की उपेक्षा नहीं की जा सकती, इसलिए लघु विस्तारीय (small range), मध्यम विस्तारीय (intermediate range), और विस्तृत विस्तारीय नातेदारी (large range kinship) परिवार और साथ ही आश्रित तथा स्वतंत्र एकाकी परिवार भी हो सकते हैं। अतः हम अधिक स्वतंत्र विखण्डित (independent fissioned) परिवारों की, जो नातेदारों और परम्परागत (संयुक्त) परिवार के हितों से विलग हों, कुछ दशाब्दियों के बाद भी कल्पना नहीं कर सकते, भले ही शैक्षिक एवं औद्योगिक प्रगति हमारे देश में कितनी ही क्यों न हो जाये।

अन्तः पारिवारिक सम्बन्धों में परिवर्तन (Change in Intra-Family Relations)

परिवार की संरचना में परिवर्तन के उपरान्त, अब हम अन्तःपारिवारिक तथा पारस्परिक पारिवारिक सम्बन्धों में परिवर्तन का विश्लेषण करेंगे। भारत में परम्परागत (संयुक्त) परिवार विविध महत्वपूर्ण सम्बन्धों के चारों ओर, जैसे, बच्चों व माता-पिता के बीच तथा पति-पत्नी, सास-बहु, व भाई-भाई आदि रिश्तों के बीच संगठित था। हाल के कुछ वर्षों में इन रिश्तों में काफी परिवर्तन आए हैं। इन रिश्तों के हर श्रेणी में आए परिवर्तनों का विवेचन उचित होगा।

माता-पिता व बच्चों के सम्बन्ध (Relations Between Parents and Children)

परम्परागत परिवार में पिता व पुत्र के बीच के सम्बन्ध स्नेह की अपेक्षा भय तथा आदर पर अधिक आधारित थे। पिता के प्रति ये भाव इतने प्रबल होते थे कि एक प्रभावी बन्धन स्वयं बन जाता था। आज इस सम्बन्ध को इन बिन्दुओं के प्रकाश में देखा जा सकता है: (i) सत्ता-अधिकार, (ii) समस्याओं पर विचार विमर्श की स्वतंत्रता, (iii) बच्चों द्वारा माता-पिता का विरोध, और (iv) दण्ड देने के तरीके।

परम्परागत परिवार में शक्ति और सत्ता के बीच विपरीत सम्बन्ध था। सत्ता पीढ़ी, लिंग व सापेक्ष आयु पर आधारित होती थी और पुरानी पीढ़ी के वृद्ध पुरुष के हाथों में होती थी। कुलपिता (परिवार का मुखिया) वस्तुतः सर्वशक्तिशाली होता था। वह ही यह निश्चित करता था कि बच्चों को कहाँ शिक्षा दी जाये और उन्हें क्या व्यवसाय करना है। जीवन-साथी का चुनाव भी उसी के हाथ में था। वह किसी भी मामले में बच्चों से सलाह लेने को बाध्य नहीं था। छोटों द्वारा अपने वरिष्ठ स्वजनों से बहस करना या जबाब देना बुरा व्यवहार गिना जाता था। उनसे यह आशा की जाती थी कि वे अपने से बड़ों के आदेशों व कार्यों के संबंध में कोई प्रश्न नहीं करेंगें। यह आशा इस पर आधारित थी कि पूर्व पीढ़ी तथा इसी पीढ़ी के किसी बड़े व्यक्ति को पूरा सम्मान दिया जाना चाहिये।

परिवार की सब से बड़ी महिला के पास भी इतनी शक्ति होती थी कि कई मामलों में उसका निर्णय अन्तिम होता था; उदाहरणार्थ गृह-प्रबन्धन में। कैथलीन गफ (Kathleen Gough) ने भी

1952 में तन्जौर ग्राम के अपने अध्ययन में पाया (देखें, मैकिम मेरियट, 1955:44) कि प्रत्येक पितृवंशीय विस्तृत परिवार में सभी सदस्य सबसे बूढ़े की आज्ञा मानते हैं। डेविड मैण्डलबाम (David Mandelbaum) ने भारतीय परिवार के विश्लेषण में बताया है (देखें, रुथ ऐंशेन, 1949:94) कि दादा मृत्यु तक सिद्धान्ततः परिवार का मुखिया बना रहता था। यह उसे अपनी पत्नी, बच्चों, छोटे भाइयों और बहनों पर पूरा अधिकार देता था; यहां तक कि जो सदस्य अन्यत्र चले जाते थे वे भी सिद्धान्ततः परिवार के ही सदस्य रहते थे तथा दादा के नियंत्रण में रहते थे, वह व उनके प्रतिदिन के कार्यों व मामलों की निगरानी नहीं कर पाता था। दादा की मृत्यु के बाद उसकी सत्ता परिवार के सबसे बड़े पुरुष सदस्य के हाथों में चली जाती थी। युवाओं के कुल-पिता व अपने माता-पिता के प्रति असीमित उत्तरदायित्व होते थे। क्योंकि परिवार के प्रत्येक वरिष्ठ व्यक्ति की स्थिति व पद में सुधार होता जाता था इसलिए इस व्यवस्था के विरोध का अवसर ही नहीं आता था।

लेकिन ऐसा प्रतीत होता है कि आज के शहरी व शिक्षित परिवारों में दादा की सत्ता कम होती जा रही है। सबसे बड़ा सदस्य अब कुल-पिता नहीं रहा जैसा कि दो पीढ़ी पूर्व हुआ करता था। नई विचारधारा और नये व्यवसाय चुनाव के अवसरों ने काफी अन्तर पैदा कर दिया है। सत्ता का हस्तान्तरण अब कुल-पिता से बच्चों के पिता में होता जा रहा है जो अपने बच्चों से हर मामलें में, निर्णय लेने के पूर्व, सलाह लेते हैं। इस परिवर्तन के सन्दर्भ में रास (Ross, 1961:93) ने भी कहा है कि उनके अध्ययन से यह पता नहीं चलता है कि संयुक्त परिवार के जीवन में पितामह अब उतने प्रभावी नहीं हैं जितना आशा की जाती थी। उनके अध्ययनं किए गये 157 प्रकरणों में से 6.3% में सत्ता दादा के हाथ में थी, 59.2% में पिता के हाथ में थी, 12.1% में मां के हाथ में थी, तथा 22.4% में सभी वयस्क संयुक्त रुप से सत्ता में थे। यह अध्ययन दादा से पिता व माता की ओर सत्ता परिवर्तन दर्शाता है।

एम.एस. गोरे ने भी 1961 में अपने अध्ययन में उत्तरदाताओं से पूछा था कि उनके परिवार में स्कूल भेजने, व्यवसाय चुनने तथा बच्चों के लिए वर वधू चुनने में किसका निर्णय माना जाता है। उन्होने पाया कि बहुत अधिक मामलों में बच्चे निर्णय लेने के लिए स्वतंत्र नहीं हैं। इस आधार पर गोरे (1968:138) ने कहा कि यह तथ्य स्पष्ट होता है कि परिवार के जिन सदस्यों के बारे में निर्णय लिया जाता है, उनमें से थोड़े से सदस्य निर्णय अपने हाथ में रखते हैं, फिर चाहे वह निर्णय व्यवसाय, शिक्षा या जीवन-साथी के चयन से सम्बंधित ही क्यों न हो।

तथापि, बच्चे अपनी समस्याओं पर अपने माता-पिता से बहस अवश्य करते हैं। गोरे ने एक सौ उत्तरदाताओं के अतिरिक्त प्रतिदर्श में पाया कि 63% बच्चे अपनी समस्याओं पर अपने माता-पिता से खुलकर विचार-विमर्श कर लेते थे, 11% बिल्कुल नहीं करते थे, और 19% बातचीत करते तो थे, लेकिन अन्तिम निर्णय परिवार के सबसे बड़े पुरुष पर छोड़ते थे (वही, 153)।

कापड़िया (1966: 323) ने हाई स्कूल के किशोर छात्रों के अध्ययन में पाया कि 58% उत्तरदाता भोजन के समय या अन्य किसी समय अपने माता-पिता से स्वतंत्रतापूर्वक बातचीत करते थे। अपनी समस्याओं पर खुलकर बातचीत करने की स्वतंत्रता ग्रामीण क्षेत्रों के बच्चों की अपेक्षा शहरी क्षेत्रों में अधिक मिलती है।

मार्गरेट कारमैक (Margaret Cormack) (1969) ने भी 500 छात्रों के अध्ययन में पाया

कि आज के बच्चे अधिक स्वतंत्र हैं। वे अपने बड़ों के सामने खुलकर बोलते हैं, अपनी इच्छानुसार पैसे खर्च करते हैं, अपने वस्त्र स्वयं चुनते हैं तथा बिना किसी के साथ भी बाहर चले जाते हैं। जब उन्होंने अपने उत्तरदाताओं से पूछा कि वे अपने बच्चों का पालन-पोषण किस प्रकार करेंगे, 47% ने कहा कि उन्हें अधिक आजादी देकर, 39% ने कहा जैसे उनका स्वयं का पालन-पोषण हुआ था और केवल 3% ने कहा कि वे बच्चों को कम आजादी देंगे।

आज बच्चे न केवल अपनी समस्याओं पर अपने माता-पिता से बातचीत करते हैं, बल्कि जब कभी उनकी विचारधारा का टकराव होता है तो वे उनका विरोध भी करते हैं। कारमैक ने इस सम्बन्ध में पाया कि 55% छात्र कभी-कभी अपने माता-पिता का विरोध करते थे, 6% अक्सर, 33% कभी नहीं। आई.पी.देसाई (1953) ने भी पूना के हाई स्कूल के छात्रों के अध्ययन में पाया कि समकालीन परिवार में माता-पिता व बच्चों के सम्बन्ध काफी तनावपूर्ण हैं। लगभग 168 उत्तरदाताओं ने उन्हें बताया कि कई बार उनकी इच्छा हुई कि वे अपना घर छोड़ दें। इनमें से 117 ने इसके कारण भी दिए। 64.1% ने घर से इस कारण अलग होना चाहा क्योंकि उनके माता-पिता का उनके प्रति व्यवहार अपमानजनक, अन्यायपूर्ण एवं खराब था, 18.8% परिवार के संवेदनहीन वातावरण तथा उससे उत्पन्न तनाव के कारण, 10.2% परिवार में कलह के कारण, और 6.9% ने कुछ अन्य कारण बताए। पुरानी व नयी पीढ़ी के बीच संघर्ष के कारण थे: (i) युवा पीढ़ी में इस विश्वास के कारण कि बड़े लोग उनसे अधिकारवादी, अन्यायपूर्ण, तथा अनुचित व्यवहार करते हैं; (ii) युवा पीढ़ी में इस बढ़ते विश्वास के कारण कि वे लोग अपने माता-पिता से सांस्कृतिक रुप से अधिक आगे हैं; (iii) युवा पीढ़ी के इस विश्वास के कारण कि बड़ों की तुनुकमिजाजी, स्वभाव की कठोरता, बल प्रयोग व अवैध माँग के कारण उनकी व्यक्तिगत स्वतंत्रता को दबाया जा रहा है; (iv) इस विश्वास के कारण कि उनकी आकांक्षाएं बड़े लोग पूरी नहीं करते हैं; (v) सामाजिक रीतियों और धार्मिक विश्वासों के प्रति अभिवृत्तियों में अन्तर के कारण।

बच्चों व माता-पिता के सम्बन्धों को कुछ वैधानिक उपायों ने भी प्रभावित किया है। आज माता-पिता अपने बच्चों को पैतृक सम्पत्ति से वन्चित नहीं कर सकते। 1956 के हिन्दू उत्तराधिकार अधिनियम के अनुसार बिना वसीयत किए एक हिन्दू के मरणोपरान्त उसकी सम्पत्ति उसके कुछ निश्चित उत्तराधिकारियों को मिलेगी।

सम्भवत: परिवर्तित हो रहे सम्बन्धों के कारण ही आजकल माता-पिता अपने बच्चों को दण्डित करने के लिए पुराने तरीकों को नहीं अपनाते। इस सन्दर्भ में कारमैक (1969) ने पाया कि आजकल माता-पिता अपने बच्चों को दण्डित करने के जो तरीके अपनाते हैं वे हैं: डांट-फटकार, पिटाई, बाहर जाने से रोकना, मिठाई या खिलौने न दिलाना, या कमरे में अकेला छोड़ देना, आदि। रास (1961:122) ने पाया कि माता-पिता बच्चों को डांट फटकार, तर्क या थप्पड़ के द्वारा दण्डित करते हैं।

माता-पिता व बच्चों के सम्बन्धों में इन सामान्य परिवर्तनों के अलावा आजकल माता व पुत्री के सम्बन्धों में उल्लेखनीय परिवर्तन आया है, क्योंकि पुत्री का विवाह अल्पायु में नहीं होता और वह अपनी माँ के साथ काफी लम्बे समय तक रहती है।

माता-पिता व बच्चों के बीच सम्बन्धों में इन परिवर्तनों के बावजूद भी बच्चों का मानस इस

प्रकार का है कि वह केवल स्वयं की भलाई, सुख, प्रस्थिति व एकान्तता के बारे में न सोचकर अपने परिवार के सन्दर्भ में ही सोचता है। आज भी वह अपने माता-पिता व अपने चारों ओर के परिवार के सदस्यों को स्थाई (सदस्य) मानता है और जो उसे इस संसार में लाये हैं और जो उसके लिए बहुत प्रिय व निकट हैं उनसे अलग होने की बात शायद ही कभी सोचता है। आज भी युवावर्ग बड़ों के प्रति आदर दर्शाता है। उनका दृष्टिकोण भय से अधिक आदर से प्रेरित होता है। दो पीढ़ियों में सौहार्द बना हुआ है। समकालीन परिवार में बड़ों का स्वामित्व भाव कम प्रतीत होता है। कापड़िया (1959:292) ने इसकी चर्चा करते हुए लिखा है कि वर्तमान परिवार में युवा लोगों का अधिक अनुपात अपने माता-पिता और अभिभावकों के साथ भय और प्रतिबन्ध व पाबन्दी कम अनुभव करता है। बड़े भी पहले की तरह अपने बच्चों पर परम्परागत तरीकों को थोंपने का प्रयत्न नहीं करते। इस प्रकार बच्चे अपने बड़ों द्वारा मत और विचारों को थोपा जाना पसन्द नहीं करते। वे चाहते हैं कि उनकी मन्त्रणा ली जाये व उनकी राय को यथा सम्मान दिया जाये। एलिन रास भी कहती हैं कि अतीत की तरह विवाद के बाद, नयी पीढ़ी पुरानी पीढ़ी के प्रभुत्व को स्वीकार नहीं करती।

लेकिन माता-पिता और सन्तान के सम्बन्धों में जो कुछ भी परिवर्तन हुए हैं, उनका कुछ समाजशास्त्रीय अर्थ व संकेत है। पहला, बच्चे के सामाजीकरण की प्रक्रिया प्रभावित हुई है। दूसरा, आज परिवार के हित के बजाय व्यक्ति की योग्यता एवं दक्षता उसकी जीवन-दिशा को निर्धारित करती है। तीसरा, अधिक स्वच्छन्दता के कारण आज बच्चे काम के लिए अधिक प्रेरणा और आकांक्षाओं को पूरा करने के लिए अधिक अवसर पाते हैं।

पति पत्नी के बीच के सम्बन्ध (Relations between Husband and Wife)

पुरातन परिवार में पति-पत्नी के बीच के सम्बन्ध संस्थात्मक दृष्टि से कमजोर होते थे। पत्नी को बाहरी समझा जाता था, जिसके साथ घनिष्ट स्नेह परिवार के लिए घातक सिद्ध हो सकते थे। समय के साथ-साथ, पुत्रों को जन्म देने पर, या सास की सीख व उपदेशों के प्रभाव के बाद पत्नी परिवार में रुचि लेती थी जो कि लगभग उसके पति के समान होती थी। पति-पत्नी के बीच सच्चा स्नेह विकसित हो जाता था, भले ही विवाह माता-पिता द्वारा रचाया गया हो। जैसे ही पत्नी स्वयं सास बन जाती तो पिता पुत्र सम्बन्धों के बाद यह वैवाहिक सम्बन्ध दूसरी प्रबल शक्ति हो जाता था।

आजकल पति-पत्नी के बीच का सम्बन्ध निश्चित रुप से परिवर्तित हुआ है। समकालीन भारतीय परिवार की हमारी परिकल्पना पति-पत्नी के सम्बन्धों के सन्दर्भ में इन विशिष्टताओं को दर्शाती है: (i) पति की सत्तात्मक भूमिका (power role) में पत्नी को स्थानान्तरित करके नहीं, अपितु उसके साथ सहभागिता से कुछ कमी आई है; (ii) पति-पत्नी के बीच अभिव्यक्तिमूलक भूमिका (expressive role) में सहयोग की मात्रा में वृद्धि हुई हैं; (iii) पति की साधमूलक- भूमिका (instrumental role) में कमी जो कि पत्नी को देकर नहीं, अपितु उसके साथ सहभागी बन कर बांटी जाती है; (iv) शहरी शिक्षित परिवारों में सीमित रुप में सहचारिता (companionship) की भावना उन्पन्न हुई है, जो ग्रामीण परिवार में बिल्कुल नहीं पायी जाती।

हम अपनी प्राक्कल्पना का विवेचन पति-पत्नी के संबंधों का तीन बिन्दुओं के आधार पर विश्लेषण करेगें: (क) निर्णय करने में शक्ति आवंटन (ख) निकटता (ग) मुक्ति व उद्धार

(emancipation)

शक्ति आवण्टन (Power Allocation)

भारतीय परिवार में जिस प्रमुख परिवर्तन की आज चर्चा है वह है एक तरफा पुरुष-सत्ता (one-sided male authority) से पति-पत्नी में सत्ता की हिस्सेदारी (sharing of power) में परिवर्तन। यह परिवर्तन इस कारण महत्वपूर्ण है क्योंकि इससे एक ओर विवाह में उनकी भूमिका प्रभावित हुई है और दूसरी ओर उनके सम्बन्धों के अन्य पहलुओं पर भी प्रभाव पड़ा है।

परिपाटी के अनुसार परिवार में पति ही मनमाने रुप से निर्णय करने वाला व्यक्ति माना जाता है और वही परिवार की नीतियों का निर्देशक भी होता है। पति की इस उच्च स्थिति का पता किसी भी पत्नी के तीन प्रश्नों के उत्तरों से चलता है: (i) तुम और तुम्हारे पति में से कौन अधिक प्रभावशाली है; (ii) तुम में से परिवार में कौन अधिक महत्वपूर्ण है ? (iii) पारस्परिक हित के मामलों में निर्णय कौन करता है ? श्रेष्ठता के इस क्षेत्र में लगभग सभी पत्नियां अपने पति को ही श्रेय देती हैं। लेकिन जब प्रश्न आता है कि (i) परिवार-व्यय का बजट कौन बनाता है, (ii) बच्चों को अनुशासित कौन बनाता है और कौन उन्हें मार्ग-दर्शन देता है तो अधिकतर प्रकरणों में यद्यपि श्रेष्ठता का नहीं तो बराबर की भूमिका का पता चलता है। पति की साधनमूलक भूमिका इस आशा पर आधारित होती है कि वही परिवार के पालन के लिए मूल रुप से उत्तरदायी ठहराया जायेगा। पति की साधक भूमिकाएं इन (भूमिकाओं) से प्रतीत होती हैं: बच्चों की शिक्षा की प्रारम्भिक जिम्मेदारी लेना, बच्चों को स्कूल से मिले गृह कार्य में सहायता करना, सामाजिक चुनाव में दक्षता, और अपनी पत्नी से अधिक आक्रामक होना। दूसरी तरफ पत्नी की अभिव्यक्तिमूलक (expressive) भूमिका यह है कि वह परिवार में पैदा होने वाले संघर्षों में मध्यस्थता करे। पति-पत्नी के बीच शक्ति सन्तुलन के मूल्यांकन तथा परिवार के सभी निर्णयों में उनके प्रभाव का आंकलन करने के लिए हम निर्णय लेने सम्बन्धी कुछ चुने क्षेत्र ले सकते हैं तथा पता लगा सकते हैं कि कौन अन्तिम निर्णय लेता है। इनमें से कुछ क्षेत्र इस प्रकार हो सकते हैं: (i) पति अपने माता-पिता को धन भेजे या नहीं और अगर हां तो कितना; (ii) पत्नी काम पर जाये या छोड़ दे; (iii) स्कूटर या बीमा पालिसी जैसी वस्तु खरीदी जाये या नहीं ? इन प्रश्नों के सम्भावित उत्तर हो सकते हैं: (अ) पति ही हमेशा (ब) पत्नी से अधिक पति (स) पति-पत्नी बिल्कुल एक से (द) पति से अधिक पत्नी (ई) पत्नी सदैव। इस धारणा को पहले से ही मान लेना है कि समकालीन पति-पत्नी विशेष रुप से आवासीय एकाकी और लघु संयुक्त परिवारों में, किसी निर्णय पर पहुंचने से पूर्व आपस में अक्सर बातचीत करते हैं। पितृसत्तात्मक (patriarchal) परिवार में पति मत जानने के एक साधन के रुप में अपनी पत्नी से परामर्श लेता है जिससे वह अन्तिम निर्णय लेने से पूर्व पत्नी की सलाह को एक आधार मान सके। महत्वपूर्ण प्रश्न यह नहीं है कि विचार-विमर्श में भाग कौन ले रहा है, परन्तु यह है कि "अन्तिम" निर्णय कौन लेता है।

इन सब क्षेत्रों के योग द्वारा कि कौन कितने क्षेत्रों में अन्तिम निर्णय लेता है, हम पता लगा सकते हैं कि परिवार पति-प्रभुत्व वाला (जिसमें पति अन्तिम निर्णय लेता है) या पत्नी-प्रभुत्व वाला (जिसमें पत्नी अन्तिम निर्णय लेती है) या समतावादी (जिसमें दोनों मिल कर निर्णय लेते हैं) है। समतावादी परिवार के फिर दो उप-प्रकार हैं: (अ) समन्वयवादी (syncretic) परिवार जिसमें पति और पत्नी

अधिकांशः मिल कर हर निर्णय लेते हैं, और (ब) स्वायत्ततावादी (autonomic) परिवार जिसमें पति-पत्नी दोनों को निर्णय लेने के लिए अलग-अलग क्षेत्र बराबर में दिये जाते हैं।

पूर्व कालीन ऐतिहासिक परिस्थितियों में पति की आर्थिक व सामाजिक भूमिकाएं ही उसे स्वयमेव श्रेष्ठता प्रदान करती थीं। आधुनिक परिस्थितियों में स्त्री-पुरुषों की भूमिकाओं में विशेष कर नगरीय क्षेत्रों में परिवर्तन इतना आया है कि वे 'सम्भाव्य समान' (potential equals) हैं। अब यह मान लेना सम्भव नहीं है कि क्योंकि पुरुष पुरुष है, इसलिए मालिक (boss) है। आज शक्ति के स्त्रोत "संस्कृति" से उस ओर हट गए है जिसे राबर्ट ओ ब्लड (Robert O' Blood, 1968: 54-62) ने "साधन" (resource) कहा है। "साधन" की परिभाषा इस प्रकार की गई है: "कोई भी वस्तु जो एक पार्टनर दूसरे की सहायता के लिए उपलब्ध करावे जिससे दूसरा पार्टनर अपनी आवश्यकताओं की पूर्ति को या लक्ष्यों को प्राप्त कर सके"। इस आधार पर शक्ति सन्तुलन उस पार्टनर के पक्ष में होगा जो विवाह की सफलता के लिए अधिक साधन जुटा सकेगा। सन्तुलन का मूल्यांकन करने की यह प्रक्रिया चेतन प्रक्रिया नहीं है, बल्कि यह तो एक स्वतः पुनः सामन्जस्य की प्रक्रिया है जो तब होती है जब योगदान करने वाले व्यक्ति को पता लगता है कि वह तो विवाह की सफलता के लिए बहुत कुछ दे सकता है जब कि प्राप्तकर्ता जो कुछ उसे मिला है और भविष्य में जो कुछ प्राप्त करने की उसे आशा है उसके लिए अनुग्रहीत अनुभव करता है। इस प्रकार साधन-हीन साथी का प्रभाव स्वयं ही कम हो जाता है।

शक्ति आवंटन में "संसाधन" के तत्व पर जोर देने का अर्थ यह नहीं है कि "संस्कृति" जिसे मैक्स बेबर ने 'परम्परागत सत्ता' कहा है, का महत्व ही समाप्त हो गया है। वास्तव में, आज यद्यपि दोनों कारक (संसाधन और संस्कृति) महत्वपूर्ण हैं, किन्तु हमारे समाज में दोनों में से "संसाधन" की तुलना में "संस्कृति" अधिक प्रभावपूर्ण है। पति-पत्नी के सम्बन्धों के विश्लेषण में इन दोनों कारकों का प्रयोग करते हुए यह कहा जा सकता है कि यद्यपि हमारे परिवार अभी भी पति-सत्ता-मूलक (husband-dominant) बने हुए हैं, फिर भी पति-पत्नी के रिश्तों में कुछ परिवर्तन अवश्य आया है जो इस तथ्य से स्पष्ट है कि किसी भी अन्तिम निर्णय पर पहुंचने से पहले पति अपनी पत्नी से सलाह अवश्य लेता है और उसे काफी महत्व भी देता है। पति और पत्नी के सम्बन्धों में शक्ति सन्तुलन का परिवर्तन एक तो इन विचारों में कि पुरुष और स्त्री एक दूसरे से किस प्रकार व्यवहार करें प्रजातांत्रिक परिवर्तन के कारण हुए और दूसरी ओर इस कारण भी कि भारतीय स्त्री के तुलनात्मक "संसाधन" भी बदल गए हैं। संसाधनों में यह परिवर्तन सत्ता के सैद्धान्तिक (ideological) स्त्रोत से व्यावहारिक (pragmatic) स्त्रोत में पाया जाता है। एक औसतन भारतीय परिवार पति-सत्तामूलक होते हुए भी पति-पत्नी के सम्बन्धों में परिवर्तन पत्नी से पूछे गये इस प्रश्न के उत्तर से सुझाता है कि "जब आप और आपके पति में किसी बात पर मतभेद होता है तो अधिकांशः क्या आप झुकती हैं और वह ही करती हैं जो आपका पति आपसे चाहता है या वह आपकी बात को मान लेता है"? तथापि, पति-पत्नी के सम्बन्धों में यह परिवर्तन ग्रामीण, आप्रवासी (immigrant) व संयुक्त परिवारों और अशिक्षित दम्पत्तियों में कम तथा एकाकी और शिक्षित परिवारों में अधिक मिलता है।

निकटता (Closeness)

निकटता के सन्दर्भ में पति-पत्नी सम्बन्धों में परिवर्तनों का एम.एस. गोरे (1968:178) ने सबसे अच्छा विश्लेषण किया है। उन्होंने पाया कि शहरों में शिक्षित परिवारों में पति अपनी पत्नी के अधिक निकट होता है, अपेक्षाकृत ग्रामीण अशिक्षित परिवार के। परम्परागत परिवार में पत्नी की तुलना में माता के साथ सम्बन्ध अधिक मौलिक व प्रधान होते हैं। ग्रामीण व शहरी क्षेत्रों में पति, पत्नी व माता के सम्बन्धों की तुलना करते हुए उन्होंने पाया कि अपेक्षा अनुसार शहरों में गांवों की अपेक्षा मां से निकटता कम थी; लेकिन आश्चर्य यह था कि ग्रामीण क्षेत्रों में नगरीय क्षेत्रों की अपेक्षा पत्नी के प्रति लगाव अधिक था। मां और पत्नी के प्रति बराबर की निकटता ग्रामीण क्षेत्रों की तुलना में शहरी क्षेत्रों में अधिक थी। इसका अर्थ यह हुआ कि शहरी जीवन अपने आप में उन व्यक्तियों की संख्या में अनुभव करने योग्य कमी का संकेत नहीं करता है जो सन्तान (filial) के सम्बन्ध से जुड़े हुए परम्परागत मूल्य का पालन करते हैं। शैक्षिक स्तर और निकटता के बीच सम्बन्धों का विश्लेषण जैसा कि एम.एस. गोरे (वही,180) ने किया, दर्शाता है कि उच्च शिक्षित लोग माता तथा पत्नी दोनों के ही बराबर निकट होते हैं जबकि मध्यम स्तर तक पढ़े लिखे लोग अनपढ़ लोगों की तरह पत्नी के निकट कम और मां के निकट अधिक होते हैं। गोरे द्वारा एकत्रित सभी तथ्यों के आधार पर निकटता के सन्दर्भ में पति-पत्नी के सम्बन्धों के बारे में संक्षेप में इस प्रकार कहा जा सकता है कि (1) आदर्श संयुक्त परिवार में पुरुष पत्नी की अपेक्षा माँ के अधिक निकट होता है। यह दर्शाता है कि वैवाहिक बन्धन का महत्व कम होता है; (2) जैसा कि एकाकी व संयुक्त परिवार के व्यक्तियों के उत्तरों में कोई उल्लेखनीय अन्तर नहीं मिलता है, यह माना जा सकता है कि एकाकी घर वास्तव में एकाकी परिवार नहीं हैं; (3) जहां तक ग्रामीण, उपान्त या छोर के (fringe) क्षेत्रों, व शहरी भेदों का सम्बन्ध है, शहरी लोग अपनी माँ और पत्नी के बीच बराबर की निकटता वाली मध्य स्थिति बनाए रखते हैं जबकि उपान्त व ग्रामीण लोग चरम सीमा की स्थिति अपनाते हैं, यानि कि, या तो वे मां के या पत्नी के अधिक निकट होते हैं। (4) पुरुषों का माँ तथा पत्नी से सम्बन्धों के प्रति जो चित्र स्त्रियों द्वारा बनाया जाता है, वह पुरुषों के स्वयं का अनुभवजन्य होता है।

पत्नी की मुक्ति व उद्धार (Emancipation of Wife)

पति-पत्नी के बीच सम्बन्धों में परिवर्तन इस बात से भी स्पष्ट होता है कि जब परम्परागत परिवार में पति-पत्नी कभी भी घूमने या मेल-जोल या सामाजिक मुलाकात के लिए एक साथ नहीं जाते थे, आज वे विशेष कर शहरों में अक्सर एक साथ देखे जा सकते हैं। स्त्रियों को अपने पति के साथ भोजन करते देखा जा सकता है, जब कि परम्परागत परिवार में पति-पत्नी कभी भी एक साथ नहीं खाते थे। वास्तव में, स्त्रियों के लिए विशिष्ट नियम यह था कि पहले वे पुरुषों को भोजन परोसे तथा बाद में स्वयं खायें। साथ भोजन करना परिवार में पति-पत्नी के "साहचर्य" (companionship) प्रकार्य की महत्वपूर्ण भूमिका निभाता है।

पति पर निर्भर रहने के संदर्भ में भी हमें पति-पत्नी के रिश्तों में बदलाव दिखाई देता है। परम्परागत परिवार में पत्नी अपने और अपने बच्चों के भरण-पोषण के लिए पूर्णरुपेण अपने पति पर निर्भर रहती थी। पत्नी को सदैव अपनी निर्भरता के कारण हीन भावना की चेतना रहती थी; अतः वह

पति की आभारी रहती थी। लेकिन आज पति अपनी पत्नी को किसी भी अर्थ में हीन या तर्कहीन नहीं समझता। इसलिए वह न केवल उसकी सलाह लेता है, बल्कि गम्भीर मामलों में उस पर भरोसा भी करता है। पत्नी कष्टों को अब चुपचाप सहन नहीं करती। पति को प्रसन्न करना अब स्त्रियों के अस्तित्व का प्रमुख लक्ष्य नहीं है। यहां तक कि रास (Ross) ने भी 1957 के अपने अध्ययन में इस परिवर्तन को स्वीकार किया है। उसने पाया कि संयुक्त परिवार में भी पति-पत्नी के सत्ता सम्बन्धी सम्बन्धों में परिवर्तन मिलता है। पति-पत्नी के एक साथ रहने के कारण, विशेष कर सन्तान पैदा होने के उपरान्त, उनके हितों का निमार्ण विकसित होता जाता है, जिस कारण धीरे-धीरे उनके सम्बन्ध समान आधार पर बनते जाते हैं और वे सत्ता व उत्तरदायित्व में सहभागी बन जाते हैं।

पति-पत्नी के बीच सम्बन्धों के परिवर्तन का एक कारण यह है कि विवाह के समय लड़की अपरिपक्व नहीं होती। अधिक आयु होने के कारण वह अपनी इच्छा को जताने एवं पति पर अपने दावे को दृढ़ता से कहने के लिए सक्षम है।

इस परिवर्तन के बावजूद भी हम यह नहीं मान सकते कि भारतीय परिवारों में पति-पत्नी के सम्बन्ध पश्चिमी स्वरुप पर विकसित हो रहे हैं। हमारे समाज में पति-पत्नी सम्बन्धों पर परम्परागत दृष्टिकोण अभी भी इतना मजबूत है कि हम पितृसत्तात्मक परिवारों से समतावादी परिवारों में परिवर्तन की बात सोच भी नहीं सकते हैं। जैसा कि ऊपर कहा गया है, हमारा परिवार आज भी मूलतः पति-प्रभुत्व परिवार है। अधिक संख्या में स्त्रियां आज भी अपनी प्रस्थिति को अपने पति की प्रस्थिति से अधीनस्थ मानती है और उसके श्रेष्ठ ज्ञान व निर्णय को आदर की दृष्टि से देखतीं हैं।

सास-श्वसुर-बहू के बीच सम्बन्ध (Relations Between Daughter-in-Law and Parents-in-Law)

सास-श्वसुर व बहु के सम्बन्धों में भी माता-पिता व सन्तान और पति-पत्नि के सम्बन्धों की भांति परिवर्तन आए हैं। श्वसुर व बहू के बीच के वर्तमान सम्बन्ध दर्शाते हैं कि आज बहू अपने श्वसुर से कम पर्दा करती है। कुछ स्त्रियां अपने श्वसुर से मुक्त वार्तालाप भी करती हैं। किसी बड़े बूढ़े के साथ बातचीत के समय साड़ी के पल्लू से मुंह ढंकने को बहुत कम आदर्शगत समर्थन प्राप्त है। कुछ स्त्रियां साड़ी को मुंह पर ढकने की अपेक्षा दूसरी ओर देखने लगती हैं या नीची दृष्टि कर लेती हैं जो कि पर्दे का ही प्रतीक लगती है। तथापि उत्तर प्रदेश, मध्य-प्रदेश, पंजाब, व राजस्थान में कुछ स्त्रियाँ परम्परागत परिवारों में आज भी पुराने तरीके से अपने श्वसुर के सामने मुंह ढंकतीं हैं, यद्यपि इसमें भी वर्ग, जाति व नगरीय-ग्रामीण निवास सम्बन्धी रुपभेद विद्यमान हैं। जहां तक श्वसुर के साथ उन्मुक्त वार्तालाप का सम्बन्ध है, बाहरी शिक्षित परिवारों में स्त्रियां मुक्त रुप से बात करती हैं, लेकिन ग्रामीण परम्परागत परिवारों में इतनी आजादी नहीं हैं। वास्तव में, परिवार का स्वरुप भी श्वसुर-बहू के सम्बन्धों को प्रभावित करता है। यह सम्बन्ध इस बात पर निर्भर करता है कि परिवार संयुक्त है या एकाकी, जिसमें श्वसुर कभी-कभी आता है, या फिर सास जिन्दा है या नहीं। एकाकी परिवार में ये सम्बन्ध इतने औपचारिक व रुढ़िवादी नहीं होते, जितने संयुक्त परिवार में। एकाकी परिवारों में संयुक्त परिवारों की अपेक्षा (श्वसुर- बहू के सम्बन्धों में) प्रथागत दूरी कम पायी जाती है।

परम्परागत परिवार में सास-बहू का सम्बन्ध यद्यपि बड़ा प्रबल था किन्तु संस्थागत रुप से यह

बड़ा कष्टप्रद था । बहू के ऊपर सास की सत्ता लगभग पूर्ण व निरंकुश थी । उसकी प्रबल इच्छा होती थी कि उसका बेटा विवाह विच्छेद कर ले और बहू को उसके घर वापस भेज दे । दो महिलाओं के बीच वास्तव में सम्बन्धों में प्रेम, स्नेह, सद्‌भावना व अनुभाव कम होता था और बहू अपनी सास से घृणा करने लगती थी । आज यद्यपि कुछ परिवर्तन आ रहा है लेकिन यह (परिवर्तन) श्वसुर-बहू सम्बन्धों से कम सार्थक है । इसका कारण विशुद्ध समाजशास्त्रीय कम व सामाजिक-मनोवैज्ञानिक अधिक है । माँ अपनी "पहचान की इच्छा" (wish for recognition) की पूर्ति के लिए पुत्र पर अधिक समय देती है । वह उसके लिए अपने ऐश, सुख व आराम का बलिदान भी करती है । इसके बदले में पुत्र सभी महत्वपूर्ण मामलों में माँ की सलाह लेता है । लेकिन विवाह के बाद पत्नी के प्रति शारीरिक आकर्षण एवं नैतिक उत्तरदायित्वों के कारण वह अपनी मां की अपेक्षा पत्नी को अधिक महत्व देना शुरु कर देता है । तब माँ यह अनुभव करने लगती है कि पत्नी के कारण उसका बेटा उसकी उपेक्षा कर रहा है । अतः वह अपनी बहू के प्रति विरोधी दृष्टिकोण अपना लेती है और उसे सुस्त, कलही, अशिष्ट, अक्खड़, ढीठ, आज्ञा का उल्लंघन करने वाली मानना व कहना प्रारम्भ कर देती है । दूसरी ओर, बहू अपने पति के परिवार में इस रुढ़िगत दृष्टिकोण के साथ प्रवेश करती है कि प्रत्येक सास कठोर, चिड़चिड़ी, झगड़ालू, बेदर्द, जालिम, क्रूर, परपीड़क, धूर्त, मंसूबेबाज, तथा परेशान करने वाली होती है । इस प्रकार दोनों महिलाएं एक दूसरे को समझने में असमर्थ रहती हैं जिससे दोनों में तनाव की स्थिति बनी रहती है । सास का बहू पर पूर्ण व प्रत्यक्ष सत्ता प्रदर्शन नयी पत्नी के परिवार में एकीकरण की आवश्यकता के कारण भी होता है, लेकिन शिक्षित बहू इस प्रकार के सास के प्रभुत्व से क्रोधित हो उठती है और कठोर नियंत्रण के विरुद्ध विद्रोह करती है, व सास से संघर्ष में आती है । एक और कारण संघर्ष का यह है कि दोनों अधिकतर समय एक साथ व्यतीत करती हैं और उन्हें अपनी कुण्ठा व आक्रामक प्रवृत्ति की अभिव्यक्ति के लिए बाहरी बिन्दू नहीं मिलते हैं । इस प्रकार सास-बहू के बीच परस्पर अविश्वास, खींचातानी, द्वेधवृत्ति, व उभयभाविता (ambivalence) न केवल परम्परागत परिवार में ही पाई जाती हैं, बल्कि आज के परिवार में भी विद्यमान है । आज सास-बहू के सम्बन्धों में कुछ परिवर्तन दिखाई देता है। अधिकतर माताएं अपनी बहुओं का चुनाव बड़ी सावधानीपूर्वक करतीं हैं और अधिकतर समझौता करने वाली तथा समझदार होंती हैं । अधिकतर नव-विवाहित लड़किया भी विवाह को सफल बनाने के लिए समन्वय के लिए इच्छुक होती हैं । आशा यह की जाती है कि परिवार का स्वरुप संयुक्त से एकाकी होने पर बहू के ऊपर सास का प्रभाव कम हो जायेगा और दोनों स्त्रियां स्थानिक रुप से पृथक हो जायेंगी ।

सभी प्रकार के सम्बन्धों के समुच्चय (set) में (यानि कि माता-पिता सन्तान, पति-पत्नी व बहू-सास-श्वसुर) परिवर्तन को एक साथ विचार करने पर यह निष्कर्ष निकाला जा सकता है कि समकालीन भारतीय समाज में संरचना के सम्बन्ध इस प्रकार बदल रहे हैं: (1) युवा पीढ़ी अधिक व्यक्तिवाद की माँग कर रही है, (2) वैवाहिक सम्बन्ध को रक्त सम्बन्धों की तुलना में अधिक प्राथमिकता नहीं दी जाती, (3) जिन लोगों का शक्ति-स्रोत आदर्शगत (ideological) होता है वे छोटों पर अब अपनी सत्ता को थोपने का प्रयास नहीं करते हैं ।

परिवर्तन के कारक (Forces of Change)

परम्परागत (संयुक्त) परिवार व्यवस्था के विखण्डन के लिए कौन-कौन से कारक उत्तरदायी हैं ? परिवार में परिवर्तन किसी प्रभावों के एक समुच्चय (set of influences) से नहीं आया है, और न यह सम्भव है कि इन कारकों में से किसी एक को प्राथमिकता दी जा सके। इस परिवर्तित होते हुए परिवार के लिए कई कारक उत्तरदायी है। औद्योगीकरण और उसके सार्वभौमिक मापदण्ड (universalistic criteria) जो निरन्तर विस्तृत क्षेत्र को प्रभावित कर रहे हैं, व्यक्तिवाद के आदर्श, समानता और आजादी, तथा वैकल्पिक जीवन पद्धति की सम्भावना जैसे कारणों के सम्मिलन से ही "संक्रमणकालीन" (transitional) परिवार उदय हुआ है। मिल्टन सिंगर (1968: 434) ने परिवार में परिवर्तन के लिए चार कारकों को उत्तरदायी माना है: आवासीय गतिशीलता, व्यावसायिक गतिशीलता, वैज्ञानिक तथा तकनीकी शिक्षा और द्रव्यीकरण (monetization)। इस लेखक ने भी ऐसे पांच कारकों की पहचान की है जिन्होंने परिवार को बहुत अधिक प्रभावित किया है। ये हैं: शिक्षा, नगरीकरण, औद्योगीकरण, विवाह संस्था में परिवर्तन (आयु के सन्दर्भ में), तथा वैधानिक उपाय।

शिक्षा (Education)

शिक्षा ने परिवार को कई प्रकार से प्रभावित किया है। शिक्षा से न केवल व्यक्तियों की अभिवृत्तियाँ, विश्वास, मूल्य एवं आदर्श विचारधाराएं बदली हैं, बल्कि इसने व्यक्तिवादिता की भावना को भी उत्पन्न किया है। भारत में शिक्षा न केवल पुरुषों में बढ़ रही है, बल्कि स्त्रियों में भी। पुरुष साक्षरता की दर में वृद्धि 1901 से 1931 तक 9.8 से 15.6 तक हुई, 1961 में 34.4, 1981 में 46.9 तथा 1991 में 55.07 तक हुई, जबकि स्त्रियों की साक्षरता दर में वृद्धि 1901 में 0.6 से 1931 में 2.9, 1961 में 13.0, 1981 में 24.8 तथा 1991 में 30.09 तक हुई। मान्यता प्राप्त शैक्षिक संस्थाओं की संख्या में वृद्धि 1951 में 2.31 लाख (2.09 लाख प्राथमिक विद्यालय, 13,600 मिडल और 8,300 सैकेण्डरी व हायर सेकेण्डरी विद्यालय) से 1985 में 7.55 लाख हो गई (5.28 लाख प्राथमिक, 1.34 लाख मिडल तथा 93,000 सेकेण्डरी व हायर सेकेण्डरी विद्यालय)। इसी अवधि में छात्रों के प्रवेश की संख्या 240 लाख से बढ़कर 1320 लाख हो गई। शिक्षा की दर में इस प्रकार की वृद्धि स्त्री पुरुषों के न केवल जीवन-दर्शन में परिवर्तन करती है, बल्कि स्त्रियों को रोजगार के नये आयाम भी उपलब्ध कराती है। आर्थिक स्वतंत्रता प्राप्त करने के पश्चात स्त्रियां पारिवारिक मामलों में मताधिकार की मांग करतीं हैं और अपने ऊपर किसी का भी प्रभुत्व स्वीकार करने से इन्कार करती हैं। यह दर्शाता है कि शिक्षा किस प्रकार पारिवारिक सम्बन्धों में परिवर्तन लाती है जो कि बाद में संरचनात्मक परिवर्तन भी लाती है।

आई.पी. देसाई एवं एलिन रास ने भी शिक्षा व्यवस्था तथा परिवार व्यवस्था के पारस्परिक प्रभाव को इंगित किया है। देसाई ने बताया है कि शिक्षा संयुक्त परिवार के विरुद्ध दो प्रकार से कार्य करती है: प्रथम तो व्यक्तिवाद पर बल देकर यह लोगों के सामने परिवार के स्वरुप की वह धारणा प्रस्तुत करती है जो वर्तमान संयुक्त परिवार की धारणा के विपरीत है, तथा दूसरे यह लोगों को उन व्यवसायों के लिए तैयार करती है जो उनके अपने मूल स्थान में नहीं होते जिसके फलस्वरुप वे अपने पैतृक परिवार से पृथक होकर ऐसे क्षेत्रों में रहने लगते हैं जो उनकी शिक्षा के अनुकूल उन्हें व्यवसाय

के अवसर प्रदान करते हैं। कालान्तर में इन लोगों का सम्पर्क पैतृक परिवार से टूट जाता है और जीवन तथा विचार के नये तरीकों को अपनाते हैं जो कि संयुक्त परिवार की भावनाओं के विरुद्ध तथा एकाकी परिवार के अनुकूल होते हैं।

लेकिन देसाई ने महुवा के 423 परिवारों के अपने ही अध्ययन में पाया कि शिक्षा के स्तर में वृद्धि के साथ संयुक्तता में वृद्धि तथा एकाकिता में गिरावट आई। शिक्षा के स्तर तथा संयुक्तता की सीमा का अनुपात देखनें में उन्होंने पाया कि शिक्षा के लिए संयुक्तता अनुकूल है, और शिक्षा को प्रोत्साहित करके संयुक्तता स्वयं का विघटन करती है। देसाई का मत है कि बहुत कम लोग अखबार व पुस्तकें खरीदते हैं तथा लोगों के विचार एवं विश्वास समाचार पत्रों, अंग्रेजी पुस्तकों तथा पत्रिकाओं के सामान्य पठन-पाठन से या पश्चिमी शिक्षा पद्धति से सीधे प्रभावित नहीं होते हैं। शिक्षा का जो कुछ भी प्रभाव लोगों पर होता है वह उन व्यक्तियों के प्रभाव के कारण है जिन्हें हम अभिजन (elite) कह सकते हैं, और या फिर परिवार तथा विद्यालय के पर्यावरण के प्रभाव के कारण होता है। अतः परिवार के मुखिया या घर के अन्य सदस्यों की शिक्षा का स्तर नये और भिन्न प्रकार की विचारधाराओं और विश्वासों पर प्रभाव नहीं सुझाता, अपितु यह (प्रभाव) नये विचारों वाले व्यक्तियों की प्रस्थिति एवं क्षेत्र में संचार के प्रतिरुप के कारण मिलता है।

देसाई के कथन में कोई तर्क दिखाई नहीं देता। यह सत्य है कि परिवार से बाहर के सम्पर्क व्यक्ति की अभिवृत्तियों एवं विचारों पर प्रभाव डालते हैं परन्तु उसके स्वयं का तथा उसके परिवार जनों का शिक्षा स्तर भी उनके विश्वासों और आदर्शों में परिवर्तन के कारक होते हैं। अतः जैसा कि देसाई मानते हैं यह नहीं कहा जा सकता कि परिवार के सदस्यों की शिक्षा, परिवार की संरचना एवं संगठन में आ रहे परिवर्तनों में महत्वपूर्ण नहीं है।

इसी तरह देसाई का यह निष्कर्ष कि शिक्षा के स्तर में वृद्धि के साथ संयुक्तता में वृद्धि होती है और एकाकिता (nuclearity) में कमी आती है सत्य प्रतीत नहीं होता। सम्भवतः उनका यह निष्कर्ष परिवार का शिक्षा-स्तर ज्ञात करने के लिए अनुसन्धान में उपयोग की गयी गलत पद्धति का ही फल है। उन्होंने परिवार के न पढ़ने वाले सदस्यों (non-educants) (यानि कि, वे वयस्क व बालिग बालक जिनके आगे पढ़ने की सम्भावना नहीं है) के औसत स्कूल जाने के समय को आधार मानकर परिवार की औसत शिक्षा की गणना की है। इस प्रकार इन सदस्यों के स्कूल जाने के कुल वर्षों को सदस्यों की संख्या से भाग देकर परिवार की औसत शिक्षा निकाली गयी। परिवार की शिक्षा का आंकलन करने की यह विधि निश्चित रुप से प्रश्न करने योग्य है। यदि वे (देसाई) अन्य विद्वानों द्वारा उपयोग की गयी विधि का प्रयोग करते तो नतीजे निश्चित ही भिन्न आते। फिर यदि बहस के तर्क पर हम यह मान भी लें कि परिवार की पढ़ाई का स्तर ज्ञात करने का देसाई का तरीका सही था तो उन सभी परिवारों की, जिनके सदस्य स्नातक थे, संरचना एकाकी क्यों थी तथा एक भी परिवार संयुक्त क्यों नहीं था ? यदि उच्च शिक्षा संयुक्त परिवार के प्रति अभिरुचि को बढ़ाती है तो "स्नातक परिवारों" में "मैट्रिकुलेशन व उससे कम परिवारों" की तुलना में संयुक्त परिवारों की संख्या अधिक होती। अतः इन तर्कों के आधार पर हम देसाई के उस सम्बन्ध को जो उन्होंने शिक्षा और पारिवारिक संरचना के मध्य बताया है, स्वीकार नहीं कर सकते। हमारी मान्यता है कि शिक्षा संयुक्त परिवार को नहीं परन्तु एकाकी परिवार की पसन्द को बढ़ाती है।

रास (1961) ने कहा है कि वर्तमान व्यवसाय इस प्रकार के हैं कि उनके लिए विशेष शिक्षा, दक्षता एवं ट्रेनिंग की आवश्यकता होती है। अतः अपने से ऊपर अपने बच्चों के जीवन स्तर को ऊंचा उठाने हेतु माता-पिता उन्हें उच्च शिक्षा देने के लिए सदा उत्सुक व महत्वाकांक्षी रहते है, विशेष रुप से शहरों के मध्यवर्गीय एवं उच्च वर्गीय परिवार के लोग। कुछ गरीब मां-बाप तो इतने महत्वाकांक्षी होते हैं कि वे अपने को कष्ट में डाल कर बड़े से बड़ा त्याग करके अनेक दुःख, वेदना व पीड़ा सहन करते हुए भी अपने पुत्रों को उच्चतम शिक्षा दिलाने का प्रयास करते हैं। इसके लिए कभी-कभी तो वे अपने को सुख-सुविधा से, यहां तक कि खाने पहनने से भी वंचित रखते हैं। ऐसी स्थिति में अगर उनके पुत्र परीक्षा में उत्तीर्ण नहीं हो पाते या अपेक्षित श्रेणी प्राप्त नहीं करते तो माता-पिता में बड़ी निराशा पैदा होती हैं। कुछ मामलों में तो मां बाप अपने बेटों को इतना डांटते फटकारते रहते हैं, इतनी टीका-टिप्पणी व तंग करते हैं कि वे सफलता प्राप्त करने में ही अशक्त हो जाते हैं और बाध्य होकर परिवार से ही पृथक हो जाते हैं। दूसरी ओर कुछ ऐसे माता-पिता भी होते है जो गरीबी के कारण अपने बच्चों को उच्च शिक्षा दिलाने के लिए अधिक महत्वाकांक्षी नहीं होते, किन्तु उनके पुत्र अत्यधिक उच्चाकांक्षी होते हैं। अतः वे अपने माँ-बाप को छोड़कर शिक्षा प्राप्त करने विभिन्न शहरों और कस्बों में चले जाते हैं। अपनी जीविका कमाने के लिए वे ट्यूशन या नौकरी करते हैं। ये बच्चे धीरे-धीरे अपने पारिवारिक सूत्रों से कट जाते हैं। विवाह के बाद भी वे शहरों में अलग रहना जारी रखते हैं। इस प्रकार शिक्षा इनके परिवारों को प्रभावित करती है (रास, वहीः 208-231)। महिलाएं भी शिक्षा प्राप्त करने के बाद अपने पति, बच्चों व परिवार के प्रति भिन्न दृष्टिकोण अपना लेतीं हैं और अपनी रुढ़िवादी सास से संघर्ष में आकर पृथक घर में रहने की जिद करती हैं। यह सब परिवार के स्वरुप पर शिक्षा के प्रभाव को दर्शाता है। जैसे-जैसे शिक्षा का स्तर उठता है, वैसे-वैसे एकाकी परिवार के पक्ष में प्रतिशत बढ़ता जाता है और संयुक्त परिवार में जीवन व्यतीत करने (व्यवहार में) के पक्षधर लोगों का प्रतिशत कम होता जाता है।

नगरीकरण (Urbanization)

परिवार को प्रभावित करने वाला एक अन्य कारक नगरीकरण भी है। गत कुछ दशकों में हमारे देश की शहरी जनसंख्या में तीव्र दर से वृद्धि हुई है। अठारवीं शताब्दी के मध्य में भारत की लगभग 10% जनसंख्या ही शहरों में रहती थी। उन्नीसवीं शताब्दी में, 100 वर्षों के अन्तराल में भारत में शहरों की जनसंख्या में दस गुणा वृद्धि हुई। बीसवीं शताब्दी में समूचे देश की जनसंख्या 1901 में 23.8 करोड़ से बढ़कर 1991 में 84.63 करोड़ हो गई, शहरों में रहने वालों की संख्या में 523.0% वृद्धि हुई। 1961 में शहरी जनसंख्या समूची जनसंख्या की 17.97% थी, किन्तु 1971 में बढ़कर 19.9%, 1981 में बढ़कर 23.34% तथा 1991 में बढ़कर 25.72% हो गई। शहरी जनसंख्या का एक दशक के हिसाब से वृद्धि दर 1961 में 26.41% था जो 1971 में 38.23%, 1981 में 46.14% तथा 1991 में 36.19% हो गया। यथार्थ में, भारत की शहरी जनसंख्या 1961 में 7.8 करोड़, 1971 में 10.9 करोड़, 1981 में 15.9 करोड़, तथा 1991 में 21.7 करोड़ हो गई।

नगरीय परिवार ग्रामीण परिवारों से न केवल संरचना में बल्कि विचारधारा में भी भिन्न होते हैं। यह पहले ही कहा जा चुका है कि शहरी क्षेत्रों में एकाकी परिवार, गैर-शहरी एकाकी परिवार से

अपेक्षाकृत छोटा होता है और शहर में रहने वाला व्यक्ति एकाकी परिवार का चयन अधिक करता है, अपेक्षाकृत ग्रामवासी के। एम.एस. गोरे (1968) की मान्यता है कि नगरीय परिवार अपने दृष्टिकोण, भूमिका-परिप्रेक्ष्य तथा व्यवहार में संयुक्त परिवार के मानदण्डों (norms) से हट रहे हैं। उदाहरणार्थ, निर्णय लेने के मामले में ग्रामीण परिवारों के विपरीत नगरीय परिवारों में बच्चों से संबंधित निर्णय परिवार का सबसे बुजुर्ग व्यक्ति ही नहीं परन्तु उनके माता-पिता लेते हैं। इसी प्रकार वे शहरी लोग जो माता-पिता की मृत्यु के उपरान्त भाईयों के इकट्ठे रहने के विचार का समर्थन करते हैं, उनकी संख्या उसी विचार वाले ग्रामीण लोगों से कम है।

आई.पी. देसाई (1964) इस विचार से सहमत नहीं है कि नगरीकरण संयुक्त परिवार व्यवस्था के विघटन के लिए उत्तरदायी है। संयुक्तता पर नगरीकरण के प्रभाव का विश्लेषण करते हुए उन्होंने पाया कि परम्परागत संयुक्तता तथा शहरी क्षेत्र में परिवार के रहने की अवधि के बीच महत्वपूर्ण सम्बन्ध है। उनका अनुमान था कि शहरी क्षेत्र में परिवार जितनी लम्बी अवधि तक ठहरेगा, संयुक्तता की मात्रा में भी उतनी कमी आयेगी। परन्तु उन्होंने पाया कि "बहुत पुराने" (50 या अधिक वर्षों तक शहर में रहने वाले) और "पुराने" (25 से 50 वर्षों तक शहर में रहने वाले) परिवारों में "नये" परिवारों (25 या इससे कम वर्ष तक शहर में रहने वाले) की अपेक्षा संयुक्तता अधिक मिलती है।

लुई विर्थ (Louis Wirth, 1938) का भी यही विचार है कि नगर परम्परागत पारिवारिक जीवन के लिए सहायक नहीं है। उनका कहना है कि सामाजिक जीवन के इकाई के रुप में (नगरीय) परिवार बड़े नातेदारी समूह से मुक्त है, जो कि गांव की विशेषता है, तथा व्यक्तिगत रुप में (नगरीय परिवार का) सदस्य अपनी स्वयं की शैक्षिक, व्यावसायिक, धार्मिक, मनोरंजन सम्बन्धी तथा राजनैतिक आकांक्षाओं की पूर्ति में लगा रहता है।

हमारा विचार है कि परिवार व्यवस्था के परिवर्तन में नगरीकरण का विशेष महत्व है। शहरी जीवन संयुक्त परिवार के स्वरुप को कमजोर बनाता है तथा एकाकी परिवारों को दृढ़ बनाता है। नगरों में उच्च शिक्षा व नये व्यवसायों के चुनने के लिए अधिक अवसर होते हैं। वे लोग जो अपने परिवार के परम्परागत व्यवसाय को छोड़कर नये व्यवसाय अपनाते हैं अपने विचारों और अभिवृत्तियों में उन लोगों की अपेक्षा बड़ा परिवर्तन दर्शाते हैं जो अपने परम्परागत व्यवसाय को नहीं छोड़ते। इसी प्रकार, शहरों में शिक्षित व्यक्ति यद्यपि संयुक्त परिवार के मानदंडों का थोड़ा बहुत पालन करता है परन्तु उनके पक्ष में कम होता है। परन्तु यह कहा जा सकता है कि प्रवृत्तियों में परिवर्तन तथा शहर में रहने की अवधि में निकट का सम्बन्ध है। शहर में स्त्रियों को भी नौकरी के अधिक अवसर मिल जाते हैं और जब वे धन अर्जन करने लगती हैं तब वे कई क्षेत्रों में स्वतंत्रता चाहती हैं। वे अपने पति के जनक परिवार (family of orientation) से मुक्त होने की अधिक से अधिक प्रयत्न करने लगती हैं। इस प्रकार नगर में रहने के कारण और समाज में परिवार के स्वरुप में एक भिन्नता दिखाई पड़ती हैं।

औद्योगीकरण (Industrialization)

उन्नीसवीं शताब्दी के अन्त तथा बीसवीं शताब्दी के प्रथम में भारत में औद्योगीकरण प्रारम्भ हो गया था। नये उद्योगों के चारों ओर शहरों का विकास हुआ। औद्योगीकरण से पूर्व हमारे पास यह व्यवस्था थी:(i) कृषिक अमुद्राहीन (non-monetized) अर्थव्यवस्था (ii) तकनीकी का वह स्तर

जहां घरेलू इकाई आर्थिक विनिमय की इकाई भी थी, (iii) पिता-पुत्र व भाई-भाई के बीच व्यावसायिक भेद नहीं था,(iv) एक ऐसी मूल्य व्यवस्था थी जहां युक्तिसंगतता (rationality) के मानदंड की अपेक्षा बुजुर्गों की सत्ता और परम्पराओं की पवित्रता दोनों को ही महत्व दिया जाता था। लेकिन औद्योगीकरण ने हमारे समाज में सामान्य रुप से आर्थिक व सामाजिक-साँस्कृतिक परिवर्तन तथा विशेष रुप से परिवार में परिवर्तन किया है। आर्थिक क्षेत्र में इसके ये परिणाम हुए हैं: कार्य विशेषज्ञता, व्यावसायिक गतिशीलता, अर्थ व्यवस्था का द्रव्यीकरण (monetization), तथा व्यावसायिक संरचनाओं व नातेदारी के बीच के सम्बन्धों का टूट जाना। सामाजिक क्षेत्र में इसका परिणाम हुआ है:ग्रामीण क्षेत्रों से शहरी क्षेत्रों में आगमन,शिक्षा का प्रसार और एक मजबूत राजनैतिक ढाँचा। सांस्कृतिक क्षेत्र में इससे (औद्योगीकरण से) धर्म निरपेक्षता के विचार का विकास हुआ है।

पारिवारिक संगठन पर औद्योगीकरण के जो तीन मुख्य प्रभाव हुए हैं, वे हैं: (1) परिवार जो कि उत्पादन की एक प्रधान इकाई थी, अब उपभोग की इकाई के रुप में बदल गया है। एक एकीकृत आर्थिक व्यवस्था में लगे परिवार के सभी सदस्यों के एक साथ काम करने की बजाय, परिवार के कुछ पुरुष सदस्य परिवार की जीविका चलाने के लिए बाहर चले जाते हैं। इससे न केवल संयुक्त परिवार का परम्परागत स्वरुप ही प्रभावित हुआ है, बल्कि सदस्यों के बीच के सम्बन्ध भी। (2) फैक्ट्रियों में नौकरी के कारण युवक अपने पैतृक परिवारों पर सीधे निर्भर नहीं रहते। वेतन मिलने से क्योंकि वे आर्थिक रुप से स्वतंत्र हैं, अतः परिवार के मुखिया की सत्ताः में और भी कमी आई है। शहरों में तो पुरुषों के साथ-साथ उनकी पत्नियों ने भी धन अर्जन करना शुरु कर दिया है। इससे अन्तः पारिवारिक सम्बन्धों पर प्रभाव पड़ा है। (3) बच्चे अब आर्थिक रुप से आस्ति (asset) न होकर देय (liability) बन गये हैं। यद्यपि वैधानिक दृष्टि से बाल-श्रम वर्जित है, फिर भी बच्चों की श्रमिकों के रुप में नियुक्ति तथा उनके साथ दुर्व्यवहार में वृद्धि हुई है। साथ ही शिक्षा की बढ़ती हुई आवश्यकता को देखते हुए माता-पिता पर निर्भरता में भी वृद्धि हुई है। शहरों में आवास महंगा है और बच्चों की देखभाल भी समय मांगती है। अतः औद्योगीकरण के कारण कार्य और घर एक दूसरे से पृथक हो गये हैं।

कुछ समाजशास्त्रियों ने औद्योगीकरण के कारण एकांकी परिवार के उदय के सिद्धान्त को हाल ही में चुनौती दी है। यह चुनौती अनुभवाश्रित (empirical) अध्ययनों पर आधारित है। एम.एस.ऐ. राव, एम.एस.गोरे तथा मिल्टन सिंगर जैसे विद्वानों के अध्ययन यह प्रकट करते हैं कि संयुक्तता को व्यापारिक समुदायों में अधिक वरीयता दी जाती है और यह प्रचलित भी है और बहुत से एकाकी परिवार नातेदारी के बन्धनों को भी बहुत विस्तृत रुप से सुरक्षित रखते हैं। पश्चिम के औद्योगिक क्षेत्रों के अनेक अध्ययन इस बात पर बल देते हैं कि नातेदारों की एक समर्थनकारी भूमिका होती है और ये परिवार और अपैसक्तिक (impersonal) वृहत विश्व के बीच एक मध्यवर्ती (buffer) का कार्य करते हैं (Abbi: 1970)। सामाजिक इतिहासकारों ने भी बताया है कि औद्योगीकरण से पूर्व भी अमेरिका व यूरोप में एकाकी परिवार साँस्कृतिक मानदण्ड के रुप में प्रचलित था। लेकिन यह ध्यान देने योग्य है कि नातेदारों की समर्थनकारी भूमिका का कोई अनिवार्य लक्षण नहीं है जो कि भारतीय एकाकी परिवार में एक पारिवारिक कर्त्तव्य के रुप में पाया जाता है। एकाकी परिवार के युवा सदस्य स्वेच्छा से अपने प्राथमिक नातेदारों (जैसे माता-पिता व भाइयों) के प्रति अपना उत्तरदायित्व निभाते

हैं तथा नजदीकी रिश्तेदारों से निकटता व परिवार में एकता की भावना प्रकट करते हैं, भले ही वे अलग घरों में रहते हों (Leela Dube, 1974:311)।

इन सभी परिवर्तनों ने हमारी परिवार व्यवस्था को बहुत बदला है। गाँव से शहर की ओर जनसंख्या के प्रवाह के कारण सत्तावादी अधिकार में कमी और धर्मनिरपेक्षता में वृद्धि ने एक ऐसी मूल्य-व्यवस्था का विकास किया है जो कि व्यक्ति में पहल व उपक्रम और उत्तरदायित्व पर बल देती है। अब व्यक्ति प्रतिबंधात्मक पारिवारिक नियंत्रण के बिना ही कार्य करता है। पहले जब व्यक्ति परिवार में काम करता था तथा परिवार के सभी सदस्य उसकी सहायता करते थे, तब परिवार के सदस्यों के बीच अधिक आत्मीयता थी, लेकिन आज जब कि वह परिवार से दूर फैक्ट्री में काम करता है तो आत्मीय सम्बन्धों को बुरी तरह आघात लगा है। पारिवारिक सम्बन्धों के स्वरुप पर औद्योगीकरण के प्रभाव को इस आधार पर भी स्पष्ट रुप से देखा जा सकता है कि परिवार की आत्म-निर्भरता में कमी आई है और परिवार के प्रति दृष्टिकोण में भी परिवर्तन आया है। औद्योगीकरण ने एक नई सामाजिक एवं मनोवैज्ञानिक व्यवस्थापन को जन्म दिया है जिसमें प्राधिकारवादी परिवारवादी संगठन (authoritarian familistic organisation) वाले पूर्व के संयुक्त परिवार को बनाए रखना कठिन हो गया है।

विवाह व्यवस्था में परिवर्तन (Change in Marriage System)

हमारी परिवार व्यवस्था को विवाह की आयु में परिवर्तन, जीवन-साथी चुनाव की स्वतंत्रता तथा विवाह के प्रति दृष्टिकोण में परिवर्तन ने भी प्रभावित किया है। जो बच्चे देर से विवाह करते हैं वे न तो अपने माता-पिता की सत्ता को मानते हैं और न ही सबसे बड़ी आयु के पुरुष को निर्णय लेने वाला मुख्य व्यक्ति समझते हैं। जीवन-साथी के चुनाव की स्वतंत्रता ने अन्तर्जातीय विवाह को प्रोत्साहित किया है जिससे पारिवारिक सम्बन्धों की संरचना प्रभावित हुई है। इसी प्रकार जब विवाह धार्मिक दृष्टि से महत्वपूर्ण नहीं रहा है तथा वैवाहिक सम्बन्धों को विच्छेद की वैधानिक स्वीकृति मिल चुकी है, पति के अधिकार की प्रतीक परिवार की सुसंगठित सत्ता कमजोर हो गई है।

वैधानिक उपाय (Legislative Measures)

वैधानिक उपायों का भी परिवार के स्वरुप पर प्रभाव पड़ा है। बाल-विवाह निषेध तथा बाल-विवाह निवारक अधिनियम, 1929 के द्वारा कम से कम विवाह की आयु का निर्धारण एवं हिन्दू विवाह अधिनियम 1955, ने शिक्षा की अवधि को बढ़ाया है और विवाह के बाद युगल (couple) के नयी परिस्थितियों में सामंजस्य को योगदान किया है। जीवन-साथी के चुनाव की स्वतंत्रता, किसी भी जाति व धर्म में माता-पिता की सहमति बिना विवाह, जिसे विशेष विवाह अधिनियम, 1954 के अन्तर्गत अनुमति प्रदान की गयी है, विधवा विवाह अधिनियम, 1856 द्वारा विधवा पुनर्विवाह की अनुमति, हिन्दू विवाह अधिनियम, 1955 के अनुसार विवाह-विच्छेद की अनुमति, तथा हिन्दू उत्तराधिकार अधिनियम, 1956 के अन्तर्गत पुत्रियों को माता-पिता की सम्पत्ति में हिस्सा—इन सभी अधिनियमों ने न केवल अन्तर्व्यक्ति सम्बन्धों एवं परिवार संरचना को बल्कि संयुक्त परिवार की स्थिरता को भी प्रभावित किया है।

पारिवारिक विघटन (Family Disorganization)

परिवार विघटन परिवार की एक ऐसी स्थिति है जिसमें सामंजस्यपूर्ण व मधुर सम्बन्ध टूट गये हों, सदस्यों के बीच सहयोग कम हुआ हो, सामाजिक नियंत्रण कमजोर हो गया हो, या अनुशासन व एकता में कमी आ गई हो । परिवार में विघटन की स्थिति तब भी होती है जब सदस्यों में भूमिकाओं में संघर्ष प्रारम्भ हो जाये, जैसे पति-पत्नि में, माता-पिता व बच्चों में, सास-बहू में, या भाई-भाई में । जब ऐसा प्रतीत होने लगे कि परिवार "वांछनीय" रुप में काम नहीं कर रहा है, अर्थात् जब सदस्यों की कार्यरत भूमिकाएं (enacted roles) उनसे समाज द्वारा अपेक्षित भूमिकाओं (expected roles) के अनुकूल न हों, तब विघटन की स्थिति का अनुमान लगाया जा सकता है । परिवार के किसी एक व्यक्ति का "व्यक्तिगत विघटन" (यानि कि वह स्थिति जिसमें व्यक्ति विरोधी व्यवहार के स्तर (contradic for standards of behaviour) ग्रहण करने तथा विरोधी भूमिकाएं व सामाजिक मानदण्ड व सामूहिक निष्ठाएं स्वीकार करने से उत्पन्न आंतरिक भ्रान्ति (inner confusion) के कारण प्रभावशाली रुप से कार्य नहीं कर पाता) आवश्यक रुप से पारिवारिक विघटन पैदा नहीं करता । व्यक्ति का विघटन जिस स्थिति में वह स्वयं को पाता है उसके कारण अस्थाई भी हो सकता है तो दीर्घस्थायी भी या फिर उसके व्यक्तित्व का एक हिस्सा भी बन सकता है ।

विलियम ऑगबर्न (1955) ने पारिवारिक विघटन की विवेचना करते हुए कहा है कि यह स्थिति परिवार के प्रकार्यों (functions) के कम होने या समाप्त होने के परिणामस्वरुप उत्पन्न होती है । उनके अनुसार विघटित परिवार का (अर्थात् वह परिवार जो अपेक्षित कार्य नहीं निभाता) एक लक्षण यह है कि भग्न परिवारों (broken homes) की संख्या में तेजी से वृद्धि होने लगती है जो कि स्त्री पुरुषों की अप्रसन्नता का प्रतीक होता है । इसके कारण स्नेहपूर्ण वैवाहिक जीवन की आकांक्षाएं सुगठित परिवार में कुण्ठाओं में बदल जातीं हैं । विवाह विच्छेद न केवल माता-पिता के लिए बल्कि उन बच्चों के लिए भी समस्याएं पैदा करता है जो संवेगात्मक संघर्ष से, माता या पिता की मृत्यु से, और आर्थिक अभाव से पीड़ित हों । विघटित परिवार के कुछ अन्य लक्षण हैं: अवैधानिक यौन क्रियाएं, परिवार का त्याग, बहुदा होने वाले झगड़े, बच्चों के बहुल अपराधी व्यवहार, आदि ।

ऑगबर्न ने आधुनिक युग के पूर्व के परिवार के कुछ प्रमुख कार्यों तथा तकनीकी विकास के परिणाम स्वरुप उनमें हुए परिवर्तनों का विवेचन किया है । ये कार्य हैं: आर्थिक (उत्पादन), सुरक्षात्मक (बीमारी, बेरोजगारी व दुर्घटना, आदि के विरुद्ध), धार्मिक (नैतिक आदर्श, धर्मग्रन्थ व पारिवारिक प्रार्थना, आदि सिखाना), मनोरंजनात्मक, शैक्षिक, तथा प्रस्थिति प्रदान करना (जो समाज में व्यक्ति का स्थान जताता है)। उनका कहना है कि तकनीकी विकास ने परिवार को उन परम्परागत कार्यों से वन्चित कर दिया है जो अब दूसरी संस्थाओं द्वारा पूर्ण किए जा रहे हैं । परिवार अब औजारों, फर्नीचर, दवाओं, साबुन, सिले हुए वस्त्रों, आदि के उत्पादन में बिल्कुल लगाव नहीं रखता है । सुरक्षा का कार्य अब राज्य तथा सार्वजनिक संगठनों द्वारा ले लिया गया है । धर्म परिवार से लगभग हटा दिया गया है तथा पारिवारिक प्रार्थनाएं नहीं के बराबर होती है । क्लब, खेल संगठन, पार्क, रेस्तराँ, आदि लोगों को परिवार से हटा रहे हैं । शिक्षा-दीक्षा परिवार द्वारा न दी जाकर स्कूलों, कालेजों तथा अन्य संस्थाओं द्वारा दी जा रही है । परिवार द्वारा व्यक्ति की प्रस्थिति निर्धारित करने का कार्य अब कम हो गया है । इस (प्रस्थिति) का निर्धारण अब उसकी आय तथा व्यवसाय से होने लगा है । इस प्रकार आगबर्न के

अनुसार, परिवार के कार्य अब कम हो गए हैं। इस प्रक्रिया को ऑगबर्न ने (अन्य संस्थाओं को कार्यों का हस्तांतरण) 'विप्रकार्यीकरण' (Defunctioualization) कहा है।

उनकी परिवार की इस धारणा की आलोचना इस आधार पर की गई है कि उन्होंने भौतिक आविष्कारों की भूमिका को अत्यन्त सरल बना दिया। ऑगबर्न के परिवार में परिवर्तन में प्रगतिवादी सिद्धान्त के प्रयोग के बजाय अब चक्रीय सिद्धान्त (उदाहरण के लिए जिम्मरमैन का सिद्धान्त, जिसके अनुसार परिवार "न्यासधारी" से "गृहस्थ" व "आणविक" रुप में परिवर्तित होता है, या फिर रास का सिद्धान्त, जिसके अनुसार परिवार "बड़े संयुक्त" से "छोटे संयुक्त" व "एकाकी" परिवार के रुप में परिवर्तित होता है), तथा संरचनात्मक-प्रकार्यात्मक सिद्धान्त (जो परिवार और अन्य संस्थाओं, विशेषकर, व्यावसायिक व्यवस्था जिसे पारसन्स ने "संरचनात्मक-पृथक्ता" सिद्धान्त कहा है, के एकीकरण पर अधिक बल देता है) परिवार में परिवर्तन के लिए अधिक उपयोग होते हैं।

एक अतिरिक्त दृष्टिकोण (An Overview)

परिवार व्यवस्था में परिवर्तन की प्रकृति, दिशा व कारकों के परीक्षण के बाद हम इस निष्कर्ष पर पहुंच सकते हैं कि यद्यपि भारतीय परिवार की परम्परागत संयुक्तता (यानि कि निवास, कार्य व सम्पत्ति में संयुक्तता) आवासीय एकाकिता को स्थान दे रही है, किन्तु चूंकि प्रकार्यात्मक संयुक्तता (functional jointness) ग्रामीण एवं शहरी दोनों ही क्षेत्रों में अभी भी विद्यमान है, अतः यह इस बात का संकेत है कि भावना तथा साँस्कृतिक लक्ष्य के रुप में संयुक्तता आने वाली दशाब्दियों में भी बनी रहेगी। शहरी आवास तथा भौतिकवाद पर बढ़ता हुआ बल परिवार की आवासीय संरचना को प्रभावित कर सकता है, लेकिन परिवार की कार्य प्रणाली तथा परिवार के अन्दर सदस्यों के आपसी सम्बन्धों को प्रभावित नहीं कर सकता। सम्बन्धों की संरचना संबंधी उन मूल्यों पर तकनीकी व अन्य कारकों का प्रभाव कम पड़ेगा जो हमारे धार्मिक दायित्व, ऋण की धारणा, तथा नैतिक व आध्यात्मिक कर्त्तव्यों पर जोर देते हैं।

गिराल्ड लैसली (Gerald Leslie, 1982:106) ने कहा है कि औद्योगीकरण, नगरीकरण, स्वतंत्रता के आदर्श, व्यक्तिवाद, और सामाजिक समानता के मिश्रण ने परिवार को एक वैकल्पिक जीवन-पद्धति की आशा प्रदान की है जो कि परिवार पिछले दो हजार वर्षों में किसी से प्रभावित नहीं हो पाया। भारत में नगरीकरण, फैक्टरी में नौकरी के कारण, एवं शहरों के विकास के साथ अकेले व्यक्ति, विवाहित युगल, तथा एकाकी परिवार अब स्थाई रुप से अपने मूल या संयुक्त परिवार से अलग रह सकते हैं। नातेदारों से तथा व्यवसायिक संरचना से पृथकता के कारण पितृ सत्ता कमजोर होती चली गई है, व्यक्ति की आय एवं प्रस्थिति पारिवारिक बन्धनों की अपेक्षा व्यवसाय व्यवस्था में उसके स्थान से निर्धारित होने लगे हैं; औद्योगीकरण ने पुराने कृषि व्यवस्था की अपेक्षा कहीं अधिक धन लाभ के साधन उपलब्ध करा दिए हैं; और लोगों ने संयुक्त परिवार के प्रति उत्तरदायित्वों की अपेक्षा अपने स्वयं के हितों के विषय में सोचना प्रारम्भ कर दिया है। इस प्रकार पश्चिमी शिक्षा के सम्पर्क के कारण नये आदर्शों तथा उद्योगों के विकास द्वारा समाज में हुए संरचनात्मक परिवर्तनों ने परम्परागत परिवार व्यवस्था को विच्छिन्न कर दिया है।

ऐतिहासिक अनुसन्धानों एवं विशेष क्षेत्रों में दैव प्रतिचयन (random sampling) पर

आधारित सामाजिक सर्वेक्षणों के मिश्रित अध्ययन के फलस्वरुप हमारा सुझाव है कि भारतीय परिवार तीन अवस्थाओं से गुजर रहा है: (i) प्रथम चरण में वह परम्परागत (संयुक्त) परिवार था जिसमें कई पीढ़ियों के लोग साथ-साथ रहते थे। वह उत्पादन की एक इकाई था जिसमें सभी सदस्य एक टीम के रुप में काम करते थे, अर्थात् व्यवसाय में, सम्पत्ति के स्वामित्व में, कार्य में, तथा सामाजिक दायित्वों के निर्वाह में। इस प्रकार का परिवार 19वीं शताब्दी तक चलता रहा; (ii) द्वितीय चरण परिवार 19वीं शताब्दी के अन्त में औद्योगिक क्रान्ति से प्रारम्भ हुआ तथा 20वीं शताब्दी के चौथे और पाँचवें दशक तक अपनी चरम सीमा तक पहुँच गया। बड़े संयुक्त परिवार दो या तीन पीढ़ियों वाले लघु संयुक्त परिवार होकर रह गए। परिवार एक उत्पादक इकाई के रुप में भी न रह पाया क्योंकि सदस्यों की एक बड़ी संख्या ग्रामीण क्षेत्रों से शहरी क्षेत्रों में अथवा एक शहर से दूसरे शहर में कार्यालयों, फैक्टरियों या दैनिक मजदूरी पर कार्य करने चली गई। तृतीय चरण का परिवार, जो कि विखण्डित निर्भर (fissioned dependent) परिवार रह गया, 1960 के दशक में उदय हुआ। निवास की दृष्टि से यह परिवार पितृ परिवार से पृथक रहता है, किंतु कार्य की दृष्टि से यह उस पर (पिता व भाई पर) निर्भर रहता है। इस प्रक्रिया ने विखण्डित परिवार को गरीबी और असुरक्षा से मुक्ति प्रदान की है। इससे प्राथमिक नातेदारी बन्धन भी बने रहे और सामाजिक दायित्वों की पूर्ति भी होती रही। लेकिन यह "विखण्डित परिवार" निश्चित रुप से वह परिवार नहीं है जिसे माइकल यंग (Michael Young) और पीटर विलमौट (Peter Willmott) ने "सममितीय" (Symmetrical) परिवार कहा है, जिसका उदय इंग्लैण्ड में हाल में ही हुआ है और जिसकी विशेषता यह है कि यह विस्तरित (extended) परिवार से एकाकी परिवार के रुप में अलग हुआ है और पूर्ण रुप से आत्म निर्भर तथा आत्म तुष्ट इकाई है। इस परिवार में वैवाहिक बन्धन (conjugal bond) मजबूत होता है, पति-पत्नि के सम्बन्ध सहयोगी एवं साहचर्य के होते है, तथा अवकाश का समय अधिकांशतः घर पर ही बिताया जाता है।

ब्रिटेन के इस सममितीय परिवार की भाँति जिसमें वैवाहिक भूमिका, घरेलू-कामकाज, निर्णय आदि पति-पत्नी की भागीदारी पर आधारित होते हैं, भारतीय "विखण्डित" परिवार न तो आत्मतुष्ट है और न ही सममितीय व्यवस्था पर आधारित होता है। यह परिवार अपने विस्तृत नातेदारों से सम्बन्ध बनाये रखता है तथा नातेदारी जालसूत्र पर निर्भरता बनाए रखता है। यह व्यवस्था पत्नियों को काम करने के अवसर तो उपलब्ध कराती है, साथ ही कम भीड़भाड़, अधिक घरेलू प्रौद्योगिकी, तथा आरामदेह पर्यावरण के कारण जीवन स्तर उठाने में भी सहायक होती है। परन्तु पति-पत्नी, माता-पिता व बच्चों के बीच के सम्बन्ध इन परिवारों में परम्परागत मूल्यों के आधार पर ही चलते रहते हैं।

वर्तमान भारतीय परिवार वह परिवार भी नहीं है जिसे टालकाट पारसन्स ने 'पृथक एकाकी परिवार' (isolated nuclear family) कहा है। यह परिवार संरचना की दृष्टि से पृथक्कृत नहीं होता क्योंकि यह नातेदारी सम्बन्धों की वृहद व्यवस्था का एक अभिन्न अंग होता है। परिवारों के सदस्यों के बीच के सामाजिक सम्बन्ध बन्धनकारी दायित्वों एवं भावात्मक समर्थन पर आधारित होते हैं। पति-पत्नी के बीच वैवाहिक सम्बन्ध तथा माता-पिता, सन्तान एवं भाई-भाई के बीच रक्त सम्बन्ध वाले बन्धन हमारे समाज में मजबूत बने हुए हैं।

REFERENCES

Abbi, B.L., "Urban Family in India", *Contributions to Indian Sociology*, No. 3, 1969, pp. 116-127.

Ahuja, Ram, "Family Pattern Among Bhils", *The Eastern Anthropologist*, Vol. 19, No. 1, 1966, pp. 29-43

Bailey, F.G., "The Joint Family in India: A Framework for Discussion", *The Economic Weekly*, 12(8), 1960, pp. 345- 353.

Burgess, E.W., and Locke, H.J., *The Family*, American Book, New York, 1963.

Chattophadhyay, K.P., "On Definition of Family", in Saxena, R.N. (Ed.), *Sociology, Social Research and Social Problems in India*, Asia Publishing House, Bombay, 1961.

Cohn, Bernard S., "Notes on the History of the Study of Indian Society and Culture" in Milton Singer and Cohn Bernard (Eds), *Structure and Change in Indian Society*, Aldine Publishing Co., Chicago, 1968, pp. 3-28.

Cormack, Margaret, *She Who Rides A Peacock*, 1969.

Desai, I.P., *Some Aspects of Family in Mahuva,* Asia Publishing House, Bombay, 1964.

Desai, I.P., *High School Students in Poona*, Deccan College, Poona, 1953.

Desai, I.P., "The Joint Family in India: An Analysis", *Sociological Bulletin*, Vol. 5, No. 2, September 1956, pp. 144-156.

Driver Edwin, "Family Structure and Socio-Economic Status in Central India", *Sociological Bulletin*, Vol. 11, Nos. 1 and 2, 1962, pp. 112-120.

Dube, Leela, "Sociology of Kinship: A Trend Report", *A Survey of Research in Sociology and Social Anthropology*, Vol. 2, ICCSR, Popular Prakashan, Bombay, 1974, pp. 298-327.

Farber, Bernard (Ed.), *Kinship and Family Organization*, John Wiley and Sons, New York, 1966.

Goode, William, J., "The Sociology of the Family", in Robert Merton (Ed.), *Sociology Today*, Basic Books, New York, 1959.

Gore, M.S., *Urbanization and Family Change*, Popular Prakashan, Bombay, 1968.

Gough Kathelene, "Social Structure of a Tanjore Village" in Mckim Marriott (Ed.) *Village India*, University of Chicago Press, Chicago, 1955.

Gould Harold, "Time Dimension and Structural Change in an Indian Kinship System", in Milton Singer and Cohn Bernard (Eds.), *Structure and Change in Indian Society*, Aldine Publishing Co., Chicago, 1968.

Hsu, Francis, L.K., *Clan, Caste and Club*, D. Van Nostrand Co., Princeton, New Jersey, 1963.

Kapadia, K.M., *Marriage and Family in India*, Oxford University Press, Bombay, 1966.

Kapadia, K.M., "Rural Family Patterns", *Sociological Bulletin*, Vol. V, No. 2, September 1956, pp. 111-126.

Kapadia, K.M., "The Family in Transition", *Sociological Bulletin*, Vol. 4, No. 2, 1955, pp. 161-192.

Karve, Iravati, *Kinship Organization in India*, Deccan College Monograph, Poona, 1953.

Kolenda Pauline M, "Religion, Caste and Family Structure: A Comparative Study of the Indian Joint Family" in Milton Singer and Bernard Cohn (Eds.), *Structure and Change in Indian Society*, Aldine Publishing Co., Chicago, 1968.

Leslie, Gerald R., *The Family in Social Context*, Oxford University Press, London, 1982.

Madan, T.N., "The Hindu Joint Family", *Man*, 62 (145), 1962.

Madan, T.N., *Family and Kinship: A Study of the Pandits of Rural Kashmir*, Asia Publishing House, Bombay, 1965.

Mandelbaum, David, "The Family in India", in Ruth Anshen (Ed.), The Family: Its Function and Destiny, Harper and Brothers, New York, 1949.

Marriott McKim, *Village India*, University of Chicago Press, Chicago, 1955.

Mowrer, Ernest R., "The Differentiation of Husband and Wife Roles", *Journal of Marriage and Family*, Vol. 31, No.3, August, 1969.

Mukherjee, Rama Krishna in D. Narain (Ed.), Explorations in the Family and other Essays, Thacker and Company, Bombay, 1975, pp. 1-64.

Mukherjee, Rama Krishna in Madan, T.N. and Sarana, G. (Ed.), *Indian Anthropology*, Asia Publishing House, Bombay, 1962.

Murdock, George P., *Social Structure*, MacMillan Company, New York, 1949.

Ogburn, William, F., *Technology and the Changing Family*, Houghton Mifflin, Boston, 1955.

Narain, Dhirendra (Ed.), *Explorations in the Family and Other Essays*, Thacker and Company, Bombay, 1975.

Parsons, Talcott and Bales, Robert, *Family Socialization and Interaction Process*, Free Press, Illinoise, 1955.

Ross, Aileen D., *The Hindu Family in its Urban Setting*, Oxford University Press, Toronto, 1961.

Ross, Aileen D., "Education and Family Change", *Sociological Bulletin*, Vol. 8, No. 2, September 1959.

Ruth, Nanda Anshen (Ed.), *The Family : Its Function and Destiny*, Harper and Brothers, New York, 1949.

Sachchidananda, "Rural Family in West Bihar", *Journal of Social and Economic Studies*, Patna, September, 1977.

Shah, B.V., *Social Change and College Students of Gujarat*, M.S. Univeristy of Baroda, Baroda, 1964.

Singer, Milton and Cohn Bernard S., *Structure and Change in Indian Society*, Aldine Publishing Co., Chicago, 1968.

Singh, Yogendra, *Modernization of Indian Tradition*, Thomson Press, New Delhi, 1973.

Zimmerman, Carle C., *Family and Civilization*, Harper and Brothers, New York, 1949.

अध्याय 4

नातेदारी व्यवस्था

The Kinship System

नातेदारी क्या है (What is Kinship)

प्रत्येक समाज में पुरुष अपने जीवन में किसी न किसी समय एक पति, एक पिता (अगर वह अविवाहित रहने का निश्चय न कर चुका हो) एक पुत्र व एक भाई की भूमिका निर्वाह करता है; और एक स्त्री एक पत्नी, एक माँ (अगर उसने अविवाहित रहने का निश्चय न किया हो), एक पुत्री तथा एक बहिन की भूमिका का निर्वाह करती है। लेकिन कुछ निकटाभिगमन निषेधों (incest taboos) के कारण एक व्यक्ति एक ही एकाकी परिवार में, जिसमें वह पुत्र और भाई है, पिता और पति की भूमिका का निर्वाह नहीं कर सकता। इसी प्रकार एक महिला जिस एकाकी परिवार में पुत्री व बहिन है उसी में माँ और पत्नी की भूमिका नहीं कर सकती। इसलिए प्रत्येक वयस्क व्यक्ति दो एकाकी परिवारों से सम्बद्ध होता है—वह परिवार जो 'जनक परिवार' (family of orientation) है जिसमें वह जन्मा व उसका पालन हुआ, तथा वह परिवार जो 'जनन परिवार' (family of procreation) है, जिसकी स्थापना वह विवाह द्वारा स्वयं करता है। इन दो एकाकी परिवारों की व्यक्तिगत सदस्यता ही नातेदारी व्यवस्था का उदय करती है। इस तथ्य के प्रकाश में कि व्यक्ति दो एकाकी परिवारों से सम्बद्ध होता है, प्रत्येक व्यक्ति जनक परिवार तथा जनन परिवार के सदस्यों के बीच की कड़ी बनाए रखता है। इस प्रकार के बन्धन व्यक्तियों को एक दूसरे के साथ नातेदारी बन्धनों में बाँधते हैं।

अतः 'नातेदारी' की परिभाषा इस प्रकार की जा सकती है: "वह सामाजिक सम्बन्ध जो पारिवारिक सम्बद्धता (family relatedness) पर आधारित हो" (थीओडरसन और थीओडरसन, 1969:221)। सम्बन्धों की प्रकृति, चाहे वह रक्तमूलक (consanguineal) (यानि कि खून के बन्धनों पर आधारित) या विवाहमूलक (affinal) (यानि कि विवाह पर आधारित) नातेदारी हो, ही सम्बन्ध व्यक्तियों के अधिकारों व कर्त्तव्यों का निर्धारण करती है। 'नातेदारी समूह' (kin group) वह समूह है 'जो रक्त या विवाह बन्धनों से बँधा हो'। अधिकतर नातेदार समूह, परिवार से अलग रक्तमूलक होते हैं। 'नातेदारी व्यवस्था' को इस प्रकार बताया जा सकता है: "प्रस्थिति एवं भूमिकाओं की एक प्रथानुगत व्यवस्था जो उन लोगों के व्यवहार को संचालित करती है जो एक दूसरे से या तो विवाह के आधार पर या एक सामान्य पूर्वज की सन्तान होने के नाते सम्बद्ध होते हैं" (थीओडरसन, वही:221)। इसे हम दूसरी तरह भी कह सकते हैं: "सम्बन्धों की ऐसी संरचनात्मक व्यवस्था जिसमें नातेदार (स्वजन) एक दूसरे से बड़े जटिल अन्तःगठबन्धनों से बंधे हों" (मरडॉक, 1949:93)।

नातेदारी श्रेणियां (Kinship Categories)

नातेदारों की चार प्रमुख श्रेणियां होती हैं: प्राथमिक (primary), द्वितीयक (secondary), तृतीयक (tertiary), तथा दूरस्थ नातेदार (distant)। प्राथमिक नातेदार वे हैं जिनका आधार कोई अन्य

व्यक्ति नहीं है, बल्कि स्व (ego) जनक तथा जनन परिवारों से सम्बद्ध हैं । इस प्रकार पिता, माता, बहिन व भाई जनक परिवार में तथा जनन परिवार में पति, पत्नी, पुत्र और पुत्री, व्यक्ति के प्राथमिक नातेदार हैं । व्यक्ति (स्व) के प्रत्येक प्राथमिक नातेदार का अपना प्राथमिक नातेदार होता है जो कि व्यक्ति (स्व) के द्वितीयक नातेदार होंगे; जैसे पिता का पिता, पिता की माता, माता का पिता, माता का भाई, आदि । द्वितीयक नातेदार 33 प्रकार के होते हैं । द्वितीयक नातेदार के प्राथमिक नातेदार तृतीयक नातेदार होंगे; जैसे पिता के पिता के पिता, पिता के पिता का भाई, आदि । तृतीयक नातेदार 151 प्रकार के होते हैं । अन्त में, तृतीयक नातेदार के प्राथमिक नातेदार व्यक्ति (स्व) के दूरस्थ नातेदार होंगे; जैसे, पिता के पिता के पिता का पिता, पिता की माता के पिता के पिता, आदि । इनकी संख्या बहुत बड़ी होती है ।

नातेदारी सम्बन्ध दो प्रकार से प्रकार्यात्मक (functional) होता है: (i) यह नातेदार के बीच सभी सम्बन्धों का लक्षण वर्णन करता है (ii) यह व्यवहार का आदान-प्रदान यानी कि पारस्परिक व्यवहार निर्धारित करता है ।

नातेदारी शब्दावली (Kinship Terminology)

पारस्परिक व्यवहार के एक भाग में, जो स्वजनों के बीच प्रत्येक सम्बन्ध का लक्षण वर्णन करता है, शब्दों की एक इकाई पायी जाती है, यानि कि वे शब्द पाये जाते हैं जिनसे एक स्वजन दूसरे को सम्बोधित करता है । कहीं तो सम्बोधन में व्यक्ति को उसके व्यक्तिगत नाम से सम्बोधित किया जाता है, कहीं नातेदारी शब्द से, और कहीं उस शब्द से जिसे टाइलर ने 'टेक्नोनिमी' (teknonymy) कहा है, यानि कि व्यक्तिगत और नातेदारी शब्द का मिश्रण, जैसे, राम के पिता, आशा की माता, आदि ।

मरडॉक ने तीन आधारों पर नातेदारी शब्दों का वर्गीकरण किया है:

*(1) **नातेदारी शब्दों के प्रयोग का तरीका** (Mode of Use of Kinship Terms)*

इससे उस नातेदारी शब्द से आशय है जो या तो प्रत्यक्ष सम्बोधन में (जिसे सम्बोधन शब्द कहा जाता है) या अप्रत्यक्ष संदर्भ में (जिसे संदर्भ शब्द कहा जाता है) उपयोग किया जाता है । कुछ लोग सम्बोधन (address) और संदर्भ (reference) के लिए पृथक शब्दों का प्रयोग करते हैं, जैसे 'पिता' (संदर्भ शब्द) और 'बाबा' (सम्बोधन शब्द) बाप के लिए, या 'माता' और 'अम्मा' माँ के लिए; लेकिन कुछ लोग व्याकरणिक अन्तर करते हैं और कुछ कोई भी अन्तर नहीं करते । 'सम्बोधन' के शब्दों में कई बार परस्परव्याप्ति (over-lapping) व दोहरापन (duplication) प्रदर्शित होता है; उदाहरणार्थ, अंग्रेजी भाषा में 'अंकल' शब्द का प्रयोग कई लोगों के लिए होता है (जैसे पिता का भाई, माँ का भाई, पिता का बड़ा चचेरा भाई, तथा अन्य सभी बुजुर्गों के लिए) । इसी प्रकार 'भाई' शब्द का प्रयोग सगे भाई के लिए ही नहीं होता बल्कि चचेरे, ममेरे, मौसेरे, फुफेरे भाइयों, तथा अन्य कई लोगों के लिए भी होता है ।

नातेदारी शब्दों का वर्गीकरण

- *प्रयोग का तरीका*
  - *सन्दर्भ शब्द*
  - *सम्बोधन शब्द*
- *भाषाई संरचना*
  - *प्रारम्भिक* — अखण्डनीय/अकाटय शब्द, जैसे, 'पिता'
  - *यौगिक* — अकाटय शब्द से संयोजित करके बना शब्द, जैसे, 'परदादा'
  - *वर्णनात्मक* — दो या अधिक अकाटय शब्दों का मिश्रण, जैसे, 'पत्नी की बहिन'
- *प्रयोग का परिक्षेत्र*
  - *संकेतात्मक* — जो केवल एक ही नातेदारी श्रेणी को इंगित करता है, जैसे, पिता, माता
  - *वर्गीकृत* — जो दो या अधिक नातेदारी श्रेणियों के स्वजनों को इंगित करता है, जैसे, भाई' शब्द स्वयं के भाई अथवा चचेरे, ममेरे आदि भाई को दर्शाता है ।

***(2) नातेदारी शब्दों की भाषाई संरचना** (Linguistic Structure of Kinship Terms)*

इस आधार पर नातेदारी शब्दों को तीन प्रकार से स्पष्ट किया जा सकता है: प्रारम्भिक (elementary), यौगिक (derivative) तथा वर्णनात्मक (descriptive) । प्रारम्भिक शब्द वे हैं जिन्हें अन्य किसी शब्द में अखण्डित नहीं किया जा सकता, जैसे, अंग्रेजी शब्द 'फादर', 'नेफयू', आदि या हिन्दी शब्द 'माता', 'पिता', 'काका', 'चाचा', 'ताऊ', बहन, आदि । यौगिक शब्द 'प्रारम्भिक' शब्दों से मिलकर बने हैं, जैसे अंग्रेजी में ग्रान्ड-फादर, सिस्टर-इन-ला, या हिन्दी में 'पितामह', 'प्रपितामह', 'दुहित्र', 'मौसा', 'बहनोई', आदि । वर्णनात्मक शब्द दो या अधिक प्रारम्भिक शब्दों को जोड़कर विशेष रिश्तेदार को संकेत करने के लिए प्रयोग किए जाते हैं, जैसे, अंग्रेजी में वाइफस्-सिस्टर (wife's sister), सिस्टरस्-हसबन्ड (sister's husband), या हिन्दी में 'भ्रातृ जया', 'आर्यपुत्र', 'मौसेरी बहन', 'फुफेरा भाई', आदि ।

***(3) नातेदारी शब्दों के प्रयोग का परिक्षेत्र** (Range of Application of Kinship Terms)*

इस आधार पर नातेदारी शब्द में अन्तर 'संकेतात्मक' या 'पृथक्कृत' (isolative) शब्दों का प्रयोग एक ही रिश्ते के लिए प्रयोग होता है जिसका निर्धारण, पीढ़ी, लिंग, व वंशवृक्ष (genealogical) सम्बन्धों से होता है, जैसे 'पिता', 'माता', 'भाई', 'बहन', 'पति', 'पत्नी', आदि । वर्गीकृत शब्द दो या दो से अधिक नातेदारों की श्रेणी से सम्बद्ध स्वजनों के लिए प्रयोग किया जाता है, जैसे अंग्रेजी में 'ग्रैन्ड-फादर' या हिन्दी में पितामह (माता तथा पिता दोनों के पिता के लिए प्रयुक्त), अंग्रेजी में 'कज़न' (पिता के भाइयों के पुत्रों के लिए तथा माता की बहन के पुत्रों के लिए प्रयुक्त) या फिर 'ब्रदर-इन-ला'

(बहन के पति के लिए तथा पत्नी के भाई के लिए प्रयुक्त)। इन्हीं वर्गीकृत शब्दों के उदार प्रयोग के द्वारा सभी समाजों में नातेदारी श्रेणियों की हजारों की संख्या को बहुत कम संख्या तक सीमित कर लिया गया है। 'वर्गीकृत' शब्द एक या एक से अधिक नातों के मूलभूत अभिलक्षणों के अन्तर (fundamental criteria of distinction) की उपेक्षा करने से ही बनते हैं, जैसे, लिंग का अभिलक्षण (criterion) ('कज़न' पुरुष-स्त्री दोनों को इंगित करता है), पीढ़ी का अभिलक्षण ('भाई' शब्द स्वयं की तथा अगली व पिछली दोनों पीढ़ियों की उपेक्षा करता है), बन्धुता (affinity) का अभिलक्षण (नातेदार विवाह से या रक्त से जुड़ा है), भिन्न शाखा (collaterality) (स्वयं की पीढ़ी का रक्तमूलक नातेदार, जैसे भाई या 'कज़न'), द्विभाजन (bifurcation) का अभिलक्षण (क्या स्वजन द्वितीयक है या तृतीयक या दूर का रिश्तेदार, जैसे 'पितामह'), आयु का अभिलक्षण (बड़ा है या छोटा, जैसे भाई) और वंशक्रम का अभिलक्षण (जीवित अथवा मृत)।

नातेदारी का महत्व (Importance of Kinship)

परिवार के बाद हिन्दुओं में नातेदारी समूह दैनिक जीवन में, संस्कारों में, तथा सामाजिक समारोहों में महत्वपूर्ण भूमिका का निर्वाह करते हैं। लोग अपने नातेदारों की ओर न केवल परेशानियों में उन्मुख होते हैं बल्कि नियमित अवसरों पर भी। नातेदारों के समूह में चार पाँच से लेकर 25 या 30 परिवार तक सम्मिलित हो सकते हैं। परिवार के बाद महत्वपूर्ण नातेदारी समूह 'वंश' (lineage) और 'गोत्र' (clan) होते हैं।

'वंश' परिवार का विस्तृत स्वरूप है। यह एक रक्तमूलक एक शाखाई वंशक्रम समूह (consanguineous unilateral descent group) है, जिसके सदस्य ज्ञात (और वास्तविक) सामान्य पूर्वज से जुड़े होते हैं। वंश अधिक सूक्ष्म व विशिष्ट वंशवृक्ष से सम्बद्ध होते हैं। यह या तो मातृवंशीय या पितृवंशीय होते हैं। यह एक बर्हिविवाही (exogamous) ईकाई होती है।

एक ही वंश के सदस्य भाई की तरह होते हैं और एक दूसरे के प्रति भ्रातृत्व निष्ठा रखते हैं। कई पीढ़ियों के बाद वंश बन्धन ढीले पड़ जाते हैं, लेकिन कितनी पीढ़ियों तक ये सम्बन्ध चलते हैं, यह बताना कठिन है। यदि वंश के लोग एक ही गांव या पड़ौस में रहते हैं तो वंश परम्पराओं का निर्वाह होता है और वे लोग आर्थिक सहायता आदान-प्रदान करते हैं, फसल कटाई के समय श्रम एकत्र करते हैं, विवादों के निपटारे के समय सहायक होते हैं, और लगभग सभी मुख्य अवसरों पर सहयोग करते हैं।

एक वंश के परिवारों के बीच की प्रमुख कड़ी सांस्कारिक समारोह (ritual functions) होते हैं, जिनमें सभी लोग भाग लेते हैं। वे सभी एक दूसरे के जीवन चक्र की घटनाओं, जैसे जन्म, मृत्यु, आदि में सम्मिलित होते हैं। वे लोग एक ही देवी देवताओं की पूजा करते हैं और एक से निषेधों का पालन भी करते हैं। वंशज आर्थिक उद्देश्यों के लिए भी सहयोग करते हैं। अठारहवीं शताब्दी में जब अंग्रेज सत्ता में आए तब उन्होंने भी वंश के मुखिया को लगान व व्यवस्था की देखभाल के लिए उत्तरदायी बनाया। उन्नीसवीं शताब्दी में भूमि लगान व्यवस्था में परिवर्तन के कारण उनकी (शासकी वंशजों) सत्ता में कमी आइ। आज वंश सम्बन्ध महत्वपूर्ण और शक्तिशाली है।

वंश 'गोत्र' के रुप में भी चलता है जो कि स्वयं में एक शाखाई (unilateral) नातेदारी समूह

है, लेकिन वंश से अधिक विस्तृत है। इसका पूर्वज कल्पित व मिथकीय व्यक्ति होता है और यह बहिर्विवाही (exogamous) समूह है। प्रत्येक व्यक्ति अपने पिता के गोत्र का उत्तराधिकारी होता है। टी.एन.मदान (1965: 225) के अनुसार वंश का पृथक होना आमतौर पर धीमी प्रक्रिया है। और यह परस्पर आदान-प्रदान में छोटे-छोटे अंशों के परित्याग से होता है, कभी प्रतिवाद के रूप में और कभी परस्पर स्वीकृति के रूप में, न कि अचानक व विस्फोटक विच्छेद की तरह। वंश सहयोग के त्याग के बाद भी बहिर्विवाही सिद्धान्त का परित्याग नहीं किया जाता।

वंश सम्बन्ध समय और स्थान के साथ सीमित होते जाते हैं, लेकिन गोत्र सम्बन्ध इन सीमाओं से परे हैं। गोत्रज सदस्यों की उत्पत्ति की प्रायः कोई कहानी होती है, जो उन्हें किसी कल्पित या अलौकिक स्त्रोत से जोड़ती है। गोत्रजों के बीच सहयोग आर्थिक कारकों एवं निवास स्थानों की दूरी पर निर्भर करता है। आजकल गोत्र के कार्य न्यूनतम रह गए हैं। इसका मुख्य कार्य विवाह को नियंत्रित करने तक ही सीमित हो गया है।

मनुष्य के जीवन में उसके स्त्री-नातेदारों (feminal kin) का अर्थात माँ की तरफ के, विवाहित बहनों के, पत्नी की ओर के, और उसकी विवाहित पुत्री की ओर के नातेदारों आदि का भी महत्व कम नहीं होता। उपहारों का लेना-देना, समय-समय पर मिलना-जुलना, व्यक्तिगत आपातकाल में आपसी समर्थन तथा नियमित सम्पर्क एक दूसरे के सम्बन्धों को बल प्रदान करते हैं। मामा को अपने भान्जों तथा भान्जियों के लिए कई अवसरों पर दायित्वों का निर्वाह करना होता है। स्त्री नातेदारी एक व्यक्ति के रूप में व्यक्ति व उस की समस्याओं के विषय में अधिक चिन्तित रहते हैं, न कि एक समूह के सदस्य के रुप में। इस प्रकार हम कह सकते हैं कि नारी-नातेदारी सम्बन्ध हर व्यक्ति और हर गांव को गावों के सामाजिक जाल (network) में समाकलन करने (integrate) में सहायता करते हैं, जो ग्रामीण जीवन के बहुत पहलुओं को प्रभावित करता है। विलियम रोव (William Rowe: 1960) ने उत्तर प्रदेश के बनारस के निकट एक गांव में 1959 में किये गये अध्ययन में पाया कि स्त्रियों की ओर के नातेदार श्रम के आदान-प्रदान का, खेती के उपकरणों का, पशुओं का एवं कर्ज़ का भी आदान प्रदान व लेन-देन करते हैं। जब कोई व्यक्ति अपने गांव में परेशानी में पड़ता है तो वह अपने मामा या साले के गाँव चला जाता है। कोहन (Cohn, 1955: 57-58) ने भी गांव के एक अध्ययन में देखा कि स्त्री की ओर के नातेदार अनेक प्रकार से नातेदारी के बन्धनों को बनाए रखते हैं।

उत्तरी व मध्य भारत में नातेदारी के लक्षण (Features of Kinship in North and Central India)

इरावती कर्वे ने भाषाई भेदों अर्थात् संस्कृति, इण्डो-आर्य भाषाएं (जो उत्तरी व मध्यवर्ती प्रदेशों में बोली जाती हैं), द्रविड़ भाषाएं (जो दक्षिणी प्रान्तों में बोली जाती हैं), तथा आस्ट्रिक या मुन्दारी भाषाएं (जो पूर्वी प्रान्त में बोली जाती हैं) को आधार मानकर समूचे देश को चार (उत्तरी, दक्षिणी, पूर्वी तथा पश्चिमी) भागों में बाँटकर भारतीय समाज के नातेदारी के लक्षणों के 1930, 1940 तथा 1950 के दशकों में विवेचन किया। उत्तरी और मध्यवर्ती क्षेत्रों में भेद पहाड़ी और मैदानी क्षेत्रों के आधार पर किया गया। वर्तमान में राज्यों के पुनर्गठन के अर्थों में उत्तरी क्षेत्र में आठ राज्य (उत्तर प्रदेश, बिहार, पूर्वी बंगाल, आसाम, पंजाब, हरियाणा, कश्मीर, और मेघालय), मध्यवर्ती क्षेत्र में छः राज्य (राजस्थान,

महाराष्ट्र, गुजरात, मध्यप्रदेश, हिमाचल प्रदेश, तथा उड़ीसा), दक्षिणी क्षेत्र में चार राज्य (आन्ध्रप्रदेश, केरल, तमिलनाडु तथा कर्नाटक), और पूर्वी क्षेत्रों में दो राज्य (नागालैण्ड और मिज़ोरम) तथा बिहार, बंगाल आसाम और उड़ीसा के कुछ क्षेत्र सम्मिलित हैं।

यद्यपि उत्तरी क्षेत्र में नातेदारी व्यवहार एक क्षेत्र में दूसरे क्षेत्र से थोड़े से भिन्न हैं और एक ही क्षेत्र में एक जाति से दूसरी जाति में भिन्न हैं, फिर भी तुलनात्मक अध्ययन दर्शाता है कि एक 'आदर्श उत्तरी स्वरूप' की बात सम्भवतः की जा सकती है जिसमें अधिकतर जातियों में समान दृष्टिकोण और प्रचलन मिलते हैं (कर्वे, 1953:115)।

उत्तरी क्षेत्र में नातेदारी के प्रमुख लक्षण इस प्रकार हैं: (1) सन्दर्भित व्यक्ति (ego) से छोटे (junior) नातेदारों को उनके निजी नाम से सम्बोधित किया जाता है और उस व्यक्ति से वरिष्ठ नातेदारों को नातेदारी शब्दों से। (2) आरोही (ascending) और अवरोही (descending) सीढ़ियों के सभी बच्चों को भ्रातृत्व समूह भाई-बहन के बच्चों के समान तथा भाई-बहन के बच्चों को स्वयं के बच्चोंके समान समझा जाता है। (3) पीढ़ियों की एकता के सिद्धान्त में विश्वास पाया जाता है, (जैसे, पितामह व प्रपितामह को पिता जैसा सम्मान दिया जाता है। (4) एक ही पीढ़ी में बुजुर्ग और बच्चों में स्पष्ट भेद किया जाता है। (5) तीन पीढ़ियों के सदस्यों का व्यवहार और उनके कर्त्तव्य सख्ती से नियमित किए जाते हैं। (6) संस्कृत मूल के कुछ प्राचीन नातेदारी शब्दों को नवीन शब्दों से बदल दिया गया है, जैसे 'पितामह' के स्थान पर 'पिता'। बड़ों को सम्बोधन करते समय 'जी' प्रत्यय जोड़ दिया जाता है जैसे, 'चाचा जी', 'ताऊ जी', आदि। बंगाल में 'जी' के स्थान पर 'मोशाय' जोड़ा जाता है। (7) सगे और नज़दीकी रिश्तेदारों में विवाह की अनुमति नहीं होती। (8) विवाह के बाद कन्या से यह आशा नहीं की जाती कि वह अपने ससुराल वालों से स्वतंत्र हो; लेकिन जब वह माँ बन जाती है, तब उस पर से प्रतिबन्ध कम हो जाते हैं और उसे सत्ता एवं आदर का स्थान प्राप्त होता जाता है। (9) परिवार की संरचना इतनी सुगठित होती है कि बच्चे, माता-पिता व दादा-दादी या तो साथ ही रहते हैं या उनके प्रति सामाजिक दायित्वों का निर्वाह भली-भांति किया जाता है। (10) संयुक्त परिवार, जो व्यक्ति के निकटतम व घनिष्ठ रिश्तों का प्रतिनिधि है, के अलावा नातेदारों का एक बड़ा चक्र भी होता है जो व्यक्ति के जीवन में महत्वपूर्ण भूमिका निभाते हैं। यह नातेदार उसके पितृ या मातृ नातेदारी के प्रतिनिधि होते हैं और समय और आवश्यकता पड़ने पर उसे सहायता करते हैं।

भारत के मध्यवर्ती क्षेत्रों में नातेदारी संगठन के प्रमुख लक्षण उत्तरी क्षेत्र की नातेदारी से अधिक भिन्न नहीं हैं। उनके (मध्यवर्ती क्षेत्र के) प्रमुख लक्षण इस प्रकार हैं: (1) प्रत्येक क्षेत्र विवाह सम्बन्धी उन्हीं रीतियों/प्रचलनों को मानता है जिनका उत्तर क्षेत्र में पालन किया जाता है, अर्थात् विवाह में रक्तमूलक सम्बन्ध (consanguinity) का विशेष ध्यान रहता है। (2) अनेक जातियां बहिर्विवाही गोत्रों में बंटी हुई हैं। कुछ जातियों में बर्हिविवाही गोत्र अनुलोमीय सोपान (hypergamous hierarchy) में क्रमबद्ध रहते हैं (3) नातेदारी शब्दावली विविध नातेदारों के बीच निकटता एवं आत्मीयता दर्शाती है। यह सम्बन्ध 'न्योता-भेंट' रिवाज से संचालित होते हैं, जिनके अनुसार जितना रुपया नकद लिया जाता है उतना ही नकद लौटाकर भेंट में दिया भी जाता है। न्योता रजिस्टर बनाए जाते हैं जो पीढ़ियों तक सुरक्षित रहते हैं। (4) गुजरात में ममेरे भाई-बहनों तथा देवर के साथ विवाह (levirate) कुछ जातियों में प्रचलित हैं। (5) गुजरात में आवधिक विवाह (periodic marriage) प्रथा ने बाल-विवाह एवं बेमेल विवाहों को प्रोत्साहन दिया है, परन्तु ऐसे विवाह आधुनिक भारत में भी मिलते हैं। (6) महाराष्ट्र में उत्तरी व दक्षिणी दोनों क्षेत्रों का प्रभाव नातेदारी सम्बन्धों में दृष्टिगोचर होता है। उदाहरणार्थ, मराठों का गोत्र संगठन राजपूतों के गोत्र संगठन की भाँति है। यद्यपि इनके गोत्र संकेन्द्रीय गोलों (concentric circles) में क्रमबद्ध होते हैं जबकि राजपूतों के (गोत्र) एक सीढ़ी (ladder) के रूप में क्रमबद्ध होते हैं। गोत्रों को खण्डों (divisions) में बाँट लिया जाता है और प्रत्येक को उनकी संख्या के आधार पर एक नाम दिया जाता है, जैसे पंचकुली, सतकुली, आदि। इन गोत्रों को अनुलोम विवाही क्रम (hypergamous order) में व्यवस्थित किया जाता है; सबसे ऊँचा पन्चकुली, फिर सतकुली, आदि। पंचकुली अपनों में ही विवाह कर सकते हैं या फिर सतकुली की लड़की ले सकते हैं, लेकिन अपनी लड़की पन्चकुली के बाहर नहीं दे सकते हैं। (7) मध्यवर्ती क्षेत्र में कुछ जातियां जैसे मरहटा और कुनबी, वधू-मूल्य (bride-price) का भी लेन-देन करती हैं, यद्यपि दहेज प्रथा भी उनमें प्रचलित है। (8) यद्यपि महाराष्ट्र में परिवार व्यवस्था पितृवंशीय तथा पितृस्थानीय (patrilocal) है, लेकिन उत्तरी क्षेत्र की प्रथा के विपरीत, जहां पत्नी गौने के बाद स्थाई रूप से पति के घर रहती है और अपने पिता के घर कभी-कभी ही जाती है, मराठी जैसी जातियों में वह (पत्नी) अपने पिता के घर बार-बार आती जाती रहती है। एक बार वह पिता के घर चली जाये तो उसे पति के घर वापस लाना कठिन होता है। नातेदारी सम्बन्धों पर दक्षिण क्षेत्र का प्रभाव इससे स्पष्ट हो जाता है। (9) यद्यपि नातेदारी शब्दावली अधिकतर उत्तरी है किन्तु कुछ शब्द द्रविड़ क्षेत्र से भी लिए गए हैं, जैसे, भाई के लिए 'दादा' शब्द के साथ 'अन्ना' और 'नाना' या फिर बहिन के लिए 'अक्का', 'ताई' और 'माई' शब्दों का प्रयोग। (10) राजस्थान और मध्यप्रदेश की जनजातियों में नातेदारी व्यवस्था हिन्दुओं से कुछ भिन्न है। यह अन्तर नातेदारी शब्दावली में, विवाह नियमों में, उत्तराधिकार व्यवस्था में, तथा गोत्र दायित्वों में निहित हैं।

अतः यह कहा जा सकता है कि यद्यपि नातेदारी संगठन उत्तरी व मध्यवर्ती क्षेत्रों में लगभग एक सा है, फिर भी उत्तर से दक्षिण की ओर जाने वाले क्षेत्रों में परिवर्तन मिलता है। महाराष्ट्र जैसे राज्य को साँस्कृतिक उधार-ग्रहण (borrowings) का तथा साँस्कृतिक समन्वय का क्षेत्र कहा जा सकता है (Karve, 1953: 174)।

दक्षिण भारत में नातेदारी संरचना (Kinship Structure in South India)

दक्षिण क्षेत्र नातेदारी व्यवस्था का जटिल स्वरूप प्रस्तुत करता है। यद्यपि पितृवंशीय व पितृस्थानीय परिवार प्रारूप अधिकतर जातियों और समुदायों में प्रबल (dominant) है (जैसे नम्बूदरी) फिर भी जनसंख्या के कुछ महत्वपूर्ण भाग वे भी हैं जो मातृवंशीय तथा मातृस्थानीय हैं (जैसे नायर), और पर्याप्त संख्या में ऐसे भी जो पितृवंशीय तथा मातृवंशीय दोनों के लक्षण दर्शाते हैं (जैसे टोडा)। इसी प्रकार कुछ जातियां व जनजातियां हैं जो केवल बहुपत्नी प्रथा मानती हैं (जैसे नम्बूदरी) और कुछ ऐसी हैं जो केवल बहुपति प्रथा मानती हैं (जैसे असारी, नायर), और फिर ऐसी भी हैं जो बहुपति तथा बहुपत्नी दोनों का पालन करती हैं (जैसे टोडा)। उनके अतिरिक्त बहुपति-पितृवंशीय (जैसे असारी) तथा बहुपति-मातृवंशीय समूह भी हैं (जैसे तियान, नायर)। बहुपत्नी पितृवंशीय समूह तो हैं (जैसे नम्बूदरी) परन्तु बहु-पत्नी मातृवंशीय समूह नहीं हैं। इसी तरह, पितृवंशीय संयुक्त परिवार भी हैं तो

मातृवंशीय संयुक्त परिवार भी हैं। यह सभी दक्षिणी क्षेत्र में नातेदारी व्यवस्था में विविधता दर्शाते हैं। इनमें से कुछ संगठनों/स्वरूपों का विश्लेषण किया जा सकता है।

मातृवंशीय परिवार (Matrilineal Family)

मातृवंशीय परिवार का गठन किस प्रकार होता है ?

मातृवंशीय परिवार में महिलाओं का पारस्परिक नातेदारी सम्बन्ध कैसा होता है ? इसमें स्त्रियों के एक दूसरे से सम्बन्ध पुत्री, माँ, बहिन, नानी, मौसी, और भान्जी के मिलते हैं। महिलाओं की पुरुषों से क्या नातेदारी है ? पुरुष महिलाओं से भाई, पुत्र, धेवता, और भान्जे के रूप में जुड़े हैं। पुरुषों की पुरुषों से क्या नातेदारी है ? वे भाई, मामा व भांजे के रूप में सम्बद्ध होते हैं। ये सभी रिश्ते रक्त सम्बन्धों पर आधारित हैं तथा इनमें विवाह द्वारा सम्बन्ध नहीं मिलते हैं। ऐसा इसलिए है कि पति परिवार में कभी-कभी मिलने जाता है। इससे पता चलता है कि (i) पति व पत्नी और पिता व बच्चों के बीच सहयोगिता (companionship) का अभाव रहता है (ii) स्त्रियाँ अपने पति की आय में से कुछ नहीं लेतीं और अपनी आय तथा जीविका के लिए स्वतंत्र होतीं हैं। इस प्रकार दक्षिण के कुछ परिवार उत्तर के परिवारों से भिन्न होते हैं।

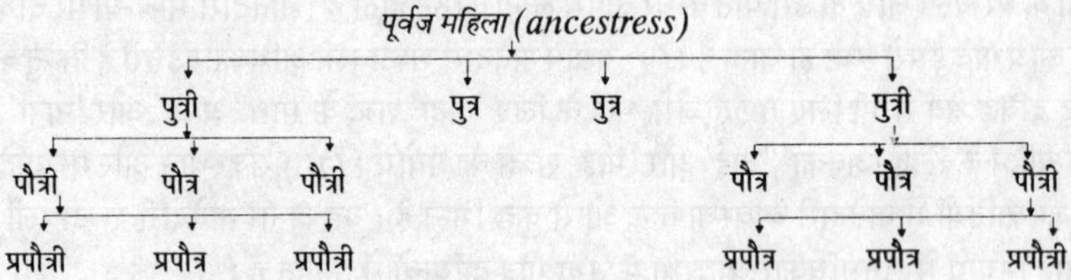

मातृवंशीय संयुक्त परिवार (Matrilineal Joint Family)

मातृवंशीय संयुक्त परिवार, जिसे 'तारवाड़' (Tarwad) कहा जाता है, ट्रावन्कोर के मलाबार क्षेत्र में नायर तथा कुछ अन्य समूहों में पाए जाते हैं। तारवाड़ की प्रमुख विशेषताएं इस प्रकार हैं: (1) तारवाड़ की सम्पत्ति उससे सम्बद्ध सभी स्त्रियों/पुरुषों की होती है। (2) अविवाहित पुत्र माता के 'तारवाड़' से सम्बद्ध होते हैं, लेकिन विवाहित पुत्र अपनी पत्नी के 'तारवाड़' से। (3) तारवाड़ परिवार का सबसे वृद्ध पुरुष सम्पत्ति का प्रबन्धक होता है तथा उसे 'कर्णावान' और उसकी पत्नी को 'अम्माई' कहते हैं। (4) कर्णावान परिवार का पूर्ण शासक होता है। उसकी मृत्यु के बाद वरीयता में वृद्ध पुरुष कर्णावान बन जाता है। वह अपने नाम पर धन विनियोजन कर सकता है, सम्पत्ति गिरवी रख सकता है, रुपया ऋण के रुप में दे सकता है, भूमि उपहार में दे सकता है, तथा किसी-भी पारिवारिक सदस्य को आय-व्यय का विवरण देने के लिए बाध्य नहीं होता। (5) जब तारवाड़ का आकार बहुत विस्तृत व सहज में न चलाने योग्य हो जाता है तब उसे 'तवाज़ि' (Tavazhis) में विभाजित कर दिया जाता है। स्त्री से सम्बन्धों के अर्थ में 'तवाज़ि' "व्यक्तियों का एक ऐसा समूह है जिसमें एक स्त्री, उसके बच्चे और स्त्री श्रेणी के उसके सभी उत्तराधिकारी होते हैं"।

1912 के पूर्व एवं पश्चात के 'तारवाड़' बिल्कुल भिन्न हैं: (i) 1912 के पूर्व 'तारवाड़' की

सम्पत्ति अविभाज्य थी लेकिन अब इसका विभाजन हो सकता है; (ii) 1912 से पूर्व 'कर्णावान' तारवाड़ का पूर्ण शासक होता था, लेकिन अब उसकी सत्ता सीमित हो गई है; (iii) 1912 से पूर्व तारवाड़ के सदस्यों को भरण-पोषण प्राप्ति का अधिकार नहीं था, जब तक वे परिवार में न रहें लेकिन अब वे इसके अधिकारी हैं, (iv) 1912 से पूर्व कर्णावान की पूर्वज के रूप में पूजा (ancestor worship) सामान्य थी लेकिन अब नहीं; (v) 1912 से पूर्व पति-पत्नि के बीच के सम्बन्ध औपचारिक होते थे लेकिन अब यह सम्बन्ध अनौपचारिक, व्यक्तिगत, अधिक निकट, एवं आत्मीय होते हैं; (vi) 1912 से पूर्व तारवाड़ के किसी सदस्य की स्वयं अर्जित सम्पत्ति उसकी मृत्यु के बाद तारवाड़ की हो जाती थी, लेकिन अब यह उसकी विधवा पत्नी और बच्चों को मिलती है और यदि वे न हों तो उसकी मां व नानी को।

इस प्रकार जब से 1912 का अधिनियम (ट्रावन्कोर), 1920 का अधिनियम (कोचीन), 1933 का अधिनियम (मद्रास), तथा 1958 का अधिनियम (केरल) लागू हुए हैं, नायरों के तारवाड़ अब विघटित हो गए हैं। अब स्त्री की सम्पत्ति उसके पुत्र और पुत्रियों को मिलती है और बाद में उसके पिता और पति को। कापड़िया (1947:348) ने भी लिखा है कि क्योंकि 90% से अधिक घरों (वीडू) में एक ही 'तवाजि' मिलती है, इससे पता चलता है कि पिछले कुछ दशकों में तारवाड़ का कितना परमाणुकरण (atomization) हुआ है।

गोत्र संगठन एवं विवाह नियम (Clan Organisation and Marriage Rules)

एक जाति के विभिन्न गोत्र (clans) कैसे संगठित होते हैं और उनमें विवाह-दायित्व सम्बन्धी नियम क्या है ?

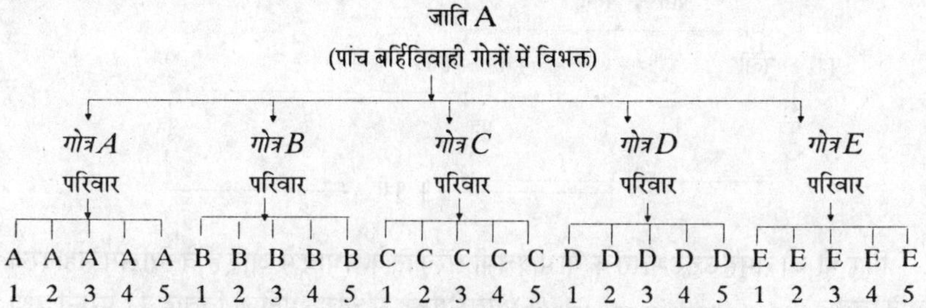

गोत्र संगठन की प्रमुख विशेषताएं इस प्रकार हैं:

(1) प्रत्येक गोत्र (कई परिवारों से मिलकर बना हुआ) का एक नाम होता है, जो किसी पशु, पौधे, या अन्य किसी वस्तु के नाम पर आधारित होता है।

(2) व्यक्ति अपने गोत्र को छोड़कर किसी भी अन्य गोत्र से जीवन-साथी का चुनाव कर सकता है। यह वरण केवल सैद्धान्तिक मात्र है क्योंकि पुत्रियों के 'आदान-प्रदान' (exchange) का नियम इसमें रुकावट डालता है।

(3) विवाह में न केवल गोत्र से बाहर विवाह करने का नियम है, बल्कि परिवारों द्वारा पुत्रियों के आदान-प्रदान का भी है। इस प्रकार 'B' गोत्र के व 'B_1' परिवार का व्यक्ति केवल 'A' और

'C' गोत्र के 'A_1' और 'C_1' परिवारों में से तथा 'D' और 'E' गोत्रों की ही कन्या खोजेगा। यह नियम चुनाव के क्षेत्र को बहुत सीमित कर देता है।

वैवाहिक दायित्व (गोत्र 'B' में)

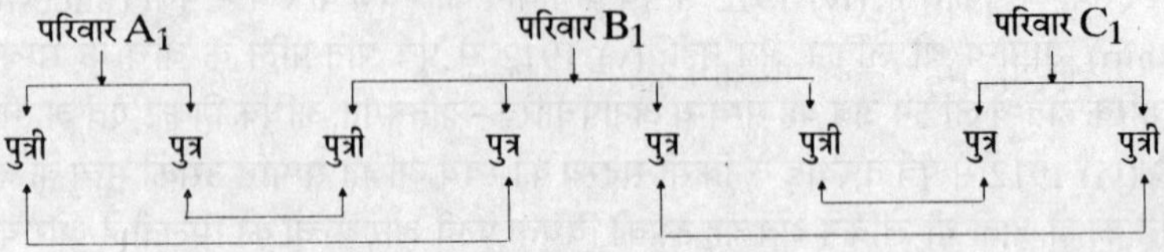

(4) पुत्रियों के आदान-प्रदान के विवाह-नियम के कारण बहुत से नातेदारी शब्द सामान्य व समान होते हैं; जैसे, जो शब्द 'ननद' के लिए प्रयोग होता है वह 'भाभी' के लिए भी होता है; जो 'साले' के लिए होता है वह 'बहनोई' के लिए भी होता है; और जो 'श्वसुर' के लिए होता है वह 'भाभी के पिता' के लिए भी होता है।

(5) दो बहनों के बच्चों (maternal parallel cousins) के बीच विवाह की अनुमति नहीं है।

(6) साली (पत्नी की छोटी बहन) के साथ विवाह का प्रचलन है। दो बहनों का विवाह एक परिवार के दो भाईयों से भी हो सकता है।

(7) दक्षिण में अधिमान्य वरण (preferential mating) की प्रथा है। अनेक जातियों में प्रथम वरीयता बड़ी बहिन की पुत्री को, दूसरी वरीयता पिता की बहिन की पुत्री को, तथा तृतीय वरीयता माँ के भाई की पुत्री को दी जाती है। यह नियम रेखाचित्र से स्पष्ट होता है:

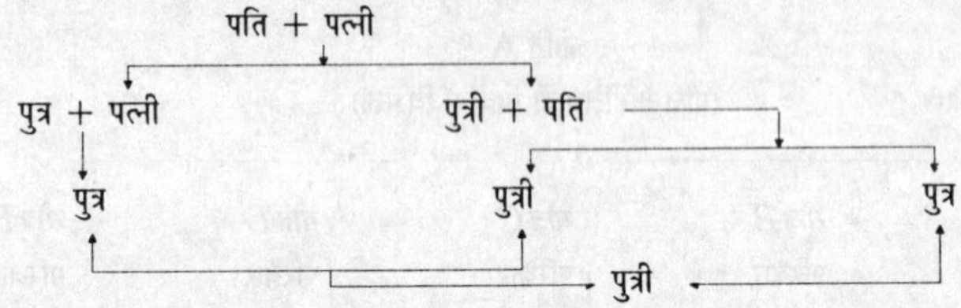

फिर भी, जो समूह उत्तर भारत के या पश्चिमी संस्कृति के प्रभाव में आए हैं, वे विलिंग सहोदरज संतति विवाह (cross cousin marriage), विशेषरूप से चाचा-भतीजी विवाह को, पुरानी प्रथा व शर्म की बात मानते हैं।

(8) विवाह के निषेध (taboos) इस प्रकार हैं: व्यक्ति अपनी छोटी बहिन की पुत्री से विवाह नहीं कर सकता; विधवा अपने पति के छोटे या बड़े भाई से विवाह नहीं कर सकती; तथा पुरुष अपनी माता की बहिन की पुत्री से विवाह नहीं कर सकता।

(9) विवाह वास्तविक आयु में अन्तर के आधार पर होता है, न कि पीढ़ी विभाजन के सिद्धान्त के आधार पर जैसा कि उत्तर भारत में पाया जाता है। उदाहरणार्थ, दक्षिण में दादा और पोती का विवाह सम्भव है जैसा कि निम्न चित्र में दर्शाया गया है:

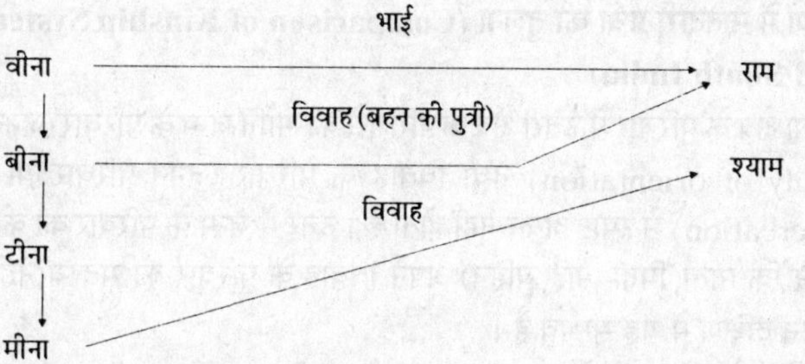

उपरोक्त चित्र में मीना बीना की और राम की भी प्रपौत्री है । मीना श्याम से विवाह करती है जो उसके परदादा का पुत्र है, अर्थात उसका दादा है । इस प्रकार से दादा तथा पौत्री का विवाह सम्भव है ।

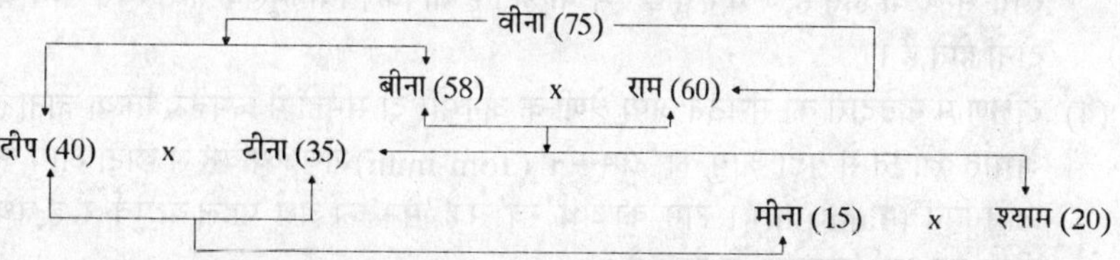

(10) विवाह नातेदारी समूह के विस्तार के लिए तय नहीं किया जाता, बल्कि प्रत्येक विवाह पहले से ही प्रचलित बन्धनों को और अधिक मजबूत बनाता है, और वे लोग अधिक निकट आ जाते हैं जो पहले से ही नातेदार थे ।

(11) लड़की को उस व्यक्ति से विवाह करना होता है जो उसके समूह से वरिष्ठ समूह का अर्थात 'टाम-मन' (Tam-Mun) का सदस्य हो । वह अपने माता-पिता से कम आयु वाले समूह के सदस्य से अथवा बड़े विलिंग सहोदरज (cross cousin) से भी विवाह कर सकती है । लड़के को 'टाम-पिन' (Tam-Pin) समूह में अथवा 'टाम-मन' समूह की लड़की के साथ विवाह करना होता है ।

(12) प्रस्थिति (status) तथा भावनाओं की द्विभाजकता (dichotomy) जो कि उत्तर भारत में प्रयोग किए जाने वाले शब्दों, जैसे, 'कन्या' (अविवाहित लड़की), 'बहू' (विवाहित लड़की), 'पीहर' (माँ का घर), और 'ससुराल' (पति का घर) से प्रकट होती है, दक्षिण में बिल्कुल नहीं मिलती । ऐसा इसलिए होता है कि दक्षिण भारत में उत्तर भारत की तरह लड़की विवाह के बाद घर में अजनबी की तरह प्रवेश नहीं करती । लड़की का पति उसकी माँ के भाई का लड़का अर्थात् मामा का लड़का या इसी प्रकार का अन्य निकट का रिश्तेदार हो सकता है । इस प्रकार दक्षिण में विवाह का अर्थ लड़की का पिता के घर से पृथक होने का प्रतीक नहीं होता । लड़की अपनी ससुराल में आज़ादी से घूम फिर सकती है ।

उत्तर व दक्षिण में नातेदारी प्रथा की तुलना (Comparison of Kinship System of North and South India)

(1) दक्षिण क्षेत्र के परिवार में उत्तरी क्षेत्र के परिवारों की भाँति जन्म के परिवार (जनक परिवार या family of orientation) तथा विवाह के परिवार (जनन परिवार या family of procreation) में स्पष्ट अन्तर नहीं होता है। उत्तर में जन्म के परिवार का कोई भी सदस्य (यानि कि माता, पिता, भाई, बहिन) अपने विवाह के परिवार का सदस्य नहीं बन सकता, लेकिन दक्षिण में यह सम्भव है।

(2) उत्तर में नातेदारी का प्रत्येक शब्द स्पष्ट दर्शाता है कि सन्दर्भित व्यक्ति रक्त सम्बन्धी है या विवाहमूलक नातेदार, लेकिन दक्षिण में ऐसा नहीं है।

(3) दक्षिण में सन्दर्भित व्यक्ति (ego) के कुछ नातेदार ऐसे होते हैं जो उसके केवल रक्त-सम्बन्धी होते हैं, जबकि कुछ ऐसे भी होते हैं जो कि विवाहमूलक तथा रक्त सम्बन्धी दोनों होते हैं।

(4) दक्षिण में नातेदारी का संगठन आयु श्रेणी के अनुसार दो समूहों में क्रमबद्ध किया जाता है, अर्थात व्यक्ति से बड़ी आयु का 'टाम-मन' (Tom-mun) तथा व्यक्ति से छोटी आयु का 'टाम-पिन' (Tam-pin)। 'टाम' का अर्थ 'स्व' से है, 'मन' का अर्थ 'पहले या पूर्व' से है, तथा 'पिन' का अर्थ 'पश्चात' से होता है।

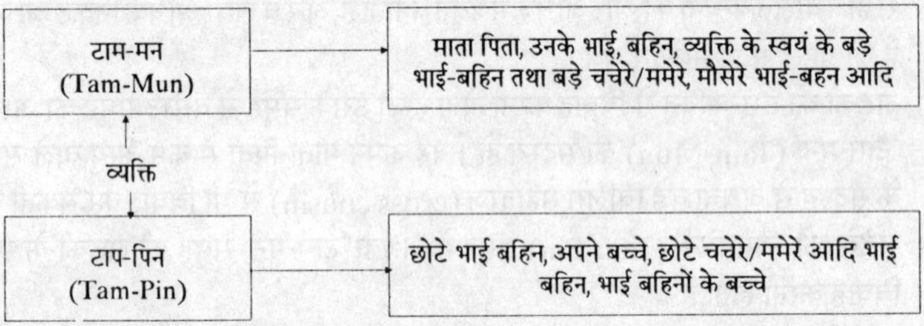

उत्तर में नातेदारी (स्वजनों) का संगठन रिश्ते की प्रकृति के अनुसार होता है।

(5) दक्षिण में नातेदारी संगठन वास्तविक आयु के अन्तर पर निर्भर होता है, जबकि उत्तर में यह पीढ़ी विभाजन के सिद्धान्त पर आधारित होता है।

(6) दक्षिण में विवाहित लड़कियों के लिए व्यवहार के कोई विशेष मानदण्ड नहीं होते, जब कि उत्तर में उन पर अनेक बन्धन होते हैं।

(7) दक्षिण में विवाह स्त्री के लिए पिता के घर से पृथकता का प्रतीक नहीं होता, जबकि उत्तर में स्त्री कभी-कभी पिता के घर आती है।

(8) उत्तर में विवाह नातेदारी समूह के विस्तार का एक साधन है, जब कि दक्षिण में विवाह मौजूदा बन्धनों को और अधिक मजबूत बनाता है।

पूर्वी भारत में नातेदारी संगठन (Kinship Organization in Eastern India)

पूर्वी भारत (बंगाल, बिहार, असम व उड़ीसा के भाग) में हिन्दुओं की अपेक्षा जनजातियों की संख्या अधिक है। प्रमुख जनजातियां इस प्रकार हैं: खासी, बिरहोर, हो, मुण्डा, तथा उराँव। यहां नातेदारी संगठन का कोई स्वरूप नहीं है। मुण्डारी भाषा बोलने वाले लोगों के परिवार पितृवंशीय या पितृस्थानीय होते हैं। इस क्षेत्र में संयुक्त परिवार बिरले ही होते हैं। विलिंग सहोदरज विवाह (cross cousion marriage) कभी-कभी होते हैं, यद्यपि वधू-मूल्य सामान्य बात है। महिला को 'द्वैध' (dual) शब्द से सम्बोधित (address) किया जाता है, (तुम दो), द्वैध शब्द से संदर्भ (refer) किया जाता है (वह दो), तथा वह स्वयं द्वैध में बोलती है (मैं दो)। नातेदारी शब्द 'द्रविड़' व 'संस्कृत' दोनों से लिये गये हैं। 'खासी' और 'गारो' में (नायरों की भाँति) मातृवंशीय संयुक्त परिवार मिलते हैं। विवाह के बाद व्यक्ति अपने माता-पिता के साथ शायद ही कभी रहता है, वह अपना पृथक घर स्थापित करता है।

सारांश (Resume)

भारत में नातेदारी व्यवस्था पर भाषा तथा जाति का प्रभाव पड़ा है। जीवनयापन एवं प्रस्थिति की प्रतिस्पर्धा में फंसे इस युग में व्यक्ति को मित्रों के रूप में नातेदारों की आवश्यकता है। जाति व भाषाई समूह कभी-कभी व्यक्ति की सहायता कर सकते हैं, किन्तु प्रबल समर्थक, विश्वसनीय व वफादार लोग उसके नातेदार ही हो सकते हैं। इसलिए यह आवश्यक है कि व्यक्ति न केवल नातेदारों से सम्बन्ध मजबूत करे, बल्कि उसे नातेदारी की परिधि और भी विस्तृत करनी होगी। सहोदरज विवाह (cousin marriages), अधिमान्य वरण (preferential mating), विनिमय नियम (exchange rules), तथा विवाह मानदण्ड जो कि जीवनसाथी के चुनाव क्षेत्र को सीमित करते हैं, में परिवर्तन की आवश्यकता है जिससे विवाह के माध्यम से नातेदारी सम्बन्ध विस्तृत हो सकें और व्यक्ति सत्ता प्राप्ति में उनसे सहायता ले सके और सत्ता प्राप्ति से उसकी प्रस्थिति में भी वृद्धि हो सके।

REFERENCES

Chattopadhyay, K.P., "On Terms of Kinship and Social Relationship" in T.N. Madan and Gopala Saran (Eds.), *Indian Anthropology*, Asia Publishing House, Bombay, 1962.

Chekki, D.A., "Social Legislation and Kinship in India: A Sociological Study", *Journal of Marriage and the Family*, 1969, 31(1) pp. 165-72.

Dumont, Louis, "Hierarchy and Marriage Alliance in South Indian Kinship", *Current Anthropology*, 1966, 7 (3), pp. 327-46.

Dumont L., and Pocock D., "Kinship", *Contributions to Indian Sociology*, 1957 (1), pp. 43-64.

Farber Bernard (Ed.), *Kinship and Family Organization*, Alden Press, Oxford, 1976.

Gough E.K., "Inter-personal Kinship Relations", *Matrilineal Kinship*, University of California Press, Berkeley, 1961.

Hsu, Francis, "The Effect of Dominant Kinship Relations on Kin and Non-Kin Behaviour", *American Anthropologist*, 1965 (3), pp. 638-661.

Kapadia, K.M., *Hindu Kinship*, Popular Book Depot, Bombay, 1947.

Karve, Iravati, *Kinship Organization in India*, Deccan College Monograph Series No. 11, Deccan College, Poona, 1953. Revised Edition, Asia Publishing House, Bombay, 1965.

Mandelbaum, David G., *Society in India* (2 Vols.), University of California Press, Berkeley, 1970.

Murdock, G.P., *Social Structure*, Macmillan and Co., New York, 1949.

Prabhu, P.N., *Hindu Social Organization*, The Popular Book Depot, Bombay, 1954.

Singer Milton and Cohn Bernard (Eds.), *Structure and Change in Indian Society*, Aldine Publishing Co., Chicago, 1968.

अध्याय 5

स्त्रियों की स्थिति
Status of Women

वर्षों से कुछ समाजशास्त्री एवं गैर-समाजशास्त्री हमारे समाज में स्त्रियों की समस्याओं के मूल्यांकन एवं उनकी प्रस्थिति में आ रहे परिवर्तनों के अध्ययन में प्रयत्नशील रहे हैं। कुछ लेखकों ने जब स्त्रियों के उत्तराधिकार, सार्वजनिक कार्यों में उनकी भागीदारी एवं विवाह में उनके कानूनी अधिकारों के संदर्भ में लिखा है, कुछ अन्य (लेखकों) ने पुरुषों द्वारा उनके साथ भेदभावपूर्ण व्यवस्था तथा विद्यमान रीति-रिवाजों के संदर्भ में विवेचन किए हैं। वैधानिक दृष्टि से स्त्रियों की स्थिति को ऊंचा उठाने के लिए चाहे कितने भी कदम उठाए गए हों, व्यावहारिक दृष्टि से उनके साथ भेदभावपूर्ण रवैया, तथा उनका तिरस्कार, अपमान व प्रताड़ना अभी भी जारी है। अब भी उनका मत जानने के लिए गंभीरता नहीं दर्शाई जाती, उन्हें पुरुषों के समान नहीं समझा जाता, तथा उनको उचित सम्मान नहीं दिया जाता। ऐसे उदाहरण हैं जहाँ कनिष्ठ पदाधिकारी स्त्रियाँ वरिष्ठ पुरुष पदाधिकारियों द्वारा परेशान की जाती हैं तथा वरिष्ठ अफसरों द्वारा कनिष्ठ कामकाजी महिला लिपिकों, टाइपिस्टों आदि के साथ दुर्व्यवहार किया जाता है। ऐसे प्रकरण भी सामान्य रूप से मिलते हैं जिनमें पुरुष अपने अधीन कार्यरत महिलाओं के साथ टेलीफोन एक्सचेन्जों में, सचिवालयों में, समाचार पत्र कार्यालयों में, पंचतारा होटलों में, दूरदर्शन केन्द्रों में विश्वविद्यालयों तथा विद्यालयों में, तकनीकी संस्थानों आदि में संसूचक प्रस्ताव (suggestive overtures) रखते हैं व कामुक रूप से हैरान करते हैं।

स्त्री पुरुषों के सम्बन्धों में, सबल व्यक्तित्व वाला व्यक्ति ही प्रभावशाली स्थिति प्राप्त करता है। सामान्य रूप से, पुरुष स्त्री पर आधारिक आज्ञा देने का अधिकार समझता है, यद्यपि कुछ मामलों में स्त्री भी पुरुष के ऊपर नियंत्रण रखने की स्थिति में रहती है। भारतीय संस्कृति में प्रारम्भ से ही समूह के रूप में स्त्रियों पर पुरुषों ने प्रभुत्व जमाया है और समाज व परिवार में उनकी स्थिति निम्न रखी है। 1930 और 1940 के दशकों में सामाजिक राजनैतिक नेताओं की समानता के लिए प्रतिबद्धता ने भारतीय महिलाओं के उदार समतावादी मूल्यों के लिए किए जा रहे आन्दोलन को प्रभावित किया। स्त्रियों की दशा में इस परिवर्तन के अध्ययन के लिए हम प्राचीन काल से ही प्रारम्भ करेंगे।

प्राचीन भारत में स्त्रियाँ (Women In Ancient India)

प्राचीन भारत में स्त्रियों की स्थिति से संबंधित दो विचार सम्प्रदाय मिलते हैं। एक सम्प्रदाय का कहना है कि स्त्रियाँ "पुरुषों के बराबर" थीं, जबकि दूसरे सम्प्रदाय की मान्यता है कि स्त्रियों का न केवल अपमान ही होता था बल्कि उनके प्रति घृणा भी की जाती थी। दोनों ही सम्प्रदायों ने अपने दृष्टिकोण की पुष्टि में धार्मिक साहित्य से उदाहरण दिए हैं। आपस्तम्ब ने निर्दिष्ट किया था: "जब स्त्री रास्ते में जा रही हो तो सभी उसे रास्ता दें"। हम जिनका सम्मान करते हैं उनके साथ यही व्यवहार करते हैं, अतः यह दर्शाता है कि स्त्रियों को उच्च स्थान प्राप्त था। मनु ने कहा था: "जहाँ स्त्रियों की दुर्दशा होती

है वहाँ सम्पूर्ण परिवार विनाश को प्राप्त होता है, किन्तु जहाँ वे सुखी हैं वहाँ परिवार सदैव समृद्धि को प्राप्त करता है ।" याज्ञवल्क ने भी कहा है: "स्त्रियाँ पृथ्वी पर समस्त दैवीय गुणों का प्रतीक है; सोम ने अपनी समस्त पवित्रता उन्हें प्रदान की है, गान्धर्व ने मृदु वाणी, तथा अग्नि ने उन्हें अत्यन्त आकर्षक बनाने के लिए अपनी समस्त चमक उन पर न्योछावर कर दी है ।" स्त्रियों के विषय में इतने ऊंचे आदर्श रामायण एवं महाभारत में भी स्थान-स्थान पर दोहराए गए हैं । महाभारत काल में स्त्रियाँ न केवल गृहस्थ जीवन का केन्द्र थीं बल्कि समस्त सामाजिक संगठन की आधार-बिन्दु थीं । ऐसी आशा की जाती थी कि पुरुष अपनी पत्नी की इच्छा के आगे नत होगा तथा उसकी सेवा व पूजा करेगा ।

यह चित्र का एक पक्ष है । इसका दूसरा पक्ष भी है । स्त्रियों को कमजोर मनवाली मानकर उन्हें विश्वास के योग्य नहीं समझा जाता था । उन्हें पुरुषों की शारीरिक इच्छाओं की पूर्ति का साधन मात्र समझा जाता था तथा उनके लिए सन्तान प्राप्ति का साधन भी । महाभारत में एक स्थल पर कहा गया है: "स्त्रियों से अधिक पाप की अन्य कोई वस्तु नहीं है; "स्त्री सभी बुराइयों की जड़ है ।" कोई भी अन्य जीवधारी इतना पापी नहीं होता जितनी स्त्री । स्त्री प्रज्ज्वलित ज्वाला है । वह माया रचित एक भ्रम है, वह उस्तरे की तेज धार है, वह अग्नि है", (Indra, 1951: 12-13) । रामायण में कहा गया है कि, "स्त्रियों के मुख पुरुषों की भाँति हैं, उनके शब्द मधु की बून्दों की भाँति हैं, किन्तु उनके मन तेज उस्तरे की भाँति हैं; उनके मन की थाह किसी को नहीं हो सकती है ।" जिस प्रकार मनु स्त्रियों को आधिपत्य की वस्तु मानना चाहते थे तथा जिस प्रकार युधिष्ठिर द्वारा द्यूत क्रीड़ा में द्रौपदी को दाँव पर लगाया गया था, उससे तो यही सिद्ध होता है कि सभ्यता के प्रारम्भिक युगों में स्त्रियों को गुलाम तथा मूल्यवान प्रतिभूति (chattel) ही माना जाता था ।

उपरोक्त सन्दर्भित उदाहरणों को समाज में स्त्रियों की सही स्थिति बताने के लिए विश्वसनीय आधार नहीं माना जा सकता । विभिन्न कथन पृथक सन्दर्भों में दिए गये थे । यदि भीष्म ने कहा था, "पति को चाहिए कि वह पत्नी को सम्पत्ति के रूप में समझे", यदि भगवान राम ने कहा था "मैं अपना समस्त राज्य उत्तराधिकार, यहाँ तक कि अपनी पत्नी और सभी मूल्यों को भरत को स्वेच्छा से प्रदान कर सकता हूँ", तो यह सब केवल प्रसंग वश ही कहा गया था । स्त्रियों की वास्तविक स्थिति का मूल्यांकन उनके आर्थिक, सामाजिक, राजनैतिक एवं धार्मिक अधिकारों के प्रकाश में विश्लेषण द्वारा किया जा सकता है ।"

वैदिक और उत्तर-वैदिक काल में स्त्रियाँ (Women in the Vedic and Post-Vedic Periods)

वैदिक एवं उत्तर-वैदिक काल में स्त्रियों की स्थिति का निर्धारण इस तथ्य से किया जा सकता है कि उनको कितनी स्वतंत्रता प्राप्त थी तथा उन पर किस सीमा तक प्रतिबन्ध लगे हुए थे । वैदिक तथा रामायण-महाभारत (महाकाव्य) काल में स्त्रियाँ कभी भी पर्दा नहीं करती थीं । उन्हें अपने जीवन साथी के वरण में स्वतंत्रता प्राप्त थी । वे शिक्षा प्राप्त कर सकती थीं । विधवाओं को पुनर्विवाह की अनुमति थी, यद्यपि विवाह-विच्छेद की अनुमति उन्हें प्राप्त नहीं थी । पुरुषों को भी यह अनुमति प्राप्त नहीं थी । घर में उन्हें पूर्ण स्वतंत्रता प्राप्त थी और उन्हें अर्द्धांगिनी माना जाता था । महाभारत में कहा गया था, "मृदु भाषी पत्नियाँ सुख में अपने पति की मित्र होती हैं, धार्मिक कृत्यों के समय वे उनके पिता के

समान होती हैं तथा दु:ख व कष्ट के समय वे उनकी माता के समान होती हैं।" गृहस्थ जीवन में स्त्रियाँ सर्वोपरि होती थीं। इस प्रकार सामाजिक क्षेत्र में स्त्रियों की स्थिति पूर्णरूपेण असहायों की स्थिति नहीं थी, बल्कि उनकी स्थिति एक ऐसे व्यक्ति की तरह थी जो न्याय एवं औचित्य से प्रेरित थी।

आर्थिक क्षेत्र में भी स्त्रियों को पूर्ण स्वतंत्रता प्राप्त थी। वे न कहीं नौकरी करती थीं और न धन अर्जन क्योंकि उनके लिए यह आवश्यक नहीं था। घर उत्पादन का केन्द्र था; वस्त्र बनाने का काम घर पर ही होता था। स्त्रियाँ कृषि कार्यों में भी अपने पति की सहायता करती थीं। कुछ स्त्रियाँ अध्यापन कार्य में भी व्यस्त होती थीं।

सम्पत्ति के उत्तराधिकार के विषय में स्त्रियों को कोई अधिकार प्राप्त नहीं थे। यद्यपि पुत्री के रूप में स्त्रियों का अपने पिता की सम्पत्ति में कोई भाग नहीं होता था, फिर भी प्रत्येक अविवाहित पुत्री को अपने भाइयों को मिलने वाले पितृ धन का एक चौथाई भाग प्राप्त करने का अधिकार था। मृत्यु के पश्चात् माँ की सम्पत्ति पुत्रों और अविवाहित पुत्रियों में समान रूप से बांटी जाती थी। विवाहित पुत्रियों को केवल सम्मान स्वरूप थोड़ा ही भाग मिलता था। स्त्रीधन की उत्तराधिकारी केवल अविवाहित पुत्रियाँ होती थीं। पत्नी के रूप में स्त्री का अपने पति की सम्पत्ति में कोई प्रत्यक्ष भाग नहीं होता था। परन्तु परित्यक्ता को अपने पति के धन का एक तिहाई भाग प्राप्त करने का अधिकार था। यदि पत्नी गरीब होती थी तो पति उसके भरण पोषण के लिए गुजारा भत्ता देने के लिए बाध्य था। किन्तु यदि सम्पत्ति का बंटवारा पति के जीवन काल में ही हो गया होता तो पत्नी को पुत्रों के बराबर का भाग मिलता था। विधवा स्त्री को संयमी व वैरागी जीवन व्यतीत करना पड़ता था। अत: उसे अपने पति को सम्पत्ति से कोई भाग देय नहीं होता था। विधवा माँ के रूप में उसे कुछ अधिकार थे। इससे यह स्पष्ट होता है कि यद्यपि स्त्रियों के साथ सम्पत्ति में अधिकार के विषय में पक्षपात पूर्ण व्यवहार किया जाता था, फिर भी पत्नी और पुत्री के रूप में उन्हें कुछ संरक्षण प्राप्त था।

स्त्रियों की राजनैतिक स्थिति देश में राजनैतिक दशा एवं विद्यमान राजनैतिक प्रणाली पर निर्भर करती है। प्राचीन भारत में राजनैतिक प्रणाली राजतंत्र पर आधारित थी। इसलिए विधान सभा, राजनैतिक दल, कूटनीतिक सम्बन्ध, तथा अन्तर्राष्ट्रीय सम्मेलन आदि नहीं थे। ऐसी परिस्थितियों में स्त्रियों को मताधिकार या चुनाव लड़ने की स्वतंत्रता का प्रश्न ही नहीं उठता था। स्त्रियों को सभाओं में प्रवेश की अनुमति नहीं थी क्योंकि इन स्थानों का प्रयोग राजनैतिक विचार-विमर्श के अलावा जुआ तथा मद्यपान आदि के लिए भी किया जाता था। कुछ उदाहरण ऐसे अवश्य हैं जबकि स्त्रियाँ अपने पति के साथ युद्ध स्थल में जाती थीं, जैसे रामायण में कैकयी का युद्ध में जाना। मैगस्थनीज ने चन्द्रगुप्त मौर्य के महल में सशस्त्र महिला अंगरक्षकों का संदर्भ दिया है; कौटिल्य ने भी 'अर्थशास्त्र' में सशस्त्र महिला अंग रक्षकों की बात कही है जो तीर कमान से सुसज्जित सैनिकों के रूप में होती थीं। अत: जब पुरुषों को ही राजनैतिक अधिकार प्राप्त नहीं थे तब स्त्रियों की अपनी अलग से राजनैतिक प्रस्थिति कैसे हो सकती थी।

धार्मिक क्षेत्र में पत्नी समस्त अधिकारों का उपभोग करती थी तथा नियमित रूप से अपने पति के साथ समस्त धार्मिक कृत्यों व संस्कारों में भाग लेती थी। वास्तव में, धार्मिक कृत्य तब तक अपूर्ण माना जाता था जब तक पत्नी उसमें भाग नहीं लेती थी। स्त्रियाँ धार्मिक वार्तालापों में सक्रिय रूप से भाग लेतीं थीं। वैज्ञानिक धार्मिक सिद्धान्तों एवं रीतियों के संहिताकरण करने हेतु जनक जैसे राजाओं

द्वारा आयोजित विश्व की अनोखी धर्मों एवं सम्प्रदायों के सम्मेलनों में गार्गी, ब्राह्मवादिनी, वाचाक्नबी जैसी विदूषी महिलाओं का भाग लेना एवं पुरुषों के साथ शास्त्रार्थ करना इस सत्य का द्योतक है कि प्राचीन भारत में स्त्रियों का धार्मिक क्षेत्र में उच्च स्थान था। जैमिनी की 'पूर्व मीमांसा' में, जिसकी टीका सबर स्वामी ने लिखी, वर्णित है कि उच्चतम धार्मिक संस्कारों में स्त्री पुरुष की भागीदारी बराबर की होती थी। हेमाद्रि ने शिक्षित अविवाहित कन्याओं (कुमारी) को 'विदूषी' कहा है और बताया कि ऐसी कन्याओं का विवाह बराबर के शिक्षित वर, जिसे 'मनीषी' कहते थे, से ही किया जाना चाहिए (Radha Kumud Mukherjee, 1957 and 1990: 6)।

इस प्रकार निष्कर्ष रूप में कहा जा सकता है कि वैदिक भारत में स्त्रियों की स्थिति निम्न नहीं थी। सामाजिक और धार्मिक क्षेत्रों में उन्हें अत्यधिक अधिकार प्राप्त थे लेकिन आर्थिक एवं राजनैतिक क्षेत्रों में उनके अधिकार सीमित थे। उन्हें पुरुषों के अधीन नहीं माना जाता था बल्कि पुरुषों के समान समझा जाता था।

पौराणिक काल में स्त्रियाँ (Women in the Puranic Period)

पौराणिक काल में स्त्रियों की स्थिति में कमी आयी। (हिन्दू समाज में धार्मिक ग्रन्थों का ऐतिहासिक क्रम इस प्रकार से है: वेद, ब्राह्मण, उपनिषद्, गृह-सूत्र, धर्मशास्त्र, स्मृतियाँ, रामायण व महाभारत और पुराण)। सामाजिक क्षेत्र में, पूर्व यौन परिपक्व (pre-puberty) विवाह का प्रचलन प्रारम्भ हुआ, विधवा विवाह का निषेध होने लगा, पति को स्त्री के लिए भगवान का स्तर दिया जाने लगा, स्त्रियों के लिए शिक्षा का पूर्ण निषेध प्रारम्भ हुआ, सती प्रथा प्रचलन में आई, पर्दा प्रथा प्रारम्भ हुई, तथा बहुपत्नी प्रथा व्यवहार में स्वीकार की जाने लगी। "एक पत्नी और गुलाम सम्पत्ति के अधिकारी नहीं होते, मान्यता के आधार पर स्त्री को उसके पति की सम्पत्ति में भाग से वंचित कर दिया गया। धार्मिक क्षेत्र में स्त्री को बलिदान भेंट करने से, प्रार्थना से, हट योग से तथा तीर्थ यात्रा करने से भी वंचित कर दिया गया।"

प्रभाती मुखर्जी (Man in India, July-Sept. 1964: 267) ने पौराणिक काल में स्त्रियों की निम्न स्थिति के कारणों को बताते हुए अल्टेकर (1938), विन्टरनिज (1920), मित्तर और चौधरी (1956) को उद्धृत किया है। ये कारण हैं: सम्पूर्ण समाज पर ब्राह्मणों द्वारा थोपे गए संयमों के कारण, जाति प्रथा द्वारा लगाए प्रतिबन्धों के कारण, संयुक्त परिवार के कारण, स्त्रियों के लिए शिक्षा की कम सुविधाओं के कारण, आर्य परिवार में गैर-आर्य पत्नी का प्रवेश, तथा विदेशी आक्रमणों के कारण।

बौद्ध काल में स्त्रियाँ (Women in the Buddhist Period)

बौद्ध धर्म का उदय हिन्दूवाद पर प्रतिक्रिया के फलस्वरूप हुआ। ब्राह्मण तथा पुराणों के काल में स्त्रियों पर अनेक अन्यायपूर्ण एवं अनुचित सामाजिक निषेध थोप दिए गए, जैसे पूर्व यौन परिपक्वता विवाह, शिक्षा के अधिकार से वंचित करना, जीवन साथी चुनने का अधिकार न देना, धार्मिक विचार विमर्श में भाग लेने की अनुमति न होना, आदि। बौद्ध काल में स्त्रियों की स्थिति में कुछ सुधार हुआ। धार्मिक क्षेत्र में स्त्रियों को स्पष्ट रूप से उत्कृष्ट स्थान प्राप्त हुआ। उनका अपना संघ बना जिसे भिक्षुणी संघ कहा गया। इस संघ के भी वही नियम निर्देश थे जो 'भिक्षुओं' के थे। संघ ने स्त्रियों को

सांस्कृतिक कार्यक्रमों, समाज सेवा तथा सार्वजनिक जीवन में अनेक स्थलों पर भाग लेने के अवसर प्रदान किए। सामाजिक क्षेत्र में उन्हें सम्मानित स्थान प्राप्त हुआ, यद्यपि उनकी आर्थिक व राजनैतिक स्थिति में कोई परिवर्तन नहीं हुआ।

मध्य काल में स्त्रियाँ (Women in the Medieval Period)

भारत पर मुसलमानों का प्रथम आक्रमण आठवीं शताब्दी में हुआ, जिस काल में शंकराचार्य जीवित थे। शंकराचार्य के नेतृत्व में हिन्दू समाज बढ़ते हुए बौद्ध धर्म का सामना करने की विधियाँ खोजने में व्यस्त था। शंकराचार्य ने बौद्ध धर्म के बढ़ते प्रभाव को कम करने के उद्देश्य से वेदों की उत्कृष्ठता (supremacy) पर पुनः बल दिया और वेदों में स्त्रियों को समानता का अधिकार प्राप्त था। ग्यारहवीं शताब्दी में पुनः महमूद गजनवी ने भारत पर आक्रमण किया और विजय प्राप्त की। इस काल के पश्चात् अठारहवीं शताब्दी के मध्य तक जब ब्रिटिश साम्राज्य की स्थापना हुई, अथवा लगभग 700 वर्षों तक, सामाजिक संस्थाओं का विखण्ड, परम्परागत राजनैतिक संरचना में उथल-पुथल, बड़ी संख्या में लोगों का प्रवासन, तथा देश में आर्थिक मन्दी, आदि ने देश में सामाजिक जीवन में, विशेष रूप से महिलाओं के पतन में, योगदान किया। पर्दा प्रथा इस सीमा तक बढ़ गई कि स्त्रियों के लिए कठोर एकान्त तक नियम ही बन गया। शिक्षण की सुविधा पूर्णरूपेण समाप्त हो गई। तथापि, पन्द्रहवीं शताब्दी में स्थिति में कुछ परिवर्तन आया। इसी अवधि में रामानुजाचार्य ने प्रथम भक्ति आन्दोलन का आयोजन किया, जिसने भारत की स्त्रियों के धार्मिक व सामाजिक जीवन में नवीन प्रवृत्तियों का सूत्रपात किया। चैतन्य, नानक, मीरा, कबीर, रामदास, तुलसी व तुकाराम जैसे सन्तों ने स्त्रियों के लिए धार्मिक पूजा/ अर्चना का सबल पक्ष प्रस्तुत किया। यद्यपि उनकी (भक्तों को) स्त्रियों के प्रति धारणा उनके समय के प्रचलित दृष्टिकोण से मुक्त नहीं थी, फिर भी इस आन्दोलन ने स्त्रियों की धार्मिक स्वतंत्रता के मार्ग प्रशस्त कर दिए। पर्दा प्रथा समाप्त कर दी गई। कथा व भजन कीर्तन में जाने से स्त्रियाँ घरेलू काम काज से काफी मुक्त हो गयीं। भक्ति आन्दोलन में गृहस्थाश्रम पर बल दिया गया, परन्तु सन्तों को अपनी पत्नी की इच्छा के बिना सन्यास लेने की अनुमति प्रदान नहीं की गई। इसमें स्त्रियों के महत्वपूर्ण अधिकार निहित थे। इस आन्दोलन के दूसरे प्रभाव भी हुए। मनु के समय से ही स्त्रियों को शिक्षा से रोक दिया गया था। सन्तों ने स्त्रियों को धार्मिक पुस्तकों के अध्ययन व स्वयं को शिक्षित बनाने के लिए प्रेरित किया। इस प्रकार भक्ति आन्दोलन ने स्त्रियों में नये प्राणों का संचार किया। किन्तु इस आन्दोलन ने आर्थिक संरचना में कोई परिवर्तन नहीं किया। अतः स्त्रियों की निम्न स्थिति बनी रही। बाद में ब्रिटिश शासन के प्रभाव के कारण उनकी स्थिति में सुधार हुआ।

स्त्रियों की स्थिति को ब्रिटिश काल में प्रभावित करने वाले परिवर्तन (Changes in the British Period Affecting Women's Status)

अठारहवीं, उन्नीसवीं व मध्य बीसवीं शताब्दी तक अंग्रेज भारत के शासक बने रहे। ब्रिटिश शासन की अवधि में हमारे समाज की सामाजिक व आर्थिक संरचनाओं में अनेक परिवर्तन किए गए। यद्यपि ब्रिटिश शासन के 200 वर्षों की अवधि में स्त्रियों के जीवन में अदृश्य सुधार तो हुआ, फिर भी शिक्षा,

रोजगार, सामाजिक अधिकारों, आदि को लेकर स्त्री पुरुषों के बीच असमानताओं में कमी आयी। यहाँ हम परिवर्तन के उन पहलुओं की व्याख्या करेंगे जिन्होंने महिलाओं की स्थिति को प्रभावित किया। छः महत्वपूर्ण पक्ष जिन्होंने महिलाओं की स्थिति में परिवर्तन को प्रभावित किया, इस प्रकार हैं: (i) औद्योगीकरण (ii) शिक्षा का विस्तार (iii) जाति प्रथा का कमजोर होना (iv) कुछ प्रबुद्ध नेताओं द्वारा चलाए गए सामाजिक आन्दोलन (v) स्त्रियों के संगठनों का विकास और (vi) सामाजिक विधानों का पारित किया जाना।

औद्योगीकरण *(Industrialization)*

ब्रिटिश काल के आर्थिक परिवर्तन बड़े निर्णायक थे। मशीनी उद्योगों के विकास और हस्तशिल्प का विनाश दोनों ने ही स्त्री व पुरुषों की आजीविका पर गंभीरतम आघात किया। अंग्रेजों द्वारा विकसित की गई आर्थिक संरचना देश-भक्ति या जन हित के लिए नहीं की गई थी। मूलतः शासक वर्ग के हितों की रक्षा के लिए ही देश के संसाधनों का दोहन किया गया था। किन्तु औद्योगीकरण ने अनेक परिवर्तनों के लिए मार्ग खोला, जैसे लोगों की गतिशीलता, संचार एवं आवागमन के साधनों का विकास, जजमानी प्रथा का कमजोर होना, रोजगार के नये अवसरों की उपलब्धता, आदि। इन सब से नये मूल्यों एवं नये व्यवहार के तरीकों का उदय हुआ।

शिक्षा का विस्तार *(Spread of Education)*

स्त्रियों को शिक्षा दिये जाने का विचार ब्रिटिश शासन काल में उदय हुआ। इससे पूर्व यह एक सार्वभौमिक मान्यता थी कि स्त्रियों को शिक्षा की कोई आवश्यकता नहीं है क्योंकि उन्हें आजीविका का अर्जन नहीं करना है। भक्ति आन्दोलन के बाद ईसाई मिशनरियों ने स्त्रियों की शिक्षा में रुचि लेना प्रारम्भ किया। 1824 में सबसे पहली बार लड़कियों का स्कूल बम्बई में प्रारम्भ हुआ। लार्ड डलहौजी ने भी घोषणा की कि परिवार के बच्चों को शिक्षा देने की अपेक्षा अन्य कोई भी परिवर्तन भारत के लोगों के जीवन के लिए लाभकारी एवं महत्वपूर्ण सिद्ध नहीं हो सकता। 1875 तक कलकत्ता, मद्रास व बम्बई विश्वविद्यालयों ने लड़कियों को प्रवेश की अनुमति प्रदान नहीं की थी। केवल 1882 के बाद ही लड़कियों को उच्च शिक्षा प्राप्त करने की अनुमति प्रदान की गई। तब से स्त्रियों की शिक्षा के क्षेत्र में निरन्तर प्रगति होती रही है। भारत में स्त्रियों की साक्षरता प्रतिशत में वृद्धि इस प्रकार रही है। 1901 में 0.6% से 1931 में 2.93%, 1941 में 7.30%, 1961 में 12.95%, 1971 में 18.69%, 1981 में 24.88% और 1991 में 39.42% (Handbook of Social Welfare Statistics, Ministry of Social Welfare, Government of India, 1981, 85; and Census of India, 1991)। ग्रामीण क्षेत्रों में शिक्षित महिलाओं की संख्या शहरी महिलाओं की तुलना में बहुत कम है। 1981 में ग्रामीण क्षेत्रों में 17.99% शिक्षित महिलाओं की तुलना में शहरी क्षेत्रों में यह संख्या 47.65% थी। 1979-80 में प्राइमरी स्तर पर (पहली से पांचवीं कक्षा) पढ़ने वाले 789 लाख छात्रों में से 38.95% लड़कियां, थीं; मिडिल स्तर के (छठी से आठवीं कक्षा) 187 लाख छात्रों में से 32.90% लड़कियाँ थीं; हाई स्कूल (नवीं और दसवीं कक्षा) में पढ़ने वाले 751 लाख छात्रों में से 29.24% लड़कियाँ थीं तथा कक्षा 11 व 12 में अध्ययनरत छात्रों की 110 लाख संख्या में से

32.25% लड़कियाँ थी (वही,92-94)। यह दर्शाता है कि स्कूल स्तर पर अध्ययनरत छात्रों और छात्राओं का अनुपात 3: 1 है। उच्च शिक्षा एवं व्यावसायिक शिक्षा (डॉक्टर, इंजीनियर, वकील, अध्यापिका) प्राप्त करने वाली लड़कियों का प्रतिशत अपेक्षाकृत कम है।

स्कूल में अध्ययनरत प्रत्येक 100 लड़कियों में से 62 प्राइमरी स्तर पर, 26 मिडिल स्तर पर, तथा 12 हाई स्कूल स्तर पर अध्ययनरत हैं; अतः यह कहा जा सकता है कि यद्यपि इन विविध स्तरों पर अध्ययनरत लड़कियों की संख्या कम है, फिर भी यह स्पष्ट है कि 1941 के बाद से लड़कियों की संख्या में प्रत्येक स्तर पर ही उल्लेखनीय वृद्धि हुई है।

कुछ प्रबुद्ध नेताओं द्वारा चलाए गए सामाजिक आन्दोलन (Social Movements Initiated by some Enlightened Leaders)

उन्नीसवीं शताब्दी के अन्त में भारत में स्त्रियों को अनेक निर्योग्यताओं को भोगना पड़ा, जैसे बाल-विवाह, बहु पत्नी विवाह, विवाह के उद्देश्य से लड़कियों की बिक्री, विधवाओं पर कठोर प्रतिबन्ध, शिक्षा प्राप्त करने पर प्रतिबन्ध तथा गृहस्थ कार्यों तथा बच्चों के लालन-पालन तक ही अपने को सीमित रखना आदि। न्यायमूर्ति रानाडे द्वारा आयोजित भारतीय राष्ट्रीय सभा, 1885 ने उपरोक्त निर्योग्यताओं की निन्दा की। राजा राम मोहन राय ने, जिन्होंने सती प्रथा उन्मूलन के लिए महत्वपूर्ण कार्य किया, बाल विवाह तथा पर्दा प्रथा के विरुद्ध भी आवाज उठाई और स्त्रियों के उत्तराधिकार के लिए भी संघर्ष किया। ईश्वर चन्द्र विद्यासागर ने विधवाओं के पुनर्विवाह के लिए आन्दोलन चलाया और स्त्रियों की शिक्षा के लिए भी वकालत की। महर्षि कर्वे ने भी विधवा-विवाह और स्त्रियों की शिक्षा की समस्या को उठाया। उन्होंने 1916 में एस.एन.डी.टी. विश्वविद्यालय, महाराष्ट्र में स्थापित किया। बड़ौदा राज्य के शासक, महाराजा सायाजी राव गायकवाड़ ने भी बाल विवाह व बहु पत्नी विवाह रोकने, स्त्रियों को शिक्षा का अधिकार दिलाने, तथा विधवाओं को पुनर्विवाह का अधिकार दिलाने के लिए अथक प्रयत्न किए। स्वामी दयानन्द सरस्वती, स्वामी विवेकानन्द और महात्मा गाँधी ने भी स्त्रियों के राजनैतिक व सामाजिक अधिकारों के प्रति रुचि दिखाई। गांधी जी का मत था कि स्त्रियों को कार्य करने में वे कष्ट नहीं भोगने चाहिए जो पुरुष न भोग सकते हों। वे पुत्र और पुत्रियों को एक समान मानने के पक्षधर थे। विविध नेताओं के सामाजिक आन्दोलनों के चलाने का एक लाभ यह हुआ कि स्त्रियों के समान अधिकारों व मुक्ति के लिए सामाजिक चेतना जागृत करने में सफलता प्राप्त हुई।

महिला संगठनों का उदय (Growth of Women's Organizations)

महिलाओं के एक संगठन, जैसे, बंग महिला समाज व महिला थियोसोफिकल सोसायटी, स्त्रियों के लिए आधुनिक आदर्शों के लिए स्थानीय स्तर पर कार्य कर रहे थे। किन्तु अग्रणी कार्य उन संगठनें द्वारा किया गया जो राष्ट्रीय स्तर पर कार्य कर रहे थे। इनमें से पांच प्रमुख संगठन थेः भारत महिला परिषद (जो 1904 में स्त्रियों की मुक्ति के संघर्ष हेतु प्रारम्भ हुआ), भारत स्त्री महामण्डल (1910 में स्थापित), महिला भारतीय संघ (Women's Indian Association) (1917 में ऐनी बेसेन्ट द्वारा संचालित), भारतीय महिला राष्ट्रीय परिषद (National Council of Women in India)

(1925 में लेडी एबरडन तथा लेडी टाटा द्वारा प्रारम्भ किया गया), तथा आल इण्डिया वूमेन्स कान्फरेन्स (मार्गरिट कसिन्स तथा अन्य द्वारा 1927 में स्थापित)। कस्तूरबा गांधी की मृत्यु के उपरान्त कस्तूरबा गांधी राष्ट्रीय स्मारक ट्रस्ट प्रारम्भ किया गया। इन सब संगठनों ने स्त्रियों की शिक्षा, पर्दा व बाल विवाह जैसी बुराइयों का उन्मूलन, हिन्दू अधिनियमों में सुधार, स्त्रियों की नैतिक व भौतिक प्रगति, अधिकारों व अवसरों की समानता और स्त्रियों के मताधिकार जैसे मामलों को उठाया। कहा जा सकता है कि भारतीय स्त्रियों के आन्दोलनों ने दो लक्ष्यों की प्राप्ति के लिए कार्य किया: (i) स्त्रियों के उत्थान के लिए, अर्थात् सामाजिक रीतियों में सुधार कर स्त्रियों को समाज में रचनात्मक भूमिका के लिए योग्य बनाना, (ii) महिलाओं को पुरुषों के बराबर व समान अधिकार दिलाना अर्थात् पुरुषों को मिले हुए राजनैतिक, आर्थिक व नागरिक अधिकारों को स्त्रियों को भी उपलब्ध कराना। पहले लक्ष्य को 'सामूहिक नारीवादी लक्ष्य' तथा दूसरे को "उदार नारीवादी लक्ष्य" कहा जा सकता है। इन महिला संगठनों ने जिन रणनीतियों को अपनाया वे हैं: जन सभाओं में माँगें रखकर सरकारी अधिकारियों के समक्ष विचार रखकर, समस्याओं के आंकलन के लिए समितियाँ बनाकर तथा स्त्रियों को आन्दोलित करने के लिए सभाओं का आयोजन करके।

भारतीय महिला आन्दोलनों को प्रेरित करने वाले कारक हैं: स्त्रियों की सहायक भूमिका की विचारधारा पर पश्चिमी शिक्षा का प्रभाव, शिक्षित व कुलीन स्त्रियों द्वारा कुशल नेतृत्व प्रदान किया जाना, धर्म द्वारा मान्यता प्राप्त सामाजिक प्रथाओं में परिवर्तन के लिए पुरुष समाज सुधारकों द्वारा रुचि लेना, सामाजिक, धार्मिक एवं दार्शनिक दृष्टिकोणों में परिवर्तन, स्वयंसेवी संगठनों का पुरुषों द्वारा विरोध न करना, तथा राष्ट्रीय राजनैतिक नेताओं का इन आन्दोलनों का समर्थन करना आदि। 1953 में भारत सरकार द्वारा स्थापित केन्द्रीय समाज कल्याण बोर्ड भी स्त्रियों के कल्याण के लिए ऐच्छिक प्रयत्नों को बल प्रदान करता है तथा प्रोत्साहन देता है। भारत सरकार का कल्याण मंत्रालय भी नगरों में कामकाजी महिलाओं के आवास गृह निर्माण व विस्तार हेतु स्वैच्छिक संगठनों को अनुदान देता है। राज्य सरकारें भी अपनी योजनाओं के माध्यम से धन प्रदान करती हैं ताकि जन सहयोग से महिला मण्डल, गृह कल्याण केन्द्र, साक्षरता केन्द्र, ग्रामीण महिलाओं के लिए ट्रेनिंग कैम्पों का आयोजन तथा केवल महिला सदस्यों के सहयोग से सहकारी समितियों का संचालन किया जा सके।

सामाजिक विधानों का पारित किया जाना *(Enactment of Social Legislation)*

स्त्रियों से संबंधित कुछ विधानों का पारित किया जाना तीन तत्त्वों से संबंधित है: (i) विवाह (ii) सम्पत्ति (iii) रोजगार। विवाह संबंधी विधान विशेष रूप से विवाह की आयु, पुनर्विवाह, विवाह विच्छेद, विवाह का स्वरूप तथा जीवन साथी के चुनाव की स्वतंत्रता से सम्बद्ध है। पारित किए गए प्रमुख विधान इस प्रकार हैं: 1929 का बाल विवाह प्रतिबन्ध अधिनियम, 1955 का हिन्दू विवाह अधिनियम तथा 1954 का विशेष विवाह अधिनियम। इन सबका विस्तृत विवेचन इसी पुस्तक के अध्याय 6 'हिन्दू विवाह' में किया गया है। सम्पत्ति विषयक विधान हैं: 1929 का हिन्दू उत्तराधिकार विधान, 1939 का हिन्दू स्त्रियों का सम्पत्ति अधिकार अधिनियम, तथा 1956 का हिन्दू उत्तराधिकार अधिनियम। रोजगार विषयक विधान हैं: 1948 का फैक्ट्री अधिनियम, 1948 का कर्मचारी राज्य बीमा अधिनियम तथा प्रसूति लाभ अधिनियम। 1948 का फैक्ट्री अधिनियम कार्य अवधि (घन्टे),

समान वेतन, ले जाने वाले बोझ की सीमा, सफाई सुविधाएं, शिशु गृह तथा अन्य बातों को नियमित करता है। कर्मचारी राज्य बीमा अधिनियम पांच लाभ देता है: बीमारी, प्रसूति, अयोग्यता, आश्रित तथा चिकित्सा लाभ।

यद्यपि इन विधानों ने स्त्रियों की दशा में बड़ी सीमा तक सुधार किया है किन्तु (i) विधान अपर्याप्त हैं और समस्या को बाहरी सीमा तक ही स्पर्श करते हैं; (ii) ये विधान असन्तुलित हैं, अर्थात् कुछ नियम अन्य नियमों से कम या अधिक सूक्ष्म व निश्चित हैं; (iii) कुछ विधानों की बनावट इतनी ढीली है कि उन्हें ठीक से लागू नहीं किया जा सकता, और (iv) विधानों को लागू करने वाले साधन महंगे, अकुशल व जटिल हैं। यह कहा जा सकता है कि वैधानिक उपाय स्त्रियों की समस्याओं को दूर करने में अधिक प्रभावी सिद्ध नहीं हुए हैं। सैद्धान्तिक रूप से स्त्रियों को अधिक स्वतंत्रता दी जा सकती थी, लेकिन व्यावहारिक सत्य यह है कि वे अभी भी अमानती तथा अनुचित व्यवहार भोग रही हैं जो उन्हें अपमान व शर्म के अलावा कुछ भी नहीं दे रहा है।

उपरोक्त विश्लेषण से यह संकेत मिलता है कि स्त्रियों को निरन्तर निकृष्ट, आश्रित तथा शोषण के चंगुल से बचाने के प्रयत्नों में परिविर्तन आ रहा है, तथापि यह परिवर्तन मन्द तथा योजनाबद्ध नहीं हुआ है।

स्वातंत्रयोत्तर काल में स्त्रियाँ (Women in the Post Independence Period)

भारत में 1940 तक स्त्रियों की निम्न दशा के प्रमुख कारण अशिक्षा, आर्थिक निर्भरता, धार्मिक निषेध, जाति बन्धन, स्त्री नेतृत्व का अभाव, तथा पुरुषों का उनके प्रति अनुचित दृष्टिकोण आदि थे। मेटसन (Everett Jan Mastson, 1981: 36-43) ने हमारी संस्कृति में स्त्रियों की एकान्तता तथा उनके निम्न स्तर के लिए पाँच कारकों को उत्तरदायी ठहराया है। यह हैं: हिन्दू धर्म, जाति व्यवस्था, संयुक्त परिवार, इस्लामी शासन तथा ब्रिटिश उपनिवेशवाद। हिन्दूवाद के आदर्शों के अनुसार पुरुष स्त्रियों से श्रेष्ठ होते हैं और स्त्रियों व पुरुषों को भिन्न-भिन्न भूमिकाएं निभानी चाहिए। स्त्रियों से माता व गृहणी की भूमिकाओं की और पुरुषों से राजनीतिक व आर्थिक भूमिकाओं की आशा की जाती थी। हिन्दू धर्म ग्रन्थों में स्त्रियों के लिए समाज जीवन पर्यन्त आश्रित के रूप में माना गया है। जाति व्यवस्था ने भी जन कार्यों व सार्वजनिक मामलों में स्त्रियों की भागीदारी पर प्रतिबन्ध लगाए। लड़कियों के लिए जल्दी विवाह का प्रावधान किया गया; दूसरी ओर विधवा विवाह का निषेध तथा सती प्रथा चलाई गई। पितृ वंशीय संयुक्त परिवार ने स्त्रियों की स्वतंत्रता कम कर दी और आयु, लिंग व नातेदारी के आधार पर परिवार में उनकी स्थिति निम्न होती गई। मुस्लिम युग में स्त्रियों की दशा में और भी पतन हुआ। इस्लामिक शासन में सामाजिक-राजनैतिक प्रभाव में हिन्दुओं ने स्त्रियों की एकांतता व पर्दे की प्रथा को मुसलमानों की तरह अपना लिया जिसके कारण लिंग के आधार पर श्रम का भी एक पूरक विभाजन हो गया। मुस्लिम नवाबों तथा जागीरदारों की कुदृष्टि से बचाने के उद्देश्य से बाल-विवाह सामान्य रूप से होने लगे। यद्यपि ब्रिटिश शासकों ने हिन्दुओं के सामाजिक विधानों में बाधा पैदा करने का प्रयत्न नहीं किया लेकिन उन्नीसवीं शताब्दी के अंतिम दशकों तथा बीसवीं शताब्दी के प्रारम्भिक पच्चीस वर्षों में जब कुछ पुरुष समाज सुधारकों ने स्त्रियों की दशा सुधारने की बात की तथा उनके प्रयत्नों से महिला आन्दोलनों को बल मिला, तब ब्रिटिश सरकार कुछ वैधानिक

कदम उठाने तथा कुछ सामाजिक प्रथाओं को समाप्त करने या उनमें परिवर्तन करने के लिए सहमत हो गई।

आज भारत में स्त्रियों की क्या स्थिति है ? उनकी स्थिति में परिवर्तन का विश्लेषण कैसे करते हैं ? स्त्रियों की स्थिति के मूल्यांकन में निम्न पाँच विधियों का प्रमुख रूप से प्रयोग किया गया है:

ऐतिहासिक विधि (Historical Method)

यह विधि प्राचीन समाज में तथा उसके मध्यकाल व वर्तमान काल में चिरस्थायित्व पर केन्द्रित करती है। समाज वैज्ञानिक महिलाओं की स्थिति के बारे में मुख्य निष्कर्ष प्रमुख इतिहासकारों और दर्शनिकों, जैसे, अल्टेकर, इन्द्रा, दास और कर्वे आदि के लेखों से निकालते हैं। कुछ विद्वानों का विश्वास है कि धर्मग्रन्थों तथा अतीत के उपलब्ध अभिलेखों से केवल उदाहरण प्रस्तुत करना ही ऐतिहासिक विश्लेषण नहीं है। अतः इससे मिथ्या निष्कर्ष या फिर अतिशयोक्तियाँ निकल सकते हैं। वे समाजशास्त्री जिन्हें परिकल्पना-निगमन विधि (Hypothetico-deductive method) द्वारा अवव्याख्यावादी विधियों (Reductionist procedures) में दक्षता प्राप्त है, वे भी ऐतिहासिक सामग्री के आधार पर स्त्रियों की स्थिति का अध्ययन करना यदि असम्भव नहीं तो कठिन अवश्य मानते हैं।

अआनुभविक वैयक्तिक अध्ययन विधि (Non-Empirical Case Study Method)

इस विधि में स्त्रियों की स्थिति का विश्लेषण पितृसत्तात्मक (patriarchy) सामाजिक व्यवस्था के संदर्भ में किया जाता है, या फिर यौन असमानता और स्त्रियों की स्थिति के बीच सम्बन्ध के आधार पर। स्त्रियों के निम्न स्तर की व्याख्या का आधार पुरुषों का स्त्रियों के ऊपर प्रभुत्व रहा है जो इतिहास सिद्ध भी है तथा सांस्कृतिक दृष्टि से भी मान्य है।

अन्तः व्यक्तिगत शक्ति के मूल्यांकन की आनुभविक विधि (Empirical Method of Assessing Inter-personal Power)

यह विधि स्त्रियों पर पुरुषों के प्रभुत्व का अध्ययन करती है, किन्तु उस पितृ सतात्मक व्यवस्था से पृथक जिसका कि यह एक भाग है। इस विधि की मान्यता है कि समस्या (निम्न स्थिति की/ शोषण की/ अधिकारों के वंचना की) स्त्रियों पर प्रभुत्व की है और इसका समाधान इसके विरुद्ध संघर्ष में निहित हैं। इस अनुसंधान ने सामाजिकी स्तर पर संरचनात्मक असमानता पर ध्यान केन्द्रित नहीं किया है, बल्कि परिवार के भीतर ही असमानता एवं शक्ति संतुलन पर किया है। इस विधि में स्त्रियों की उच्च स्थिति का सम्बन्ध समतावादी निर्णय करने से है तथा निम्न स्थिति का संबंध गैर समतावादी निर्णय से। आनुभविक अध्ययन से विविध समुदायों, वर्गों एवं श्रेणियों की उन स्त्रियों के साथ गहन साक्षात्कार सम्मिलित हैं, जिन (स्त्रियों) को अपने पतियों तथा ससुराल वालों के विविध व्यवहारों का अनुभव है। यद्यपि यह आनुभाविक अनुसन्धान विधि स्त्रियों की स्थिति तथा पतियों के प्रभुत्व के बीच के सम्बन्धों पर मूल्यवान साक्ष्य प्रस्तुत करती है, परन्तु इसका केन्द्र-बिन्दु बहुत सीमित है तथा यह समाज में स्त्रियों की सामान्य स्थिति का वास्तविक चित्र प्रस्तुत नहीं करती। वह पितृ सतात्मक, सामाजिक व सांस्कृतिक संदर्भ जिनमें परिवार फंसा रहता है तथा जिनमें वैवाहिक सम्बन्धों की

भूमिका चलती रहती है, की अनदेखी की गई है।

नारीवादी मात्रामूलक अनुसन्धान विधि *(Feminist Quantitative Research Method)*

इस आनुभविक विधि में स्त्रियों की स्थिति की तुलना पुरुष की स्थिति से महत्वपूर्ण आयामों में की गई है। केर्स्टी इलो (Kersti Yllo, 1980) के अनुसार इस प्रकार के आयाम आर्थिक, शैक्षिक, राजनैतिक तथा वैधानिक भी हो सकते हैं (राम आहूजा, 1992: 164-68 भी देंखे)। अलग-अलग मद (item) सूची (index) में प्रत्येक चारों आयामों के लिए तथा सम्पूर्ण सूची के लिए मिश्रित कर दिए जाते हैं। ये सूचियाँ 'सर्वाधिक' (most) से 'न्यूनतम' (least) समानता के लिए पद क्रम प्रदान करती हैं।

आनुभविक मात्रामूलक और गुणात्मक प्रश्नावली विधि *(Empirical Quantitative and Qualitative Questionnaire Method)*

इस विधि में परिवार से बाहर तथा भीतर अन्तर्व्यक्तिगत सम्बन्धों तथा उत्तरदाता से व्यवहार तथा विशेषाधिकार विषयक चुने हुए मदों पर प्रश्न पूछे जाते हैं। गुणात्मक विश्लेषण के लिए मात्रामूलक आंकड़ों का प्रयोग किया जाता है। यह उपागम अवधारणाओं (concepts), परिकल्पनाओं, तथा सिद्धान्तों की खोज में प्रतिबन्ध नहीं लगाता।

उपर्युक्त विधियों के अतिरिक्त स्त्रियों की वर्तमान स्थिति के मूल्यांकन के तीन सैद्धान्तिक प्रस्तावों का प्रयोग भी (स्त्रियों के अधिकारों पर) किया जाता है। यह हैं: उदारवादी नारीवाद (Liberal feminism), मार्क्सवादी नारीवाद (Marxist feminism) तथा आमूल परिवर्तनवादी नारीवाद (Radical feminism)। उदारवादी नारीवाद लिंग समानता (gender equality) अर्थात् स्त्री पुरुषों के समान अधिकार में विश्वास रखता है। यह एक लिंग का दूसरे के अधीन मानने की धारणा को अस्वीकार करता है अथवा स्त्रियों को मानव (human-beings) मानने के स्थान पर यौन वस्तु नहीं मानता। फिर भी यह विचार लिंग के आधार पर श्रम-विभाजन को चुनौती नहीं देता। इस विचार के अनुसार स्त्री घरेलू काम-काज तथा पुरुष बाहरी काम काज के लिए ही सर्वथा उपयुक्त है।

मार्क्सवादी नारीवाद उस पूर्व विचारधारा से प्रस्थान को संकेत करता है जो नारीवाद को बुर्जुआ मानने से इंकार कर देता है। सर्वहारा वर्ग की मार्क्स की परिभाषा में निश्चित रूप से स्त्रियों में रुचि सीमांतरीय है। एंजिल द्वारा स्त्रियों के दमन को सम्पत्ति का विश्व ऐतिहासिक प्रभाव मानकर व्याख्या को परिष्कृत कर लिया गया है।

एंजिल की मान्यता थी कि स्त्री पराधीनता निजी सम्पत्ति के उदय तथा उत्पादन के साधनों के स्वामित्व का प्रतिफल है। पुरुष के असमान स्त्री का कार्य 'उपयोग' (use) मूल्य तो रखता है, लेकिन उसका 'आदान-प्रदान' (exchange) मूल्य नहीं होता। इसलिए पुरुष स्त्री की अपेक्षा अधिक शक्ति का स्वामी होता है या फिर इस प्रकार कहा जा सकता है कि स्त्री का दमन उसके मुफ्त में किए गए गृहकार्य के कारण किया जाता है। आमूल परिवर्तनवादी नारीवाद (radical feminism) यद्यपि यौन समानता में विश्वास रखता है तथापि यह श्रम के परम्परागत विभाजन को अस्वीकार

करता है। इसकी मान्यता है कि लिंग भूमिका न केवल जैविक कारकों का फल है, बल्कि यह संस्कृति का भी फल है। यह विचारधारा मुक्त यौन एवं माता-पिता द्वारा बच्चों की संयुक्त देखभाल में विश्वास रखती है। इस प्रकार उन्नीसवीं शताब्दी में जब मार्क्सवादियों ने स्त्रियों के प्रश्न पर वाद-विवाद को निश्चित मोड़ प्रदान किया (कि स्त्रियों का दमन उत्पादन के पूँजीवादी तरीके की विशेषता है), अब वे अधिक मानवतावादी दृष्टिकोण से व्याख्या प्रस्तुत कर रहे हैं। इसके अतिरिक्त समकालीन नारीवाद (मार्क्सवादी अथवा परिवर्तनवादी) का उदय नव वामपंथ (New Left) तथा 1960 के दशक के छात्र आन्दोलन का प्रतिफल है।

उपर्युक्त विचारधाराओं की पृष्ठभूमि में यह कहा जा सकता है कि भारत में स्त्रियों की स्थिति में 1950 के बाद से पर्याप्त सुधार हुआ है। संरचनात्मक तथा सांस्कृतिक दोनों ही प्रकार के परिवर्तनों ने स्त्रियों को न केवल शिक्षा, रोजगार तथा राजनैतिक भागीदारी में समान अवसर प्रदान किए हैं बल्कि स्त्रियों के शोषण को भी कम किया है तथा उन्हें अपने संगठन बनाने के अवसर प्रदान किए हैं, जिनसे वे अपनी समस्याओं में अधिक रुचि ले सकें। इसके अतिरिक्त इस बात को भी अधिक अनुभव किया जा रहा है कि अनुसंधान, राष्ट्रीय नीति, एवं स्त्रीपरक कार्यक्रमों के बीच एक सामंजस्य होना चाहिए। स्त्रियों के निम्न स्तर के कारणों के अध्ययन एवं प्रत्येक क्षेत्र में उनके अधिकारों की रक्षा करने के उद्देश्य से केन्द्रीय एवं राज्य सरकारों ने विविध कमीशनों की नियुक्ति की है। केन्द्रीय सरकार ने दो ऐसे महत्वपूर्ण कमीशन 1971 व 1992 में नियुक्त किए थे। 31 जनवरी, 1992 को महिलाओं के लिए राष्ट्रीय कमीशन का गठन किया गया जिसका उद्देश्य था, महिलाओं से संबंधित मामलों को देखना, स्त्रियों के स्तर की जाँच करना, विविध विधानों का अध्ययन करना तथा उनमें कमजोर बिन्दुओं व खामियों की ओर संकेत करना, महिलाओं के प्रति किए गए भेदभाव व हिंसा के कारणों का पता लगाना तथा संभावित उपायों का विश्लेषण करना।

इस लेखक की धारण है कि भारतीय महिला आज भी आर्थिक रूप से पुरुष के प्रभुत्व से मुक्त नहीं है। सामाजिक, नैतिक व मनोवैज्ञानिक आयामों में भी उसकी स्थिति पुरुष के समरूप नहीं है। जिस प्रकार वह नौकरी करती है, घर का काम करती है, इन सब के प्रति उसकी निष्ठा उसके जीवन के स्वरूप के संदर्भ पर निर्भर करती है। जब वह अपना प्रौढ़ जीवन प्रारम्भ करती है, तब उसका अतीत वैसा नहीं होता जैसा पुरुष का होता है। समाज के द्वारा उसका मूल्यांकन बिल्कुल भिन्न परिप्रेक्ष्य में होता है। एक बड़ी संख्या में महिलाएँ मुक्ति प्राप्त करने में असफल रहती हैं क्योंकि वे परम्परागत नारी जगत के घेरे से बाहर नहीं निकल पातीं। उन्हें न तो समाज से ही और न अपने पति से ही पुरुषों के समान होने के लिए आवश्यक सहायता मिलती है। निस्संदेह आज भी वे पुरुषों के अत्याचारों का शिकार हैं।

स्त्रियों को अधिकारों से वंचित रखने के लिए वैयक्तिक, आर्थिक व जनसंख्या संबंधी कारक हो सकते हैं। वैयक्तिक कारकों का संबंध उन पुरुषों के व्यक्तित्व की विशेषताओं से है जो निम्न बौद्धिक योग्यता (I.Q.) रखते हैं, जो अपरिपक्वता, कुण्ठा, तथा नैराश्य से पीड़ित होते हैं और जो स्त्रियों से अयथार्थवादी उच्च आशाएँ रखते हैं तथा आशा करते हैं कि वे निष्क्रिय एवं दब्बू बनीं रहें। जहाँ तक आर्थिक कारकों का संबंध है, न कमाने वाली महिलाओं को कमाने वाली महिलाओं की अपेक्षा अधिकारों से अधिक वंचित रखा जाता है; निम्न व मध्यम आय वर्गीय महिलाओं को उच्च

आय वर्गीय महिलाओं की अपेक्षा अधिकारों से अधिक वंचित रखा जाता है; और नौकरियों में निम्न स्तर की नौकरियों में लगी महिलाओं को उच्च पद वाली नौकरियों में लगी महिलाओं की अपोक्षा कम अधिकार होते हैं। अन्त में, जहाँ तक जनसंख्यात्मक कारकों का संबंध है, उच्च जातियों की महिलाओं को निम्न एवं मध्यम जाति की महिलाओं की अपेक्षा अधिकारों से कम वंचित किया जाता है, बड़ी आयु के पुरुष स्त्रियों को अधिकारों से कम आयु के पुरुषों की अपेक्षा अधिक वंचित करते हैं, तथा महिलाओं द्वारा महिलाओं को अधिकारों से अधिक वंचित किया जाता है, अपेक्षाकृत पुरुषों द्वारा महिलाओं को। यह हमें उन पुरुषों को पहचानने में सहायता करता है जो स्त्रियों को अधिकार देने से इंकार करते हैं। यह वे पुरुष होते हैं जो हीन भावना के शिकार होते हैं; नैराश्य से भरे होते हैं, बुद्धि व योग्यता कम रखते हैं या फिर समाज विकृति और मनोविकृति से पीड़ित होते हैं, अर्थात् उनका व्यक्तित्व अव्यवस्थित होता है, स्वभाव से सन्देह करने वाले होते हैं, अपने बचपन में हिंसा के शिकार हुए होते हैं, और परिवार में तनावपूर्ण स्थितियों का सामना करते रहते हैं। उन स्त्रियों को भी अलग से पहचाना जा सकता है जिन्हें अधिकारों से वंचित रखा जाता है; वे स्त्रियाँ स्वयं को असहाय अनुभव करती हैं, हीन भावना से ग्रसित होतीं हैं, स्वयं के विषय में हीन धारणाएँ रखतीं हैं, सामाजिक परिपक्वता में कमी अनुभव करती हैं तथा आर्थिक रूप से आश्रित होती हैं।

हम छः प्रकार के अधिकारों से वंचनाओं (deprivations) को भी अलग से पहचान सकते हैः धन परक (money oriented), आनन्द परक (pleasure oriented), शक्ति परक (power oriented), पीड़ित स्त्री परक (victim precipitated), इंकार करने वाले की विकृति के फलस्वरूप (denier's pathology resulted), तथा परिवार की तनावपूर्ण स्थितियों के फलस्वरूप (stressful family situation resulted)।

स्त्रियाँ और रोजगार (Women and Employment)

श्रम के बाजार में स्त्रियों को हानि ही उठानी पड़ती है। यह हानि उनकी अशिक्षा, दक्षता की कमी, समाज व्यवस्था में हीन स्थिति तथा निर्णय करने तथा शक्ति की संरचना से उन्हें बाहर रखने जैसी स्थितियों का ही प्रतिफल है।

***कामकाजी महिलाएं** (The Working Women)*

1991 की जनगणना कमिश्नर की रिपोर्ट के अनुसार शहरों व गाँवों दोनों में ही घर की चार दीवारी से बाहर आकर काम करने वाली महिलाओं की संख्या में उल्लेखनीय वृद्धि हुई है। 1971 की जनगणना के आंकड़ों के अनुसार देश की कुल कार्य शक्ति (work force) में 13.0% महिला श्रमिक थीं। यह प्रतिशत् 1981 में 25.89 और 1991 में 28.57 हो गया (The Hindustan Times, April 6, 1993)। लगभग 80% महिलाएं कृषि कार्यों में लगी हैं। केवल 12.0% स्त्रियाँ ही केन्द्रीय व राज्य प्रशासनिक सेवाओं में और सार्वजनिक प्रतिष्ठानों में लगीं हैं। सारणी 1 और 2 कुल महिला जनसंख्या तथा अवैतनिक (unpaid) श्रमिकों को दर्शाते हैं, जो कि 1981 में 20.76 मिलियन से बढ़कर 1991 में 28.27 मिलियन हो गई।

तालिका 1

भारत में स्त्री जनसंख्या एवं महिला कामगर

श्रेणी	*स्त्री जनसंख्या (मिलियन में)*				*स्त्री कामगर (मुख्य व सीमान्त), (मिलियन में)*			*स्त्री कामगरों की कार्य भागीदारी की दर*		
	1961	1971	1981	1991	1961	1971	1981	1961	1971	1981
कुल	206.2	255.0	318.2	406.5	57.5	36.2	66.3	5.75	3.62	6.63
ग्रामीण	170.6	205.6	245.1	304.0	53.6	32.7	58.5	5.36	3.27	5.85
शहरी	35.6	49.4	73.1	102.5	3.9	3.5	7.8	0.39	0.35	0.78

स्रोत: Social Welfare Statistics, 1981, 103-105.

1979 में फैक्ट्रियों में रोजगार प्राप्त स्त्रियों की संख्या 5.14 लाख थी, खानों में 0.8 लाख, तथा बागानों में 4.18 लाख थी।

भारत में कुल कामकाजी महिलाओं में से प्रत्येक 100 सेवायुक्त (employed) महिलाओं में से 52.59 अशिक्षित हैं; 28.56 प्राइमरी तथा मिडिल स्तर तक शिक्षित, 13.78 सेकेण्डरी स्तर तक शिक्षित और 5.07 स्नातक और इससे ऊपर शिक्षित हैं। (वही:124) शहरी क्षेत्रों में प्रत्येक 100 सेवा युक्त महिलाओं में से 25.83 अशिक्षित, 35.49 प्राइमरी और मिडिल तक, 25.71 सेकेण्डरी तक और 12.97 स्नातक और अधिक तक शिक्षित हैं। ग्रामीण क्षेत्रों में प्रत्येक 100 सेवायुक्त महिलाओं में से 88.11 अशिक्षित, 10.68 प्राइमरी व मिडिल तक तथा 1.21 मिडिल से ऊपर शिक्षित हैं (वही: 124)।

तालिका 2

महिला कामगरों की प्रतिशत संख्या में विषमता

श्रेणी	1961	1971	1981
कृषक	15.45	3.61	4.77
कृषि श्रमिक	6.87	6.18	6.58
अन्य श्रमिक	5.61	2.34	3.09
कुल महिला कामगर	27.93	12.13	14.44

कार्य प्रेरणाएं (Work Motivations)

महिलाएं रोजगार क्यों ढूंढ़ती हैं ? स्त्रियों में रोजगार के लिए प्रेरणा पुरुषों से भिन्न होती है। स्पष्ट कारण तो है धन की आवश्यकता, लेकिन यह कहना गलत होगा कि सभी महिलाएं धन के कारण ही नौकरी करती हैं। एक अध्ययन में 728 कामकाजी महिलाओं के अध्ययन में नौकरी करने के प्रमुख कारण इस प्रकार पाये गये: पति के अपर्याप्त वेतन के कारण; पति की मृत्यु, पति की बीमारी, पति के सहारा न देने के कारण, पति द्वारा परित्याग तथा घर से बाहर काम करने को वरीयता देने के कारण। मोटे तौर पर कहा जाये तो, 89.0% महिलाएं आर्थिक आवश्यकताओं के कारण ही नौकरी करती हैं।

दीपा माथुर (1992: 23) के जयपुर (राजस्थान) में 225 कामकाजी महिलाओं के अध्ययन से महिलाओं के सेवायुक्त होने के छः कारक पता चलते हैं: आर्थिक आवश्यकता या परिवार की आय में सहयोग (22.7%), भावी कुसमय से सुरक्षा (20%), रहन सहन के स्तर को ऊंचा उठाने के लिए (20.4%), मन बहलाव व सामाजिक सम्पर्कों के कारण (17.3%), व्यक्तिगत सम्मान और आकांक्षाओं के कारण (12.4%), स्वाभिमान की पूर्ति (7.2%)। इस प्रकार 63.0% स्त्रियाँ आर्थिक आवश्यकताओं के कारण कार्य करती थीं और 37.0% अनार्थिक कारणों से। जब उन स्त्रियों से पूछा गया कि यदि उन्हें स्वेच्छा प्रदान की जाये कि वे पूर्ण कालिक सेवायुक्त बनना पसन्द करेंगी या पूर्ण कालिक गृहिणी, तो 52.0% ने केवल गृह कार्य पसन्द किया और 48.0% ने गृहकार्य तथा नौकरी का समन्वय (वही: 24)। इस प्रकार, आधी से कुछ कम महिलाओं ने काम करने की उत्सुकता दर्शायी और आधे से कुछ अधिक ने काम के लिए अनिच्छा दर्शायी। प्रेरक स्तर (motivational level) के मापन से पता चला कि 47.6% महिलाओं का प्रेरक स्तर बहुत ऊंचा था, 35.1% का मध्यम (moderate) था, और 17.3% का निम्न था। उच्च प्रेरणा स्तर का संबंध उच्च शिक्षा स्तर से, नौकरी के उच्च सन्तोष से, और कम आयु से था। 29.0% मामलों में प्रेरणा का स्त्रोत था जनक परिवार (माता-पिता, भाई-बहिन), 23.0% मामलों में स्त्रोत था जनन परिवार, 9.0% मामलों में मित्र व अध्यापक थे, और 39% मामलों में स्त्रोत स्व-प्रेरणा थी।

कार्य की प्रेरणा की प्रवृत्ति में वृद्धि करने वाले कारकों की तरह ही कुछ ऐसे कारक भी हैं जो इस प्रवृत्ति को कम करते हैं। दीपा माथुर के अध्ययन (वही: 36) में प्रेरणा कम करने वाले कारक थे: उपयुक्त नौकरियों का उपलब्ध न होना (49%), दक्षता में कमी (20%), काम करने की इच्छा में कमी (18%), पति से प्रोत्साहन न मिलना (8%), और पति की नौकरी की आवश्यकताओं के साथ असंगतता (incompatibility) (5%)।

दोहरी भूमिका का संतोष (Dual Role Satisfaction)

कितनी स्त्रियाँ अपनी दोहरी भूमिका से संतुष्ट रहती हैं ? यदि धन अर्जन करने वाली महिला माँ और पत्नी की भूमिका में विलीन करने के प्रयत्न में सफल होती हैं तो वह महिला अपनी दोहरी भूमिका से संतुष्ट मानी जायेगी। 'उच्च' संतोष काम करने और घर बनाने वाली भूमिका प्रसन्नता पूर्वक निभाने में निहित है; 'मध्यम' संतोष का अर्थ है दोनों भूमिकाओं में सीमान्त असंतुलन (marginal imbalance), तथा 'निम्न संतोष' एक या दोनों भूमिकाओं में असंतोष में निहित है। दीपा माथुर के अध्ययन में 53% महिलाएं अपनी दोहरी भूमिकाओं से उच्च संतुष्ट, 18% मध्यम संतुष्ट व 29% असंतुष्ट पायी गयीं।

दोहरी भूमिकाओं के साथ संतोष/असंतोष कामकाजी महिलाओं के आत्म-प्रतिबिम्ब (self-image) अथवा स्वयं के विषय में की गई कल्पनाओं को प्रभावित करता है। स्वयं के विषय में ऊंचे प्रतिबिम्ब बनाने का अर्थ है कि महिला यह अनुभव करती है कि काम करने के कारण उसके व्यक्तित्व में सुधार हुआ है, जबकि निम्न प्रतिबिम्ब का अर्थ है कि महिला यह अनुभव करे कि काम/नौकरी ने उसके व्यक्तित्व पर अच्छा प्रभाव नहीं डाला है।

निम्न स्व-प्रतिबिम्ब और दोहरी भूमिकाएं, कामकाजी महिलाओं के लिए भूमिका संघर्ष जैसी

समाजशास्त्रीय समस्या पैदा कर देती है जिसका प्रभाव, पारिवारिक संबंधों, बच्चों की देखभाल तथा सक्रिय व निष्क्रिय रूप से भूमिकाओं के निर्वाह करने पर पड़ता है। लज्जाशील व नम्र स्वभाव की स्त्रियों को प्रभावशाली व्यक्तित्व वाली स्त्रियों की अपेक्षा दोहरी भूमिका निर्वाह में अधिक समस्याओं का सामना करना पड़ता है। दीपा माथुर (वही, 87-88) ने अपने अध्ययन में देखा कि 21.8% स्त्रियाँ उच्च कोटि के भूमिका संघर्ष की स्थिति में थीं, 44.4% निम्न कोटि के, तथा 33.8% किसी भी प्रकार के भूमिका संघर्ष की स्थिति में नहीं थीं। काम करने के प्रेरणात्मक स्तर, पत्नी के रोजगार के प्रति पति का दृष्टिकोण, कार्य के स्थान पर अन्तर्व्यक्तिगत संबंध और महिलाओं के व्यक्तित्व के प्रकार आदि विविधताओं तथा भूमिका संघर्ष के बीच महत्वपूर्ण, मध्यम तथा कमजोर संबंध पाये गए।

भूमिका संघर्ष और प्रेरणा स्तर तथा पति के दृष्टिकोण के बीच संबंध 'महत्वपूर्ण' हैं, काम करने के स्थान पर अन्तर्व्यक्तिगत संबंध के साथ संबंध कमजोर हैं, तथा बच्चों की उपस्थिति की दशा के साथ संबंध 'मध्यम' हैं।

रामू (1989) का मत है कि नवीन आर्थिक व घरेलू भूमिकाओं के बीच के संघर्ष का फल महिलाओं के कार्यकलापों के विभागीकरण के रूप में होता है। यद्यपि यह अस्थाई ही होता है क्योंकि व्यवसाय व गृहस्थ जीवन के बीच स्पर्द्धा की मांग होती है कि वे इसके साथ समन्वय करें, किन्तु अनेक महिलाओं के लिए यह असम्भव सा ही प्रतीत होता है। कुछ समय के बाद वे अनुभव करती हैं कि या तो वे अपनी व्यावसायिक आकांक्षाओं को नीचे लाएं या फिर अपने गृहस्थ दायित्वों में कुछ कटौती करें।

भूमिका समायोजन (Role Adjustment)

कामकाजी महिलाओं को अपने परिवार तथा कार्य के स्थान के बीच अपने को समायोजित करना पड़ता है। समायोजन का अर्थ है एक प्रस्थिति से दूसरी प्रस्थिति पर चले जाना, भूमिकाओं का दूसरों के परिप्रेक्ष्य से अवलोकन तथा विविध भूमिकाओं को कुशलता तथा संतोषप्रद ढंग से निर्वाह करना होता है। सरल शब्दों में 'भूमिका समायोजन' भूमिका की मांग (role demands) तथा व्यक्ति की भूमिका को करने (role performance) पर निर्भर करता है।

एक कामकाजी महिला को असंख्य समस्याओं का सामना करना पड़ता है। घर के जीवन का समायोजन दफ्तर की दिनचर्या से करना होता है। घर के कामकाज को परम्परागत चर्या से भिन्न बिन्दुओं पर व्यवस्थित करना होता है। लार्जान्स (Lazarns, 1961) के अनुसार समायोजन दर्शाने वाले चार प्रमुख सूचक (indicators) हैं: भूमिकाओं का कुशल व बुद्धिमत्तापूर्ण निर्वाह, मनोवैज्ञानिक सुख की सीमा, तनाव लक्षणों का अभाव तथा व्यवहार की सामाजिक स्वीकृति।

समायोजन का एक आयामी नैरन्तर्य (unidimensional continuum) पर माप किया जाता है। नैरन्तर्य में व्यक्ति की स्थिति उच्चतम बिन्दु से निम्नतम बिन्दु तक स्थित की जाती है। निम्न समायोजन को कुसमायोजन (maladjustment) से पृथक कर लिया जाता है क्योंकि दोनों ही गुणों के आधार पर एक दूसरे से भिन्न होते हैं। कुसमायोजन में व्याधिकीय अनुक्रिया (pathological responses) निहित है, जबकि निम्न समायोजन परिस्थिति में पूर्ण रूप से विलीन

होने की स्थिति दर्शाता है।

'घर का समायोजन' तथा 'नौकरी समायोजन' में मूल्यांकन के भिन्न आधार सम्मिलित हैं। कामकाजी महिलाओं के विषय में सामान्यतः यह देखा गया है कि 'नौकरी समायोजन' 'घर समायोजन' की अपेक्षा कहीं उच्च कोटि का होता है।

दीपा माथुर (वही: 107) के अनुसंधान से पता चलता है कि अध्ययन की गई 225 कामकाजी महिलाओं में से 38% का 'घर का समायोजन' उच्च कोटि का, 43% का मध्यम, तथा 19% का निम्न कोटि का था। 'नौकरी समायोजन' में 44% ने उच्च, 30% ने मध्यम तथा 26% ने निम्न कोटि का समायोजन दर्शाया। नौकरी समायोजन का स्तर नौकरी की प्रकृति, सेवा अवधि, तथा भावी योजनाओं के साथ ही विविध पाया गया। दूसरी ओर, 'घर का समायोजन' परिवार संरचना, आकार, पति तथा ससुराल वालों से सहयोग, तथा स्व मूल्यांकन पर निर्भर करता है। दोनों स्थितियों को एक साथ रखकर कहा जा सकता है कि कामकाजी महिलाएं सामान्यतया घर की जिम्मेदारियों तथा अपनी आकांक्षाओं को पूरा करने के लिए इस प्रकार योजना बना लेती हैं कि समायोजन करने में कठिनाई नहीं आती। यद्यपि महिलाएं अपनी आय अधिकतर जीवन स्तर ऊंचा उठाने में खर्च करतीं हैं तथा उन पर घमण्डी, लापरवाह, आत्म केन्द्रित होने का आरोप लगाया जाता है, फिर भी वे घर की चार दीवारी से बाहर निकल कर तथा राष्ट्र व मानवता के वृहत् दायरे में अपनी भागीदारी का निर्वाह कर रही हैं।

महिलाओं के अधिकार (Rights of Women)

ऐसे समाज में जहाँ कुल जनसंख्या की आधी तथा तीन-पंचमांश भाग अशिक्षित महिलाएं हैं (1991 जनगणना), ऐसे रुढ़िवादी परम्पराओं एवं विश्वासों तथा प्रथाओं में जकड़े हुए समाज को रातों रात नहीं बदला जा सकता। न ही इनके विरुद्ध प्रबल जनमत तैयार करना सरल है। विधानों का कुछ प्रभाव होता है लेकिन इनको बड़ी सावधानी से चरणों में लागू करना होता है। विधान की पुस्तकों में महिलाओं से संबंधित कितने विधान है? हिन्दू समाज को इन विधानों ने किस सीमा तक आन्दोलित किया है? किस सीमा तक उन विधानों से सामाजिक परिवर्तन आया है? इन विधानों के माध्यम से प्राप्त महिला अधिकारों का विवेचन हम यहाँ संक्षेप में करेंगे (See Ahuja, 1992: 8)।

पुरुषों के समान स्त्रियों को भी भारतीय संविधान द्वारा प्रमुख अधिकार इस प्रकार हैं:

(1) समानता का अधिकार, अर्थात् अवसरों की समानता, कानून के समक्ष समानता, कानूनों का समान संरक्षण तथा नौकरियों आदि में लिंग के आधार पर भेदभाव न समझा जाना।
(2) स्वतंत्रता का अधिकार, अर्थात् भाषण की स्वतंत्रता, निवास की स्वतंत्रता एवं व्यवसाय व गतिशीलता की स्वतंत्रता।
(3) शोषण के विरुद्ध स्वतंत्रता, अर्थात् 'बेगार' के विरुद्ध।
(4) धर्म की स्वतंत्रता का अधिकार, अर्थात् उपदेश तथा धर्म का स्वतंत्रतापूर्वक अनुपालन।
(5) सम्पत्ति का अधिकार, अर्थात् सम्पत्ति प्राप्त करने, रखने तथा बेचने का अधिकार।
(6) सांस्कृतिक एवं शैक्षिक अधिकार, अर्थात् संस्कृति का संरक्षण तथा शैक्षिक संस्थाओं में

प्रवेश प्राप्त करने का अधिकार।

(7) संवैधानिक उपचार (remedy) का अधिकार, अर्थात् मौलिक अधिकारों को लागू करने के लिए न्यायालय की शरण में जाने का अधिकार।

इन मूल अधिकारों के आश्वासन के अतिरिक्त राज्य सरकारों को भी यह अधिकार दिए गए हैं कि वे समय-समय पर ऐसे विधान लागू करें जो स्त्रियों के हितों की रक्षा करते हों तथा स्त्रियों के साथ व्यवहार में उन्हें वरीयता दी जाए। इस आधार पर सरकार समय-समय पर ऐसे वैधानिक उपाय करती रही है जिनसे सामाजिक व्यवस्था एवं न्याय बना रहे।

गत तीन या चार दशकों में काफी संख्या में विधान लागू किए गए हैं एवं कुछ में सुधार किए गए हैं जिनसे महिलाओं के समान स्तर एवं अवसरों को सुनिश्चित किया गया है। इन विधानों का मूल्यांकन तीन स्तरों पर किया जा सकता है: सामाजिक, आर्थिक और राजनैतिक।

***सामाजिक विधान** (Social Laws)*

महिलाओं से संबंधित तथा सामाजिक कानूनों से संबंधित चार प्रमुख मामले हैं: विवाह, गोद लेना (adoption), संरक्षकता (guardianship) एवं गर्भपात (abortion)। विवाह से संबंधित प्रमुख समस्याएं हैं: (1) जीवन साथी का चुनाव, (2) विवाह की आयु, (3) बहु पत्नी विवाह, (4) निर्योग्य (invalid) विवाह, (5) निष्प्रभावी (void) विवाह, (6) विवाह विच्छेद, (7) दाम्पत्य अधिकारों का प्रत्यास्थापन (restitution of conjugal rights), (8) गुजारा भत्ता, (9) बच्चे का संरक्षण (custody of child), (10) दहेज, (11) पुनर्विवाह। पूर्व उल्लिखित कुछ लागू हो चुके विधान इस प्रकार हैं: 1955 का हिन्दू विवाह अधिनियम, 1954 का विशेष विवाह अधिनियम तथा 1856 का पुनर्विवाह अधिनियम।

बच्चों को गोद लेने से संबंधित नियम 1956 में पारित किया गया जिसे हिन्दू दत्तक ग्रहण एवं भरण पोषण अधिनियम नाम दिया गया। न केवल विवाहित स्त्रियों को बल्कि अविवाहित स्त्री, विधवा स्त्री तथा तलाकशुदा स्त्री को भी बच्चों को दत्तक अधिग्रहण का अधिकार दिया गया है। केवल अविवाहित तथा पन्द्रह वर्ष से कम आयु के बच्चों का ही दत्तक ग्रहण किया जा सकता है।

1970 तक गर्भपात को वैधानिक दृष्टि से अपराध माना जाता था। 1971 में चिकित्सा गर्भ समापन अधिनियम (Medical Termination of Pregnency Act) पारित किया गया जिसके माध्यम से गर्भवती महिला व गर्भपात शल्यक (abortionist) दोनों को ही गर्भपात की अनुमति प्रदान कर दी गई। यह अधिनियम अप्रेल, 1972 से लागू किया गया तथा यह केवल बारह सप्ताह तक के गर्भ के गर्भपात की अनुमति केवल रजिस्टर्ड डॉक्टर को देता है। गर्भ के केवल इन परिस्थितियों में ही समाप्त करने की अनुमति दी गई है: यदि गर्भवती महिला के जीवन को जोखिम हो, उसके शारीरिक व मानसिक स्वास्थ्य को गंभीर हानि की आशंका हो या फिर इस बात का भय हो कि जन्म लेने वाला बच्चा अपंग या शारीरिक व मानसिक असमानताओं (abnormalities) के साथ जन्म लेगा। गर्भपात ऐसे मामलों में भी स्वीकृत होता है जहाँ गर्भ का कारण बलात्कार या गर्भ निरोधक विधियों की असफलता रहा हो।

***आर्थिक विधान** (Economic Laws)*

आर्थिक विधानों से संबंधित विषय हैं: सम्पत्ति का अधिकार, समान पारिश्रमिक, कार्य करने की दशाएं, प्रसूति लाभ, तथा कार्य सुरक्षा (job security)। एक महिला के सम्पत्ति अधिकार का अर्थ है उसका पत्नी, पुत्री, विधवा तथा माँ के रूप में सम्पत्ति का अधिकार। हिन्दू उत्तराधिकार अधिनियम, 1956 के अनुसार न केवल पुत्री को ही उसके भाई के बराबर का भाग पिता की सम्पत्ति में मिलता है, बल्कि एक विधवा को भी अपने मृत पति की सम्पत्ति में से उसके पुत्रों और पुत्रियों के बराबर का भाग मिलता है। इस विधान ने 'स्त्रीधन' एवं 'गैर स्त्रीधन' के बीच का भेद भी समाप्त कर दिया है।

जहाँ तक समान पारिश्रमिक का संबंध है, समान पारिश्रमिक अधिनियम, 1976 (Equal Remuneration Act, 1976) महिला तथा पुरुष कर्मियों के पारिश्रमिक में भेद करने की अनुमति नहीं देता। जो मालिक इन विधानों का पालन नहीं करते उन के लिए दण्ड का प्रावधान है।

कार्य अवधि में कार्य दशाओं का नियंत्रण फैक्ट्री अधिनियम, 1948 से होता है। फिर, कार्य घण्टे, साप्ताहिक विश्राम, सफाई के स्तर, प्रकाश व्यवस्था, तापमान, मशीनों की सीमा बन्दी, प्राथमिक उपचार की सुविधा, विश्राम गृह, आदि प्राविधानों के अतिरिक्त इस विधान में बच्चों के शिशु गृह (creches) स्थापित करने की तथा महिलाओं के लिए पृथक से प्रसाधन (toilets) स्थापित करने का प्रावधान है। महिलाओं के लिए एक दिन में अधिकतम नौ घण्टे तथा रात्रि 10 बजे से प्रातः 5 बजे के बीच कोई भी कार्य न करने देने का प्रावधान भी इस कानून में है।

***राजनैतिक अधिकार** (Political Rights)*

भारतीय संविधान द्वारा प्रदत्त महिलाओं को दो प्रमुख अधिकार हैं: महिलाओं को मताधिकार और विधान मण्डल के लिए योग्यता। महिला मताधिकार की माँग सर्वप्रथम 1917 में की गई थी, किन्तु साउथ बरो फ्रेन्चाइज कमेटी ने 1918 में इस मांग को अस्वीकार कर दिया। 1919 में सरकार ने राज्य सरकारों को अधिकार दे दिया कि वे स्त्री मताधिकार के संबंध में अपने अलग विधान लागू करें। इस प्रकार के विधान राजकोट में 1923 में, ट्रावन्कोर कोचीन में 1924 में, मद्रास व उत्तर प्रदेश में 1925 में, पंजाब व असाम में 1926 में, तथा बिहार और उड़ीसा में 1929 में पारित किए गए। (Jane Matson, 1971: 108-110)। 1935 के भारत सरकार अधिनियम में शैक्षिक योग्यता के आधार पर स्त्री मताधिकार प्रदान किया गया। फलस्वरूप, 1937 में 56 महिलाओं ने चुनाव के माध्यम से विधान मण्डलों में प्रवेश किया। स्वतंत्रता के बाद स्त्री मतदाताओं की संख्या तथा राज्य विधान मण्डलों तथा लोक सभा में महिला प्रतिनिधियों की संख्या में पर्याप्त वृद्धि हुई है।

अधिकार चेतना (Consciousness of Rights)

यद्यपि भारत में महिलाओं को अन्य देशों की महिलाओं की अपेक्षा अधिक अधिकार प्राप्त हैं, किन्तु क्या हमारे देश की महिलाओं में अपने अधिकारों के प्रति चेतना है? इस लेखक ने कुछ वर्ष पूर्व राजस्थान के एक जिले के एक गांव की 18 से 50 वर्ष की आयु की 753 स्त्रियों का एक अध्ययन किया था। अध्ययन का मुख्य उद्देश्य स्त्रियों में अधिकारों के लिए चेतना का मूल्यांकन तथा संविधान तथा विविध विधानों द्वारा प्रदत्त अधिकारों के प्रति संतुष्टि के स्तर को नापना था। (देखें, आहूजा, 1992)।

इस अनुसंधान का सैद्धान्तिक मॉडल (Conceptual Model) यह था कि किसी विशेष क्षेत्र में, (जैसे, सामाजिक, राजनैतिक, आर्थिक व धार्मिक) महिलाओं की अधिकार चेतना का स्तर चार बातों पर निर्भर करता है: स्त्री की व्यक्तिगत पृष्ठभूमि (शैक्षिक स्तर, आकांक्षाओं का स्तर और व्यक्तिगत आवश्यकता), उसकी सामाजिक परिस्थितियाँ (रिश्तेदारों की अपेक्षाएं, पति के आदर्श, तथा परिवार के सदस्यों के दृष्टिकोण), उसका अपना दृष्टिकोण (अपने स्तर तथा भूमिका के प्रति) तथा उसका आर्थिक आधार (वर्ग-सदस्यता का स्तर)। हमारे विश्लेषण में विभिन्न प्रकार के अधिकारों के प्रति चेतना तथा अधिकारों के उपभोग के संतुष्टि स्तर से संबंधित निम्नलिखित तथ्य सामने आए:

सामाजिक अधिकारों की चेतना *(Consciousness of Social Rights)*

- महिलाओं को विवाह संबंधी कानूनों की जानकारी बहुत कम है। हमारे सर्वेक्षण में केवल दस में से एक महिला को ही अपने जीवन साथी के चुनाव के अधिकार की जानकारी थी, लगभग 50 में से एक को विवाह की सही आयु की जानकारी थी, पांच में से एक से भी कम को तलाक के अधिकार का ज्ञान था, दस में से एक से भी कम को तलाक के बाद गुजारे भत्ते के अधिकार का ज्ञान था, पांच में से एक से कम को विधवा, पुनर्विवाह अधिकार का और पांच में से एक से भी कम को दहेज कानून का ज्ञान था। इन सभी पक्षों को एक रखने पर हम कह सकते हैं कि दस में से एक महिला को ही विवाह कानूनों की कुछ जानकारी थी।
- परिवार में निर्णय लेने के विषय में महिलाओं की भूमिका किनारे की होती है। पत्नि के साथ पति महत्वहीन विषयों में ही सलाह करते हैं।
- पति पत्नी के बीच दाम्पत्य संबंधों का कोई महत्वपूर्ण स्थान नहीं हो सका है।
- महिलाओं की परिवार में स्थिति कुण्ठाग्रस्त न होकर जीवन अनुभवों के बीच संतोष की होती है।
- लगभग दो तिहाई महिलाएं अपने वैवाहिक तथा पारिवारिक जीवन से संतुष्ट होती हैं।
- घर के काम से संतुष्टि का स्तर आयु, शिक्षा तथा आय के साथ साथ बदलता रहता है।

आर्थिक अधिकारों की चेतना *(Consciousness of Economic Rights)*

- यद्यपि बहुत कम महिलाओं को अपने पिता की सम्पत्ति में से भाग लेने का अधिकार का ज्ञान है, किन्तु अपने पति की सम्पत्ति में से अपने भाग के अधिकार का ज्ञान अधिक संख्या में (80%) स्त्रियों को है।
- थोड़ी संख्या में (एक तिहाई) महिलाओं को अपने पति की सम्पत्ति में उत्तराधिकार प्राप्त होता है किन्तु पिता की सम्पत्ति से भाग प्राप्त करने वाली महिलाओं की संख्या नगण्य (0.5%) है।
- गाँवों में दस में से केवल एक महिला ही कामकाजी है तथा आर्थिक दृष्टि से स्वतंत्र है।
- कामकाजी महिलाएं भी गृह कार्य तथा गृहस्थी निर्माता के रूप में अपनी भूमिका का मूल्यांकन उतनी ही सापेक्षता से करती है जितनी कि घरेलू महिलाएं।
- कामकाजी महिलाओं में दस में से नौ अपनी आमदनी से असंतुष्ट होती हैं। यह असंतोष कार्य के विचार से उतना नहीं होता जितना कि कार्य दशाओं या पारिश्रमिक से।

- जो महिलाएं अपने परिवार की अर्थव्यवस्था में योगदान करती हैं वे अपनी आय को अपनी इच्छा से व्यय करने के लिए स्वतंत्र नहीं होतीं।

राजनैतिक अधिकारों की चेतना *(Consciousness of Political Rights)*

- बहुत कम संख्या (लगभग 20%) में महिलाओं को अपने राजनैतिक अधिकारों का ज्ञान है।
- मताधिकार प्राप्त महिलाओं में से लगभग तीन चौथाई ही उसका प्रयोग करती हैं। रोचक बात यह है कि ये महिलाएं राजनीति से प्रेरित होकर वोट देने नहीं जातीं, बल्कि घूमने के उद्देश्य से जाती हैं।
- महिलाओं का मत देने का व्यवहार न तो राजनैतिक गतिशीलता से और न ही राजनैतिक समाजीकरण से जुड़ा होता है, बल्कि अपने पति के राजनैतिक विश्वास और अभिरुचि से जुड़ा होता है।
- चुनाव का उदार सिद्धान्त.जो मतदाता के वोट को उसके तर्कयुक्त पसन्द या उम्मीदवार या पार्टी के लिए अभिरुचि से जोड़ता है, वह महिलाओं के मत डालने के व्यवहार के लिए तर्कसिद्ध (valid) नहीं है।
- आमतौर पर महिलाएं किसी भी राजनैतिक दल की सक्रिय सदस्य नहीं होती हैं; कुछ महिलाएं किसी राजनैतिक दल की समर्थक अवश्य होती हैं।

उपरोक्त तथ्यों के आधार पर निष्कर्ष रूप में कहा जा सकता है कि अधिकार चेतना अपने आप स्त्रियों के स्तर को ऊंचा नहीं उठाती और न ही चेतना हीनता या अज्ञानता उनकी संतोष (प्रस्थिति से) की भावना कम करती है। अधिकार चेतना में प्रमुख बाधाएं इस प्रकार हैं: अशिक्षा, गृह कार्य में अधिक व्यस्तता, घरेलू बन्धन तथा पुरुषों पर आर्थिक निर्भरता।

कार्य योजना (Plan of Action)

यदि परिवार में पुरुष महिलाओं को उनके देय अधिकार प्रदान न करें तो पुरुषों के महिलाओं के प्रति अन्याय के इस दुष्चक्र को कैसे समाप्त किया जाये, भले ही वे यह मानते हैं कि यह सांस्कृतिक मान्यता प्राप्त (culturally approved) है, या फिर क्योंकि उन्हें दण्ड नहीं मिलता या क्योंकि महिलाएँ इस प्रकार के अन्याय को चुपचाप सहन करती हैं और इसके विरुद्ध आवाज नहीं उठातीं या क्योंकि अधिकारों की वंचना से जो लाभ पुरुष को मिलते हैं उनका मूल्य कहीं अधिक होता है, आदि ? महिलाओं के हितों की रक्षा किस प्रकार की जाये ?, कौन सी नीतियाँ तथा कार्यक्रम पुरुष को न्यायी व उदार बना सकते हैं ? उपचार सामाजिक, वैधानिक व आर्थिक हो सकते हैं।

वैधानिक उपचार *(Legal Remedies)*

महिलाओं के प्रति न्याय के लिए जन समर्थन चाहिए ताकि मानव सेवा में लगे व्यावसायिक उचित कार्यवाही कर सकें। स्वतंत्रता के बाद के प्रथम दशक में लिंग समानता को एक महत्व समस्या माना गया और इस ओर किए गए प्रयत्नों का अधिकतर भाग यह विश्वास दिलाने में लगाया गया कि महिलाओं के शोषण के मामलों को पहचाना जायेगा और उचित कार्यवाही की जायेगी। 1952 तथा 1962 के बीच अनेक कानून स्त्रियों के लिए समानता लाने के लिए बनाए गए। इन कानूनों

के लागू करने से पहले व्यावसायिक तथा राजनैतिज्ञों में इस प्रकार की समस्याओं का पता लगाने तथा उनको पहिचानने में कोई रुचि नहीं थी। लेकिन भारत के गणतंत्र हो जाने के पश्चात् हमारे नये शक्तिशाली नेताओं को विश्वास होने लगा कि स्त्रियों की समानता का प्रश्न पारिवारिक न होकर सामाजिक है। अतः स्त्रियों को पुरुषों के समान व्यवहार देने से संबंध में कई राज्यों में विधान लागू किए गए। लेकिन जैसी कि अपेक्षा थी, सामाजिक कानूनों को ठीक से लागू नहीं किया गया। न्यायालय सामाजिक विधानों का अभी भी परम्परागत अर्थ ही प्रयोग करते हैं। अपराधिक न्याय व्यवस्था को स्त्रियों के शोषण को समाजशास्त्रीय परिप्रेक्ष्य में देखना पड़ेगा। कुछ विधानों को सुधारना होगा ताकि पुलिस को महिलाओं के विरुद्ध अपराध करने वालों को पकड़ने में अनावश्यक प्रक्रिया की प्रतीक्षा न करनी पड़े। कई पुलिस अधिकारी अनेक उदाहरण देते हैं जिनमें मुकदमे की अवधि में स्त्रियाँ आरोपों को बीच में ही समाप्त करना अच्छा समझती हैं या वे आरोपों को सिद्ध करने में असफल रहती हैं। फलतः कानूनविद्, वकील तथा पुलिस पीड़ित स्त्रियों को अपने भाइयों के विरुद्ध कानूनी कार्यवाही करने की सलाह नहीं देते जो उन्हें पैतृक सम्पत्ति में से उनका भाग देने में इन्कार कर देते हैं या उन पिताओं के विरुद्ध जो उनकी इच्छा के विरुद्ध उनका विवाह कर देते हैं या उन पतियों के विरुद्ध जो उन्हें गर्भपात के लिए बाध्य करते हैं। महिलाओं का सहयोग अत्यन्त आवश्यक है। महिलाओं के संगठित समूह आगे आकर सहायता कर सकते हैं।

सामाजिक उपचार *(Social Remedies)*

सामाजिक उपचारों में महिला कल्याण सेवाएं, ऐच्छिक संगठनों की स्थापना को प्रोत्साहन तथा जन संचार माध्यमों द्वारा महिलाओं का कानूनी प्रशिक्षण आदि सम्मिलित है। ऐच्छिक संगठनों को ऐसी महिलाओं का पता लगाने का कार्य करना है जिन्हें इस प्रकार की सेवाओं की आवश्यकता है। पड़ौसियों को चाहिए कि वे महिलाओं पर अत्याचार के मामलों को ऐच्छिक संगठनों तथा सेवा संस्थाओं को सूचना देकर सहयोग करें। जन शिक्षा एवं जागृति कार्यक्रम स्त्रियों की सहायता अन्याय के विरुद्ध खड़े होने के उद्देश्य से कर सकते हैं तथा सेवा संस्थाओं का सहयोग उनके अधिकारों के दिलाने के लिए लिया जा सकता है।

महिला कल्याण संस्थाओं के लिए अनुकूलतम स्थिति यह है कि वे महिलाओं के प्रति किए गए अन्यायों की समस्याओं को शीघ्र प्रभावी ढंग से निवारण करने का प्रयत्न प्रारम्भ कर दें और समस्याओं के कारणों को लक्षण मात्र न समझें। पुरुषों को भी यह अनुभव कराना है कि बदलते परिवेश में उनकी भूमिका क्या है तथा परिवार के जीवन तथा घर के काम में उनके योगदान की आवश्यकता है।

आर्थिक उपचार *(Economic Remedies)*

शिक्षा तथा व्यावसायिक प्रशिक्षण महिलाओं को कार्य ढूंढ़ने के योग्य बनाएंगे जिससे वे आर्थिक रूप से स्वतंत्र बन सकेंगी। आर्थिक स्वतंत्रता से उनका तनाव कम होगा, उनके आदर्शों में मूल रूप से परिवर्तन आएगा और वे अपने अधिकारों तथा माँगों के प्रति अधिक साहसपूर्वक खड़ी हो सकेंगी।

महिलाओं को अपने और अपने परिवार की जीवन दशाओं को अच्छा बनाने के लिए सहायता तथा संसाधनों की आवश्यकता है। बूलडिंग (Elise Boulding, 1977: 132) के अनुसार महिलाओं के लिए दस संसाधनों का सुझाव दिया जा सकता है: तकनीकी सहायता जो श्रम बचाने वाले साधन प्रदान करें, जो महिलाओं के रोजाना के भारी कार्यों को हल्का करें; प्राथमिक सामुदायिक सुविधाएं, लड़कियों को स्कूल जाने तथा शिक्षा एवं प्रशिक्षण प्राप्त करने के लिए प्रोत्साहित करना, परा-व्यावसायिक प्रशिक्षण के लिए अवसर प्रदान करना, ऋण की सुविधाएं, अधिकारों की वैधानिक सुरक्षा, स्वैच्छिक संस्थाएं तथा महिलाओं को विविध स्तरों पर स्थापित करने के कार्यक्रम।

अत: निष्कर्ष रूप में कहा जा सकता है कि ग्रामीण क्षेत्रों में महिलाओं को अपने अधिकारों के प्रति जागृत करने के लिए एक भिन्न प्रकार की योजना एवं विधि की आवश्यकता है अपेक्षाकृत शहरी महिलाओं के। साथ ही हमें सहमत होना पड़ेगा कि वैधानिक उपायों से उनकी स्थिति व उनकी दशा को ऊंचा नहीं किया जा सकता। केवल संयुक्त (conjunctive) पद्धति से ही हमारे समाज में महिलाओं को न्याय मिल सकता है।

REFERENCES

Ahuja, Ram, *Rights of Women: A Feminist Perspective*, Rawat Publications, Jaipur, 1992.

Altekar, A.S., *The Position of Women in Hindu Civilization*, Motilal Banarsi Lal, Varanasi, 1938 and 1956.

Barbara Ward (Ed.), *Women in the New Asia*, UNESCO, 1963.

Blumberg, R.L. and Dwarki, L., *India's Educated Women: Options and Constraints*, Hindustan Publishing Corporation, Bombay, 1980.

Chakraborty K., *The Conflicting Worlds of Working Mothers*, Progressive Publisher, Calcutta, 1978.

Chanana Karuna (Ed.), *Socialization, Education and Women: Explorations in Gender Identity*, Orient Longman, New Delhi, 1988.

Desai, Neera, *Women in Modern India*, Vora and Company, Bombay, 1957.

Desai, Neera and Krishnaraj, Maithreyi, *Women and Society in India*, Ajanta, Delhi, 1987.

Desai, Neera and Patel, Vibhuti, *Indian Women: Change and Challenge in the International Decade 1975-85*, Popular Prakashan, Bombay, 1985.

DeSouza Alfred (Ed.), *Women in Contemporary India*, Manohar Publications, Delhi, 1975.

Feinstein Karen (Ed.), *Working Women and Families*, Sage Publications, Beverly Hills, 1979.

Indra, *Status of Women in Ancient India*, Bombay, 1951.

Joshi, Pushpa, *Gandhi on Women*, Centre for Women's Development Studies, New Delhi, 1988.

Maithreyi, Krishnaraj (Ed.), *Women's Studies in India: Some Perspectives*, Popular Prakashan, Bombay, 1986.

Mathur, Deepa, *Women, Family and Work*, Rawat Publications, Jaipur, 1992.

Myrdal and Klein, *Women's Two Roles*, Routledge, London, 1968.

Nanda, B.R., *The Indian Women: From Purdah to Modernity*, Vikas Publications, New Delhi, 1976.

Ramu, G.N., *Women, Work and Marriage in Urban India*, Sage Publications, New Delhi, 1989.

Rapoport, Rhona and Rapoport, Robert, *Dual Career Families*, Penguin Books, Harmondsworth, 1971.

Saradamani, K (Ed.), *Women, Work and Society*, Proceedings of the ISI Symposium, Indian Statistical Institute, Calcutta, 1985.

Srinivas, M.N., *The Changing Position of Indian Women*, Oxford University Press, Bombay, 1978.

अध्याय 6

हिन्दू विवाह
The Hindu Marriage

विविध संस्थाओं के अध्ययन के लिए विविध विज्ञान पृथक सन्दर्भो का प्रयोग करते हैं। समाज वैज्ञानिकों ने भी विविध क्षेत्रों में विवाह संस्था की कल्पना विविध प्रकार से की है। विवाह के सम्बन्ध में प्रचलित विचार यह है कि यह स्त्री पुरुष के बीच का संयोग है जबकि लॉवी (Lowie), मरडॉक (Murdock) तथा वेस्टरमार्क (Westermark) जैसे मानवशास्त्रियों ने इस संयोग में सामाजिक स्वीकृति पर बल दिया है और इस तथ्यपर कि यह विविध संस्कारों एवं समारोहों द्वारा किस प्रकार सम्पन्न होता है। ब्लड, लांज और स्नाइडर, बोमन, बाबर और बर्जेस जैसे समाजशास्त्रियोंका विचार है कि विवाह प्राथमिक सम्बन्धों की भूमिकाओं की एक व्यवस्था है। भारतशास्त्री (Indologists) विवाह को एक संस्कार या एक धर्म मानते है। परम्परागत्त एवं आधुनिक हिन्दू विवाह व्यवस्था का अध्ययन करने से पूर्व हम विवाह की अवधारणा एवं सामाजिक महत्व को समझने का प्रयत्न करेगें।

विवाह की अवधारणा (Concept of Marriage)

प्रत्येक व्यक्ति को अपने जीवन में अनेक भूमिकाओं का निर्वाह करना होता है, या यह कहा जा सकता है कि जीवन अनेक भूमिकाओं का एक संयोग है जिन्हें विविध संस्थाओं के परिवेश में निभाना होता है। विविध भूमिकाओं में दो भूमिकाएं अहम् हैं: एक है आर्थिक भूमिका और दूसरी है वैवाहिक या परिवार की भूमिका। प्रथम भूमिका निःसंदेह ही प्रमुख है क्योंकि व्यक्ति अपने जीवन का एक बड़ा भाग इसी भूमिका में लगाता है। मान लें कि व्यक्ति अपना जीविकोपार्जन 20 से 24 वर्ष की आयु में प्रारम्भ करता है और 58 से 62 वर्ष की आयु तक निरन्तर इस कार्य में व्यस्त रहता है तथा नित्य आठ या दस घण्टे अपने काम पर खर्च करता है, तो हम कल्पना कर सकते हैं कि हमारी आर्थिक भूमिका हमारा कितना समय लेती है। वैवाहिक भूमिका में भी जीवन के चालीस से पचास वर्ष व्यतीत होते हैं। किन्तु इन दोनों भूमिकाओं में से आर्थिक भूमिका की अपेक्षा वैवाहिक भूमिका ही अहम् है, क्योंकि आर्थिक भूमिका में द्वितीयक सम्बन्ध सम्मिलित होते हैं और वैवाहिक भूमिका में प्राथमिक सम्बन्ध।

प्राथमिक सम्बन्ध आवश्यक रुप से असीमित, विशिष्ट, भावात्मक, परमार्थवादी, एवं शाश्वत (spontaneous) होते हैं। दूसरी ओर, द्वितीयक सम्बन्ध प्रारम्भिक रुप से सीमित, प्रामाणिक (standardized), अभावनात्मक (unemotional), उपयोगितावादी और संविदात्मक (contvactual) होते हैं। विवाह के प्राथमिक सम्बन्ध अन्य प्राथमिक समूहों, जैसे मित्र समूह, पड़ौस, गाँव, आदि के प्राथमिक सम्बन्धों से भिन्न होते है, क्योंकि वैवाहिक सम्बन्ध यौन सम्बन्धों पर आधारित होते हैं और यौन संबंध स्त्री पुरुष के बीच स्थाई तथा निकटतम सम्बन्ध स्थापित करते हैं। विवाह में प्राथमिक सम्बन्ध दो महत्वपूर्ण कार्य करते हैं, आवश्यकता पूर्ति तथा सामाजिक नियंत्रण।

यह व्यक्ति की जैविक (यौन सन्तुष्टि), मनोवैज्ञानिक (स्नेह और सहानुभूति) और आर्थिक (भोजन, वस्त्र एवं निवास) आवश्यकताओं की पूर्ति करता है तथा नैतिकता एवं नीतिशास्त्र के प्राथमिक श्रोत का कार्य करता है। जब एक व्यक्ति यह देखता है कि उसका जीवन साथी उसके लिए कोई कार्य कर रहा है, तो वह सोचता है कि यह उसका नैतिक दायित्व है कि वह उसकी देख भाल करे या उसकी बात सुने। अतः कोई भी व्यक्ति अनैतिक तथा उत्तरदायित्वहीन नहीं है।

'विवाह' का अध्ययन करते समय एक समाजशास्त्री इसमें निहित प्राथमिक सम्बन्धों का विश्लेषण नहीं करता, बल्कि इसका भी करता है कि किस प्रकार विवाह में नयी और विभिन्न भूमिकाएं सम्मिलित हैं, तथा क्या उन भूमिकाओं में लिप्त व्यक्ति उनके योग्य है या नहीं, तथा उन भूमिकाओं को निभाने की निर्योग्यता से किस प्रकार परिवार विघटन होता है। विवाह में महत्वपूर्ण बात यह है कि किस प्रकार एक साथी का भूमिका निर्वाहन दूसरे साथी की भूमिका अपेक्षाओं के कितना अनुकूल है (Blood, 1960: 189)।

कूस (Koos 1953: 44) के अनुसार विवाह एक विभाजन रेखा है जो कि जनक परिवार (family of orientation) तथा जनन परिवार (family of procreation) के बीच दोनों परिवारों में व्यक्ति की भूमिका के सन्दर्भ में खींची गई है। जनक परिवार में भूमिकाएं शैशव, बचपन तथा किशोरावस्था में बदलती रहती हैं तथा उनमें उत्तरदायित्व या दायित्व बोध नहीं होता, किन्तु जनन परिवार में भूमिकाएं विवाह के बाद, पति के रुप में, पिता के रुप में, धन अर्जन कर्त्ता के रुप में, पितामह के रुप में, तथा अवकाश प्राप्त व्यक्ति के रुप में विविध अपेक्षाओं एवं दायित्वों वाली होती हैं।

विभिन्न भूमिकाओं से आलिप्त जनक परिवार तथा जनन परिवार में विविध अवस्थाएं

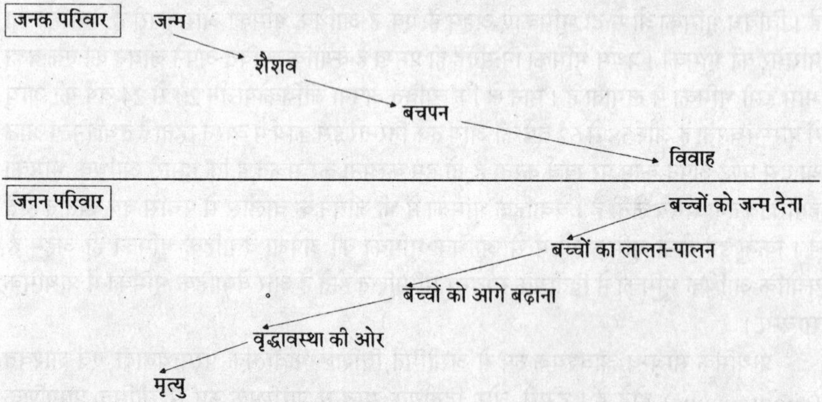

इस प्रकार विवाह समाज व्यवस्था का सूक्ष्म प्रारुप है जिसे सन्तुलन में रहना चाहिए अन्यथा सब कुछ बिखर सकता है। सन्तुलन के लिए समायोजन की आवश्यकता होती है जो आदान-प्रदान पर आधारित होता है या पति व पत्नी दोनों से ही त्याग की अपेक्षा रखता है। यह एक युंग्म व्यवस्था है। सन्तुलन बनाए रखने के लिए किसी को तो कुछ कार्य करने ही होंगे, जैसे खाना बनाने का, सफाई,

कपड़े धुलाई, धन कमाने, बच्चों की देखभाल, आदि का। कौन क्या भूमिका निर्वाह करता है, यह इतना महत्वपूर्ण नहीं है जितना कि यह कि विवाह के स्थायित्व के लिए कोई भूमिका निभा रहा है।

विवाह में साधक (instrumental) तथा एकीकृत (integrative) नेतृत्व निहित होता है। साधक नेता कार्य को कराने से सम्बन्ध रखता है तथा समूह को लक्ष्य प्राप्ति की ओर ले जाता है। एकीकृत नेता समूहों को एकीकृत करने में लगा रहता है। इस प्रकार दोनों भूमिकाएं परस्पर विरोधी हैं, फिर भी एक दूसरे की पूरक हैं। समाजशास्त्री विवाह के अन्तर्गत इन्हीं भूमिकाओं का अध्ययन करते हैं।

विवाह में अभिप्रेणाएं (Motivations In Marriage)

सभी भूमिकाओं के पीछे कुछ अभिप्रेरणाएं होती हैं। विवाह के पीछे क्या अभिप्रेरणा है ? यह मान्यता है कि प्रारम्भिक काल में व्यक्ति विवाह इसलिए करता था क्योंकि जीवनयापन की समस्या उसके सामने थी। आर्थिक कारणों से मनुष्य को बच्चों की आवश्यकता होती थी, जो न केवल उन्हें काम में मदद करें, बल्कि जब माता-पिता कार्य करने योग्य नहीं रहें तब बच्चे बीमें के समान उनके काम आ सकें। उन्हें खेतों पर काम करने के लिए अधिक स्त्रियों की आवश्यकता होती थी। इसका यह अर्थ नहीं है कि प्रारम्भिक काल में विवाह में प्रेम और सहयोग नहीं था और केवल व्यावहारिक कारण ही अधिक महत्वपूर्ण थे। बोमैन (Bowman) के अनुसार विवाह के मूलभूत उद्देश्य हैं: यौन सन्तुष्टि, घर और बच्चों की इच्छा, मित्रता, सामाजिक स्थिति और सम्मान, तथा आर्थिक सुरक्षा एवं संरक्षण। पोपनो (Popenoe, 1951) ने विवाह के पांच तत्व बताए हैं: यौन इच्छा, श्रम विभाजन, घर और बच्चों की इच्छा, मित्रता तथा आर्थिक सुरक्षा। बोमैन ने व्यक्तित्व सन्तुष्टि को विवाह का उदेश्य नहीं माना है। वह कहते हैं कि यह विवाह का उद्देश्य नहीं बल्कि प्रतिफल है।

मजूमदार (1944: 78) के अनुसार यद्यपि नियमित तथा सामाजिक मान्यता प्राप्त यौन सन्तुष्टि विवाह का मूल कारण है, फिर भी यह एक मात्र और अन्तिम कारण नहीं है। उन्होंने सेमा नागाओं का उदाहरण दियाहै जिनमें एक बच्चा अपने पिता की विधवा (माँ के अलावा) से विवाह कर लेता है ताकि उसकी सम्पत्ति पर अधिकार कर सके, क्योंकि उनके जनजातीय रिवाजों के अनुसार पुरुष की विधवा सम्पति की अधिकारी होती है, न कि बच्चे। इस प्रकार मजूमदार की मान्यता हैं कि विवाह के उद्देश्य है: यौन सन्तुष्टि, बच्चों के लालन पालन के विश्वसनीय सामाजिक तरीका, संस्कृति का संक्रमण, आर्थिक आवश्यकताएं तथा सम्पत्ति का उत्तराधिकार।

आज जब 'परम्परागत' समाज 'आधुनिक' समाज में बदल रहा है, विवाह के लिए इन व्यावहारिक कारणों का महत्व कम होता जा रहा है। आज विवाह के जो प्रेरक कारक माने जा रहे हैं, वे हैं एकाकी पन की भावना से छुटकारा तथा दूसरों के माध्यम से जीवित रहने का उद्देश्य। सरल शब्दों में हम कह सकते हैं कि आज विवाह का प्रमुख उद्देश्य मित्रता या सहयोग प्राप्ति होता है। यौन सन्तुष्टि इसके क्षेत्र से परे नहीं है परन्तु यह अब मित्रता की अपेक्षा गौण हो गया है।

परम्परागत हिन्दू समाज में विवाह के उद्देश्य निम्न माने जाते थे: धर्म, प्रजा, तथा रति। इनमें से धर्म को सर्वाधिक महत्व दिया गया है; तत्पश्चात, सन्तानोत्पत्ति तथा यौन सन्तुष्टि को। दफ्तरी (Daftri, 1948: 47) ने भी कहा है कि यौन आनन्द हिन्दू विवाह का मात्र उद्देश्य नहीं माना गया है।

प्रमुख उद्देश्य था धर्म अर्थात कर्त्तव्य पालन ।इस प्रकार हिन्दू विवाह में व्यक्ति की रुचि का कम महत्व था । विवाह समुदाय तथा परिवार के प्रति सामाजिक कर्त्तव्य समझा जाता था ।

हिन्दू विवाह–एक धार्मिक संस्कार (Hindu marriage: a Sacrament)

हिन्दू विवाह एक धार्मिक संस्कार है जो कि धर्म के निर्वाह के लिए किया जाता है, न कि आनन्द के लिए । हिन्दू विवाह को पवित्र मानने के कई कारण दिए जा सकते हैं:(1) धर्म (धार्मिक कृत्यों की पूर्ति) हिन्दू विवाह का सर्वोच्च उद्देश्य था; (2) धार्मिक संस्कारों को पूरा करना, जैसे यज्ञ, कन्यादान, पाणिग्रहण, सप्तपदी आदि; (3) संस्कार अग्नि के समक्ष किए जाते थे जिनमें ब्राह्मणों द्वारा वेदों से मंत्रोंच्चार किया जाता था;(4) विवाह बन्धन अटूट समझा जाता था तथा पति पत्नी मृत्यु पर्यन्त परस्पर बन्धनयुक्त रहते थे;(5) यद्यपि पुरुष अपने जीवन में अनेक धार्मिक संस्कारों की पूर्ति करता था,किन्तु स्त्री के लिए विवाह ही एक मात्र संस्कार था; (6) स्त्रियों के कौमार्य (chastity) तथा पुरुषों की वफादारी पर बल दिया जाता था; (7) विवाह परिवार तथा समुदाय के प्रति एक सामाजिक कर्त्तव्य माना जाता था तथा व्यक्तिगत रुचियों और आकांक्षाओं का विचार कम किया जाता था ।

गत कुछ दशकों में हिन्दू विवाह अनेक परिवर्तनों के बीच से गुजरा है;तो क्या यह अब भी पवित्र है या इसे भी एक समझौता माना जाये ? हिन्दू विवाह में हुए महत्वपूर्ण परिवर्तन यह हैं कि आज युवा वर्ग धार्मिक कृत्यों की पूर्ति के लिए विवाह नहीं करते, वरन् मित्रता के लिए करते हैं और विवाह बन्धन अब अटूट नहीं रह गए हैं, क्योंकि तलाक वैधानिक एवं समाजिक मान्यता प्राप्त कर चुका है । विद्वानों का मत है कि तलाक की अनुमति से विवाह की पवित्रता पर कोई प्रभाव नहीं पड़ा है, क्योंकि तलाक अन्तिम उपाय के रुप में ही प्रयोग होता है न कि पुनर्विवाह के रुप में । इसी प्रकार यद्यपि विधवा विवाह को मान्यता प्रदान कर दी गई है किन्तु ऐसे विवाह विस्तृत रुप में प्रचलित नहीं हैं । परस्पर विश्वास तथा जीवन साथी के प्रति प्रतिबद्धता आज भी विवाह के मूल तत्व माने जाते हैं । जब तक विवाह केवल यौन सुन्तुष्टि के उद्देश्य से ही नहीं किया जाता रहेगा, बल्कि 'साथ रहने' तथा 'सन्तान प्राप्ति' के लिए किया जाएगा, तब तक विवाह हिन्दुओं के लिए धार्मिक पवित्र संस्कार बना रहेगा । विवाह में स्वतंत्रता (साथी के चुनाव की) विवाह में स्थायित्व को दृढ़ बनाती है, न कि नष्ट करती है तथा वैवाहिक व्यवहार को शुद्ध बनाती है । कापड़िया (1972: 197) ने भी कहा है विवाह अभी भी धार्मिक संस्कार के रुप में जारी है, केवल नैतिक स्तर ऊंचा उठा है ।

विवाह के प्रकार (Types of Marriage)

प्रारम्भिक काल में हिन्दू समाज में पत्नी प्राप्त करने के आठ तरीके बनाए गए थे, जिनमें से चार उचित व वांछनीय (धर्म्य) समझे गये जिनको पिता/ परिवार की अनुमति प्राप्त थी, तथा अन्य चार अवांछनीय (अधर्म्य) माने गए जिन्हें परिवार तथा पिता की स्वीकृति प्राप्त नहीं थी । स्मृतियों द्वारा मान्यता प्राप्त उपयुक्त विवाह ब्राह्म, दैव, आर्ष, तथा प्रजापत्य थे, जब कि चार अवांछनीय विवाह थे: असुर, राक्षस, गान्धर्व तथा पैशाच ।

'ब्राह्म' विवाह माता पिता द्वारा निश्चित किया जाता है । विवाह संस्कार ब्राह्मण द्वारा सम्पन्न किया जाता है तथा पिता द्वारा कन्या वस्त्र, अलंकार आदि से सम्पन्न कर के दान के रुप में वर को दी

जाती है। 'दैव' विवाह में कन्या के पिता द्वारा यज्ञ की व्यवस्था की जाती है और जो ब्राह्मण उसे उचित ढंग से पूरा करता था, उसी को दक्षिणा के स्थान पर कन्या अलंकृत कर के दी जाती है। 'आर्ष' विवाह में कन्या का पिता वर से गाय या बैल के रुप में कुछ भेंट ले कर उसे कन्या दे देते थे। यह मात्र एक संस्कार का रुप होता है। 'प्रजापत्य' विवाह में यद्यपि माता पिता की अनुमति आवश्यक है, किन्तु संस्कार कोई नहीं सम्पन्न होता है। 'असुर' विवाह में कन्या के पिता को वर द्वारा मूल्य दिया जाता है। यह एक प्रकार का आर्थिक अनुबन्ध होता है। 'गन्धर्व' विवाह में न तो माता पिता की सहमति की आवश्यकता है और न संस्कारों या दहेज आदि की। इसे प्रेम विवाह भी माना जाता है। इसमें दोनों पक्षों की इच्छा को ही महत्व दिया जाता है। यौन सन्तुष्टि ही इसमें अधिक महत्व की बात है। 'राक्षस' विवाह में कन्या या उसके माता-पिता की सहमति के बिना कन्या को छीन कर या कपट से विवाह कर लिया जाता है। प्राचीन समय में ऐसे विवाह का अधिक महत्व था। उस समय जीते हुए राजा पराजित राज्यों से अनेक सुन्दर कन्याओं का हरण कर लेते थे। 'पैशाच' विवाह में सोई हुई, उन्मत्त, मदिरा पान की हुई अथवा राह में अकेली जाती हुई लड़की के साथ यदि कोई व्यक्ति बलपूर्वक कुकृत्य करके बाद में उससे विवाह कर ले, तब ऐसे विवाह को पैशाच विवाह कहते हैं।

उपरोक्त आठ प्रकार के विवाहों में से 'ब्राह्म' विवाह सर्वोत्तम समझा जाता है जिसमें कन्या एक योग्य व उसी जाति या समान स्थिति वाली जाति के 'वर' को दान में दी जाती है। इस विवाह में वर व कन्या दोनों ही परिपक्व अपेक्षित होते हैं और दोनों में परस्पर सहमति होती है। इन प्रकारों के अतिरिक्त 'एक विवाह' का प्रचलन भी था, यद्यपि आदिकाल व मध्य युग में कुछ बहु-पत्नी विवाह के उदाहरण भी मिलते हैं। महाभारत में द्रौपदी के बहुपती विवाह का एक उदाहरण भी मिलता है।

बहुपत्नी विवाह (Polygyny)

एक समय में एक से अधिक स्त्रियों से विवाह करने को बहुपत्नी विवाह कहा जाता है। बहुपत्नी विवाह सशर्त (conditional) या अप्रतिबन्धित (unrestricted) हो सकता है। प्रारम्भिक हिन्दू समाज में सशर्त बहुपत्नी विवाह ही प्रचलन में था। अपस्तम्ब धर्मसूत्र के अनुसार कोई व्यक्ति अपने प्रथम विवाह के दस वर्ष बाद पुनः विवाह कर सकता था, यदि उसकी पत्नी बाँझ हो या वह तेरह या पन्द्रह वर्ष बाद पुनः विवाह कर सकता था, यदि उसकी केवल पुत्रियां ही हों और वह पुत्र की कामना करता हो। मनु ने कहा है कि पुरुष अपनी प्रथम पत्नी को अधिकार से हटा सकता है यदि आठ वर्ष तक वह बाँझ रही हो, दस वर्ष बाद तब जब उसके द्वारा जन्म दिए गए बच्चे जीवित न रहते हों, ग्यारह वर्ष बाद तब यदि उसकी पत्नी ने केवल पुत्रियों को ही जन्म दिया हो, और विवाह के तत्काल पश्चात यदि उसकी पत्नी झगड़ालू, विद्रोही या कठोर हो। महाभारत में कहा गया है कि जो व्यक्ति अकारण ही दो बार विवाह करता है वह ऐसा पाप करता है जिसका कोई भी प्रायश्चित नहीं है। नन्दा (Nanda) ने कहा है कि जो व्यक्ति दो बार विवाह करता है उसको साक्ष्य (witness) के लिए स्वीकार नहीं किया जाना चाहिए। दफ्तरी (वही: 158) ने कहा है कि निसन्देह एक व्यक्ति एक से अधिक स्त्रियों से विवाह कर सकता था, फिर भी एक विवाह ही प्रचलित था।

आजकल 'बहुपत्नी' विवाह वैधानिक रुप से निषेधित है। बम्बई में 1946 में, मद्रास में 1949 में, और सौराष्ट्र में 1950 में इस सन्दर्भ में विधान पारित एवं लागू किए गए और दण्ड का प्रावधान

किया गया। 1955 में ये सभी विधान रद्द कर दिए गए जब कि केन्द्रीय सरकार ने हिन्दू विवाह अधिनियम पारित किया। वैधानिक प्रतिबन्धों के अतिरिक्त लोग आजकल बहुपत्नी विवाह नहीं अपनाते क्योंकि:(1) आजकल मोक्ष अथवा वृद्धावस्था में सहायता के उदेश्य से पुत्रेच्छा के विचार में बहुत कम लोग विश्वास करते है;(2) घर में एक से अधिक पत्नियां होने पर उच्च जीवन स्तर बनाए रखना सम्भव नहीं होता; (3) पत्नियों की अधिकता के कारण घर में तनाव बना रहता है; (4) सामाजिक और आर्थिक रुप से आत्म निर्भर स्त्रियां पुरुषों का प्रभुत्व मानने को अस्वीकार कर देती हैं। बहुपत्नी विवाह क्योंकि स्त्रियों की स्थिति को निम्न बनाता है, लड़की उस लड़के से विवाह करने को मना कर देती है जिसे पहले से ही पत्नी है।

***बहुपति विवाह** (Polyandry)*

बहुपति विवाह एक स्त्री के साथ कई पुरुषों का विवाह है। महाभारत काल में पांच पाण्डवों के साथ द्रौपदी के विवाह का एक उदाहरण है जिसको युधिष्ठिर द्वारा न्याय संगत ठहराया गया। उन्होंने तीन आधारों पर इसका औचित्य बताया: उन्होंने कुछ उदाहरण दिये जिनमें इस प्रकार के विवाह हुए थे; उन्होंने अपने कुछ पूर्वजों के उदाहरण दिए जिन्होंने इस प्रकारके विवाह किए थे; उन्होंने इसे माता की आज्ञा माना और माता की आज्ञा पुत्र को माननी ही चाहिए, यही पुत्र का 'धर्म' भी है। व्यास जी ने द्रौपदी के विवाह को प्रथा के विरुद्ध तथा धर्म के विरुद्ध बताया है। महाभारत में भी बहुपति प्रथा के सम्बन्ध में कहा गया है, "अनेक पत्नियां रखना धर्म नहीं है किन्तु स्त्री के लिए प्रथम पति के प्रति कर्त्तव्यों का उल्लंघन अधर्म अवश्य है"।

आधुनिक समय में दक्षिण भारत के हिन्दुओं में 'नायर' (Nairs) में बहुपति प्रथा प्रचलित है। किन्तु वेस्टरमार्क (Westermark) ने नायर विवाहों के सन्दर्भ में कहा है कि इस विवाह को विवाह कहना मुश्किल से ही ठीक होगा जब यह विचार किया जाये कि वे चरित्रहीन व भगोड़े चरित्र के होते हैं क्योंकि पुरुष स्त्रियों के साथ कभी नहीं रहते तथा पिता के कर्त्तव्यों की सदैव अवहेलना होती रही है। 1896 में मलाबार विवाह अधिनियम पारित कियागया जिससे नायरों में विवाह स्थाई रुप में स्थापित हुआ। अब नायरों में जिला न्यायाधीश को एक प्रार्थना पत्र देने से विवाद भंग हो जाता है

उपर्युक्त विश्लेषण के आधार पर तर्क संगत निष्कर्ष रुप में कहा जा सकता है कि प्रारम्भिक काल में भारत में बहुपत्नी विवाह एक विरल व दुर्लभ था, बहुपति विवाह को मान्यता प्राप्त नहीं थी तथा एक विवाह ही प्रचलित था। मनु ने भी 'मनुस्मृति' में कहा है कि "परस्पर विश्वास मृत्यु पर्यन्त बना रहे, पति पत्नी के लिए यही सर्वोत्तम नियम होना चाहिए" (कापड़िया, 1972: 97)। आज एक विवाह ही सबसे महत्वपूर्ण माना जाता है। यद्यपि यह अब खर्चीला धार्मिक कृत्य नहीं है फिर भी प्रमुख धार्मिक संस्कार वर तथा वधू के निवास स्थानों पर ही सम्पन्न होते हैं।

जीवन-साथी का चुनाव (Mate Selection)

प्रत्येक समाज में कौन किससे विवाह कर रहा है, इस तथ्य को नियंत्रण करने के लिए कुछ तरीके हैं। अगले पृष्ठों में साथी के चुनाव की तीन समस्याओं का विधिवत विवेचन करेंगे: (1) चुनाव करने का क्षेत्र, अर्थात् धर्म, जाति, वर्ग, नातेदारी के जीवन-साथी प्राप्त करने पर प्रतिबन्ध; (2) चुनाव करने वाले

पक्ष, अर्थात् विवाह-साथी को कौन चुनेगा; (3) चुनाव का आधार, अर्थात् व्यक्ति और परिवार सम्बन्धी पूछताछ, अर्थात् वर व कन्या में कौन-कौन से गुण हों। इन कारकों पर पृथक से विचार करेगें।

जीवन-साथी के चुनाव का क्षेत्र (Field of Mate Selection)

हिन्दू समाज ने विवाह के क्षेत्र में तीन अवधारणाओं को आधार माना है: अन्तर्विवाह (endogamy), बहिर्विवाह (exogamy) और अनुलोम विवाह (hypergamy)।

***अन्तर्विवाह** (Endogamy)*

सामाजिक नियम के अनुसार प्रत्येक व्यक्ति को अपने ही वर्ग व जाति में विवाह करने की आज्ञा होती है। इस प्रकार एक ब्राह्मण युवक को न केवल ब्राह्मण कन्या से विवाह करना होता है, बल्कि कान्यकुब्ज युवक को कान्यकुब्ज कन्या से, सरयूपारीन युवक को सरयूपारीन कन्या से, और गौड़ युवक को गौड़ कन्या से ही विवाह करना होता है। कायस्थ जाति भी उग जातियों में विभक्त है, जैसे माथुर, सक्सेना, श्रीवास्तव, भटनागर, निगम, आदि। कायस्थ युवक का विवाह, अन्तर्विवाही नियमों के अनुसार उसी जाति में ही नहीं बल्कि उसी उपजाति में ही होता है। राजपूत जाति चार अन्तर्विवाही उपजातियों में विभक्त है: सूर्यवंशी, चन्द्रवंशी, नागवंशी, और अग्निवंशी। सूर्यवंशी पुनः तीन उप-जातियों में विभक्त हैं: गहलौत, कछावा, तथा राठौड़। गहलौत पुनः तीन बहिर्विवाही समूहों में विभक्त हैं: सिसौदिया, रानावत और शक्तावत। कछावा भी तीन बहिर्विवाही समूहों में विभक्त हैं: नाथावत, राजावत और शेखावत; और फिर राठौड़ पुनः तीन बहिर्विवाही उप-समूहों में विभक्त हैं: जोधा, बीका और बिन्दावत। इसी प्रकार चन्द्रवंशी भी तीन अन्तर्विवाही उप जातियों में विभक्त हैं: यदु, तन्वर, और गौड़; जबकि नागवंशी केवल एक ही उप जाति परिहार के पाये जाते हैं। अग्निवंशी चार उप जातियों में उप विभक्त हैं: सोलंकी, पँवार, चौहान, और परिहार। अन्तर्विवाह के नियमों के अनुसार एक राजपुत लड़के को न केवल राजूपत कन्या से ही विवाह करना होता है बल्कि अपने ही अन्तर्विवाही समूह एवं उप जाति में। बनिया जाति में ओसवाल जाति ढैय्या, पाँचा, दस्सा और बीसा में विभक्त है। ढैय्या के बहिर्विवाही उप-समूह हैं लूनियां और सिंघावत; पांचा कटारिया और कोठारी में; और दस्सा डक, भण्डारी, और मान्डोत में।

प्रारम्भिक समाज में जाति अन्तर्विवाह प्रकार्यात्मक था क्योंकि (1) यह वैवाहिक समायोजन सरल बना देता था (2) यह जाति के व्यावसायिक रहस्यों को सुरक्षित रखता था (3) यह जाति की एकता बनाए रखता था (4) यह जाति के सदस्यों या शक्ति को कम होने से रोकता था। वर्तमान समाज में प्रथम कार्य को करने के सिवाय यह कोई अन्य कार्य नहीं करता है। इसके विपरीत, यह दुष्कार्यात्मक (dysfunctional) भी सिद्ध हुई है। अन्तर्विवाह के नकारात्मक प्रभाव यह हैं कि (1) यह अन्तर्जातीय तनावों को जन्म देता है जो देश की राजनैतिक एकता पर विपरीत प्रभाव डालता है (2) वैवाहिक समायोजन की समस्या उत्पन्न करता है क्योंकि चुनाव का क्षेत्र सीमित ही रह जाता है (3) बाल विवाह, दहेज व अन्य समस्याओं को जन्म देता है।

बहिर्विवाह *(Exogamy)*

बहिर्विवाह वह नियम है जो जीवन-साथी के चुनाव को कुछ समूहो में निषिद्ध व अनुचित मानता है। हिन्दुओं में दो प्रकार का बहिर्विवाह मिलता है: गोत्र बहिर्विवाह और सपिंड बहिर्विवाह। इन दो के अतिरिक्त कुछ मामलों में गांव को भी एक बहिर्विवाही समूह माना गया जाता है। राज बलि पाण्डे (1949-296-303) ने बहिर्विवाह के उत्पत्ति पर प्रतिपादित विविध विद्वानों के सिद्धान्तों का सन्दर्भ दिया है। मैक्लेनन (Maclennan) ने अपनी पुस्तक (*Studies In Indian History*) में लिखा है कि बर्हिविवाह का रिवाज प्रारम्भिक काल में स्त्रियों की कमी के कारण प्रचलन में आया, जब कि मार्गन (L.H. Morgan) ने अपनी पुस्तक (*Ancient Society*) में उल्लेख किया है कि बहिर्विवाह कुल व गोत्र के भीतर यौन अनैतिकता को रोकने के उद्देश्य से किया गया। वैस्टरमार्क के अनुसार बहिर्विवाह की उत्पत्ति एक साथ पालन पोषण किए गए व्यक्तियों के बीच यौन आकर्षण न होने के कारण हुई क्योंकि आदि काल में कुल-पिता परिवार की युवा लड़कियों को अपने लिए रखना चाहता था। उसकी ईर्ष्या के कारण युवकों को अपनी पत्नी दूढ़ने के लिए परिवार से बाहर जाना पड़ा। जो बात पहले आवश्यकता के रुप में अनुभव की गई वही बाद में रिवाज बन गई। दुर्खीम के अनुसार बहिर्विवाह के किए टोटम ही उत्तरदायी था। कुल-रक्त को पवित्र माना जाता था और इस टोटम पवित्रता को बनाए रखने के लिए व्यक्ति को यौन उद्देश्य के लिए इसका निषेध करना पड़ा

बल्वल्कर (Valvalkar) के अनुसार बहिर्विवाह निषेध माता-पिता सन्तान तथा भाई बहनों के बीच विवाह तथा मुक्त विवाह सम्बन्धों को प्रतिबन्धित करने के लिए बनाए गये थे। काने (Kane, *Study of Dharam Shastra*, 1930) के अनुसार बहिर्विवाही निषेध दो कारणों से थे: एक तो यदि निकट सम्बन्धी विवाह करते हैं तो उनकी कमियां भी उनकी सन्तानों को बिगाड़ देगी और दूसरे गुप्त प्रेम और परिणाम स्वरुप नैतिक पतन के डर से।

उपरोक्त सैद्धान्तिक व्याख्याएं ठीक ढंग से हिन्दुओं द्वारा प्रयोग की जाने वाली बहिर्विवाह को नहीं समझाती। प्रथम तो हिन्दू नहीं बल्कि अनुसूचित जातियां ही टोटमवाद में विश्वास करती हैं। दूसरे, प्रारम्भिक समाज में लोग नैतिकता पर अधिक विचार नहीं करते थे। तीसरे, साथ-साथ पालन पोषण प्राप्त लोगों के बीच यौन आकर्षण की कमी निषेध का कारण न होकर फल अधिक है। चौथे, यदि कन्या का चुनाव बाहर से होने के कारण कुलपिता को ईर्ष्या हो जाती थी तो क्या यह सम्भव नहीं था कि नवागन्तुक बहू के साथ भी वह दुर्व्यवहार कर सकता था? अन्तिम बात यह है कि प्रारम्भिक लोगों को वंशावलि के विनाश की बात मालूम ही नहीं थी। अतः वहिर्विवाह के नियम की उत्पत्ति के विशिष्ट कारण बताना सरल नहीं है।

गोत्र बहिर्विवाह (Gotra Exogamy)

गोत्र का अर्थ व्यक्तियों के ऐसे समूह से है जो एक ही कल्पित या ऋषि से अपनी उत्पत्ति मानते हैं। प्रारम्भ में केवल आठ ही गोत्र थे। परन्तु धीरे-धीरे उनकी सदस्यता हजारों में बढ़ गई। गोत्र बहिर्विवाह एक ही गोत्र के सदस्यों के बीच विवाह का निषेध करता है।

अल्टेकर के अनुसार 600 बी.सी. तक गोत्र विवाह पर कोई प्रतिबन्ध नहीं था। कापड़िया (1972: 127) ने भी वैदिक काल में गोत्र निषेध न होने का संदर्भ दिया है। उनके तर्क हैं: (1) आर्यो

में न केवल स्वयंवर बल्कि 'गान्धर्व' विवाह भी प्रचलित था,(2) आर्य लोग ईरान से भारत आए थे (यद्यपि भारतीय अमरीकी इतिहासकारों ने अब नये शोध के आधार पर आर्यों को भारत के मूल निवासी बताया है जो बाद में परिस्थितिकीय और राजनीतिक कारणों से भारत से पश्चिम एशिया होते हुए यूरोप तक पहुंचे। देखें, राजस्थान पत्रिका, जयपुर, दिसम्बर 3, 1994) तथा ईरान में सगोत्र विवाह पर कोई प्रतिबनध नहीं पाए जाते। मनु ने सगोत्र विवाह पर प्रतिबन्ध लगाए थे।

1946 में हिन्दू विवाह निर्योग्यता निवारण अधिनियम (Hindu Marriage Disabilities Removal Act, 1946) में गोत्र विवाह के प्रतिबंध हटा दिए गए। आजकल लोग इस प्रकार के प्रतिबन्ध को कोई अधिक महत्व नहीं देते।

सपिण्ड बहिर्विवाह (Sapinda Exogamy)

सपिण्ड का अर्थ उस व्यक्ति से है जिसमें एक ही शरीर के कण विद्यमान हों। सपिण्ड सम्बन्ध एक ही पूर्वज के कणों या रुधिर से सम्बद्ध होता है। इस प्रकार के सम्बन्धों वाले व्यक्तियों के बीच विवाह निषिद्ध होता है। लेकिन क्योंकि इस प्रकार के रक्त सम्बन्धियों की कोई सीमा नहीं है इसलिए मातृ तथा पितृ पक्ष में कुछ सम्बन्धों पर प्रतिबन्ध है। गौतम ऋषि ने पितृ पक्ष की सात पीढ़ियों तथा मातृ पक्ष की पाँच पीढ़ियों में विवाह का निषेध बताया है (कापड़िया, 1947: 126) वशिष्ट मुनि ने पितृ पक्ष के ही केवल पाँच पीढ़ियों के निषेध की सलाह दी है। यद्यपि मनु ने तीसरी पीढ़ी में ही विवाह की निन्दा की है, लेकिन साथी के चुनाव के लिए पीढ़ियो के निषेध की ठीक संख्या नहीं बताई है। गौतम ऋषि की तरह याज्ञवल्क्य ने भी पितृ पक्ष की सात तथा मातृ पक्ष की पाँच पीढ़ियों का निषेध रखने का सुझाव दिया है। किन्तु व्यवहार में तथा वैधानिक दृष्टि से, पितृ पक्ष से पाँच पीढ़ियों तथा मातृ पक्ष से तीन पीढ़ियों का निषेध है। यद्यपि सपिंड बहिर्विवाह का उल्लंघन कभी भी दण्डनीय नहीं था, फिर भी गोत्र बहिर्विवाह का उल्लंघन एक जघन्य क्रिया समझा जाता था।

कापड़िया (1966: 127) ने कहा है कि सपिण्ड बहिर्विवाह का नियम एक पवित्र सिफारिश थी। जो आठवीं शताब्दी तक प्रचलन में बनी रही। आजकल यद्यपि यह नियम अधिकतर सभी हिन्दू अपनाते है, फिर भी सहोदरज विवाह अप्रचलित नहीं है।

सहोदरज विवाह (Cousin Marriage)

सहोदरज चार प्रकार के होते है: चचेरा (पिता के भाई का पुत्र/ पुत्री), ममेरा (माँ के भाई का पुत्र/ पुत्री) फुफेरा (पिता की बहिन का पुत्र/ पुत्री) और मौसेरा (माता की बहिन का पुत्र/ पुत्री)। इनमें से चचेरा और मौसेरा समानान्तर सहोदरज (parallel cousins) कहलाते है ओर ममेरा तथा फुफेरा विलिंग सहोदरज (cross cousins) कहलाते हैं।

इन दोनों भेदो में से विलिंग सहोदरज संतति विवाह प्राचीन हिन्दू समाज में प्रचलित था, यद्यपि मैकडोनेल (Macdonell) और कीथ (Keith) (कापड़िया, 1947: 63) के अनुसार समानान्तर सहोदरज संतति विवाह भी अनुमन्य था। कापड़िया का विचार है कि वैदिक आर्य लोग समानान्तर सहोदरज विवाह नहीं मानते थे तथा इस प्रकार के सभी विवाहों के उदाहरण (जैसे कृष्ण, उनके पुत्र प्रद्युम्न, अर्जुन और उनके पुत्र अभिमन्यु, सहदेव सभी ने अपनी सहोदरज बहिनों से विवाह किया)

विलिंग सहोदरज विवाह के उदाहरण हैं, विशेष रुप से 'ममेरा' प्रकार के)।

मनु ने इस प्रकार के विवाह को बुरा बताया है। उन्होंने कहा हैं "वह जो अपनी बुआ, मौसी, या मामा की पुत्री से विवाह की बात करता है, उसे प्रायश्चित करना पड़ेगा। बुद्धिमान व्यक्ति को इन तीनों में से किसी को भी अपनी पत्नी नहीं बनाना चाहिए क्योंकि वे निकट सम्बन्धी हैं; वह जो ऐसा करता है, पतित है (कापड़िया 1947: 125)। बौद्धयान ने नर्मदा के पार के क्षेत्र में वहां के सांस्कृतिक गुण के कारण विलिंग सहोदरज विवाह की अनुमति दी थी। कापड़िया (वही: 125) ने माना है कि यह स्पष्ट है कि 'धर्म सूत्र' में विलिंग सहोदरजों का विवाह जो कि ब्राह्मण काल में अनुमन्य था, केवल उन्हीं भागों में चलता रहा जिन भागों में सामाजिक दशाओं के कारण जरुरी था; शेष भागों में यह प्रचलन से बाहर हो गया। क्योंकि हमारी धर्म पुस्तकों का विकास काल क्रम इस प्रकार रहा है: वेद, ब्राह्मण, उपनिषद्, गृहसूत्र, धर्मसूत्र, स्मृतियां, और पुराण; इसी कारण इसमें आश्चर्य नहीं कि मनु ने सहोदरज विवाह को बुरा कहा।

रिचर्डस (Richards) के अनुसार ममेरा सहोदरज विवाह का जन्म उत्तराधिकार व्यवस्था के कारण हुआ। मातृसत्तात्मक समाजों में लड़कियां अपनी माता की सम्पत्ति की उत्तराधिकारी होतीं थीं और लड़के अपने मामा की सम्पत्ति के।

सहोदरज विवाह दर्शाने वाला चित्र

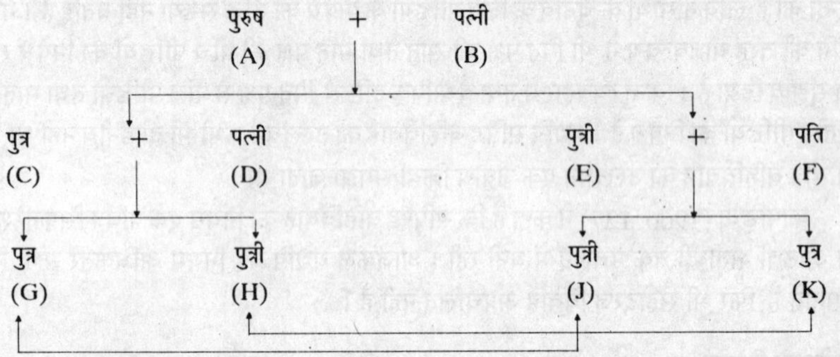

उपर्युक्त चित्र में 'B' की सम्पत्ति 'E' को जाती है और 'E' की सम्पत्ति 'J' को, किन्तु 'C' की सम्पत्ति 'K' (बहिन के पुत्र) को जाती है। अतः वह अपनी पुत्री 'H' का विवाह 'K' से करता है। इसी प्रकार 'G' का विवाह 'J' के साथ किया जाता है क्योंकि 'F' की सम्पत्ति उसकी बहिन के पुत्र 'G' को मिलती है। इस प्रकार समपत्ति के उत्तराधिकार के नियम के कारण ही विलिंग सहोदरज (cross cousin) विवाह व्यवहार में आया। विद्वानों ने इन व्याख्याओं को स्वीकार नहीं किया है, क्योंकि कृष्ण व अर्जुन मातृवंशीय परिवार से नहीं थे।

रिवर्स और घुरिये (Rivers and Ghurye) के अनुसार विलिंग सम्भ्राता सम्भगिनी विवाह की उत्पत्ति दोहरे संगठन के कारण हुई अर्थात् जनसंख्या के दो बहिर्विवाह समूह के द्विभाजन के कारण, जिसमें एक समूह के युवक को दूसरे समूह की कन्या से विवाह करना होता है। उदाहरणार्थ, सौराष्ट्र के काठियावाड़ के काठी दो बहिर्विवाही समूहों-'सखायत' और 'औरतिया'-में विभक्त हैं।

'सखायत' परिवार के लोग अपनी कन्या का विवाह अपने समूह में नहीं करते, वरन दूसरे समूह से वर की खोज करते हैं, और इसी प्रकार अपने समूह से कन्या लेते भी नहीं हैं। इसी प्रकार मध्य प्रदेश बस्तर के मेरिया गोण्ड, जो विलिंग सम्भ्राता/सम्भगिनी विवाह में विश्वास रखते हैं, दो भागों में विभक्त हैं: एक में 90 उपकुल (septs) तथा दूसरे में 60 उपकुल होते हैं। एक विभाग के सभी उपकुल आपस में एक दूसरे को 'दादा-भाई' कहते हैं और उनके बीच विवाह निषिद्ध है। किन्तु दूसरे विभाग के सदस्यों को 'मामाभाई' कहते हैं, इसलिए एक विभाग के लोग दूसरे विभाग में विवाह करते हैं। दक्षिण भारत में कई जातियों में यह व्यवस्था है।

क्या इसका अर्थ यह है कि विलिंग सहोदरज (ममेरा/फुफेरा) विवाह केवल वे जातियां करती हैं जिनमें दोहरी व्यवस्था है ? ऐसा नहीं है। उदाहरणार्थ, यह कहा जाता है कि गुजरात में 'गरासिया' और राजस्थान में राजपूत एक समय विलिंग सम्भ्राता/सम्भगिनी विवाह किया करते थे, यद्यपि उनमें दोहरी व्यवस्था नहीं थी। दोहरे संगठन की व्यवस्था सामान्यतया द्रविड़ो में पायी जाती है। क्या इसका अर्थ हुआ कि प्रारम्भ में द्रविड़ों ने यह विलिंग सम्भ्राता/सम्भगिनी विवाह अपनाया और बाद में आर्यो ने उनका अनुसरण किया ? कापड़िया (1947: 65) के अनुसार इसका उत्तर 'नहीं' में है। यदि आर्यो ने मामा की लड़की से विवाह का अनुसरण किया होता तो उन्होंने बुआ की लड़की से विवाह की नकल क्यों नहीं की ? और फिर आर्यो ने समानान्तर सहोदरज चचेरा/मौसेरा विवाह की निन्दा द्रविड़ समाज के समान ही क्यों नहीं की ? अतः सहोदरज (cousin) विवाह को अपने ही द्वारा पितृ बन्धु सम्बन्धों पर बल देने के कारण आर्यो की स्वाभाविक मान्यता का प्रतिफल है। एक यह सिद्धान्त भी प्रतिपादित किया गयाहै कि सम्भ्राता सम भगिनी विवाह भाई बहिनों के बीच स्नेह को दृढ़ बनाने के लिए चलाया गया था। ईरावती कर्वे (1953: 219) ने कहा हैं कि दक्षिण में नातेदारी समूह को दृढ़ बनाने की दृष्टि से ही विवाह तय नहीं किया जाता, बल्कि विवाह उन लोगों के बीच के बन्धनों को और भी दृढ़ बना देता है जो लोग पहले से ही परस्पर निकट थे। किन्तु नातेदारी बन्धनों को दृढ़ बनाने से ही परस्पर सम्भगिनी विवाह को जोड़ना अतर्कसंगत तथा अनुपयुक्त होगा।

सम्भ्राता विवाह की उत्पत्ति कुछ भी हो, आजकल प्रश्न यह है: क्या आज के युग में सम्भ्राता विवाह व्यवहार में रहना चाहिए ? इस प्रश्न पर भारत के लोगों का ध्यान 1959 में तब आकर्षित हुआ था, जब एक राष्ट्रीय समाचार पत्र में यह समाचार प्रकाशित हुआ कि एक हिन्दू लड़का और लड़की जो सहोदरज थे तथा विवाह करना चाहते थे, पाकिस्तान चले गए, इस्लाम धर्म में परिवर्तित हुए, और मुस्लिम नियमों के अनुसार विवाह कर लिया। उस समय एक साप्ताहिक पत्रिका (*The Illustrated Weekly of India*, Bombay) ने इस मामले पर जनमत के लिए निमंत्रण दिया तथा कई सप्ताह तक 'सम्पादक के नाम पत्र' स्तम्भ में प्रकाशित किया। सम्भ्राता विवाह के पक्ष व विपक्ष में दिए गए तर्क जैविक, सामाजिक, मनोवैज्ञानिक और सांस्कृतिक थे। इस विवाह के विरुद्ध तर्क इस प्रकार थे: (1) इससे परिवार का जैविक पतन होगा क्योंकि माता-पिता के अवगुण संतान में संप्रेषित हो जाएगें; (2) इससे परिवारके प्रारम्भिक नातेदारों के बीच गुप्त सम्बन्ध विकसित हो जाएंगे जो अनैतिकता को जन्म देंगे; (3) यह हमारे धार्मिक आदेशों के विरुद्ध होगा। सम्भ्राता विवाह के पक्ष में निम्नलिखित तर्क थे: (1) व्यक्ति की सम्पत्ति एक ही परिवार में रहेगी, (2) भाई बहिनों के बीच स्नेह के बन्धन और भी सुदृढ़ होंगे, (3) संयुक्त परिवार के टूटने के कारण सम्भ्राता एक ही घर मे एक

साथ नहीं रहते हैं। यदि व्यक्ति को तलाक देने का अधिकार, पुत्री को उसके पिता की सम्पत्ति में से भाग, तथा दहेज लेने व देने पर प्रतिबन्ध, आदि सामाजिक परिवर्तन स्वीकार किए जा सकते हैं, तो सम्भ्राता विवाह जैसी सामाजिक प्रथा स्वीकार करने में क्या हानि है ?

सम्भ्राता विवाह के विरुद्ध तर्कों के भी विरुद्ध तर्क इस प्रकार से हैं: (1) मुसलमानों में सम्भ्राता/ सम्भगिनी विवाह प्रचलित हैं, किन्तु उनका समाज तो विघटित नहीं हुआ। तब हम यह कैसे कहते हैं कि हिन्दू समाज ही विघटित हो जायेगा ? (2) यह तर्क अत्यंत हास्यास्पद है कि सम्भ्राता/ सम्भगिनी विवाह से माता-पिताके अवगुण सन्तान में सम्प्रेषित हो जाएंगे जिससे परिवार का विनाश सम्भव है। विवाह से पूर्व लड़के और लड़की के स्वास्थ्य परीक्षण का प्रचलन तो उन विवाहों के लिए भी नहीं है जिनमें लड़का व लड़की परस्पर अपरिचित व सम्बन्धित नहीं हैं। तो इस बात की क्या गारंटी है कि ऐसे विवाहों से माता पिता के अवगुण सन्तान में सप्रेषित नहीं होंगे ? (3) इस प्रकार के विवाह की अनुमति धर्म भी नहीं देता, यह तर्क भी तर्कहीन है क्योंकि सामाजिक प्रथाओं को धर्म से नहीं जोड़ा जाना चाहिए। प्रारम्भिक युगों में जो ठीक और अच्छा नहीं था वर्तमान में वही अच्छा व ठीक हो सकता है। हमें अपनी सामाजिक प्रथाओं को बदलना चाहिए, केवल इस आधार पर कि वे कितनी प्रकर्यात्मक (functional) व दुष्कार्यात्मक (dysfunctional) हैं। इसके अतिरिक्त अनेक सामाजिक प्रथाएं हैं जिन्हें धर्म की अनुमति प्राप्त नहीं है फिर भी आज तक हम उनका पालन करते हैं क्योंकि वे प्रकार्यात्मक रही हैं, उदाहरणार्थ विधवा पुनर्विवाह, सती प्रथा उन्मूलन, आदि।

अतः यह माना जा सकता है कि ऐसे युग में जिसमें कि विवाह में साथी के चुनने के लिए व्यक्तिगत पसन्द को बुजुर्गों द्वारा भी मान्यता प्रदान की जाती है, बहिर्विवाह जैसे कोई भी कृत्रिम प्रतिबन्ध असामयिक होंगे। सामाजिक, सांस्कृतिक, व जैविक महत्वहीन अनावश्यक प्रतिबन्धों को समाप्त किए जाने से साथी के चुनावका क्षेत्र विस्तृत होगा और अपनी पसन्द के चुनाव की सम्भावना बढ़ने के साथ-साथ सुखी जीवन के अवसर भी बढ़ जाएंगे। यदि पीढ़ी के प्रतिबन्ध लगाने ही हैं, तो तीन पीढ़ी से अधिक न हों, क्योंकि आधुनिक युग में परिवार तीन पीढ़ियों से अधिक की इकाई नहीं होता है।

अनुलोम विवाह (Hypergamy)

अनुलोम विवाह वह सामाजिक प्रथा है जिसके अनुसार उच्च जाति का लड़का निम्न जाति की लड़की से तथा इसके विपरीत भी विवाह कर सकता है। उदाहरण के लिए खत्री चार अनुलोम विवाही समूहों में विभक्त हैं: ढाईघर, चारघर, बारहाघर, और बावन जाति। ढाईघर समूह का लड़का न केवल ढाईघर समूह की लड़की से विवाह कर सकता है, बल्कि अन्य किसी भी तीन निम्र समूहों (चारघर, बारहाघर व बावनजाति) की कन्या से विवाह कर सकता है, लेकिन ढाईघर की लड़की को केवल ढाईघर में ही विवाह करना होता है। इसी प्रकार कन्नौज ब्राह्मण तीन उप-समूहों में उप-विभाजित है: 'खटकुल', 'पन्चधरी' और 'धाकरा'। अनुलोमी विवाही नियमों के अनुसार खटकुल का लड़का पन्चधरी व धाकरा समूह की कन्या से विवाह कर सकता है, किन्तु धाकरा लड़का केवला धाकरा लड़की से ही विवाह कर सकता है।

यद्यपि अनुलोम विवाह मान्यता प्राप्त था, फिर भी शूद्र लड़की का उच्च जाति/ वर्ग के लड़के

से विवाह की निन्दा की जाती थी। मनु (कापड़िया, 1972: 102) ने भी माना है कि द्विज लोग जो मूर्खतावश निम्न वर्ण या जाति की पत्नी से विवाह कर लेते हैं, वे अपने परिवार व सन्तान को शूद्र की स्थिति तक गिरा देते हैं। ईश्वर भी ऐसे लोगों के द्वारा चढ़ाई भेंट को स्वीकार नहीं करता जो शूद्र पत्नी के साथ ईश्वर की पूजा आदि कार्य सम्पन करते हैं। अनुलोम विवाह को महत्व क्यों दिया गया? कापड़िया (वही, 104) के अनुसार इसने स्थाई रुप से वह सामाजिक संस्तरण स्थापित किया जिसमें क्षत्रियों के ऊपर ब्राह्मणों का वर्चस्व स्थापित एवं मान्य हो गया। उन्होंने आगे भी कहा है कि अनुलोम विवाह ने ब्राह्मणों की अन्तर्विवाही प्रवृति को सहारा दिया जो उनके गंगा घाटी में निवास में अभिव्यक्त की गई। इस प्रकार कापड़िया (वही, 104) कहते हैं कि हिन्दू समाज में जाति संरचना के लिए 'अनुलोम' व 'प्रतिलोम' विवाह का अधिक महत्व है अपेक्षाकृत हिन्दू विवाह के स्वरुप के।

साथी के चुनाव में भागीदार (Party to Mate Selection)

लड़के या लड़की के विवाह के लिए जीवन-साथी का चुनाव कौन करता है? क्या चुनाव व्यक्ति की पसन्द पर छोड़ दिया जाता है और माता-पिता इस चुनाव के प्रति उदासीन रहते हैं, या माता पिता की आवाज प्रबल होती है, या फिर माता-पिता व बच्चे मिलकर परिवार की आवश्यकताओं एवं व्यक्ति के हितों को ध्यान में रखकर जीवन-साथी का चुनाव करते हैं?

विवाह पर आधारित स्त्री-पुरुष के सम्बन्ध में सम्बद्ध व्यक्तियों का व्यक्तित्व महत्वपूर्ण है क्योंकि व्यक्तित्व ही व्यक्ति के समायोजन की प्रक्रिया को बनाता या मिटाता है। इसके लिए जीवन-साथी के चुनाव के लिए पूर्ण स्वतंत्रता की आवश्यकता है। लेकिन भारत में आधुनिक समय तक इस स्वतंत्रता को प्रदान नहीं किया गया है। मार्गरिट कोरमेक (Margaret Cormack) के 1959 में किए गए विभिन्न राज्यों जैसे तमिलनाडु, पूर्व बंगाल, महाराष्ट्र, उत्तरप्रदेश, आन्ध्र प्रदेश, पंजाब, गुजरात, मध्य प्रदेश और केरल के 500 छात्रों के अध्ययन से पता लगा कि 92% मामलों में व्यक्ति के पिता एवं माता का विवाह उनके माता-पिता द्वारा निश्चित किया गया था, जब कि केवल 8% मामलों में स्वयं द्वारा निश्चित (self arranged) पाया गया। अभी गत तीन या चार दशकों से ही माता-पिता ने विवाह के लिए जीवन-साथी की पसन्द में बच्चों की सलाह लेना प्रारम्भ किया है। प्रारम्भ में तो केवल लड़कों से ही इस विषय मेंउनकी सहमति प्राप्त की जाती रही, लेकिन अब लड़कियों की भी इच्छा पूछी जाती है। कुछ मामलो में बच्चे अपनेजीवन साथी स्वयं पसन्द करते हैं और माता पिता की सलाह के बिना ही विवाह भी सम्पन्न हो जाता है। इस प्रकार कहा जा सकता है कि जीवन-साथी के चुनाव में परिवर्तन 'माता पिता' से 'संयुक्त' चुनाव तक हुआ है। अपने जीवन साथी के चुनाव में बच्चे पूर्ण स्वतंत्रता नहीं चाहते; वे चाहते हैं कि माता-पिता और वे मिलकर चुनाव करें। बी.वी. शाह (B.V. Shah) ने 1964 में बड़ौदा विश्वविद्यालय के 200 छात्रों का अध्ययन किया जो दर्शाता है कि 66.5% छात्र अपनी वधू का चुनाव अपने माता-पिता की सलाह से करने के पक्ष में थे, 32.5% स्वयं को अधिक महत्व देना चाहते थे और केवल 1.0% ही अपने माता-पिता की पसन्द के चुनाव के पक्ष में थे। प्रथम श्रेणी के छात्र अपने माता-पिता की मर्जी के विरुद्ध जाकर पारिवारिक तनावों से बचना चाहते थे। दूसरी श्रेणी के छात्रों का विचार था कि माता-पिता को नहीं बल्कि बच्चों को ही विवाह के परिणाम अच्छे या बुरे समस्त जीवन में सहने पड़ते हैं; और तीसरी श्रेणी

के छात्र पूर्णरुपेण अपने माता-पिता की इच्छा पर निर्भर रहना चाहते थे क्योंकि वे सोचते थे कि इनके माता-पिता अधिक आयु तथा अनुभव वाले हैं, इसलिए वे उनके लिए अच्छा या बुरा समझने की स्थिति में अधिक हैं। मार्गरिट कोरमैक ने भी अपने अध्ययन में पाया कि 70% मामलों में छात्र चाहते थे कि विवाह माता-पिता और बच्चों के परस्पर विचार- विमर्श के बाद तय कर के किया जाना चाहिए, 3% चाहते थे कि माता-पिता बिना बच्चों की सलाह के विवाह तय कर दें, और 32% चाहते थे कि विवाह केवल उनकी अपनी पसन्द से होना चाहिए। लेकिन जब उनसे पूछा गया कि वे अपने जीवन-साथी का चुनाव किस प्रकार करेंगे तब 48% छात्रों ने बताया कि वे माता-पिता द्वारा निश्चित (arranged) विवाह चाहेंगे और 46% ने बताया कि वे जैसा चाहें करेंगे।

1984 में जयपुर में जीवन-साथी के चुनाव पर दो पीढ़ियों का एक समाजशास्त्रीय अध्ययन किया गया, जिसमें 60 स्त्रियों और 60 पुरुष, 18 से 35 आयु-समूह के तथा विभिन्न भाषाओं, वर्गो, शिक्षा स्तर के थे। इनमें से 60 (हर एक मे से 30) विवाहित थे और 60 अविवाहित थे। सूचनादाता की पितृ पीढ़ी में माता-पिता में से 98.3% मामलों में उनके विवाह उनकी सलाह लिए बिना माता-पिता द्वारा ही तय कर दिया था, और केवल 1.7% ने ही अपनी पसन्द से माता-पिता के अनुमोदन से विवाह किया था। सूचनादाता की पीढ़ी में भी 80% मामलों में विवाह माता-पिता द्वारा तय किए गए थे, और 20% मामलों में उन्होंने अपनी ही पसन्द का विवाह किया था। यह दर्शाता है कि आधुनिक युवावर्ग जीवन-साथी को पसन्द करने में यद्यपि अपने अधिकार का दावा करता है, फिर भी यदि वरण उन्हीं पर छोड़ दिया जाये तो वे जीवन साथी के चुनाव को परिवार का विषय मान लेते हैं।

विमल शाह (1975) ने भी 1960-61 की अवधि में गुजरात विश्वविद्यालय के हिन्दू स्नातक छात्र-छात्राओं में से 281 का अध्ययन किया (जो उच्च, मध्य व निम्न जाति के थे) तथा व्यवस्थित विवाह के विषय में उनके दृष्टिकोण का विश्लेषण किया और पता लगाया कि उनकी पसन्द क्या है कि क्या वे स्वयं की या माता-पिता की पसन्द मानेंगे। माता-पिता द्वारा निश्चित विवाह के सन्दर्भ में उन्होंने पाया कि 92.2% लड़कियां और 65.9% लड़के माता-पिता द्वारा निश्चित विवाह में विश्वास करते थे, 68.4% लड़कियों तथा 62.0% लड़कों ने कहा कि वे अपना जीवन-साथी अपने माता-पिता तथा रिश्तेदारों के माध्यम से पसन्द करना चाहेंगे, 4.0% लड़कियों व 7.3% लड़कों ने अपनी पसन्द का साथी चुनना पसन्द किया, और 27.6% लड़कियों व 30.7% लड़कों ने अपनी पसन्द तथा माता-पिता की सहमति से साथी का चुनाव करने की इच्छा व्यक्त की। यह इंगित करता है कि (1) युवकों में परम्परागत मानदण्डों से बचने का कम प्रयास और उनके प्रति अधिक लगाव है (2) पुरुषों की अपेक्षा स्त्रियां पारिवारिक विचारों तथा परम्परात्मक मानदण्डों एवं विचारों को अधिक महत्व देती हैं।

इस युग में वैवाहिक विज्ञापन भी साथी के चुनाव में प्रयोग किए जा रहे हैं। इस सन्दर्भ में कुछ अध्ययन उपयुक्त सूचनाएं देते हैं। यह अध्ययन दर्शाते हैं कि साथी के चुनाव की प्रक्रिया में वैवाहिक विज्ञापन केवल नगर क्षेत्रों में धनी तथा शिक्षित लोगों द्वारा ही प्रयोग हो रहे हैं। लेकिन महत्वपूर्ण बात यह है कि विज्ञापन देने, छान बीन करने, परिवार पृष्ठभूमि का निरीक्षण करने, पत्र व्यवहार करने, साक्षात्कार के लिए किसे बुलाया जाये आदि, का समस्त कार्य माता-पिता ही करते हैं। बच्चों से केवल

सूचनार्थ सलाह ली जाती है। लोग विज्ञापन की सहायता तभी लेते हैं जब वे अपने बच्चों के लिए सामान्य रुप से साथी का चुनाव करने में असफल होते हैं और क्योंकि यह विधि चुनाव का वृहद क्षेत्र प्रदान करती है। परन्तु, बहुत से लोग इस विधि को नापसन्द करते हैं क्योंकि विज्ञपति तथ्य विज्ञापन कर्त्ता के गुणों को ठीक से प्रदर्शित नहीं करते।

जीवन-साथी के चुनाव की कसौटी (Criteria of Mate Selection)

बच्चों के लिए जीवन साथी के चुनाव में माता-पिता अनेक बातों को ध्यान में रखते हैं क्योंकि वे इसे परिवार का विषय समझते हैं। वे जिन बातों पर बल देते हैं उनमें से प्रमुख हैं; परिवार की प्रतिष्ठा, प्रत्याशित साथी के परिवार के सदस्यों की नैतिकता, परिवार की सम्पत्ति, लड़के और लड़की की शारीरिक उपयुक्तता (fitness), लड़के/लड़की का चरित्र, लड़के की आय व नौकरी, आदि।

जब बच्चों को स्वयं जीवन-साथी के चुनाव का अवसर दिया जाता है तब वे चरित्र, शिक्षा, ट्रेनिंग, बुद्धि, व्यक्तिगत आकर्षण, आदि तथ्यों को महत्व देते हैं, अपेक्षाकृत ऐसे कारकों के जैसे जाति, दहेज, आदि। बी. वी. शाह (1964: 89-94) ने बड़ौदा के 200 कालेज छात्रों के अपने अध्ययन में देखा कि माता-पिताके लिए समूह से सम्बन्धित विचार निम्न थे: (1) लड़की के संस्कार तथा संस्कृति (86%), परिवार की स्थिति (56%), लड़की के प्रसाधन आदि (14%), परिवार की आर्थिक स्थिति (11%), और लड़की की शिक्षा (65%)। इसके विपरीत बच्चों के विषय में व्यक्तिगत विचार निम्न थे: शिक्षा (98.5%), शारीरिक गुण जैसे देखने में सुन्दरता और स्वास्थ्य (79.5%), लड़की की सेवा तत्परता और खाना बनाने की योग्यता (18.5), और आर्थिक स्तर (11%)। इस प्रकार माता-पिता 91.5% मामलो में आंशिक विचलित हुए तथा 7.0% मामलों में पूर्ण विचलित हुए तथा 1.5% मामलों में परम्परावादी रहे। मार्गरिट कोरमैक ने अपने अध्ययन (1965: 93) में देखा कि लड़कों तथा लड़कियों दोनों ने चरित्र तथा शिक्षा को प्रथम व द्वितीय वरीयता दी। इन दो बातों के बाद लड़कों ने प्रेम, गृह कार्यों में दक्षता, तथा सौंदर्य को (लड़कियों को पसन्द करते समय) वरीयता प्रदान की; दसवीं वरीयता जाति को, तथा ग्यारहवीं वरीयता दहेज को दी। इसके विपरीत लड़कियों ने (चरित्र व शिक्षा के बाद) आयु व नौकरी को महत्व दिया। रुप-सौन्दर्य को नवीं वरीयता तथा उसके बाद परिवार की पृष्ठभूमि व जाति को। लड़को ने प्रथम चार 'अवांच्छनीय' गुणों को इस प्रकार बताया: चंचल व अस्थिर मस्तिष्क (ficklemindedness), धूम्रपान या सुरापान, मूर्खता (stupidity) और कम शिक्षा; जबकि लड़कियों ने अनैतिकता, कम शिक्षा, बदसूरती, तथा शेखी (arrogance) को अवांच्छनीय गुण माना।

विमल शाह ने 1960-61 में गुजरात विश्वविद्यालय के 281 विद्यार्थियों को जीवन-साथी के चुनाव में स्वयं उनके व उनके परिवार द्वारा पसन्द किये जाने वाले लक्षणों का विश्लेषण किया। उसने पाया (1975: 301) कि 71.7% लड़कों ने स्वभाव को, 70.7% ने शिक्षा को, 58.1% में रुप को, 44.9% ने व्यक्तित्व को, 39.5% ने कार्य-कुशलता को, 12.2% ने सामाजिक स्थिति को, और 10.7% ने आर्थिक स्थिति को पत्नी के चुनाव में वरीयता प्रदान की। इसके विपरीत लड़कियों में, 88.2% ने स्वभाव को, 88.2% ने शिक्षा को, 56.9% ने व्यक्तित्व को, 43.1% ने आर्थिक स्थिति को, 39.2% ने कार्य-कुशलता को, 33.3% ने रूप-सौन्दर्य को और 9.8% ने सामाजिक स्तर को

वरीयता प्रदान की। इस प्रकार लड़कियों ने आर्थिक कल्याण को और लड़कों के गृह कार्य-कुशलता को अधिक महत्व दिया।

मेरे विचार से वर्तमान युग में उपर्युक्त कारकों के अतिरिक्त बच्चे जीवन-साथी के चुनाव के पाँच अन्य कारक भी अपने अचेतन मस्तिष्क में रखते हैं। यह हैं: (1) माता-पिता की छवि (2) पूरक आवश्यकताएं, (3) लक्षणों में समजनकता व विषमजनकता, (4) परिचय और (5) प्रकार चेतना।

माता-पिता की छवि (image) का सन्दर्भ (reference) माता-पिता की छवि का प्रभाव जीवन साथी के चुनाव पर पड़ने से है। एक युवक और एक युवती जिस प्रकार के व्यक्ति को प्रेम या घृणा करेंगे, उससे निकट या दूर रहेंगे। यह अधिकतर उन लोगों के प्रकार से निश्चित होगा जिनको बालकपन से उसने प्रेम या घृणा करना सीखा है। जिस व्यक्ति का चुनाव वह करेगा या करेगी वह इस बात से मिलता जुलता होगा या भिन्न होगा कि बचपन में उसनेअपने माता-पिता के व्यक्तित्व में किस प्रकार की शारीरिक व व्यक्तित्व सम्बन्धी विशेषताओं को पसन्द या नापसन्द किया है। जिस लड़की ने अपने पिता को शराबी, पत्नी को पीटने वाला, झूठा और सुस्त देखा है, तो निश्चय ही उन दुर्गुणों वाले व्यक्ति को वह अपने पति के रुप में नहीं देखना चाहेगी। इसी प्रकार यदि लड़का अपनी मां को किटी पार्टियों में समय लगाने वाली, गृह कार्य से बचने वाली, आभूषणों और श्रृंगार की वस्तुओं में अधिक रुचि रखने वाली महिला के रुप में देखता है तो वह इस प्रकार के गुणों वाली लड़की को अपनी पत्नी के रुप में चुनना कदापि पसन्द नहीं करेगा। इसके विपरीत यदि लड़की अपने पिता को परिश्रमी, सहायक, परिवार के लिए प्रतिभक्त, कार्य के प्रति लगन, आदि गुणों वाला देखती है तो वह ऐसे गुणों वाले लड़के को अपने पति के रुप में देखना चाहेगी। साथी के चुनाव में यही माता-पिता की छवि (parental image) होती है।

पूरक आवश्यकताएं (complementary needs) साथी के चुनाव में ऐसे साथी को चुनने से सम्बन्धित होती हैं जिसकी आवश्यकताओं का स्वरुप उसकी अपनी आवश्यकताओं के स्वरुप का पूरक हो, भले ही समान न हो। इस विचार के अनुसार यदि लड़की भोजन के नये नये प्रकार तैयार करने की शौकीन है तब वह ऐसा पति पसन्द करेगी जो उसके भोजन की प्रशंसा करे और पसन्द करे। यदि लड़के को कला और संगीत से प्रेम है, तो वह ऐसा पत्नी पसन्द करेगा जो संगीत सुनना तथा कला की प्रशंसा करना पसन्द करती हो।

समजनकता और विषमजनकता (homogamy/heterogamy) का सम्बन्ध साथी के उस चुनाव से है जिस में समान गुणों वाले लड़के/लड़की को और साथ ही विषम गुणों वाले व्यक्ति को वरीयता दी जाती है। उदाहरणार्थ, यदि लड़का खर्चीला है तो वह ऐसी पत्नी पसन्द करेगा जो थोड़ी सी कंजूस प्रकृति की हो, अर्थात विषम जनक लक्षण की हो, किन्तु यदि वह उच्च शिक्षा प्राप्त लड़का है तो वह ऐसी पत्नी पसन्द करेगा जो लगभग उसी के बराबर शिक्षित हो।

परिचय (acquaintance) का तात्पर्य ऐसे व्यक्ति से है जो लड़के/लड़की के माता पिता व रिश्तेदारों को जानता हो और वे उसे जानते हों। यह परिचय चुनाव का आधार बनाता है।

अन्त में, प्रकार चेतना (consciousness of kind) का तात्पर्य है कि व्यक्ति अपने ही प्रकार के व्यक्ति, अपनी ही सांस्कृतिक पृष्ठभूमि के व्यक्ति, अपने ही धर्म, क्षेत्र, समुदाय, जाति और वर्ग आदि के व्यक्ति से विवाह की इच्छा रखता हो। ऐसा समझा जाता है कि यदि दोनों ही साथी एक से

वातावरण के हों तो वैवाहिक समायोजन सरल हो जाता है।

उपर्युक्त पाँचों कारक तभी कार्य करेंगे जब कि बच्चे स्वयं अपने साथी चुनें। इस प्रकार के गुण माता-पिता द्वारा निर्धारित विवाह में काम करेंगे ऐसी आशा नहीं की जाती। उपर्युक्त विचारों के बावजूद भी व्यक्ति की इच्छा उसकी आवश्यकता से भिन्न होती है तथा आवश्यकता व्यक्ति को मिलने की सम्भावना से भिन्न होती है। हो सकता है कि किसी को चमक-दमक वाली लड़की पसन्द हो, कार्यशील लड़की की आवश्यकता हो, लेकिन वास्तव में जो लड़की उसे मिले वह साधारण रुप से शिक्षित हो और साधारण आकर्षण वाली लड़की हो।

अतः यह कहा जा सकता है कि यद्यपि एक बड़ी संख्या में युवक किसी भी लड़की को उसके व्यक्तिगत गुणों और अपनी व्यक्तिगत आवश्यकताओं के आधार पर चुनें लेकिन वे वधू के परिवार, परिवार के वातावरण, एवं उसके विशेष समूह आदि विचारों को भी समान महत्व देना चाहेंगे।

उदीयमान प्रवृति (The Emerging Trend)

जीवन साथी के चुनाव में एक नयी प्रवृत्ति का उदय हो रहा है, विशेष रुप से शहरी उच्च व मध्य वर्गीय युवकों में। माता पिता अपने बच्चों के लिए जीवन साथी चुनते हैं और सगाई भी कर देते हैं। लेकिन विवाह से पहले वे उन्हें आपस में मिलने जुलने तथा एक दूसरे को जानने के लिए अनुमति दे देते हैं। लड़के और लड़किया रैस्टोरेन्ट, सिनेमा, तथा बाग-बगीचों में जाते हैं। अन्तक्रिया की इस प्रक्रिया में विवाह के अन्तिम निश्चय करने से पूर्व वे तीन अवस्थाओं से गुजरते है। मुर्सटीन (Murstein, 1971 100-151) के अनुसार ये तीन अवस्थाएं हैं: उत्तेजनात्मक (stimulus) अवस्था, मूल्यात्मक अवस्था (value stage) और भूमिका अवस्था (role stage)। प्रथम अवस्था में लड़के और लड़कियां एक दूसरे के गुणों की परख से प्रेरित होकर एक दूसरे के प्रति आकर्षित होते हैं। ये गुण शारीरिक और सामाजिक दोनों होते हैं; जैसे, ऊँचाई, कद, सहनशक्ति, प्रसन्न चित होना, समझदार व्यक्तित्व तथा सौन्दर्य, आदि। इन सभी बातों को पूर्व रुप से व भली-भाँति जाने बिना ही दोनों व्यक्ति एक दूसरे के गुणों की अपने से तुलना करते हैं। यदि एक साथी थोड़ा कम आकर्षक हो तो सम्बन्ध टूटने की सम्भावनाएं होती हैं। यदि दोनों का जोड़ा एक दूसरे को उपयुक्त लगता है तो ये ही सम्बन्ध मूल्य-अवस्था में विकसित हो जाते हैं। इस अवस्था में सम्भावित साथी संयुक्त परिवार, पारिवारिक दायित्वों, स्त्रियों की उच्च शिक्षा, स्त्रियों की नौकरी, परिवार बजट, मकान का स्वामित्व, आदि विषयों पर बातचीत करते हैं। ये मूल्य जितने समान होंगे उतने ही मजबूत आकर्षण के बन्धन होंगे ओर वे अपना अधिकत्तर समय एक दूसरे को पत्र लिखने या फोन करने में लगाएगें। कुछ युगल इस बिन्दु पर विवाह कर लेते हैं, किन्तु कुछ भूमिका अवस्था में आगे बढ़ जाते हैं। वे देखते हैं कि उनका दूसरा साथी प्रसन्नचित्त, उदार स्वार्थी, विश्वसनीय, गलती करने वाला, क्षमा करने वाला, प्रभुत्व दर्शाने वाला, सहिष्णु तथा मिलनसार आदि गुणों में से कौन से गुण रखता है या नहीं रखता है। जितना वे आपस में मिलते-जुलते हैं उतना अधिक अनुभव करने की चेष्ठा करते हैं कि विवाह के बाद उनका साथ कैसा रहेगा। यदि उनके अनुभव व दृष्टिकोण पक्ष में होते हैं तो परिणाम विवाह होता है और ऐसी स्थिति में यह विवाह सफल होना निश्चित है।

किन्तु विवाह से पूर्व लड़के और लड़कियों का स्वतंत्रता पूर्वक मिलना-जुलना ग्रामीण क्षेत्रों में

बिल्कुल नहीं है । शहरी क्षेत्रों में भी निम्न व मध्यम वर्गीय माता-पिता अपने बच्चों को इस प्रकार की स्वतंत्रता देने में विश्वास नहीं करते । मध्यम उच्च वर्गीय तथा उच्च वर्गीय लोग भी बच्चों के विवाह पूर्व यौन सम्बन्ध से न केवल डरते हैं, बल्कि हमारी संस्कृति में लड़कों के द्वारा लड़कियों को अस्वीकार करने के भय से भी पीड़ित रहते हैं । परिणाम यह होता है कि विवाह के बाद भिन्न दृष्टिकोणों तथा विश्वासों वाले जीवन साथियों का समायोजन कठिन हो जाता है जिससे आपसी मन-मुटाव, संघर्ष, पृथकरण और कभी-कभी तलाक भी हो जाता है । जीवन-साथी के चुनाव की इस प्रक्रिया को मैं 'अत्यधिक तर्क-संगतिकरण (over rationalizing) नहीं कहूंगा । माता-पिता और बच्चों द्वारा सावधानी पूर्वक जीवन-साथी के चुनाव से मेरा तात्पर्य इस बात पर बल देना है कि 'विवेकपूर्ण' साथी का चुनाव तथा विवाह की उचित आयु के निर्धारण से विवाह की सफलता में 'अवसर' (chance) को न केवल कम करने में सहाथता मिलेगी, बल्कि इस युग में विवाह के वास्तविक उद्देश्य की प्राप्ति में भी सहायता मिलेगी ।

वैवाहिक समायोजन (Marital Adjustment)

वास्तव में, विवाह एक जीवन-विधि (way of living) है । यह सदैव फूलों की सेज नहीं होती है, बल्कि इसकी सफलता दोंनों साथियों के समायोजन पर आधारित होती है । भले ही विवाह प्रेम विवाह हो या व्यवस्थित । प्रारम्भ में दोनों ही जीवन साथी एक दूसरे को प्रभावित करने का प्रयत्न करते हैं । काम उत्तेजना तथा नये सम्बन्ध की नवीनताएं दोनों ही साथियों को कुछ समय के लिए स्वयं की सीमाओं से बाहर कर देते हैं । प्रत्येक साथी दूसरे को असाधारण व्यक्ति समझता है । प्रत्येक स्वयं को नशे की स्थति में अनुभव करता है । यह नशा नयी स्थति, नवीन उपलब्धियों तथा नवीन सम्बन्धों की स्थापना से और भी दृढ़ होता जाता है । वे एक दूसरे की कमियों व कमजोरियों को अनदेखा कर देते हैं और अनेक भ्रमों में रहते हैं । फिर धीरे-धीरे विभ्रम (disillusion) की स्थिति प्रारम्भ होती है । प्रथम बार जब पति देर से घर लौटता है तो पत्नी समझती है कि वह उसकी परवाह नहीं करता है । प्रथम बार जब पत्नी अधिक नींद में होती है और पति को समय पर लन्च बक्स नहीं देती है तो पति समझता है कि पत्नी सुस्त और गैर जिम्मेदार है । एक दूसरे के विरुद्ध शिकायतों में वृद्धि होती रहती है । कभी-कभी पति पत्नी को धमकाने लगता है और पत्नी अपने माता-पिता को अपने पति की शिकायतें लिखना प्रारम्भ कर देती है । भ्रम टूट जाता है और साथियों की कमियां उजागर होने लगती हैं । स्वप्नों का टूटना दुःखदायी होता है और संघर्ष प्रारम्भ हो जाता है ।

प्रारम्भ में असहमति और शिकायतों से खुली लड़ाई नहीं होती । अक्सर वे इस प्रकार के झगड़ों में व्यस्त हो जाते हैं जिनसे उनके साथी पर बाहर से तो आघात नहीं लगता, किन्तु कभी कभी वे ऐसे कार्यों को करने लगते हैं जिनका कोई अर्थ नहीं होता जब तक कि दूसरा साथी यह न समझने लगे कि उसके साथी के कुछ कार्य उसके स्पष्ट कार्यों से भिन्न हैं । विवाह में अदृश्य व गुप्त (covert) संघर्षों का मूल्यांकन कठिन होता है, फिर भी कई सबन्धों में भावात्मक आघातों की अभिव्यक्ति परोक्ष आघातों तथा व्यवहार से प्रकट हो ही जाती है । और फिर 'गुप्त संघर्ष' (covert coflicts) का उदय होता है । पत्नी कभी कभी रोती है और पति को भोजन के बिना ही रहना पड़ता है । उदाहरण कई गुणा हो सकते हैं और पति पत्नी के विरुद्ध समान हो सकते है । ध्यान देने का बिन्दु यह है कि परस्पर आरोपों

व प्रत्यारोपों के बीच पति पत्नी उस आधार को ही नष्ट कर देते हैं जिस पर उनके सम्बन्ध बने होते हैं। विशेष संघर्ष सुलझाए जा सकते हैं और समायोजन की दिशा में कार्य हो सकता है किन्तु नवीन विवाद पुनः उभर सकतें हैं। परन्तु दम्पत्ति अधिक नुकसान होने से पूर्व ही मामले का समाधान ढूंढ़ लेते हैं और विवाह टूटने से बच जाता है।

वैवाहिक समायोजन दर्शाता चित्र

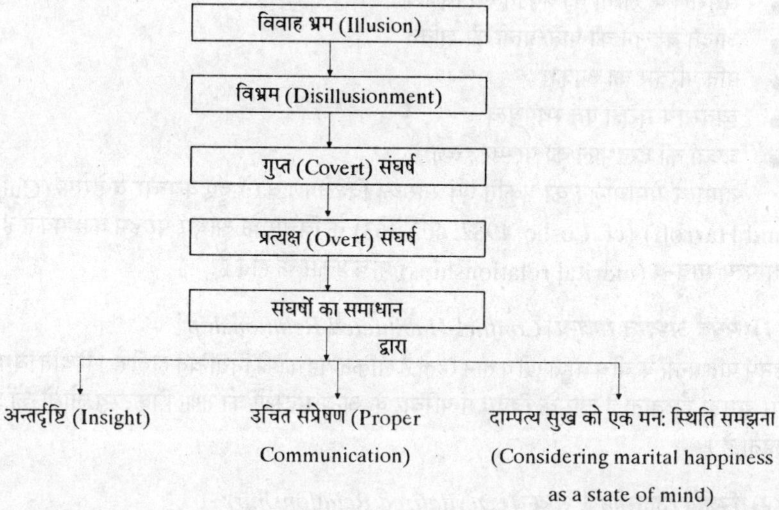

संघर्षों का समाधान अर्न्तदृष्टि, उचित संप्रेषण तथा संघर्षों के सामान्य होने पर आधारित है। अर्न्तदृष्टि का अर्थ दम्पति के परस्पर व्यवहार से भावनाओं के विकास से है। व्यक्ति शीघ्र ही दूसरे के कार्य के परिणामों का अनुभव कर लेता है और भय तथा आघात कम करने के उदेश्य से व्यवहार को परिमार्जित कर लेता है। कुछ त्याग करके एकसमझदार साथी अपने दूसरे साथी को प्रभावित कर लेता है और उसकी रुचि एवं आवश्यकताओं की ओर अधिक ध्यान देने लगता है। 'उचित सप्रेषण' का तात्पर्य अपने साथी के साथ समस्याओं पर मुक्त रुप से बातचीत करने से है जिससे कि वह एक दूसरे को विवेकपूर्ण ढंग से समझते हैं तथा सहयोग और समझौते से कार्य करते हैं। अन्त में व्यक्ति को सीखना होता है, कि वास्तविक संसार में किस प्रकार रहा जाय और समझना होता है कि सुख एक मनः स्थिति है और दाम्पत्य जीवन की सफलता 'लेन देन' के दृष्टिकोण पर निर्भर होती है। इन सभी अवस्थाओं को उपर्युक्त चित्र में दर्शाया गया है।

एक भली भाँति अनुकूलित (adjusted) विवाह वह है जिसमें दोनों साथी (1) परस्पर एक दूसरे के प्रति बाहर से स्नेह प्रदर्शित करते हैं, (2) परस्पर विश्वास करते हैं, (3) सामान्य हितों में भाग लेने का प्रयात्न करते हैं, (4) पति बच्चों के देखरेख में पत्नी का साथ देता है और पत्नी अपने पति के माता पिता व सहोदरों का आदर करती है, (5) एक दूसरे की आकांक्षाओं का आदर करते हैं, (6) एक दूसरे की भूमिका को महत्व देते हैं, और (7) एक दूसरे के एकाकीपन व चिन्ताओं का ध्यान रखते हैं।

संक्षेप में दाम्पत्य समायोजन निम्नलिखित स्थितियों पर निर्भर करता है:

- विवाह के समय आयु तथा दम्पति की सामाजिक परिपक्वता
- मूलभूत आवश्यकताओं की सन्तुष्टि के लिए धन की उपलब्धता
- शैक्षिक व सामाजिक पृष्ठभूमि में अन्तर
- त्याग की क्षमता
- ससुराल के लोगों की प्रकृति एवं मिजाज
- आदत बदलने की पति/पत्नी की शक्ति
- पति परिवार का आकार
- व्यवसाय सुरक्षा एवं स्थायित्व
- बच्चों की देखभाल की परस्पर इच्छा

दाम्पत्य समायोजन की प्रकृति एवं स्तर का विश्लेषण करते हुए क्यूब्बर व हैरोफ (Cuber and Harroff) (cf. Leslie, 1982: 462-463) के विचार के आधार पर हम कह सकते है कि दाम्पत्य सम्बन्ध (marital relationships) पाँच प्रकार के होते हैं:

(1) ***संघर्ष अभ्यस्त सम्बन्ध*** *(Conflict-Habituated Relationship)*

इनमें पति पत्नी के बीच बहुत खीच तान रहती है लेकिन यह काफी नियन्त्रित होती है। स्थिति बिगड़ने पर झगड़ा हो जाता है जिसके विषय में परिवार के अन्य सदस्यों को तथा निकटस्थ लोगों को ज्ञान रहता है।

(2) ***निर्जीव (उदासीन) सम्बन्ध*** *(Devitalized Relationship)*

इसमें पति पत्नी के बीच सम्बन्ध उत्साहहीन होते हैं। कोई गम्भीर संघर्ष नहीं होता किन्तु युगल (couple) के बीच निर्जीव जैसी अनर्तक्रिया होती है ओर जीवन्त शक्ति (vital) की कमी होती है, यधपि विवाह को कोई खतरा नहीं होता।

(3) ***निष्क्रिय अनुकूल सम्बन्ध*** *(Passive Congenial Relationship)*

इसमें विभ्रम के लिए स्थान कम होता है तथा पति पत्नी के बीच सहयोगी भावना काफी सुखद होती है। संघर्ष बहुत कम होता है और दम्पति सामान्य रुचियों का आनन्द लेते हैं। दम्पति विवाह से निष्क्रियता से सन्तुष्ट रहते हैं।

(4) ***जीवन्त सम्बन्ध*** *(Vital Relationship)*

इसमें पति पत्नीके बीच दाम्पत्य सम्बन्ध के कम से कम एक पक्ष की भागीदारी होती है और अन्य बातें इस पर बलिदान कर दी जाती हैं।

(5) ***सम्पूर्ण सम्बन्ध*** *(Total Relationship)*

इसमें पति पत्नी बहु-आयामी (multi faceted) सम्बन्धों में भाग लेते है। यधपि इस प्रकार समबन्ध दुर्लभ होते हैं लेकिन होते हैं।

विवाह पद्धति में परिवर्तन (Changes in Marriage System)

हिन्दू विवाह पद्धति में परिवर्तन का सात क्षेत्रों में विश्लेषण किया जा सकता है: (1) विवाह के उद्देश्य में परिवर्तन अर्थात धर्म से सहयोगी (companionship) के रुप में परिवर्तन; (2) विवाह के स्वरुप में परिवर्तन अर्थात बहु-विवाह से एक विवाह की ओर; (3) साथी के चुनाव की प्रक्रिया में परिवर्तन, अर्थात चुनाव के क्षेत्र में परिवर्तन (अन्तर्जातीय विवाह की अनुमति); साथी के चुनाव में माता पिता से व्यक्तिगत या संयुक्त रुप से चुनाव की ओर परिवर्तन; (4) विवाह की आयु में परिवर्तन, अर्थात बाल विवाह से यौवन प्राप्ति के पश्चात विवाह की ओर; (5) विवाह के स्थायित्व में परिवर्तन अर्थात हिन्दू समाज में तलाक को प्रारम्भ करके; (6) विवाह के आर्थिक पहलू में परिवर्तन, अर्थात दहेज व्यवस्था में परिवर्तन; और (7) विधवा पुनर्विवाह। इनमें से उद्देश्य, स्वरुप, तथा साथी चुनाव सम्बन्धी परिवर्तनों का वर्णन इसी अध्याय के प्रारम्भिक पृष्ठों में किया जा चुकाहै तथा विवाह के समय आयु, तलाक, दहेज, तथा अर्न्तजातीय विवाह का विवेचन इसी पुस्तक के अध्याय 8,9,10 व 11 में किया गया है।

विवाह सम्बन्धी कानून (Marriage Legislation)

मार्च 1961 में राज्य सभा में जब असमान (Unequal) विवाह विधेयक पर बहस हो रही थी, एक सदस्य ने हिन्दू विवाह संख्या में किसी भी प्रकार के हसतक्षेप के विरुद्ध महाकाव्यों से उदाहरण दिए। तत्कालीन राज्य सभा के अध्यक्ष डा. राधा कृष्णन ने कहा था: "प्राचीन इतिहास आधुनिक समाज की समस्याओं का समाधान नहीं कर सकता"। एक ही वाक्य में यह उत्तर उन आलोचकों के लिए है जो सामाजिक कानूनों और जनमत के बीच दूरी बनाए रखना चाहते हैं। कानून जनता की सामाजिक आवश्यकताओं के अनुरुप होना चाहिए और क्योंकि सामाजिक आवश्यकताएं बदलती रहती हैं तो विधान भी समय समय पर बदलते रहने चाहिए। सामाजिक विधानों का कार्य यह है कि यह उस समाज में कानून व्यवस्था का सामन्जस्य करे जिसमें वह व्यवस्था निरन्तर विस्तृत होती जाती है। पुराने नियमों और आधुनिकता आवश्यकताओं की बीच की खाई को समाप्त किया जाना चाहिए।

आधुनिक भारत में आए परिवर्तनों में से एक है विवाह के प्रति दृष्टिकोण मेंपरिवर्तन; इसलिए विवाह के विविध पक्षों पर कानूनों की आवश्यकता है।

भारत में निम्न विषयों पर कानून लागू किए गए हैं: (1) विवाह आयु (2) साथी चुनाव के सम्बन्ध में, (3) विवाह में पति या पत्नी की संख्या, (4) विवाह विच्छेद, (5) दहेज लेना व देना, और (6)पुनर्विवाह। इन छः पक्षों से सम्बद्ध विविध विधान इस प्रकार हैं (1) बाल विवाह निग्रह अधिनियम 1929 (विवाह आयु के सम्बन्ध में) (2) हिन्दू विवाह निर्योग्यता निवारक अधिनियम, 1946 तथा हिन्दू विवाह वैधता अधिनियम, 1949 (साथी के चुनाव के सम्बन्ध में) (3) विशेष विवाह अधिनियम, 1954 (विवाह आयु, माता पिता की सहमति के बिना बच्चों को विवाह की स्वतंत्रता, द्विपत्नी विवाह, विवाह विच्छेद से सम्बन्धित) ((4) हिन्दू विवाह अधिनियम, 1955 (विवाह की आयु, माता पिता की सहमति से, द्विपत्नी विवाह, तथा विवाह विच्छेद के सम्बन्ध में (5) दहेज अधिनियम (1961), और (6) विधवा पुनर्विवाह अधिनियम, 1856।

***बाल विवाह निग्रह अधिनियम,** 1929 (The Child Marriage Restraint Act, 1929)*

यह अधिनियम पहली अप्रैल 1930 को लागू हुआ। यह अधिनियम बाल विवाह को रोकता है यधपि यह विवाह स्वयं निरर्थक निष्प्रभावी घोषित है। तदानुसार 18 वर्ष से कम लड़के और 14 वर्ष से कम आयु की लड़की का विवाह तय करना, सम्पन्न करना, आदि कानूनी अपराध था। बाद में लड़की की आयु बढ़ा कर 15 वर्ष कर दी गई थी। 1978 में सुधार के बाद लड़के की आयु 21 वर्ष तथा लड़की की आयु 18 वर्ष कर दी गई है। अधिनियम के उल्लंघन पर दण्ड का प्राविधान है लेकिन विवाह स्वयं में वैध रहता है। अधिनियम के अन्तर्गत अपराध संज्ञेय (non-cognizable) है और इसके अन्तर्गत माता पिता, वर, संरक्षक और पंडित तक के लिए तीन माह का साधारण कारावास और 1000 रु. तक का अर्थदण्ड है। किसी महिला को कारावास का दण्ड सम्मिलित नहीं है। अधिनियम में बाल विवाह को रोकने के लिए निषेधाज्ञा जारी करने का भी प्राविधान है। लेकिन अपराध के लिए कोई भी कार्यवाही नहीं की जा सकती यदि आरोपित विवाह को एक वर्ष का समय व्यतीत हो चुका है।

***हिन्दू विवाह निर्योग्यता निवारक अधिनियम** 1946 (The Hindu Marriage Disabilities Removal Act, 1946)*

हिन्दुओं में कोई भी विवाह यदि निषेधों की सीमा में आपस में सम्बन्धित व्यक्तियों के बीच हुआ है तो वैध नहीं है जब तक ऐसा विवाह रिवाजों द्वारा मान्यता प्राप्त न हो। इसअधिनियम के अन्तर्गत एकही गोत्र और प्रवर के व्यकतियों के बीच विवाह वैध करार दिया गया। हिन्दू विवाह अधिनियम 1955 के पारित होने के बाद यह अधिनियम निरस्त हो गया है।

***हिन्दू विवाह वैधता अधिनियम,** 1949 (The Hindu Marriage Validity Act, 1949)*

1940 तक हिन्दुओं में प्रतिलोम विवाह अवैध तथाअनुलोम विवाह अनुमन्य था, यधपि इस प्रकार के विवाहों की वैधता के विरुद्ध न्यायिक निर्णय (judicial decisions) थे। 1949 के अधिनियम ने वे सभी विवाह वैध घोषित कर दिए जो भिन्न जातियों, धर्मों, उपजातियों एवं विश्वासों के लोगों के बीच सम्पन्न हुए हों। लेकिन एक हिन्दू व मुसलमान के बीच विवाह को वैध नहीं माना गया। १९५५ के अधिनियम के बाद यह नियम भी निरस्त हो गया है।

***हिन्दू विवाह अधिनियम,** 1955 (The Hindu Marriage Act, 1955)*

यह अधिनियम 18 मई, 1955 से प्रभावी हुआ और जम्मू और कश्मीर को छोड़कर समस्त भारत में लागू होता है। इस अधिनियम में 'हिन्दू' शब्द में जैन, बौद्ध, सिख, और अनुसूचित जातियां सम्मिलित हैं।

किन्हीं दो हिन्दुओं के बीच इस अधिनियम के अर्न्तगत निम्नलिखित शर्ते प्रदान की गई हैं:(1) किसी भी पक्ष के पास जीवित पति या पत्नी नहीं है, (2) कोई भी पक्ष पागल या मूर्ख नहीं है, (3) वर की आयु 18 वर्ष और वधू की आयु 15 वर्ष पूरी होनी चाहिए। 1978 के संशोधान के अनुसार लड़के की आयु बढ़ाकर 21 वर्ष और लड़की की आयु 18 वर्ष कर दी गई है। (4) दम्पत्तियों में से कोई भी निषिद्ध सम्बन्धों के स्तर के निकट का नहीं होना चाहिए जब तक कि रिवाज उन्हें विवाह की अनुमति न दे (5) दोनों में से कोई भी सपिण्ड नहीं होना चाहिए जब तक कि रिवाज अनुमति न दे (6) जहां

वधू 18 से कम और वर 21 वर्ष से कम आयु का हो उनके विवाह में उनके माता पिता या संरक्षक की सहमति आवश्यक है। जिन लोगों की सहमति लेना आवश्यक है उनका वरीयताक्रम है: पिता, माता, दादा, दादी, भाई, चाचा, नाना, नानी और मामा।

अधिनियम में विवाह सम्पन्न करने के लिए किसी विशेष स्वरुप का प्राविधान नहीं है। सम्बद्ध पक्षों को स्वतंत्रता है कि वे प्रचलित रीति रिवाजों के अनुसार विवाह सम्पन्न करें।

अधिनियम न्यायिक पृथक्करण तथा विवाह निरसत करने की प्रक्रिया की अनुमति देताहै। कोई भी पक्ष चार आधारों पर न्यायिक प्रथक्करण ले सकता है: दो वर्ष तक निरन्तर त्याग, निर्दयी व्यवहार, कोढ, व्यभिचार (adultery)

विवाह को निम्नलिखित चार आधारों पर निरस्त कियाजा सकता है: (1) विवाह के समय विवाहित स्त्री या पुरुष नपुंसक रहा हो तथा कार्यवाही होने तक भी नपुसंक स्थिति जारी रहे, (2) विवाह के समय दोनों में से एक पागल या मूर्ख रहा हो, (3) माता पिता या संरक्षक की सहमति बलात ली गई हो या धोखे से ली गई हो और (4) विवाह के समय पत्नी पति के अतिरिक्त किसी अन्य व्यक्ति से गर्भ धारण कर चुकी हो।

विवाह विच्छेद व्यभिचार, धर्म परिवर्तन, अस्वस्थ मस्तिष्क, कोढ़, वेनीरल बीमारी (Veneral), सन्यास, सात वर्ष तक परित्याग, तथा न्यायिक पृथक्करण के बाद दो वर्ष तक समागम न किया जाना, आदि, आधारों पर हो सकता है। पत्नी भी तलाक के लिए प्रार्थना पत्र दे सकती है यदि उसका पति विवाह से पहले भी एक पत्नी रखता हो और वह बलात्कार या पशुता का दोषी हो।

सन् 1986 का संशोधन परस्पर सहमति (mutual consent) तथा असंगतता (in compatibility) के आधार पर विवाह विच्छेद की अनुमति देता है। न्यायालय में विवाह विच्छेद के लिए प्रार्थना पत्र तभी दिया जा सकता है जब कि विवाह के बाद तीन वर्ष पूरे हो चुके हों। 1986 के संशोधन के बाद यह अवधि दो वर्ष कर दी गई है। विवाह विच्छेदित पक्ष पुनर्विवाह नहीं कर सकते जब तक कि विच्छेद की डिक्री को एक वर्ष समाप्त न हुआ हो। अधिनियम में पृथक्करण के बाद गुजारा भत्ता (maintenance allowance) तथा विच्छेद के बाद निर्वाह व्यय (alimony) का प्राविधान है। न केवल पत्नी बल्कि पति भी गुजारा भत्ता के लिए दावा कर सकता है।

विशेष विवाह अधिनियम, 1954 (The Special Marriage Act, 1954)

यह अधिनियम पहली अप्रैल, 1955 को प्रभावी हुआ। इस अधिनियम के पश्चात 1872 का विशेष विवाह अधिनियम निरस्त हो गया जो उन व्यक्तियों को, जो वर्तमानस्वरुपों का पालन नहीं करना चाहते थे, एक नया स्वरुप दिया। 1872 के अधिनियम के अन्तर्गत प्राविधान था कि जो व्यक्ति विवाह के इच्छुक होते थे उन्हें घोषणा करनी होती थी कि वे जैन, बौद्ध, सिक्ख, मुस्लिम, पारसी, ईसाई, या हिन्दू किसी भी धर्म को नहीं मानते हैं। 1923 में इस अधिनियम मेंसंशोधन किया गया जिसके अर्न्तगत जो व्यक्ति विवाह का इच्छुक हो उसे ऐसी कोई भी घोषणा नहीं करनी होती थी। प्रत्येक पक्ष को केवल इतनी ही घोषणा करनी होती थी कि वह किस धर्म का अनुयायी था। इस प्रकार इस अधिनियम द्वारा अर्न्तजातीय विवाह को मान्यता प्राप्त हो गई।

आयु, जीवित पत्नी, निषिद्ध सम्बन्ध और मानसिक दशा आदि की शर्ते 1955 के अधिनिय्रम

में भी वैसी ही हैं जैसी कि 1954 के अधिनियम में दी गई थीं। 1954 के अधिनियम के अन्तर्गत विवाह अफसर द्वारा सम्पन्न कराया जाता है। दोनों पक्षों को कम से कम विवाह से एक माह पूर्व सूचना देनी होती है। दोनों पक्षों में से एक के लिए उस विवाह अफसर के कार्यालय के जिले का निवासी होना आवश्यक है। एक माह की अवधि के भीतर कोई भी उनके विरुद्ध आपत्ति उठा सकता है। यदि सूचना के तीन माह की अवधि के बीच विवाह सम्पन्न नहीं होता है तो फिर एक सूचना की आवश्यकता होगी। विवाह के समय दो साक्षियों की आवश्यकता होती है।

इस अधिनियम में विवाह निरसत करने, विवाह विच्छेद, न्यायिक पृथक्करण तथा निर्वाह व्यय, आदि का भी प्राविधान है। इनके आधार वही हैं, जो हिन्दू विवाह अधिनियम, 1955 में दिए गए हैं।

***हिन्दू विधवा पुनर्विवाह अधिनियम**, 1856 (The Hindu Widows Remarriage Act, 1856)*

स्मृति काल के बाद से आगे तक विधवाओं को पुनर्विवाह की अनुमति नहीं थी। मनु के अनुसार "एक विधवा जो पुनर्विवाह करती है स्वयं को अपमानित करती है; अत: उसे अपने स्वामी के स्थान से बाहर निकल जाना चाहिए"। 1856 के अधिनियम ने हिन्दू विधवाओं के विवाह में आने वाली सभी कानूनी अड़चनों को दूर कर दिया। उद्देश्य था जन कल्याण तथा उच्च आदर्शो को प्रोत्साहन देना। यह अधिनियम घोषित करता है कि ऐसी विधवा जिसका पति उसके दूसरे विवाह के समय से ही स्वर्गवासी हो गया हो, का पुनर्विवाह वैध है और ऐसे विवाह की कोई भी सन्तान अवैधानिक नहीं होगी। ऐसे मामलों में जहां पुनर्विवाह करने वाली विधवा अल्प वयस्क है, उसके माता पिता, सगे सम्बन्धियों, भाई की सहमति आवश्यक है। सहमति के अभाव मे कोई भी किया गया विवाह निष्प्रभावी होगा। अधिनियम विधवा को प्रथम पति की सम्पत्ति में से निर्वाह अधिकार प्राप्त करने से वंचित करता है।

***दहेज निषेध अधिनियम**, 1961 (The Dowry Prohibition Act, 1961)*

यह अधिनियम 20 मई 1961 को पारित हुआ। इस आशय का विधेयक 27 अप्रैल 1959 को तत्कालीन विधि मन्त्री श्री ए. के. सेन द्वारा लोक सभा में प्रस्तुत किया गया था। यधपि लोक सभा ने इस विधेयक को पारित कर दिया था किन्तु राजय सभा ने इसे अस्वीकार कर दिया। लोक सभा ने कुछ संशोधन के साथ इसे पुनः अस्वीकार कर दिया। तब यह विधेयक संयुक्त प्रवर समिति (Joint Select Committee) को सन्दर्भित (refer) किया गया। समिति की सिफारिशों पर लोक सभा व राज्यसभा की संयुक्त बैठक में बहस हुई तब यह पारित हो सका। यह अधिनियम मुसलमानों पर लागू नहीं होता। यह विधेयक 2000 रुपये से अधिक मूल्य के उपहारों के आदान प्रदान की अनुमति नहीं देता। इसके उल्लंघन की दशा में 6 माह का कारावास अथवा 5000 रुपये तक के अर्थ दण्ड का प्राविधान है।

अधिनियम के उल्लंघन पर पुलिस स्वयं कोई कार्यवाही नहीं कर सकती है जब तक कि कोई शिकायत दर्ज न कराई जाय। विवाह के एक वर्ष के बाद कोई कार्यवाही नहीं की जा सकती। जब विधेयक पर लोक सभा में बहस चल रही थी, तत्कालीन विधि उप-मंत्री ने कहा था "विधेयक के

अन्तर्गत अपराध सिद्ध करना लगभग असम्भव होगा क्योंकि कोई भी माता पिता अपनी बेटी का भविष्य खतरे में नहीं डालने जा रहे हैं, यह कहकर कि उनसे दहेज लिया जा रहा है। न्याय मूर्ति सप्रू ने भी राज्य सभा में माना कि विधान पारित कर लेने से कोई लाभ नहीं है, यदि इसे ठीक से लागू न किया जा सके। यह केवल कानून की अवमानना (contempt) ही पैदा करेगा। अधिनियम में जून 1986 में और कुछ संशोधन किए गए और इसे पहले से अधिक कठोर बना दिया गया।

यह सत्य है, कि उपर्युक्त विवाह सम्बन्धी नियमों में कई कमियां हैं और सामाजिक बुराइयां केवल कानून लागू कर देने से ही दूर नहीं की जा सकतीं, फिर भी यह एक यथार्थ तथ्य है कि सामाजिक विधान समाज के लिए आवश्यक है। कानून व्यवहार का नमूना प्रस्तुत करता है, भय उत्पन्न करता है, सामाजिक चेतना को जागृत करता है, तथा समाज सुधारकों एवं कार्यकर्त्ताओं के लिए कार्य का आधार प्रस्तुत करता है। विवाह कानूनों के उदेश्य की प्राप्ति के लिए लोगों का सहयोग आवश्यक है। कानून के विरुद्ध अकेला व्यक्ति शक्तिहीन हो सकता है लेकिन जहां अधिकतर लोग कानून की ओर आँख मूंद लें, कानून कमजोर पड़ जाता है। सामाजिक विधानों की सफलता जनता की स्वेच्छापूर्ण सहयोग पर आधारित होती है।

REFERENCES

Blood, Robert, O'., *The Marriage*, The Free Press, Glencoe, Illinois, 1960.

Bowman, Henry A., *Marriage for Moderns*, McGraw Hill Co., New York, 1948 and 1960.

Buhler, George, *The Laws of Manu*, Clarendon Press, Oxford, 1886.

Cormack, Margaret, *She Who Rides a Peacock*, Bombay, 1965.

Daftri, *Social Institutions in Ancient India*, 1948.

Hollingshead, A.B., Cultural Factors in the Selection of Marriage Mates, *American Sociological Review*, October 1950.

Kapadia, K.M., *Marriage and Family in India*, Oxford University Press, Delhi, 1966 and 1972.

Kapadia, K.M., *Hindu Kinship*, Popular Book Depot, Bombay, 1947.

Koos, *Marriage*, The Free Press, Illinoise, 1953.

Lantz and Synder, *Marriage*, The Free Press, Glencoe, Illinoise, 1966.

Majumdar, D.N., *The Fortunes of Primitive Tribes*, Bombay, 1944.

Pande, Raj Bali, *Hindu Sanskaras*, Vikram Publications, Banaras, 1949.

Popenoe, Paul, *Modern Marriage*, Prentice Hall, New Jersey, 1951.

Shah, B.V., *Social Change and College Students of Gujarat*, M.S. University, Baroda, 1964.

Shah, Vimal, "Mate Selection: Theories and Educated Hindu Youths' Attitudes Towards Mate Selection", in Narain Dhirendra (Ed.), *Explorations in the Family and Other Essays*, Thacker and Co., Bombay, 1975.

अध्याय 7

मुस्लिम एवं ईसाई विवाह
Muslim and Christian Marriage

मुस्लिम समाज में स्तरीकरण (Stratification in Muslim Society)

मुस्लिम विवाह का विवेचन करने से पूर्व मुस्लिम समाज के विविध समूहों में स्तरीकरण का ज्ञान आवश्यक है । वृहद रुप में मुस्लिम समाज "शिया" और "सुन्नी" दो श्रेणियों में विभक्त है । हजरत मौहम्मद की मृत्यु के पश्चात, जब उनके अनुयायियों के समक्ष उनके उत्तराधिकारी की समस्या आई तो कुछ लोगों ने इच्छा व्यक्त की कि "इमामत" हजरत साहब के परिवार या उनके द्वारा मनोनीत व्यक्ति तक ही सीमित रहे, जबकि दूसरे लोगों की मान्यता थी कि यह "जमात" के लोगों के द्वारा चुनाव के सिद्धान्त पर आधारित होनी चाहिए । "सुन्नी" लोग चुने हुए व्यक्ति को इस्लाम का प्रमुख मानना चाहते थे, जबकि "शिया" लोग हजरत मौहम्मद के द्वारा मनोनीत व्यक्ति को ही इस पद का दावेदार चाहते थे । इस प्रकार शिया और सुन्नी का उद्‌भव इस विवाद का ही प्रतिफल था और हिन्दू समाज की भाँति विविध जातियों के उद्‌भव में प्रजातीय या व्यावसायिक कारकों से इनको कुछ लेना देना नहीं था । दोनों ही समूह कुछ क्षेत्रों में भिन्न सामाजिक प्रथाओं एवं मान्यताओं का पालन करते हैं, किन्तु सुन्नी कानून ही भारत में सामान्यतः लागू होता है क्योंकि शिया सम्प्रदाय की संख्या बहुत ही कम है ।

उपरोक्त वर्गीकरण के अतिरिक्त मुस्लिम तीन अन्य समूहों में भी विभक्त हैं: अशरफ, अजलब, और अरज़ल । सैय्यद (जो अपना उद्‌भव हज़रत मौहम्मद की बेटी फातिमा से मानते हैं), शेख, पठान तथा कुछ अन्य "अशरफ" समूह से सम्बद्ध हैं; मोमिन (जुलाहे), मन्सूरी (रुई धुनने वाले), इब्राहीम (नाई), आदि "अज़लब" समूह से सम्बद्ध हैं; तथा हलालखोर आदि "अरज़ल" समूह से सम्बद्ध होते हैं । अशरफ कुलीन माने जाते हैं, अज़लब निम्न जन्म के होते है, और अरज़ल हिन्दुओं में अछूतों की भाँति होते हैं, यहां तक कि मस्जिदों में भी उनका प्रवेश वर्जित होता है । न ही उन्हें सार्वजनिक कब्रगाह के प्रयोग की अनुमति है । यह वर्गीकरण भी विशुद्ध सामाजिक-आर्थिक आधार पर आधारित है न कि धर्म पर ।

एक ओर शिया और सुन्नी और दूसरी ओर अशरफ, अज़लब, और अरज़ल अन्तर्विवाही (endogamous) समूह होते हैं । यद्यपि इन समूहों में आपस में विवाह की निन्दा नहीं की जाती किन्तु इस प्रकार के विवाह को हतोत्साहित किया जाता है । सुन्नियों में दूल्हे की सामाजिक हीनता विवाह के रद्ध किये जाने का आधार हो सकती है, यद्यपि शियाओं में ऐसा कुछ नहीं है । स्तरीकरण के उपरोक्त आधार पर अब हम मुस्लिम विवाह की प्रमुख विशेषताओं का विवेचन कर सकते हैं ।

मुस्लिम विवाह के उद्धेश्य व लक्ष्य (Aims and Objects of Muslim Marriage)

मुस्लिम विवाह, जिसे "निकाह" कहा जाता है, हिन्दुओं के विवाह की भाँति पवित्र संस्कार न होकर

एक दीवानी समझौता (civil contract) माना जाता है । इसके प्रमुख लक्ष्य है: यौन नियंत्रण, गृहस्थ जीवन को व्यवस्थित करना, बच्चों को जन्म देकर परिवार में वृद्धि करना तथा बच्चों का लालन-पालन करना । रौलेण्ड विल्सन (1941) के अनुसार, मुस्लिम विवाह यौन समागम को वैधानिक बनाना और बच्चों को जन्म देना मात्र है । एस.सी. सरकार का भी मानना है कि मुसलमानों में विवाह पवित्र संस्कार नहीं है, बल्कि एक विशुद्ध दीवानी समझौता है । परन्तु मुस्लिम विवाह का यह चित्र सही नहीं है । यह कहना निश्चित रुप से गलत है कि मुस्लिम विवाह का एक मात्र लक्ष्य यौन सुख की पूर्ति एवं बच्चों को जन्म देना है । मुस्लिम समाज में विवाह एक धार्मिक कर्त्तव्य भी है । यह श्रद्धा तथा "इबादत" की एक क्रिया है । ऐसा विश्वास किया जाता है कि जो मुसलमान इस कार्य को एक धार्मिक क्रिया मान कर करता है, उसे परलोक में पुरस्कार मिलता है और जो ऐसा नहीं करता, वह पाप का भागीदार होता है । इसे "सुन्नत मुवक्किदल" (Sunnat Muwakkidal) कहते हैं (काशी प्रसाद सक्सेना, 1959: 146) । जंग (Jang, 1953) यह मानने में अधिक सही है कि निकाह, यद्यपि आवश्यक रुप से एक समझौता है, किन्तु साथ ही यह एक श्रद्धा का कार्य भी है । परन्तु मुस्लिम विवाह यद्यपि एक धार्मिक कर्त्तव्य हैं, किन्तु स्पष्ट रुप से यह एक पवित्र संस्कार (Sacrament) नहीं है । हिन्दू विश्वास की तरह इसे वह संस्कार नहीं माना जाता जो व्यक्ति को पवित्रता एवं पुण्य प्रदान करता है ।

विवाह व्यवस्था: प्रमुख विशेषताएं (The Marriage System: Characteristic features)

मुस्लिम विवाह की प्रथम आवश्यकता है "प्रस्ताव रखना" (proposal) और उसकी "स्वीकृति" (acceptance) । यद्यपि यह दोनों बातें हिन्दू विवाह में भी पायी जाती हैं, किन्तु यह केवल विवाह सम्बन्धी बातचीत को आगे बढ़ाने के लिए होती हैं, न कि मुस्लिम समाज की भाँति विवाह तय करने के लिए । दूल्हा दो गवाहों तथा मौलवी की उपस्थिति में विवाह से पूर्व दुलहिन के सामने विवाह का प्रस्ताव रखता है । यह आवश्यक है कि "प्रस्ताव" तथा "स्वीकृति" एक ही बैठक (meeting) में हों । एक बैठक में प्रस्ताव तथा दूसरी बैठक में स्वीकृति "साही निकाह" (regular marriage) नही होते, यद्यपि यह विवाह "अवैधानिक" (बातिल) नहीं होता । इस विवाह को "अनियमित" (irregular) अथवा "फासिद" (Fasid) माना जाता है । शियाओं में विवाह भंग करते समय दो गवाहों की आवश्यकता होती है न कि समझौते के समय, जबकि सुन्नियों में नियम बिल्कुल इसके विपरीत हैं । साथ ही मुस्लिम विवाह में महिला प्रमाण (testimony) को पूर्णरुपेण अस्वीकृत किया गया है । अत: विवाह समझौता दो पुरुषों द्वारा प्रमाणित किया जाना चाहिए । प्रस्ताव व स्वीकृति में दो पुरुष साक्षियों की आवश्यकता होती है । एक पुरुष और दो महिलाओं का प्रमाण मान्य नहीं है । इस प्रकार "फासिद" एवं "बातिल" विवाहों में अन्तर यह है कि "फासिद" विवाह की अड़चनों (impediments) तथा अनियमित (irregularities) को दूर करके "सही" विवाह में तो बदला जा सकता है, लेकिन "बातिल" विवाह में परिवर्तन सम्भव नहीं है । "फासिद" विवाह के अनेक उदाहरण हैं: प्रस्ताव तथा स्वीकृति के समय साक्षियों का न होना, पुरुष का पाँचवा विवाह, महिला की इद्दत (Iddat) की अवधि में विवाह, (इद्दत वह समय होता है जिसमें महिला के तीन मासिक धर्मों को उसके पति की मृत्यु के पश्चात् या तलाक के बाद यह सुनिश्चित करने के लिए होता है कि वह

महिला कहीं गर्भवती तो नहीं है) तथा पति-पत्नि के धर्मों में अन्तर। एक पुरुष का विवाह एक "किताबिया" स्त्री (यहूदी या ईसाई) के साथ "सही" विवाह कहलाता है, लेकिन ऐसी स्त्री के साथ विवाह जो अग्नि या मूर्ति पूजक होती है, "फासिद" विवाह होता है।

पुरुष चाहे एक गैर-मुसलमान स्त्री से विवाह कर सकता है, यदि उसे विश्वास हो कि उस स्त्री की मूर्ति पूजा केवल नाममात्र है, उदाहरणार्थ कई मुग़ल सम्राटों ने हिन्दू स्त्रियों से विवाह किये और उनके बच्चे वैधानिक माने गये तथा बहुधा राज सिंहासन पर भी आरुढ़ हुए। ऐसे विवाहों को निषिद्ध करने का एकमात्र उद्धेश्य यह था कि मूर्ति पूजा को इस्लामी राजनीति से बाहर रखा जा सके। लेकिन एक मुस्लिम महिला को एक "किताबिया" पुरुष से विवाह की किसी भी परिस्थिति में अनुमति नहीं दी गई है। उसके लिए ऐसा विवाह "बातिल" विवाह होगा। "बातिल" विवाह के अन्य उदाहरण इस प्रकार हैं: बहुपति विवाह (polyandry) या निकटस्थ रिश्तेदारों से विवाह का चलन (जैसे माँ, माँ की माँ, बहिन, बहिन की लड़की, माँ की बहिन, पिता की बहिन, लड़की की लड़की) या फिर एक विवाहमूलक नातेदार (affinal kin) से (जैसे पत्नी की माँ, पत्नी की बेटी, बेटे की पत्नी)। "बातिल" विवाह का एक और उदाहरण है एक व्यक्ति का एक ही समय में दो ऐसी महिलाओं से विवाह जो आपस में इस प्रकार सम्बन्धित हों कि यदि इनमें से एक पुरुष होती तो विवाह सम्भव ही न होता। इसका सरल शब्दों में यह अर्थ है कि एक पुरुष अपनी पत्नी के जीवित रहते उसकी बहिन यानि अपनी साली से विवाह नहीं कर सकता। "बातिल" विवाह दोनों पक्षों के बीच किसी भी प्रकार का अधिकार या कर्त्तव्य नहीं दर्शाता। ऐसे विवाह से उत्पन्न संतान भी अवैध (illegitimate) मानी जाती है। केवल "सही" या वैध (valid) विवाह ही पत्नी को पति के घर में रहने, गुजर करने (maintenance) एवं मेहर (dower) आदि का अधिकार प्रदान करता है। "फासिद" या अनियमित विवाह सहवास (consummation) से पूर्व या पश्चात दोनों में से किसी एक भी पक्ष के द्वारा भंग किया जा सकता है। यदि विवाह में सहवास हो चुका है तो सन्तान वैध होगी और उन्हें सम्पत्ति की विरासत का अधिकार होगा, इसी प्रकार पत्नी को "मेहर" (dower) का अधिकार भी प्राप्त होता है।

मुस्लिम विवाह का दूसरा लक्षण यह है कि व्यक्ति में विवाह समझौता करने की योग्यता (capacity) होनी चाहिए। क्योंकि केवल वयस्क एवं समझदार व्यक्ति ही समझौते को समझ व कर सकता है, इसलिए बाल विवाह एवं अस्वस्थ मस्तिष्क के लोगों के विवाह को मान्यता प्राप्त नहीं होती। अतः केवल यौन परिपक्वता प्राप्त (puberty) व स्वस्थ मस्तिष्क का व्यक्ति ही विवाह संविदा में प्रवेश कर सकता है। किन्तु इसका यह अर्थ कदापि नहीं है कि यदि अल्प वयस्क के विवाह का संविदा (contract) हो चुका है तो वह अवैध (void) है। अल्पवयस्क के विवाह का संविदा उसके माता-पिता या संरक्षक द्वारा किया जा सकता है। "शिया" नियमों के अन्तर्गत अल्प वयस्क के मामले में विवाह संविदा करने का अधिकार क्रमशः पिता, दादा, भाई, अथवा वंशानुक्रम में किसी अन्य पुरुष रिश्तेदार को प्रदान किया गया है। यदि पितृ पक्ष में कोई रिश्तेदार न हो तो मातृ पक्ष में माता, मामा, या मौसी को यह अधिकार प्रदान किया गया है। इनके अतिरिक्त अन्य सभी व्यक्ति अनाधिकृत (unauthorised) अथवा "फजूली" समझे जाते हैं और उनके द्वारा किया गया विवाह समझौता कानूनी सीमाओं में निष्प्रभावी होता है, जब तक कि यौन परिपक्वता प्राप्त होने के बाद

सम्बद्ध पक्षों द्वारा ही उसे अनुमोदित (ratify) न किया जाये। अनुमोदन अथवा अस्वीकृति के इस अधिकार को "खैरुल बालिग" कहते हैं। अल्पवयस्क विवाह को अस्वीकार (repudiate) कर सकता है यदि वह यह सिद्ध कर सके कि उसके संरक्षकों ने लापरवाही या धोखाधड़ी से संविदा को किया था। उदाहरणार्थ, उसका विवाह पागल लड़की से जानबूझ कर किया गया था, अथवा मेहर उसके अहित में तय हुआ, आदि। विवाह की अस्वीकृति के लिए लड़के के लिए कोई समय सीमा नहीं है, लेकिन लड़की के मामले में युक्तिसंगत (reasonable) समय दिया जाता है तथा उसे बता दिया जाता है कि उसे विवाह को अस्वीकार करने का अधिकार है। लड़का या तो मौखिक अभिव्यक्ति द्वारा या मेहर की रकम अदा करके या फिर यौन संसर्ग से विवाह भंग कर सकता है। 1938 के मुस्लिम विवाह भंग अधिनियम के अन्तर्गत विवाह भंग का वरण (option) करने में सुधार कर लिया गया था जिसके अन्तर्गत महिला को यौन परिपक्वता प्राप्त करने के तीन वर्ष बाद तक विवाह-विच्छेद के लिए समय प्रदान किया गया है, यानि कि 18 वर्ष की आयु तक अगर यौन संबंध स्थापित नहीं किया हो।

मुस्लिम विवाह का तीसरा लक्षण यह है कि "समानता के सिद्धान्त" (doctrine of equality) का पालन अवश्य किया जाना चाहिए। यद्यपि निम्न स्तर के व्यक्ति के साथ विवाह संविदा करने का कोई कानूनी निषेध नहीं है, फिर भी इस प्रकार के विवाह को हेय दृष्टि से देखा जाता है। इसी प्रकार भाग कर किए गए विवाह (किफा-Kifa) को मान्यता प्राप्त नहीं है, फिर भी लड़कियां घर से भाग कर तथा निम्न या उच्च स्तर पर विचार किए बिना अपनी पसन्द के लड़कों से विवाह कर ही लेती हैं। "सुन्नियों" में वर के पक्ष में सामाजिक हीनता का प्रश्न विवाह रद्द करने के लिए पर्याप्त कारण हो सकता है किन्तु "शिया" लोगों में नहीं है।

मुस्लिम विवाह का चौथा लक्षण है "अधिमान्य व्यवस्था" (preferential system)। जीवन-साथी के चुनाव में, पहली अधिमान्यता सलिंग सहोदरज (parallel cousin) को और उसके बाद विलिंग सहोदरज (cross cousin) को दी जाती है। यद्यपि दोनों प्रकार के सलिंग सहोदरज विवाह (चचेरा और मौसेरा) का चलन (practice) मिलता है, तथापि सहोदरज विवाह में फुफेरा विवाह को मान्यता नहीं दी गयी है (S.C. Misra, 1956: 153)। परन्तु आजकल किसी भी सहोदरज विवाह को वरीयता नहीं दी जाती है। 1986 में जयपुर राजस्थान में 136 मुस्लिमों पर किए गए एक समाजशास्त्रीय अध्ययन से पता चलता है कि केवल 11% अर्थात 15 मुसलमानों ने ही अपने सहोदरजों (cousins) से विवाह किए। इनमें से भी (पुरुष को इगो मानकर) चार ने अपनी चचेरी बहनों से, 6 ने ममेरी बहनों से, और 5 ने मौसेरी बहनों से विवाह किया था। आजकल जो सहोदरजों को वरीयता प्रदान नहीं की जा रही है सम्भवतः उसके कई कारणों में से कुछ यह भी हो सकते हैं: परिवार से बाहर अधिक दहेज मिलने की सम्भावना, नये व्यक्तियों से रिश्तेदारी का बढ़ना तथा सहोदरजों का एक दूसरे से बहुत दूर रहना।,

हिन्दुओं में कुछ जातियों में पाई जाने वाली प्रथा के विपरीत विधवा यदि पुर्नविवाह करने की इच्छुक है तो वह अपने मृत पति के भाई को वरीयता प्रदान करने के लिए बाध्य नहीं है। इस प्रकार मुस्लिमों में भाभी विवाह (Levirate) का प्रचलन नहीं है। इनके समाज में साली विवाह (Sororate) को भी मान्यता प्राप्त नहीं है। किन्तु मृत या तलाकशुदा पत्नी की बहिन से विवाह की

अनुमति है।

मेहर (Dower)

मेहर वह धन या सम्पत्ति है जो विवाह के प्रतिफल के रूप में पत्नि अपने पति से लेने की अधिकारिणी होती है। यहां "विवाह का प्रतिफल" का प्रयोग भारतीय समझौता अधिनियम के अनुरुप नहीं किया गया है। मुस्लिम नियमों के अन्तर्गत "मेहर" पति पर एक कर्त्तव्य (obligation) है जो कि पत्नी के प्रति आदर का सूचक होता है। इस प्रकार यह वधू-मूल्य (bride price) नहीं है। इसके मुख्य उद्धेश्य हैं: पति पर पत्नी को तलाक देने सम्बन्धी नियंत्रण करना तथा पति की मृत्यु अथवा तलाक के पश्चात महिला को अपने भरण पोषण के योग्य बनाना। मेहर की धन राशि विवाह से पहले, बाद में, या फिर विवाह के समय निश्चित की जा सकती है। यद्यपि यह धन राशि कम नहीं की जा सकती है, फिर भी पति की इच्छा से इसमें वृद्धि की जा सकती है। पत्नि चाहे तो इस धनराशि को घटाने के लिए सहमत हो सकती है या फिर इस समस्त धनराशि को अपने पति या उसके उत्तराधिकारियों को भेंट स्वरुप प्रदान कर सकती है। दोनों पक्षों में निश्चित की गई मेहर की धनराशि को "निर्दिष्ट" (Specified) कहते हैं। मेहर की कम से कम धन राशि 10 दरहम (Dirham) होती है, लेकिन अधिकतम की कोई सीमा निश्चित नहीं है। जब मेहर की राशि निश्चित न करके जो उचित समझते हैं वह देते हैं तो इस राशि को "उचित" (मुनासिब) मेहर कहते हैं। उचित मेहर राशि निश्चित करते समय पति और उसके परिवार के आर्थिक स्तर का सम्मान करना पड़ता है या फिर महिला के पिता के परिवार में दूसरी स्त्रियों पर निश्चित किए गए मेहर को भी ध्यान देना पड़ता है (जैसे उसकी बहिन या बुआ), या फिर पति के परिवार के पुरुष सदस्यों द्वारा निश्चित किए गए मेहर को भी ध्यान देना पड़ता है। मेहर की राशि मुख्य रुप से पति की आर्थिक स्थिति को ध्यान में रखकर निश्चित की जाती है। यह तथ्य 1986 में जयपुर में 136 मुसलमानों के अध्ययन से प्रकाश में आया। 136 उत्तरदाताओं को क्रमशः 500 रुपये तक, 500 से 1000 रुपये, 1000 से 5000 रुपये तथा 5000 से ऊपर रुपये मासिक आय के चार समूहों में बाँटा गया था। प्रथम समूह में लगभग 14% लोग थे, दूसरे में 77%, तीसरे में 7%, तथा चौथे में 2% व्यक्ति थे। उन सूचना दाताओं को जिन्होने मेहर-राशि दी थी, यह संख्या क्रमशः प्रथम समूह में 50%, दूसरे में 27%, तीसरे में 16%, तथा चौथे में 7% थी। इससे स्पष्ट है कि तीनों समूहों में निश्चित की गयी मेहर की राशि व्यक्ति की आर्थिक क्षमता से कुछ अधिक ही थी जिससे लगता है कि शायद पति अपनी पत्नी व उसके माता पिता को आश्वासन देना चाहता है कि वह पत्नी को आसानी से तलाक नहीं देगा।

माँगे जाने पर दी जानी वाली मेहर की राशि को (फोरी) "तुरंत" (Prompt) मेहर कहते हैं और जो मेहर विवाह-विच्छेद के बाद दिया जाये, उसे "स्थगित" (Deferred) मेहर कहते हैं। शिया लोगों में जब कोई अनुबन्ध (stipulation) नहीं होता तो मेहर "फोरी" माना जाता है, लेकिन सुन्नियों में कोई इस प्रकार की मान्यता नहीं होती है।

मेहर का सम्बन्ध विवाह के 'उपभक्त' (सहवास) होने से भी होता है। विवाह के उपभक्त (consummation) होने पर स्त्री का मेहर पर अधिकार पूरा हो जाता है। यह उपभक्ति या तो वास्तविक सम्बन्ध स्थापित करके हो सकती है या उस प्रकार जिसे कानून ऐसा मानता है, जैसे पति

या पत्नि की मृत्यु हो जाये या ठोस आधार पर अलग हो जायें। पति द्वारा विवाह समाप्त किये जाने पर या लांछित आदि किये जाने के पश्चात अलग होने की स्थिति में पत्नि आधे 'निर्दिष्ट' (Specific) मेहर की अधिकारी हो जाती है। यदि मेहर का उल्लेख न किया गया हो तो वह "मुतात" मेहर (Mutat) के लिए अधिकारी होती है। यदि पति-पत्नि, पत्नि की पहल (initiative) पर अलग हुए हैं तो वह किसी भी प्रकार के मेहर की अधिकार नहीं होती है (यदि विवाह की उपभक्ति नहीं हुई है)।

मुस्लिम कानून के अन्तर्गत मेहर के लिए विधवा का दावा अपने पति की भूसम्पत्ति के विरुद्ध एक कर्ज़ है। पति की सम्पत्ति में पत्नि का उतना ही अधिकार है जितना अन्य देनदारों का है। वह मेहर की रकम अदा किए जाने तक पूरी सम्पत्ति को अपने पास रोक सकती है। सम्पत्ति को अपने अधिकार में करने के लिए उसे अन्य किसी वारिसों से अनुमति नहीं लेनी होती। परन्तु यदि तलाक "खुला" या "मुबारत" हुआ है, तो महिला का मेहर का अधिकार खत्म हो जाता है, क्योंकि दोनों ही मामलों में पति-पत्नि मिलकर विवाह भंग के लिए सहमत होते हैं।

"मुता" विवाह (Muta Marriage)

मुसलमानों में भी अस्थाई प्रकार के विवाह का प्रचलन है जिसे "मुता" विवाह कहते हैं। यह विवाह स्त्री व पुरुष के आपसी समझौते से होता है और इसमें कोई भी रिश्तेदार हस्तक्षेप नहीं करता। पुरुष को एक मुस्लिम या यहूदी या ईसाई स्त्री से "मुता" विवाह के संविदा का अधिकार है, किन्तु एक स्त्री एक गैर-मुस्लिम से "मुता" संविदा नहीं कर सकती है। "मुता" विवाह से प्राप्त पत्नी को "सिघा" (Sigha) नाम से जाना जाता है। आजकल भारत और पाकिस्तान में इस विवाह का प्रचलन नहीं है। यह केवल अरब देशों में ही प्रचलित है। इसके अतिरिक्त यह विवाह शिया लोगों में ही वैध माना जाता है और सुन्नियों में नहीं। इस प्रकार के विवाह की वैधता के लिए दो बातें आवश्यक हैं: (i) सहवास (cohabitation) की अवधि पहले ही निश्चित होनी चाहिए (ii) मेहर की राशि भी पहले ही निश्चित होनी चाहिए। यदि अवधि निश्चित नहीं है और मेहर निश्चित है तो विवाह स्थाई माना जाता है, किन्तु यदि अवधि निश्चित है और मेहर निश्चित नहीं है तो विवाह अवैध (void) माना जाता है। यदि अवधि निश्चित है और सहवास अवधि समाप्ति के बाद भी चलता रहता है तो यह मान लिया जाता है कि अवधि बढ़ा दी गई है, और इस बीच उत्पन्न हुई सन्तान भी वैध मानी जाती है, और स्त्री के सगे रिश्तेदारों को उन्हें स्वीकार करना पड़ता है। परन्तु "मुता" विवाह स्त्री-पुरुष के बीच विरासत (inheritance) के अधिकार प्रदान नहीं करता है। "सिघा" पत्नि भरण-पोषण की राशि (maintenance amount) का दावा नहीं कर सकती है और न ही उसे अपने पति की सम्पत्ति से विरासत में ही कुछ हिस्सा मिलेगा। लेकिन सन्तान वैध होने के कारण, पिता की सम्पत्ति में से अपना हिस्सा पाने की अधिकारी है। मुता विवाह में तलाक भी मान्य नहीं है, किन्तु पति अपनी पत्नि को बचे हुए समय की "भेंट" (gift) देकर समझौते (contract) को समाप्त कर सकता है। यदि विवाह उपभक्त (consummate) नहीं हुआ है तो पूर्व निर्धारित मेहर का आधा भाग ही देय होता है; किन्तु विवाह के उपभक्ति पर मेहर की पूर्ण राशि देय होती है।

मुस्लिम कानून में "मुता" विवाह को हेय (condemned) माना जाता है। यह न केवल

इसलिए कि विवाह अस्थाई होता है और "वली" (Wali) या दो साक्षियों की सहमति के बिना व्यक्तिगत रुप से किया गया समझौता होता है, बल्कि इसलिए भी कि स्त्री ने अपना घर नहीं छोड़ा तथा उसके रिश्तेदारों ने उस पर अपना अधिकार नही छोड़ा और सन्तान पिता की न हो सकी, और उसके वंश से सम्बन्धित न हो सकी। अतः इस विवाह के प्रति विरोधी रुख इसलिए अपनाया गया क्योंकि इस विवाह में पायी जाने वाली मातृ स्थानीयता व मातृवंशीयता इस्लाम द्वारा स्वीकृत पितृस्थानीयता व पितृवंशीयता से संघर्ष में आती थी। इस्लाम भी विवाह के स्थायित्व को मानता है और कोई भी बात जो प्रत्यक्ष या अप्रत्यक्ष रुप से अस्थायित्व को बढ़ावा देती हो उसको मान्यता प्रदान नही की गई।

विवाह विच्छेद (Divorce)

मुस्लिम कानून के अन्तर्गत विवाह समझौता (contract) या तो अदालती कार्यवाही द्वारा समाप्त किया जा सकता है या बिना अदालत के हस्तक्षेप के भी। न्यायिक प्रक्रिया द्वारा मुस्लिम विवाह अधिनियम, 1939 के अन्तर्गत या "मुस्लिम कानून" के अन्तर्गत तलाक प्राप्त किया जा सकता है। न्यायिक हस्तक्षेप के बिना भी पति की इच्छा से तलाक हो सकता है या फिर पति और पत्नि के आपसी सहमति से भी हो सकता है, जिसे "खुला" या "मुबारत" कहते हैं। "खुला" और "मुबारत" में अन्तर यह है कि "खुला" तलाक में पहल पत्नि की होती है और "मुबारत" में पहल किसी की भी हो सकती है क्योंकि दोनों ही पक्ष तलाक के इच्छुक होते हैं। तलाक की प्रक्रिया को या तो मुंह जबानी (oral) कुछ उद्घोषणा (pronouncement) करके या तलाकनामा लिखकर पूर्ण किया जा सकता है। तलाक की उद्घोषण या तो निरसनीय (रद्द करने योग्य–revocable) या अनिरसनीय (Irrevocable) हो सकती है। अनिरसनीय घोषणा से विवाह-विच्छेद तुरन्त होता है जबकि निरसनीय घोषणा से "इद्दत" की अवधि समाप्त होने तक विवाह-विच्छेद नहीं होता। इस अवधि में घोषणा का निरसन या तो अभिव्यक्ति द्वारा या विवाहित संबंध आरम्भ कर बिना अभिव्यक्ति के किया जा सकता है। तलाक निम्नलिखित तीन तरह से दिया जा सकता है:

1. *तलाक-ए-अहसन*—इसके अन्तर्गत "तलाक" की अधिघोषणा मासिक धर्म की अवधि "तुहर" में एक ही बार की जाती है और इद्दत की अवधि तक यौन सम्बन्ध स्थापित नहीं किया जाता है। शियाओं में इस तलाक को मान्यता नहीं दी जाती है। सुन्नियों में भी नशे की हालत में या गम्भीर धमकी की अवस्था में की गयी "तलाक" की घोषणा निरर्थक होती है।

2. *तलाक-ए-हसन*—इसमें तीन घोषणाएँ सम्मिलित होती हैं जो लगातार तीन मासिक धर्म "तुहर" की अवधि में की जाती हैं, और इस अवधि में किसी भी प्रकार का यौन सम्पर्क नहीं किया जाता है।

3. *तलाक-ए-उल-बिदत*—इसके अन्तर्गत एक ही "तुहर" की अवधि में एक ही वाक्य में तीन घोषणाएं करने से (मैं तुम्हें तीन बार तलाक देता हूं), या तीन बार तीन वाक्यों में दोहरा कर (मैं तुम्हें तलाक देता हूं, मैं तुम्हें तलाक देता हूं, मैं तुम्हें तलाक देता हूं) तलाक हो जाता है, या फिर एक ही तुहर में उक्त वाक्य को एक ही बार कहने पर, जिसमें विवाह समाप्त करने की अनिरसनीय इच्छा प्रकट की गयी हो (जैसे, मैं तुम्हें अनिरसनीय आधार पर तलाक देता हूं) तलाक हो जाता है।

इस प्रकार प्रथम दो प्रकार (अहसन और हसन) के तलाक के अंतर्गत दोनों ही पक्षों में समझौते के अवसर होते हैं, लेकिन तीसरे में नहीं। तलाके-अहसन को अधिक मान्यता प्राप्त है।

इन तीन प्रकार के तलाकों के साथ साथ 1937 के शरियत कानून के अनुसार निम्नलिखित प्रकार के तलाकों का भी उल्लेख है:

1. *इला*—यदि पति यौन परिपक्वता प्राप्त करने के बाद चार माह तक या निश्चित अवधि तक यौन सम्पर्क से अलग रहने की सौगन्ध लेता है, तो वह "इला" करता है। यदि वह इस अवधि में यौन समागम नहीं करता है तो विवाह विच्छेद वैध मान लिया जाता है, जैसा कि तलाके-उल-बिदत के अन्तर्गत होता है जिसमें पति एक ही बार तलाक की घोषणा करता है। "हनाफी" सम्प्रदाय के सुन्नियों में "इला" तलाक का मान्य रुप है, लेकिन "शफाई" सम्प्रदाय के सुन्नियों में "इला" तलाक लेने का केवल एक आधार होता है।

2. *"ज़िहर"*—परिपक्वता प्राप्त पति दो साक्षियों के समक्ष अपने पूरे होशों-हवास में यह घोषणा करता है कि उसकी पत्नि उसके माँ की पीठ (back) (अथवा किसी अन्य की पीठ जिसके साथ उसका विवाह निषेधित है) के समान है तो वह "ज़िहर" तलाक होता है। परन्तु "ज़िहर" विवाह-विच्छेद नहीं होता, बल्कि यह पत्नि के लिए पति से तलाक लेने के लिए एक आधार तैयार करता है।

3. *"लियान"*—इसके अन्तर्गत पति अपनी पत्नि पर व्यभिचार (adultery) का लांछन लगाता है। इस पत्नि को अदालत को अपील करने का आधार मिल जाता है कि या तो उसका पति आरोप वापस ले या फिर ईश्वर की सौगन्ध लेकर कहे कि उसके द्वारा लगाया गया लांछन सत्य है। यदि पति अपना आरोप वापस नहीं लेता बल्कि ईश्वर की सौगन्ध लेता है तो पत्नि को भी एक विकल्प (option) मिलता है कि या तो वह अपने ऊपर लगाया गया लांछन स्वीकार कर ले या फिर पति की ही तरह ईश्वर की सौगन्ध ले कि वह निर्दोष है। इस प्रकार शपथ लेने को "लियान" कहते हैं। पति-पत्नि के इस प्रकार सौगन्ध लेने के बाद पति को यह विकल्प मिलता है कि वह न्यायालय के माध्यम से तलाक ले ले।

1939 के मुस्लिम विवाह विच्छेद अधिनियम के अन्तर्गत न्यायालय से न्यायिक व्यवस्था द्वारा भी तलाक लिया जा सकता है। इस अधिनियम के आधार पर महिला को यह अधिकार प्राप्त है कि वह निम्नलिखित अवस्थाओं में पति को तलाक दे सकती है: जब पति दो वर्ष तक पत्नि का भरण-पोषण न कर सके; यदि पति को सात या सात वर्ष से अधिक की जेल हो जाये; यदि चार या अधिक वर्षों से पति ने पत्नि का परित्याग किया हो; पति तीन साल तक यौन सम्पर्क न करे; यदि पति नपुंसक हो; यदि दो साल तक पति पागल हो; यदि पति किसी असाध्य रोग (कोढ़ या वी.डी.) से पीड़ित हो; यदि पति क्रूर हो; या पत्नि के अठारह वर्ष पूर्ण होने से पहले यौन परिपक्वता धारण करने का विकल्प रखता हो।

मुस्लिम कानून के क्रियान्वयन के अन्तर्गत जीवन-साथी के धर्म परिवर्तन के कारण भी विवाह विच्छेद लिया जा सकता है। पति के धर्म परिवर्तन के कारण विवाह-विच्छेद तुरन्त हो सकता है। अतः यदि एक पुरुष ईसाई धर्म में परिवर्तन कर लेता है और उसकी पत्नी इद्दत की अवधि पूर्ण होने से पूर्व ही किसी दूसरे पुरुष से विवाह कर लेती है तो वह द्वि-विवाह (bigamy) की दोषी नहीं होगी

क्योंकि धर्म परिवर्तन तुरन्त विवाह विच्छेद का कार्य करता है। 1939 के अधिनियम के पूर्व पत्नी के धर्म परिवर्तन करने पर भी विवाह विच्छेद तुरन्त लागू होता था पर अब नहीं। लेकिन यह तथ्य उन स्त्रियों पर लागू नहीं होता जो अन्य किसी धर्म से परिवर्तित होकर इस्लाम में आई हों। इस प्रकार यदि कोई हिन्दू लड़की इस्लाम स्वीकार कर लेती है और मुस्लिम कानून के अन्तर्गत विवाह करती है तो उसके इस्लाम त्यागने और हिन्दू धर्म पुनः अपनाने के तुरन्त बाद ही विवाह-विच्छेद हो जायेगा। यदि वह अपने पुराने धर्म में वापस नहीं आती है और कोई दूसरा धर्म अपना लेती है (जैसे ईसाई हो जाती है) तो ऐसे परिवर्तन से तुरन्त विवाह-विच्छेद नहीं होगा।

इन सभी मामलों में विवाह-विच्छेद होने पर कानूनी प्रभाव इस प्रकार होंगे: पत्नी इद्दत का पालन करने के लिए बाध्य होती है; इद्दत की अवधि में भरण पोषण की व्यवस्था करने के लिए पति ही जिम्मेदार होता है; "इद्दत" की अवधि से पूर्व पत्नी पुनर्विवाह के लिए समझौता नहीं कर सकती; तथा पत्नी स्थगित मेहर (Deferred Dower) की अधिकारी होगी।

कुछ वर्ष पूर्व सर्वोच्च न्यायालय ने एक मुस्लिम महिला शाह बानो को पति से तलाक मिलने पर भरणपोषण-भत्ता दिये जाने के आदेश किये थे। मुस्लिम नेताओं ने उच्चतम न्यायालय के इस कानूनी निर्णय को मुस्लिम व्यक्तिगत कानून (Muslim Personal Law) में हस्तक्षेप बताया, जिस कारण सरकार को मुस्लिम महिला (Protection of Rights in Divorce) ऐक्ट, 1986 पास करना पड़ा। इसी प्रकार फरवरी 1993 में उत्तर प्रदेश उच्च न्यायालय ने एक तीस-वर्षीय हमीदन नाम की महिला को तलाक मिलने पर उसके स्वयं के और दो बच्चों के लिए 32 वर्षीय पति से 600 रुपये महीने पोषण भत्ता दिये जाने के आदेश किये। मुस्लिम नेताओं ने इस निर्णय को भी "शरीयत" में हस्तक्षेप और मुस्लिम महिला तलाक एक्ट (Muslim Women's Divorce Act) के प्रावधानों का उल्लंघन बताया। अखिल भारतीय मुस्लिम पर्सनल ला बोर्ड (The All India Muslim Personal Law Board) ने तो उच्च न्यायालय में इस निर्णय के विरुद्ध एक पुनर्निरीक्षण याचिका (review petition) भी दाखिल की।

तलाके-उलबिदत प्रथा (जिस में तीन बार घोषणा करने से तलाक हो जाता है) को इलाहाबाद उच्च न्यायालय ने अप्रैल 1994 में अवैध बताया। इस न्यायालय ने शरीयत (Muslim Personal Law) ऐक्ट, 1937 में पति के एक ही समय तीन बार तलाक कहने पर तलाक देने के अधिकार का पुनर्निरीक्षण किया और निर्णय दिया कि इस प्रकार का तलाक स्त्री की गरिमा के तथा हर नागरिक के मौलिक अधिकारों और कर्त्तव्यों के विरुद्ध है। जज महोदय की यह भी मान्यता थी कि एक ही बार में अनिरसनीय (irrevocable) घोषणा करके विवाह समाप्त करना इस्लाम सुन्नत (Islam Sunnat) के अन्तर्गत पाप (Sin) माना गया है। अतः न्यायाधीश का विचार था कि वर्तमान समय के अनुकूल मुस्लिम विवाह व तलाक आदि विषयों पर नया कानून बनाना चाहिए। मुस्लिम नेताओं ने इस मसले को भी अदालत के अधिक्षेत्र से परे माना और उच्च न्यायालय में अपील की। सर्वोच्च न्यायालय ने जुलाई 1994 में इलाहाबाद के न्यायाधीश तिलहारी के निर्णय को अस्वीकार कर दिया।

दूसरी ओर कुछ विद्वानों का विचार है कि अब समय आ गया है कि मुस्लिम महिलाओं को राजनैतिक आधार पर अपने को संगठित करके विवाह, तलाक, आदि कानूनों में संशोधन के लिए,

तथा कानूनी संरक्षण, सामाजिक-आर्थिक संपालन व सम्पत्ति विरासत संबंधी अधिकार आदि प्राप्त करने के लिए लड़ना चाहिए। सरकार या रुढ़िवादी धार्मिक नेता मुस्लिम महिलाओं की प्रस्थिति ऊंचा करने में रुचि लेंगे इसकी सम्भावना नहीं है। अतः महिलाओं को ही अपने को राजनैतिक आधार पर संगठित करके अपने लिए आर्थिक व सामाजिक परिवर्तनों के लिए प्रयास करने होंगे।

हिन्दू व मुस्लिम विवाह में अन्तर (Difference between Hindu and Muslim Marriages)

हिन्दू और मुस्लिम विवाहों में निम्नलिखित चार आधारों पर भेद किया जा सकता है: (i) विवाह के उद्देश्य और आदर्शों के आधार पर (ii) विवाह व्यवस्था के स्वरूप के आधार पर, (iii) विवाह की प्रकृति के आधार पर, और (iv) विवाह सम्बन्धों के आधार पर।

उद्धेश्य और आदर्श

हिन्दू विवाह में धर्म व धार्मिक भावनाओं की महत्वपूर्ण भूमिका होती है, किन्तु मुस्लिम विवाह में भावनाओं का कोई स्थान नहीं होता है। हिन्दू विवाह दो धार्मिक उद्देश्यों से किया जाता है: पहला, प्रत्येक हिन्दू का धार्मिक कर्त्तव्य है कि वह विवाह करे; दूसरा, प्रत्येक हिन्दू को पुत्र प्राप्ति करनी चाहिए ताकि वह पित्रों को पितृदान आदि कर सके। सभी धार्मिक क्रियाएं तभी मान्य होती हैं जबकि पति-पत्नि मिलकर उन्हें सम्पन्न करें। हिन्दू विवाह आदर्श के विरुद्ध मुस्लिम विवाह मात्र एक समझौता (contract) होता है जिससे यौन सम्बन्ध स्थापित हो सकें और सन्तानोत्पत्ति हो सके।

विवाह व्यवस्था के स्वरूप

"प्रस्ताव रखना" और उसकी "स्वीकृति" मुस्लिम विवाह की विशेषताएं हैं। प्रस्ताव कन्या पक्ष से आता है और जिस बैठक में प्रस्ताव आता है उसी में स्वीकार भी किया जाना चाहिए और इसमें ही साक्षियों (witnesses) का होना भी आवश्यक होता है। हिन्दुओं में ऐसा रिवाज नहीं है। मुस्लिम इस बात पर ज़ोर देते हैं कि व्यक्ति में संविदा का क्या सामर्थ्य है परन्तु हिन्दू इस प्रकार के सामर्थ्य में विश्वास नहीं करते। मुस्लिम लोग मेहर की प्रथा का पालन करते है जबकि हिन्दुओं में मेहर जैसी प्रथा नहीं होती है। मुसलमान बहु-विवाह (polygamy) में विश्वास करते हैं, लेकिन हिन्दू ऐसी प्रथा का तिरस्कार करते हैं। जीवन-साथी के चुनाव के लिए मुसलमान लोग वरीयता (preferential) व्यवस्था मानते हैं जबकि हिन्दुओं में ऐसी व्यवस्था नहीं है। मुसलमानों की तरह हिन्दू लोग "फासिद" या "बातिल" विवाह में भी विश्वास नहीं करते।

विवाह की प्रकृति

मुसलमान अस्थाई विवाह "मुताह" को मानते हैं, लेकिन हिन्दू नहीं मानते। हिन्दू विवाह में समझौते के लिए "इद्दत" को नहीं मानते। अन्तिम, हिन्दू लोग विधवा विवाह को हेय दृष्टि से देखते हैं, जबकि मुसलमान लोग विधवा विवाह में विश्वास रखते हैं।

विवाह सम्बन्ध

हिन्दुओं में विवाह-विच्छेद केवल मृत्यु के बाद ही सम्भव है, लेकिन मुसलमानों में पुरुष के उन्माद पर विवाह विच्छेद हो जाता है। मुसलमान पुरुष अपनी पत्नी को न्यायालय के हस्तक्षेप के बिना भी तलाक दे सकता है, लेकिन हिन्दू लोग न्यायालय के माध्यम से ही विवाह विच्छेद कर सकते हैं।

सामाजिक विधान में परिवर्तन की आवश्यकता

मुसलमानों ने, विशेष रुप से शिक्षित मुसलमानों ने, यह अनुभव किया है कि विवाह के सम्बन्ध में सामाजिक कानून व प्रचलित धार्मिक नियमों में विविध कारणों से परिवर्तन होना चाहिए: (i) पुराने नियम आज की औद्योगिक सभ्यता की आवश्यकताओं को पूरा नहीं करते; (ii) शिक्षा ने मनुष्य के विचारों में विस्तार किया है और वे सामाजिक प्रथाओं को अधिक आधुनिक बनाना चाहते हैं; (iii) अन्य सभ्यताओं के सम्पर्क में आने से मुसलमानों ने विवाह के प्रति दृष्टिकोण एवं व्यवहार में एक नया अध्याय जोड़ दिया है; (iv) स्त्रियों को अपनी स्थिति एवं अधिकारों का आभास होने लगा है, अतः वे पुरुष के बराबर के अधिकार चाहती हैं; (v) कुरान के तथ्यों की पुनः व्याख्या की आवश्यकता है, ताकि उन्हें जन आकांक्षाओं के अनुरुप बनाया जा सके।

दूसरी ओर परम्परागत विचारधारा भी है जो कि कुरान की व्याख्या में हस्तक्षेप पसन्द नहीं करती है। वह सुधार का विरोध करती है। परन्तु, शिक्षित वर्ग इस्लामिक विश्वासों एवं परम्पराओं में पुनर्विचार का पक्षधर है। आधुनिक विचारों के लोग रुढ़िवादी विचारों वाले अशिक्षित लोगों को समझाने का प्रयत्न करते रहे हैं कि उनकी सामाजिक रुढ़िवादिता (social conservatism) कुरान की शिक्षा के विपरीत है।

ईसाई विवाह (The Christian Marriage)

स्तरीकरण (Stratification)

जिस प्रकार हिन्दू अनेक जातियों में तथा मुसलमान शिया और सुन्नियों में विभाजित हैं, उसी प्रकार ईसाइयों में भी स्तरीकरण मिलता है। वे दो समूहों में विभाजित हैं—कैथोलिक और प्रोटेस्टेन्ट। कैथोलिक लेटिन कैथोलिक तथा सीरियन कैथोलिक में उप विभाजित हैं। प्रत्येक समूह और उप समूह अन्तर्विवाही (endogamous) होता है। कैथोलिक लोग प्रोटेस्टेन्ट्स में विवाह नहीं करते तथा लेटिन कैथोलिक सीरियन कैथोलिक समूह में विवाह नहीं करते। ईसाइयों में उक्त सामाजिक स्तरीकरण की पृष्ठभूमि में ईसाई विवाह का विश्लेषण किया जा सकता हैं और हिन्दू व मुस्लिम से तुलना भी।

उद्देश्य (Objectives)

व्यवहारिक रुप से हिन्दू, मुस्लिम व ईसाई विवाहों का एक उद्देश्य तो सामान्य (common) है—यौन सम्बन्धों को सामाजिक मान्यता प्रदान करना तथा संतान उत्पन्न करना। किन्तु हिन्दुओं में विवाह धार्मिक भावनाओं (sentiments) पर आधारित है, मुस्लिम विवाह में इसका कोई बड़ा महत्व नहीं है। ईसाई विवाह में धर्म बहुत महत्वपूर्ण है। ईसाई सोचते हैं कि विवाह का मानवीय

जीवन सम्बन्धी ईश्वर के उद्देश्य (God's purpose) में एक विशेष स्थान है । ईसाई समाज में यौन समागम एक आवश्यक बुराई नहीं समझी जाती और न इसे सन्तानोत्पत्ति के लिए एक साधन माना जाता है । ईसाइयों की मान्यता है कि विवाह ईश्वर की इच्छा से ही सम्पन्न होता है । विवाह के बाद स्त्री पुरुष एक दूसरे में समा जाते हैं । अतः विवाह उनमें न केवल जैविकीय सम्बन्ध परन्तु मानसिक और धार्मिक सम्बन्ध भी स्थापित करता है । ईसाई विश्वास के अनुसार विवाह के तीन उद्देश्य प्रमुख हैं: सन्तान उत्पत्ति, बिना विवाह के यौन सम्बन्धों से संरक्षण और पारस्परिक सहयोग व सान्त्वना । इन उद्देश्यों के आधार पर ईसाई विवाह को इस प्रकार परिभाषित किया जा सकता है "एक पुरुष और स्त्री के बीच यौन सम्बन्ध, पारस्परिक साहचर्य व परिवार की स्थापना के लिए एक अनुबंध है, जो सामान्यतः पूरे जीवन के लिए होता है ।"

जीवन-साथी का चुनाव व वैवाहिक संस्कार (Mate Selection and Marriage Rituals)

ईसाई समाज में हिन्दुओं की तरह जीवन-साथी का चुनाव दो प्रकार से होता है: बच्चों द्वारा स्वयं चुनाव व माता-पिता द्वारा चुनाव । परन्तु 10 में से 9 प्रकरणों में चुनाव माता-पिता के द्वारा ही होता है । जीवन-साथी के चुनाव में रक्त सम्बन्धों को दूर रखा जाता है तथा सामाजिक स्थिति, परिवार की स्थिति, शिक्षा, चरित्र, एवं स्वास्थ्य पर अधिक ध्यान दिया जाता है। इस प्रकार समरक्तता (consanguinity) व विवाह सम्बन्धी (affinity) प्रतिबन्धों के संदर्भ में ईसाई व हिन्दू विवाह में बहुत कम अन्तर पाया जाता है। मुसलमानों की भाँति विवाह में वरीय व्यक्ति (preferred person) का चुनाव नहीं होता है ।

जीवन साथी के चुनाव के पश्चात सगाई (betrothal) की रस्म निभाई जाती है । माता-पिता अपनी सम्मति पादरी को बता देते हैं जिसे पादरी पंचों तक पहुंचाता है । यह रस्म लड़की के घर ही होती है । लड़का लड़की को अंगूठी पहनाता है तथा लड़की भी अक्सर लड़के को अंगूठी पहनाती है । सगाई के बाद दोनों ही पक्षों को कुछ औपचारिकताएं पूरी करनी होती है; जैसे, गिरजे की सदस्यता का प्रमाण पत्र प्रस्तुत करना, चरित्र प्रमाण-पत्र देना, तथा विवाह की निश्चित तिथि के तीन सप्ताह पूर्व चर्च में विवाह हेतु प्रार्थना पत्र प्रस्तुत करना । चर्च का पादरी इसके पश्चात विवाह के विरुद्ध लिखित आपत्ति मांगता है । एक निश्चित अवधि में कोई आपत्ति न आने पर पादरी विवाह की तिथि निश्चित कर देता है । कन्या जिस गिरजे की सदस्य होती है उसी में विवाह सम्पन्न होता है । पादरी वर व कन्या दोनों से पूछता है कि क्या वे एक दूसरे को पति पत्नि के रुप में स्वीकार करते हैं और जब वे अपनी सहमति दे देते हैं तब पादरी गवाहों के समक्ष दम्पत्ति को यह घोषित करने को कहता है व विवाह सम्पन्न करता है: "मैं (नाम) ईश्वर की उपस्थिति में तथा प्रभु ईशु के नाम पर तुम को (नाम) वैधानिक पति/ पत्नि स्वीकार करता/ करती हूं" ।

विशेषताएँ (Features)

ईसाई एक-विवाह (monogamy) को आदर्श मानते हैं तथा बहु-विवाह निषेधित है । 1872 का भारतीय ईसाई विवाह अधिनियम जिसमें 1891, 1903, 1911, 1920 तथा 1928 में संशोधन

किया गया था, ईसाई विवाह के सभी पक्षों पर प्रकाश डालता है, जैसे, विवाह कौन सम्पादित करेगा, किस स्थान पर (यानि चर्च में) सम्पन्न होगा, किस समय सम्पन्न होगा (6 बजे प्रातः से 7 बजे सांय तक), विवाह के समय वर व वधू की कम से कम आयु क्या हो और वे शर्तें जिनके अन्तर्गत विवाह सम्पन्न होना है (विवाह के समय दोनों पक्षों के जीवित प्रेम साथी नहीं होने चाहिए)।

ईसाई विवाह-विच्छेद को भी मानते हैं, यद्यपि चर्च इसकी अनुमति नहीं देता। सन् 1869 के भारतीय विवाह-विच्छेद अधिनियम के द्वारा भारतीय ईसाइयों को विवाह-विच्छेद की वैधानिक अनुमति प्राप्त है। इस अधिनियम में विवाह-विच्छेद, विवाह को अवैध घोषित करना, न्यायिक पृथक्ककरण, सुरक्षा आदेश, तथा विवाह सम्बन्धी अधिकार की पुनः स्थापना शामिल है।

विवाह को निम्नलिखित आधारों पर अवैध घोषित किया जा सकता है: पति-पत्नि के बीच निकट का रक्त सम्बन्ध, पति नपुंसक हो, साथी के पागल होने पर, और पति के दूसरी शादी करने पर। पति के क्रूर तथा व्यभिचारी होने पर न्यायिक पृथक्करण (judicial separation) भी लिया जा सकता है।

ईसाइयों में मेहर या दहेज की पृथा नहीं है। विधवा विवाह न केवल मान्य है, बल्कि उसको प्रोत्साहन भी दिया जाता है।

अन्त में कहा जा सकता है कि ईसाई विवाह हिन्दू विवाह की भांति पवित्र बन्धन (sacrament) नहीं है। यह स्त्री और पुरुष के बीच एक समझौता है जिसमें यौन सम्बन्धों पर कम बल दिया जाता है, किन्तु आपसी सहयोग तथा सहायता पर अधिक बल दिया जाता है।

REFERENCES

Ali, Syed Ameer, *Personal Law of Mohammedans*, 1880.
Ameer, Ali, *The Spirit of Islam*, 1935.
Fyzee, A.A.A., *Outlines of Muhammedan Law*, 1938.
Gibb, H.A.R., *Modern Trends in Islam*, 1945.
Kapadia, K.M., *Marriage and Family in India*, Oxford University Press, Delhi, 1972.
Misra, S.C., *Muslim Communities in Gujarat*, 1956.
Mulla, Sir Dinsha, *Principles of Mahommedan Law*, 1950
Sarkar, S.C., *Some Aspects of the Early Social History of India*, 1948.
Saxena, Kashi Prasad, *Muslim Marriage*, 1959.
Shukri, Ahmed, *Muhammedan Law of Marriage and Divorce*, 1917.

अध्याय 8

विवाह की आयु
Age at Marriage

सही जीवन-साथी ढूंढना तथा जीवन-साथी के साथ व्यक्तिगत सम्बन्धों का विकास विवाह के महत्वपूर्ण तथ्य हैं। लड़के व लड़कियां हो सकता है स्वयं विवाह करना चाहते हों या फिर उनके माता-पिता उन्हें विवाह के लिए बाध्य करते हों परन्तु विवाह के लिए 'तैयार' न हों। विवाह की "तैयारी" से अभिप्राय है कि "दोनों ही साथी विवाह का उत्तरदायित्व निर्वाह करने के योग्य हों"। व्यक्ति को न केवल जीवन-साथी का उत्तरदायित्व निभाना होता है, अपितु उसे उन दायित्वों के वहन करने की भी योग्यता होनी चाहिए जो एक दो वर्ष बाद गर्भाधान और उसके पश्चात की समस्याओं से सम्बद्ध होती हैं। अतः विवाह में सम्बद्ध व्यक्तियों की दक्षता (skills) और साधनों (resources) का होना आवश्यक है। इसी कारण विवाह में आयु सबसे महत्वपूर्ण प्रश्न है।

प्राचीन भारत में विवाह की आयु (Marriage Age in Ancient India)

वैदिक युग में यौन-परिपक्वता के पश्चात ही (post-puberty) विवाह का प्रचलन था (राज बली पाण्डे,1949)। आठवें वर्ष में दीक्षा संस्कार के पश्चात बालक को गुरु-गृह भेज दिया जाता था जहां उसे लगभग 12 वर्ष तक रहना पड़ता था। यह अवधि ब्रह्मचर्य के नाम से जानी जाती थी। इस प्रकार सामान्यतया विवाह के समय उसकी आयु 20 वर्ष होती थी। चूंकि पति पत्नि की आयु में आदर्श अन्तर 2 से 5 वर्ष का माना जाता था, अतः हम यह कह सकते हैं कि लड़कियों का विवाह अल्पायु (tender age) में नहीं होता था। ईसा से लगभग 400 वर्ष पूर्व से लड़कियों की विवाह योग्य आयु में धीमें-धीमें कमी आई और 8 से 10 वर्ष के बीच लड़कियों के विवाह की आयु की प्रवृत्ति में वृद्धि होने लगी। "गृहसूत्र" में भी "नग्निका" (nakedness) अवस्था ही विवाह की सबसे उपयुक्त आयु मानी गई है। ऋषि पाराशर ने लड़कियों को पाँच समूहों में विभक्त किया है: आठ वर्ष से कम आयु की लड़की को उन्होंने "नग्निका" की संज्ञा दी, आठ वर्ष की लड़की को "गौरी", नौ वर्ष की लड़की को रोहिणी, दस वर्ष की लड़की को "कन्या", और दस वर्ष से ऊपर आयु की लड़की को "रजस्वला" की संज्ञा दी। उन्होंने इस बात पर भी बल दिया कि लड़की का विवाह "नग्निका" अवस्था में ही होना चाहिए तथा "रजस्वला" होने तक लड़की को अविवाहित रखने के कारण उसके माता-पिता नरक में जाते हैं। वह ब्राह्मण जो एक रजस्वला लड़की से विवाह करता है उससे न कोई बातचीत करे और न ही उसके साथ एक पंक्ति में बैठ कर भोजन करे (काने,1946:445)। "धर्म सूत्र" में भी "नारीत्व" (womanhood) प्राप्त करने से पूर्व ही लड़की के विवाह का विधान है। छठीं और सातवीं एडी. शताब्दी पश्चात, ब्राह्मण लड़कियों के आठ व दस वर्ष के बीच विवाह की आयु को सामान्यतया स्वीकार कर लिया गया था (धुर्ये, 1963:62)। इस प्रकार अधिकतर शास्त्रीय विचारधारा इस बात की पक्षधर थी कि लड़की का विवाह यौन-परिपक्वता से पूर्व ही सम्पन्न होना

चाहिए। इस तथ्य पर बल भी तथा प्रोत्साहन भी दिया गया।

कापड़िया (1966: 140-142) के अनुसार यौन परिपक्वता पूर्व विवाह संबंधी विचारधारा के प्रादुर्भाव में तीन कारक माने जा सकते हैं, जिन्हें उन्होंने "सिद्धान्त" भी कहा है: कौमार्य (virginity) सिद्धान्त, संस्कार (sanskara) सिद्धान्त, और स्त्री आधिपत्य (woman's dominion) सिद्धान्त। अपने प्रथम (कौमार्य) सिद्धान्त के अन्तर्गत महाभारत से अनेक घटनाओं का सन्दर्भ देते हुए उन्होंने कहा कि महाकाव्य (रामायण-महाभारत) काल में लड़कियों के लिए 'कुमारी' होना आवश्यक नहीं था, किन्तु महाकाव्येतर काल में लड़की का कौमार्य उसका सर्वोच्च गुण माना जाने लगा तथा यह सम्मान का सूचक भी बन गया। समाज के नैतिक स्तर को ऊंचा उठाने तथा लड़की को कौमार्य भंग होने की सम्भावना से बचाने के दृष्टिकोण से ब्राह्मणों ने समय पूर्व विवाह के विधान की रचना कर डाली।

"संस्कार" सिद्धान्त के अनुसार जन्म से लेकर मृत्यु पर्यन्त प्रत्येक व्यक्ति के जीवन में विभिन्न स्थितियों में अनेक धार्मिक संस्कार जीवन की शुद्धि (purification) एवं उच्च जीवन के समारंभ के लिए सम्पन्न किए जाते हैं। इन संस्कारों को तीन भागों में विभाजित किया जा सकता है: (i) वे संस्कार जो जन्म के पूर्व एवं पश्चात सम्पन्न किये जाते हैं, (ii) वे संस्कार जो छात्र-जीवन प्रारम्भ से लेकर समाप्त होने तक की अवधि में सम्पन्न किए जाते हैं, (iii) वे संस्कार जो गृहस्थ जीवन में प्रवेश के समय सम्पन्न होते हैं। प्रथम अवस्था के संस्कार गर्भाधान के समय से प्रारम्भ होकर मुण्डन संस्कार तक चलते रहते हैं। द्वितीय अवस्था के संस्कार गुरु गृह-प्रवेश से लेकर छात्र-जीवन के पूर्ण होने तक चलते हैं। तृतीय अवस्था के संस्कार विवाह से प्रारम्भ होकर अन्त्येष्टि तक होते हैं। चूंकि लड़कियों के लिए विवाह ही एक मात्र संस्कार है जो उनको पवित्रता प्रदान करता है (क्योंकि पुरुष के लिए उपर्युक्त अन्य कई ऐसे संस्कार हैं) और यह संस्कार उनको सामाजिक और धार्मिक दृष्टिकोण से गृहस्थी के कर्त्तव्यों के वहन करने की दीक्षा (initiation) भी प्रदान करता है, अतः जितना शीघ्र उनका विवाह हो जाये उतना ही अच्छा रहे। इसी कारण सम्भवतः बाल विवाह की प्रथा को प्रोत्साहन मिला।

तृतीय सिद्धान्त "आधिपत्य हस्तान्तरण" (transfer of dominion) के अनुसार स्त्री स्वतंत्र नहीं रह सकती। विवाह पूर्व वह अपने पिता के आधिपत्य में होती है, विवाह उपरान्त अपने पति के आधिपत्य में, और वृद्धावस्था में, विधवा होने की स्थिति में, अपने पुत्रों के आधिपत्य में होती है। विवाह के द्वारा पिता के आधिपत्य का हस्तान्तरण पति के पक्ष में हो जाता है। अतः इससे पूर्व कि उसके मन में इस हस्तान्तरण को चुनौती देने का विचार उत्पन्न हो, उसका विवाह कर दिया जाना चाहिए। इसी कारण लड़कियों के लिए बाल-विवाह का विधान अस्तित्व में आया।

उपरोक्त तीनों सिद्धान्तों में प्रथम और तृतीय का कोई तर्क संगत आधार मालूम नहीं पड़ता। नैतिक पतन के कुछ उदाहरण देकर यह नहीं कहा जा सकता कि महाकाव्य काल में कौमार्य को अधिक महत्व नहीं दिया जाता था और क्योंकि महाकाव्येतर युग में ब्राह्मण कौमार्य को अधिक महत्व देना चाहते थे, इसी कारण बाद में विवाह योग्य कन्या के लिये कुमारी होना एक आवश्यक योग्यता हो गई और इससे पूर्व कि कोई लड़की अपने कौमार्य को खो दे, विवाह करना उसके लिए आवश्यक हो गया। हमारे धर्म ग्रन्थों में भी यह उल्लेख मिलता है कि महाकाव्य काल में भी स्त्री की पवित्रता

में ह्रास निन्दनीय होता था (वात्स्यायन)। यदि यह न होता तो पाण्डवों की माता कुन्ती को अपने अवैध पुत्र कर्ण का परित्याग क्यों करना पड़ता ? इस प्रकार यदि कापड़िया ने महाकाव्य एवं वैदिक युग के सन्दर्भों के बिना ही बाल विवाह को कौमार्य भंग होने के डर से जोड़ा होता तो उनका उपरोक्त कथन अधिक तर्कसंगत होता। इसी प्रकार उनका "आधिपत्य हस्तान्तरण" सिद्धान्त भी निराधार ही मालूम पड़ता है। प्राचीन काल की तो बात ही क्या है, आजकल भी शिक्षित लड़कियां इस बात पर प्रश्न नहीं करती हैं कि विवाहोपरान्त पिता से पति को अधिकार परिवर्तन न हो। तब हम कैसे कह सकते हैं कि ब्राह्मणों ने बाल-विवाह विधान इसलिए बनाया ताकि लड़कियां स्त्रीत्व प्राप्त करने के बाद आधिपत्य परिवर्तन को चुनौती न दे सकें।

राजबलि पाण्डे (1949: 321-323) ने उत्तर वैदिक काल में लड़की की विवाह योग्य आयु सीमा नीचे जाने के प्रश्न पर कुछ भिन्न मत व्यक्त किया है। उनका एक कथन तो यह है कि भारत की पूर्ण विजय के पश्चात आर्यों का जीवन सुख एवं विलासिता प्रिय हो गया और वे जीवन का अपूर्व आनन्द लेने में व्यस्त हो गए। इस कारण यौन जीवन जल्दी आरम्भ हुआ और विवाह भी। दूसरी ओर, वेदों के अध्ययन के रुक जाने के कारण पवित्र तथा अनुशासित जीवन व्यतीत करने के बन्धन भी ढीले पड़ गए; अतः लम्बे समय तक विवाह स्थगित किए जाने का कोई आवश्यक कारण नहीं रह गया। तीसरी बात यह कि तीसरी और चौथी शताब्दी ईसा पूर्व से भारत पर विदेशी आक्रमण प्रारम्भ हो गए। ग्रीक, बैक्ट्रियन, पार्थियन, और सिन्थियन लोग जो भारतीयों से शारीरिक रुप में अधिक बलवान किन्तु कम सभ्य थे, उत्तर पश्चिम सीमा प्रान्तों पर आधिपत्य कर बैठे। इन लोगों में स्त्रियों की प्रस्थिति अत्यन्त शोचनीय एवं निम्न स्तर की थी। स्त्री आनन्द और उपभोग की वस्तु मात्र मानी जाती थी। अतः हिन्दुओं के सामाजिक जीवन को संकट पैदा होने के कारण सुरक्षा कारणों से समय-पूर्व विवाह आवश्यकता बन गई। अन्तिम तथ्य यह भी सामने आया कि लड़की को पिता द्वारा पति को दी जाने वाली "भेंट की वस्तु" (gift) माना जाने लगा और जो वस्तु पहले ही उपभोग की जा चुकी हो उसको भेंट स्वरुप प्रदान नहीं किया जा सकता है। इसलिए "नग्निका" अवस्था में ही विवाह का विधान प्रारम्भ हुआ। जब स्त्री की विवाह आयु कम हो गई तब लड़कों की विवाह आयु पर भी इसका प्रभाव पड़ना आवश्यक था क्योंकि हिन्दुओं में पति-पत्नि की आयु में बड़ा अन्तर सहन नहीं किया जाता। अतः दोनों लड़कों और लड़कियों के लिए बाल विवाह का प्रचलन मान्य हो गया।

बाल-विवाह के चाहे जो भी कारण रहे हों, लेकिन तीन तथ्य इस प्रथा को प्रोत्साहन देने में सहायक सिद्ध हुए हैं: पहला, संयुक्त परिवार प्रथा ने बाल विवाह को अधिक प्रोत्साहित किया; दूसरा, अन्तर्विवाह (endogamy) के नियमों का कठोर हो जाना जो कि ईसा की आठवीं सदी के बाद अनिवार्य हो गया; और तीसरा, ऐतिहासिक कारक जिनमें मध्ययुगीन मुसलमानों द्वारा हिन्दू अविवाहित लड़कियों का शोषण सम्मिलित है। सदियों बाद भी बाल-विवाह का प्रचलन बढ़ता ही रहा। उन्नीसवीं सदी में ऐसे उदाहरण हैं जिनमें प्रसिद्ध लोगों ने कम आयु की लड़कियों से विवाह किये थे: रामकृष्ण परमहंस ने छः वर्ष की लड़की से विवाह किया, एम.जी.रानाडे ने आठ वर्ष की लड़की से विवाह किया, और महर्षि कर्वे ने नौ वर्ष की लड़की से विवाह किया। 1931 की जनगणना की रिपोर्ट (Vol 1, Part II, 125) के अनुसार, भारत में 72.2% लड़कियों का विवाह 15 वर्ष की अवस्था से पूर्व हो चुका था और 34.1% का दस वर्ष की आयु से पूर्व हुआ था।

विवाह की आयु में आधुनिक प्रवृत्तियाँ (Recent Trends in Age at Marriage)

पिछले कुछ दशकों में किए गए समाजशास्त्रीय अध्ययनों से पता चलता है कि 1930 के बाद निरन्तर विवाह के समय आयु में वृद्धि ही हुई है। के.टी. मर्चेन्ट ने 1930-33 में (1935:101) बम्बई, सूरत, बड़ौदा, अहमदाबाद, पूना, आदि, नगरों के 598 युवा एवं अधेड़, कालेज व स्कूलों के मैट्रिकुलेट एवं अण्डर-मैट्रिकुलेट छात्र छात्राओं, अध्यापकों एवं लिपिकों पर एक अध्ययन किया जिससे यह तथ्य सामने आया कि कालेज में अध्ययनरत छात्र-छात्राओं में विवाह की औसत आयु 14.2 वर्ष, तथा मैट्रिकुलेट और अण्डर-मैटिकुलेट लोगों के मामले में यह 13.8 वर्ष थी। बी.एल. मनकद (B.L. Mankad, 1935:105) ने सौराष्ट्र नगर के एक उच्च जाति की तीन पीढ़ियों का अध्ययन 1934-35 में किया। उन्होंने पिता के पिता (दादा) की पीढ़ी के 158 व्यक्तियों का, पिता की पीढ़ी के 1,002 व्यक्तियों का, और वर्तमान पीढ़ी के 1,121 लोगों का साक्षात्कार किया। उनका निष्कर्ष था कि पितामह की पीढ़ी में लड़की के विवाह की आयु औसत रुप में 11.42 वर्ष थी, पिता की पीढ़ी में 13.59 वर्ष, और वर्तमान पीढ़ी में 14.81 वर्ष थी। श्रीमती जी.ब्री. देसाई (देखें कापड़िया, 1966:158), जिन्होंने 1945 में बम्बई में रहने वाली 900 गुजराती स्त्रियों का अध्ययन किया, के अनुसार लड़कियों की औसत विवाह के समय आयु 15.46 वर्ष थी। कापड़िया (1966:158) ने 1951 में बम्बई में गुज़रात के 240 स्नातक अध्यापकों के विवाह का अध्ययन किया जिससे पता चला कि पिता की पीढ़ी में तारुण्य-पूर्व विवाह (pre-puberty marriage) 21.28% से घटकर बच्चों की पीढ़ी में 2.86% रह गये। एक दूसरे 1951 में ही किये गये अध्ययन में (1966:159), जिसमें उन्होंने 1941 और 1951 के मध्य विवाहित 148 लड़कियों का अध्ययन किया, उन्होंने पाया कि 10.1% सूचनादाताओं का विवाह 14-15 वर्ष आयु समूह में, 33.8% का 17-18 वर्ष आयु समूह में, 22.3% का 19-20 वर्ष आयु समूह में, 16.9% का 21-24 वर्ष आयु समूह में और 4.1% का 25-27 वर्ष आयु समूह में विवाह सम्पन्न हुआ था। क्योंकि इन 148 मामलों में 35 महिलाएं मैट्रिक पास या उच्च शिक्षा प्राप्त थीं, और 20 मामलों में स्नातक और स्नातकोत्तर शिक्षा प्राप्त थीं, अतः यह कहा जा सकता है कि देर से विवाह के लिए शिक्षा एक कारण है। 1951 की जनगणना (1951:3-1953: 145) के आँकड़ों के अनुसार भारत में लड़के और लड़कियों के विवाह की आयु की मध्यका (median) क्रमशः 20 और 14.5 वर्ष थी। राष्ट्रीय प्रतिदर्श सर्वेक्षण रिपोर्ट (National Sample Survey Report) के आँकड़े दर्शाते हैं कि आज ग्रामीण व नगरीय दोनों ही क्षेत्रों में तारुण्योतर (post-puberty) विवाह की प्रवृत्ति में वृद्धि हो रही है। विभिन्न वर्षों में ग्रामीण व नगरीय क्षेत्रों में लड़के व लड़कियों के विवाह की माध्य (mean) आयु निम्नलिखित तालिका से स्पष्ट होती है:

व्यक्ति	*क्षेत्र*	*विवाह-वर्ष*					
		1930-39	1940-45	1946-51	1961	1971	1981
लड़के	ग्रामीण	20.5	20.3	20.2	20.8	21.1	21.6
	नगरीय	22.0	22.5	23.0	23.3	23.7	24.2
	योग	20.4	20.6	20.9	21.3	21.9	22.2

लड़कियां	ग्रामीण	14.1	14.6	14.6	15.7	16.7	17.8
	नगरीय	14.7	15.6	16.4	17.9	19.2	20.1
	योग	13.7	14.4	14.8	16.1	17.2	18.4

अन्तर्जातीय व अन्तर्समुदाय के 250 मामलों के आधार पर सी.टी.कैन्नन (1963) द्वारा 1961 में बम्बई में किया गया अध्ययन यह दर्शाता है कि लड़कियों की औसत विवाह आयु 22.4 वर्ष तथा लड़कों की 27.5 वर्ष थी। यह अध्ययन यह संकेत भी करता है कि यदि साथी के चुनाव को निश्चय करने की आजादी दे दी जाये तो हम देखेंगे कि वर्तमान पीढ़ी की प्रवृत्ति विवाह आयु को बढ़ाने की पक्षधर है।

इस प्रवृत्ति की वृद्धि के कई कारण हैं: (i) बाल विवाह निरोधक अधिनियम (शारदा एक्ट, 1929 व हिन्दू विवाह अधिनियम, 1955) के द्वारा रोक लगाया जाना, (ii) शिक्षा का प्रसार, विशेष कर महिलाओं में, (iii) रोजगार पाने के लिए पूर्ण रुपेण विशिष्ट शिक्षा की आवश्यकता, (iv) जीवन-साथी के चुनाव में लड़कों और लड़कियों को आजादी, (v) परिवार के संयुक्त ढाँचे में परिवर्तन तथा आर्थिक दृष्टि से पत्नी और बच्चों के भरण पोषण के उत्तरदायित्व को वहन करने में परिवर्तन, (vi) परिवार के आकार को सीमित करने तथा जीवन स्तर उठाने की इच्छा, (vii) विवाह के उद्देश्य में परिवर्तन (धार्मिक विवाह से साहचर्य विवाह की ओर)।

विवाह की आयु में परिवर्तन लाने वाले उपरोक्त कारकों के अतिरिक्त एक और महत्वपूर्ण कारक है बाल-विवाह के दुष्कार्यात्मक पक्ष (dysfunctional aspect) का अनुभव होना। तारुण्य-पूर्व विवाह न केवल व्यक्ति के लिए दुष्कार्यात्मक है, बल्कि परिवार व समाज के लिए भी। इससे माँ के स्वास्थ्य पर बुरा प्रभाव पड़ता है क्योंकि वह इस आयु में मातृत्व (maternity) के बोझ को सम्हालने में असमर्थ होती है। माँ की तुलनात्मक अपरिपक्वता बच्चों के स्वास्थ्य पर भी प्रभाव डालती है। जल्दी विवाह होने के कारण जनन अवधि भी अधिक हो जाती है; परिणामस्वरुप परिवार भी बढ़ता जाता है जिससे न्यूनतम जीवन स्तर बनाए रखना कठिन हो जाता है। कहीं-कहीं तो बाल-विवाह के कारण परिवार में अव्यवस्थाएं भी हो जाती हैं जो पारिवारिक विघटन की ओर ले जाती हैं। बाल-विवाह के कारण अनैतिकता तथा आत्महत्या तक समाज में देखे जाते हैं। इन सब के कारण आज के लोग, विशेष रुप से शिक्षित व्यक्ति, बाल-विवाह अस्वीकार करने लगे हैं।

एक ओर जहाँ भारत में जल्दी विवाह से विलम्ब विवाह (late marriage) की प्रवृत्ति बढ़ रही है, वहीं दूसरी ओर अमेरिका तथा कुछ यूरोपीय देशों में इसका विपरीत विचार विकसित हो रहा है। इसका एक कारण यह है कि उन देशों में लड़के लड़कियों को एक दूसरे के निकट सम्पर्क में आने की पूर्ण स्वतंत्रता है और प्रेम प्रसंगों (courtship) के द्वारा ही जीवन साथी का चुनाव किया जाता है। इससे कभी कभी विवाह से पूर्व यौन सम्बन्धों के कारण उन्हें विवाह के लिए बाध्य होना पड़ता है। दूसरा कारण यह भी है कि असफल विवाह के कारण तलाक की सुविधा प्राप्त है। यद्यपि भारत में भी लोगों को यह स्वतंत्रता प्राप्त है, फिर भी हमारे सामाजिक-सांस्कृतिक मूल्यों के कारण हमारे समाज में तलाक को प्रोत्साहन नहीं मिलता।

अन्तिम कारण यह भी है कि उन देशों में विवाह के बाद पत्नी अपने पति पर आर्थिक दृष्टि से

निर्भर नहीं होती जैसा कि भारत में पाया जाता है । उन देशों में तो स्त्री को अपनी जीविका स्वयं अर्जित करनी पड़ती है ।

बाल-विवाह के विरुद्ध अपनाये जाने वाले उपाय (Measures Against Child Marriages)

भारत में बाल-विवाह को रोकने में सर्वप्रथम मालाबारी, राजा राम मोहन राय, और ईश्वर चन्द्र विद्या सागर, जैसे सामाजिक सुधारकों ने प्रयत्न प्रारम्भ किए थे। 1846 में विधि आयोग (Law Commission) ने सिफारिश की कि 10 वर्ष से कम आयु की पत्नी के साथ यौन सम्बन्धों का निषेध किया जाना चाहिए। इस सिफारिश को 1860 में लागू किया गया जबकि भारतीय दण्ड संहिता (Indian Penal Code) में व्यवस्था की गई कि 10 वर्ष से कम आयु की पत्नी से यौन सम्पर्क अपराधिक आक्रमण (criminal assault) माना जाये और इसके लिए आजन्म कारावास तक का दण्ड दिया जाये । किन्तु अधिनियम निरर्थक सिद्ध हुआ क्योंकि हिन्दू पत्नी स्वभाव से ही अपने पति की आज्ञा का नम्रता से पालन करती है । कुछ प्रान्तों द्वारा विवाह की न्यूनतम आयु निश्चित करने के प्रयत्न अवश्य किए गए। बंगाल सरकार 1891 में विवाह के समय न्यूनतम 12 वर्ष की आयु निश्चित करने के लिए एक अधिनियम पारित करना चाहती थी, किन्तु यह अधिनियम पारित न किया जा सका। मैसूर सबसे पहला राज्य था जिसमें विवाह की कम से कम आयु 9 वर्ष सम्बन्धित अधिनियम 1894 में पारित कर दिया; फिर 1904 में बड़ौदा ने, और 1918 में इन्दौर ने विवाह की न्यूनतम आयु 12 वर्ष निश्चित करने सम्बन्धी अधिनियम पारित कर दिया । केन्द्रीय स्तर पर एक सांसद गिरधारी लाल ने 1921 में सरकार से मांग की कि लड़की का विवाह 11 वर्ष से कम और लड़के का 14 वर्ष से कम पूर्ण रुपेण निषिद्ध कर दिया जाये । सरकारी दृष्टिकोण था कि देश की पिछड़ी सामाजिक दशाओं के कारण ऐसा करने की पहल सरकार के बजाय निजी व्यक्ति की ओर से हो तो अच्छा हो । फरवरी 1922 में राय बहादुर बक्शी सोहन लाल ने केन्द्रीय संसद में इस आशय का एक बिल रखा जिसमें कहा गया कि विवाह-सहवास (consummation) के लिए आयु सीमा 14 वर्ष निश्चित की जाये । विभिन्न प्रान्तीय सरकारों से मत प्रकट करने के लिए इस बिल को भेजा गया । बम्बई और उत्तर प्रदेश सरकारों को छोड़कर अन्य सभी प्रान्तीय सरकारें या तो इसके विरुद्ध थीं या पशोपेश में थी । तदनुसार, सितम्बर 1922 में सरकार ने यह बिल सत्र के समक्ष प्रस्तुत नहीं किया । 1924 में पुनः यह मामला संसद में श्री हरी सिंह गौड़ द्वारा उठाया गया जिन्होंने एक नया विचार प्रस्तुत किया । इस बार यह बिल एक प्रवर समिति को सौंप दिया गया, जिसने विवाह-सहवास की कम से कम 13 वर्ष की आयु की सिफारिश की । चूकिं विधायक गण इससे सन्तुष्ट नहीं थे और वे इसे 14 वर्ष तक बढ़ाना चाहते थे, इसलिए सरकार ने इस बिल को अनुमति नहीं दी । इसके स्थान पर सितम्बर 1925 में एक नया बिल प्रस्तुत किया गया, जिसमें विवाह की निम्नतम आयु 13 वर्ष निश्चित की गई; लेकिन विधायकों ने पुनः इस पर आपत्ति की क्योंकि वे 14 वर्ष चाहते थे । अतः 1929 में शारदा समिति की नियुक्ति की गई । इस समिति ने विवाह-सहवास आयु 15 वर्ष तथा विवाह की निम्नतम आयु लड़की के लिए 14 वर्ष और लड़के के लिए 18 वर्ष करने की सिफारिश की । तब सरकार ने एक "बाल विवाह निरोधक अधिनियम" क्रियान्वित किया । इसके अनुसार

लड़के की विवाह की आयु 18 वर्ष तथा लड़की की 14 वर्ष निश्चित कर दी गई। यह अधिनियम पहली अप्रैल 1930 से समस्त ब्रिटिश भारत में लागू कर दिया गया, लेकिन 600 देशी राज्यों में नहीं। सन् 1949 में इसमें पुनः सुधार किया गया जिसमें लड़की की विवाह की आयु 14 वर्ष से बढ़ाकर 15 वर्ष कर दी गई। इस अधिनियम में पुनः 1978 में सुधार किया गया और लड़की की आयु 18 वर्ष तथा लड़के की आयु 21 वर्ष कर दी गई। सन् 1955 के "हिन्दू विवाह अधिनियम" में भी यही प्रावधान है। यद्यपि 1929 और 1955 के अधिनियमों में आयु प्रावधान एक से हैं, किन्तु अन्तर इतना सा है कि 1929 का अधिनियम विवाह को अवैध घोषित नहीं कर सकता जबकि 1955 का अधिनियम विवाह को निष्प्रभावी (null & void) ठहरा सकता है। सन् 1929 के अधिनियम में नियम तोड़ने वालों के विरुद्ध दण्ड निश्चित किया गया है जिसमें तीन माह का कारावास तथा आर्थिक दण्ड एक हजार रुपये तक किया जा सकता है। स्त्रियों को कारावास का प्रावधान इसमें नहीं है। विवाह के एक वर्ष बाद की गई शिकायतों पर भी ध्यान नहीं दिया जाता। सन् 1954 के "विशेष विवाह अधिनियम" द्वारा लड़के की विवाह की आयु 21 वर्ष और लड़की की 18 वर्ष निश्चित कर दी गई। यह उन मामलों के लिए था जहां विवाह माता-पिता की सहमति के बिना सम्पन्न हुआ हो। इससे पता चलता है कि हमारे देश में विवाह की आयु के नियन्त्रण के संबंध में समय-समय पर कुछ कानूनी उपाय अपनाये गये हैं।

अब प्रश्न यह उठता है कि उपरोक्त विविध अधिनियमों (1929, 1954 और 1955) के आधार पर जो विवाह की आयु निश्चित की गई है, क्या वह हमारे देश में वर्तमान समय की आवश्यकताओं के संदर्भ में उपयुक्त है? हम इस प्रश्न का विश्लेषण समाजशास्त्रीय आधार पर करने का प्रयत्न करेंगे।

विवाह की उपयुक्त आयु: एक समाजशास्त्रीय परिप्रेक्ष्य (Suitable Age For Marriage: A Sociological Perspective)

व्यक्ति के लिए विवाह की तत्परता (readiness) निश्चित करने में "परिपक्वता" (maturity) एक बहुत ही महत्वपूर्ण कारक है। विवाह के बाद व्यक्ति को विविध भूमिकाओं का निर्वाह करना होता है, अतः केवल परिपक्व व्यक्ति ही नये उत्तरदायित्वों को सम्हालने के योग्य समझा जाना चाहिए। प्रश्न है कि "परिपक्व" व्यक्ति कौन है? परिपक्वता" क्या है? परिपक्वता पाँच प्रकार की बतायी गयी है: कालानुसारी (chronological), शारीरिक (physical), मानसिक (mental), सवेगात्मक (emotional) और सामाजिक (social)। *कालानुसारी* परिपक्वता व्यक्ति की कालक्रम में प्राप्त हुई आयु से मानी जाती है कि वह जन्म से कितने वर्ष तक जीवित रहा है। *शारीरिक* परिपक्वता का अर्थ शारीरिक बनावट व शरीर विकास से होता है। लड़कियों के मामले में शारीरिक परिपक्वता का विशेष महत्व होता है क्योंकि इससे लड़कियों में चर्बी का जमाव, प्रथम रजोदर्शन (menstruation) और इसी प्रकार की बातें जो उनकी प्रजनन उर्वरकता (fertility) को प्रभावित करती हैं आदि निश्चित होती हैं, और इस प्रकार उनकी विवाह-आयु प्रभावित होती है। *मानसिक* परिपक्वता व्यक्ति की बुद्धिमानी तथा बुद्धिहीनता तथा बुद्धि-लब्धि (Intelligence Quotient) दर्शाती है; जैसे, वह सामान्य (normal) है या जड़-बुद्धि वाला (idiot) है (जो तीन वर्ष से कम वाले

बालक की तरह व्यवहार करता है) या अल्प-बुद्धि वाला (imbecile) है (जो तीन और सात वर्ष के बीच वाले बालक की तरह व्यवहार करता है) या क्षीण-बुद्धि वाला (moron) है (जो सात और बारह वर्ष के बीच वाले बालक की तरह व्यवहार करता है)। *संवेगात्मक* परिपक्वता से व्यक्ति की विविध सम्बन्धों को स्थापित करने व उन्हें बनाये रखने की योग्यता का पता चलता है। सामाजिक परिपक्वता का अर्थ सामान्य सामाजिक जीवन के अनुभवों से होता है। यदि हम यह मानें कि केवल वही व्यक्ति विवाह के योग्य है जो उपरोक्त सभी तरह से परिपक्व है तो हमें "विलम्ब विवाह" (late marriage) की सिफारिश करनी पड़ेगी। अतः हम सरल शब्दों में "परिपक्वता" की परिभाषा देने का प्रयास करते हैं। रोबर्ट ब्लड (Robert O' Blood, 1969:150) के अनुसार एक परिपक्व व्यक्त वह है जो व्यक्तिगत सम्बन्ध स्थापित करने तथा उन सम्बन्धों को कायम रखने की योग्यता रखता हो; या वह व्यक्ति जिसमें "देने" (स्नेह व सहानुभूति) व "लेने" (उत्तरदायित्वों के लेने या वहन करने की) योग्यता हो। लांज और स्नाइडर (Lantz & Synder, 1966:9) ने परिपक्व व्यक्ति की तीन विशेषताएं बताई हैं: परानुभूति (empathy), उत्तरदायित्व (responsibility), और स्थिरता (stability)। "परानुभूति" दूसरों की भावनाओं को समझने और दूसरों की आवश्यकताओं को पहचानने की योग्यता है। *उत्तरदायित्व* दूसरों की आवश्यकताओं को पूरा करने तथा आत्मनिर्भरता का सामर्थ्य है। *"स्थिरता"* में जीवन पर्यन्त उत्तरदायित्वों के निर्वहन की प्रतिबद्धता होती है।

बोमैन (Bowman, 1960: 91-113) ने परिपक्व व्यक्ति के सात लक्षण बताए हैं: (i) वह व्यक्ति जो दैनिक जीवन में परिपक्व स्तर पर बुद्धि का प्रयोग करता हो, अर्थात् जिसका अपने और दूसरों के प्रति निरपेक्ष (objective) दृष्टिकोण हो; जो अपने व दूसरों के अनुभव से लाभ उठाता हो; जो अपनी जानकारी को एकत्रित कर उसका समाकलन (integration) करता हो व इसी समाकलित ज्ञान के आधार पर कार्य करता हो; तथा जो कोई भी कदम उठाने से पूर्व समस्या के विविध पक्षों को देखता हो। (ii) वह व्यक्ति जो स्वयं को समष्टि का एक अंग मानता हो, अर्थात् जो सामाजिक जीवन व सामाजिक सम्बन्धों को समझता हो, दूसरों को सुविधाएँ व रियायतें देने में विश्वास करता हो, जो सत्ता और परम्पराओं की इज्जत करता हो और जो यह मानता हो कि वह बिना समाज के नहीं रह सकता। (iii) जो यथार्थ के धरातल पर रहता हो, यानि कि ऐसा धरातल जो भूत, वर्तमान व भविष्यगत और संतुलित हो। वह प्रतिष्ठा के लिए वयस्क शालीनता व शिष्टाचार पर निर्भर करता हो और विचलन स्थल (departure- point) के लिए अतीत की बजाय वर्तमान को प्रयोग करता हो। (iv) वह व्यक्ति जो स्वतन्त्र हो, अर्थात् जो आर्थिक भूमिका पूर्णरुपेण निभा सकता हो, और स्वतंत्रतापूर्वक निर्णय ले सकता हो। (v) वह व्यक्ति जो चापलूसी, प्रशंसा तथा शुभकामनाओं पर निर्भर न रहता हो और अपने उत्तरदायित्व को समझता हो। (vi) वह व्यक्ति जो अपने व्यवहार को सुख-दुख पर नहीं बल्कि सिद्धान्तों पर आधारित करता हो, और प्रौढ़ व्यवहार दर्शाता हो। (vii) वह व्यक्ति जो यौन, प्रेम, विवाह, आदि प्रसंगों में प्रौढ़ व्यक्तियों सा रुझान रखता हो, अर्थात् जिसमें यौन अभिव्यक्ति (sexual responsiveness) की प्रौढ़ता तर्कसंगत मात्रा में हो।

उपरोक्त लक्षणों के आधार पर यह कहा जा सकता है कि परिपक्वता मात्रा से सम्बद्ध निर्णय है। कोई भी व्यक्ति गर्व से यह नहीं कह सकता कि उसमें शत प्रतिशत परिपक्वता है। फिर भी

विवाह के लिए एक सीमा तक परानुभूति तथा स्थिर उत्तरदायित्व की आवश्यकता होती है जिससे कि जीवन-साथी एक दूसरे पर विश्वास व निर्भर कर सकें । औसत व्यक्ति में परिपक्वता आयु के क्रमशः बढ़ने से स्वयंमेव आ जाती है; परिणामस्वरुप, कालानुसारी (chronological) आयु परिपक्वता का मोटा सूचक है ।

अब प्रश्न यह है कि व्यक्ति विवाह के लिए किस आयु में परिपक्व माना जाये ? विविध देशों के विधानों से इस प्रश्न का थोड़ा उत्तर तो मिलता है । यद्यपि कानून भिन्न-भिन्न हैं फिर भी प्रत्येक देश में विवाह की कम से कम आयु लगभग निश्चित ही है, जैसे लड़के के लिए 18 से 22 वर्ष के बीच और लड़की के लिए 14 से 18 वर्ष तक के बीच । 30 मार्च 1961 को 18 राष्ट्रों वाले संयुक्त राष्ट्र आयोग, जो स्त्रियों की स्थिति अध्ययन कर रहा था, ने यह सहमति व्यक्त की कि माता-पिता की अनुमति से 15 वर्ष विवाह की आयु सर्व सम्मत स्वीकृत है । जैसा कि पहले भी विवेचन किया जा चुका है, भारत में वैधानिक रुप से लड़की के लिए 18 वर्ष और लड़के के लिए 21 वर्ष विवाह-आयु निश्चित की जा चुकी है । क्या उपरोक्त तथ्यों को परिपक्वता की अच्छी परिभाषा माना जाये ? अमेरिका में तलाक की दर तथा विवाह-आयु में सम्बन्ध विषय पर किए गए कुछ अध्ययनों से यह स्पष्ट होता है कि वे पर्याप्त नहीं हैं । एक ऐसा ही अध्ययन जो कुछ दशक पहले किया गया था तथा जिसका उल्लेख माउरेर (Mowrer) ने किया है, उदाहरण के लिए प्रस्तुत है ।

विवाह की आयु एवं विवाह व तलाक का अनुपात

	विवाह के समय आयु	*विवाहों में तलाकों का प्रतिशत*	
		पुरुष	*महिलाएं*
1.	17 वर्ष से कम	45.0	45.0
2.	17 वर्ष	27.5	28.0
3.	21 वर्ष	15.0	12.5
4.	25 वर्ष	12.5	10.5
5.	29 वर्ष	11.0	10.0
6.	40 वर्ष	10.0	9.0

उपरोक्त तथ्यों से स्पष्ट होता है कि जितना विलम्ब से विवाह होगा, तलाक दर उतनी ही कम होगी क्योंकि तलाक विवाह की असफलता का एक प्रतीक है और तलाक की दर उन विवाहों में अधिक होती है जो 17 वर्ष या उससे पहले सम्पन्न होते हैं, अर्थात् चूकिं 20 और 21 वर्ष की आयु से नीचे, अपरिपक्वता स्पष्ट रुप से अभिव्यक्त होती है, अतः कहा जा सकता है कि विवाह की आयु किसी भी दशा में 20 या 21 वर्ष से कम नहीं होनी चाहिए । जो विवाह 25 से 40 वर्ष के बीच होते हैं उनमें तलाक की दर लगभग एक जैसी ही होती है; अतः हम 29 या 30 वर्ष को विवाह की अधिकतम आयु निश्चित कर सकते हैं । इस प्रकार 21 और 29 वर्ष के बीच की आयु (twenties) विवाह के लिए उचित है ।

विवाह की अधिकतम और निम्नतम आयु के विषय में विचार करते समय परिपक्वता के अतिरिक्त अन्य कारकों पर भी विचार करना चाहिए । ऐसा ही एक कारक है *भूमिका निर्वाह की*

तैयारी (role-preparation), अर्थात क्या व्यक्ति को विवाहोपरान्त भूमिका निभा सकने का प्रशिक्षण है ? आमतौर पर व्यक्ति विवाह के न केवल बाद में ही अच्छा पति या अच्छी पत्नि होना सीखते हैं, बल्कि विवाह से पूर्व भी कुछ विवाहित युगलों के व्यवहार का प्रेक्षण करके भी सीखते हैं। यदि उनका विवाह कम आयु में सम्पन्न हो जाये तो वे केवल अपने माता-पिता के व्यवहार को देखने का ही अवसर पाते हैं। यदि माता-पिता उनके लिए आदर्श सिद्ध हों तो उन्हें विवाह के लिए तैयार माना जा सकता है; यदि नहीं तो बच्चे निश्चित रुप से अपने विवाह की भूमिका अदा करते समय तैयारी में कमी का अनुभव करेंगे। भूमिका अदा करने का ज्ञान व्यक्ति ऐसी आयु में जिसमें कि भूमिकाओं के महत्व को समझ सके, अपने माता-पिता के अतिरिक्त अन्य विवाहित युगलों के सम्पर्क में आने से भी प्राप्त करता है। अतः 20-21 वर्ष से कम विवाह की आयु को निरुत्साहित किया जाना चाहिए।

तीसरा कारण है परिस्थितीय तत्परता (circumstantial readiness), अर्थात् क्या परिस्थितियां व्यक्ति को विवाह की अनुमति प्रदान करती हैं ? मान लें कि व्यक्ति विवाह के समय विद्यार्थी है। विवाह के बाद या तो उसे अध्ययन को छोड़ना पड़ेगा (जिससे उसके शैक्षिक जीवन पर प्रभाव पड़ेगा) या फिर पत्नी की अवहेलना करनी होगी (जिससे उसके विवाहित जीवन पर प्रभाव पड़ेगा)। ऐसी स्थिति में परिस्थितियां उसे विवाह की अनुमति नहीं देतीं हैं। इसी प्रकार, यदि लड़की पाकशास्त्र तथा गृह कार्यों में कुशल नहीं है तो उसे विवाह के लिए तैयार नहीं कहा जा सकता, क्योंकि हो सकता है कि परिस्थितियों ने उसका साथ न दिया हो। सामान्य रुप से एक व्यक्ति 21 या 22 वर्ष बाद अपनी शिक्षा पूर्ण करता है और फिर उसे एक या दो वर्ष व्यवसाय/नौकरी ढूंढने में लगते हैं। लड़कियां भी तारुण्य पार करने के बाद ही गृह कार्यों में दक्षता प्राप्त करती हैं। अतः परिस्थितियां आमतौर पर व्यक्ति को 21 या 22 वर्ष की आयु के बाद ही विवाह की अनुमति देती हैं।

विवाह के पश्चात् नवीन वातावरण में सामन्जस्य की योग्यता का प्रश्न भी विवाह की न्यूनतम आयु निश्चित करने में महत्वपूर्ण है। विवाह के बाद भारतीय लड़की से अपेक्षा की जाती है कि वह धैर्यपूर्वक अपने पति की भूमिका प्रभुत्वता (role dominance) व सास के व्यवहार को स्वीकार करे। उसको ससुराल के अन्य सदस्यों की आदतों, व्यवहार के तरीके एवं आदर्शों का भी ख्याल रखना होता है और सहना होता है। इसके लिए न केवल समायोजन की बल्कि आवश्यकता पड़ने पर दृढ़ होने की भी आवश्यकता होती है। अल्पायु की लड़की इस समायोजन व दृढ़ता के लिए पूर्ण रुप से समर्थ नहीं होती। केवल वही लड़की जिसने किशोरावस्था (adolescence) पार कर ली है अथवा 20-21 वर्ष से ऊपर है इस योग्य होती है। इस आधार पर यह माना जा सकता है कि 20-21 वर्ष के बाद की आयु ही विवाह के लिए आदर्श आयु है।

कुछ अन्य प्रश्न भी हैं, जैसे काम प्रवृत्ति की सन्तुष्टि (gratification of sex instinct) तथा स्त्री की प्रजनन आयु (reproductive age) जो विवाह की आयु को निश्चित करने में अहम् हैं। यदि व्यक्ति अपनी काम भावना को लम्बे समय तक दबा दे या नियंत्रण कर ले तो या तो वह काम विकृति (sexual perversion) का शिकार होगा या फिर अपनी जैविक आवश्यकताओं (biological urges) की पूर्ति के लिए असामाजिक तरीके अपनायेगा। अतः ऐसे व्यक्तियों के विवाह में अधिक विलम्ब उनके लिए हानिकारक हो सकता है। लेकिन यौन जीवन (sex life) के

लिए परिपक्वता की आयु की क्या पहचान है ? कापड़िया (1972:160) ने भारत में 1950 के बाद के अनेक अध्ययनों के द्वारा बताया है कि यहां लड़कियों की रजोदर्शन की औसत आयु 12 से 15 वर्ष के बीच होती है। यद्यपि यह आयु स्त्री में काम भावना के उद्दीपन की आयु का संकेत करती है, तथापि यह उसमें यौन परिपक्वता नहीं दर्शाती। स्त्री के शरीर में पहले रजोदर्शन के बाद यौनांगों के समुचित विकास के लिए पांच या छ वर्ष का समय आवश्यक है; इसलिए उसका यौन-जीवन इस अवधि तक के लिए स्थगित होना चाहिए; अथवा, तारुण्य (puberty) अवस्था प्राप्त होने तक विवाह कम से कम 5 या 6 वर्ष विलम्ब से होना चाहिए। इसीलिए विवाह की आयु 20 वर्ष के बाद ही निश्चित की जानी चाहिए।

जहाँ तक भारत में स्त्री की प्रजनन (reproduction) आयु का प्रश्न है, यह 45 वर्ष तक मानी जाती है। इस ऊपरी सीमा के निश्चित होने से यह स्पष्ट है कि प्रजनन के लिए कुल उपलब्ध समय-अवधि प्रभावी विवाह (effective marriage) की आयु से विपर्यय (inversely) रुप से भिन्न होगी। उदाहरणार्थ, यदि लड़की का विवाह 20 या 21 वर्ष में हो तो उसे लगभग 24 या 25 वर्ष का ही प्रजनन समय उपलब्ध होगा और यदि विवाह 15 वर्ष की आयु में हो तो 30 वर्ष की लम्बी अवधि प्रजनन के लिए उपलब्ध होगी। प्रजनन-अवधि जितनी कम होगी उर्वरकता (fertility) भी उतनी ही कम होगी। इस दृष्टिकोण से भी लड़कियों की विवाह-आयु के लिए 20 वर्ष से कम का सुझाव नहीं दिया जा सकता।

अन्त में, विवाह की अधिकतम आयु सीमा निर्धारित करने में सेवा-निवृत्ति आयु का भी विचार आवश्यक है। यह आवश्यक है कि सेवा निवृत्ति से पूर्व ही व्यक्ति अपने बच्चों की शिक्षा, विवाह, आदि उत्तरदायित्वों से पूर्ण रुपेण मुक्त हो जाये। यदि एक व्यक्ति 33 या 34 वर्ष की अवस्था में विवाह करता है और दो वर्ष के अन्तराल से केवल दो ही सन्तान चाहता है तो 58 वर्ष की सेवानिवृत्ति के समय उसकी छोटी सन्तान 20 वर्ष की होगी। ऐसे बालक को अपने पिता की सत्ता में होते हुए दुलार भरे पालन-पोषण द्वारा (fostering care) प्रौढ़ता प्राप्त करने के अवसर नहीं मिलेगे। इसका अर्थ यह हुआ कि लड़के की विवाह की आयु किसी भी प्रकार 30 वर्ष से अधिक नहीं होनी चाहिए।

वर्तमान में भारत में लड़के और लड़कियों की विवाह-आयु की मध्यका (median) विश्व में सबसे कम है। 1951 में जब हमारे देश में लड़कियों के विवाह-आयु की मध्यका 14.9 और लड़कों की 18.5 थी, तब अमरीका में यह क्रमशः 20.4 और 23.2 थी, ब्रिटेन में 21.9 और 25.2 थी, पूर्वी जर्मनी में 26.5 और 31.4 थी, जापान में 23.1 और 25.8 थी, तथा फ्रान्स में 22.6 और 26.0 थी (अग्रवाल, 1955, 2-3)।

उपरोक्त तथ्यों के आधार पर हम कह सकते हैं कि हमारे समाज में विवाह की सबसे उपयुक्त आयु 20 और 24 के बीच (early twenties) है। प्रो. धुर्ये (1963:67) ने भी कहा है कि स्त्रियों की विवाह की आयु लगभग 22 वर्ष तथा पुरुषों की 25 वर्ष से अधिक नहीं होनी चाहिए। विवाह की सफलता के लिए शिक्षा की आवश्यकता को तथा स्त्री की आर्थिक स्वतंत्रता को ध्यान में रखते हुए यह कहा जा सकता है कि लड़कियों के लिए 20-21 वर्ष तथा लड़कों के लिए 22-23 वर्ष की आयु अधिक वाँछनीय होगी। अतः विवाह सम्बन्धी विधानों का पुनरीक्षण (revision) करने और विवाह की न्यूनतम आयु बढ़ाने की अत्यन्त आवश्यकता है।

REFERENCES

Agarwal, S.N., *Age at Marriage in India*, Kitab Mahal Private Ltd. Allahabad, 1962.

Bowman, Henry A., *Marriage for Moderns*, McGraw Hill Book Co., New York, 1960.

Blood, Robert' O., *Marriage*, The Free Press, Glencoe, Illinois, 1960.

Census of India, 1951, paper 3 of 1953, and 1991, paper II.

Desai, G.B., Women in Modern Gujarati Life, 1945, quoted by Kapadia, K.M., *Sociological Bulletin*, 3(2), 1954, and in his book in 1972.

Ghurye, G.S., *Anthropo-Sociological Papers*, Popular Prakashan, Bombay, 1963.

Gore, M.S., *Urbanization and Family Change*, Popular Prakashan, Bombay, 1968.

Kane, P.V., *History of Dharamshastra*, Vol. II, Part I, Bhandarkar Oriental Research Institute, Poona, 1946.

Kannan, C.T., *Inter-caste and Inter-community Marriages in India*, Popular Prakashan, Bombay, 1903.

Kapadia, K.M., *Marriage and Family in India*, Oxford University Press, Bombay, 1966.

Lantz and Snyder, *Marriage*, The Free Press, Glencoe, Illinois, 1966.

Merchant, K.T., *Changing Views on Marriage and Family*, B.G. Paul and Co., Madras, 1935.

Pande, Raj Bali, *Hindu Samskaras: A Socio-Religious Study of the Hindu Sacraments*, Vikrama Publications, Banaras, 1949.

अध्याय 9

विवाह-विच्छेद
Divorce

परम्परागत हिन्दू समाज में जब विवाह एक धार्मिक कृत्य समझा जाता था, आजकल यह धर्म-निरपेक्ष (secularised) होता जा रहा है। विवाह को मतैक्य-सम्बन्धी (consensual) मानने की प्रवृत्ति बढ़ती जा रही है। सन् 1950 के दशक के मध्य तक हिन्दू विधान में तलाक की अनुमति नहीं थी, यद्यपि कुछ जातियों में स्थानीय रिवाजों के अनुसार कुछ धन राशि देकर विवाह-विच्छेद की अनुमति दी जाती थी। यह राशि जिसे "झगड़ा" कहा जाता था और जो जाति के बुजुर्गों द्वारा तय की जाती थी, पति को दी जाती थी। चार दशक पूर्व हमारे देश के विधि निर्माताओं ने हिन्दू समाज को अशिक्षित व कठोर स्थिति से आधुनिक विचारधारा की ओर मोड़ दे दिया और विवाह अब "पवित्र धार्मिक संस्कार" से "पारस्परिक सहमति से विवाह- विच्छेद" में बदल गया है। विवाह-विच्छेद चूकिं हिन्दूओं में एक अन्तिम उपाय के रूप में प्रयोग होता है, अत: विवाह-विच्छेद विश्लेषण की आवश्यकता न केवल इसलिए है क्योंकि यह सामाजिक मर्यादाविहीनता व मानकशून्यता (anomie) या समाज विघटन का संकेत है या सामाजिक विघटन को बढ़ावा देने वाला है, बल्कि उन लोगों के कष्टों, खिन्नता, व अप्रसन्नता के दृष्टिकोण से भी जो असफल विवाह के शिकंजे में दुर्भाग्यवश फंस जाते हैं।

विवाह टूटना (Breaking up of Marriage)

सभी विवाह सफल नहीं हो सकते; कुछ असामंजस्य व कटुता से समाप्त होते हैं। कुछ असफल विवाहों वाले व्यक्ति भाग्य को मानते हुए अपना जीवन खींचते रहते हैं और पूरी जिंदगी असमंजस की स्थिति में ही व्यतीत करते हैं। कुछ आशावादी लोग सोचते हैं कि सुख तो एक मन:स्थिति (state of mind) है। अत: वे अपने को पुन: समायोजित करने में लग जाते हैं। किन्तु कुछ लोग अवश्य ऐसे भी होते हैं जो तनाव सहन नहीं करते और विवाह को तोड़कर ही शान्ति का अनुभव करते हैं। वे लोग जो अपने वैवाहिक बन्धनों को तोड़ते हैं, वे या तो संरचनात्मक दृष्टि से तोड़ते हैं या फिर कार्य प्रणाली (functionally) की दृष्टि से। परित्याग और विच्छेद विवाह के ढाँचे का टूटना माने जाते हैं। परित्याग चाहे स्थाई हो या अस्थाई, अवैधानिक व अनाधिकारिक होता है पति या पत्नि का घर छोड़ना एक गैर-जिम्मेदारी का कार्य है क्योंकि परिवार भटकने की स्थिति में छोड़ दिया जाता है; जबकि विवाह-विच्छेद वैधानिक रुप से वैवाहिक बन्धनों को तोड़ता है, तथा यथार्थ विवाह की अन्तिम समाप्ति (final termination) है। परित्याग आमतौर पर उच्च सामाजिक व आर्थिक वर्गों की अपेक्षा निम्न जातियों और वर्गों में अधिक प्रचलित है। अधिकतर पति ही अपनी पत्नी का परित्याग करते हैं। विवाह-विच्छेद सदैव एक दुखद स्थिति है, क्योंकि अस्वीकृत साथी अपमानित, तिरस्कृत व पीड़ित अनुभव करता है, किन्तु परित्याग के सामाजिक दुष्परिणाम अधिक दुखदायी एवं

अव्यावहारिक होते हैं, विशेष रुप से स्त्री के लिए । स्त्री को सामाजिक, आर्थिक व भावात्मक आघातों का सामना करना पड़ता है । भावात्मक आधार पर उसे सदैव यही अनुभव होता है कि उसके पति द्वारा उसे तिरस्कृत रुप से अस्वीकार किया गया है तथा बेकार की वस्तु समझकर फेंक दिया गया है । सामाजिक दृष्टि से उसे इस तरह दुःख भोगना पड़ता है कि उसे यह निश्चित रुप से पता नही रहता कि उसका पति वापस आयेगा या नहीं और बच्चों को वह अपने पिता की अनुपस्थिति के बारे में क्या बताये । आर्थिक दृष्टि से जो स्त्री को आघात लगता है वह है आर्थिक संसाधनों की कमी, जिससे उसे अपने और बच्चों के भरण-पोषण में कठिनाई का सामना करना पड़ता है । परित्यक्ता महिला स्वयं को न तो विवाहिता की श्रेणी में रख पाती है (क्योंकि उसे न तो संरक्षण का और न आर्थिक समर्थन का वैवाहिक अधिकार प्राप्त है) और न विधवा (क्योंकि उसका पति अभी जीवित है), और न तलाकशुदा (क्योंकि वह पुनः विवाह नहीं कर सकती) । जीविकोपार्जन के लिए या तो उसे स्वयं कोई कार्य करना पड़ता है या फिर अपने बच्चों को काम पर लगाना पड़ता है । किन्तु बेरोजगारी के कारण तथा विशिष्ट ट्रेनिंग के अभाव में महिलाओं को काम मिलना इतना सरल नहीं है; अतः कई परित्यक्ता महिलाओं को अनैतिक धन्धों में बाध्य होकर लगना पड़ता है । कुछ महिलाओं को जब काम मिल जाता है तो उन्हें अधिक व्यस्त रहना पड़ता है जिससे उनके बच्चों की उचित देखरेख नहीं हो पाती; या फिर वे अपनी आय को परिवार के लिए अपर्याप्त पाती हैं । ये सब परिस्थितियां बाल श्रम, किशोर अपराध, विघटित व्यक्तित्व, आदि, स्थितियों को जन्म देती हैं । किन्तु परित्याग (desertion) की इस समस्या के विश्लेषण के लिए अभी तक भी कोई अधिकारिक समाजशास्त्रीय अध्ययन नहीं किया गया है । न ही हमारे देश में कोई ऐसी सामाजिक सुरक्षा की योजना चलाई गई है जिसके अन्तर्गत परित्यक्ता स्त्रियों के मामलों को प्रकाश में लाया जा सके । परन्तु विवाह-विच्छेद की ओर हमारा ध्यान गत कुछ दशकों से आकर्षित हुआ है ।

विवाह-विच्छेद आंशिक (partial) भी हो सकता है तो पूर्ण (absolute) भी । आंशिक विवाह-विच्छेद को "न्यायिक पृथक्करण" (judicial separation) कहा जाता है । यह विवाह को समाप्त नहीं करता जिस कारण पति या पत्नी तब तक पुनः विवाह नहीं कर सकते जब तक केस अन्तिम रुप से निर्णीत न किया जाये । पूर्ण विवाह-विच्छेद वैवाहिक सम्बन्धों की वैधानिक रुप से समाप्ति है । यह दोनों साथियों को एक अकेले अविवाहित व्यक्ति की प्रस्थिति प्रदान करता है ।

पुरातन भारत में विवाह-विच्छेद (Divorce in early India)

पूर्वकालीन भारत के धर्मशास्त्रों में विवाह-विच्छेद का खंडन मिलता है, किन्तु कौटिल्य (Vol-2, ch.3) ने चार अधार्मिक विवाहों (असुर, गन्धर्व, पैशाच तथा राक्षस) में विच्छेद की आज्ञा दी है । कौटिल्य के अनुसार एक स्त्री के लिए विवाह-विच्छेद तब मान्य है, जबकि उसका पति दुश्चरित्र हो, उसका ठौर-ठिकाना ज्ञात न हो, रिश्तेदारों के प्रति विश्वासघाती हो, पत्नी के जीवन को खतरा पहुंचा रहा हो, जाति नियमों का उल्लंघन किया हो, या नपुंसक हो । परन्तु इन (अधार्मिक) विवाहों में भी वैवाहिक सम्बन्धों को तोड़ने के लिए पारस्परिक अनुमति आवश्यक थी । कौटिल्य के अनुसार, एक पत्नी के दिल में पति के लिए नफरत होते हुए भी वह पति की इच्छा के विरुद्ध विवाह समाप्त नहीं कर सकती थी; और न ही पति पत्नी की इच्छा के विरुद्ध विवाह- विच्छेद कर सकता था । फिर,

विवाह-विच्छेद होने पर पति को विवाह के समय मिली हुई सभी वस्तुएं पत्नी को लौटानी होती थीं। पत्नी को भी अपने पति की सम्पत्ति में हिस्से से वंचित होना पड़ता था। चूकिं लगभग सभी विवाह "ब्राह्म" प्रकार के होते थे, अर्थात धार्मिक विवाह थे, यह कहा जा सकता है कि प्राचीन भारत में विवाह-विच्छेद की प्रथा नहीं थी।

विधान (The Legislation)

विवाह-विच्छेद से सम्बद्ध सर्वप्रथम विधान हिन्दुओं के लिए कोल्हापुर राज्य में 1920 में, ईसाईयों के लिए 1869 में भारतीय तलाक अधिनियम (Indian Divorce Act) के नाम से, तथा पारसी विवाह-विच्छेद अधिनियम, 1936 (Parsi Marriage Divorce Act, 1936) में लागू किया गया। तत्पश्चात 1942 में बड़ौदा राज्य ने, 1947 में बम्बई राज्य ने तथा 1949 में मद्रास राज्य ने भी इसी क्रम में विधान बनाए। बड़ौदा राज्य अधिनियम के अन्तर्गत जिन कारणों से विवाह-विच्छेद का प्रावधान किया गया वे थे: धर्म परिवर्तन, सात वर्ष से अधिक अवधि तक परित्याग, द्विविवाह, अत्याचार, मद्यपान, पर व्यक्ति गमन (adultery), आदि। बम्बई प्रान्त में हिन्दू विवाह अधनियम के अन्तर्गत निम्नलिखित आधारों पर विवाह-विच्छेद अथवा न्यायिक पृथक्करण की अनुमति प्रदान की गईः नपुंसक होना, सात वर्ष से अधिक का पागलपन, कम से कम सात वर्ष तक कोढ़ से पीड़ित होना, चार वर्ष तक लगातार परित्याग, तथा दूसरा पति या पत्नि होना (bigamy)। बम्बई अधिनियम के पारित एवं प्रभावी होने के पाँच वर्ष के भीतर ही बम्बई के विभिन्न न्यायालयों में 5,500 प्रार्थना पत्र विवाह-विच्छेद हेतु प्रस्तुत किए गए, जिनमें से 60% प्रार्थना-पत्र मात्र महिलाओं के द्वारा प्रस्तुत किए गए जिसका आधार द्विविवाह था। समस्त भारत के लिए 1954 में विशेष विवाह अधिनियम (Special Marriage Act) तथा सन् 1955 में हिन्दू विवाह अधिनियम (Hindu Marriage Act, 1955) पारित किया गया। ये अधिनियम हिन्दू, सिख, जैन व बौद्ध लोगों को विवाह-विच्छेद की अनुमति देते हैं; परन्तु अनुसूचित जनजातियों पर यह अधिनियम लागू नहीं होता। लेकिन पश्चिमी समाज के विपरीत भारतीय समाज में विवाह-विच्छेद को अब भी हतोत्साहित किया जाता है, और केवल उन्हीं प्रकरणों में इसकी अनुमति दी जाती है जहां परम कठोर परिस्थितियों के कारण इसे सर्वथा आवश्यक माना जाता है या जहां एक जीवन-साथी का दूसरे के साथ रहना असम्भव समझा जाता है। विवाह असफल होने पर भी जो कारक विवाह-विच्छेद को प्रतिबद्ध करते हैं वे हैं: बच्चों के लिए प्यार, सम्पत्ति की चिन्ता, माता-पिता का भय, सामाजिक तिरस्कार का डर, आर्थिक जीवन के संकट में पड़ने की सम्भावना, न्यायालय का खर्च, नैतिक व धार्मिक विचार, निजी मामलों को प्रचार मिलने का खतरा तथा आर्थिक समर्थन खो देने की चिन्ता।

रुस में भी यही प्रणाली अपनाई जा रही है, यद्यपि पहले वहां तलाक लेना अत्यन्त सरल था। सन् 1917 तक रुस में विवाह और तलाक धार्मिक नियंत्रण में थे, किन्तु क्रान्ति के बाद एक सरल सी न्यायिक प्रक्रिया अपनाई गई। सन् 1927 में एक परिवार आचार संहिता (Family Code) बनाई गई जिसमें बिना किसी कारण दर्शाए पारस्परिक सहमति से (mutual consent) विवाह-विच्छेद की अनुमति प्रदान की गई। विवाह-विच्छेद प्राप्त करने के लिए व्यक्ति को केवल नाम, पता व व्यवसाय दर्शाना पड़ता था। यह नियम इतना सरल हो गया कि सन 1935 में आधे से कुछ कम

विवाह,विच्छेद में बदल गए जब कि सन् 1927 में विच्छेद की दर 1000 पर 10 और 1926 में 1000 पर मात्र 3 थी। अतः विवाह-विच्छेद के नियमों में सुधार की आवश्यकता का अनुभव हुआ। इसी कारण सन् 1936 में प्रथम बार तथा सन् 1946 में दूसरी बार इसमें संशोधन किया गया।

अमेरिका में विवाह-विच्छेद की दर विश्व में सबसे ऊंची है। उन्नीसवीं शताब्दी के सातवें दशक में विवाह-विच्छेद की दर प्रत्येक 13 विवाहों में से एक सूचित की गई थी। 1930 में विवाह और विच्छेद का अनुपात 6:1 था, जबकि 1989 में 4:1 हो गया। कहा जाता है कि 1867 से 1947 के मध्य इस देश की जनसंख्या में चार गुणा वृद्धि हुई, विवाह की संख्या में छः गुणा वृद्धि हुई, जबकि विवाह-विच्छेद की दर में चौदह गुणी वृद्धि हुई। इससे भी अधिक महत्वपूर्ण तथ्य यह है कि अमेरिका में तीन चौथाई विवाह-विच्छेद के दावे (petition) और कुछ तलाकों में से 40% उन दम्पत्तियों को मिलते हैं, जिनके विवाह को पाँच वर्ष से कम समय व्यतीत हुआ हो।

ब्रिटेन में प्रारम्भ में पति इच्छानुसार अपनी पत्नी को बिना किसी कारण के तलाक दे सकता था। महिलाओं की स्थिति इतनी निम्न थी कि एक रखैल का स्तर पत्नी से अच्छा था। पुरुष का स्वेच्छा से तलाक देने का यह अधिकार 11वीं शताब्दी तक बना रहा। चर्च को तलाक प्रदान करने का पूर्ण अधिकार था। किन्तु 1653 में चर्च को इस अधिकार से वंचित कर दिया गया और तलाक प्रदान करने का अधिकार संसद को सौंप दिया गया। तलाक प्राप्त करने की प्रक्रिया इतनी जटिल तथा अस्पष्ट थी कि 140 वर्षों में (यानि 1855 तक) मात्र 180 व्यक्तियों को ही पूरे इंगलैण्ड में तलाक प्राप्त हो सका। सन् 1857 में नियमों को कुछ सरल बनाया गया तथा उनमें कुछ शिथिलता आई। किन्तु अब भी विवाह-विच्छेद इतना खर्चीला व कठिन है कि देश (ब्रिटेन) में इसकी दर इतनी ऊंची नहीं है जितनी कि अन्य अंग्रेजी बोले जाने वाले देशों में है।

भारत में 1955 के हिन्दू विवाह अधिनियम, जिसमें सन् 1976 व 1981 में व्यापक संशोधन किए गए, में न्यायिक पृथक्करण, विवाह-विच्छेद, विवाह निरस्त, आदि के प्रावधान किए गए हैं। विवाह सम्पन्न होने के दो वर्ष पश्चात ही विवाह-विच्छेद के लिए प्रार्थना पत्र न्यायालय में दिया जा सकता है। किन्तु प्रारम्भ में दो वर्ष के लिए न्यायिक पृथक्करण (judicial separation) ही स्वीकृत किया जाता है ताकि इस अवधि में पति-पत्नी में समझौते की सम्भावना बन सके। अतः न्यायिक पृथक्करण को हम पति-पत्नी के इकट्ठे रहने व सोने के अधिकार से वंचित करना कह सकते हैं। इस अवधि में पति भरण पोषण भत्ता (maintenance allowance) पत्नी को देता रहता है। यदि इन दो वर्षों की अवधि में मेल नहीं हो पाता तो विवाह-विच्छेद की डिक्री (आदेश) प्रदान कर दी जाती है।

विवाह-विच्छेद के आधार निम्न हो सकते है: स्त्री या पुरुष द्वारा व्यभिचारी जीवन बिताना, धर्म परिवर्तन, स्त्री या पुरुष का तीन साल तक पागल रहना, कोढ़ से पीड़ित रहना, गुप्त रोग से पीड़ित रहना, सात वर्ष तक लापता रहना, द्विविवाह, आदि। 1976 के संशोधन के अन्तर्गत यह अनुमति प्रदान की गई है कि पति-पत्नि परस्पर सहमति से तलाक ले सकते हैं किन्तु उन्हें यह दर्शाना होगा कि वे एक वर्ष से अलग-अलग रह रहे हैं और उनमें मेल सम्भव नहीं हो सका है। इस प्रकार सम्बन्ध विच्छेदन के बाद दोनों पक्षों में से कोई भी यदि दूसरा विवाह करना चाहे तो तलाक के एक वर्ष उपरान्त कर सकता है। पति पत्नी को अपनी व उसकी आय व सम्पत्ति के आधार पर निर्वाह व्यय (alimony)

देता है ।

विवाह-विच्छेद के प्रति बदलते दृष्टिकोण (Changing Attitudes Towards Divorce)

विवाह-विच्छेद के प्रति लोगों के बदलते दृष्टिकोण का पता लगाने के लिए अनेक समाजशास्त्रीय अध्ययन किए गये हैं । सर्वप्रथम इस प्रकार का अध्ययन बम्बई में के.टी. मर्चेन्ट द्वारा (1930-33) किया गया । श्रीमती हेट (Hate, 1948:90) ने 1946-47 में बम्बई में 805 महिलाओं का अध्ययन किया और पाया कि उनमें से 62% तलाक के पक्ष में थीं और 20% विरोध में थीं (18% ने कोई उत्तर नहीं दिया) । श्रीमती जी.बी. देसाई (See, Kapadia, 1966:190) ने 1945 में बम्बई में रहने वाली 900 गुजराती महिलाओं के अध्ययन से पता लगाया कि 47% तलाक के पक्ष में थीं और 49% विरोध में थी । कापड़िया (Sociological Bulletin, 1957, Vol. 6, No.1,: 43-44) को 1951 में 240 स्नातक अध्यापकों में से 50% ने तलाक को एक वान्छनीय तथ्य बताया, 25% ने अवाँछनीय बताया, और 17% ने इसे हानिकारक बताया । श्री कप्पूस्वामी (1957) ने 1956 में दक्षिण भारत के 895 व्यक्तियों के अध्ययन में पाया कि आयु, लिंग, निवास, (गांव/ शहर) व शिक्षा के बावजूद सूचनादाता विवाह-विच्छेद के सम्बन्ध में लगभग समान रुप से पक्ष में थे । हाल के वर्षों में यद्यपि कोई अध्ययन किसी प्रसिद्ध विद्वान द्वारा इस विषय पर नहीं किया गया है, फिर भी महिलाओं की पत्रिकाओं द्वारा तथा इस विषय पर किए गए पी.एच.डी. शोध ग्रन्थों से यह पता चलता है कि एक बड़ी संख्या में स्त्री-पुरुष विवाह-विच्छेद के पक्षधर है ।

विवाह-विच्छेद किसे मिलता है (Who Gets Divorce)

प्रचलित मत यह है कि तलाक शहरी, शिक्षित व उच्च आय वर्ग के लोगों में अधिक प्रचलित है । लेकिन उपलब्ध साक्ष्यों से यह सिद्ध नहीं होता । विवाह-विच्छेद पर किए गये कुछ अध्ययनों में इस तथ्य का विश्लेषण किया गया कि किस प्रकार के लोगों ने अपने साथी को तलाक दिया । ऐसे अध्ययनों में 1964-65 में महाराष्ट्र के पूना जिले के 131 गांवों में फोनसेका (Fonseca) द्वारा किया गया अध्ययन, रमा मेहता द्वारा 1970 में किया गया अध्ययन, तथा 1987 में राजस्थान के जयपुर जिले में जे.एन.चौधरी द्वारा किया गया अध्ययन सम्मिलित हैं ।

दामले के अध्ययन में 363 मामले थे जिनमें कानूनी तलाक तथा स्थाई परित्याग के मामले सम्मिलित थे । इस सर्वेक्षण में 75 मामले न्यायालय से विवाह विच्छेद के थे, 34 मामले ऐसे थे जो पूना के विवाह रजिस्ट्रार के कार्यालय में पंजीकृत थे, और 254 ऐसे थे जो कि ग्राम पंचायत स्तर पर दर्ज कराए गए थे । दामले ने पाया कि 0.82% मामलों में जीवन-साथी एक वर्ष से भी कम समय एक साथ रहे थे, 25.35% मामलों में एक वर्ष से छः वर्ष तक, 23.41% में 7 से 9 वर्ष तक, 28.10% में 10 से 15 वर्ष, और 10.20% में 15 वर्ष से अधिक समय तक एक साथ रहे, 12.12% मामलों में विवाह और विच्छेद के बीच की अवधि नहीं दी गई । इस प्रकार विवाहित जीवन की अवधि का औसत 8.9 वर्ष था । इसका अर्थ यह हुआ कि लोग विवाह विच्छेद के लिए दौड़ते नहीं है, बल्कि पहले समायोजन का प्रयत्न करते हैं । वैवाहिक बन्धनों को वे तभी तोड़ते हैं जब समायोजन में पूर्णरुप से असफल हो जाते हैं । दामले ने यह भी पाया कि 21.48% मामलों में विवाहित दम्पत्ति सन्तानहीन

थे, जबकि 78.52% मामलों में एक या अधिक सन्तान वाले थे।

श्रीमती फोनसेका ने बम्बई में तलाक के मामलों के अध्ययन में वे मामले सम्मिलित किये थे जिन्होंने जनवरी 1954 से जुलाई 1961 के बीच न्यायालय द्वारा तलाक लेने का प्रयास किया था (Sociological Bulletin, September, 1963, Vol XII, No.2: 14-33)। फोनसेका ने जिन 894 मामलों का अध्ययन किया था उनमें से 88.7% जैनियों सहित हिन्दू थे, 2.8% ईसाई, 3.7% मुसलमान, 0.8% यहूदी और 4.0% अन्य। 793 हिन्दुओं में से 443 महाराष्ट्र के, 245 गुजराती, 11 जैन, तथा 94 अन्य हिन्दू थे जिनमें बंगाली, पंजाबी, सिन्धी, तथा दक्षिण भारतीय थे। फोनसेका ने छह तत्वों का विश्लेषण किया: तलाक के कारण, दोनों पक्षों का शैक्षिक स्तर, तलाक प्राप्त स्त्री पुरुष के बच्चों की संख्या, विवाह की अवधि, और आयु, व्यवसाय तथा आय। उन्होने पाया कि न्यायालय में आने वाले पतियों की औसत आयु 31 वर्ष और पत्नियों की 26 वर्ष थी। विवाह की अवधि का विश्लेषण करते हुए उन्होंने देखा कि 20.92% युगल एक वर्ष से कम अवधि तक एक साथ रहे, 31.99% एक से पाँच वर्ष तक, 9.73% 6 से 10 वर्ष तक, 3.13% 11 से 15 वर्ष तक तथा 1.34% 16 से 35 वर्ष तक एक साथ रहे। 32.89% दम्पत्तियों ने विवाह की अवधि का संकेत नहीं दिया। इससे यह निष्कर्ष निकाला जा सकता है कि विवाह के प्रथम पाँच वर्ष सबसे संकटपूर्ण होते हैं और जैसे-जैसे यह अवधि बढ़ती जाती है, तलाक की दर कम होती जाती है।

बच्चों की संख्या और उसका तलाक से संबंध का विश्लेषण करते हुए उन्होंने पाया कि जिन 751 दम्पत्तियों ने इस सम्बन्ध में जानकारी दी, उनमें से 63.2% के बच्चे नहीं थे, 21.2% के एक बच्चा, 10.1% के दो बच्चे और 5.5% के 3 से 5 बच्चे थे। इससे फोनसेका की इस परिकल्पना को बल मिलता है कि बच्चे विवाहित जीवन तथा परिवार को एकजुट बनाए रखने में सहायक होते हैं तथा बच्चों की उपस्थिति विवाहित जीवन को सुखद बनाती है और बच्चों का न होना तलाक को बढ़ावा देता है।

पति के व्यवसाय का विश्लेषण करते हुए फोनसेका ने पाया कि उन 566 व्यक्तियों में से जिन्होंने अपने व्यवसाय बताया, 11.13% पेशेवर व किसी प्रबन्धन व्यवसाय में लगे थे, 2.3% बड़े व्यवसायों में, 8.66% छोटे व्यापार में, 74.38% लिपिक या अन्य दक्ष (skilled) कार्यों में और 3.53% अकुशल कार्यों में व्यस्त थे। 324 पत्नियों के व्यवसायों का भी विश्लेषण किया गया और पाया गया कि 1.85% किसी पेशेवर श्रेणी की थीं, 2.47% अकुशल श्रेणी की तथा 53.40% गृहणियां थीं। इसका अर्थ यह हुआ कि विवाह विच्छेद की सबसे ऊंची दर निम्न तथा मध्यम स्थिति वाले व्यवसाय के लोगों में होती है। अमेरिका की स्थिति से यह स्थिति मेल नहीं खाती है। अमेरिका में किए गए एक सर्वेक्षण से पता चलता है कि सबसे ऊंची तलाक दर (व्यवसाय के संबंध में) कलाकारों (actors), सेल्समैनों, चिकित्सकों, प्रोफेसरों, वकीलों, तथा व्यापारियों में पाई जाती है। तलाक की निम्नतम दर पादरियों, किसानों, मैकेनिकों, तथा मजदूरों में होती है।

आय की दृष्टि से फोनसेका को 894 व्यक्तियों में से केवल 229 व्यक्तियों ने 25.7% उत्तर दिए। इनमें से 19.64% की (1950 व 1960 के दशकों में) आमदनी 100 रुपये मासिक से भी कम थी, 32.76% की 100 से 200 रुपये के बीच, 24.03% की 200 से 300 के बीच, 12.21% की 300 से 600 के बीच, 4.80% की 600 से 1000 रुपये के बीच, तथा 6.56% की 1000 रुपये से अधिक

थी। (श्री जय दुबाशी cf. The Probe, February, 1993: 22 जैसे अर्थशास्त्रियों ने कहा है कि वर्तमान (1992-93) मूल्य स्तर पर, वे ग्रामीण परिवार जिनकी मासिक आय 2,500 से 7,500 रुपये के बीच है तथा वे शहरी परिवार जिनकी मासिक आय 3,500 से 8,000 रुपये के बीच है, मध्यमवर्गीय परिवार है)। यह दर्शाता है कि आर्थिक निश्चितता वैवाहिक जीवन की स्थिरता के लिए हितकर होती है, जबकि गरीबी विपरीत प्रभावी छोड़ जाती है।

अन्त में, शिक्षा और तलाक के सम्बन्ध का विश्लेषण करते हुए फोनसेका ने देखा कि पति पत्नी के शैक्षिक स्तर में समानता विवाह तथा बाद के जीवन में अनेक कठिनाइयां पैदा करती है। परन्तु फोनसेका ने कुछ महत्वपूर्ण तथ्यों जैसे, नगरीकरण व तलाक में सम्बन्ध, उप संस्कृति व तलाक में सम्बन्ध, आदि का मूल्यांकन नहीं किया। यह सम्भव है कि कुछ उप-सांस्कृतिक समूहों में तलाक की दर ऊंची हो। क्षेत्रीय और सांस्कृतिक मूल्य, निकट और सीमित सामाजिक सम्पर्क, तथा परम्पराओं के प्रति आदर, आदि तलाक से सम्बन्ध रखते हैं।

जे.एन. चौधरी ने राजस्थान में जयपुर के न्यायालय में 1977 और 1982 के बीच पंजीकृत 125 तलाक के मामलों का अध्ययन किया। तलाकशुदा व्यक्तियों की पृष्ठभूमि एवं तलाक की विशेषताओं का अध्ययन करते हुए उन्होंने पाया कि: (i) परिवार के प्रकार (एकाकी या संयुक्त) तथा विवाह की स्थिरता व तलाक में महत्वपूर्ण सम्बन्ध है। एकाकी परिवार में रहने वाले दम्पतियों में संयुक्त परिवार में रहने वाले दम्पतियों की अपेक्षा अधिक विवाह-विच्छेद होते हैं, क्योंकि संयुक्त परिवार अनुकूलन के अधिक अवसर प्रदान करते हैं जो न केवल व्यक्तियों के लिए प्रभावशील हैं परन्तु समाज द्वारा भी स्वीकृत होते हैं। (ii) शहरी क्षेत्रों में तलाक ग्रामीण क्षेत्रों की अपेक्षा अधिक होता है, अथवा लोगों का निवास (गांव/ शहर) वैवाहिक स्थिरता व तलाक को प्रभावित करता है। (iii) उच्च जातियों में तलाक निम्न तथा मध्यम जातियों की अपेक्षा अधिक होते हैं। (iv) निम्न स्तर तथा मध्यम स्तर के व्यवसायों में व्यस्त व्यक्ति तलाक के लिए अधिक संवेदनशील होते हैं अपेक्षाकृत उच्च स्तरीय व्यवसायों में लगे हुए लोगों के। (v) जिन दम्पत्तियों के शैक्षिक स्तर में अत्यधिक अन्तर होता है उनमें भी वैवाहिक असफलताएं व तलाक की दर अधिक होती है। (vi) निम्न एवं मध्य आय वर्गों में तलाक अधिक मिलता है। (vii) अल्प आयु (अठारह वर्ष से कम) में विवाहित व्यक्तियों में विलम्ब से विवाहित व्यक्तियों की अपेक्षा विवाह-विच्छेद अधिक नहीं होता है। (viii) सन्तानहीन व्यक्ति सन्तान वाले व्यक्तियों की अपेक्षा अधिक तलाक लेते हैं। इसका अनुपात 2:1 है। यह तथ्य आवश्यक रुप से यह नहीं सुझाता कि वैवाहिक बन्धनों के टूटने में भावात्मक व वित्तीय अवरोध पैदा कर सन्तान वैवाहिक विघटन को रोकती है या फिर यह कहा जा सकता है कि तलाक लेने के निर्णय पर सन्तान का या सन्तानहीनता का या सन्तान की संख्या का अधिक प्रभाव नहीं पड़ता है।

उपरोक्त सभी अध्ययनों के प्रकाश में यह कहा जा सकता है कि: (i) तलाकशुदा व्यक्ति अधिकांशत: कम पढ़े लिखे तथा युवा होते है। (ii) वैवाहिक जीवन की अवधि के बढ़ने के साथ-साथ तलाक की दर घटती जाती है। (iii) वर्तमान प्रवृत्ति से इस बात का संकेत मिलता है कि स्त्रियों में शिक्षा प्रसार के कारण, स्त्रियों के रोजगार के अवसरों में वृद्धि के कारण, तथा स्त्रियों की भूमिका में परिवर्तन आने के कारण तलाक में वृद्धि होगी।

विवाह विच्छेद के कारण (Causes of Divorce)

दामले, फोनसेका तथा चौधरी के आनुभविक (empirical) अध्ययनों से हमें विवाह-विच्छेद के कुछ कारणों का संकेत मिलता है। दामले के अनुसार तलाक के मुख्य कारण हैं: पारिवारिक सामंजस्य की कमी (जिसमें पति-पत्नी के झगड़े, पति द्वारा दुर्व्यवहार, तथा ससुराल वालों के साथ झगड़े सम्मिलित हैं), (43.5%) पत्नी का बाँझपन (21.5%), पति या पत्नी का अनैतिक व्यवहार (21.2%), बीमारी या स्वभाव के कारण पति का पारिवारिक उत्तरदायित्व का निर्वाह न कर सकना (7.7%), तथा पति को सजा होना (0.3%)। शेष (5.8%) मामलों में स्पष्ट कारण नहीं मिल पाया।

दूसरी ओर फोनसेका (Ibid, 30) ने पाया कि विवाह-विच्छेद के प्रारम्भिक कारण हैं: परित्याग और क्रूरता (69.1%), परव्यक्ति गमन (20.6%), नपुंसकता (8.3%), और विविध कारण (2.0%)। उन्होंने यह भी देखा कि विवाह-विच्छेद के वैधानिक कारण वास्तविक कारणों से बिल्कुल भिन्न हैं। वैधानिक कारण आवरण के रुप में बाहर से ढकने के लिए उपयुक्त समझकर धारण कर लिए जाते हैं।

चौधरी (1988: 50-76) ने विवाह-विच्छेद के कारणों को दो समूहों में बाँटा: पर्यावरण सम्बन्धी कारक तथा व्यक्ति सम्बन्धी कारक। पर्यावरण सम्बन्धी कारक परिवार के अन्दर तथा परिवार के बाहर के वातावरण से सम्बद्ध हैं। पर्यावरण संबंधी कारणों में उन्होंने सम्मिलित किया: अवैध सम्बन्ध (25.6%), अपर्याप्त गृह जीवन (10.3%), शारीरिक प्रहार (6.0%), गरीबी (5.1%), पत्नी का रोजगारमय जीवन (5.1%), और भूमिका संघर्ष (4.3%)। व्यक्तित्व सम्बन्धी कारणों में उन्होंने निम्नलिखित कारण सम्मिलित किए हैं: चिड़चिड़ा स्वभाव (12.8%), असाध्य रोग (10.3%), नपुंसकता (9.4%), बाँझपन (4.3%), आयु में बड़ा अन्तर (3.4%), तथा प्रभुत्व जमाने वाला स्वभाव (3.4%)। विवाह-विच्छेद के वैधानिक कारणों का विश्लेषण करने पर चौधरी (Ibid, 90-92) ने पाया कि पाँच कारण महत्वपूर्ण हैं: परित्याग (46.4%), क्रूरता (37.6%), पर व्यक्ति गमन (8.0%), नपुंसकता (6.4%), और असाध्य रोग (1.6%)। जहां पति ने तलाक की पहल की वहां परित्याग (64.8%) विवाह-विच्छेद का मुख्य आधार था।

ये सभी अध्ययन यह संकेत देते हैं कि विवाह-विच्छेद सदैव ही विवाहित जीवन में सौहार्द की कमी के कारण नहीं होते हैं। निःसन्देह कुछ पत्नियां अपने पति के दुर्व्यवहार, क्रूरता, व उपेक्षा पूर्ण रवैये के कारण विच्छेद चाहती हैं, किन्तु कुछ मामलों में स्त्रियां इसलिये तलाक चाहती है कि वे अपने ससुराल वालों से तंग आ जाती हैं। इसके विपरीत कुछ पुरुष अपनी पत्नी की उनके प्रति वफादारी पर सन्देह करते हैं या फिर उनके बीच बौद्धिक तथा शैक्षिक स्तर पर बड़ा अन्तर होता है। कहीं-कहीं तो पत्नी कठोर नियमों वाले रुढ़िवादी परिवार से सम्बद्ध होते हुए अपने पति के सामाजिक जीवन से स्वयं को अनुकूल नहीं कर पाती है क्योंकि उसे अपने पिता के घर पुरुष संगति की अनुमति नहीं मिली होती है। कहीं पर इसके विपरीत स्त्री को शान्त, नीरस तथा बदरंग मिजाज का पति मिल जाता है। माता-पिता द्वारा तैय किये गये विवाह में जहां आपसी आकर्षण विवाह का कारण नहीं होता, बल्कि अनेक अन्य कारण होते हैं (जैसे, माता पिता के प्रति सम्मान, अच्छा दहेज, उच्च पारिवारिक सम्बन्ध, आदि) लेने और देने का अवसर कम होता है और विवाह के बाद सामन्जस्य की इच्छा भी बहुत कम रहती है। तब इसमें आश्चर्य नहीं कि युवक वैवाहिक समस्याओं से जूझने के बजाय उनसे

भागने के प्रयत्न में तलाक को ही असफल विवाह का एकमात्र उपाय मान लें।

विवाह-विच्छेद के कारणों पर सैद्धान्तिक दृष्टिकोण (Theoretical Perspectives on Etiology of Divorce)

विवाह-विच्छेद के उपरोक्त कारणों पर सैद्धान्तिक विचार भी किया जा सकता है। विवाह- विच्छेद पर किसी भी व्याख्या को चार कारकों पर ध्यान देना चाहिए: (i) वे कारक जो विवाह मूल्यों को प्रभावित करते हैं (प्रकार्यात्मक दृष्टिकोण),(ii) वे कारक जो बदलती आर्थिक व्यवस्था तथा उसके सामाजिक व आदर्शवादी अधिसंरचना, विशेष कर परिवार के मध्य संघर्ष, के कारण उत्पन्न होते हैं, (मार्क्सवादी दृष्टिकोण),(iii) अन्तःक्रिया की परिस्थिति (अन्तःक्रियावादी दृष्टिकोण), और (iv) मूल्य तथा लाभ का विचार (सामाजिक विनिमय का दृष्टिकोण)।

प्रकार्यवादी दृष्टिकोण विवाह-विच्छेद को सामान्यतः आदर्शों व मूल्यों में होने वाले परिवर्तनों, विशेष रुप से परिवार और विवाह में होने वाले परिवर्तनों के प्रतिबिम्ब के रुप में समझाता है। टालकाट पार्सन्स तथा रोनाल्ड फ्लेचर जैसे प्रकार्यवादी विद्वान विवाह के संबंध में प्रत्याशाओं व अपेक्षाओं की बात करते हैं। लोग विवाह से अधिक उम्मीदें करते हैं; परिणामतः विवाह भंग होने की स्थिति में आ जाता है जब उनकी उम्मीदें पूर्ण नहीं होतीं। दूसरा, प्रकार्यवादी इस तथ्य पर भी बल देते हैं कि परिवार की आर्थिक व्यवस्था की अपेक्षाओं के साथ अनुकूलन करने के कारण वैवाहिक सम्बन्धों पर एक तरह का बोझ पड़ता है। विलियम गुडे (William Goode, 1965:91) का कथन है कि जब परिवार का स्वतंत्र अस्तित्व होता है तो उस पर भावात्मक बोझ अधिक होता है, अपेक्षाकृत इसके कि जब परिवार बड़े नातेदारी समूह के भीतर एक छोटी इकाई होता है।

परिणामस्वरूप एकाकी परिवार को भावात्मक अधिभार सहन करना पड़ता है जो सदस्यों के मध्य कलह को जन्म देता है। भारतीय समाजशास्त्री भी इसी दृष्टिकोण से सहमत हैं कि संयुक्त परिवार में मानसिक तनाव कभी-कभी निश्चित ही होता है क्योंकि परिवार का आकार, आर्थिक बोझ, युवा सदस्यों की आशाएँ, तथा बुजुर्गों द्वारा खड़ी की गई रुढ़िवादी मान्यताएँ एवं रोक लगाने वाले आदर्श व मूल्य आड़े आते ही हैं। अन्त में, प्रकार्यवादी विवाह और तलाक में आने वाले परिवर्तनों की बात भी करते हैं। भूतकाल में लोगों पर हिन्दू दर्शन का बड़ा प्रभाव था जिससे विवाह-विच्छेद की सम्भावनाएं काफी कम थीं। किन्तु आज धर्मनिरपेक्ष विश्वासों के कारण विवाह-विच्छेद के प्रति मूल्यों एवं दृष्टिकोण में परिवर्तन आया है। धर्मनिरपेक्षता ने धार्मिक विश्वासों के प्रभाव को कम किया है जिससे विवाह सम्बन्ध भी बहुत प्रभावित हुए हैं।

मार्क्सवादी दृष्टिकोण इस बात पर बल देता है कि वैवाहिक आकांक्षाएं तभी पूरी हो सकती हैं जब पति-पत्नी दोनों कमाने वाले हों। किन्तु वेतन कमाने वाली श्रमिक महिलाओं की आशाओं और उन आदर्शात्मक (normative) आकांक्षाओं में, जो वैवाहिक जीवन से जुड़ी रहती हैं, अन्तर्विरोध के कारण संघर्ष उत्पन्न होता है। कार्यरत पत्नियों से श्रम सम्पादन की भूमिका के साथ गृहिणी की भूमिका के प्रतिबद्धता (commitment) की भी आशा की जाती है। समान रूप से धनोपार्जन का कार्य करने के बावजूद स्त्रियों से अपेक्षा की जाती है कि वे घर के पुरुष मुखिया के अधीन भूमिका का निर्वाह करे। इस प्रकार की आदर्शात्मक अपेक्षाएँ स्त्री की धन उपार्जक (wage earner)

भूमिका के बिल्कुल विरुद्ध है। इस प्रकार की विरोधी स्थितियाँ पति-पत्नि के बीच संघर्ष उत्पन्न करती हैं, जो उनके वैवाहिक जीवन को छिन्न-भिन्न करती हैं।

भारतीय परिवारों में स्त्री की इस दुहरी भूमिका से जो संघर्ष उत्पन्न होता है उससे एक और तरीके से भी विवाह-विच्छेद की स्थिति पैदा होती है। कभी-कभी पुरुष को जीविकोपार्जन के लिए शहर छोड़ कर घर से बहुत दूर जाना पड़ता है, तब उसे अपनी पत्नी को अपने माँ बाप के साथ छोड़ना पड़ता है तथा पत्नी अपने ससुराल वालों के प्रति अपने बहुत से कर्त्तव्य निभाती हैं। पत्नी की यह इच्छा होती है कि वह अपने पति के साथ ही रहकर अपने दाम्पत्य सुख तथा कर्त्तव्य निर्वाह करे। इससे भूमिका संघर्ष (role conflict) उत्पन्न होता है जिससे विवाह विच्छेद के अवसर पैदा हो जाते हैं।

पति-पत्नी यदि अलग-अलग सामाजिक पृष्ठभूमि के हों तब भी तलाक हो जाता है। अलग पारिवारिक परिवेश के कारण पति-पत्नि में समायोजन में कठिनाई पड़ती है जिस से परित्याग, पृथक्करण या तलाक तक भी हो जाता है।

अन्तःक्रियावादी दृष्टिकोण की मान्यता है कि तलाक के एक विशेष मामले में एक विशेष कारक इस बात पर निर्भर करता है कि तलाक लेने देने वाले स्त्री-पुरुष और तलाकशुदा की प्रस्थिति देने वाले व्यक्तियों के मध्य किस प्रकार की बातचीत हुई है। हावर्ड बेकर (Howard Becker) के अनुसार सामाजिक समूह ऐसे नियम बना कर, जिनका उल्लंघन संघर्ष उत्पन्न करता है, और इन नियमों को विशेष व्यक्तियों पर लागू करके तथा उन्हें 'बाहरी' व्यक्ति का नामकरण करके वैवाहिक असफलताएँ पैदा करते हैं। इस दृष्टि से असफल विवाह व्यक्ति के किए गए कार्य का गुण या विशेषता नहीं है, बल्कि अन्य व्यक्तियों द्वारा उन नियमों के लागू करने का परिणाम है। वैसे वैवाहिक असफलता जैसी कोई स्थिति नहीं होती। असफल विवाह तो लोगों का दृष्टिकोण है, व उनकी परिभाषा है।

जब परिवार के आदर्शों एवं मूल्यों को तोड़ा जाता है तब विवाह असफल माना जाता है। अतः महत्वपूर्ण बात यह है कि कर्ता द्वारा उस अन्तःक्रिया की स्थिति को क्या अर्थ दिया जाता है; या यह इस बात पर निर्भर करता है कि लोग विवाह की स्थिति में अन्तःक्रिया को कैसे देखते हैं व उसके लिए क्या प्रतिक्रिया व्यक्त करते हैं। जब विवाह के साथी एक दूसरे के प्रति कर्त्तव्यों का पालन करने में असफल होते हैं तब विवाह असफल माना जाता है।

विनिमय दृष्टिकोण मानव व्यवहार के आर्थिक पक्ष के कुछ तत्वों पर केन्द्रित हैं, जैसे, क्रिया (activity), मनोभाव (sentiments) तथा पुरस्कार (reward) आदि। पीटर ब्लाऊ (Peter Blau, 1964) ने असमान विनिमय (unequal exchange) तथा शक्ति सम्बन्धों पर ध्यान दिया है। उनके अनुसार वह व्यक्ति जो दूसरे व्यक्ति को सेवाओं से लाभान्वित करता है वह उसे अनुग्रहीत करता है। इस एहसान से मुक्त होने के लिए, दूसरे व्यक्ति को भी पहले व्यक्ति को कुछ लाभ पहुंचाना चाहिए। यदि दोनों व्यक्ति दूसरे से प्राप्त लाभ को उचित मानते हैं तो दोनों अपनी सेवाएं और अधिक प्रदान करेंगे जिस से दूसरे को अपनी सेवाओं में वृद्धि करने की प्रेरणा मिले और वह (दूसरा) ऋणग्रस्त व कृतज्ञ होने से भी बच सके। इस प्रस्ताव का यह भी तात्पर्य है कि पुरस्कार की आवृत्ति बढ़ने से क्रिया की आवृत्ति बढ़ती है, परन्तु यह सुस्पष्ट है कि ऐसी वृद्धि अनिश्चित नहीं हो सकती। क्रिया जितनी कम पुरस्कृत होगी उतना ही उसे दोहराया कम जायेगा। दूसरी ओर किसी क्रिया को एक बार पुरस्कृत करने के बाद यदि पुनः कभी भी पुरस्कृत नहीं किया जायेगा, तब व्यक्ति

उस क्रिया को आने वाले समय में फिर कभी नहीं करेगा तथा यह क्रिया समाप्त ही हो जायेगी।

विवाह भी इसी प्रकार के पारस्परिक विनिमय तथा अधिकारों पर आधारित है। वह विवाह स्थिर अधिक रहेगा यदि पति या पत्नी एक दूसरे से अधिक साधन जुटाता है। फिर व्यक्ति को अपने कार्यों का जितना अधिक लाभ मिलेगा उतना ही अधिक कार्य वह करेगा, किन्तु यदि व्यक्ति के कार्य को पुरस्कार न मिले जिसकी उसे उम्मीद थी या उसे दण्ड मिलता है जिसकी उसे उम्मीद न थी, तो वह नाराज होगा और वह अधिकाधिक आक्रामक व्यवहार करेगा। ऐसे व्यवहार के परिणाम उसके पक्ष में होंगे। विवाह-विच्छेद की व्याख्या विनिमय सिद्धान्त के इसी कुण्ठा (frustration) और आक्रामकता (aggression) के प्रस्ताव पर आधारित है (Alan Wells, 1940: 141)। यहाँ तलाक वह क्रिया है जो तलाक देने वाले व्यक्ति के कुण्ठा के स्रोत को आघात पहुँचाती है, उसे आतंकित करती है, तथा उसे तोड़ देती है।

उपरोक्त दृष्टिकोणों में से प्रत्येक विचार मात्र एक विचार हैं जो कि तलाक पर किए जाने वाले अनुसन्धान को प्रभावित करता है, क्योंकि यह अनुसन्धान कर्ता के मूल्यों और 'सहानुभूतियों' को प्रभावित करता है। जो भी अनुसन्धानकर्त्ता हावर्ड बेकर के विचारों या अन्तःक्रियावादी विचारों के प्रभाव में आकर अनुसन्धान करेंगे वे निश्चय ही तलाक प्राप्त व्यक्ति से सहानुभूति रखेंगे और एक 'उदार दृष्टिकोण' (liberal position) रखेंगे जो आमूल परिवर्तन की अपेक्षा सुधार में विश्वास रखता है। कुछ आमूल आलोचकों द्वारा प्रकार्यवादी लोगों पर भी 'उदारता' का आरोप लगाया जाता है। विनिमय सिद्धान्तवादी भी इसी श्रेणी में रखे जाते हैं। मार्क्सवादियों पर यद्यपि उदारता का आरोप नहीं लगता, लेकिन उन की विश्लेषण की विधि को चुनौती अवश्य दी जाती है। इसका यह अर्थ नहीं है कि विवाह-विच्छेद का वस्तुगत (objective) विश्लेषण सम्भव नहीं है। अनुसन्धानकर्त्ता जब तक तलाक पर एकत्र किए गए आंकड़ों व तथ्यों को तोड़ मरोड़ कर नहीं रखेगा और निरपेक्ष विश्लेषण नहीं करेगा तब तक उसका विश्लेषण आवश्यक रूप से न्यायसंगत तथा वैधानिक होगा। दूसरे शब्दों में हम कह सकते हैं कि भले ही हम विवाह-विच्छेद के विशिष्ट कारण प्रस्तुत न कर सकें फिर भी विवाह-विच्छेद पर दी गई प्रत्येक व्याख्या महत्वपूर्ण एवं वज़नदार होती हैं।

विवाह-विच्छेद के पश्चात् भूमिका समायोजन (Role Adjustment after Divorce)

भारतीय समाज में इस तथ्य के विश्लेषण की आवश्यकता है कि तलाक के बाद पति-पत्नी किस प्रकार अपने को समायोजित करते हैं। हमें यह पता लगाना चाहिए कि कितने तलाकशुदा लोग दूसरा विवाह करते हैं, किस प्रकार के लोग इस प्रकार दूसरा विवाह करते हैं, तलाक के बाद पति-पत्नी के निरंतर मिलते रहने की स्थिति क्या रहती है, बच्चों का लालन-पालन कैसे होता है तथा तलाकशुदा पत्नी द्वारा अपने को व अपनी सन्तान को पालने के लिए कार्य ढूँढ़ने की स्थिति क्या होती है?

तलाक के बाद पति-पत्नी दोनों की भूमिकाओं और प्रस्थिति में परिवर्तन हो जाता है। कुछ लोग तो नई परिस्थितियों में अभ्यस्त हो जाते हैं किन्तु अनेक लोग विभिन्न समस्याओं में उलझ जाते हैं। उक्त समस्याओं के अलावा, तलाक के बाद व्यक्तियों को आदतों में परिवर्तन, मकान ढूँढ़ने में समस्या, मित्रों, पड़ौसियों व सहयोगियों से सम्बन्ध बनाए रखने की समस्या तथा एकाकीपन व

नीरसता से बचने, आदि की समस्याओं का भी सामना करना पड़ता है। चौधरी के अध्ययन के आधार पर निम्नलिखित तथ्य उपरोक्त सन्दर्भ में दिये जा सकते हैं:

1. बहुत कम संख्या में तलाकशुदा स्त्री पुरुष पुनर्विवाह करते हैं। चौधरी के अध्ययन के अनुसार अधिकांश पुरुषों एवं स्त्रियों ने तलाक के बाद पुनः विवाह नहीं किया। यहाँ यह तथ्य ध्यान देने योग्य हैं कि तलाक शुदा लोगों के आर्थिक स्तर एवं पुनर्विवाह में परस्पर सम्बन्ध है। चौधरी ने पाया कि उनके अध्ययन में निम्न वर्ग के 60% तलाकशुदा पुरुषों ने पुनर्विवाह कर लिया था, जबकि मध्यम वर्ग में 35% ने और उच्च वर्ग के 60% व्यक्तियों ने पुनर्विवाह किया।

   यह दर्शाता है कि निम्न तथा उच्च वर्ग के पति नैतिक दृष्टि से कम विवशता का अनुभव करते हैं अपेक्षाकृत मध्यम वर्गीय लोगों के, क्योंकि वे नैतिक मान्यताओं को अधिक महत्व देते हैं और इसी कारण वे तलाक के बाद भी अपने बच्चों के सम्पर्क में बने रहते हैं। इससे यह भी स्पष्ट होता है कि मध्यम वर्गीय लोगों पर पुनर्विवाह करने पर कितने आर्थिक बन्धन लग जाते हैं, विशेष रूप से जब पत्नी को निर्वाह भत्ता (alimony) देना पड़ता है। चौधरी ने पाया कि तलाकशुदा स्त्रियों में लगभग 95% निम्न आय वर्ग से थीं। इनमें से 40% ने पुनर्विवाह कर लिया। यह तथ्य दो बातों की ओर संकेत करता है: पहला, अनेक स्त्रियाँ पुनर्विवाह इस कारण नहीं करतीं क्योंकि वे अपने बच्चों के प्रति एक नैतिक कर्त्तव्य मानती हैं; और दूसरा, वे अपने भरण-पोषण के लिए आर्थिक सहायता का प्रबन्ध कर ही लेती हैं जिस कारण वे पुनर्विवाह को आवश्यक नहीं मानती हैं।
2. तलाक के बाद अधिकांश स्त्री पुरुष अपने माता-पिता के साथ रहते हैं। चौधरी ने अपने अध्ययन में पाया कि 74.4% पुरुष तलाक के बाद अपने माता-पिता के साथ रह रहे थे, 0.8% रिश्तेदारों के साथ, 23.2% पृथक, तथा 1.6% अपनी नई पत्नी के साथ रह रहे थे। इसके विपरीत 78.4% तलाकशुदा स्त्रियाँ अपने माता-पिता के साथ, 2.4% रिश्तेदारों के साथ, 15.2% पृथक तथा 4.0% नये पति के साथ रह रहीं थीं।
3. काफी संख्या में तलाकशुदा स्त्रियाँ कोई काम नहीं करतीं। केवल एक तिहाई ही रोजगार में लगीं थीं और दो तिहाई बेरोजगार थीं। जो 32% रोजगार में लगी थीं उन में से 9.67% तो शादी की अवधि में भी काम करतीं थी, लेकिन शेष 22.4% ने तलाक के बाद काम करना शुरू किया था।
4. तलाक के बाद बच्चे आमतौर पर माता के संरक्षण में ही रहते हैं। चौधरी के अध्ययन में 32% दम्पत्तियों के बच्चे थे, जिनमें से 66.7% मामलों में बच्चे अपनी माता के संरक्षण में थे, 25.6% पिता के, तथा 7.7% कभी माता के साथ व कभी पिता के साथ रहते थे।
5. निम्न आय वर्ग के तलाकशुदा पुरुषों में समायोजन की प्रक्रियाएँ मध्य आय वर्ग व उच्च आय वर्ग की तुलना में भिन्न होती हैं। निम्न तथा मध्य आय वर्गों के तलाकशुदा व्यक्ति अपने जीवन के खालीपन को अपने काम को गंभीरता से लेकर या उच्च अध्ययन आरम्भ कर भरते हैं, जबकि उच्च आय वर्ग के तलाकशुदा लोग अपना सामाजिक दायरा बढ़ा कर अपने को समायोजित करते हैं।

6. तलाक के बाद स्त्री पुरुष एक दूसरे के प्रति किसी प्रकार का मोह नहीं रखते । चौधरी के अध्ययन में केवल 24.0% तलाकशुदा लोग ही अपने पूर्व साथियों में एक या दो बार मिले । जो दम्पति कम अवधि तक (एक वर्ष से भी कम) एक साथ रहते हैं, तलाक के बाद एक दूसरे के प्रति उनका व्यवहार प्रतिकूल तथा नीरस रहता है और जो दम्पति लम्बे समय तक (5 वर्ष या इससे अधिक) वैवाहिक अवधि में रहते हैं उनका एक दूसरे के प्रति व्यवहार सहानुभूति पूर्ण रहता है । चौधरी के अध्ययन में 28% उत्तरदाता एक साल से भी कम अवधि तक साथ रहे, 30.4% एक से तीन वर्ष तक, 13.6% 3 से 5 वर्ष तक और 28.0% 5 वर्ष से अधिक समय तक एक साथ रहे; लेकिन आमतौर पर लोग एक दूसरे के प्रति उदासीन ही रहे ।
7. पतियों की अपेक्षा पत्नियाँ तलाक के बाद अधिक एकाकी अनुभव करती हैं । चौधरी ने अपने अध्ययन में पाया कि दो-तिहाई पत्नियों की तुलना में पाँच में से दो ही पति एकाकी अनुभव करते हैं । लम्बी अवधि तक विवाहित जीवन व्यतीत करने वाले तलाकशुदा लोग कम अवधि वाले लोगों की तुलना में अधिक एकाकी अनुभव करते हैं ।
8. अंतिम, तलाकशुदा व्यक्ति को परिवार के बाहर भी सामाजिक सम्बन्धों की जटिलता का सामना करना पड़ता है, विशेष रूप से मित्रों, रिश्तेदारों, पड़ौसियों व सहयोगियों के साथ । चौधरी ने पाया कि जिन 54 स्त्रियों ने अपनी ओर से तलाक का मुकदमा चलाने की पहल की थी उनमें से 61.1% में उनके साहस को उन्हीं के रिश्तेदारों ने तथा 48.2% में मित्रों ने अस्वीकार कर दिया था । केवल 35.2% मामलों में रिश्तेदारों ने और 51.8% में मित्रों ने उनके तलाक को अनुमोदित किया था । पुरुषों को 25.9% मामलों में रिश्तेदारों की और 35.2% में मित्रों की अस्वीकृति का सामना करना पड़ा था । इस प्रकार महिलाओं को पुरुषों की अपेक्षा घर के बाहर समायोजन की समस्याओं का अधिक सामना करना पड़ता है ।

विवाह-विच्छेद की प्रवृत्तियाँ (The Divorce Trends)

भारत में तलाक की निम्नलिखित प्रवृत्तियाँ पायी जाती हैं:

- न्यायालयों में तलाक के लिए वास्तविक कारणों का उल्लेख नहीं किया जाता । वास्तविक कारण वैधानिक कारणों से भिन्न होते हैं । अत: परित्याग, क्रूरता, व्यभिचार, आदि कारण देने की अपेक्षा पारस्परिक मन मुटाव व तनाव (mutual incompatibility) आदि कारण देने की प्रवृत्ति बढ़ती जा रही है ।
- वैधानिक कारणों के अन्तर्गत क्रूरता तथा परित्याग के कारणों का उल्लेख अधिक किया जाता है क्योंकि ये दोनों आधार अन्य आधारों की अपेक्षा कम आक्रामक माने जाते हैं ।
- तलाक के लिए दिये जाने वाले आधारों को उदार बनाने के कोई प्रयत्न नहीं हो रहे हैं ।
- यद्यपि 1960 से तलाक की दर में काफी वृद्धि हुई है, लेकिन न्यायालयों की प्रवृत्ति यही है कि तलाक संबंधी निर्णय शीघ्रता तथा तुच्छ बातों पर लिया गया कदम मानकर उससे बचने की कोशिश की जाये ।
- तलाक को इतनी गंभीर बुराई नहीं माना जा रहा है जितना कि पति-पत्नि का इकट्ठा रहकर तनाव भरा जीवन व्यतीत करने को ।

- तलाक के बाद उपेक्षणीय संख्या में लोग पुनर्विवाह करते हैं।
- स्त्रियाँ भी पुरुषों की भाँति विवाह की असफलता के कारण तलाक की आतुर हैं, यद्यपि इतना अवश्य है कि वे विवाहित जीवन के बन्धनों से मुक्त होने के लिए तलाक नहीं चाहतीं बल्कि तनाव से तंग आकर अंतिम उपाय के रूप में तलाक के लिए पहल करती हैं।
- तलाक के बाद बच्चे आमतौर पर माँ के साथ रहते हैं; किन्तु पिता बच्चों से सामाजिक सम्बन्धों को समाप्त नहीं करता।
- तलाक की दर में सामाजिक वर्ग तथा व्यावसायिक स्थिति के आधार पर भिन्नता आती जा रही है। मध्य स्थिति वाले व्यवसाय में लगे लोगों में उच्च व्यवसाय में लगे लोगों की अपेक्षा अधिक तलाक होते हैं। इसी प्रकार ग्रामीण लोगों में शहरी लोगों की अपेक्षा तलाक की दर कम है।

क्या हिन्दू समाज में विवाह-विच्छेद की अनुमति प्रदान की जानी चाहिए (Should Divorce be Permitted In Hindu Society)

अब हम सबसे महत्वपूर्ण प्रश्न का विश्लेषण करते हैं: क्या हिन्दुओं को विवाह तोड़ने के अवसर निरन्तर दिये जाने चाहिए या फिर वर्तमान अधिनियमों में संशोधन करके तलाक की सुविधा वापस ले ली जाये ? इस विषय पर मत-विविधता है। तलाक को बुरा समझने के कारण इसका विरोध करने वाले मतावलम्बी दो प्रकार के तर्क देते हैं: पहला सामाजिक व्यवस्था पर पड़ने वाले परिणामों की दृष्टि से और दूसरा व्यक्ति और परिवार पर पड़ने वाले प्रभाव की दृष्टि से।

प्रथम श्रेणी के तर्क इस प्रकार हैं: (i) तलाक विवाह की पवित्रता में बाधा उत्पन्न करेगा (ii) यह समाज में अनैतिकता व स्वछंद योनाचार (promiscuity) में वृद्धि करेगा (iii) तलाक बाल-अपराध के कारणों में एक महत्वपूर्ण कारण होता है (iv) तलाक परिवार तथा विवाह संस्था के विनाश का मूल कारण होता है और सामाजिक व्यवस्था की नींव तक को हिला देता है (v) तलाक से वैवाहिक तथा माता-पिता की ओर से उत्तरदायित्वहीनता में वृद्धि होती है और धीरे-धीरे हमारी नैतिक भावनाएँ कमजोर बनती जाती हैं।

व्यक्ति तथा परिवार पर तलाक के प्रभाव से सम्बद्ध तर्क इस प्रकार हैं: तलाक से सामाजिक विघटन में वृद्धि होती है और इसके परिणाम व्यक्ति तथा परिवार के सदस्यों के लिए घातक एवं विनाशकारी होते हैं। दूसरी ओर, उदार विचारों वाले तलाक के पक्षधर लोग कहते हैं कि तलाक हमारे समाज में महिलाओं की दशा सुधारने में सहायक होगा और उनकी मानसिक वेदना में कमी लायेगा और फलतः दम्पति सुखी होंगे।

हम पहले तलाक के विरोध में तर्क लेंगे:

(1) हिन्दू विवाह धार्मिक संस्कार है और जो तत्व उसे पवित्र बनाता है वह है विवाह का अटूट (irrevocable) होना, तथा धर्म का (जो विवाह का उच्चतम लक्ष्य है) मृत्यु तक पालन करना। यदि पति-पत्नी को अपनी इच्छा से विवाह भंग करने की अनुमति प्रदान कर दी जाये तो विवाह का उद्देश्य धर्म के स्थान पर मात्र कामतृप्ति हो जायेगा जैसा कि ईसाई और मुस्लिम विवाह में होता है और तब हिन्दू विवाह पवित्र संस्कार नहीं रह जायेगा। किन्तु यह विवेकपूर्ण तर्क नहीं है। वास्तव में, हिन्दू

विवाह को जो बातें धार्मिक पवित्र संस्कार बनाती हैं, वे ऐसे कर्त्तव्य हैं जिनकी पति-पत्नी से निभाने की आशा की जाती है। विवाह धार्मिक तभी तक रहता है जब तक पति-पत्नी एक साथ रहकर अपने बच्चों, जीवन-साथी तथा दूसरे सदस्यों के प्रति अपने कर्त्तव्यों का निर्वहन करते रहते हैं। अतः हम यह नहीं कह सकते कि तलाक की अनुमति हिन्दू विवाह की पवित्रता को प्रभावित करेगी। कापड़िया (1972: 197) ने भी इसी तर्क को आगे बढ़ाते हुए कहा है कि हमारा यह भय निराधार है कि यदि ऐसा विधान बनाया जाये जो कि विवाह की पवित्रता को प्रभावित करेगा, वह विवाह भंग में सहायक होगा। विवाह की पवित्रता न केवल जारी रहेगी, बल्कि हम वैदिक आदर्श "मैं तुम्हें अपना जीवन साथी मानता हूँ" का पालन करते रहेंगे।

दूसरा तर्क तलाक के विरोध में यह है कि तलाक की स्वतंत्रता प्रदान करके हम व्यक्ति को पुनर्विवाह की स्वतंत्रता देंगे; तब वह अपनी इच्छा से अपने जीवन-साथी को तलाक देगा और फिर विवाह कर लेगा। इस प्रकार लोग 'तलाक के आदी' हो जायेंगे जिससे अनैतिकता को प्रोत्साहन मिलेगा। दुर्खीम ने भी कहा है कि तलाक वैवाहिक मानकशून्यता की दशा (conjugal anomie) को उत्पन्न करता है जिससे विवाह की नैतिक संरचना भंग हो जाती है। परन्तु यह तर्क भी तर्कसंगत नहीं है। कितने लोग ऐसे हैं जो तलाक के बाद विवाह करते हैं और अपने जीवन में वे कितनी बार विवाह करते हैं ? दो बार से अधिक कदापि नहीं। फिर विवाह चाहे दो या अधिक बार हो, काम सम्बन्ध तो केवल विवाहित साथी तक ही सीमित रहेंगे। फिर यह स्थिति अनैतिकता को कैसे जन्म देगी ? इसके विपरीत, यदि कोई व्यक्ति अपने जीवन-साथी से बिल्कुल ही तंग हो चुका है और उसे छोड़ने की अनुमति उसे न दी जाये तो यह सम्भावना है कि वह अतिरिक्त वैवाहिक सम्बन्ध स्थापित कर ले, जो निश्चय ही समाज में अनैतिकता को प्रोत्साहन देगा।

तीसरा तर्क यह है कि तलाक परिवार को विघटन की ओर ले जायेगा। यह बात तो सत्य है कि समाज की संस्कृति परिवार के सदस्यों में मूल्यों की स्थापना करती है, लेकिन यह भी सत्य है कि समाज में जो अव्यवस्था व आकुलता फैलती है वह असफल विवाह के कारण ही फैलती है जिससे तलाक की दर बढ़ती है। इस बात से तो सहमति है कि पारिवारिक विघटन समाज में अव्यवस्था फैलाता है, किन्तु प्रश्न है कि क्या तलाक से पारिवारिक विघटन उत्पन्न होता है ? पारिवारिक विघटन क्या है ? वैवाहिक सम्बन्धों में विच्छेद अथवा परिवार का सामंजस्यपूर्ण आधार पर कार्य न करना ही पारिवारिक विघटन है। वैवाहिक सम्बन्ध तलाक से नहीं टूटते हैं, बल्कि तलाक तो इन संबंधों के टूटने का परिणाम है। अनपेक्षित जीवन-साथी के साथ संबंध तोड़ कर व्यक्ति अपने जीवन को विवाह द्वारा या बिना पुनर्विवाह के भी पुनर्गठित कर सकता है, जो कि निश्चय ही उसके अपने लिए, परिवार के लिए, तथा समाज के लिए क्रियात्मक कदम होगा।

अंतिम कथन कि तलाक के बाद के परिणाम घातक होते हैं सत्य मालूम पड़ता है। परन्तु इस कथन के विरुद्ध कुछ तर्क प्रस्तुत करने से पहले तलाक के परिणामों का विश्लेषण आवश्यक है।

विवाह-विच्छेद के विकार्यात्मक पक्ष (Dysfunctional Aspects of Divorce)

ईलियट और मैरिल (Elliott and Merrill, 1950: 454-468) ने निम्नलिखित तथ्यों के संदर्भ में तलाक के पश्चात् के परिणामों का विश्लेषण किया है, जैसे, तलाक और संकट (crisis), तलाक

और काम अनुकूलन (sex adjustment), तलाक और आदतें, तलाक और आर्थिक जीवन, तलाक और सामाजिक सम्बन्ध, और तलाक व बच्चे।

तलाक से जो संकट उत्पन्न होता है, वह संवेगात्मक स्तर पर होता है। विवाह तोड़ने का निर्णय पति पत्नी द्वारा एक साथ नहीं आता। यह निर्णय अचानक एक पक्ष द्वारा लिया जाता है और जिस क्षण एक पक्ष दूसरे को यह जानकारी देता है उस दूसरे पक्ष की आशाएँ टूट जाती हैं, उस की आकांक्षाओं पर पानी पड़ जाता है और उसके सपने चकनाचूर हो जाते हैं। उसे अनुभव होता है मानो उसका जीवन विवाह की तराजू में तोला गया है और एक दूसरे के पूरक होने के लिए उसमें कोई कमी रह गई है, व्यक्ति का 'सामाजिक अहम्' (social self) दूसरों से प्रोत्साहन तथा प्रशंसा की अपेक्षा करता है। इस पहचान की अपेक्षा पति-पत्नि के बीच विशेष होती है क्योंकि उनके मध्य सम्पर्क अधिक घनिष्ट होते हैं। जब यह पहचान की अपेक्षा तलाक द्वारा तोड़ दी जाती है तब उपेक्षित पक्ष को हीन भावना घेर लेती है और वह अन्तनिरीक्षण में लग जाता है। फलतः सामान्य मेल जोल से वह बचने लगता है। यदि उसकी भावनाओं को अधिक दबाया जाये तो व्यक्तित्व का विघटन भी हो सकता है।

तलाकशुदा व्यक्ति जिस एक और समस्या का सामना करता है वह है काम अनुकूलन। यह पहले भी बताया गया है कि फोनसेका के अध्ययन में यह पाया गया था कि तलाक के समय औसत पति व पत्नि युवा अवस्था के (पति औसतः 31 वर्ष का और पत्नी 26 वर्ष की) होते हैं, अर्थात् दोनों ही विवाह टूटने के समय सैक्स की दृष्टि से सक्रिय होते हैं। जब तक व्यक्ति को काम सुख का अनुभव नहीं होता, वह वर्षों तक काम सुख उठाए बिना रह सकता है, किन्तु यदि उसने कुछ माह या कुछ वर्ष अपने साथी के साथ काम सुख उठाया है तब काम भावना को रोक पाना उसके लिए कठिन हो जाता है। तलाक के बाद स्त्री पुरुष की काम क्रियाशीलता तो बनी ही रहती है। अतः कुछ पति तो कभी-कभी धन्धे वाली स्त्रियों की शरण में चले जाते हैं और कुछ पत्नियां अवैध सम्बन्धों को अपनाती है। इस प्रकार, तलाक से वैश्यावृत्ति, अवैध सन्तान व काम विकृति (sex perversion) आदि समस्याएं उत्पन्न होती हैं। माउरेर (cf. Elliott and Merrill, 1950 : 459) की भी मान्यता है कि जब व्यक्ति काम संतुष्टि आकस्मिक साथियों से प्राप्त करने लगता है तब या तो उसे अपने व्यवहार पर ग्लानि होती है या फिर वह इतना आदी हो जाता है कि किसी एक से बंध कर नहीं रह सकता। काम व्यवहार की इस विकृति के कारण उसका व्यक्तित्व विघटित हो जाता है और उसके अन्य गुणों पर भी इस व्यवहार का प्रभाव पड़ता है।

तलाक व्यक्ति के नियमित जीवन व आदतों को भी प्रभावित करता है। विवाह के बाद विवाहित जीवन की अनेक क्रियाएं प्रारम्भ हो जाती हैं; काम संबंधों से लेकर छोटे-छोटे कार्य—जूते पॉलिश करना, दाढ़ी बनाने के बाद ब्रुश धोना, सभी कुछ नियमित (routinized) हो जाता है। जब विवाह टूट जाता है, ये आदतें अपनी नियमित अभिव्यक्ति चाहती हैं, लेकिन ऐसा न होने पर चिड़चिड़ापन, बेचैनी एवं असन्तोष बढ़ता है।

तलाक सामाजिक संबंधों को भी प्रभावित करता है। यह पति-पत्नी दोनों के ही जीवन में संबंधों में जटिलता पैदा कर देता है। उनके जीवन में इस नये मोड़ के कारण उन सभी लोगों के साथ संबंधों में परिवर्तन आ जाता है जो उनकी तलाक की स्थिति में परिचित हैं या उनके भी जो अपरिचित हैं।

व्यक्ति जनप्रवादों (gossips) का विषय बन जाता है और कई बार यह जनप्रवाद बहुत जहरीला व विद्वेषकारी भी हो जाता है। इस प्रकार सामाजिक मित्रता का दायरा छोटा हो जाता है। पति को स्वयं को उन समूहों से पृथक होना पड़ता है जिनसे वह पहले निकटता का अनुभव करता था। पत्नी को भी अपने कुछ घनिष्ट मित्रों से मित्रता समाप्त करनी पड़ती है। परिणामतः जो उलझन पैदा होती है वह दोनों साथियों के लिए दुखद होती है और उलझनें इतनी बढ़ जाती हैं कि व्यक्तित्व विघटन अवश्यम्भावी हो जाता है। विलर्ड कलर (1930: 212-214) के अनुसार कुछ मामलों में तो तलाकशुदा व्यक्ति पूर्ण रूपेण मित्रहीन हो सकता है और फिर वह नये तरीके से व्यक्तिगत सम्बन्ध बनाने का प्रयत्न करता है और अपनी व्यक्तिगत सामाजिक व्यवस्था बना लेता है। ऐसी स्थिति में पुराने जीवन मूल्य पुरानी जीवन शैली, व पुरानी परिभाषाएं सभी का महत्व समाप्त हो जाता है। वह व्यक्ति एक ओर तो नये मित्र बनाने में व्यस्त रहता है और दूसरी ओर उसे अपनी स्थिति को पुनःपरिभाषित करने के लिए बाध्य होना पड़ता है। इस प्रक्रिया के लिए साहसिक एवं उचित संयोजन शक्ति की आवश्यकता होती है जो बहुत कम लोगों में होती है। इस योग्यता की कमी तथा पुराने मूल्यों से कटे होने के कारण व्यक्तित्व विघटन सम्भावित होता है।

तलाक का एक और प्रभाव आर्थिक है। अनेक व्यवसाय व पेशे ऐसे हैं जो कि व्यक्ति को अपनी साख (good will) और दूसरों द्वारा सम्मान पर निर्भर होते हैं, जैसे मंत्री, डॉक्टर, वकील, फिल्म अभिनेता, अध्यापक आदि। किन्तु जब व्यक्ति अपनी पत्नी को तलाक दे देता है तब तलाक उसकी साख को बट्टा लगा देता है और उसका आर्थिक जीवन प्रभावित होता है। निर्वाह-व्यय (alimony) समस्या एक अन्य आर्थिक समस्या है। यद्यपि समूचे देश के आंकड़े उपलब्ध नहीं हैं लेकिन तलाक पर बम्बई में किया गया फोनसेका का अध्ययन बताता है कि उसके द्वारा अध्ययन किये गये मामलों में से लगभग 75% मामले निम्न आर्थिक वर्गों से थे जिनकी आय 1951 के मूल्य स्तर पर लगभग 300 रुपए प्रतिमाह थी, जो कि 1993-1994 के मूल्य स्तर के आधार पर लगभग 2000 रुपए के बराबर है। चौधरी ने भी अपने अध्ययन में पाया कि 89.6% मामले निम्न आय वर्ग से थे जिनकी 1983 में मासिक आय 1400 रुपए थी। ऐसे व्यक्तियों के लिए दो गृहणियों का खर्च (अपना और पत्नी का पोषण व्यय) पूरा करना असम्भव है। अतः उनके दूसरे विवाह करने तथा सुखी रहने का प्रश्न ही नहीं उठता है। इसी प्रकार पत्नी भी अपने पूर्व पति से प्राप्त निर्वाह व्यय से अपना और अपने बच्चों का भरण पोषण नहीं कर सकती। अतः बाध्य होकर या तो उसे कोई काम ढूँढ़ना पड़ता है या फिर अपने बच्चों को धनोपार्जन के लिए भेजना पड़ता है। वे स्त्रियाँ और बच्चे जिन्होंने पहले कभी भी कोई काम नहीं किया होता उन्हें अनेक कठिनाइयों का सामना करना पड़ता है। तलाकशुदा स्त्री भी गैरकानूनी सैक्स सम्बन्धों में फँस सकती हैं, अन्यथा वह अपना निर्वाह नहीं कर सकेगी। जैसा कि पहले भी कहा जा चुका है, ये समस्याएं समाज में अनेक समस्याओं को जन्म देती हैं। अतः तलाक के बाद व्यक्तित्व विघटन के अवसर बढ़ जाते हैं क्योंकि आर्थिक समायोजन उनके लिए कठिनाइयाँ उपस्थित कर देते हैं।

सबसे प्रभावशाली तर्क तलाक का बच्चों पर प्रभाव पड़ने से संबंधित है। दामले के अध्ययन से पता चलता है कि 78.5% तलाक चाहने वाले दम्पतियों के एक या एक से अधिक बच्चे थे। फोनसेका ने भी कहा है कि उनके उत्तरदाताओं में से 36.8% दम्पतियों के एक से पाँच तक बच्चे थे।

चौधरी (1988: 46) ने पाया कि 31.2% दम्पत्तियों के बच्चे थे। इन बच्चों को संरक्षण की समस्या का सामना करना पड़ता है। माँ बाप में से एक के साथ रहने का अर्थ है दूसरे का स्नेह न मिलना। बच्चे के व्यक्तित्व विकास के लिए जिन सामाजिक मूल्यों एवं भावात्मक तुष्टि की आवश्यकता होती है वह उसे अपने माँ बाप दोनों में मिलती है। वह इनके लिए दोनों पर आश्रित रहता है। इसमें कोई अचानक रुकावट उसके व्यक्तित्व के विकास पर एक आघात होता है। ऐसे में यदि माँ या बाप जिसके साथ भी वह रहता है, पुनर्विवाह का निर्णय लेता है या पुनर्विवाह कर लेता है तो उसे सौतेली माँ या सौतेले बाप की समस्या का सामना करना पड़ता है। नया पर्यावरण पुराने का स्थान शायद ही लेता है। सौतेली माँ या सौतेला बाप मौलिक रूप से उसके लिए सदैव अजनबी ही रहेगा; उसमें स्वाभाविक रूप से उस स्नेह की कमी अनुभव होगी जो बच्चे को अपने माँ या बाप से मिलता था। बच्चों को भी अपने खेल के साथियों से निन्दा, तानाकशी व चिढ़ाए जाने जैसी आलोचनाओं का सामना करना पड़ता है। इस प्रकार भग्न परिवार के बच्चों को व्यक्तित्व विघटन का सामना करना पड़ता है।

उपरोक्त सभी परवर्ती प्रभाव (after effects) यह प्रकट करते हैं कि तलाक एक बुराई है। अतः हमारे समाज में इसकी अनुमति नहीं दी जानी चाहिए।

विवाह-विच्छेद के प्रकार्यात्मक पक्ष (Functional Aspects of Divorce)

यह सत्य है कि तलाक का व्यक्ति, परिवार व समाज पर कुछ व्याधिकीय प्रभाव पड़ता है। लेकिन इसका प्रकार्यात्मक (functional) पक्ष क्या है ? क्या एक व्यक्ति को ऐसे साथी के साथ रहने के लिए बाध्य होना चाहिए जिसके साथ वह न बोल सके और न ही स्वयं के तथा बच्चों के विकास में सहायक हो सके।

इस बात से सहमति है कि कुछ मामलों में तलाक का बच्चों पर कुप्रभाव पड़ता है, लेकिन तब उन बच्चों का क्या होता है जब पति पत्नी लगातार तनाव में रहते हैं और अपने बच्चों की उपेक्षा करते हैं ? ऐसे मामलों में बच्चों की स्थिति तीन घोड़ों के बीच की स्थिति हो जाती है जिनकी लगाम कभी इस ओर, कभी उस ओर, और कभी दोनों ओर खींची जाती है। हम इसे इस प्रकार भी कह सकते हैं कि ऐसी संघर्षमय स्थिति में बच्चा एक मेंढ़क के समान हो जाता है जो बैठक के कमरे में दाखिल होने के बाद हर कोने से बाहर धकेला जाता है जब तक कि वह उस कमरे से बाहर न हो जाये। ऐसी स्थिति में उस दम्पत्ति को साथ रहने के लिए बाध्य कर बच्चों के जीवन को बर्बाद क्यों किया जाये ? ऐसे संघर्ष वाले परिवार में बच्चों को और अधिक बर्बाद होने के लिए छोड़े जाने की अपेक्षा यदि पत्नी को ही अलग-अलग रहने की अनुमति क्यों न दे दी जाये ? हैवलॉक एलिस (Havelock Ellis) ने भी कहा है कि इसमें तनिक भी सन्देह नहीं है कि एक प्रभावशाली माँ या बाप, दोनों ही प्रभावहीन माँ बाप से कहीं अच्छा है। बोमैन (Bowman) ने भी अनुभव किया है कि "यह बच्चों के हित में होगा कि उनका पालन पोषण अजनबियों द्वारा या राज्य द्वारा किया जाय बजाय इसके कि अयोग्य, ग़ैर जिम्मेदार माँ बाप उनका लालन पालन करें।" फोनसेका तथा चौधरी के अध्ययन भी यही संकेत करते हैं कि बच्चों वाले दम्पत्तियों में तलाक दर निःसन्तान दम्पत्तियों की अपेक्षा कम होती है; और जैसे जैसे विवाह-अवधि बढ़ती जाती है, तलाक की दर कम होती जाती है। राब और सेल्जनिक

(Raab and Selznick, 1959: 380) के अनुसार ऐसा तीन कारणों से होता है: (i) बहुत से दम्पत्ति विवाह उपरान्त कुछ वर्षों तक बच्चा नहीं चाहते हैं। विवाह के प्रारम्भिक वर्षों में क्योंकि तलाक के अवसर अधिक होते हैं अतः आश्चर्य नहीं है कि वे तलाक के समय निःसन्तान ही होते हैं। (ii) निःसन्तान व दुखी दम्पत्ति तलाक का निश्चय अधिक करेगा, अपेक्षाकृत सन्तान वाले अप्रसन्न दम्पत्ति के। बच्चों की उपस्थिति एक तो अनेक वित्तीय कठिनाइयाँ पैदा करती हैं और दूसरे, सन्तान वाली स्त्री तलाक का विरोध इस कारण करती हैं क्योंकि बच्चों के साथ उसके लिए पुनर्विवाह के अवसर कम हो जाते हैं। (iii) वे दम्पत्ति जो विवाह के बाद जल्दी बच्चे चाहते हैं वे विवाह और पारिवारिक जीवन के मूल्य को भलिभाँति मानते हैं और सुखी विवाहित जीवन व्यतीत करने के लिए किसी भी प्रकार के समन्वय करने के इच्छुक रहते हैं। इसके विपरीत तलाकोन्मुख व्यक्तित्व माता-पिता बनने के उत्तरदायित्व से बचने वाले होते हैं। निःसन्तान दम्पत्तियों में तलाक की दर कम होने के चाहे जो भी कारण हों, हमारे लिए यह तथ्य समाजशास्त्रीय महत्व का है कि तलाकशुदा दम्पत्तियों में से पाँच में से तीन निःसन्तान होते हैं। अतः यह कहा जा सकता है कि तलाकशुदा व्यक्तियों के बच्चों के लिए तलाक चौंकाने वाला तथा भावात्मक रूप से दुःखद अनुभव नहीं होगा।

तलाक के आर्थिक प्रभावों की दृष्टि से हमें यह नहीं भूलना चाहिए कि हमारे समाज में कोई भी व्यक्ति तलाक की बात तभी सोचता है जबकि पारिवारिक तनाव सिर से ऊपर हो जाते हैं या फिर एक दूसरे के साथ रहना बिल्कुल असम्भव हो जाता है। पत्नी तो अंतिम रूप से तलाक का निश्चय तभी करती है जब वह समझ लेती है कि वह कोई न कोई आय का स्रोत ढूँढ ही लेगी। इस तथ्य के बावजूद कि तलाकशुदा महिला के लिए जीवन आर्थिक दृष्टि से कठिन होता है, यह रुचिकर तथ्य है कि भारतीय न्यायालयों में 50% से भी अधिक तलाक की प्रार्थी महिलाएं ही हैं। यह महत्वपूर्ण है और इस बात का संकेत करता है कि तलाकशुदा सभी स्त्रियाँ आर्थिक कठिनाइयों का सामना नहीं करतीं। किन्तु यदि पुरुष तलाक लेने का निर्णय लेता है तो वह तलाक से पहले ही अपने वैवाहिक दायित्वों के प्रति, विशेष रूप से आर्थिक दायित्व के प्रति, उपेक्षा का रवैया अपनाने लगता है। ऐसी परिस्थितियों में पत्नी पहले से ही रोजी रोटी कमाने की व्यवस्था कर लेती है, जिस कारण तलाक के बाद उस पर आर्थिक कठिनाइयों का प्रभाव नहीं पड़ता है।

सामाजिक जीवन पर तलाक के प्रभाव की समस्या बहुत बड़ी नहीं है। यह देखा गया है कि भारत में तलाक के लिए सामाजिक विरोध नहीं है। कापड़िया (1972) ने भी लिखा है कि "भारत में तलाक के विषय में उल्लेखनीय तथ्य यह है कि यह सामाजिक विरोध को निमंत्रण नहीं देता और तलाक चाहने वाले व्यक्ति की प्रस्थिति किसी भी तरह निम्न नहीं होती।" यह दर्शाता है कि थोड़े से व्यक्तियों को छोड़कर तलाक औसत भारतीय व्यक्ति को आर्थिक या सामाजिक दृष्टि से प्रभावित नहीं करता।

भावात्मक संकट, सैक्स संबंधी समायोजन, व्यक्तिगत आदतों की व्यवस्था, आदि की समस्याएं जो तलाक के बाद उठती हैं उनके विषय में हम यह कह सकते हैं कि तलाक से बहुत पहले पति पत्नी एक दूसरे के साथ सामान्य सामाजिक सम्बन्ध कम कर चुके होते हैं जिसका अर्थ है कि एक प्रकार का उनमें समन्वय अवश्य हो चुका होता है। इसलिए, तलाक के बाद वे दोनों उपरोक्त समस्याओं का सामना अधिक नहीं करते। तलाक के बाद सैक्स संबंधी जीवन पुनर्गठित किया जाता

है । यह पुनर्गठन कठोर दमन द्वारा नहीं, बल्कि या तो पुनर्विवाह द्वारा किया जाता है या फिर उन विविध प्रतिस्थापक साधनों (substitutes) द्वारा जो शारीरिक राहत देते हैं, जैसे, किसी प्यार व संतुष्टि देने वाली वस्तु में रुचि लेना, चाहे वह कोई कार्य हो या अपनी सन्तान हो ।

बोहेमियनवादी (नीतिहीन व असंयत चरित्र) संसार (World of Bohemianism) में रहने के कोई प्रयत्न नहीं किए जाते हैं । जहाँ तक काम उद्दीपन (drive) वासना का प्रश्न है, वह पुरुषों की अपेक्षा स्त्रियों को कम सताती है । अतः तलाक को दुखद और न टालने वाली स्थिति मानकर वे इसे बड़ी शालीनता से झेलती हैं ।

क्या विवाह-विच्छेद एक सामाजिक समस्या है ? (Is Divorce a Social Problem?)

अब हम यह प्रश्न उठा सकते हैं कि क्या तलाक एक सामाजिक समस्या है ? वास्तविकता यह है कि तलाक नहीं, बल्कि तलाक के कारण ही आधारभूत सामाजिक समस्या पैदा करते हैं । यह सत्य है कि तलाक कभी-कभी एक दुखद व्यक्तिगत अनुभव होते हैं लेकिन जैसा कि पहले कहा जा चुका है कि तलाक के कारण व्यक्ति में पाये जाते हैं, न कि परिवार और विवाह जैसी संस्थाओं में । तलाक की दर हमारे देश में इतनी ऊंची नहीं है जिससे विवाह या समाज में नैतिक अधिकार टूटने का पता चलता हो । पति-पत्नी का सामाजिक-धार्मिक दृष्टिकोण ही विवाह की स्थिरता को संरक्षण प्रदान करता है । विवाह वहाँ कमजोर पड़ते हैं जहाँ व्यक्ति का समाज से कमजोर जुड़ाव होता है, और परिवार भी, एक इकाई के रूप में, सामुदायिक जीवन से थोड़े ही संबंध रखता है । एक औसत भारतीय, अपने धार्मिक दृष्टिकोण के कारण, सामुदायिक जीवन में संस्थात्मक रूप में भाग लेने से कतराता नहीं है । अतः धार्मिक बन्धन आदर्शवाद एवं नैतिकता का मुख्य स्रोत बना रहता है । जब तक यह नैतिक अनुशासन मौजूद रहेगा, तब तक विवाह एक संस्था के रूप में नहीं टूटेगी और तलाक सामाजिक समस्या नहीं होगी । 'तलाक' शब्द अपमान का सूचक नहीं माना जायेगा और तलाकशुदा स्त्री को नैतिकता के पैमाने में नहीं तोला जायेगा । इसी प्रकार तलाक सामुदायिक उत्तरदायित्व तथा आश्रय जैसी गंभीर समस्याएं पैदा नहीं करता है क्योंकि तलाक की दर बहुत ऊंची नहीं है और निर्वाह व्यय हमारे उस कानून का लक्षण है जो तलाक की अनुमति देता है । वास्तव में परित्याग ही भग्न परिवार (broken family) की संख्या को बढ़ावा देता है जिसके कारण समाज के सामने उस स्त्री को आर्थिक सहयोग देने की समस्या खड़ी होती है । एक सीमा तक, हमारे देश में तलाक की बढ़ती दर परित्याग की घटती दर की ओर संकेत करती है । यह स्थिति विशेष रूप से निम्न वर्ग में पनप रही है जो कि हमारे समाज के लिए हितकर एवं स्वस्थ परम्परा है ।

उपरोक्त तर्कों के आधार पर हम उन लोगों से सहमत हो सकते हैं जो हिन्दू समाज में तलाक के पक्षधर हैं । यह मानते हुए भी कि तलाक कुछ मामलों में अप्रकार्यात्मक सिद्ध होगा, हम समझते हैं कि तलाक एक आवश्यक बुराई (necessary evil) है । इसकी तुलना हम एक सर्जिकल आपरेशन से कर सकते हैं । कभी-कभी ऑपरेशन ही जीवन को गंभीर बीमारी या कष्ट से बचाने का एकमात्र उपाय रह जाता है । इसी प्रकार तलाक के द्वारा व्यक्तित्व विघटन से व्यक्ति को बचाया जा सकता है ।

हमारा समाज पुरुष-प्रधान होने के कारण स्त्रियों को सदैव पुरुषों के अधीन रहना पड़ता है ।

सदियों से पुरुषों का ही वर्चस्व (dominance) महिलाओं पर रहा है। दीर्घकाल से ही स्त्रियों से परिवार या बच्चों के नाम पर दमन सहने तथा झुकने के लिए कहा जाता रहा है। तलाक का अवसर देकर इस प्रकार के अत्याचार को कम किया जा सकता है। यह भी सत्य है कि तलाक से केवल स्त्रियों की दशा में ही सुधार नहीं होगा, बल्कि इससे उनकी मानसिक वेदना और असह्य स्थिति में भी किसी सीमा तक कमी आयेगी। अतः हमारे समाज में जिस बात की आवश्यकता है वह न केवल विवाह तोड़ने के अवसर प्रदान करना है, बल्कि तलाक को सस्ता, आसान व मुक्त बनाना भी है। क्योंकि विवाह वह संयोग है जिसमें वयस्क अपनी इच्छा से प्रवेश करते हैं, इसलिए इसके विच्छेद से (अगर वह दोनों साथियों व उनकी सन्तान के हित में है) अनावश्यक कठिनाइयाँ एवं गिरावट नहीं होनी चाहिए। हमें इस बात से भी अधिक नहीं डरना चाहिए कि तलाक के आसान नियमों के कारण तलाक की संख्या बढ़ेगी। जिन बातों से तलाक दर बढ़ेगी वे हैं धार्मिक प्रभुत्व में कमी और विवाहित जीवन के नवीन आदर्श एवं विचारों में उदारता। यदि हम उन सामाजिक परिस्थितियों को देखें जिनमें हमारा पालन-पोषण होता है, तो भी यह बात बिल्कुल अप्रत्याशित है। वे दम्पत्ति जो सुखी विवाहित जीवन नहीं जी रहे हैं या वे पति-पत्नी जिन के बीच मामूली से तनाव हैं, वे अपनी मुक्ति के लिए केवल इसलिए न्यायालय की शरण में जायेंगे क्योंकि तलाक के विधान सरल हो गए हैं। हम तलाक की दर घटाने में रुचि नहीं रखते, बल्कि हमारी रुचि विवाह की सफलता में है। यदि केवल यही उद्देश्य सामने रखा जाये कि तलाक दर को ही कम करना है तब तो तलाक के नियमों को अधिक कठोर बनाकर यह हो सकता है। लेकिन इससे तो बीमारी के बजाय लक्षणों का उपचार होगा। तलाक के कठोर नियमों से आवश्यक रूप से विवाह सफल नहीं हो सकता, बल्कि यह तो छुटकारा पाने की भावना पर रोक लगाता है। शल्य चिकित्सा (operations) को महंगा बना देने से बीमारी नहीं रुकेगी, इसके विपरीत ऑपरेशन की संख्या ही घटेगी। अतः हमें तलाक के नियमों को सरल तथा विवाह की कम से कम आयु पर नियंत्रण करने वाले कठोर नियम बनाने चाहिए।

अन्त में कहा जा सकता है कि तलाक के रास्ते में आने वाले आर्थिक, नैतिक तथा सामाजिक अवरोधों (obstacles) को दूर करने से तथा अवांछित जीवन साथी से विवाह बन्धन तोड़ने के सरल अवसर प्रदान करके ही हमारे देश के स्त्री पुरुषों को श्रेष्ठ और सुखी जीवन व्यतीत करने का अवसर मिल सकता है।

REFERENCES

Baber, R.E., *Marriage and the Family*, McGraw Hill, New York, 1939.

Choudhry, J.N., *Divorce in Indian Society*, Printwell Publishers, Jaipur, 1988.

Damle, Y.B., Survey of "Divorce in Poona District" in Aiyappan's *Society in India* and K.M. Kapadia's, *Marriage and Family in India*, Oxford University Press, London, 1972.

Eilliott, Mabel A. and Merrill, Francis E., *Social Disorganization*, Harper and Brothers, New York, 1950.

Fonseca, Mabel, *Sociological Bulletin*, Vol. XII No. 2, September 1963, pp. 14-33.

Fonseca, Mabel, *Family and Marriage in India*, Sachin Publications, Jaipur, 1980.

Goode, William J., "Problems in Post-divorce Adjustment", *American Sociological Review*, June, 1949.

Goode, William, *The Family*, The Prentice Hall, New York, 1965.

Kapadia, K.M., *Marriage and Family in India*, Oxford University Press, London, 1972.

Kuppuswami, *A Study of Opinion Regarding Marriage and Divorce*, Asia Publishing House, Bombay, 1957.

Mowrer, E.R., "Divorce and Readjustment", *Annals of the American Academy of Political and Social Science*, March, 1932.

Mehta, Rama, *Divorced Hindu Women*, Vikas Publishing House, Delhi, 1975.

Raab, Earl and Selznick, G.J., *Major Social Problems*, Row, Peterson and Co., New York, 1959.

Wells, Alan, *Contemporary Sociological Theories*, Goodyear Publishing Co., California, 1940.

अध्याय 10

दहेज
Dowry

दहेज समस्या का मूल्यांकन आज केवल इस लिए महत्वपूर्ण व सामयिक नहीं है क्योंकि नववधुओं को जलाने के मामले तेजी से बढ़ रहे हैं, बल्कि इसलिए भी कि बड़ी संख्या में लड़कियाँ विवाह की आयु पार करने के उपरान्त भी माता-पिता द्वारा दहेज देने में असमर्थ होने के कारण अविवाहित रह जाती हैं। इससे दीर्घ समय तक कुंवारेपन की समस्या उत्पन्न होती है जिसके अपने ही समाजशास्त्रीय परिणाम होते हैं। दहेज की समस्या इस लिए भी महत्वपूर्ण व दुःसाध्य है क्योंकि एक ओर बहुत सी लड़कियों को अपने पति व ससुराल वालों की संतुष्टि के उपयुक्त दहेज नहीं ला पाने के कारण सताया व अपमानित किया जाता है जिससे उनके व्यक्तित्व का विघटन होता है, दूसरी ओर उनके माता-पिता को अपनी आय बढ़ाने के गैरकानूनी तरीके अपनाने पड़ते हैं जिससे समाज में भ्रष्टाचार बढ़ता है, और तीसरी ओर व्यक्ति, परिवार व समाज में विभिन्न प्रकार की कठिनाइयाँ, धर्मसंकट व संघर्ष उत्पन्न होते हैं।

सामूहिक जीवन की गतिशीलता (dynamics) में यह स्पष्ट है कि निष्ठा व मनोबल बढ़ाने के लिए विभिन्न प्रकार की विकृतियां परिपाटीबद्ध की जा रही हैं। सामूहिक जीवन में व्यक्ति इस प्रकार के विश्वासों का विकास करता है जो उसके उद्देश्यों को पूरा करने के संघर्ष में सहायक हों। साध्य (ends) अधिक वांछनीय होते हैं, साधनों (means) का अधिक उत्साह से तब प्रयोग होता है जब यथार्थ को सुनहरा व आकर्षक आवरण दिया जाता है। बहुत से रीति रिवाजों व प्रथाओं का निर्माण व्यक्ति इस कारण करते हैं जिससे वे अपनी इच्छाओं और आवश्यकताओं को पूरा कर सकें। समाज के सदस्य इन बातों का भी बड़ा समर्थन करते हैं कि उनकी अतीत की क्या उपलब्धियां रही हैं तथा प्रचलित रिवाजों का औचित्य और उनके अस्तित्व की कितनी महानता है। संस्कृति की सभी शिक्षाएँ, चाहे वे औपचारिक या अनौपचारिक हों, रिवाजों और प्रथाओं का अनुमोदन करती हैं। इस प्रकार प्रत्येक संस्कृति समाज की उन परम्पराओं एवं प्रचलित मान्यताओं को संरक्षण प्रदान करती है जो सामाजिक जीवन के लिए उपयुक्त मानी जाती हैं। इनसे विचलन, गम्भीर चिन्ता पैदा करता है क्योंकि इस कारण जीवन के तरीकों पर प्रहार होने का खतरा बना रहता है। लेकिन सांस्कृतिक रुढ़ियों से वे विचलन (deviance) समाज में सहन किये जाते है जिनसे समाज की अखण्डता व मनोबल (morale) को खतरा पैदा न होता हो। फिर भी, कुछ रिवाज व प्रथाएं समाज में चलते रहते हैं यद्यपि वे समाज के लिए हानिकारक होने लगते हैं, यानि कि वे सामान्यजन के दुर्व्यवहार एवं शोषण के बावजूद भी बने रहते हैं। यही नहीं, उनसे समस्याओं की एक श्रृंखला भी पैदा होती रहती है जो कम महत्व की नहीं होती। कुछ समस्याएं ऐसे सामाजिक परिवर्तनों के कारण भी उत्पन्न होतीं हैं जो ऐसी स्थितियां पैदा कर देतीं हैं जिनको पुराने समायोजन के प्रतिमान (patterns of adjustment) तथा

लोक रीतियां, संस्थाएं व कानून मौजूदा मूल्यों के अनुकूल संचालित नहीं कर पाते ।

गत कुछ दशकों में भारत में जो परिवर्तन हुए हैं उनके निम्न कारक हो सकते हैं: विज्ञान का विकास तथा वैज्ञानिक दृष्टिकोण का उदय, औद्योगिक क्रान्ति, राष्ट्रीय स्वतंत्रता की प्राप्ति, प्रजातन्त्र का प्रसार एवं जनतांत्रिक मूल्यों का विस्तार, स्त्रियों की स्थिति में परिवर्तन, उदारता की नीति से आर्थिक नियोजन में परिवर्तन, तथा समाजवाद व पूंजीवाद के उद्विकास में संघर्ष । इन सब परिवर्तनों के कारण समाज में पुनः अनुकूलन की आवश्यकता है । लेकिन इस समायोजन में कई रुकावटें आई हैं जिनके कारण अनेक समस्याएं खड़ी हो गई है । जिन कारकों ने समायोजन को अवरुद्ध किया है अथवा जो पुनः समंजन के प्रयास में बाधाएँ डाल रहे हैं वे हैं: मनोवैज्ञानिक अवरोध (नित्यचर्या की आदतें व वे रुढ़िधारणाएं (stereotypes) जिन्हें लोग छोड़ना नहीं चाहते), आर्थिक अवरोध (उन लोगों द्वारा बाधाएं पैदा करना जो एकाधिकृत व सुविधाभोगी पदों पर हैं और जो अपने विशेष सुविधाओं, सत्ता व एकाधिकार को परिवर्तन से खतरा अनुभव करते हैं), राजनैतिक अवरोध (वे प्रजातंत्रीय नेता जो निरंकुश नेता बन गये हैं), और सामाजिक अवरोध (निरक्षरता व भ्रष्टाचार) । पुनः समंजन में बाधाओं का एक प्रभाव यह रहा है कि कुछ सामाजिक परिपाटियां व प्रथाएं अब भी निरन्तर चल रहे हैं । दहेज भी एक ऐसी प्रथा है जो निहित हितों के कारण लम्बे समय से निरन्तर चल रही है ।

दहेज की अवधारणा (The Concept of Dowry)

साधारण अर्थ में "दहेज" से अभिप्राय उस धन, उपहारों व वस्तुओं से है जो कि पत्नी विवाह में अपने पति के लिए लाती है । चार्ल्स विनिक (1964:174) ने दहेज को इस प्रकार परिभाषित किया है: "वे मूल्यवान वस्तुएं (valuables) जो विवाह से सम्बन्ध रखने वाले दोनों ओर में से किसी एक के रिश्तेदारों द्वारा विवाह के लिए दी जाती है" । लेकिन यह परिभाषा दहेज व वधू-मूल्य में भेद नहीं दर्शाती है; बल्कि यह दोनों अवधारणाओं में संभ्रान्ति पैदा करती है । मैक्स रेडिन (Max Radin, Encylopaedia of Social Sciences, Vol 5: 230) ने दहेज की परिभाषा इस प्रकार दी है: "वह सम्पत्ति जो व्यक्ति विवाह के समय अपनी पत्नी या उसके रिश्तेदारों से प्राप्त करता है" । ऐसी ही परिभाषा ब्रिटानिक विश्वकोश (Encyclopaedia of Britannica) में दी गई है जिसके अनुसार दहेज "वह सम्पत्ति है जो एक स्त्री को उसके विवाह के समय दी जाती है" । किन्तु विवाह में प्राप्त हुई वस्तुएं क्योंकि वधू की ही निजी सम्पत्ति होती है और कुछ वर या वर के माता-पिता को दी जाती है, अतः दहेज की परिभाषा इस प्रकार की जा सकती है: "वे उपहार व मूल्यवान वस्तुएं जो वधू, वर व उसके रिश्तेदारों को विवाह में मिलती है" ।

परन्तु, "दहेज", "कन्यादान" व "स्त्रीधन" की अवधारणाओं में भ्रम नहीं होना चाहिए । "कन्यादान" में कन्या को उपहार स्वरुप वर को दिया जाता है । "स्त्रीधन" का सन्दर्भ उन उपहारों से है जो वधू को उसके सगे सम्बन्धियों या पति आदि द्वारा विवाह के समय या बाद में दिये जाते हों, और वह धन जो उसने अपने माता-पिता से उत्तराधिकार में प्राप्त किया हो या उसनें स्वयं अर्जित किया हो । स्त्री, स्त्रीधन की पूर्णरुपेण स्वामिनी होती है और उसका उसमें दावेदार नहीं हो सकता है । यह धन उसकी लड़कियों को उत्तराधिकार में दिया जा सकता है, यदि उसने इसके विरुद्ध वसीयत न की हो ।

दहेज की देय धनराशि लड़के की नौकरी व आमदनी, लड़की के पिता का आर्थिक व सामाजिक स्तर, लड़के के परिवार की सामाजिक प्रतिष्ठा, लड़की व लड़के की शिक्षा, लड़की की नौकरी व वेतन, लड़की का सौन्दर्य व शारीरिक गठन, लड़के व लड़की के परिवार की संरचना, तथा सुखद भविष्य की सुरक्षा, आदि कारकों को ध्यान में रखकर निर्धारित की जाती है। इसमें महत्वपूर्ण बात यह है कि कन्या के माता-पिता रुपया और उपहार न केवल विवाह के समय देते हैं, बल्कि वे पति के परिवार को उपहार जीवन भर ही देते रहते हैं। मेक्किम मेरियट का मानना है कि इसके पीछे भावना यह है कि व्यक्ति की पुत्री या बहिन दूसरे नातेदारी समूह की असहाय सम्पत्ति बनकर रह जाती है। अतः उसके ससुराल वाले उसको सुखी रक्खें इस उद्देश्य से कन्या के माता-पिता वर पक्ष के लोगों की समय समय पर खूब आवभगत करते हैं।

युगों से दहेज (Dowry Through Ages)

दहेज के इतिहास का विभिन्न युगों में विश्लेषण कर यह ज्ञात होता है कि प्राचीन व मध्ययुगीन भारत से आधुनिक युग तक दहेज के ढांचे में अनेक परिवर्तन आए हैं। प्राचीन भारत के पूर्व-वैदिक काल में होने वाले विवाह संस्कार के विषय में अधिक जानकारी प्राप्त नहीं है। अथर्ववेद तथा ऋग्वेद के विवाह स्तोत्रों (hymns) से कुछ जानकारी प्राप्त होती है। ये स्तोत्र सूर्य (सूर्य की पुत्री) तथा सोम (यानि चन्द्रमा) के विवाह पर आधारित रुपक (allegory) में उल्लेखित हैं। इनमें बताया गया है कि वधू सुन्दर वस्त्रों से सज धजकर, नेत्रों, सिर आदि का श्रृंगार कर, अपनी सखियों के साथ अपने होने वाले पति के घर के लिए रथ में प्रस्थान करती है। उसका दहेज उसके रथ में एक बक्से में रखा था। इसी प्रकार का सन्दर्भ अथर्ववेद में मिलता है जिसमें राजघरानों की वधुएं अपने साथ दहेज में 100 गाएं तक लाती थीं। अथर्ववेद में ही एक और सन्दर्भ है जिसमें दिया गया है कि एक राजा को श्राप दिया गया कि उसकी रानी उसके लिए कोई दहेज नहीं लाएगी। एक "स्मृति" में यहां तक कहा गया है कि सौदेबाजी के आधार पर तय किया गया विवाह "पशु विवाह" है, लेकिन इसमें यह स्पष्ट नहीं है कि कौन सा पक्ष धन वसूल करता था। द्रोपदी, सीता, सुभद्रा, उत्तरा सभी को विवाह के समय उनके माता-पिता द्वारा मूल्यवान उपहार, घोड़े, हाथी और जवाहरात के रुप में दिए गये थे। जातक कथाओं में भी उल्लेख है कि किस प्रकार मूल्यवान उपहार विवाह के समय वर को दिए जाते थे। तुलसीदास के रामचरित के पाठ से भी यह संकेत मिलता है कि दहेज प्रथा प्रचलित थी। आज के संदर्भ में इतना स्पष्ट है कि जो उपहार विवाह के समय दिए जाते थे वे दहेज समझे जाते थे। लेकिन उस समय यह उपहार ऐच्छिक रुप से स्नेहवश दिये जाते थे। दहेज, कन्यादान संस्कार का एक भाग होता था जो कि आज के दहेज से बिल्कुल भिन्न होता था। ऐसा प्रतीत होता है कि दहेज प्रथा जैसी आज प्रचलित है, अतीत में नहीं थी। केवल राज (royal) परिवारों या कुलीन (aristocratic) परिवारों में ही विवाह के समय वर को उपहार दिये जाते थे।

हमारी स्मृतियों में आठ प्रकार के विवाहों को मान्यता दी गई है। केवल "ब्राह्म" विवाह में ही पिता अपनी कन्या उत्तम व योग्य वर को उपहार सहित देता था। इस प्रकार दहेज में दिए जाने वाले उपहार केवल पिता की इच्छा पर आधारित होते थे।

प्राचीन समाज में जब प्रगत कुंआरपन (advanced maidenhood) सहन किया जाता था,

मध्य युग में अपरिपक्व अवस्था (pre-puberty) में विवाह प्रचलन में आ गए । इसके कारण कन्या का पिता सीमित समय के भीतर कन्या का विवाह करने को आतुर रहने लगा । धार्मिक व सामाजिक दोनों ही आधार पर पिता अपनी कन्या का विवाह वर के पिता की धन की मांग होने पर भी, करने को तैयार रहता था । अतः प्राचीन काल में धार्मिक आधार पर दहेज "दक्षिणा" (स्वेच्छा से दिया गया उपहार) माना जाता था, किन्तु अब यह अनिच्छा से दिया जाता है । जगदीश चन्द्र जैन (*Life in Ancient India*, 1951) ने इस सन्दर्भ में कहा है कि बौद्ध काल में भी दहेज का प्रचलन था । मुस्लिम काल में भी दहेज के अनेक सन्दर्भ मिलते हैं । सन्त तुकाराम ने अपनी पुत्रियों के विवाह में गाँव वालों की मदद से दहेज दिया । चैतन्य महाप्रभु के श्वसुर अपनी कन्या का विवाह उनसे करने में संकोच कर रहे थे क्योंकि मध्यम वर्गीय परिवार में दी जाने वाली दहेज के उपहार जुटाने में स्वयं को असमर्थ अनुभव कर रहे थे । राजपूताना में, विशेष रुप से मध्य युग में, दहेज प्रथा ने भयानक रुप धारण कर लिया था, यद्यपि यह राजा महाराजाओं तक ही सीमित था । इसका कारण यह था कि राजपूत लोग अपनी असाधारण आन बान पर बड़ा अभिमान करते थे । अधिकतर शुद्ध राजपूती रक्त वाले युवकों को विवाह के लिए वरीयता प्रदान की जाती थी; इसी से विवाह-हाट में उनके मूल्य ऊंचे उठते चले गए । इस प्रकार तेरहवीं या चौदहवीं शताब्दी से दहेज एक आवश्यक व अवैकल्पिक बुराई के रुप में स्थापित होता चला गया ।

ब्रिटिश काल में ब्रिटिश शासन ने द्रव्यीकरण (monetization), शिक्षा, तथा व्यस्थित खण्ड (sector), जैसे तथ्यों को खुली छूट दे दी । विवाह के हाट में शिक्षित युवकों का "मूल्य" ऊंचा हो गया । एक लेखक (Princep, quoted by M.N. Srinivas, 1989:103) के अनुसार बंगाली लोग जिनके पास कलकत्ता विश्वविद्यालय की स्नातक डिग्री होती थी (1915 में) 10,000 रुपये तक दहेज में लेते थे । एम.एन. श्रीनिवास ने भी संकेत किया है कि बीसवीं शताब्दी के मध्य में धनी व उच्च वर्गीय लोग वाँच्छित वर प्राप्त करने के उद्देश्य से दहेज के रुप में बड़ी रकमें दिया करते थे (वही:14) ।

आज के युग में दहेज ने अकीर्तिकर अनुपात ग्रहण कर लिया है, व सुरसा का मुँह बन गया है । अब यह एक प्रकार का सौदा (bargain) हो गया है । पूर्व-ब्रिटिश काल में हमारा समाज प्रमुख रुप से कृषि प्रधान था और लगभग समस्त भारत में समाज की आर्थिक व्यवस्था सरल थी । सामान्य, व्यावसायिक, एवं तकनीकी शिक्षा के प्रसार के कारण डाक्टरों, वकीलों, इन्जीनियरों, अफसरों, प्रशासनिक अधिकारियों, तथा कालेज एवं विश्वविद्यालयों के प्राध्यापकों की संख्या में वृद्धि हुई है । उपरोक्त वर्गों के युवकों की सम्भावित आय इतनी आकर्षक है कि कोई भी उन्हें दामाद बनाने के लिए लालायित रहता हैं । विवाह बाजार में उनका मूल्य स्वतः ही बढ़ गया है और साथ ही उन माता-पिता की कठिनाइयों में भी वृद्धि हुई है जो इस प्रकार के युवकों को अपनी कन्याएं देते हैं । वास्तव में ऐसे मामले सामने आते हैं जिनमें वर पक्ष के लोग अपनी माँगों को सूची बद्ध करके कन्या पक्ष को प्रस्तुत करते हैं जो वे विवाह में अवश्य दें, जैसे स्कूटर, आभूषण, फर्नीचर, वस्त्र, और यहां तक कि नकद धन भी । परन्तु ऐसा नहीं है कि वर पक्ष केवल मांगता ही है बल्कि प्र्याप्त व्यय भी करता है । लेकिन विवाह क्योकि कन्या के घर पर ही सम्पन्न होने का रिवाज है, इसलिए कन्या पक्ष को ही बारात के भोजन, साज सजावट, एवं अतिथियों के स्वागत सत्कार में व्यय वहन करना पड़ता है ।

कन्या के पिता को तो त्योहारों, विवाह तथा अन्य अवसरों पर विवाह के बाद भी अपनी बेटी

व उसके ससुराल वालों को उपहार निरन्तर देने पड़ते हैं। इसके अतिरिक्त, भारत के विभिन्न भागों में अनेक समुदायों व जातियों में रिवाज है कि विवाह के बाद प्रथम गर्भधारण करने के बाद लड़की अपने माता-पिता के घर जाती है और प्रथम बच्चे का जन्म वहीं होता है। कन्या के माता-पिता को न केवल दवाई इत्यादि का व्यय वहन करना पड़ता है, बल्कि नवजात शिशु को वस्त्र, आभूषण, एवं अन्य उपहार, अपनी लड़की को वस्त्र, आदि, एवं दामाद एवं लड़की के सास और श्वसुर तक के लिए सब वस्तुएं देनी पड़ती हैं। इस प्रकार से, विवाह के समय और बाद में भी कन्या के माता-पिता को वर पक्ष के लिए सदैव उपहारों द्वारा निरन्तर सेवा करनी पड़ती है। फलतः दहेज अब एक बहुत बड़ी बुराई बन गयी है, क्योकि इसका आधार "आर्थिक लाभ" है।

आश्चर्य यह है कि दक्षिण भारत की कुछ जातियों में "वधू मूल्य" का जो प्रचलन था, वह भी अब दहेज के रुप में बदल गया है। "वधू-मूल्य" का उद्देश्य लड़की के माता-पिता के नुकसान की पूर्ति करना था जो उन्हें उसके विवाह के कारण उठाना पड़ता था। "वधू-मूल्य" चुकाने वाले समूह या तो गरीब होते हैं या निम्न जाति के या फिर उच्च जातियों के गरीब तबके के लोग होते हैं। दहेज की अपेक्षा "वधू-मूल्य" की राशि बहुत कम होती है। उदाहरणार्थ, एम.एन. श्रीनिवास (1989:106) ने कर्नाटक में श्रीबंगोपटना (Srivangopatna) के ओक्कलिगाओं (Okkaligas) के सन्दर्भ में कहा है कि वे लोग "वधू-मूल्य" के रुप में मात्र 20 रुपये ही देते थे। आमतौर पर 1940 तक "वधू-मूल्य" 100 रुपये से 300 रुपये के बीच होता था। सम्भवतः यह नातेदारों में प्रतीकात्मक मूल्य रक्तमूलक (natal) नातेदारों से विवाहमूलक कन्या पर अधिकारों के स्थानान्तरण के मूल्य के रुप में था।

सन् 1974 में महिलाओं की स्थिति पर बनी समिति ने इंगित किया है कि "वधू-मूल्य" से "दहेज" की दिशा में परिवर्तन परिवार या समूह के सामाजिक स्तर को ऊंचा उठाने का प्रयास है, क्योंकि दहेज उच्च सामाजिक समूहों से सम्बद्धित है। यह परिवर्तन लड़की की प्रस्थिति का उसके पिता के घर में हानि का संकेत देता है, जहां वह उपयोगी होने (asset) की अपेक्षा देनदारी मानी जाती है। निःसन्देह यह स्थिति स्त्रियों का उत्पादन क्रियाओं से प्रत्याहरण (withdrawal) तथा उनके उत्पादन निपुणता के कम होने का परिणाम है (ICSSR, *A Survey of Research in Sociology*, 1972:24)। एम.एन. श्रीनिवास ने वधू-मूल्य तथा उत्पादन कुशलता में कमी होने के बीच कोई सम्बन्ध होने पर सन्देह प्रकट किया है। उनके विचार से निम्न जातियों में वधू-मूल्य से दहेज की ओर बढ़ाया गया कदम निम्न जातियों द्वारा उच्च जातियों के बराबर होने की चेष्टा करने का परिणाम है। यह चेष्टा, शिक्षा और रोजगार के अवसरों में वृद्धि के कारण तथा प्रबल (dominant) जातियों के नैतिक अधिकार के बढ़ते हुए पतन से भी सहज, सुविधाजनक व सुसाध्य होती जा रही है।

दहेज के प्रेरक तत्व (Motivations in Dowry)

अब हम दहेज के कुछ प्रमुख प्रेरक तत्वों की व्याख्या करेंगे:

***उच्च तथा धनवान परिवार में विवाह की आकांक्षा** (Aspiration to marry in high and rich family)*

प्रत्येक माता-पिता की यह आकांक्षा होती है कि वह अपनी बेटी का विवाह धनी एवं उच्च स्थिति वाले

परिवार में करें ताकि उनकी इज्जत बनी रहे व बढ़े तथा उनकी बेटी को सुख एवं सुरक्षा मिले। उच्च एवं धनी परिवारों के लड़कों की विवाह बाजार में ऊंची कीमतें हैं, अतः दहेज की राशि भी ऊंची हो रही है।

सामाजिक प्रथा *(Social Custom)*

दहेज का एक कारण यह भी है कि दहेज देना एक सामाजिक प्रथा है और प्रथाओं को एकदम से बदलना बड़ा कठिन है। इसकी पृष्ठभूमि में भावना यह है कि प्रथाओं के पालन से लोगों में एकता तथा मेलजोल बढ़ता है। बहुत से लोग दहेज केवल इसलिए लेते और देते हैं क्योंकि उनके माता-पिता तथा पूर्वज भी इस प्रथा को मानते चले आ रहे थे और यदि वे ऐसा नहीं करेंगे तो शायद उनके मान सम्मान को कोई आघात लगेगा। उदाहरण के लिए हम सती प्रथा को ही लेते हैं। जिन दिनों इसका प्रचलन था, बहुत से लोग इसके विरुद्ध थे। फिर भी वे अपनी आवाज उठा न सके क्योंकि वे अपने माता पिता, रिश्तेदारों एवं जात बिरादरी से डरते थे। आखिर प्रथाएं तो हमारे व्यवहार के प्रतिमान हैं जो पीढ़ी दर पीढ़ी मन की भावनाओं के माध्यम से विकसित होती रहती हैं। अतः प्रथाओं को नैतिक अनुमोदन मिलता चला जाता है। इसीलिए प्रथाएं सदैव चलती रहती हैं क्योंकि उनके पीछे अतीत और वर्तमान का सम्मान जुड़ा रहता है। इसी कारण प्रथा ने पुरानी दहेज व्यवस्था को अपरिवर्तनीय व एक रुढ़धारणा बना दिया है। जब तक विद्रोही युवा वर्ग इसको समाप्त कराने का साहस नहीं करता और लड़कियां इसके देने के सामाजिक दबाव का विरोध नहीं करतीं, यह (दहेज) प्रथा लोगों से बंधी रहेगी।

जाति प्रथा का दबाव (*Pressure of the Caste System*)

हिन्दुओं में सामाजिक एवं धार्मिक व्यवस्था के अनुसार विवाह अपनी ही जाति या उपजाति के अन्दर सम्पन्न होने का चलन है; इसी से जीवन-साथी के चुनने की प्रक्रिया सीमित ही रहती है। परिणामतः उच्च वेतन की नौकरी वाले या किसी पेश में लगे सुखद भविष्य वाले नवयुवकों की कमी हो ही जाती हैं। वे "दुर्लभ वस्तुओं" की तरह हो जाते हैं और उनके माता-पिता कन्या पक्ष से बड़ी धन राशि माँगते हैं, मानों लड़कियां कोई सौदेबाजी से प्राप्त करने की वस्तु हों। कुछ भी हो, ऐसे लड़कों की कमी को बढ़ा-चढ़ा दिया जाता है और यह कमी अपनी ही जाति में विवाह करने की प्रथा से और बढ़ जाती है।

अनुलोम विवाह व्यवस्था (*Hypergamous Marriage System*)

अन्तर्विवाह (endogamy) के अतिरिक्त हिन्दुओं में अनुलोम विवाह प्रथा (hypergamous) भी है, जिसके अनुसार निम्न जाति की लड़की का विवाह उच्च जाति में हो सकता है। जब उच्च जाति के युवक निम्न जाति की युवती से विवाह करते हैं तब वे अधिक दहेज मांगते हैं। उदाहरणार्थ, ब्राह्मण कई समूहों में बंटे हैं जिन्हें "विस्वा" (viswa) कहते हैं। यदि "अठारह विस्वा" वाला व्यक्ति अपनी पुत्री का विवाह "उन्नीस विस्वा" में करना चाहे तो उसे दहेज के रुप में एक बड़ी रकम खर्च करनी पड़ेगी। इस प्रकार उच्च जाति में अपनी कन्या का विवाह करने के लिए ऊंची धन राशि दहेज में देनी पड़ती है। अतः हम कह सकते हैं कि अनुलोम विवाह दहेज प्रथा को प्रोत्साहित करता है।

दहेज प्रथा एवं अनुलोम विवाह प्रथा के सम्बन्ध को दर्शाते हुए कापड़िया (1972:108) ने कहा है कि अनुलोम विवाह ने कई महत्वपूर्ण समस्याएं पैदा कर दीं हैं। अनुलोम विवाह में स्त्री और उसके पक्ष के लोगों का आर्थिक शोषण महत्व का विषय हैं। प्रत्येक माता-पिता अपनी शान व सम्मान को बनाये रखने व उसे बढ़ाने के लिए अपनी कन्या का विवाह उच्च सामाजिक समूह में करना चाहते है और दहेज उसी का अभिशाप है। जब किसी व्यक्ति के सामने अनेक प्रस्ताव रखे जाँये तो स्वाभाविक रुप से वह अपनी शर्तों पर अड़ा रहेगा और "वर मूल्य" ऊंचा जायेगा। कापड़िया (वही:109) की मान्यता हैं कि दहेज के विरुद्ध बनने वाले विधान का प्रभाव तब तक कम रहेगा जब तक उसे उक्त दृष्टिकोण से न देखा जाये।

सामाजिक स्तर का भ्रामक विचार (*False notion of Social Status*)

कुछ लोग अपनी शान व सामाजिक एवं आर्थिक स्थिति का प्रदर्शन करने के लिए अधिक से अधिक दहेज देते हैं। उदाहरण के लिए राजपूत और जैन लोग अपनी बेटियों के विवाह में केवल अपने सामाजिक स्तर को ऊंचा दर्शाने हेतु लाखों रुपये खर्च कर देते हैं, भले ही इसके लिए उन्हें कर्ज क्यों न लेना पड़े।

दुष्चक्र (*Vicious Circle*)

वर के माता पिता द्वारा दहेज स्वीकार करने का महत्वपूर्ण कारण यह है कि उन्हें अपनी बेटियों या बहिनों के विवाह में दहेज देना ही है। स्वाभाविक है कि वे अपने बेटे के दहेज में प्राप्त धन राशि को अपने बेटी के लिए योग्य वर ढूंढने तथा उसे प्रसन्न करने के काम में लाते हैं। उदाहरणार्थ, एक व्यक्ति जो दहेज का विरोधी तो है लेकिन वह 50 या 60 हजार रुपये दहेज में इस कारण नकद लेना स्वीकार करने के लिए बाध्य होता है क्योंकि उसे भी इतनी ही राशि अपनी बेटी या बहिन के विवाह में खर्च करनी होती है। यहां से दुश्चक्र प्रारम्भ होता है और दहेज की राशि कलंकित अभिशाप का रुप धारण कर लेती है।

दहेज के समाजशास्त्रीय आशय (Sociological Implications of Dowry)

कुछ लोगों में दहेज के प्रति द्विविधात्मक (ambivalent) धारणा हो सकती है किन्तु कुछ लोगों का दृष्टिकोण स्पष्ट है। एक ओर वे लोग हैं जो इस बुराई को जड़ से उखाड़ फेंकने के पक्ष में हैं, लेकिन दूसरी ओर कुछ प्रतिक्रियावादी भी हैं जो इस प्रथा को किसी न किसी रुप में जिन्दा रखना चाहते हैं। वे समझते हैं कि इस प्रथा के बने रहने के कुछ लाभ हैं।

कुछ लाभ, जो आवश्यक रुप से अच्छे तर्क व बुद्धिसंगतता पर आधारित नहीं हैं, इस प्रकार हैं: (i) गरीब वर्ग के गुणी लड़कों को उच्च शिक्षा देकर भविष्य बनाने के अवसर प्राप्त होते हैं। (ii) यह प्रथा नई गृहस्थी को व्यवस्थित करने में मदद करती है। विवाह के बाद दम्पति को नया घर बसाना पड़ता है क्योंकि आजकल संयुक्त परिवार का अस्तित्व समाप्त होता जा रहा है। अतः दहेज में प्राप्त धन नव दम्पति को नया घर बसाने में सहायक होता है। (iii) दहेज से परिवार में स्त्री का मान बढ़ता है। यदि वधू अपने साथ विवाह में अच्छी धनराशि लाती है तो उसके साथ आर्थिक सहयोग के कारण अच्छा व्यवहार किया जाता है। यहां तक कि उसके पति का उसके प्रति स्नेह और प्यार भी दहेज पर

ही निर्भर करता है। एक गरीब लड़की जो विवाह में अच्छा दहेज नहीं लाती है वह उतना स्नेह और सद्व्यवहार नहीं प्राप्त करती है जितना कि धनी परिवार की लड़की। (iv) कुरुप लड़कियों के विवाह की सम्भावनाएं बढ़ जातीं हैं। कुरुप लड़की के लिए अच्छा वर मिलना बड़ा कठिन होता है; लेकिन यदि उसके माता-पिता अच्छी धन राशि खर्च करने के लिए तैयार हों तो अच्छा वर मिलना सरल हो जाता है क्योंकि कुछ लड़के ऐसे भी होते हैं जो धन में अधिक रुचि रखते हैं और लड़की में कम। (v) दहेज लोगों को समाज में अपना मान बढ़ाने में मदद करता है। निम्न वर्गों के लोग अपनी पुत्रियों के विवाह उच्च वर्गों में करते हैं, अधिक धनराशि दहेज में खर्च करते हैं और इस प्रकार अपना सामाजिक स्तर ऊंचा उठाते हैं। कुछ लोग अपनी जाति व समाज में अपनी प्रतिष्ठा को ऊंचा उठाने की महत्वाकाँक्षा रखते हैं। यदि उन्हें ऊंचा दहेज देकर उच्च वर्ग में अपनी बेटी का विवाह करने का अवसर मिल जाता है तो वे दहेज देकर उच्च सामाजिक प्रतिष्ठा प्राप्त कर ही लेते हैं। (vi) दहेज से परिवार में एकता व स्नेह बना रहता है। कुछ लोग मानते हैं कि दहेज प्रथा जारी रहनी चाहिए किन्तु लड़की को उसके पिता की सम्पत्ति में से कोई हिस्सा नहीं मिलना चाहिए। दूसरे शब्दों में, वे 1956 के हिन्दू उत्तराधिकार अधिनियम को निरस्त (repeal) करना चाहते हैं। उनके विचार में इससे परिवार की एकता पर प्रभाव पड़ेगा। वे इस बात से परेशान हैं कि उत्तराधिकार नियम, ईर्ष्या, असहमति, फूट व अन्य अनेक कठिनाइयां पैदा करेगा। उनका तर्क है कि यदि पिता ऋणग्रस्त है तो उसके बेटों को उसका ऋण चुकाने का उत्तरदायित्व उठाना पड़ता है। जब बेटियों को सम्पत्ति में बराबर का हिस्सा मिलता है तब वे भी ऋण का भार क्यों न उठाएं ? यदि बेटी सम्पत्ति में अपना दावा करती है तो दायित्वों में क्यों नहीं ? लेकिन तब वे दूसरा तर्क भी देते है। जो लोग कृषि-भूमि के मालिक हैं वे यदि भूमि के टुकड़े करके बेटी को सम्पत्ति का हिस्सा देते हैं तो इससे वे अनेक कठिनाइयाँ पैदा करते हैं, क्योंकि दामाद के लिए यह भूमि निरर्थक सिद्ध होती है, विशेष रुप से यदि बेटी का विवाह गाँव से बाहर हो। अगर बेटी और दामाद को भूमि सम्पत्ति से हिस्सा न दिया जाये तो लड़की के पिता और भाई इसके बदले दहेज देना अपना नैतिक दायित्व मानेंगे। अतः वे लोग समझते हैं कि दहेज से परिवार की एकता व स्नेह बना रहेगा। लेकिन वे लोग यह अवश्य मानते है कि दहेज के लिए कोई माँग या दबाव नहीं होना चाहिए। (vii) इससे अन्तर्जातीय विवाह को प्रोत्साहन मिलता है। कई बार ऐसा होता है कि जब माँ बाप अपनी पुत्री के लिए अपनी ही जाति में योग्य वर खोज पाने में असमर्थ हो जाते हैं तब वे अन्य जाति में रिश्ता कर देते हैं। बेटी के जीवन-साथी की तलाश में पिता के सामने मुख्य विचार होता है कि चुने गये लड़के का भविष्य सुरक्षित हो और वह अच्छे चरित्र का हो। अतः जाति की बजाय, लड़का चुनाव का मुख्य विषय बन जाता है। प्राचीन काल में जब जीवन-साथी के चुनाव में बच्चे की इच्छा को अधिक महत्व नहीं दिया जाता था तब चुनाव में जाति का महत्व अधिक था; लेकिन आज बेटे या बेटी की इच्छा का भी ध्यान रखा जाता है क्योकि अपने साथी के साथ तो उसी को मिलकर रहना है। अन्तर्जातीय विवाह सदा असफल सिद्ध नहीं होते। इसी कारण शिक्षित व उदार माता-पिता अपनी ही जाति में बेटी के लिए वर ढूंढने की जिद नहीं करते। इस प्रकार अपनी ही जाति में से गुणी लड़के का चुनाव कर उसे बहुत अधिक दहेज देने की मजबूरी अन्तर्जातीय विवाह को प्रोत्साहन देती है, जहां बेटी के माता-पिता को दहेज के रुप में लम्बी रकम नहीं देनी पड़ती।

अतीत में दहेज लाभकारी रहा होगा किन्तु आजकल तो यह भारतीय सामाजिक जीवन पर एक कलंक,एक दाग बन कर रह गया है । एक समय था जब दहेज वर पक्ष के द्वारा "स्वीकार" किया जाता था परन्तु अब यह "माँगा" जाने लगा है । परिणाम यह है कि कन्या के जन्म के दिन से ही,दहेज की समस्या उसके माँ बाप के मस्तिष्क में घर कर जाती है और यदि दुर्भाग्यवश उस व्यक्ति के तीन-चार बेटियां हैं तोउसका सारा जीवन इस समस्या का समाधान करने में व्यतीत हो जाता है कि वह अपनी बेटियों के विवाह की क्या और कैसे व्यवस्था करे । इससे उसकी मानसिक परेशानी एवं भावात्मक व सामाजिक कुसमंजन बढ़ता है ।

दहेज की प्रमुख बुराईयां निम्न है:

आर्थिक तंगी (*Economic Straits*)

प्राचीन काल में दहेज प्रथा समाज पर इस आधार पर लादी गई थी ताकि धन का समान वितरण हो सके और समाजवादी व्यवस्था बन सके । किन्तु इसका विकास गलत तरीके से हुआ और अब यह सम्पूर्ण समाज के लिए एक अभिशाप बन कर रह गया है,विशेष रुप से मध्यमवर्गीय लोगों के लिए जिनका हाथ सदा तंग ही रहता है । वे जो कुछ भी कमाते है अपने परिवार के स्तर को बनाए रखने में,परिवार की आवश्यकताओं की पूर्ति में,बच्चों की शिक्षा में,तथा सामाजिक दायित्वों को निभाने में लगा देते हैं । परिणामतः बेटी के विवाह के समय वर पक्ष की माँगों को पूरा करने के लिए उन्हें ऋण लेना पड़ता है । यह ऋण कई बार पीढ़ी दर पीढ़ी चलता रहता है जिससे परिवार की अर्थव्यवस्था नष्ट हो जाती है ।

ऐसा नहीं है कि इसका आर्थिक प्रभाव केवल कन्या के माता-पिता पर ही अधिक पड़ता है, बल्कि वर के माता-पिता को भी दहेज के कारण धनहीनता का शिकार होना पड़ता है । जब वे दहेज में बड़ी रकम माँगते हैं तो उन्हें भी अपनी प्रतिष्ठा बनाए रखने के लिए अधिक खर्च करना पड़ता है । कई बार लड़के के माता-पिता इतना खर्च करने की स्थिति में नहीं होते हैं,किन्तु झूठी प्रतिष्ठा रखने के कारण उन्हें भी धन का प्रबन्ध इधर उधर से करना पड़ता है । कुछ दिनों पहले राजस्थान के सीकर नगर में एक मामला इसी प्रकार का हुआ जिससे पता चलता है कि किस प्रकार दहेज पागलपन की सीमा तक प्रभावित करके मृत्यु तक का कारण बन जाता है । एक व्यक्ति को एक साहूकार ने धनराशि ऋण के रुप में देने का वायदा किया जिसका प्रयोग वह अपने बेटे के विवाह में करना चाहता था । विवाह के दिन वह व्यक्ति साहूकार के पास धनराशि लेने गया लेकिन साहूकार ने ऋण देने से इन्कार कर दिया । वह व्यक्ति वहीं मूर्छित हो गया और कुछ लोगों ने उसे घर पहुंचाया । उसके पड़ौसियों ने जैसे तैसे उसके बेटे व कुछ अन्य लोगों को ट्रेन से वधू के घर विवाह के लिए भेजने का प्रबन्ध कर दिया । उधर बेटे का विवाह हो रहा था,इधर वह व्यक्ति अन्तिम सांसें गिन रहा था और अन्ततः उसकी मृत्यु हो गई । यह उदाहरण संकेत करता है कि दहेज का कुप्रभाव कन्या के पिता को ही सहन नहीं करना पड़ता है बल्कि लड़के के पिता पर भी इसका प्रभाव पड़ता है ।

अनैतिकता (*Immorality*)

दहेज की एक और बुराई यह है कि यह अनैतिकता को जन्म देता है । जो माता-पिता विवाह के लिए

पर्याप्त धन जुटाने में असमर्थ होते हैं वे अपनी बेटियों को नौकरी या किसी व्यवसाय में लगा देते हैं जिससे वे धन कमाएं और उसको उनके विवाह में खर्च किया जा सके। इस स्वतंत्रता के अपने लाभ हैं,इसमें सन्देह नहीं है। लड़की को आर्थिक समर्थन के लिए किसी पर निर्भर नहीं रहना पड़ता है। लेकिन इस आर्थिक स्वतंत्रता ने अनेक बुराइयों को भी जन्म दिया है। नौकरी प्रारम्भ करते समय लड़कियां परिपक्व होती हैं। उनका यौवन, भावनाएं,उत्साह और सबसे ऊपर काम-पिपासा उनकी तथा-कथित लज्जा की सीमाए तोड़ देती हैं, विशेष रुप से जब यह अबोध बालाएं कार्यालयों, विद्यालयों, फर्मों व कम्पनियों में काम करते समय लड़कों के सम्पर्क में आती हैं। उज्जवल भविष्य वाले इन लड़कों के झूठे वायदे लड़कियों को गुमराह कर देते हैं और उनका नैतिक पतन होता है। लड़के के लिए यौन-नैतिकता के पतन से भागना सरल होता है, लेकिन लड़की के लिए अपनी शर्म को छुपाना तब और कठिन होता है जब वह गर्भवती हो जाये। ये गरीब और अबोध लड़कियां सामाजिक बदनामी का सामना करने को मजबूर हो जाती है और कभी-कभी आत्महत्या तक कर लेतीं हैं; या फिर गर्भ समाप्त करने के लिए चिकित्सा सहायता का सहारा लेती हैं। हमारी सामाजिक व्यवस्था पश्चिमी देशों की तरह विकसित नहीं है जहां अविवाहित माताओं तथा उनकी सन्तान के लिए विशेष केन्द्र रहते है; जहाँ उनको हर प्रकार से सहायता दी जाती है। हमारे देश में ऐसे केन्द्र स्थापित हुए हैं, लेकिन उन्हें उंगलियों पर गिना जा सकता है। मुश्किल से 15 या 20 ऐसे केन्द्र समूचे भारत में हैं जिन्हें एक राज्य में एक के औसत से गिना जा सकता है। नौकरी करने वाली लड़कियों का लगभग 80% मध्यम वर्गीय परिवारों से हैं और यही वर्ग दहेज प्रथा का सबसे बुरा शिकार है। परिणामतः, अनैतिकता एक सामाजिक बोझ बन गई है।

एक और प्रकार से भी अनैतिकता दहेज का परिणाम है। जब माता-पिता अपनी बेटियों के लिए योग्य वर खोजने में असमर्थ हो जाते हैं तो कई बार उन्हें बाध्य होकर बड़ी आयु वाले धनी पुरुषों से उनका विवाह करना पड़ता है जो दहेज में कुछ भी नहीं माँगते। कभी-कभी अनुपयुक्त व्यक्ति से भी विवाह कर दिया जाता है क्योंकि वह व्यक्ति वही दहेज लेने को तैयार हो जाता है जो कुछ लड़की के माता-पिता अपनी हैसियत के अनुसार देने को तैयार होते है। इस प्रकार बेमेल विवाह दहेज प्रथा के कारण ही होते है। भौतिकता की यह होड़ भयानक रंग बदलती है। नव विवाहित युवती महसूस करती है कि उसकी अभिरुचियां उसके पति से बिलकुल भिन्न हैं। उसका यौवन विद्रोही हो जाता है और कई ऐसे उदाहरण हैं जहां ऐसी लड़कियां विवाह के अतिरिक्त सम्बन्ध स्थापित करने को बाध्य हो जाती हैं। इनका गृहस्थ जीवन दुखी हो जाता है और कभी-कभी तो इन्हें भागने को भी बाध्य होना पड़ता है। इस प्रकार दहेज के कारण वेश्यावृत्ति का जन्म होता है जो सरकार और सामाजिक कार्यकर्ताओं के लिए सरदर्द हो जाता है।

मनोवैज्ञानिक संकट और भावात्मक आघात (*Psychological Crisis and Emotional trauma*)

कुछ लड़कियां दृढ़ चरित्र की होती है और वे पुरुषों के द्वारा सरलता से बहकाई नहीं जा सकती हैं। लेकिन इनमें से कुछ मनोविकारों से पीड़ित होती हैं, क्योंकि प्रत्यक्ष व अप्रत्यक्ष रुप से उनकी काम भावनाएं दब जाती है। वे अक्सर निराश, चिड़चिड़े स्वभाव की तथा कुण्ठाग्रस्त हो जाती हैं तथा

सौन्दर्य भी खो देती हैं। फलतः मनोवैज्ञानिक संकट की अभिव्यक्ति लड़कियों के व्यवहार में अनेक प्रकार से पायी जाती है, जैसे इच्छाओं का दमन, प्रत्यावर्तन, विरोधी गुणों वाली अभिप्रेरणाएं, बाधाएं, आत्म-विश्वास व महत्वाकांक्षा की कमी, शंकाएं, अनिर्णय, दुःस्वप्न, घृणा, आदि। उक्त विसंगति पूर्ण व्यवहार कुछ लड़कियों के व्यवहार में ऊपर से स्पष्ट न हो ऐसा हो सकता है। किन्तु अनेक मजबूत व्यक्तित्व वाली लड़कियां इस प्रकार के व्यक्तिगत विघटन वाले चक्रों से दूर ही रहती हैं। लेकिन उनकी मुस्कान उनकी कुण्ठा को छिपा नहीं सकती है। यही नहीं, इस प्रकार की कुण्ठाएं न केवल लड़की को बल्कि समूचे परिवार को घेर लेती हैं।

मनोवैज्ञानिक दमन एक और तरीके से भी मिलता है। यह तो सर्वविदित है कि दहेज में भी प्रतिस्पर्धा रहती है। लड़का उस लड़की को स्वीकार करता है जो भरे पूरे परिवार की हो, उच्च शिक्षित हो, नौकरी करती हो तथा प्रति माह कुछ कमाती भी हो। बात यहीं खत्म नहीं होती। वह विवाह के समय अच्छी धनराशि भी चाहता है। आजकल इस बुराई ने भयंकर रुप ले लिया है। ऐसे उदाहरण हैं जहाँ लड़की उच्च शिक्षा प्राप्त, सुसंस्कृत, गृहस्थ, व कुशल गृहिणी होती है, लेकिन उसे इसलिए अस्वीकार कर दिया जाता है क्योंकि उसके माता-पिता अधिक दहेज नहीं दे सकते। ऐसे उदाहरण भी देखे गए हैं जहां सगाई के बाद लड़की व लड़के के बीच पत्र व्यवहार भी हो रहा है, विवाह की तिथि भी निश्चित हो गई है और अचानक लड़के को अच्छा रिश्ता धनी परिवार से आता है तब सगाई तोड़ दी जाती है। इससे लड़की के माता-पिता को तथा स्वयं लड़की की कोमल भावनाओं पर आघात लगता है। वह समाज में असुरक्षा की भावना से रहती है, उसमें हीन भावना का विकास हो जाता है, और उसकी भावनाएं दब कर रह जाती हैं। वह स्वयं को माँ बाप पर बोझ समझती है और यह निराशा एवं मानसिक तनाव उसे आत्महत्या की ओर भी ले जाती है।

पारिवारिक संघर्ष भी इसी स्थिति की परिणिति होते हैं। जब सास को अपनी सन्तुष्टि का दहेज नहीं मिलता है तब वह बहू के साथ दुर्व्यवहार शुरु कर देती है तथा बहू के माता-पिता और अन्य रिश्तेदारों के लिए अपशब्द प्रयोग करती है। एक ओर सास का अधिकारिक व्यक्तित्व और दूसरी और बहू का भावनात्मक आघात मिलकर पारिवारिक संघर्ष को जन्म देते हैं।

स्त्रियों की निम्न स्थिति (*Lowering of Women's Status*)

दहेज प्रथा देने वालों को अधिक दीन तथा लेने वालों को अधिक हीन बनाती है और स्त्रियों की प्रस्थिति को तो बहुत गिराती है। लड़का स्वयं को बड़ा सम्मानित व्यक्ति समझता है और लड़की को हीन व निम्न स्तर की वस्तु मानता है। विवाह में चूंकि काफी अच्छी राशि मिल जाती है, अतः धन के लोभ में दूसरा व तीसरा विवाह करने का ख्याल कई लोगों के मन में स्वभावतः आता ही है। यद्यपि ऐसे विवाह सामान्य नहीं हैं, फिर भी हैं। इससे प्रथम पत्नी के रुप में स्त्री की प्रस्थिति प्रभावित होती है क्योंकि पति को जो उसके लिए प्रेम, चाह, सदभावना, स्नेह व देखरेख की चिन्ता रहती है वह कम हो जाती है। जब लड़की शिक्षित है और नौकरी भी करती है, तब किस आधार से लड़के के माता-पिता दहेज की मांग करते है ? लड़की लड़के से समान रूप में अच्छी होती है, बल्कि एक तरह से उससे श्रेष्ठ है क्योंकि वह दुहरी भूमिका निभाती है, गृहस्थी भी देखती है और धन-उपार्जन का कार्य भी करती है। अतः दहेज सामाजिक अन्याय है। यह हमारे लिए शर्मनाक है व समाज पर कलंक है। यह

स्त्रियों के आत्म-सम्मान पर कुठाराघात है ।

बाल विवाह (*Child Marriages*)

बहुत से लोग दहेज देने से बचने के लिए अपनी बेटियों का विवाह बाल्यावस्था में ही कर देते हैं तथा इस प्रकार के विवाह स्वयं में एक बुराई हैं । परिपक्वता प्राप्त होने पर लड़का अपनी पत्नी के साथ सामन्जस्य स्थापित न कर पाए, यह संकट सम्भावित है । जीवन-योजना में मन को परेशान करने वाले अनेक निर्णय लेने पड़ते है, नई परीक्षा की घड़ियां सामने आती ही है; उनका सामना करना ही पड़ता है तथा सामाजिक सम्बन्धों की दृढ़ता को समझना पड़ता ही है । यदि बाल-विवाह उपरान्त पति, इत्तिफाक से शिक्षा प्राप्त कर लेता है या व्यावसायिक दक्षता प्राप्त कर लेता है और उसकी पत्नी पीछे छूट जाती है, तो ऐसे दम्पति को संकट का सामना करना पड़ता है । यदि इन संकटों पर विजय प्राप्त कर ली जाये तब व्यक्तित्व उज्जवल व मज़बूत हो जाता है । यदि नहीं, तो जीवनधारा में रिसाव की स्थिति हो जाती है । दोनों साथी अथवा एक, भावनाओं के दमन में लग जाते हैं । तब वे अपने माता-पिता को दहेज की खातिर बाल्यावस्था में विवाह किए जाने के लिए कोसते हैं ।

विवाहमूलक सम्बन्धों पर प्रभाव (*Effect on Affinal Relations*)

दहेज का प्रभाव न केवल लड़की के माता-पिता के आर्थिक तथा सामाजिक व्यवहार पर पड़ता है, बल्कि यह माता पिता के बच्चों के बीच तथा अन्य रिश्तेदारों के बीच के सम्बन्धों को भी प्रभावित करता है । जो माता पिता अपनी बेटी के विवाह में दहेज जुटा पाने में असमर्थता का अनुभव करते हैं वे बेटी को परिवार पर एक बोझ मानते हैं । भाई अपनी बहिनों को अपनी भविष्य की आशाओं एवं आकांक्षाओं के बीच रोड़ा मानते हैं । ऐसा होने के कारण लड़कियों के पिता, भाईयों एवं अन्य सदस्यों के बीच सौहार्द समाप्त हो जाता है । कई बार अन्तर्पारिवारिक संघर्ष भी प्रारम्भ हो जाते हैं । जिस परिवार में लड़की दी जाती है उसका स्तर श्रेष्ठ हो जाता है तथा जिस परिवार से लड़की ली जाती है उसका स्तर निम्न हो जाता है । विवाहमूलक समूहों के मध्य यह प्रस्थिति संबंधी असमता वर पक्ष के लोगों को एक प्रकार का "अधिकार" दे देती है जिससे वे कन्या पक्ष के लोगों के साथ दुर्व्यवहार करने लगते हैं, जब उन्हें आकाँक्षा से कम दहेज मिलता है ।

दहेज हत्याएं (*Dowry Murders*)

आकाँक्षाओं के अनुरुप दहेज न देने पर बहू जलाने के मामले समूचे देश में बढ़ते ही जा रहे हैं । दहेज की रकम में कुछ बची हुई रकम के अदा न किये जाने के कारण लड़कियों की जो हत्याएं होती हैं, उनका अल्प-अनुमान एक वर्ष में लगभग 5,000 माना जा सकता है । यह संख्या 1987 में 1,912, 1990 में 4,148, और 1991 में 5,157 दर्ज की गयी । पति और ससुराल वालों द्वारा क्रूरता के मामले 1983 में 1160 और 1991 में 15,949 दर्ज किये गये थे (हिन्दूस्तान टाइम्स, सितम्बर 11, 1994) । 1991 में जो दहेज हत्या के 5,157 मामले हुए उनमें से सबसे अधिक उत्तर प्रदेश में (1885) और उसके बाद महाराष्ट्र में (1066), पूर्वी बंगाल में (522), और मध्य प्रदेश में (493) हुए थे । इन चारों राज्यों में पूरे भारत में दहेज के कारण होने वाली हत्याओं के मामलों में से तीन-चौथाई (76.97%) पायी जाती हैं । दिल्ली पुलिस ने बहू जलाने के मामले 1980 में 421 दर्ज किये, 1981 में 560, 1982 में

619, 1987 में 423, और 1991 में 441 ।

आन्ध्र प्रदेश में 1983 में 14, 1984 में 27, 1985 में 160, और 1991 में 171 मामले दर्ज हुए। परन्तु इस प्रदेश में महिला संघ ने दावा किया है कि 1991 में दहेज के कारण 300 मामले आत्महत्या के और हत्या के हुए थे । महाराष्ट्र में दहेज के कारण हत्याओं के मामलों में वृद्धि हुई, जो कि 1985 में 173 से बढ़कर 1987 में 386, और 1991 में 1066 हो गई । बिहार में 1991 में 311 हत्याएं दहेज के कारण हुई, जबकि 1987 में यह संख्या 229 तथा 1986 में 113 थी । (हिन्दुस्तान टाइम्स, 29 जनवरी, 1993) । इस लेखक ने 1989 में राजस्थान में दहेज के कारण हत्याओं के कुछ मामलों का अध्ययन किया था । इस अध्ययन के महत्वपूर्ण तथ्य इस प्रकार हैं:

- निम्न वर्गीय और उच्च वर्गीय महिलाओं की अपेक्षा मध्यम वर्गीय महिलाओं पर दहेज संबंधी अत्याचार अधिक होते हैं ।
- दहेज के कारण जिन लड़कियों की हत्या की जाती है उनमें से लगभग सभी 20 से 26 वर्ष आयु-समूह की हैं, जिन्हें न केवल शारीरिक रुप से परन्तु सामाजिक एवं भावात्मक रुप से भी परिपक्व कहा जा सकता है । परिपक्व अवस्था वाली लड़कियों में यदि साहस और विश्वास है तो वे अपना विरोध प्रस्तुत कर सकती हैं ।
- सत्ताधारी सास व असहयोगी पति वाले घरों में अत्याचार की दर अधिक होती है ।
- नव वधू की हत्या करने से पहले उस पर कई प्रकार से अत्याचार किए जाते हैं, जो पीड़ित लड़की के जनन परिवार (family of procreation) के सदस्यों के सामाजिक समायोजन का अस्तव्यस्त प्रतिमान बताता है ।
- दहेज के मामले में हत्या के अपराधी क्रूर और निरंकुश होते हैं और पीड़ित लड़की की हत्या हत्यारों के विघटित व्यक्तित्व व असामान्य होने का एक प्रमाण होती है ।

विधान (The Legislation)

आन्ध्र प्रदेश, केरल, पंजाब, और बिहार जैसे राज्यों ने दहेज विरोधी विधान पारित किए हैं । केन्द्रीय स्तर पर दहेज निषेध विधेयक अप्रेल 27, 1959 को तत्कालीन विधि मन्त्री श्री ए.के. सेन द्वारा लोकसभा में प्रस्तुत किया गया था । लोक सभा द्वारा इसे पारित कर दिया गया किन्तु राज्य सभा द्वारा दो बार इसे अस्वीकार कर दिया गया; तब दोनों सदनों की संयुक्त कमेटी को सौंपा गया और इसके सुझावों के आधार पर आखिर 20 मई, 1961 को यह अधिनियम पारित हो गया । इस अधिनियम के अन्तर्गत, आभूषणों, वस्त्रों तथा अन्य वस्तुओं के रुप में दहेज दिए जाने की अनुमति का प्रावधान है जिसका मूल्य 2000 रुपये से अधिक न हो । दूसरे शब्दों में इस सीमा तक दहेज वैधानिक है । इस अधिनियम के अन्तर्गत मुसलमानों को छोड़कर सभी समुदायों पर इसके प्रावधान लागू होते हैं। अधिनियम के अन्तर्गत कानून का उल्लंघन करने वाले को छः माह का कारावास या 5000 रुपये अर्थ-दण्ड या दोनों का प्रावधान है, तथा दहेज लेन-देन सम्बन्धी कोई भी समझौता गैर कानूनी बताया गया है । इस अधिनियम के अन्तर्गत सभी अपराध असंज्ञेय (non-cognizable) हैं । न्यायालय इस अधिनियम के अन्तर्गत तब तक केस सुनवाई के लिए नहीं ले सकता जब तक शिकायत एक वर्ष के भीतर न की गई हो । 1984 में और फिर जून 1986 में इस अधिनियम में संशोधन किया गया और

अब यह अधिक कठोर बनाया गया है। दहेज के विरुद्ध अपराध अब संज्ञेय (cognizable), गैरजमानती (non-bailable) व अयौगिक (non-compoundable) है तथा निर्दोषिता का प्रमाण अभियुक्त को ही देना होता है।

लेकिन प्रश्न यह है कि क्या यह विधान ठीक से लागू किया जा रहा है ? क्या यह विधान समाज में दहेज की बुराई के विरुद्ध एक प्रभावशाली अस्त्र सिद्ध होगा ? उत्तर "नही" ही प्रतीत होता है। दहेज निरोधक अधिनियम, 1961 को सर्वसम्मति से निष्प्रभावी कानून बताया गया है क्योंकि इसके अन्तर्गत जो थोड़े बहुत मामले लिए गए हैं वे पर्याप्त नहीं हैं। जो कानून ठीक से लागू न किये जा सकते हों, वे आम जनता का अनादर ही प्राप्त करते हैं। यह आलोचनात्मक कथन श्री पी.एन. सप्रू (इलाहाबाद उच्च न्यायालय के भूतपूर्व न्यायाधीश एवं लोक सभा सदस्य) ने 21 अगस्त, 1959 को लोकसभा में दिया जबकि दहेज निरोधक विधेयक पर राज्य सभा में बहस चल रही थी। उन्होंने इस विधेयक को "हास्यापद" बताया और यहां तक सुझाव दिया कि इसे वापस ले लिया जाये। उन्होंने कहा कि ऐसे कानून पारित करना व्यर्थ होगा जिन्हें ठीक से लागू न किया जा सके। इस प्रकार के विधान अवमानना के ही पात्र बनेंगे। सरकार स्वयं इसके प्रभावी होने पर संदिग्ध थी। तत्कालीन कानून राज्य मंत्री श्री हजार नाविस ने कहा था "इस विधेयक के अन्तर्गत अपराध सिद्ध करना लगभग असम्भव होगा क्योंकि कोई भी माँ बाप दहेज मांगने की शिकायत करके अपनी बेटी का भविष्य अन्धकारमय करना नहीं चाहेगा"। अतः दहेज की बुराई को केवल विधान द्वारा ही दूर नहीं किया जा सकता। कोई भी विधान जनता के सहयोग के बिना लागू नहीं किया जा सकता है। कानून पास करके व्यवहार का तरीका निश्चित किया जा सकता है, समाज की आत्मा को सक्रिय किया जा सकता है और समाज सुधारकों के कार्य में सहयोग कर सकता है, लेकिन इस बुराई को जड़ से उखाड़ कर फेंका नहीं जा सकता जब तक कि लोग कानून के पीछे छिपे दर्शन को आगे न बढ़ाएं।

उन्मूलन के उपाय (Measures Towards Abolition)

दहेज प्रथा के विरोध में लड़ाई को कई स्तरों या सीमाओं पर एक साथ लड़ना होगा। यद्यपि विधान आवश्यक हैं किन्तु इससे इस बुराई का अन्त नहीं होगा फिर चाहे दहेज मांगने वालों के लिए कितना ही सख्त व प्रतिरोधक दण्ड का प्रावधान क्यों न किया जाये। जो उपाय अधिक आवश्यक है वह है जन-शिक्षा। दहेज की बुराई को रोकने के लिए निम्न उपाय बताए जा सकते हैं:

शिक्षा के द्वारा जनमत तैयार करना (*Creating Public Opinion through education*)

लोगों का सहयोग केवल जनमत बनाकर ही प्राप्त किया जा सकता है। एक व्यक्ति को विधान द्वारा नियन्त्रित नहीं किया जा सकता है, लेकिन यदि अधिक संख्या में लोगों को दण्ड मिलता है तो कानून को बल मिलता है। किसी भी सामाजिक अधिनियम की सफलता आम जनता के सहयोग पर निर्भर करती है। या यों कहा जाये कि समाज की समझदारी ही समस्या को हल करने में पहली आवश्यकता है। यह समझदारी लोगों में नैतिक और औपचारिक शिक्षा द्वारा दहेज की बुराई को समझाकर ही पैदा की जा सकती है। निःसन्देह ऐसे मामले भी हैं जहां देखा गया है कि अधिक शिक्षित लोग अधिक दहेज मांगते हैं। शिक्षा ने इस बुराई को कम करने की बजाय और भी निम्न स्तर तक ला दिया है।

कभी-कभी समाचार पत्रों के वैवाहिक पृष्ठों पर ऐसे विज्ञापन देखने को मिलते हैं कि कुछ लोग उच्च स्तर का दहेज अपने अध्ययन को जारी रखने के लिए माँगते हैं, गत वर्ष के एक राष्ट्रीय समाचार पत्र में छपे निम्नलिखित विज्ञापन से यह स्पष्ट हो जाता है: "जैन नवयुवक,23, उच्च अध्ययन हेतु विदेश जाने का इच्छुक है; धनी लड़कियों के पिता वैवाहिक पत्राचार करें; बाक्स नं.8876, हिन्दुस्तान टाइम्स, देहली, से सम्पर्क करें" । इससे स्पष्ट है कि शिक्षा इस बुराई को कम करने की बजाय और भी बुरी स्थिति में ले जाती है । फिर भी यह विचार गलत नहीं है कि सामाजिक और वैधानिक शिक्षा से दहेज प्रथा का उन्मूलन सम्भव है क्योंकि शिक्षा से लोगों के मस्तिष्क का विकास व दृष्टिकोण का विस्तार होता है ।

युवकों द्वारा पहल (*Initiative by the youth*)

युवकों को नये सामाजिक मूल्यों का महत्व समझाया जाना चाहिए । शिक्षित होने के बाद ही लड़के और लड़कियां दहेज उन्मूलन के लिए आगे आएंगे । चाहे लड़कियां आगे आएं या लड़के, कुछ काम होना चाहिए । कुछ लोग ऐसा अनुभव करते हैं कि लड़कों को ही पहल करनी चाहिए; अन्य कुछ कहते है कि लड़कियों को पहल करनी चाहिए; और कुछ फिर इस मत के हैं कि दोनों को ही मिलकर आगे आना चाहिए । श्री स्वर्ण अरोरा द्वारा किए गए एक सर्वेक्षण में 75 व्यक्तियों में से 42.6% व्यक्ति इस मत के थे कि लड़कों द्वारा पहल होनी चाहिए, 14.6% लड़कियों द्वारा पहल के पक्षधर थे, और 30.6% लोग दोनों के । 12.2% व्यक्ति मानते थे कि लड़के और लड़कियों के पहल करने से कुछ नहीं हो सकता । लेकिन ऐसा प्रतीत होता है कि लड़कियों द्वारा पहल करना अधिक उचित रहेगा । शिक्षित लड़कियां पति चुनने के अधिकार का प्रयोग कर सकती हैं तथा इस मामले में अपने माता-पिता की सलाह व हस्तक्षेप की उपेक्षा कर सकती हैं, जो लड़के दहेज मांगने पर जोर दें उनको मना भी कर सकती हैं ।

प्रचार एवं जन चेतना (*Propoganda and Public Enlightenment*)

प्रचार के द्वारा भी जनमानस में परिवर्तन सम्भव है । प्रचार के कई माध्यम है; जैसे, दूरदर्शन, आकाशवाणी, चलचित्र, नाटक, उपन्यास, समाचार पत्र, भाषण, आदि । प्रचार को अधिक प्रभावशाली बनाने के लिए विशेष वर्ग के लोगों के लिए विशेष माध्यम चुनना होगा । यदि लोग अशिक्षित हैं तो टी.वी., रेडियो, नाटक तथा फिल्म प्रभावशाली रहेंगे; लेकिन यदि लोग शिक्षित हों तो उपन्यास और समाचार पत्र अच्छा काम कर सकते हैं । कुछ लोग यह भी कहते हैं कि स्वैच्छिक संगठन भी इस बुराई को दूर करने में सहायक हो सकते हैं और सरकार के साथ मिलकर भी कार्य कर सकते हैं ।

अन्तर्जातीय विवाह (*Inter-Caste Marriages*)

कुछ लोगों का सुझाव है कि अन्तर्जातीय विवाहों को प्रोत्साहन दिया जाना चाहिए क्योंकि इससे दहेज की बुराई को समाप्त करने में सहायता मिलेगी, लड़के और लड़कियों को अपने जीवन-साथी का चुनाव करने के अवसर प्रदान किए जाने चाहिएं । अब माता-पिता की सहमति से विवाह पर जोर नहीं दिया जाना चाहिए बल्कि उन्हें मिलने जुलने की आजादी होनी चाहिए ताकि वे अपना भाग्य

स्वयं बना सकें।

अन्त में कहा जा सकता है कि दहेज प्रथा का उन्मूलन समाज सुधार की दिशा में एक महत्वपूर्ण कदम होगा। भले ही प्रारम्भ में इस प्रथा का कोई भी उद्धेश्य रहा हो, यह इन्कार नहीं किया जा सकता कि आज इस प्रथा ने स्त्रियों की भावनाओं एवं अलग पहचान वाले व्यक्ति के रुप में स्वीकार करने में असफलता ही पाई है। यही नहीं, इस प्रथा के कारण स्त्री को सम्पत्ति का बहुमूल्य अंग माना गया है जिसका उपयोग वर की पारिवारिक, आर्थिक स्थिति को सुधारने में किया जाता है। इस अन्याय को तो रोकना ही होगा, भले ही यह शिक्षा, प्रचार, संगठनों या विधानों द्वारा ही क्यों न हो। जब हम पाते हैं कि उच्च शिक्षा प्राप्त विदेशों से लौटे नवयुवक भी दहेज की उपेक्षा नहीं करते हैं, तब तो प्रथा की कोई सीमा ही नहीं रहती। हमने इस बुराई को लम्बे समय तक पनपने दिया है और अपने समाज को विकृति का शिकार बना दिया है। अब समय आ गया है कि इस बुराई को समूल नष्ट कर दिया जाये। जब तक हम अधिक प्रगतिशील दृष्टिकोण वाले, क्रान्तिकारी विचारों वाले तथा कम रुढ़िवादी नहीं बनेगे तब तक दहेज हमारे समाज में अभिशाप के रुप में बना ही रहेगा। केवल सहयोग और आपसी समझदारी से ही समाज के रथ के पहिए सरलता से चल सकते हैं। दुर्भाग्यवश, विवाह का धार्मिक स्वरुप अब बाजार की वस्तु के रुप में गिरता जा रहा है। आज विवाह दहेज के आधार पर ठहराया जाता है न कि लड़कों व लड़कियों के चरित्र, उच्च आकांक्षाओं व आधुनिक मूल्यों के आधार पर। अतः हिन्दू समाज के लिए अब उपयुक्त समय है कि दहेज प्रथा की बुराई को समूल नष्ट कर दिया जाये जिसने अनेक युवतियों को आत्म हत्या तक करने के लिए बाध्य किया है। यह नहीं भूलना चाहिए कि विवाह एक पवित्र संस्कार है, न कि व्यापार या सौदा। जब एक लड़की को विवाह के लिए उसके गुणों के कारण नहीं, अपितु उस धन के कारण स्वीकार किया जाता है जो वह विवाह में लाती है या जब केवल दहेज विवाह का केन्द्र-बिन्दु रह जाता है, तब विवाह की पवित्रता ही समाप्त हो जाती है। अतः जितनी जल्दी हम इस बुराई से छुटकारा प्राप्त कर लें, हमारे समाज के लिए उतना ही हितकर होगा।

REFERENCES

Indira, Rajaraman, "Economics of Bride-price and Dowry", in *Economic and Political Weekly*, Vol. XVIII (8), 1983, pp. 275-79.

Kapadia, K.M., *Marriage and Family in India*, Oxford University Press, Delhi, 1972.

Srinivas, M.N., "Some Reflections on Dowry" in *The Cohesive Role of Sanskritization and Other Essays*, Oxford University Press, Delhi, 1989, pp. 97-122.

अध्याय 11

अन्तर्जातीय विवाह
Inter-Caste Marriage

अन्तर्विवाह (The Inter-Marriages)

आधुनिक दशकों में अन्तर्विवाह अधिक प्रचलित होता जा रहा है तथा चर्चा का विषय बनता जा रहा है। अन्तर्विवाह का तात्पर्य है दो भिन्न संस्कृतियों या उप-सांस्कृतिक समूहों से सम्बद्ध स्त्री व पुरुष का विवाह। सांस्कृतिक समूह धार्मिक, प्रजातीय (racial), नृजातीय (ethnic), भाषाई, भौगोलिक, आदि हो सकते हैं; जबकि उप-सांस्कृतिक समूह कैथोलिक व प्रोटेस्टेन्ट, या शिया व सुन्नी, या जातियां व उप जातियां, आदि हो सकते हैं। अन्तर्जातीय विवाहों में क्योंकि आत्मसातकरण (assimilation) तथा समायोजन (adjustment) जैसी समाजशास्त्रीय समस्याएँ खड़ी हो जाती हैं; उनकी चर्चा समाजशास्त्रीय विषय में आवश्यक हो जाती है। इस समस्या में दो प्रमुख विषय जो ध्यान आकर्षित करते हैं, वे हैं: अन्तर्जातीय विवाहों में कारण तत्व तथा दम्पत्ति और उनके बच्चों के लिए उस विवाह के परिणाम। दूसरे प्रमुख विषय में इस प्रकार के विवाहों के लिए विभिन्न प्रतिक्रियाएं एवं नये परिवार में समायोजन, यानि कि अन्तर्जातीय विवाह वाले दम्पत्ति का व्यक्तिगत आदतों तथा सांस्कृतिक अनुकूलन के सन्दर्भ में समायोजन भी सम्मिलित है।

भारत में अन्तर्जातीय विवाह का इतिहास (History of Inter-Caste Marriage in India)

प्राचीन भारत में अनुलोम विवाह (यानि कि उच्च वर्ग/ जाति के लड़के का निम्न वर्ग/ जाति की लड़की से विवाह) के रूप में अन्तर्विवाह अधिक प्रचलित थे, अपेक्षाकृत प्रतिलोम विवाह के (यानि कि निम्न वर्ण/ जाति के लड़के का उच्च वर्ण/ जाति की लड़की से विवाह)। ऐसा तब तक रहा, जब तक धर्मसूत्रों ने प्रतिलोम विवाह को पूर्ण तथा निषेधित न किया। ब्राह्मण काल में हिन्दू नियम के अनुसार व्यक्ति का अपनी ही जाति में विवाह सर्वोपरि विधान हो गया। ब्रिटिश काल तक यह विधान कठोर बना रहा। सन् 1872 में विशेष विवाह अधिनियम पारित हुआ जिसमें व्यक्ति को यह अनुमति प्राप्त हो गई कि "अपना कोई धर्म नहीं होने" की घोषणा कर के वह उस व्यक्ति से विवाह कर सकता था जो उसके अपने अन्तर्विवाही (endogamous) समूह से सम्बन्ध न रखता हो। इस 'धारा' के कारण अन्तर्जातीय विवाह के पक्ष में जनमत दृढ़ न बन सका और न ही इसको प्रोत्साहन दिया गया यद्यपि इस विवाह को वैधानिक मान्यता प्राप्त थी। सन् 1887 में भारतीय राष्ट्रीय सामाजिक कान्फ्रेन्स ने एक आन्दोलन चलाया तथा न्यायमूर्ति रानाडे ने अन्तर्जातीय विवाह का जोरदार समर्थन किया। सन् 1913 में कान्फ्रेन्स ने सुझाव दिया कि 1872 के अधिनियम में संशोधन किया जाये, जिससे कि दूसरी जाति में विवाह करने के इच्छुक लोगों को प्रोत्साहन मिले। सन् 1923 में अधिनियम संशोधित किया गया, जिसमें भिन्न जातियों वाले उन व्यक्तियों को विवाह की अनुमति प्रदान की गई, जो अपने हिन्दू

धर्म में आस्था की घोषणा कर दें । आर्य समाज विवाह वैधता अधिनियम, 1938 ने आर्य समाजियों में अन्तर्जातीय विवाह को वैधानिक बना दिया । हिन्दू विवाह निर्योग्यता निवारक अधिनियम, 1946 ने सगोत्र विवाह तथा एक ही जाति के विविध उपखण्डों के बीच विवाह को वैधता प्रदान की । हिन्दू विवाह वैधता अधिनियम, 1949 के अनुसार कोई भी हिन्दू विवाह इस आधार पर अवैध नहीं ठहराया जायेगा कि उसमें सम्बद्ध पक्ष भिन्न धर्म, जाति, उपजाति या सम्प्रदाय (sect) का है । सन् 1954 में पुराना विशेष विवाह अधिनियम, 1872 निरस्त कर दिया गया और नया विशेष विवाह अधिनियम, 1954 लागू किया गया जिससे अन्तर्विवाह का क्षेत्र और भी विस्तृत हो गया ।

अन्तर्जातीय विवाह के प्रति बदलते दृष्टिकोण (Changing Attitudes towards Inter-Caste Marriages)

जाति व्यवस्था में परिवर्तन, शिक्षा के विस्तार, परिवार व्यवस्था में परिवर्तन, व्यावसायिक गतिशीलता, स्त्रियों की बढ़ती हुई आर्थिक स्वतंत्रता, नगरीकरण तथा औद्योगीकरण, आदि कारणों से 1940 के बाद अन्तर्जातीय विवाह के प्रति लोगों के दृष्टिकोण में परिवर्तन हुआ । व्यक्तियों की अभिवृत्तियों में यह परिवर्तन अनेक आनुभविक अध्ययनों से स्पष्ट हुआ है ।

सन् 1945 में बम्बई में श्रीमती जी.बी. देसाई ने अपने अध्ययन में पाया कि उनके उत्तरदाताओं में से 45 प्रतिशत महिलाएं अन्तर्जातीय विवाह के पक्ष में थी और 55 प्रतिशत विपक्ष में । कापड़िया (1954:73) ने 1950 के प्रारम्भ में 513 विश्वविद्यालय स्नातकों के अध्ययन में पाया कि 51 प्रतिशत सूचनादाता अपने बच्चों का विवाह अपनी जाति से बाहर करने के पक्ष में थे और केवल एक-तिहाई ही अन्तः जाति (intra-caste) विवाह प्रथा से विचलन के विरुद्ध थे । सी.एल.पाटिल ने 1950 के प्रारम्भ में बम्बई के निम्न वेतन वाले वर्गों के सर्वेक्षण में देखा कि 51 प्रतिशत उत्तरदाता जाति से बाहर विवाह के पक्ष में थे और 21 प्रतिशत विरुद्ध थे । उन्होंने यह भी देखा कि युवा लोग (35 वर्ष से कम आयु वाले) मध्य आयु के लोगों (35 वर्ष से ऊपर आयु वाले) की अपेक्षा अन्तर्जातीय विवाह के पक्ष में अधिक थे (56% : 40.6%) । पाटिल का वर्णन न केवल पीढ़ियों के संदर्भ में परिवर्तन बतलाता है, अपितु उस परिवर्तन का भी संकेत देता है जो 1950 के बाद हिन्दू समुदाय में मैट्रिक से कम पढ़े लोगों में व्यापक रूप से आ रहा था (कापड़िया, 1972:119) ।

पी.एन. प्रभु ने बम्बई के औद्योगिक श्रमिकों के एक प्रतिदर्श (sample) में देखा कि 54.73 प्रतिशत श्रमिकों को अपनी जाति से बाहर विवाह करने में कोई आपत्ति नहीं थी । नरमदेश्वर प्रसाद (1956: 143) ने 1954 में बिहार के अपने अध्ययन में देखा कि नगरीय औद्योगिक व ग्रामीण क्षेत्रों में भी अन्तर्जातीय विवाह के बारे में लगभग यही अनुकूल दृष्टिकोण था । उन्होंने पाँच जातियों का अध्ययन किया—ब्राह्मण, राजपूत, अहीर, धोबी और चमार— और पाया कि ग्रामीण क्षेत्रों में उच्च जातियां (ब्राह्मण और राजपूत) इस विचार को अच्छा नहीं मानती थीं, लेकिन शहरी औद्योगिक क्षेत्रों में प्रत्येक जाति में लगभग 85 प्रतिशत लोग अन्तर्जातीय विवाह के पक्ष में थे ।

घुर्ये (1961: 204) ने भी कहा है कि पहले तो जाति के बाहर विवाह का विचार भी नहीं किया जाता था, लेकिन आज बहुत से शिक्षित युवक/ युवतियां जाति के बन्धनों को तोड़कर भी विवाह करने को तैयार हैं अगर उनके प्रेम व आकर्षण की यही माँग हो ।

बी.वी.शाह (1964) ने सन् 1961-62 में बड़ौदा विश्वविद्यालय के 200 छात्रों के अध्ययन में पाया कि 65 प्रतिशत छात्र अपनी ही जाति में विवाह करना चाहते थे, जबकि 35 प्रतिशत छात्रों को जाति के बाहर विवाह करने में कोई आपत्ति नहीं थी। बाद के छात्रों में से भी 64.3 प्रतिशत छात्रों ने अपनी ही जाति जैसी या अपने से उच्च स्तर की जाति में विवाह की इच्छा प्रकट की और 35.7 प्रतिशत निम्न जाति सहित किसी भी जाति में विवाह करने के लिए तैयार थे। कानन (Kannan, 1960) ने पाया कि 1930 के बाद अन्तर्विवाह में लगातार वृद्धि ही हुई है। 1959 में उन्होंने 250 प्रकरणों का अध्ययन किया। इनमें से 1.0 प्रतिशत का विवाह 1917-1930 के बीच, 5 प्रतिशत का 1931-1941 के बीच, 30 प्रतिशत का 1942-1951 के बीच, तथा 64 प्रतिशत का 1952-1959 के बीच हुआ था। अतः उन्होंने यह कहा कि आजकल हिन्दुओं में जाति बन्धनों का अधिक से अधिक तिरस्कार किया जा रहा है और भविष्य में भी हिन्दू विवाह में जाति विचार प्रमुख विचार नहीं रहेगा। फिर भी तथ्य यह है कि अन्तर्जातीय विवाह के लिए अभी भी अनुकूल वातावरण नहीं बनाया गया है।

विभिन्न जातियों में विवाह करने वालों के प्रकार (Types of People Who Marry in Different Castes)

वे कौन से व्यक्ति हैं जो अपनी जातियों और धर्मों के बाहर विवाह करते हैं ? जे.एस. स्लोटकिन (1942) के अनुसार अन्तर्विवाह करने वाले आठ प्रकार के व्यक्ति होते हैं। ये निम्नलिखित प्रकार के हैं:

*(1) **पर-संस्कृतिग्रहत व्यक्ति** (The Acculturated Person)*

पर-संस्कृतिग्रहण (acculturation) के माध्यम से आधीन समूहों के सदस्य प्रबल (dominant) समूह के स्तर का अनुसरण करने लगते हैं; यहां तक कि वे अपने लक्षणों व विशेषताओं को भी उन्हीं के दृष्टिकोण से देखने लगते हैं और उन्हीं लक्षणों को अपने सम्मान का विषय भी बना लेते हैं जिन्हें प्रबल समूह प्रतिष्ठा देते हैं। साथ ही यह व्यक्ति स्वयं की पहचान प्रभावशाली समूह से कराने लगते हैं। आधीन समूहों के ऐसे व्यक्ति प्रभावशाली समूह के व्यक्ति से विवाह का प्रयत्न कर सकते हैं।

*(2) **मुक्त व्यक्ति** (The Emancipated Person)*

यह ऐसा व्यक्ति है जो बाह्य समूह (out group) के सदस्यों से व्यक्तिगत सम्पर्कों या संस्कृतिकरण के द्वारा उन गुणों को खो देता है, जो उसे अन्तर्जातीय विवाह से रोकते हैं। ऐसा व्यक्ति अपने समूह के अन्तर्विवाही (endogamous) दृष्टिकोण को खो देता है तथा उसके बाह्य समूह के विरुद्ध पूर्वाग्रह (prejudices) इस सीमा तक समाप्त हो जाते हैं कि वह बाह्य समूह के सदस्य को स्नेह का पात्र बना लेता है।

*(3) **साहसी व्यक्ति** (The Adventurous Person)*

ऐसा व्यक्ति उत्तेजनादायक अनुभव प्राप्ति की खोज में अपने समूह से बाहर जाता है। वह बौद्धिकता व यौन आधार पर किसी नवीन वस्तु या व्यक्ति की ओर आकर्षित हो जाता है।

(4) विद्रोही व्यक्ति (The Rebellious Person)

ऐसी स्थिति में जहां विविध संस्कृतियाँ या उप-संस्कृतियाँ मिलती हों, वहां स्वयं की संस्कृति/उप-संस्कृति दूसरी संस्कृतियों की प्रथाओं से तुलना करने पर व्यक्ति ऐसी स्थिति में आ जाता है जब उसकी स्वयं की संस्कृति व रीति-रिवाजों पर प्रश्न चिन्ह लग जाता है। ऐसी स्थिति में वह व्यक्ति विद्रोही हो जाता है, जिसका परिणाम अन्तर्जातीय विवाह होता है।

(5) सीमान्त व्यक्ति (The Marginal Man)

जब समूहों के बीच प्रभुत्व और आधीनता के सम्बन्ध होते हैं, तब आधीन समूह का सदस्य प्रभावशाली समूह की संस्कृति को अपना कर उसके साथ अपनी पहचान जोड़ लेता है। किन्तु, वह प्रभावशाली समूह में स्वीकारा नहीं जाता, बल्कि उसे निम्न समूह में ही वर्गीकृत किया जाता है। इस प्रकार वह दोनों समूहों में सीमान्त बन जाता है; उदाहरणार्थ, अन्तर्जातीय वैवाहिक दम्पत्ति की पुत्री/पुत्र।

(6) स्वच्छंद योनाचारी व्यक्ति (The Promiscuous Person)

यह वह व्यक्ति होता है जो सामाजिक दायित्व के जाल में फंसे बिना ही यदा-कदा यौन सम्बन्ध स्थापित करना चाहता है। वह बाह्य समूह (out-group) में यौन सम्बन्ध रखना चाहता है किन्तु इसके लिए किसी विवाह सम्बन्ध में फंसना नहीं चाहता। कभी-कभी जब वह यौन सम्पर्कों के बाद प्रेम विकसित कर लेता है, तब अन्तर्जातीय विवाह इसका परिणाम होता है।

(7) असंपृक्त व्यक्ति (The Detached Person)

यह वह व्यक्ति है जो यद्यपि सुसंगठित समूह से संबधित हो सकता है, तथापि वह स्वयं को ऐसे समुदाय में पाता है जहां उसके अपने समूह के ऐसे सदस्य कम हैं जो उसे अपनी संस्कृति में भाग लेने दें तथा अपने समूह में विवाह करने दें। अतः अपने समूह से अधिक जुड़ा न होने के कारण वह अपने समूह के बाहर विवाह कर लेता है।

(8) नीतिभ्रष्ट व्यक्ति (The Demoralized Person)

शहरों में बिगड़े हुए क्षेत्रों में विघटन के कारण ऐसे व्यक्ति पैदा होते हैं जो संस्कृति से संबंधित परम्पराओं का पालन नहीं करते। वे नृजातीय (ethnic) पूर्वाग्रहों (prejudices) से भी नहीं रोके जाते हैं। विभिन्न समूहों के ऐसे व्यक्तियों में स्वच्छंद योनाचार और मेल-मिलाप सम्भव हो जाते हैं और कुछ मामलों में जब महिला गर्भवती हो जाती है, तब परिणामस्वरूप विवाह हो जाता है।

अन्तर्जातीय विवाह को प्रोत्साहित करने वाले कारक (Factors Promoting Inter-Caste Marriages)

अन्तर्जातीय विवाह को प्रोत्साहित करने वाले प्रमुख कारक इस प्रकार हैं:

(1) आवासीय सामीप्य (Residential Propinquity)

एक ही स्थान और पड़ौस में आवास होने के कारण विवाह पूर्व-सम्पर्क सुविधाजनक हो जाते हैं और

कभी-कभी धीरे-धीरे वे सम्बन्ध विवाह में भी परिवर्तित हो जाते हैं।

*(2) **सांस्कृतिक समानता** (Cultural Similarity)*

दो विभिन्न जातियों व उपजातियों के व्यक्ति जिनमें कुछ समानताएं होती हैं, परस्पर विवाह कर लेते हैं; उदाहरणार्थ, राजपूतों में राठौड़ तथा परमार।

*(3) **निकट सहयोग एवं सामान्य अनुभव** (Close Association and Common Experiences)*

एक ही विद्यालय, विश्वविद्यालय या कक्षा में साथ-साथ पढ़ने वाले, एक ही कार्यालय में एक साथ काम करने वाले लड़के लड़कियों में सम्बन्धों की प्रगाढ़ता विकसित हो जाने के कारण उनमें से कुछ परस्पर विवाह कर लेते हैं।

*(4) **मनोरंजनात्मक सम्पर्क** (Recreational Contacts)*

कुछ लड़के लड़कियाँ खेल कूद में साथ-साथ भाग लेते हैं और यदि वे प्रेम में पड़ जायें, तो विवाह भी कर लेते हैं।

*(5) **पारिवारिक नियंत्रण से मुक्ति** (Emancipation from Family Control)*

किशोरोत्तर (post-adolescence) और विवाह पूर्व (pre-marital) के वर्ष माता-पिता के रुढ़िवादी आदर्शों के विरुद्ध विद्रोह के वर्ष माने जाते हैं। यह विद्रोह पीढ़ियों के बीच दूरी तथा शिक्षा और अर्थव्यवस्था से चहारदीवारी या सीमा के बाहर के और धर्मनिरपेक्ष अनुभवों की प्राप्ति के कारण परिवार नियंत्रण से मुक्ति से पनपता है और अन्तर्जातीय विवाह के लिए अनुकूल होता है।

*(6) **संस्थात्मक नियंत्रण की प्रभावहीनता** (Inefficiency of Institutional Control)*

धर्म, राज्य तथा ऐसी ही अन्य संस्थाओं के कमज़ोर होने के कारण प्रतिबन्धों में कमी आ जाती है और अन्तर्विवाह की सम्भावना बढ़ जाती है। उदाहरणार्थ 1949 का विवाह वैधता अधिनियम या विशेष विवाह अधिनियम, 1954, या उच्च व्यवसायिक शिक्षा, तकनीकी शिक्षा आदि ने परम्परागत संस्थाओं के नियंत्रण के प्रति युवा वर्ग के दृष्टिकोण में परिवर्तन कर दिया है। सरल सामाजिक सम्पर्कों तथा संस्कृति के सामान्य संकेतों (denominator) के कारण परम्परागत नियंत्रण के निषेधात्मक प्रभाव का प्रतिवाद होता जा रहा है। यह भी कहा जा सकता है कि लोक रीतियों की कठोरता या नरमी से ही अन्तर्जातीय विवाह को प्रोत्साहन मिल रहा है।

*(7) **पब्लिक स्कूलों में शिक्षा** (Education in Public Schools)*

पब्लिक स्कूल व्यवस्था में बच्चों को जिस सांस्कृतिक सापेक्षता (cultural relativity) की सीख दी जाती है तथा अन्तर्जातीय वैवाहिक निषेधों और पिछड़ापन के बीच जो वे मनोवैज्ञानिक संबंध विकसित करते हैं, वह इस सन्दर्भ में महत्वपूर्ण हैं। पश्चिमी संस्कृति की रोमान्टिक विचारधारा भी विवाह के लिए वैयक्तिक वरीयता (individualistic choice) पर बल देती है।

(8) ***नगरीकरण और औद्योगीकरण*** *(Urbanization and Industrialization)*

ये दोनों कारक लड़कों और लड़कियों को विभिन्न जातियों, वर्गों, व धर्मों के लोगों के निकट सम्पर्क में आने का अवसर प्रदान करते हैं, जो उनके विवाह के अवसरों में वृद्धि करते हैं।

(9) ***स्व-घृणा*** *(Self-Hatred)*

अल्पसंख्यक समूहों के बहुत से सदस्यों को अपने से घृणा को भाव तथा सामाजिक गतिशीलता की इच्छा से बाह्य समूह में विवाह की प्रेरणा मिलती है।

सी.टी. कानन (C.T. Cannan) के अन्तर्जातीय विवाह के 200 प्रकरणों में प्रथम सम्पर्क के अध्ययन से यह तथ्य स्पष्ट होते हैं कि उपरोक्त कारक अन्तर्जातीय विवाह को प्रोत्साहित करते हैं। उन्होंने पाया कि इन विवाहों में से 32 प्रतिशत लड़के और लड़कियां एक ही विद्यालय/ कार्यालय/ संगठन में साथ-साथ काम करते थे, 19 प्रतिशत साथ पढ़ते थे, 19 प्रतिशत निकट पड़ौसी थे, 6 प्रतिशत छात्र-अध्यापक थे, 4 प्रतिशत ने सांस्कृतिक कार्यक्रमों में इकट्ठा भाग लिया था, तथा 17 प्रतिशत ने खेलकूद या साहित्यिक क्षेत्र में एक साथ कार्य किया था। 50 प्रतिशत मामलों में उनकी मुलाकातें प्रतिदिन होती थी, 32 प्रतिशत में अक्सर (frequent), 11 प्रतिशत में कभी कभी (occasional) और 1 प्रतिशत में विरल (rare)। 6 प्रतिशत मामलों में विवाह माता-पिता द्वारा तय किया गया था।

अन्तर्जातीय विवाह पर प्रतिक्रियाएं (Reactions to Inter-Caste Marriages)

अन्तर्जातीय विवाह के प्रति जन्म परिवार (natal-family) के सदस्यों की प्रतिक्रिया दो तत्वों के माध्यम से अध्ययन की जा सकती है: (अ) उन माता-पिता का प्रतिशत जो विवाह में सम्मिलित होते हैं या अनुपस्थित रहते हैं, (ब) अन्तर्जातीय विवाह के प्रति उनकी मौखिक सहमति या विरोध। आमतौर पर यह देखा गया है कि लड़कियों को जाति से बाहर विवाह करने पर लड़कों की अपेक्षा अधिक असहमति का सामना करना पड़ता है। कानन ने भी अपने अध्ययन में देखा कि 50 प्रतिशत से 60 प्रतिशत प्रकरणों में माता-पिता इन विवाहों में उपस्थित हुए थे। कुछ माता-पिता जो विवाह में उपस्थित नहीं हुए थे, वे या तो बीमार थे या बहुत वृद्ध थे या विवाह स्थान से बाहर गए हुए थे या फिर उन्हें सूचना या तो बिल्कुल नहीं मिली थी या देर से मिली थी। स्त्री पक्ष के केवल 25 प्रतिशत तथा पुरुष पक्ष के केवल 20 प्रतिशत माता-पिता ने अपने को विवाह में सम्मिलित नहीं किया। माता-पिता की अपेक्षा भाई बहिनों का विरोध विवाह में कम था।

अन्तर्जातीय विवाह के प्रति माता-पिता के विरोध के प्रमुख कारण हैं: उनका रुढ़िवादी स्वभाव, रिश्तेदारों का दबाव, जाति कठोरताएं, तथा जाति बहिष्कार का डर। कई मामलों में माता-पिता इस प्रकार के विवाह (अन्तर्जातीय) का विरोध इसलिए नहीं करते कि यह अन्तर्जातीय विवाह है, बल्कि इसलिए कि (विवाह के लिए) पसन्द किया गया साथी या तो बेरोज़गार है या कम वेतन प्राप्त करता है या उसका कोई भविष्य नहीं है या उसकी कई बुराइयां हैं या आशातीत दहेज नहीं ला सका है या माता-पिता ने अपने बच्चे का विवाह पहले ही कहीं अन्यत्र निश्चित कर दिया था।

नवीन परिवार में समायोजन (Adjustment in New Family)

कानन के अनुसार अन्तर्जातीय विवाहित दम्पत्ति के समायोजन की पाँच स्तर पर व्याख्या की जा सकती है: भाषा में, भोजन की आदतों में, धार्मिक भावनाओं में, व्यवहार के प्रतिमानों में, तथा आर्थिक क्षेत्र में।

*(1) **भाषा में** (In Language)*

कुछ दम्पत्तियों को भाषा में समायोजन की समस्या का सामना नहीं करना पड़ता क्योंकि दोनों साथी एक ही भाषात्मक समूह के होते हैं। कुछ मामलों में यद्यपि दोनों साथी भिन्न भाषात्मक समूह के होते हैं फिर भी दोनों को एक दूसरे की भाषा का ज्ञान होता है और इस कारण उन्हें समायोजन में कठिनाई नहीं होती। कुछ मामलों में दोनों साथी हिन्दी या अंग्रेजी में या कभी हिन्दी और कभी अंग्रेजी में बोलते हैं। बच्चों के सन्दर्भ में अधिकतर माता-पिता उनसे (बच्चों से) अपनी-अपनी भाषाओं में बोलते हैं। इस प्रकार बच्चे दो या कभी-कभी अंग्रेजी मिला कर तीन भाषाओं को जान लेते हैं। अतः हम देखते हैं कि अन्तर्जातीय विवाह में भाषा की समस्या का समाधान सरलता से हो जाता है। लिहाज़ा भाषा दम्पत्ति के समायोजन में कभी बाधा नहीं बनती है।

*(2) **भोजन की आदतों में** (In Food Habits)*

भोजन के सन्दर्भ में दो प्रकार के संघर्षों की आशंका होती है: प्रथम तो भोजन के तैयार करने में और दूसरे खाने की वस्तुओं पर अर्थात् शाकाहारी या मांसाहारी भोजन। जो दम्पत्ति एक ही भाषात्मक समूह के होते हैं, उनमें खाने की वस्तुओं को बनाने पर कोई मतभेद नहीं उठता क्योंकि भोजन का स्वाद व बनाने की विधि एक ही होगी। समस्या तब उठती है जब दम्पत्ति दो विभिन्न भाषाओं या उप-सांस्कृतिक समूहों से सम्बन्ध रखते हों। ऐसे मामलों में समस्या का समाधान तीन प्रकार से हो जाता है: (i) या तो एक साथी के दूसरे पर अधिक प्रभुत्व के कारण या फिर स्वेच्छा से एक साथी द्वारा दूसरे साथी के स्वाद व अभिरुचि को स्वीकार करके एक साथी द्वारा तैयार किया गये पदार्थ को सामान्य मान कर ग्रहण कर लेता है। (ii) दोनों साथियों की पसन्द का भोजन हर दूसरे-तीसरे दिन उपलब्ध हो जाता है जिससे कि यदि एक को एक दिन थोड़ी तकलीफ उठानी पड़े, तो अगले दिन उसकी पूर्ति हो जाये। (iii) दोनों साथी परस्पर सहमति से सबसे अच्छा या दोनों को स्वीकृत भोजन अपना लेते हैं। अधिकतर दम्पत्ति विवाह के प्रारम्भिक वर्षों में जब अपने साथी द्वारा विशेष रूप में तैयार किये गये पदार्थ को स्वादपूर्ण नहीं पाते, तब उपरोक्त प्रथम व दूसरी विधि अपनाते हैं। धीरे-धीरे वे एक दूसरे के भोजन के स्वाद को तथा दोनों पक्षों के सब से अच्छे भोजन को अपने सामान्य जीवन में अपना लेते हैं। इससे यह नहीं समझना चाहिए कि विवाहित जीवन के प्रारम्भ में कोई कठिनाई होती ही नहीं। किन्तु कुछ समय में विभिन्न विधियाँ अपना कर वे एक दूसरे को संतोषजनक लगने वाला सामान्य प्रतिमान विकसित कर लेते हैं।

कुछ संघर्ष वहां भी उत्पन्न होते हैं, जहां एक साथी शाकाहारी हो और दूसरा मांसाहारी हो। यहाँ भी समायोजन के लिए तीन सम्भावित विकल्प हैं: (अ) सह-अस्तित्व (co-existence) के सिद्धान्त को स्वीकार करना, (ब) स्वेच्छा से दूसरे साथी की पसन्द को स्वीकार कर लेना, यानि मांसाहारी से

शाकाहारी आदि बन जाना,(स) घर में शाकाहारी भोजन स्वीकार कर लेना तथा मांसाहारी साथी को अपनी पसन्द का भोजन घर से बाहर करने की अनुमति देना । अत: भोजन की आदतें दम्पत्ति के समायोजन में बाधा उत्पन्न नहीं करतीं ।

(3) धार्मिक भावनाओं में *(In Religious Sentiments)*

जो दम्पत्ति धार्मिक स्वभाव के नहीं होते,उनमें कोई कठिनाई नहीं होती । आजकल अधिकतर लड़के और लड़कियाँ जो अन्तर्जातीय विवाह करते हैं,इसी श्रेणी में आते हैं । फिर भी स्त्रियाँ पुरुषों की अपेक्षा अधिक धार्मिक प्रवृत्ति की होती हैं । इस प्रकार तीन प्रकार के दम्पत्ति होते हैं: वे जो किसी धार्मिक कृत्यों का अनुसरण नहीं करते,वे जो कुछ धार्मिक कृत्य करते हैं,तथा वे जिनमें एक साथी धार्मिक है और दूसरा अधार्मिक स्वभाव का है । इसलिए अन्तिम श्रेणी में ही संघर्ष सम्भव है । यहां भी यही तथ्य सामने आता है कि अधिकतर स्त्रियाँ धार्मिक प्रवृत्ति की होती हैं और बहुत कम पुरुष धार्मिक प्रवृत्ति के होते हैं । इसलिए समायोजन का स्वरूप इस प्रकार हो सकता है कि या तो एक साथी का विश्वास दूसरे की ओर झुक जाये,या फिर विभिन्न दृष्टिकोणों में सह-अस्तित्व का भाव उत्पन्न हो जाये । ऐसे मामलों में जहाँ पुरुष धार्मिक प्रकृति के होते हैं, वहां स्त्रियाँ अपने पति के धार्मिक विश्वास का अनुसरण करने लगती हैं । कुछ मामलों में जहां पुरुष महिला के धर्म से प्रभावित होता है,वहां वह महिला के धार्मिक विश्वासों का अनुसरण करने लगता है । कई बार महिलाएं विवाह के बाद अपनी धार्मिक रीतियों को छोड़ देती हैं और अपने पति के धार्मिक दृष्टिकोण के अनुसार धार्मिक कृत्य करने लगती हैं । अधिकतर पुरुष अपनी पत्नियों के धार्मिक कृत्यों में बाधा नहीं बनते हैं तथा उन्हें धार्मिक मान्यताओं की छूट देते हैं,जो कि उनके समायोजन की भावना का परिचायक है । इस प्रकार धार्मिक विश्वासों में अन्तर अन्तर्जातीय विवाह में पति-पत्नी के सम्बन्धों को किसी प्रकार प्रभावित नहीं करते ।

(4) व्यवहार के प्रतिमानों में *(In Behaviour Patterns)*

रीति-रिवाजों और प्रथाओं के अपनाने में दम्पत्ति किस प्रकार सामन्जस्य करते हैं ? कुछ व्यक्ति तो स्वेच्छा से अपने साथी के व्यवहार के स्वरूप से समझौता कर लेते हैं,विशेष रूप से जहां उनमें से किसी को भी अपने साथी के माता-पिता के घर में रहना पड़ता है । उदाहरणार्थ,एक दक्षिण भारतीय लड़के ने एक सिन्धी लड़की से विवाह के पश्चात,घर में पायजामा पहनना शुरु कर दिया और अपनी परम्परागत पोशाक 'मुन्डू' तहमद को त्याग दिया,क्योंकि वह अपनी पत्नी के माता-पिता के साथ आत्मीयता का अनुभव करना चाहता था । इसी प्रकार एक मराठी लड़की ने एक बंगाली लड़के से विवाह के बाद 'कुमकुम' लगाने का परम्परागत बंगाली रिवाज अपना लिया। अनेक दम्पत्ति सामाजिक व्यवहार का एक नवीन स्तर (standard) अपना लेते हैं । ऐसा अधिकांशत: वे लोग करते हैं जो यह मानते हैं कि बहुत से रीति-रिवाज आजकल के युग में अनुपयुक्त हो गए हैं ।

(5) आर्थिक क्षेत्र में *(In Economic Field)*

वे महिलाएं जो विवाह से पहले कार्यरत होती हैं उनमें से कुछ कार्य जारी रखती हैं और कुछ त्यागपत्र दे देती हैं,क्योंकि उनके पति आर्थिक दृष्टि से सम्पन्न होते हैं । कई मामलों में महिलाएं विवाह के बाद

नौकरी प्रारम्भ करती हैं, क्योंकि वे अपने ससुराल वालों को कुछ अतिरिक्त आय उपलब्ध करा कर खुश करना चाहती हैं। जो दम्पत्ति अपने माता-पिता के साथ रहते हैं वे खर्चे की चिन्ता नहीं करते। कई मामलों में दम्पत्ति संयुक्त रूप से बजट बना लेते हैं जिससे कि कोई संघर्ष उत्पन्न न हो। कुछ मामलों में पति अपनी पत्नी को गृह व्यय की पूर्ण स्वतंत्रता दे देते हैं। कहीं कहीं पुरुष खर्चे पर पूर्ण नियंत्रण रखते हैं। लेकिन संघर्ष वहां उत्पन्न होता है जहां पुरुष अपने माता-पिता की आर्थिक सहायता करना चाहते हैं किन्तु पत्नी इसका विरोध करती है। लेकिन ऐसे संघर्ष अन्तर्जातीय विवाह का परिणाम नहीं होते। जातीय विवाहों में भी ऐसे उदाहरण मिलते हैं। ऐसे मामलों में संघर्ष के समाधान के कई उपाय हैं, जैसे या तो सहायता बन्द कर दी जाये, या धन राशि कम कर दी जाये, या फिर पत्नी को झिड़क कर नियंत्रण करके, या फिर उन्हें माता-पिता के प्रति बच्चों के कर्त्तव्यों के प्रति सचेत करके। कुछ मामलों में सम्बन्ध तनाव पूर्ण बने ही रहते हैं।

उपरोक्त विवेचन के आधार पर निष्कर्ष रूप में कहा जा सकता है कि यदि अन्तर्जातीय विवाह असफल होते हैं, तोइस का कारण यह नहीं कि वे अन्तर्जातीय होते हैं, बल्कि उन समस्याओं के कारण जो कि दम्पत्ति विवाह के बाद अनुभव करते हैं। दाम्पत्य समायोजन सम्मिलित व्यक्तित्वों और उन परिस्थितियों पर निर्भर करता है, जिनमें दम्पत्ति निर्वाह करते हैं, अपेक्षाकृत जाति के जिसमें उन्होंने विवाह किया है।

REFERENCES

Ghurye, G.S., *Caste, Class and Occupation*, Popular Book Depot, Bombay, 1961.

Kannan, C.T., *Inter-Caste and Inter-Community Marriages in India* Popular Book Depot, Bombay, 1960.

Kapadia, K.M., *Sociological Bulletin*, Vol. No. 1, 1954.

Narmadeshwar Prasad, *The Myth of the Caste System*, Patna, 1956.

Shah, B.V., *Social Change and College Students of Gujarat*, M.S. University of Baroda, Baroda, 1964.

Slotkin, J.S., *American Sociological Review*, Vol. 7, 1942.

अध्याय 12

जातिः अवधारणा, उत्पत्ति एवं संरचना
Caste: Concept, Origin and Structure

जाति व्यवस्था: तीन परिप्रेक्ष्य (The Caste System: Three Perspectives)

भारत में जाति व्यवस्था का अध्ययन तीन परिप्रेक्ष्यों में किया गया है: भारतशास्त्रीय (Indological), समाज-मानवशास्त्रीय (socio-anthropological) तथा समाज- शास्त्रीय (sociological)। भारतशास्त्रियों ने जाति का अध्ययन धर्म ग्रंथीय (scriptual) दृष्टिकोण से किया है, समाज मानवशास्त्रियों ने सांस्कृतिक दृष्टिकोण से किया है तथा समाजशास्त्रियों ने स्तरीकरण के दृष्टिकोण से किया है।

भारतशास्त्रीय परिप्रेक्ष्य में भारतशास्त्रियों ने जाति प्रथा की उत्पत्ति, उद्धेश्य एवं इसके भविष्य के विषय में धर्मग्रन्थों का सहारा लिया है। उनका मानना है कि "वर्ण" की उत्पत्ति विराट पुरुष-ब्रह्मा-से हुई है तथा जातियाँ इसी वर्ण व्यवस्था के भीतर खण्डित (fissioned) इकाइयां हैं जिनका विकास अनुलोम और प्रतिलोम विवाह प्रथाओं के परिणामस्वरुप हुआ। इन इकाइयों या जातियों को वर्ण व्यवस्था के अन्तर्गत एक दूसरे के सम्बन्ध में अपना-अपना दर्जा (rank) प्राप्त हुआ। चारों वर्णों द्वारा किए जाने वाले धार्मिक कृत्य व संस्कार (rituals) स्तरीकृत (status-bound) हैं जिनका उल्लेख ई.सी. 800 वर्ष पूर्व रचित पुस्तक "ब्राह्मण" में मिलता है, जबकि प्रत्येक जाति द्वारा पालन किए जाने वाले रीति-रिवाजों तथा नियमों का स्पष्ट उल्लेख (200-100 बी.सी. में लिखी गयी) "स्मृतियों" में मिलता है। कालान्तर में जाति सम्बन्धों को क्षेत्र, भाषा तथा मतों में अन्तर ने भी प्रभावित किया है। भारतशास्त्रियों के अनुसार जाति की उत्पत्ति का उद्देश्य श्रम का विभाजन करना था। जैसे-जैसे लोगों ने समाज में चार समूहों अथवा क्रमों व वर्गों में विभाजन स्वीकार करना प्रारम्भ किया, वे अधिक कठोर होते गए और जाति की सदस्यता तथा व्यवसाय वंशानुगत होते गए। सामाजिक व्यवस्था में ब्राह्मणों को सर्व श्रेष्ठ स्थान दिया गया क्योंकि ऐसा विश्वास किया जाता है कि ब्राह्मणों को नियमों की व्याख्या करने तथा उन्हें लागू कराने का दैवी-अधिकार (divine right) प्राप्त है। इस प्रकार जाति व्यवस्था में कठोरता का समावेश "कर्म"/(कृत्य) तथा "धर्म"/(कर्तव्य व दायित्व) में विश्वास के कारण होता गया जिससे स्पष्ट है कि जाति रुढ़ियों, परम्पराओं व नियमों (dogmas) में विश्वास के पीछे धर्म ही निश्चित रुप से प्रेरक शक्ति रहा है। जाति के भविष्य के विषय में भारतशास्त्री मानते हैं कि क्योंकि जातियां दैवीय रचना हैं, अतः इनका अस्तित्व बना रहेगा। (Verma: 1972, P.159)

हट्टन, रिज़ले, होबेल, क्रोबर, आदि सामाजिक मानवशास्त्रियों ने साँस्कृतिक दृष्टिकोण को चार दिशाओं में स्पष्ट किया है: संगठनात्मक (Organisational), संरचनात्मक (Structural), संस्थात्मक (Institutional), तथा सम्बन्धात्मक (Relational) (Verma: 1972)। हट्टन

आदि की संगठनात्मक एवं संरचनात्मक विचारधारा के अनुसार जाति प्रथा केवल भारत में ही पाई जाने वाली अद्वितीय व्यवस्था है। दोनों विचारों (संगठनात्मक व संरचनात्मक) में अन्तर केवल इतना है कि प्रथम विचार जाति व्यवस्था की उत्पत्ति पर केन्द्रित है और दूसरा विचार जाति व्यवस्था के विकास एवं संरचना में आने वाले परिवर्तन की प्रक्रियाओं से सम्बद्ध है। रिज़ले एवं क्रोबर जैसे विद्वानों का संस्थात्मक दृष्टिकोण जाति को केवल भारत के प्रसंग में ही अनुकूल नहीं मानता, बल्कि प्राचीन मिश्र, मध्यकालीन यूरोप और वर्तमान दक्षिण संयुक्त राज्य अमेरिका में भी इसे अनुकूल मानता है। सम्बन्धात्मक दृष्टिकोण वाले विद्वानों का मानना है कि जाति जैसी स्थितियां सेना, व्यापार-प्रबन्ध, फैक्ट्री आदि में भी पाई जाती हैं तथा समाज में जाति व्यवस्था की उपस्थिति या अनुपस्थिति समूहों में गतिशीलता की उपस्थिति या अनुपस्थिति से सम्बद्ध होती है। यदि गतिशीलता सामान्य होगी तो जाति व्यवस्था नहीं होगी किन्तु यदि इसमें रुकावट हो तो जाति व्यवस्था होती है।

समाजशास्त्रीय परिप्रेक्ष्य में जाति व्यवस्था को समाज में स्तरीकरण के रुप में तथा सामाजिक असमानता की प्रघटना के रुप में देखा गया है। इस परिप्रेक्ष्य के अनुसार समाज के कुछ संरचनात्मक पक्ष होते हैं और समाज अपने सदस्यों को विभिन्न सामाजिक स्थितियों (positions) में बाँट देता है। इन सदस्यों के बीच की अन्तःक्रिया सामाजिक संरचनाओं का आधार होती है और अन्तःक्रिया के प्रकार व सम्बद्ध आदर्श (norms) सामाजिक संरचनाओं को श्रेणीबद्ध करते है।

यद्यपि हमने यहां तीन विविध परिप्रेक्ष्यों को सन्दर्भित किया है, लेकिन जाति व्यवस्था के अध्ययन में इसका यह अर्थ नहीं है कि समाजशास्त्री, भारतशास्त्रियों तथा सामाजिक मानवशास्त्रियों की भाँति जाति प्रथा की उत्पत्ति और विकास में रुचि नहीं रखते या फिर सामाजिक मानवशास्त्री समाजशास्त्रियों की तरह जाति को सामाजिक स्तरीकरण का परिणाम नहीं मानते हैं। सामाजिक मानवशास्त्री एवं समाजशास्त्री दोनों ही जाति व्यवस्था के बाह्य पहलू (एक जाति के अन्य जातियों से सम्बन्ध) तथा आन्तरिक पहलू (एक जाति के अन्दर सदस्यों के पारस्परिक सम्बन्ध) का अध्ययन करते हैं तथा जाति व्यवस्था के परिणामस्वरुप उत्पन्न हुई स्थितियों का विश्लेषण करते हैं। जाति व्यवस्था के विभिन्न पक्षों के समाजशास्त्रीय विश्लेषण के पहले जाति की अवधारणों को समझना आवश्यक है।

जाति की संरचनात्मक एवं सांस्कृतिक अवधारणाएं (Structural and Cultural Concepts of Caste)

जाति को एक इकाई (unit) एवं व्यवस्था (system) की दृष्टि से देखा जा सकता है। इसे साँस्कृतिक एवं संरचनात्मक घटनाओं की दृष्टि से भी देखा जा सकता है। "इकाई" के रुप में जाति को इस प्रकार परिभाषित किया जा सकता है: "जाति एक बन्द कोटि वाला स्थिति समूह हैं", अथवा एक ऐसा समूह है जिसमें सदस्यों की प्रस्थिति, उनका व्यवसाय, जीवन-साथी को चुनने का क्षेत्र तथा दूसरे सदस्यों के साथ अन्तर्क्रिया सभी कुछ निश्चित होता है। "व्यवस्था" के रुप में जाति का सम्बन्ध अन्तर्सम्बन्घ प्रस्थितियों (interrelated statuses) और जातियों के बीच उस प्रतिमानित (patterned) अन्तःक्रिया से है जो विभिन्न प्रतिबन्धों के संग्रह (collectivity) पर आधारित है; जैसे, सदस्यता

परिवर्तन पर प्रतिबन्ध, व्यवसाय परिवर्तन पर प्रतिबन्ध, विवाह पर प्रतिबन्ध एवं सहभोज सम्बन्धों पर प्रतिबन्ध। जाति को व्यवस्था के रुप में दृष्टिगत रखने के पीछे एक पूर्व मान्यता (presupposition) यह है कि कोई भी जाति एकाकी रहकर अस्तित्व में नहीं रह सकती तथा प्रत्येक जाति दूसरी जातियों से आर्थिक, राजनैतिक एवं संस्कारों के सम्बन्धित जाल में निकट से सम्बद्ध रहती है। जाति व्यवस्था की "बन्द कोटि समूह" (closed rank group) होने की विशेषता इसकी संरचना की भी व्याख्या करती है। एक "साँस्कृतिक घटना" के रुप में जाति को "मूल्यों, विश्वासों तथा प्रचलनों के संग्रह (सेट)" के रुप में देखा जा सकता है।

अधिकतर विद्धानों ने जाति को एक संगठन के रुप में माना है, न कि मूल्यों एवं प्रवृत्तियों के समूहन के रुप में। बूगल (Bougle, 1958: 9) ने जाति की व्याख्या करते हुए कहा है कि जाति वंशानुक्रम आधार पर विशिष्ट श्रेणीबद्ध रुप से गठित (hierarchically arranged) समूह है। उन्होंने जाति की तीन विशेषताएँ बताई हैं: पैतृक विशिष्टता (hereditary specialisation), श्रेणीबद्धता (hierarchy), तथा तिरस्कार (repulsion)। तिरस्कार की व्याख्या करते हुए उन्होंने कहा है कि विविध जातियां एक दूसरे के प्रति आकर्षित होने की अपेक्षा एक दूसरे का तिरस्कार करती हैं। तिरस्कार की यह भावना अन्तर्विवाह, सहभोज प्रतिबन्धों तथा सम्पर्क में स्पष्ट होती है। परन्तु यह सत्य नहीं है। जातियों में तिरस्कार नहीं मिलता, क्योंकि उन्हें एक दूसरे की जातियों में आवश्यकता पड़ती है।

क्रोबर (Kroeber, 1939: 254) ने जाति की परिभाषा करते हुए कहा है: "जाति नृवंशीय (ethnic) इकाई का एक अन्तर्विवाही, वंशानुगत उप विभाग (sub-division) है जिसकी सामाजिक प्रतिष्ठा अन्य ऐसे भागों की तुलना में ऊंची या निम्न होती हैं।" क्रोबर के अनुसार जातियां सामाजिक वर्गो के विशेष स्वरुप हैं जो कम से कम प्रवृत्ति में प्रत्येक समाज में मिलती हैं। अतः क्रोबर की जाति की धारणा वर्तमान समाजशास्त्र में प्रचलित स्तरीकरण के प्रकार्यात्मक सिद्धान्त से सम्बद्ध है। कैथलीन ग़फ (देखें, लीच, 1960: 11) के अनुसार, "जाति जन्म स्थिति के आधार पर उच्च व निम्न पद (rank) वाले समूह होते हैं जो आमतौर पर अन्तर्विवाही होते हैं तथा एक पेशे से जुड़े होते हैं।" सेनार्ट (Senart, 1930) ने कहा है, "जाति एक वंशानुगत बन्द संगठन (corporation) हैं जो कि दूसरी जातियों से सामान्य पेशों (occupations) से जुड़ा रहता है और जिसमें एक परिषद (council) भी होती है जो अपने सदस्यों पर कुछ दण्ड विधान लागू करके उनके व्यवहार को नियमित करती है।" यद्यपि जाति का यह वर्णन गलत नहीं है किन्तु "बन्द संगठन" शब्द प्रश्नास्पद व शंकनीय है। इसके अतिरिक्त सभी जातियों में परिषदें नहीं पाई जाती हैं।

बेली (Bailey 1960) और श्रीनिवास (1962) ने जाति की परिभाषा की समस्या को दूर ही रखा हैं। उन्होंने जातियों को संरचनाएं (structures) माना है। केतकर, दत्त, तथा ओपलर ने भी जाति की परिभाषा देने की अपेक्षा जाति व्यवस्था के अनुमानात्मक (inductive) लक्षणों को ही बताया है। केतकर (1909: 15) के अनुसार जाति एक सामाजिक समूह है जिसकी दो विशेषताएं हैं: वंशानुगत सदस्यता और अन्तर्विवाह। हट्टन (Hutton, 1963: 48) ने केतकर द्वारा दिये गये लक्षणों की आलोचना करते हुए कहा है कि दक्षिण भारत में बहुत सी ऐसी जातियां हैं जो अन्य जातियों के सदस्यों को भर्ती करती हैं। अपने इस तथ्य के समर्थन में उसने कुछ उदाहरण दिए हैं, जैसे

"अम्बालावासी" (दक्षिण भारत के मलाबार में पाई जाने वाली मन्दिर सेवकों की जाति), "शार्गिद पेशा" (घरेलू नौकर), "चासा" (खेतिहर) तथा उड़ीसा की "करन" (लेखक) जातियां । लेकिन हट्टन के उदाहरण अपवादात्मक एवं दुर्लभ हैं और इन उदाहरणों के प्रकाश में किसी परिभाषा की आलोचना नहीं की जा सकती । तथापि, हट्टन यह अनुभव करते हैं कि एन.के. दत्त द्वारा दिया गया जाति के विषय में वर्णन काफी उपयुक्त है और समूचे भारत में लागू माना जा सकता है । मौरिस (1950: 284) का भी कथन है कि जाति की छोटी परिभाषा करना उपयुक्त नहीं है; अतः जाति की विशेषताओं के आधार पर बात करना अधिक उचित है । दत्त ने इस सन्दर्भ में जाति की विशेषताएं बताई है: "जाति वंशानुगत व अन्तर्विवाही है । यह सामाजिक अन्तःक्रिया को नियंत्रित करती है, अनुक्रम में क्रमबद्ध है तथा इसमें एक सभा व प्रबन्ध-निकाय (governing body) होती है जो इस (जाति) के आन्तरिक मामलों को नियमित करती है ।

इस प्रकार सभी विद्वान जाति व्यवस्था को समेकताओं से संरचित (composed of solidarities) व्यवस्था मानते हैं । उनके दृष्टिकोण या तो सभ्यता के दार्शनिक सिद्धान्तों से प्रभावित हैं (जैसा कि केतकर व दत्त के विचारों से पता चलता है) या संस्कृति के मानवशास्त्रीय सिद्धान्तों से (जैसा कि क्रोबर व रिज़ले के विचारों से पता चलता है) या फिर समाज के समाजशास्त्रीय सिद्धान्तों से (जैसा कि बूगल तथा धुर्ये के विचारों से पता चलता है) ।

धुर्ये (1957: 2-19) ने भी इसी से मिलती जुलती जाति की विशेषताएं बताई हैं: वंशानुगत सदस्यता, जाति परिषद, श्रेणीबद्धता, अन्तर्विवाह, भोजन व सामाजिक व्यवहार पर प्रतिबन्ध, पेशे के स्वतन्त्र चुनाव पर प्रतिबन्ध तथा नागरिक व धार्मिक निर्योग्यताएं ।

जाति, वर्ण, उपजाति तथा जनजाति (Caste, Varna, Sub-Caste and Tribe)

अनेक लोग जाति, वर्ण, उपजाति तथा जनजाति शब्दों में भ्रमित होते हैं । जाति को समाजशास्त्र की दृष्टि से एक संस्था के रुप में विश्लेषण करते समय उपरोक्त शब्दों की अन्तर्परिवर्तनीयता को लेकर भ्रम है । इस अवधारणात्मक भ्रान्ति की चर्चा करते हुए एस.सी. दूबे (1958: VI) ने कहा है कि विश्लेषणात्मक संक्षिप्त उपाय (short-cuts) इनमें (अर्थात् वर्ण, जाति और उप-जाति शब्दों में) अन्तर को बहुधा धुंधला करते हैं और सामाजिक व्यवस्था का परिणामी वर्णन (resulting portrayal) अर्थपूर्ण तुलना के लिए उपयुक्त नहीं रह पाता । जाति के अध्ययनों में सामान्य परिचालित (operational) परिभाषाओं और विश्लेषण की इकाईयों से सम्बन्धित सामान्य सहमति की कमी जाति को हिन्दू भारत की सामाजिक व्यवस्था के एक आवश्यक पहलू के रुप में समझने को धूमिल करती हैं । यद्यपि इन अवधारणाओं में स्पष्टीकरण की आवश्यकता पर धुर्ये, श्रीनिवास, दूबे, बेली, मेयर आदि विद्वानों ने बल दिया है, फिर भी पूर्ण रुप से स्पष्ट कथन किसी ने भी नहीं दिया है । तर्कपूर्वक आधार पर यह कहा जा सकता है कि जाति, "वर्ण" का विकसित रुप है जो प्राचीन भारत में वर्ग के रुप में प्रारम्भ हुए थे और धीरे-धीरे इन्हें धार्मिक मान्यता प्राप्त हो गई । जाति व्यवस्था का समर्थन करते हुए यही धार्मिक सिद्धान्त जाति व्यवस्था और स्तरीकरण में भेद करता है जो कि अमेरिका व अन्य देशों में प्रदत्त प्रस्थिति, अन्तर्विवाह, तथा निम्न स्थिति के रूप में पाया जाता है (जैसे नीग्रो में) ।

जाति और वर्ण *(Caste and Varna)*

जाति और वर्ण दोनों भिन्न धारणाएं हैं । सेनार्ट प्रथम व्यक्ति था जिसने यह बताया कि जाति व वर्ण समान नहीं हैं । हिन्दू सामाजिक संगठन की विशिष्टता यह है कि यह "वर्णाश्रम" व्यवस्था पर आधारित है । यद्यपि "वर्ण" व्यवस्था तथा "आश्रम" व्यवस्था दो अलग-अलग संगठन हैं फिर भी वे एक साथ हैं, क्योंकि वे मनुष्य की प्रकृति व पालन पोषण की समस्याओं के विषय में बताते हैं । आश्रम व्यवस्था मनुष्य के जीवन के विविध अवस्थाओं में व्यक्ति के सांसारिक व्यवहार के विषय में मार्गदर्शक है और वर्ण-व्यवस्था मनुष्य के स्वभाव के अनुसार काम करने की स्थिति का निर्देश देती है । इन दोनों व्यवस्थाओं के अध्ययन की धारणा भिन्न है । आश्रम व्यवस्था में जीवन की चार अवस्थाओं के अन्तर्गत व्यक्ति की शिक्षा-दीक्षा अथवा पालन-पोषण का सम्बन्ध है: ब्रह्मचर्य, गृहस्थाश्रम, वानप्रस्थाश्रम और सन्यास । वर्ण व्यवस्था के अन्तर्गत व्यक्ति की उसके निजी स्वभाव एवं प्रवृत्तियों के संदर्भ में अपने समूह में स्थिति पर विचार किया जाता है ।

"वर्ण" शब्द का प्रयोग ऋग्वेद में (4000 बी.सी. में लिखा गया) सबसे पहले प्रयोग किया गया है और प्रारम्भ में केवल "आर्य" और "दास" दो वर्णो का ही वर्णन है । इसी वेद में समाज के तीन व्यवस्थाओं (orders) में विभाजन का भी वर्णन है: ब्रह्म (पण्डित), क्षात्र (योद्धा), और विस (सामान्य जन)। चौथी व्यवस्था "शूद्र" का वर्णन नहीं है, यद्यपि आर्यों के द्वारा घृणा किए जाने वाले समूहों—"अयोग्य", "चाण्डाल", तथा "निषाद" शब्दों—का वर्णन मिलता है ।

यही चार व्यवस्थाएं आगे चलकर चार "वर्ण" हो गए। प्रारम्भ में "शूद्रों" को अस्पृश्य नहीं समझा जाता था । श्रीनिवास (1962:63) ने भी माना है कि चौथी व्यवस्था के "शूद्र" अस्पृश्य नहीं थे, बल्कि इस समूह में किसान, श्रमिक एवं सेवक थे । "शूद्रों" को घरेलू नौकरों के रुप में ही नहीं बल्कि रसोइए के रुप में भी लगाया जाता था । इस प्रकार वैदिक काल में उच्च या निम्न "वर्ण" जैसा कुछ भी नहीं था । समाज का इन चार वर्णों या व्यवस्थाओं में विभाजन श्रम विभाजन पर आधारित था । ब्राह्मण पुजारी के रुप में, क्षत्रिय शासक व योद्धा के रुप में, वैश्य व्यापारी के रुप में, तथा शूद्र "सेवक" के रुप में कार्य करते थे। प्रत्येक "वर्ण" भिन्न देवताओं की पूजा करता था और अलग-अलग संस्कार (rituals) अपनाता था । यह भिन्नता इसलिए थी कि प्रत्येक समूह को अपने पेशों के अनुरुप अपनी भूमिका के द्वारा अलग उद्धेश्यों को प्राप्त करना होता था। ब्राह्मण अधिकाधिक पवित्रता प्राप्त करना चाहते थे, अतः वे अग्नि की पूजा करते थे और गायत्री मन्त्र का जप करते थे । क्षत्रिय शारीरिक बल (वीर्यम) चाहते थे, अतः वे इन्द्र की पूजा करते थे और "तृणतुभ" मन्त्र का जाप करते थे । वैश्य पशु धन चाहते थे, अतः वे विश्वदेवा की पूजा करते थे और "जगाति" मंत्र का जप करते थे । किन्तु (वर्णों में) विवाह सम्बन्धों में प्रतिबन्ध नहीं थे और न ही खानपान में व सामाजिक संबंधों में थे; यहां तक कि एक वर्ण से दूसरे वर्ण में सदस्यता परिवर्तन के लिए भी कोई प्रतिबन्ध नहीं थे । बाद में जैसे हम वैदिक काल (4000 से 1000 बी.सी) से ब्राह्मण काल (230 बी.सी. से 700 ए.डी.) में आते हैं, इन चारों वर्णों में श्रेणीक्रम प्रारम्भ हो गया और इसमें ब्राह्मण सर्वोच्च स्थिति में तथा "शूद्र" निम्नतम स्थिति में हो गए ।

एक और विचारधारा के अनुसार "वर्णो" में अन्तर व श्रेणीक्रम का सम्बन्ध रंग भेद से था। इसके अनुसार "वर्ण" का अर्थ "रंग" है और इसी रंग के आधार पर "आर्य" और "दास" में अन्तर

किया गया होगा क्योंकि आर्यो का रंग "साफ" (fair) और दासों का रंग काला माना गया है। "रंग" की धारणा इतनी बलवती हो गई कि कालान्तर में जब "वर्गों" को नियमित रुप से "वर्ण" माना गया, चार वर्णो के सदस्यों की चार रंगों से ही पहचान होने लगी। ब्राह्मणों को गौर या सफेद रंग, क्षत्रियों को लाल रंग, वैश्यों को पीला रंग तथा शूद्रों को काला रंग दिया गया। हट्टन (1963: 66) का विश्वास है कि रंगों का यह भेद किसी सीमा तक प्रजाति से सम्बद्ध है। लेकिन होकार्ट (1950: 46) के अनुसार रंग का महत्व धार्मिक कार्यों में अधिक है, न कि प्रजाति में।

यद्यपि "वर्ण" की उत्पत्ति के समान ही, रिज़ले, धुर्ये, मजूमदार जैसे विद्वानों ने जाति की उत्पत्ति की भी व्याख्या प्रजाति की दृष्टि से की है, फिर भी यह नहीं कहा जा सकता कि जातियां वर्णों के उप-विभाजन हैं। जातियों की उत्पत्ति का सम्बन्ध "वर्णो" से नहीं है, यद्यपि जातियों के विकास की प्रक्रिया में उन्हें "वर्णो" से सम्बद्ध किया गया और जाति श्रेणीक्रम (hierarchy) और जाति गतिशीलता को "वर्ण" से जोड़ कर बताया गया। इस प्रकार "वर्ण" ने एक रुपरेखा प्रस्तुत की ज़िसने भारतीय विचार और प्रतिक्रिया को प्रभावित किया स्यू (HSU, 1963: 96)। श्रीनिवास (1962:69) की भी यह मान्यता है कि "वर्ण" ने एक सामान्य सामाजिक भाषा प्रदान की है जो समूचे भारत के लिए एक जैसी है, अर्थात् वर्ण ने सामान्य व्यक्तियों को जाति व्यवस्था को समझने की एक सरल व स्पष्ट योजना दी है जो सारे भारत में लागू है। उन्होनें यह भी माना कि वर्ण व्यवस्था का महत्व इसमें भी है कि यह समूचे भारत के लिए एक ढांचा प्रस्तुत करती है जिसमें निम्न स्तर की जातियाँ उच्चतर स्तर की जातियों की प्रथाओं व धार्मिक क्रिया-कलापों को अपना कर अपनी स्थिति ऊंचा करने का प्रयास करती हैं। इससे हिन्दू समाज में समान संस्कृति के विस्तार में सहायता मिली है।

जातियों को "ब्राह्मण" व "शूद्र" समूहों में जोड़ना सरल है, लेकिन उन्हें मध्य समूहों में यानि कि क्षत्रिय व वैश्यों के बीच फिट करना कठिन है क्योंकि एक क्षेत्र में एक जाति को वैश्य के रुप में माना जा सकता है जबकि वही जाति दूसरे क्षेत्र में क्षत्रिय होने का दावा कर सकती है। इस प्रकार जाति व्यवस्था की यथार्थ स्थितियों की गलत व्याख्या का कारण "वर्ण" मॉडल ही है (श्रीनिवास, 1962:67)। जाति क्षेत्र तक सीमित है, जबकि "वर्ण" का आधार अखिल भारतीय है। अत: जाति प्रणाली को स्पष्ट रुप से तथा वैज्ञानिक ढंग से समझने के लिए समाजशास्त्र के छात्रों के लिए आवश्यक है कि वह स्वय को "वर्ण" मॉडल से मुक्त करें। स्यू (Hsu, 1963: 96) की भी मान्यता है कि वर्ण तो समूचे हिन्दू समाज के लिए मात्र विचारात्मक योजना (conceptual scheme) है, जब कि जाति हिन्दू समाज की यथार्थ स्थिति को दर्शाती है।

जाति एवं उपजाति (Caste and Subcaste)

जाति एवं उपजाति में स्पष्ट अन्तर बताना आसान नहीं है क्योंकि दोनों की प्रवृत्तियाँ समान ही हैं। तथापि उपजाति जाति का उपविभाजन है। उदाहरणार्थ, कायस्थ एक जाति है और इसे अनेक उपजातियों में विभाजित किया जा सकता है; जैसे, माथुर, सक्सेना, श्रीवास्तव, निगम एवं भटनागर, आदि। इसी प्रकार अग्रवाल जाति का उप विभाजन "दसा" व "बीसा" उपजातियों में है। यदि दसा ओसवाल लड़के का विवाह दसा अग्रवाल लड़की से होता है तो यह अन्तर्जातीय विवाह माना जायेगा। ब्राह्मण को सदैव ही भ्रमवश जाति के रुप में इंगित किया गया है, जबकि यह वास्तव में एक

"वर्ण" है तथा अनेक जातियों का एक मण्डल है। इस प्रकार कान्यकुब्ज, सरयूपारी तथा गौड़ ब्राह्मण जाति के उदाहरण हैं और भारद्वाज, गौतम, कश्यप, आदि ब्राह्मण गोत्र के उदाहरण है। जाति और उपजाति दोनों ही अन्तर्विवाही (endogamous) समूह हैं, किन्तु गोत्र बहिर्विवाही (exogamous) समूह है।

उपजातियों की उत्पत्ति कैसे हुई ? इस पर दो दृष्टिकोण हैं: एक तो यह कि इनका उद्गम माता-पिता के समूह के विखण्डन (fission) से है; दूसरा यह कि इनकी उत्पत्ति स्वतंत्र समूहों से हुई है (बी.आर. चौहान, 1966: 44)। धुर्ये (1957:34) के अनुसार उपजाति जाति से इन कारणों की वजह से भिन्न मानी जाने लगी: (1) अलगाव के कारण (जैसे, गुजराती और मालवी जुलाहे मध्य प्रदेश में, मेवाड़ी और मारवाड़ी नाई राजस्थान में); (2) मिश्रित उत्पत्ति के कारण (जैसे, मध्य प्रदेश के "मिलाला" जिनकी उत्पत्ति भील व राजपूत माता-पिता से मानी जाती है); (3) पेशों में अन्तर के कारण (जैसे, कुम्हार जो कि बर्तन बनाने का काम करते हैं "गधेडे" कहलाते हैं तथा खेत में काम करने वाले "खेतड़" कहलाते हैं; (4) धन्धे के तकनीकी विशिष्टताओं के कारण (जैसे, चमड़े का काम करने वालों में मोची उपजाति जो नये जूते बनाते है); (5) रिवाजों की असमानता के कारण (जैसे, विधवा पुनर्विवाह से सम्बन्धित हो, और (6) उपनाम (nickname) के कारण।

इरावती कर्वे (1958:125) ने यह दृष्टिकोण स्वीकार किया है कि उपजातियां या तो जातियों के विखण्डित भाग हैं या वे स्वतन्त्र उत्पत्ति के हैं। इस सन्दर्भ में उन्होने कहा है (1958: 133): "धार्मिक चलनों व तरीकों से यह प्रदर्शित होता है कि इन इकाईयों का अलग अस्तित्व व इतिहास ही इनकी बड़ी इकाईयों से अलग होने का कारण हो सकता है। रिज़ले (1915), हट्टन (1961: 55) व मजूमदार (1958: 357) ने कहा है कि उपजातियाँ टूटकर मुख्य जातियों के बराबर अपनी स्थिति को उठाने के प्रयत्नस्वरुप अस्तित्व में आई। बी.आर. चौहान (1966: 45) ने माना है कि उपजातियों की उत्पत्ति विखण्डन के कारण इसलिए हुई क्योंकि इसमें रिवाजों में परिवर्तन, राजनैतिक निर्णय तथा प्रव्रजन (migration), आदि घटनाएं भी सक्रिय रहीं। क्रिकपैट्रिक (1912) ने कहा है कि उपजातियां, जो कि जातियों के विखण्डित समूह हैं, पहले प्रव्रजन और सामाजिक व राजनैतिक कारकों के फलस्वरुप बनाई गई थीं, किन्तु आज वे उन प्रयत्नों का प्रतिफल हैं जो कि घृणित जातियों के सम्पन्न लोगों द्वारा अपनी उत्पत्ति को किसी उच्च जाति से सम्बद्ध एवं नये नाम रख कर ऊंचे उठने के लिए किए जा रहे हैं।

दूसरा प्रश्न है कि कौन सी क्रियाएं जाति व उपजाति के विशिष्ट क्षेत्रों से सम्बद्ध हैं ? उपजाति के तीन कार्य हैं: विवाह पर प्रतिबन्ध, खानपान सम्बन्धों पर प्रतिबन्ध, तथा व्यवहार व सामुदायिक जीवन को बड़े समाज के भीतर निर्वाह के लिए नियंत्रित करना। जातियों द्वारा किये जाने वाले तीन कार्य (functions) हैं: स्थिति प्रदान करना, नागरिक व धार्मिक अधिकारों को सीमित करना, तथा पेशे निश्चित करना। उक्त लक्षणों के सम्बन्ध में धुर्ये (1957: 19) ने माना हैं: "हमें उपजातियों को ही वास्तविक जातियों की मान्यता देनी चाहिए।" ए.सी. मेयर (1960: 151) ने भी जाति और उपजाति में अन्तर करने की आवश्यकता को स्वीकार किया है। उसने धुरिए का जाति के संदर्भ में कथन समूचे समाज के लिए सार्थक माना है और उपजाति को व्यक्ति के सन्दर्भ में सार्थक माना है। जाति के भीतर सदस्यों के सन्दर्भ में उन्होने माना है कि उनके सदस्यों के लिए उपजाति अधिक सार्थक

है, जबकि दूसरी जाति के सदस्यों के विषय में उन्होंने कहा कि जाति व्यक्ति की पहचान के लिए प्रमुख बिन्दु है । इस प्रकार उनका विचार है कि जाति व उपजाति साथ-साथ रह सकती हैं तथा किसी को भी दूसरे की अपेक्षा अधिक वास्तविक नहीं कहा जा सकता ।

जाति व्यवस्था की इकाई के विषय में विद्वानों में मतभेद है । कुछ विद्वान जाति को (जाति) व्यवस्था की इकाई मानते हैं जबकि अन्य उपजाति को इकाई मानते हैं । श्रीनिवास (1952:24) विश्वास करते हैं कि उपजाति ही जाति व्यवस्था की "वास्तविक इकाई" है । लेकिन मैसूर के रामपुरा ग्राम के अपने ही अध्ययन में उन्होंने स्वयं को जाति के अध्ययन तक ही सीमित रखा । मेयर (1960: 8) ने भी कहा है कि क्षेत्रीय स्तर पर उप-जाति ही अन्तर्जातीय व अन्तःजातीय सम्बन्धों में अध्ययन की इकाई मानी जा सकती है, परन्तु ग्राम स्तर पर अन्तर्जातीय सम्बन्धों को उप-जातियों के आधार पर नहीं किन्तु जातियों के आधार पर ही समझना होगा । इरावती कर्वे (1938: 33) भी उप-जाति को ही विश्लेषण के लिए अन्तिम इकाई मानती हैं । धुर्ये (1950: 20) ने कहा है कि यद्यपि सामान्यतः समाज जाति को ही महत्व देता है परन्तु जाति (स्वयं) व व्यक्ति उप-जाति को ही महत्व देते हैं । अतः हमें जाति संस्था के सही समाजशास्त्रीय विचार के लिए उपजाति को ही वास्तविक जाति मानना चाहिए । स्टीवेन्सन (1954) के अनुसार जाति तथा उपजाति की धारणाओं के बीच अस्पष्टता होने के कारण सबसे अच्छा तो यह है कि दोनो के बीच अन्तर की अनदेखी कर दी जाये । किन्तु जैसा कि पहले भी कहा जा चुका है, हमें दोनों धारणाओं के अन्तर को पूरी तरह से भुलाना नहीं चाहिए, बल्कि एक समूह को समाजशास्त्रीय सन्दर्भ में उपजाति तभी मानना चाहिए जबकि वह अपनी पैतृक जाति से सम्बन्ध बनाए रखे, अन्यथा हमें प्रत्येक अन्तर्विवाही (endogamous) समूह को एक अलग इकाई मानना चाहिए और उसे जाति कहा जाये । मैक्स वेबर (1960: 31) ने भी माना है: "आज एक जाति में कई सौ उपजातियां सम्मिलित हैं और यह उपजातियां आपस में ऐसे संबंधित हैं जैसे विभिन्न जातियां आपस में संबंधित होती है । ऐसी स्थिति में उपजातियां ही वास्तव में जातियां हैं; "जाति" नाम जो दोनों में सम्मिलित है उसका केवल ऐतिहासिक महत्व है" ।

जाति एवं जनजाति (Caste and Tribe)

जाति तथा जनजाति में अन्तर करने का कोई मान्य आधार नहीं है । आन्द्रे बेतेइ (Andre Beteille 1977:7) का विचार है कि "जनजाति" की धारणा को मौजूदा परिभाषाओं के आधार पर नहीं समझना चाहिए, अपितु भारत में परम्परागत रुप से मानी जाने वाली जनजातियों की विशेषताओं एवं उनके विश्लेषण के द्वारा समझा जाना चाहिए । नाडेल (Nadel) जैसे सामाजिक मानवशास्त्रियों ने जनजाति को "एक राजनैतिक, भाषाई, एवं सांस्कृतिक सीमाओं वाला समाज" कहा है । इसका यह अर्थ हुआ कि जनजाति एक ऐसा 'समाज' है जिसके सदस्य सामान्य सरकार चलाते हैं, सामान्य भाषा बोलते हैं तथा एक सामान्य संस्कृति, विश्वास एवं प्रथाओं का अनुपालन करते हैं । यद्यपि कई जनजातियों की स्पष्ट सांस्कृतिक एवं भाषा सम्बन्धी सीमाएं होती हैं, भले ही राजनैतिक न हों, लेकिन ऐसे अनेक जनजातीय समाज हैं जिनमें सरकार नहीं होती और न ही कोई केन्द्रीय अधिकार रखने वाला व्यक्ति समूह ही होता है। इसी प्रकार एक जनजाति में सांस्कृतिक समरुपता (homogeneity) भी भ्रामक होती है क्योंकि इस युग में ऐसी कोई सीमा रेखा नहीं है जहां एक

"संस्कृति" समाप्त होती है और दूसरी प्रारम्भ। परन्तु जनजाति की अपनी एक बोली (dialect) अवश्य होती है। अत: जनजाति की मौजूदा परिभाषा अपर्याप्त है। धुर्ये, नाइक, बेली तथा वैरियर एलविन जैसे विद्वानों ने जाति एवं जनजाति में भेद करने के लिए विभिन्न आधार प्रयोग किए हैं। कुछ आधार इस प्रकार हैं: धर्म, भौगोलिक प्रथक्करण, भाषा, आर्थिक पिछड़ापन, तथा राजनैतिक संगठन।

कहा गया है कि जनजातीय लोगों का धर्म आत्मावाद या जीववाद (animism) है तथा जातीय लोगों का धर्म हिन्दूत्व (Hinduism) है। हट्टन (1963) और बेली (1960:263) का विश्वास है कि जनजाति के लोग हिन्दू नहीं हैं, अपितु वे आत्मावादी हैं। आत्मावाद के मूल आधार हैं; शयन स्वप्न देखना तथा मृत्यु जैसी घटनाएं, और आत्माओं, जादू व भूत प्रेतों में विश्वास। दूसरी ओर हिन्दुवाद की विशेषताएं हैं: धर्म, भक्ति, तथा पुनर्जन्म। यह कहना गलत होगा कि हिन्दू, विशेष रुप से निम्न जातियों के हिन्दू, आत्माओं, भूत प्रेतों, जादू तथा स्वप्न आदि में विश्वास नहीं करते हैं। इसी तरह अनेक ऐसी जनजातियां हैं जिनके सदस्य हिन्दू देवताओं की पूजा करते हैं, हिन्दू त्यौहारों व मेले आदि मनाते हैं, और हिन्दू रीति-रिवाजों एवं परम्पराओं का पालन करते हैं। इसलिए हिन्दूवाद तथा आत्मावाद में अन्तर करना आसान नहीं है। आहूजा (1965), वैरियर एलविन (1943), और रिज़ले (1908) भी मानते हैं कि आत्मावाद व हिन्दूवाद में भेद करना बनावटी और निरर्थक है। इसका अर्थ यह है कि चूंकि जनजातीय धर्म में हिन्दू धार्मिक तत्वों व मूल्यों का और हिन्दू धर्म में जनजाति और जाति मूल्यों का मिश्रण है, अत: धर्म को जनजाति और जाति में अन्तर करने का आधार नहीं माना जा सकता। धुर्ये, नाइक तथा बेली ने भी इस (धर्म) आधार को अस्वीकार किया है।

जनजाति और जाति के इस विभेदीकरण की प्रक्रिया में भौगोलिक पृथक्करण (geographical isolation) को आधार मानते हुए कहा गया है कि जनजातीय लोग पहाड़ों और पर्वतों के पृथक क्षेत्रों में रहते हैं, किन्तु हिन्दू लोग मैदानी क्षेत्रों में रहते हैं। सभ्य पड़ौसियों से कम सम्पर्क होने के कारण, जनजातियां हिन्दुओं की अपेक्षा कम सभ्य हैं। यह कहना किसी हद तक सही है कि जनजाति के लोग संचार साधनों से दूर पहाड़ों या दुर्गम क्षेत्रों में रहती हैं लेकिन ऐसे भी उदाहरण है जहां कई हिन्दू जातियां पृथक क्षेत्रों, पहाड़ों आदि में रहते हैं और जनजाति के लोग मैदानों में रहते हैं। इसका अर्थ यह हुआ कि भौगोलिक पृथक्करण के अतिरिक्त हमें जनजाति व जाति में अन्तर करने के लिए अन्य किसी आधार की आवश्यकता होगी।

एक तीसरा आधार (जनजाति और जाति में अन्तर का) भाषा हो सकता है। यह कहा जाता है कि प्रत्येक जनजाति की अलग भाषा होती है लेकिन जाति की नहीं; जैसे गौंड लोग गोण्डी भाषा बोलते हैं, भील लोग भीली या बागड़ी, सन्थाल लोग सन्थाली बोलते हैं। लेकिन क्योंकि कई जनजातियों के पास अपनी भाषा नहीं है, अपितु वे भारत की प्रमुख भाषाओं में से कोई एक बोली (dialect) बोलते हैं, जैसा कि दक्षिण भारत में। अत: भाषा का आधार भी जाति और जनजाति में अन्तर का उचित आधार नहीं है।

आर्थिक पिछड़ापन भी जाति और जनजाति में भेद करने का सही आधार नहीं है। यह मानना गलत है कि जनजातियां पिछड़ी, आदिम व असंस्कृत हैं और हिन्दू जातियां नहीं। यह सही है कि अनेक जनजातियां आज भी आर्थिक दृष्टि से पिछड़ी हुई हैं, उनकी आय कम है, खेती में प्राचीन तरीके प्रयोग करते हैं, तथा कहीं-कहीं तो आज भी वस्तु विनिमय (barter) प्रणाली अपनाते हैं, लेकिन

ऐसी अनेक जनजातियां भी हैं, जैसे "मीणा", जो आर्थिक रुप से बहुत प्रगतिशील हैं। इसके साथ ऐसी भी कई जातियां हैं जो आर्थिक रुप से इतनी पिछड़ी हैं जितनी कि जनजातियां। बेली (Bailey 1960:9) ने भी इस आधार को समाजशास्त्रीय दृष्टि से असन्तोषजनक माना है, क्योंकि "आर्थिक पिछड़ापन" शब्द आर्थिक सम्बन्ध के प्रकार का नहीं अपितु रहन-सहन के स्तर की चर्चा करता है। उनकी मान्यता है कि व्यवहार की पूर्णता (totality) लेने की अपेक्षा हमें (जनजाति और जाति के अन्तर में) समाज के व्यवहार के एक क्षेत्र पर अध्ययन को केन्द्रित करना चाहिए। इसी कारण उन्होंने जनजाति और जाति में अन्तर करने के लिए उड़ीसा के उड़िया (जाति) तथा कोण्ड (जनजाति) के अध्ययन में राजनैतिक- आर्थिक व्यवस्था (जिसे उसने "आर्थिक संरचना" कहा है) का प्रयोग किया है।

राजनैतिक-आर्थिक संगठन के विश्लेषण में उन्होंने दो कारकों पर ध्यान केन्द्रित किया: (i) भूमि पर नियंत्रण (ii) भूमि साधनों का अधिकार। उनकी मान्यता है कि जाति पर आधारित और जनजाति समाजों दोनों ही में दो प्रकार के लोग हैं: "भूमि-स्वामी", जिनका भूमि पर प्रत्यक्ष कब्जा है, और उनपर निर्भर रहने वाले लोग", जो भूमि साधनों में से अपने हिस्से को प्राप्त करने के लिए भूस्वामियों पर निर्भर रहते हैं। लेकिन गांव (जिन में जातियां थीं) और कुल-क्षेत्र (clan territory) (जिनमें जनजातियां थीं) की आर्थिक व्यवस्था का विश्लेषण करते हुए उन्होंने पाया कि गांव ऐसी आर्थिक रुप से विशिष्ट अन्तर्निर्भरता के आधार पर जातियों में विभाजित हैं जो श्रेणीबद्ध रुप में संगठित हैं, जबकि कुल-क्षेत्र भी यद्यपि समूहों से मिल कर बनते हैं, परन्तु ये श्रेणीबद्धता के आधार पर संगठित नहीं हैं और न ही आर्थिक रुप से एक दूसरे पर निर्भर होते हैं। दूसरे शब्दों में एक जनजातीय समाज में अधिकतर लोगों के पास जमीन होती है जबकि जाति पर आधारित समाज में अधिकतर लोगों को एक दूसरे पर निर्भर सम्बन्धों द्वारा जमीन पर अधिकार मिलता है। इस प्रकार बेली (1960:264-65) के अनुसार जनजाति "खण्डात्मक व्यवस्था" (segmentary system) के आधार पर संगठित होती है, जब कि जाति जैविक प्रणाली (organic system) पर आधारित है। बेली ने आगे कहा है कि "जाति तथा जनजाति में भेद करने के लिए एक मात्र हल यह है कि ऐसी निरन्तरता (continuum) की कल्पना करें जिसके एक ओर तो समाज है जिसकी राजनैतिक व्यवस्था पूरी तरह खण्डात्मक और समानता पर आधारित (egalitarian) प्रकार की है और जिसमें निर्भर रहने वाले लोग नहीं होते, और दूसरी ओर वह समाज है जिसमें खण्डात्मक राजनैतिक सम्बन्ध बहुत कम लोगों में होते हैं और अधिकतर लोग एक दूसरे पर निर्भर होते हैं। ऐसे समाज की राजनैतिक व्यवस्था की तुलना एक जैविकीय व्यवस्था से की जा सकती है"। लेकिन बेली का कहना है कि निरन्तरता के उस बिन्दु को पहचानना कठिन है जहां जनजाति समाप्त होकर जाति प्रारम्भ होती हो।

भारत में यह स्थिति और भी जटिल है क्योंकि ऐसी शायद ही कोई जनजाति हो जो अलग समाज के रुप में अपना अस्तित्व रखती हो। किसी भी जनजाति की भारत में अलग से कोई राजनैतिक सीमा नहीं है। बड़ी जनजातियां, जैसे भील, सन्थाल, ओराँव, आदि क्षेत्रीय आधार पर बिखरी हुई हैं। फिर लगभग सभी जनजातियां विविध सीमाओं तक बड़े समाज में समा भी गई हैं। आर्थिक दृष्टि से भी जनजातीय अर्थव्यवस्था क्षेत्रीय व राष्ट्रीय अर्थव्यवस्था से भिन्न नहीं है। इस

प्रकार वे जनजातियां जो मानवशास्त्रियों द्वारा "आदर्श रूप" (ideal type) मानी गई हैं, मुश्किल से ही पाई जाती हैं। आन्द्रे बेतेइ (1969) की मान्यता है कि भारत में सभी जनजातियां परिवर्तन के दौर से गुजर रहीं हैं। लेकिन कुछ समुदायों को जनजाति की मान्यता दी गई है और उन्हें अनुसूचित जनजाति की सूची में सम्मिलित किया गया है।

जाति और वर्ग (Caste and Class)

जाति और वर्ग दोनों ही प्रस्थिति (status) समूह हैं। एक प्रस्थिति समूह व्यक्तियों का एक संकलन है जिन (व्यक्तियों) की एक विशिष्ट जीवन शैली होती है और एक प्रकार की चेतना रखते हैं। जाति एक वंशानुगत समूह होता है जिसकी एक निश्चित कर्मकांडी (ritual) प्रस्थिति होती है, जबकि वर्ग उत्पादन के सम्बन्धों के आधार पर परिभाषित होता है। एक वर्ग के सदस्यों की दूसरे वर्ग के सदस्यों के साथ एक ही सामाजिक-आर्थिक प्रस्थिति होती हैं, जबकि एक जाति के सदस्यों की दूसरी जातियों के सदस्यों की तुलना में उच्च या निम्न प्रस्थिति होती है। एक सामाजिक वर्ग संगठित नहीं होता, किन्तु व्यक्ति और परिवार जो उसके सदस्य हैं अपेक्षाकृत समान शैक्षिक, आर्थिक व सामाजिक स्तर के होते हैं। जो लोग एक ही सामाजिक वर्ग के वर्गीकरण के अन्तर्गत आते हैं उनके जीवन-अवसर (life chances) भी समान होते हैं। कुछ समाजशास्त्री सामाजिक वर्ग को मूलतः स्वभावतः आर्थिक (economic in nature) मानते हैं, जबकि दूसरे जीवन शैली, सम्मान तथा प्रवृत्ति जैसे कारकों पर बल देते हैं।

वर्ग व्यवस्था में व्यक्ति की स्थिति निश्चित करने के तीन आधार आमतौर पर प्रयोग किए जाते हैं: वस्तुपरक (objective), व्यक्तिपरक (subjective) तथा प्रसिद्धिपरक (reputational) वस्तुपरक आधार हैं: आय, शिक्षा और व्यवसाय; प्रसिद्धिपरक आधार है: समुदाय के सदस्यों की मनोवृत्तियां (attitudes) और निर्णय (judgement); और व्यक्तिपरक आधार है व्यक्तियों की समाज में अपनी स्थिति बनाना।

जाति एक बन्द सामाजिक स्तृत (stratum) है जिससे उसके सदस्यों का सम्मान व्यवसाय और सामाजिक सम्बन्ध निश्चित होते हैं। प्रत्येक जाति में दूसरी जाति के सदस्यों के साथ सम्बन्ध सीमित होते है और निश्चित प्रकार से बने होते हैं। दूसरी ओर, वर्ग में एक वर्ग के सदस्यों के दूसरे वर्ग के सदस्यों के साथ सम्बन्ध परिस्थितिवश बंधे होते हैं। जाति और वर्ग का समाज में सह अस्तित्व होता है। कई अवसरों पर जातियां, वर्ग का कार्य भी कर सकती हैं। जब धोबी अपने व्यवसाय में दरें (rates) बढ़ाने के उद्देश्य से हड़ताल पर जाते हैं, वे जाति के नहीं बल्कि वर्ग के रुप में कार्य करते हैं।

अनेक जाति समूह (जैसे ब्राह्मण अथवा बनिये) कई जातियों से मिलकर बनते हैं। इन्हें जातियों में विभाजित किया जा सकता है, जो फिर उपजात्तियों में विभाजित होती हैं। वृहत समूहीकरण को निम्न व्यवस्था का खण्ड और उनके उप-विभागों को उच्च व्यवस्था के खण्ड कहा जा सकता है। (आन्द्रे, बेतेइ, 1977:60)

संक्षेप में, जाति और वर्ग के अन्तर को इस प्रकार दिया जा सकता है:

(1) जाति एक अन्तर्विवाही समूह है, लेकिन वर्ग नहीं है।

(2) जाति एक अद्वितीय (unique) घटना है जो भारत में पाई जाती है, किन्तु वर्ग सार्वभौमिक है ।

(3) जाति गांव में एक सक्रिय राजनैतिक शक्ति के रुप में कार्य करती है (बेतेइ, 1966: 200), किन्तु वर्ग ऐसा कार्य नहीं करता । आन्द्रे बेतेइ ने दक्षिण भारत में श्रीपुरम में अपने अध्ययन में पाया कि मार्क्सवादी दृष्टिकोण के विपरीत वर्ग श्रेणीयां राजनैतिक व सामुदायिक क्रिया का आधार नहीं होतीं । इसी सन्दर्भ में लीच (Leach, 1960) ने कहा है कि जब जाति आर्थिक व राजनैतिक कार्य ले लेती है और दूसरी जातियों से स्पर्द्धा करने लगती है तो यह जाति सिद्धान्तों के विरुद्ध होता है। उनका कहना है कि: "जिस स्तर पर जाति सभाएं/समितियां आर्थिक व राजनैतिक कार्य करना प्रारम्भ करती हैं वे जाति के पारस्परिकता के परम्परागत आदर्शों का उल्लंघन करती हैं और संघर्ष के क्षेत्र में प्रवेश कर देती हैं जो (स्थिति) जाति (के प्रतिमानों) से बिल्कुल भिन्न होता है । गफ और रिचर्ड फाक्स (Gough and Richard Fox) का भी यही मत है । लेकिन एम.एन. श्रीनिवास लीच के उपरोक्त विचारों से सहमत नहीं हैं । वे कहते हैं "मैं लीच से सहमत नहीं हूँ जब वे कहते हैं कि जाति समूहों के बीच प्रतिस्पर्द्धा जाति सिद्धान्तों के विरुद्ध है ।" यह सत्य है कि श्रम का जातिवार विभाजन जातियों के परस्पर निर्भर रहने की स्थिति को सुविधाजनक बना देता है (जैसा कि जजमानी व्यवस्था में पाया जाता है) । जातियों में पारस्परिक निर्भरता सदा नहीं पाई जाती । जातियां सत्ता व उच्च कर्मकांडीय परिस्थिति प्राप्त करने के उद्देश्य से प्रतिस्पर्द्धा करती हैं ।"

(4) जाति की सावयविक प्रकृति (organic character) होती है, जबकि वर्ग खण्डात्मक (segmentary) होता है जहां विभिन्न खण्ड प्रतिस्पर्द्धा से ही प्रेरित होते हैं ।

(5) जाति व्यवस्था में सहयोग और आर्थिक परस्पर निर्भरता होती है, लेकिन वर्ग व्यवस्था में आर्थिक निर्भरता नहीं होती । इसकी बजाय, वर्ग प्रणाली में प्रतिस्पर्द्धा होती है । इस सन्दर्भ में लीच (1960:9-10) ने कहा है कि जाति व्यवस्था एक सावयविक व्यवस्था है जिसमें प्रत्येक जाति की अपनी प्रकार्यात्मक भूमिका होती है । यह श्रम विभाजन की व्यवस्था है जिसमें से सदस्यों के बीच प्रतिस्पर्द्धा की भावना निकाल दी जाती है ।

(6) जाति व्यवस्था में उच्च जातियां, निम्न जातियों की सेवाएं लेने के लिए एक दूसरे से प्रतिस्पर्धा करती हैं, लेकिन वर्ग व्यवस्था में निम्न वर्ग, उच्च वर्ग का पक्ष प्राप्त करने के लिए आपस में स्पर्द्धा करते हैं । इस सन्दर्भ में लीच (1960: 5-6) ने कहा है: "वर्ग के आधार पर संगठित समाजों की विशेषता है कि मालिकाना अधिकार (ownership rights) अल्पसंख्यक समूहों का विशेषाधिकार (prerogative) होता है जिससे कि सुविधाभोगी अभिजन (privileged elite) बन जाते हैं । निम्न वर्ग बहुसंख्यक की सेवाओं को उच्च वर्ग अल्पसंख्यक द्वारा शोषित करने की क्षमता इस तथ्य पर निर्भर करती है कि अल्प सुविधाभोगी समूहों के सदस्य अभिजनों की कृपादृष्टि के लिए आपस में प्रतिस्पर्द्धा करें; परन्तु जाति पर आधारित समाज में स्थिति इसके बिल्कुल विपरीत होती है ।"

(7) जाति व्यवस्था में जाति के पद का निर्धारण आर्थिक और राजनैतिक विशेषाधिकारों से नहीं, बल्कि कर्मकांडी अधिकार की वैधता से होता है, अर्थात् जाति-आधारित व्यवस्था में

कर्मकांडी प्रतिमान (ritual norms) शक्ति व धन के प्रतिमानों को भी घेरे रहते हैं (ड्यूमौन्ट); उदाहरणार्थ, यद्यपि ब्राह्मणों के पास कोई आर्थिक या राजनैतिक शक्ति नहीं होती फिर भी जाति श्रेणीक्रम में उन्हें सर्वोच्च स्थान पर रखा गया है। वर्ग व्यवस्था में कर्मकांडी प्रतिमानों का कोई महत्व नहीं होता है, बल्कि धन व शक्ति ही व्यक्ति की स्थिति का निर्धारण करते हैं। बेली ड्यूमोन्ट के विचार से सहमत नहीं है कि आर्थिक मूल्यों की जगह धार्मिक विचार प्रत्येक जाति का स्तर निर्धारित करते हैं।

उनका कहना है कि यदि हम उपरोक्त कथन को स्वीकार कर लें तो इसका अर्थ यह होगा कि पद या स्थिति में परिवर्तन किये बिना भी आर्थिक संसाधनों में परिवर्तनों पर नियंत्रण किया जा सकता है। यह केवल आंशिक सत्य है। यह बात ब्राह्मणों व अस्पृश्यों के लिए सत्य हो सकती है किन्तु मध्य जातियों के लिए नहीं। बेली (1957, 264-65) ने अपने ही बिसीपुरा के अध्ययन में पाया कि धनस्थिति में परिवर्तन के साथ-साथ पदस्थिति (rank) में परिवर्तन आता है। फिर जाति व्यवस्था में सामाजिक गतिशीलता सम्भव नहीं होती। लेकिन वर्ग प्रणाली में प्रस्थिति परिवर्तन सम्भव है। डी.एन. मजूमदार (1958) ने इसी प्रसंग में जाति की बन्द वर्ग के रुप में व्याख्या की है। इस विचार को एम.एन. श्रीनिवास (1962; 42) ने स्वीकार नहीं किया है। उनका विचार है कि संस्कृतीकरण तथा पश्चिमीकरण के द्वारा गति (movement) हमेशा सम्भव है। आन्द्रे बेतेइ (1965) ने भी कहा है कि कोई भी सामाजिक व्यवस्था पूर्ण रुप से बन्द नहीं होती। इसमें हमेशा वैकल्पिक मिश्रण का अवसर, चाहे सीमित ही हो, रहता है। किन्तु विभिन्न मिश्रणों के लिए जो चुनाव का विकल्प है वह अलग-अलग समुदाय में भिन्न होता है।

जाति की विशेषताएं (Characteristics of Caste)

जाति की संरचना का अध्ययन इसकी प्रमुख विशेषताओं के विश्लेषण द्वारा किया जा सकता है। जैसा कि पूर्व के पृष्ठों में पहले ही अंकित किया गया है कि बूगल (Bougle, 1958) ने जाति के तीन तत्व बताये हैं—वंशानुगत विशेषज्ञता, श्रेणीबद्धता, एवं आकर्षण व विरोध; होकार्ट (1950) ने धार्मिक क्रिया-कलापों की पवित्रता और अपवित्रता पर बल दिया है, जबकि रिज़ले (1951) ने अन्तर्विवाह (endogamy) तथा वंशानुगत पेशे (occupation) पर बल दिया है। धुर्ये, केतकर, एन.क़े. दत्त, आदि, ने भी इन्हीं विशेषताओं की ओर संकेत किया है। इन विशेषताओं को बताते समय इन सब विद्वानों ने जाति को एक इकाई तथा एक व्यवस्था के रुप में अन्तर नहीं किया है। इस अन्तर को ध्यान में रखते हुए यह माना जा सकता है कि एक इकाई के रुप में जाति की ये विशेषताएं हैं: वंशानुगत सदस्यता, अन्तर्विवाह, निश्चित व्यवसाय, तथा जाति समितियां, जबकि व्यवस्था के रुप में जाति की विशेषताएं हैं: श्रेणीक्रम, खानपान पर प्रतिबन्ध, तथा शारीरिक व सामाजिक दूरियों पर प्रतिबन्ध। हम जाति की इन व्यवस्था व इकाई की विशेषताओं की अलग-अलग विवेचना करेंगे।

व्यवस्था के रुप में जाति की विशेषताएं (Characteristics of Caste as a System)

(अ) जन्म पर आधारित श्रेणीक्रम (Hierarchy based on birth)

किन्ही भी दो जातियों की एक समान प्रस्थिति नहीं होती। एक जाति का दूसरी जाति से सम्बन्ध का

स्तर ऊंचा या नीचा होता है। जाति श्रेणीक्रम व्यवस्था में प्रत्येक जाति का निश्चित या अनुमानित स्तर या प्रस्थिति का निर्धारण करना यदि असम्भव नहीं तो मुश्किल अवश्य है। श्रेणीक्रम के निर्धारण में दो तरीके अपनाये गये हैं: अवलोकन विधि और मत-मूल्यांकन विधि। अवलोकन विधि में जाति की प्रस्थिति निर्धारण के लिए या तो संकेतनात्मक (attributional) विधि या अन्तःक्रियात्मक (interactional) विधि प्रयोग की गयी है। संकेतनात्मक विधि जाति की प्रस्थिति का निर्धारण उसके व्यवहार से करती है; उदाहरणार्थ, अपमानजनक व्यवसाय करना, इसकी प्रथाएं, शाकाहारी होना, तथा मद्यपान आदि आदतें। अन्तःक्रियात्मक विधि दो जातियों के एक दूसरे के सम्बन्ध में प्रस्थिति का मूल्यांकन उनके खान-पान की अन्तःक्रियाओं तथा विवाह सम्बन्धों का अवलोकन द्वारा करती है। यदि "अ" जाति "ब" जाति की लड़की से विवाह करना स्वीकार कर लेती है, लेकिन उस जाति में अपनी लड़की नहीं देती तो "अ" का स्तर "ब" के स्तर से ऊंचा होगा। यह अनुलोम (hypergamy) विवाह नियम के कारण है जिसके अनुसार निम्न जाति की लड़की उच्च जाति में विवाह कर सकती है, किन्तु इसके विपरीत नहीं। इसी प्रकार यदि "अ" जाति के सदस्य "ब" जाति के सदस्यों का भोजन स्वीकार नहीं करते, लेकिन "ब" जाति के सदस्य 'अ' जाति से भोजन स्वीकार करते हैं तो यह "ब" जाति के ऊपर "अ" जाति के श्रेष्ठ स्तर को प्रकट करता है।

मत-मूल्यांकन (opinion-assessing) विधि में सामूहिक श्रेणीक्रम में विभिन्न जातियों की प्रस्थिति के निर्धारण में विविध जातियों के उत्तरदाताओं के मत पर ध्यान दिया जाता है। मत-मूल्यांकन विधि का अवलोकन विधि की तुलना में यह लाभ है कि पहली विधि में श्रेणीक्रम और अन्तःक्रिया को दो अलग-अलग चर (variables) मानना तथा उनके सम्बन्धों का अध्ययन सम्भव है। ए.सी. मेयर, एम.एन. श्रीनिवास, डी.एन. मजूमदार, एस.सी. दुबे, पालिन महार, आदि विद्वानों ने जाति श्रेणीक्रम में जाति की स्थिति के विश्लेषण में अवलोकन विधि का प्रयोग किया था, जबकि मैकिम मेरियट व स्टैनले फ्रीड ने मत-मूल्यांकन विधि का प्रयोग किया है। एस.सी. दुबे (1955: 34-42) ने जाति श्रेणीक्रम व्यवस्था में तेलंगाना में तीन गांवों में जाति प्रस्थिति निर्धारण के लिए एक ही आधार प्रयोग किया, जिसमें उन्होंने बताया कि कौन-कौन सी जातियां किन-किन जातियों के साथ भोजन कर सकती हैं। मेयर (1960) ने दूसरी ओर सहभोज के आधार को प्रयोग किया, जिसके अन्तर्गत खाना-पानी तथा विभिन्न जातियों के बीच "हुक्का" प्रयोग का आदान-प्रदान सम्मिलित है। पालिन महार (1959:92-107) ने बहु-अनुमाप (multiple-scaling) प्रविधि द्वारा जातियों की स्थिति निर्धारण उनकी धार्मिक (कर्मकांड) पवित्रता तथा अपवित्रता के आधार पर किया।

उन्होंने 13 बिन्दु वाली एक प्रश्नावली जारी की जिसमें धार्मिक (कर्मकांड) पवित्रता और अपवित्रता से सम्बद्ध विषय पर जातियों के बीच सभी प्रकार की अन्तःक्रिया के सम्बन्ध में प्रश्न थे। एम.एन. श्रीनिवास (1955) डी.एन. मजूमदार (1959) ने जाति श्रेणीक्रम की अपनी अलग तस्वीर बनाई। श्रीनिवास इस बात से सहमत हैं कि इस प्रकार के मूल्यांकन (श्रेणीक्रम की अपनी तस्वीर बनाना) कुछ-कुछ व्यक्तिपरक होते हैं।

मैकिम मेरियट (1955) तथा फ्रीड (1963:879-91) दोनों ने ही जाति श्रेणीक्रम में प्रत्येक जाति की प्रस्थिति के निर्धारण में माध्य पद (median rank) निश्चित करने के लिए कार्ड व्यवस्था (card system) का प्रयोग किया। दोनों ने ही पत्तों (cards) का एक सैट (set) प्रस्तुत किया तथा

प्रत्येक पत्ते/कार्ड पर एक जाति का नाम लिख दिया गया। उत्तरदाताओं में से प्रत्येक से निवेदन किया गया कि वह इन पत्तों को पद-स्थिति में व्यवस्थित कर दे। दोनों के तरीकों में इतना ही अन्तर था कि मैकिम मेरियट ने कार्ड एक-एक करके दिए जबकि फ्रीड ने उन्हें एक साथ ही दे दिए। श्रीनिवास और मेयर का कहना है कि व्यक्ति की स्वयं की जाति में सदस्यता जाति श्रेणीक्रम के बारे में उसके विचार को प्रभावित कर सकती है, या कम से कम श्रेणीक्रम में उसकी अपनी जाति की स्थिति को तो अवश्य करेगी। परन्तु फ्रीड ने ऐसा नहीं पाया। उसने दिल्ली के निकट शान्ति नगर गांव में सन् 1957-58 में 12 जातियों में से छाँटे गए 25 उत्तरदाताओं के अध्ययन से पता लगाया कि अधिकतर ने अपनी जाति की प्रस्थिति का निर्धारण उसी स्थिति के आस-पास किया जो दूसरों ने उन्हें दी। इस प्रकार उन्होंने यह निष्कर्ष निकाला कि किसी व्यक्ति के जाति श्रेणीक्रम के विषय पर समस्त दृष्टिकोण का जाति सदस्यता का थोड़ा ही प्रभाव होता है।

हाल के वर्षों में जाति व्यवस्था के कुछ लक्षणों में परिवर्तन आया है लेकिन श्रेणीक्रम विशेषता में कोई परिर्वतन नहीं आया है।

(ब) सहभोज पर प्रतिबन्ध (Commensal restrictions)

एक व्यक्ति के विभिन्न जातियों के सदस्यों के साथ खान-पान सम्बन्धी अनेक व विस्तृत नियम प्रचलन में हैं। इस विषय पर ब्लन्ट (Blunt) (1911:90) के अनुसार सात महत्वपूर्ण निषेध (taboos) प्रचलित हैं: (i) सहभोज निषेध, जो व्यक्ति के अन्य व्यक्तियों के साथ भोजन खाने के नियम निर्धारित करता है; (ii) रसोई निषेध, जिसमें रसोई बनाने सम्बन्धी नियम हैं कि कौन-कौन व्यक्ति किन-किन व्यक्तियों के खाने योग्य भोजन बना सकते हैं; (iii) खाने के निषेध, जिसमें भोजन के समय अपनाए जाने वाले धार्मिक कृत्यों के विवरण एवं नियम हैं; (iv) पीने के निषेध, जो दूसरे व्यक्तियों के हाथ से पीने का पानी लेने के नियम बताते हैं; (v) भोजन निषेध, जो यह बताता है कि किस प्रकार का भोजन (कच्चा, पक्का, हरी सब्जी, आदि) एक जाति का सदस्य दूसरी जाति के सदस्यों के साथ खा सकता है; (vi) तम्बाकू या धूम्रपान संबंधी निषेध, जो यह बताता है कि किस व्यक्ति का हुक्का किस जाति का व्यक्ति प्रयोग कर सकता है; (vii) बर्तन निषेध, जो यह बताता है कि किस प्रकार के बर्तन व्यक्ति को अपवित्रता से बचने के लिए प्रयोग करना या बचना चाहिए।

ब्लन्ट का विश्वास है कि भोजन आदि के प्रतिबन्ध, विवाह प्रतिबन्धों का फल है, लेकिन हट्टन (1963:73) का दावा है कि ये दोनों ही ओर से सम्भव है। भोजन निषेधों के आधार पर ब्लन्ट ने जातियों को पांच भागों में वर्गीकृत किया है: (i) वे जातियां जो कच्चा भोजन (पानी से पकाया) तथा पक्का भोजन (घी से पकाया) केवल अपने ही अन्तर्विवाही समूहों के सदस्यों के द्वारा पकाया हुआ लेती हैं; (ii) वे जातियाँ जो अपनी ही जाति के सदस्यों द्वारा तथा ब्राह्मणों द्वारा बनाया भोजन लेती हैं; (iii) वे जातियां जो अपनी जाति के सदस्यों या ब्राह्मणों या राजपूतों द्वारा बनाया भोजन लेती हैं; (iv) वे जातियां जो अपनी जाति, ब्राह्मणों व राजपूतों के अलावा उन निम्न जाति के लोगों द्वारा बनाया भोजन लेती है जिन्हें वे कम से कम अपने स्तर का समझती हैं; और (v) वे जातियां जो किसी के द्वारा भी बनाया गया भोजन लेती हैं। लेकिन हट्टन (1963: 75) ने इस वर्गीकरण की आलोचना इस आधार पर की है कि कच्चे और पक्के भोजन पर प्रतिबन्ध अलग-अलग लगाये गये हैं। कुछ

जातियां ऐसी हैं जिनको कच्चे भोजन के आधार पर एक समूह में रखा जाता है लेकिन जब पक्के भोजन पर प्रतिबन्ध लागू करने की बात आती है,जिसके बारे में वे कठोर नहीं होतीं,तो उन्हें दूसरे समूह में रखा जाता है। उदाहरणार्थ,कुछ ब्राहम्ण जातियां,काघी (सब्जी बेचने वाली) व कुम्हार जातियां समूह एक में आएंगी,लेकिन कुछ जातियां जैसे कलाल (शराब बेचने वाले) कच्चे भोजन के लिए समूह एक में गिनी जायेंगी और पक्के भोजन के लिए समूह तीन में। इसी प्रकार हलवाई जाति कच्चे भोजन के लिए समूह एक में और पक्के के लिए समूह चार में आयेगी; कायस्थ दोनों प्रकार के प्रतिबन्ध के आधार पर समूह दो में आयेंगे। इन उदाहरणों से स्पष्ट होता है कि प्रत्येक जाति के अपने लिए अपने ही नियम होते हैं। विभिन्न जातियां एक से समूहों में नहीं आती। कुछ पिछले दशकों से यह देखा जा रहा है कि खानपान के प्रतिबन्ध कठोरता से नहीं माने जा रहे हैं। दूसरे शब्दों में,जाति प्रथा की इस लक्षण में परिवर्तन होते जा रहे हैं।

(स) सामाजिक भागीदारी पर धार्मिक मान्यताओं की बाध्यता (Compelling religious sanctions on social participation)

सामाजिक अन्तर्क्रिया कलापों पर प्रतिबन्ध लगाने का कारण यह विश्वास है कि शारीरिक सम्पर्क से अपवित्रता (pollution) का सम्प्रेषण होता है। इसी प्रकार के विश्वासों के कारण ही जो निम्न जाति के लोग निकृष्ट धन्धों में लगे होते हैं,उन्हें उच्च जाति के लोग अपने से दूर ही रखते हैं। इसी प्रकार गोमांस खाने वाले अनेक निम्न जाति के लोग तथा चमार, धोबी, डोम, आदि सामान्यतया अस्पृश्य माने जाते हैं, और उन्हें उच्च हिन्दू लोगों द्वारा पृथक ही रखा जाता है। इसी प्रकार उच्च जाति तथा मध्य जाति के लोगों के साथ अन्तःक्रिया के लिए, आदर-सत्कार के लिए, दैनिक व्यवहार के लिए, तथा धार्मिक क्रिया-कलापों से सम्बन्धित निश्चित व भिन्न-भिन्न नियम बने हुए हैं।

(द) जातिबाह्य अथवा अस्पृश्य उपस्तर (The OutCaste substratum)

जो जातियां निकृष्ट व मलिनता फैलाने वाले पेशों में लगी होती हैं,उन्हें अस्पृश्य माना जाता है। उन्हें बाह्य जातियां (दलित वर्ग),या अनुसूचित जातियां भी कहा जाता है। इन जातियों के विषय में माना जाता है कि वे आर्यों के आगमन से पूर्व भारत में रहने वाली प्रजातियों से अवतीर्ण हुईं। बाद में उन्होंने हिन्दू समाज के निम्नतम स्थितियों को स्वीकार कर लिया। इन जातियों के सदस्य आमतौर पर गाँव या बस्ती के बाहर की ओर रहते हैं और मैला साफ करने, जूता बनाने, चमड़ा शोधन, आदि कार्यों से जीविका चलाते हैं। उन्हें उन कुओं से पानी लेने की अनुमति नहीं होती जिनसे उच्च जातियों के लोग पानी लेते हैं। उन्हें जन-सड़कों, स्कूलों, मन्दिरों, शवदाह स्थलों, होटलों तथा चाय की दुकानों, आदि के प्रयोग से भी वन्चित रखा जाता है। वे उन दैत्यों को प्रसन्न करने के लिए पशु-बलि भी देते हैं जो उनके जीवन पर अधिकार रखते हैं। उनकी उपस्थिति व स्पर्श भी दूसरों को दूषित/ अपवित्र कर देंगे, ऐसा माना जाता है।

पेशवा काल में पूना नगर में डोम जाति के लोगों को शाम छः बजे से प्रातः नौ बजे तक नगर में प्रवेश की अनुमति नहीं थी क्योंकि यह मान्यता थी कि उनकी छाया भी (जो इस काल में सूरज डूबने व उगने के कारण लम्बी हो जाती है) उच्च जाति के लोगों को दूषित कर सकती है। इसी कारण से

दक्षिण भारत में डाक्टर लोग अपने शूद्र रोगियों की नब्ज देखने से पूर्व अपने हाथों को रेशमी कपड़े से ढ़क लिया करते थे। इसी प्रकार, टोकरी बनाने वाले "पानम" ताड़ी के पेड़ से ताड़ी निकालने वाले तियान, पुलयान, शानन, आदि दक्षिण भारत की निम्न जाति के लोगों को उच्च जाति के लोगों के सामने एक निश्चित दूरी तक आने की अनुमति नहीं थी। उच्च जाति के लोगों से उन्हें अपनी स्थिति के अनुसार कदमों की दूरी बनाये रखनी ही पड़ती थी। जाति रुढ़ियों (mores) ने इन अस्पृश्य लोगों को सदैव अज्ञान और पतन के अन्धेरे में धकेला है क्योंकि मान्यता के अनुसार वे अपने पूर्व जन्म के पापों को भोग रहे हैं। लेकिन वर्तमान में इन जातिवादी लोगों द्वारा थोंपे गए निषेध काफी कम हो गए हैं। यद्यपि ये निषेध वैधानिक रुप से हटा दिए गये हैं और अधिकतर उच्च जातियों के हिन्दुओं द्वारा अपवित्रता के डर को भी सामाजिक रुप से नहीं माना जा रहा है, फिर भी कुछ धार्मिक क्रिया-कलापों में प्रतिबन्ध जारी हैं, यद्यपि लौकिक दैनिक जीवन में इन्हें लागू नहीं किया जाता है।

इकाई के रुप में जाति की विशेषताएं (Characteristics of Caste as a unit)

(अ) प्रदत्त प्रस्थिति (Ascribed Status)

जाति में व्यक्ति की सदस्यता उसके जन्म से निर्धारित होती है। प्रत्येक जाति का अन्य जातियों की तुलना में क्योंकि एक निश्चित दर्जा (rank) होता है, अतः व्यक्ति की उच्च व निम्न प्रस्थिति इस पर निर्भर करती है कि जिस जाति में उसका जन्म हुआ है उसकी कर्मकांडीय प्रस्थिति क्या है। वास्तव में, एक परम्परानिष्ठ हिन्दू के जीवन का प्रत्येक पहलू उसके जन्म पर अटका होता है। उसके घरेलू संस्कार व रीति-रिवाज, उसकी मन्दिर आदि में पूजा, उसकी मित्र मण्डली, और उसका व्यवसाय, सभी कुछ उस जाति के स्तर पर आधारित होते हैं जिसमें उसने जन्म लिया है।

(ब) अन्तर्विवाह (Endogamy)

प्रत्येक जाति के सदस्यों को अपनी ही जाति या उपजाति में विवाह करना होता है। इस प्रकार अन्तर्विवाह जाति समूहों के बीच एक स्थायी बाध्य स्थिति है।

(स) निश्चित व्यवसाय (Fixed Occupation)

प्रत्येक जाति का निश्चित वंशानुगत पेशा होता है। एक पुरानी कहावत है कि एक ब्राह्मण सदैव ब्राह्मण होता है और चमार सदैव चमार होता है। कुछ व्यवसाय गन्दे (unclean) समझे जाते हैं जिस कारण जो व्यक्ति इनमें लगे होते हैं वे अस्पृश्य हो जाते हैं और यदि कोई अन्य इन व्यवसायों को अपनाता है, तो उसे जाति से बहिष्कृत कर दिया जाता है ताकि वह जाति को दूषित न कर सके। लेकिन इसका यह अर्थ भी नहीं है कि ब्राह्मण जाति में सभी ब्राह्मणों को पंडिताई व्यवसाय में ही सदैव लगा रहना है या फिर सभी राजपूतों को रक्षा कार्य में लगने के कारण सेना में ही शामिल होना है। कुछ परिस्थितियों वश एक जाति के सदस्य को दूसरा व्यवसाय करने की अनुमति मिल जाती थी। इसी प्रकार एक ही जाति की विभिन्न उपजातियाँ विविध व्यवसाय अपना लेती है। उदाहरणार्थ, खटिक (कसाई) जाति की चार उप-जातियां उत्तर प्रदेश में कसाई, (बेकनवाला), राजगीर (राजगर), रस्सी बनाने वाले (सोमबट्टा) तथा फल बेचने के व्यवसाय में मेवाफरोष लगे हैं। इसी प्रकार बंगाल में तेली जाति

के दो भाग है: "तिली" और "तेली"। "तिली" तेल निकालने तथा "तेली" तेल बेचने के काम में लगे हैं। तेल निकालने का काम हेयदृष्टि से देखा जाता है क्योंकि इसमें बीज से तेल निकलता है, अतः उसमें जीवन (बीज) की हानि होती है। इस कारण "तिली" लोगों को अस्पृश्य माना जाता है, जबकि "तेली" अस्पृश्य नहीं माने जाते। यदि "तेली" जाति में से कोई तेल निकालने का काम करने लगे तो उसे जाति से बहिष्कृत कर दिया जाता है। व्यवसाय परिवर्तन से जाति परिवर्तन आवश्यक नहीं होता था जब तक कि स्थिति में परिवर्तन न हो। ब्लन्ट (Blunt, 1911: 13) के अनुसार जब प्रस्थिति में इस प्रकार का परिवर्तन होता है तब वह तीन रूप धारण कर लेती है: (i) एक नई जाति में पृथक होना (ii) नये समूह का पहले से अस्तित्व वाली जाति में विलय (iii) मौलिक जाति के भीतर ही एक अन्तर्विवाही उपजाति की रचना।

जाति द्वारा थोपे गए व्यवसायिक प्रतिबन्धों के पीछे सामान्यतः धार्मिक उद्देश्य होता है, लेकिन कभी-कभी उनका विशुद्ध आर्थिक उद्देश्य भी होता है। उदाहरण के लिए, ओमैले (O'Malley, Indian Caste, Customs, 1932: 134-135) ने मध्यप्रदेश के एक जिले के सुनारों के सन्दर्भ में कहा है कि वे लोग एक दावत का आयोजन करते हैं जिसमें वे कसम खाते हैं व उन लोगों को जाति से बाहर निकालने का डर दिखाते हैं जो यह रहस्य खोलेंगे कि सोने में कितनी अन्य धातुएं किस मात्रा में मिलाई जाती हैं।

दो महायुद्धों के बाद तथा देश के औद्योगीकरण के पश्चात् जाति प्रणाली की विशेषताओं में से परम्परागत व्यवसाय परिवर्तन के सम्बन्ध में महत्वपूर्ण परिवर्तन आए हैं। व्यवसाय सम्बन्धी प्रतिबन्धों में शिथिलता आई है और व्यवसायिक गतिशीलता सम्भव हुई है।

(द) जाति पंचायत (Caste Panchayats)

प्रत्येक जाति की अपनी समिति होती है जिसे जाति पंचायत कहते हैं। हाल ही के समय तक इन पंचायतों का अपने सदस्यों पर काफी प्रभाव था। यद्यपि आज कुछ जाति पंचायतों की समूचे देश में शाखाएं भी हैं क्योंकि संचार माध्यमों का समुचित विकास हुआ है, परन्तु कुछ दशाब्दियों पूर्व तक इन (शाखाओं) का कार्यक्षेत्र इतना सीमित था कि सदस्य आसानी से इकट्ठे हो सकें और एक दूसरे के प्रति जानकारी रख सकें। संचार सुविधा तथा अन्य स्थानीय दशाएं इन पंचायतों का कार्य क्षेत्र निर्धारित करती हैं। इस प्रकार क्योंकि समूची जाति या उप-जाति के लिए एक ही पंचायत होने के आदर्श को प्राप्त करना असम्भव है, अतः एक जाति या उप-जाति के सदस्य एक संबंधित समूह का निर्माण करते हैं जिसे "बिरादरी" (नातेदारों की समिति) कहा जाता है। यह बिरादरी एक बहिर्विवाही (exogamous) इकाई के रुप में अन्तर्विवाही जाति या उप-जाति की तरह कार्य करती हैं। यह समूह (बिरादरी) जाति या उपजाति के लिए कार्य करता है तथा अपने सदस्यों को अपनी कार्य परिधि के भीतर ही मान्यताओं को मनवाने के लिए बाध्य करता है। कुछ समय पूर्व तक इन पंचायतों ने जो अपराध के मामले अपने कार्य-क्षेत्र में लिए थे उनमें से प्रमुख थे—दूसरी जाति व उपजाति में भोजन के मामले, जिनके साथ भोजन निषेध था, दूसरी जाति की स्त्री को रखैल के रुप में रखना, विवाहित महिला के साथ अवैध सम्बन्ध रखना, विवाह के वायदे को तोड़ना, अदायगी से इनकार करना, छोटे-मोटे झगड़े, रीति-रिवाजों का उल्लंघन, आदि। ऐसा करने पर जो दण्ड का विधान अपनाया

जाता था उसमें जाति से निकालना, अर्थदण्ड, जाति के लोगों को दावत देना, या शारीरिक दण्ड आदि प्रमुख थे (धुर्ये: 1961: 4)। जाति के सभी सदस्य पंचायत के निर्णय को मानने के लिए बाध्य होते थे। ब्रिटिश काल में भी ये पंचायतें इतनी शक्तिशाली होती थीं कि न्यायालय द्वारा निर्णय किए गए मामलों को भी पुनर्विचार के लिए ले लेती थीं। इस प्रकार जाति पंचायत एक अर्ध-प्रभुता सम्पन्न (semi sovereign) संस्था थी।

पंचायत के कार्यकारी पदाधिकारी या तो वंशानुक्रम से होते थे या उनका नामांकन होता था या चुनाव। ब्लन्ट, स्लीमेन, ओमैले, और हट्टन न बताया है कि सामाजिक मानदण्ड में जाति जितनी छोटी होती थी उतना ही मजबूत उनका संगठन होता था। मुकदमे के लिए अपनाया गया तरीका बहुत सरल व अनौपचारिक होता था।

इन जाति पंचायतों के अधिकारों के सन्दर्भ में कापड़िया (Sociological Bulletin, Sept. 1962:74) ने सन् 1962, 1912 तथा 1861 तक के कुछ उदाहरण दिये हैं। 1861 के समय के सन्दर्भ में उन्होंने महाराष्ट्र के एक सिविल न्यायाधीश का उदाहरण दिया है जिन्होंने एक विधवा से विवाह किया, किन्तु उनकी जाति पंचायत ने उनको बहुत अपमानित किया और अन्ततः पति-पत्नी दोनों को ही आत्महत्या करनी पड़ी। दूसरा उदाहरण एक ऐसे व्यक्ति का है जो लन्दन जाने के कारण जाति से बहिष्कृत कर दिया गया और वापस आने पर 1500 रु. का दण्ड देकर जाति में सम्मिलित हुआ। 50 वर्ष बाद 1912 के आस-पास के समय के सन्दर्भ में कापड़िया ने एक रमन भाई नामक व्यक्ति का उदाहरण दिया है जिसको अपने से निम्न जाति में खाना खाने के कारण जाति से निकाल दिया गया था; और दूसरा उदाहरण जयसुखलाल मेहता का दिया है जिसे अपनी विधवा बहिन की शादी कराने के कारण बहिष्कृत कर दिया गया था। 1962 की समय अवधि का सन्दर्भ देते हुए कापड़िया ने यह माना है कि जब जाति पंचायत को कानूनी आधार पर जाति-निष्कासन द्वारा अपने सदस्यों पर परम्परागत आदर्शों के अनुसार चलने के अधिकार प्रयोग से वंचित कर दिया गया, तब भी ये (जाति पंचायत) उनके मन व मस्तिष्क तथा व्यवहार को नियमित किए रहती हैं। 1994-95 में गांवों में जाति पंचायतों का कुछ प्रभाव हो सकता है, किन्तु नगर क्षेत्रों में उनका कोई प्रभाव नजर नहीं आता।

जाति की उत्पत्ति (Origin of Caste)

भारत में जाति की उत्पत्ति के विषय में अनेक सिद्धान्त प्रतिपादित किए गए हैं लेकिन कोई भी सिद्धान्त सही व्याख्या नहीं करता। रिज़ले ने जाति की उत्पत्ति प्रजातीय भिन्नताओं (racial differences) के कारण बताई, नेसफील्ड तथा इबेट्सन ने पेशे को इसका कारण बताया, अबे डुबॉयस (Abbe Dubois) ने ब्राह्मणों की भूमिका को इसका कारण बताया, और हट्टन ने "माना" (Mana) को। यहां हम कुछ ही सिद्धान्तों पर विचार करेंगे।

परम्परागत सिद्धान्त (Traditional Theory)

कुछ पश्चिमी एवं गैर-भारतीय विद्वानों जैसे स्यू (Hsu) ने हिन्दू समाज को अन्ध विश्वासों पर केन्द्रित समाज बताया है, जिसमें लोग भावमय (abstract) सत्य से प्रलोभित होते हैं तथा इस सत्य को रहस्यवाद द्वारा ढूंढ़ने का प्रयत्न करते है न कि विज्ञान द्वारा। ये विद्वान मानते हैं कि हिन्दू लोग

चरम सत्य (ultimate reality) से निकटता ढूंढते हैं और प्रत्येक वस्तु एवं घटना की व्याख्या ईश्वर तथा धर्म में ढूंढ़ते हैं। जाति जैसी संस्था की उत्पत्ति को ये "ब्रह्मा" के शरीर में खोजते हैं। परम्परात्मक सिद्धान्त के अनुसार जाति प्रणाली दैवी विधान (divine ordinance) द्वारा स्थापित की गई है या फिर कम से कम ईश्वर के अनुमोदन (divine approval) से तो अवश्य ही। इस सिद्धान्त का सबसे अच्छा विश्लेषण एस.पी. नगेन्द्र ने (See Unnithan, Towards a Sociology of Culture, 1968:262) दिया है। समाजशास्त्रीय सिद्धान्त की मान्यता है कि जाति प्रणाली मानव निर्मित (man-made) है या फिर कृत्रिम रुप से रचित (artificially-created) है और यह स्तरीकरण की प्रदत्त (ascriptive) प्रणाली है जिसमें प्रस्थिति तथा भूमिका का निर्धारण जन्म से होता है। परम्परागत सिद्धान्त जाति प्रणाली को एक स्वाभाविक (normal) व प्राकृतिक प्रणाली मानता है। इस सिद्धान्त के दो रूप हैं: मिथकीय (mythical) और आध्यात्मिक (metaphysical)।

मिथकीय कथन एवं पुराण-कथा के अनुसार चार वर्ण ही चार जातियां हैं और ये चारों जातियां ब्रह्मा के शरीर के चार अंगों से निकली हैं। इसके अनुसार जाति सामाजिक कार्यों का प्राकृतिक रुप से निर्धारित एक संगठन है तथा एक विशेष जाति में व्यक्ति की सदस्यता धर्म और कर्म सम्बन्धी सिद्धान्तों के आधार पर समझाई जा सकती है। गीता में भी भगवान कृष्ण ने कहा है: "मैने चार-स्तर व्यवस्था (चातुर्वर्ण) की रचना लक्षणों (गुण) तथा क्रियाओं (कर्म) के विभाजन के आधार पर की।" हमारी धर्म पुस्तकों में अनेक कथाएं हैं जिनमें जाति की उत्पत्ति के सम्बन्ध में परस्पर विरोधी तथ्य मिलते हैं। म्यूअर (Muir) ने जाति प्रणाली की उत्पत्ति से सम्बन्धित 152 पृष्ठों में संस्कृत की पुस्तकों से उदहारण एकत्रित किए हैं। इन सभी कथाओं में "कर्म" व "धर्म" के सिद्धान्तों की चर्चा है। "कर्म" सिद्धान्त के अनुसार व्यक्ति अपने पूर्वजन्म के कर्मों के अनुसार ही किसी विशेष जाति में जन्म लेता है। यदि पूर्वजन्म में व्यक्ति ने सत्कर्म किए हैं तो वह उच्च जाति में जन्म लेगा अर्थात किसी विशेष जाति में जन्म लेना केवल एक संयोग मात्र नहीं है। उस जाति में उसके जन्म का अर्थ है वह उसी के योग्य था (श्रीनिवास 1952: 25-26)। धर्म सिद्धान्त के अनुसार जो व्यक्ति जाति प्रणाली और अपनी जाति के मानदण्डों (norms) को स्वीकार करता है, वह "धर्म" के अनुसार जी रहा है, जबकि वह व्यक्ति जो उन मानदण्डों पर प्रश्न चिन्ह लगाता है, वह धर्म का उल्लंघन कर रहा होता है। धर्मानुसार आचरण पुरस्कृत होता है जबकि धर्म उल्लंघन करने वाला व्यक्ति दण्ड का पात्र होता है, चाहे यह लोक हो या परलोक। यदि कोई व्यक्ति इस जन्म में धर्म का आचरण करता है तो वह अगले जन्म में उच्च जाति व धनी परिवार में जन्म लेगा अन्यथा वह निम्न जाति में जन्म लेगा और कष्ट भोगेगा जिसका अर्थ है कि उसे पूर्व जन्म के कर्मों का दण्ड अवश्य मिलेगा और इस प्रकार वह भोग भोगेगा।

जाति का आध्यात्मिक (metaphysical) रूप जाति के लक्षणों, कार्यों तथा संस्तरण पर बल देता है। प्रत्येक जाति का अलग कार्य (function) होता है और यह कार्य उस (जाति) के सदस्यों के "स्वभाव" तथा "गुणों" पर आधारित होता है। हिन्दू दृष्टिकोण से व्यक्ति का स्वभाव दो गुणों में निहित हैं: गोत्रिका और नामिका। "गोत्रिका" का अर्थ वंशानुगत गुणों से है जो व्यक्ति अपनी वंश परम्परा अथवा गोत्र से प्राप्त करता है, और जिसकी वह अपने परिवार के सभी सदस्यों के साथ

भागीदारी करता है। "नामिका" व्यक्ति के गुणों से सम्बन्ध रखती हैं जो कि विशेष रुप से व्यक्ति के अपने होते हैं तथा वह व्यक्ति उन गुणों की परिवार के सदस्यों के साथ भागीदारी नहीं करता है। इस प्रकार "नामिका" (व्यक्तिगत गुण) व्यक्ति की अन्य व्यक्तियों से अलग पहचान कराते हैं तथा "गोत्रिका" गुण किसी एक विशेष समूह से उस (व्यक्ति) की पहचान कराते हैं। यही "गोत्रिका" गुण उसके प्रदत्त स्वभाव को निर्धारित करते हैं तथा जाति में उसे प्रस्थिति दिलाते हैं। यह तथ्य जाति व्यवस्था में वंशानुगत सदस्यता का लक्षण समझाते हैं।

"स्वभाव" तथा "कार्य" (व्यवसाय) को परस्पर अलग नहीं किया जा सकता। यह जाति के दूसरे लक्षण की व्याख्या करता है; वह है: "निश्चित व्यवसाय"। इसको इस प्रकार भी समझाया जा सकता है। प्रकार्य (functions) दो प्रकार के होते हैं: सामान्य (ordinary) तथा असामान्य/ असाधारण (extraordinary)। सामान्य प्रकार्य वे हैं जिनमें किसी विशेष दक्षता या कुशलता की आवश्यकता नहीं होती है, जबकि असाधारण प्रकार्य वे हैं जिनको करने के लिए विशेष ज्ञान की आवश्यकता होती है। असाधारण प्रकार्य फिर तीन प्रकार के होते हैं: (i) तकनीकी-आर्थिक प्रकार्य (techno-economic) (ii) राजनैतिक वैधानिक प्रकार्य (politico-legl) (iii) सांस्कृतिक-धार्मिक प्रकार्य (cultural-religious)। तकनीकी- आर्थिक प्रकार्य साधन-परक (means-oriented) कार्य होते हैं; राजनैतिक-वैधानिक प्रकार्य साध्य-परक (end-oriented) कार्य होते हैं; और सांस्कृतिक-धार्मिक प्रकार्य साधक-परक (agent-oriented) कार्य होते हैं। क्योंकि अन्तिम प्रकार्य साधक परक सांस्कृतिक-धार्मिक का उद्देश्य जीवन का चरम लक्ष्य प्राप्त करना होता है, इसलिए जो लोग इन प्रकार्यों को पूरा करने में लगे होते हैं उन्हें समाज में उच्चतम प्रस्थिति प्राप्त होती है। दूसरी ओर जो लोग साधारण प्रकार्यों में लगे होते हैं उन्हें निम्नतम प्रस्थिति प्राप्त होती है।

इन दोनों के बीच वे व्यक्ति हैं जो प्रशासनिक-सैनिक (राजनैतिक-वैधानिक) और आर्थिक-व्यापारिक (तकनीकी-आर्थिक) प्रकार्यों में लगे हुए हैं। चूंकि राजनैतिक-वैधानिक अथवा साध्य-परक प्रकार्य तकनीकी-आर्थिक अथवा साधन परक प्रकार्यों की अपेक्षा अधिक महत्वपूर्ण होते हैं, अतः जो लोग प्रशासन आदि में लगे होते हैं उन्हें निश्चय उच्च प्रस्थिति प्राप्त है अपेक्षाकृत आर्थिक-तकनीकी प्रकार्यों के। ब्राह्मण सांस्कृतिक-धार्मिक प्रकार्यों में लगे हैं, क्षत्रिय राजनैतिक-वैधानिक प्रकार्यों में, वैश्य तकनीकी-आर्थिक प्रकार्यों में, और शूद्र सामान्य प्रकार्यों में। प्रथम तीन "द्विज" श्रेणी में आते हैं, क्योंकि उनको पूर्व जन्म में प्रशिक्षण प्राप्त हुआ था। उपरोक्त तथ्य चार वर्णों की संस्तरणात्मक व्यवस्था की व्याख्या करते हैं, जिन्हें परम्परात्मक सिद्धान्त में चार जातियाँ माना गया है।

प्रकार्यों के अन्तर के आधार पर संस्तरणात्मक संगठन में खानपान सम्बन्धी बन्धनों का अस्तित्व स्वाभाविक ही है। इन प्रतिबन्धों के अभाव में प्रकार्य विभाजन का उद्धेश्य ही पीछे रह जायेगा। अतः समूहों के विभिन्न धार्मिक क्रियाकलापों एवं विवाह प्रतिबन्धों की व्याख्या स्वयं ही हो जाती है। यही परम्परात्मक सिद्धान्त का आध्यात्मिक पक्ष है।

जाति की उत्पत्ति के सिद्धान्तों में परम्परात्मक सिद्धान्त विद्वानों द्वारा विशेष रुप से दो कारणों से अस्वीकार किया गया है—प्रथम, यह सिद्धान्त जाति को स्वाभाविक घटना मानता है; द्वितीय, यह

चार वर्णों को ही चार जातियां बताता है। यदि इसे स्वीकार कर लिया जाये तो इसका अर्थ होगा कि जाति नहीं बल्कि वर्ण ही जाति व्यवस्था की इकाई है; किन्तु हम जानते हैं कि यह सही नहीं है। इस सन्दर्भ में एम.एन.श्रीनिवास (1962:63-69) ने भी लिखा है कि जाति के आधार पर समाज का चार भागों में विभाजन तथ्यों का एक विशुद्ध सरलीकरण मात्र है। जाति व्यवस्था की वास्तविक इकाई "वर्ण" नहीं अपितु "जाति" है, जो एक छोटा अन्तर्विवाही समूह है, जो परम्परागत व्यवसाय अपनाता है, तथा जिसे कुछ सांस्कृतिक, धार्मिक व न्यायिक स्वायत्ता प्राप्त है। इस व्याख्या से "वर्ण" का महत्व कम नहीं होता, बल्कि "वर्ण" और "जाति" शब्दों का अन्तर स्पष्ट होता है।

ब्राह्मणीय सिद्धान्त (Brahminical Theory)

फ्रांसीसी विद्वान अबे डुबॉयस (Abbe Dubois, A Description of the People of India, 1817, हट्टन द्वारा उद्धरित, 1961) का मानना है कि भारत में जाति प्रथा का उद्‌भव और विकास ब्राह्मणों के द्वारा बनाई गई एक चतुर योजना है जो कि ब्राह्मणों ने अपनी सत्ता चिरस्थाई रखने के लिए रची थी। ब्राह्मणों ने गैर-ब्राह्मणों के साथ खाने-पीने, विवाह, तथा सामाजिक सम्बन्धों में प्रतिबन्ध लगा दिए जिससे उनकी धार्मिक पवित्रता बनी रहे जो कि उनके द्वारा किए जाने वाले पुरोहिती कृत्य करने के लिए आवश्यक है। साथ ही उन्होंने स्वयं को "ब्राह्मन" और अन्य ग्रन्थों में ऊंचा पद दिया और अपने लिए विशेषाधिकार और परमाधिकार बना लिए और अन्य सभी लोगों को निम्न पद प्रदान किया। ब्राह्मणों ने कहा: "ब्राह्मण जो कुछ कहता है वह सामाजिक आदर्श (norm) है और समाज की समस्त सम्पत्ति ब्राह्मणों की है।" एक ब्राह्मण चार पत्नियां रख सकता है तथा उसे कठोर दण्ड भी नहीं दिया जा सकता, यहां तक कि फांसी की सजा के योग्य अपराधों के लिए भी ब्राह्मण केवल सिर घुटाएगा। समाज और व्यक्ति की मुक्ति ब्राह्मणों द्वारा किए गए विस्तृत धार्मिक कृत्यों पर ही निर्भर होती है। ब्राह्मणों की मन्त्रणा के बिना राजा की प्रार्थना भी ईश्वर को अमान्य है। ब्राह्मण राजा के "पुण्य" में वृद्धि भी करता है, यहां तक कि हवन, यज्ञ व बलि द्वारा एकत्रित किए गए ब्राह्मण के "पुण्यों" में से सोलहवां भाग राजा के हिस्से में जाता है।"

धुर्ये (1961:169) का भी विश्वास है कि जाति की उत्पत्ति में ब्राह्मणों की प्रमुख भूमिका है। अतः वे ब्राह्मण सिद्धान्त का समर्थन करते हैं। उनकी मान्यता है कि वे सभी विविध कारक जो जाति-समाज की विशेषता बताते हैं, ब्राह्मणों के उन प्रयत्नों का फल हैं जो उन्होंने स्वयं को आदिवासियों तथा शूद्रों के धार्मिक व सामाजिक सम्पर्क से पृथक रखने तथा ब्राह्मण सभ्यता को ऊंचा बनाए रखने के लिए किए थे। जब "आर्य" भारत में आए तब वे स्पष्ट रुप से तीन "वर्गों" में बँटे थे, लेकिन जब यह चौथा वर्ग "शूद्र" बनाया गया तब ब्राह्मण साहित्य ने "शूद्रों" को अन्य तीन "वर्गों" के विरोध में चौथे वर्ग के रुप में स्थापित किया। अतः "आर्य" और "दास" के वैदान्तिक विभाजन का ब्राह्मणों ने "द्विजाति" और "एकजाति" (शूद्र) में पुनर्वर्गीकरण किया। ब्राह्मणवादी संस्कृति का एक महत्वपूर्ण भाग था बलिदान सम्बन्धी कर्मकाण्ड, लेकिन इसको भी बढ़ा चढ़ा कर प्रस्तुत किया जाने लगा। "सूत्र" कालचक्र में ब्राह्मणों के सांस्कारिक पवित्रता के आदर्श तुनुकमिजाजी होते गये जिसका स्पष्ट आभास हमें उन नियमों से स्पष्ट होता है जो सामान्य व्यवहार, आचरण तथा पवित्रीकरण के लिए बनाए गए थे। ब्राह्मणों ने सर्व प्रथम अपने ही सदस्यों की

दिशा-निर्देश के लिए नियम बनाए क्योंकि आंशिक रुप से वे वैदिक कृत्यों की पवित्रता को सुरक्षित रखना चाहते थे, आंशिक रुप से वे अपने संस्कारों की शुद्धता बनाए रखना चाहते थे, और आंशिक रुप से वे आदिवासियों के ऊपर अपनी श्रेष्ठता की भावना से प्रभावित थे (धुर्ये,1961: 174) । समाज में जो सामाजिक प्रतिमान इस सर्वसम्माननीय वर्ग (यानि कि ब्राह्मणों) ने स्थापित किया, वह अन्य समूहों ने सम्मान प्राप्त करने के लिए नकल करना शुरु किया। इस प्रकार विवाह संबंधी तथा खान-पान सम्बन्धी मौलिक प्रतिबन्ध, जो समाज में केवल चार वर्गों के विचार पर आधारित थे, प्रत्येक समूह की विशेषताएं बन गए। अतः धुर्ये (1961: 172) ने स्पष्टतः लिखा है कि "भारत में जाति इण्डो-आर्यन संस्कृति के ब्राह्मणों का बच्चा है जो कि गंगा और यमुना के मैदान में पला है और वहां से देश के दूसरे भागों में ले जाया गया है"।

हट्टन (1961:17) बहरहाल अनुभव करते हैं कि जाति की उत्पत्ति के विषय में ब्राह्मणीय सिद्धान्त को स्वीकार करना कठिन है। उन्होंने इसके विपक्ष में दो तर्क दिए हैं: (i) यदि इस सिद्धान्त को स्वीकार कर लिया जाये तो इसका अर्थ होगा कि जाति का उद्‌भव तब हुआ होगा जब ब्राह्मणों ने राजनैतिक शक्ति प्राप्त की होगी। लेकिन हट्टन का मानना है कि जाति का उद्‌भव इतनी विलम्ब से नहीं हुआ होगा। (ii) जाति के समान गहरी जड़ों वाली संस्था किसी प्रशासनिक उपाय के द्वारा थोपी नहीं जा सकती है। लेकिन उपरोक्त दोनों ही तर्क असंगत हैं। कुछ विद्वानों के अनुसार ब्राह्मणों ने उच्च प्रस्थिति तथा विशेष परमाधिकारों का दावा ई.पू. द्वितीय शताब्दि में राजनैतिक अधिकारों की प्राप्ति के बाद नहीं किया, बल्कि ई.पू. पाँचवीं शताब्दि में किया जब उन्होने "ब्राह्मण" ग्रन्थ की रचना की। "ब्राह्मण" की रचना का अवसर उन्हें क्षत्रियों के बीच युद्धों में मिला जब देश पर शासन करने वाले क्षत्रियों ने ब्राह्मणों की श्रेष्ठता मानने से इन्कार कर दिया था। अतः क्योंकि "ब्राह्मण" ग्रन्थ आदि काल में लिखे गये थे, हट्टन की यह मान्यता सही नहीं है कि अगर (जाति की उत्पत्ति सम्बन्धी) ब्राह्मणीय सिद्धान्तों को स्वीकार किया जाता है तो हमें यह मानना पड़ेगा कि जाति व्यवस्था बहुत देर से उत्पन्न हुई होगी। हट्टन का दूसरा तर्क भी ठीक नहीं है क्योंकि ब्राह्मणों ने अपनी श्रेष्ठता प्रशासनिक साधनों से नहीं बनाई, अपितु लोगों की धार्मिक भावनाओं को भड़का कर बनाई। परन्तु हम इस विचार से सहमत हैं कि जाति की उत्पत्ति किसी एक कारक से नहीं हुई, जैसा कि अबे डुबॉयस ने माना है। इस प्रथा की रचना में आर्थिक, प्रजातीय, धार्मिक और अन्य कारक भी अवश्य ही उत्तरदायी रहे होंगे। अतः हम अन्य कारकों की भूमिका को भी समझने का प्रयास करेंगे।

प्रजातीय सिद्धान्त (Racial Theory)

हरबर्ट रिज़ले इस सिद्धान्त के सबसे बड़े प्रतिपादक रहे हैं, यद्यपि इनके इस सिद्धान्त का अनुमोदन धुर्ये, मजूमदार, वैस्टरमार्क और अन्य विद्वानों ने भी किया है। इस सिद्धान्त के अनुसार संस्कृतियों के संघर्ष तथा प्रजातियों के सम्पर्क से भारत में जाति के निर्माण की प्रक्रिया संभव हुई (रिज़ले, 1915:56; धुर्ये, 1961: 119-135)। विश्व इतिहास में जब कभी किन्हीं लोगों ने दूसरे लोगों को अपने आधीन किया, विजेताओं ने पराजित लोगों की स्त्रियों को न केवल अपनी रखैल या पत्नी बनाया, अपितु अपनी लड़कियाँ उन्हें देने से मना कर दिया। जब ये दो समूह (पराजित व विजेता) एक ही प्रजाति के तथा एक ही रंग आदि के होते हैं, तो इनमें पूर्ण सम्मिश्रण (amalgamation) हो

जाता है, लेकिन यदि वे अलग-अलग प्रजाति या रंग के हों तो विकास की दिशा अलग रास्तों पर चलती है । इस प्रकार उच्च समूह की स्त्रियाँ और निम्न समूहों के पुरुषों के अनियमित मेल-जोल के कारण एक अर्द्ध-नस्ल (half-breed) का वर्ग बन जाता है जिसके सदस्य केवल आपस में ही विवाह करते हैं तथा हर दृष्टि से एक जाति के रुप में कार्य करते हैं ।

भारत में भी प्रवासी आर्यों के संस्कारों के बारे में अपने ही विचार थे । वे मूल निवासियों को अपने से निकृष्ट समझते थे । इसके अतिरिक्त, आर्य लोग पितृवंशीय थे जबकि पराजित मूल निवासी मातृवंशीय थे । उन्होंने आदिवासियों की लड़कियों से विवाह तो किया किन्तु अपनी लड़कियों को उन्हें नहीं दिया । ऐसे विवाहों से उत्पन्न बच्चों को समाज में निम्नतम स्थान प्रदान किया गया और उन्हें "चाण्डाल" कहा गया । अतः अर्द्ध-नस्ल समूह की उत्पत्ति तथा प्रजाति श्रेष्ठता की भावना परिणामतः जाति व्यवस्था के उत्पत्ति का कारण बन गये ।

रिज़ले (1915:70-72) ने जाति प्रथा के विकास के क्रम में छः प्रक्रियाओं का विश्लेषण किया हैं:

(i) परम्परागत व्यवसाय में परिवर्तन (Change in traditional occupation): नये व्यवसाय को धारण करके कोई भी जाति या उपजाति आखिर एक स्पष्ट जाति में विकसित हो जाती है ।

(ii) प्रव्रजन (Migration): पूर्व काल में जब आवागमन एवं संचार के साधन पूर्णरुपेण विकसित नहीं हुए थे तथा जब किसी एक जाति का छोटा भाग दूसरे क्षेत्र में निवास के लिए चला जाता था, तब उसके लिए अपने पैतृक समूह से सम्पर्क बनाए रखना कठिन होता था । धीरे-धीरे वह अपने मौलिक समूह से बिल्कुल कट जाते थे और इस प्रकार एक नई जाति का विकास हो जाता था ।

(iii) रीति-रिवाजों में परिवर्तन (Change in customs): प्रारम्भिक समय से जाति प्रथा की यह विशेषता रही है कि पुराने रिवाजों को छोड़कर नये रिवाज़ धारण किए जाते हैं, जिसके फलस्वरुप नई जातियों का निर्माण होता है ।

(iv) पुरानी परम्पराओं की सुरक्षा (Preservation of old traditions): कुछ जातियां अपनी परम्पराओं को सुरक्षित रखती हैं और उनके जरिए अपनी संस्था की पहचान बनाए रखती हैं । अपने आप को उन खण्डों से जिन्होंने नयी परम्पराएं या प्रथाएं अपनायी हैं अलग रखने के लिए वे नये नाम धारण कर लेते हैं और इस प्रकार एक नई जाति निर्माण हो जाती है ।

(v) हिन्दुओं की श्रेणी में अपने आपको मिलाना (Enrolling oneself into the rank of Hinduism): कभी-कभी या तो समूची जाति या उसका कोई भाग हिन्दुत्व में शामिल हो जाता है और जाति का एक नया नाम रख लेता है और इस प्रकार हिन्दुओं की श्रेणी में आ जाता है और दूसरी जातियों से स्वयं को भिन्न बना लेता है; उदाहरणार्थ, बंगाल के राजवंशी तथा मध्य प्रदेश के मारिया गोण्ड ।

(vi) उत्साही धार्मिकों की भूमिका (Role of religious enthusiasts): कभी-कभी धार्मिक उत्साही लोग अपने ही सिद्धान्तों का उपदेश देते हैं और उनके अनुयायी एक अलग पन्थ

(sect)बना लेते हैं जो कि अन्त में एक जाति के रुप में विकसित हो जाती है; जैसे कबीरपन्थी।

रिज़ले के प्रजातीय सिद्धान्त का समर्थन अनेक विद्वानों ने किया है। धुर्ये (1961:160) के अनुसार मूल निवासियों की तुलना में अधिक सभ्य एवं गौर वर्ण (fair)होने के नाते आर्यों ने अपना अलगपन दर्शाने की चेष्टा की है। सामाजिक व्यवहार में एकांतिक तथा संस्कारों की पवित्रता में उनका विश्वास मूल निवासियों से भिन्न था। वे मूल निवासियों के बारे में कठोर शब्द प्रयोग करते थे और उनके साथ सामाजिक क्रियाओं में अनेक प्रतिबन्ध लगाते थे। ये इण्डो-आर्यन लोग,जो कि रोमन्स, स्पेनिश, ईरानियन, पुर्तगालियों तथा एंग्लो-सैक्सन्स लोगों का मिला-जुला समूह था, मध्य एशिया से आकर लगभग 2500 बी.सी. में भारत के गंगा के मैदान में आकर बस गए थे। उनका धर्म क्योंकि वैदिक धर्म का प्रतिनिधित्व करता था, अतः उन्हें हम "वैदिक भारतीय" कह सकते हैं। ये लोग स्वयं को "आर्य" कहते थे और यहां के मूल निवासियों को बिना नाक वाले काले रंग के लोग कहते थे। उनके लिए आर्यों ने "दास" शब्द का प्रयोग किया जिसका ईरानी भाषा में अर्थ "शत्रु" है। धार्मिक विश्वासों के मानने और उनका पालन करने में आर्यों ने मूल निवासियों के प्रति असहनशीलता का रवैया नहीं अपनाया,यद्यपि प्रारम्भ में उन्होंने मूल निवासियों के विश्वासों और धार्मिक भावनाओं को कलंकित व बदनाम किया था। विविध विश्वासों के प्रति उनकी सहनशीलता इस सिद्धान्त पर आधारित थी कि धार्मिक एवं नैतिक विश्वास व्यक्ति तथा समूह के आध्यात्मिक विशालता के साथ पूर्ण रुप से समन्वित किए जाने चाहिये। आर्यों ने न केवल मूल निवासियों के उन विश्वासों व रीतियों को सहन किया जो उनके मूल सिद्धान्तों के साथ मेल नहीं खाते थे, बल्कि उनके कई विश्वासों का भी अपने साथ आत्मीकरण (assimilation) कर लिया। इस प्रकार कम से कम सामाजिक संगठन की तरफ तो जाति व्यवस्था एक कार्य-विधि (*Modus Operandi*) के रुप में थी जिसमें विविध विश्वासों एवं रिवाजों का भी समंजन (accommodation) किया गया। धुर्ये, एन. के दत्त (1931), डी.एन.मजूमदार (1952), और वेस्टरमार्क (History of Human Marriage, 1891) ने भी जाति व्यवस्था की उत्पत्ति संबंधी प्रजातीय सिद्धान्त का समर्थन किया है। वेस्टरमार्क का कहना है कि आर्यों के आगमन से पूर्व भारत में श्याम वर्ण के लोग रहते थे। मूल निवासियों की आर्यों के प्रति विद्वेष की भावना तथा आर्यों की उदासीनता जो मूल निवासियों के प्रति उनमें थी, दोनों ही तथ्यों ने आर्यों और अनार्यों में तीव्र भेद विकसित किये। इन्हीं भेदों के कारण जाति व्यवस्था का जन्म हुआ। हट्टन (1961) के विचार से भी प्रजाति जाति व्यवस्था की उत्पत्ति में एक आवश्यक कारक है।

यदि रिज़ले के सिद्धान्त को स्वीकार किया जाये तब तो जाति व्यवस्था न केवल भारत में होनी चाहिए बल्कि उन सभी समाजों में भी होनी चाहिए जिन पर अन्य प्रजातीय समूहों ने विजय प्राप्त की। रिज़ले का स्वयं का मत भी यही है कि जाति प्रथा भारत तक ही सीमित नहीं है, बल्कि यह तो स्पष्ट रुप से दक्षिण अमेरिका, कनाडा, मैक्सिको आदि में भी विद्यमान है। दक्षिण अमरीका में नीग्रो और विभिन्न मिश्रित प्रजातियाँ गोरे लोगों के कानूनी संघों से कटी हुई हैं। यही स्थिति कनाडा एवं मैक्सिको में अर्ध-नस्लों (half-breeds) में पाई जाती है जो मूल निवासियों से विवाह नहीं करते हैं, यद्यपि कभी-कभी वे विशुद्ध रक्त वाले यूरोपीय समूहों में विवाह कर लेते हैं (रिज़ले 1915:56:

नरमदेश्वर प्रसाद,1956:25) । अत: रिज़ले के सिद्धान्त की वैज्ञानिक व्याख्या के विश्लेषण हेतु इस प्रश्न पर विचार करेंगे कि क्या जाति एक अद्वितीय घटना है या नहीं ?

क्या जाति व्यवस्था भारत की एक अद्वितीय घटना है ? (Is Caste System Unique Indian Phenomenon?)

लीच,डयूमान्ट,पोकाक,बूगल,होकार्ट,हट्टन,सेनार्ट,हैरोल्ड गूल्ड,और श्रीनिवास,आदि विद्वानों की मान्यता है कि जाति एक ऐसी घटना है जो कि केवल भारत की ही विशेषता है, जबकि रिज़ले, विलियम क्रुक (William Crook), आदि की मान्यता है कि जाति एक सार्वभौमिक घटना है । ऐसे विद्वान भी हैं जिन्होंने जाति को नृशास्त्रीय श्रेणी (ethnographic category) में रखा है और इस रुप में जाति भारत में ही हिन्दू सामाजिक संगठन की विशेषता है । लेकिन जो लोग जाति को समाजशास्त्रीय श्रेणी में रखते हैं, वे मानते हैं कि यह (जाति) एक असाधारण कठोरता (exceptional rigidity) वाली वर्ग संरचना है । फ्रेडरिक नार्थ (देखें, लीच,1960:4) जिन्होंने मुस्लिम समाज की स्तरीकरण प्रणाली का उत्तरी पाकिस्तान में स्वात (Swat) में अध्ययन किया, यह पाया कि यद्यपि संकीर्ण सांस्कृतिक संदर्भ में वहां का प्रतिमान हिन्दू समाज से काफी भिन्न है, फिर भी जाति व्यवस्था वहां (स्वात में) भी इस रुप में मौजूद है कि सामाजिक समूह व्यवसाय से जुड़े हैं और श्रेणीबद्ध स्थितियाँ (hierarchical ranking) व श्रम संगठन की व्यवस्था हिन्दू जजमानी व्यवस्था के समान है । अत: उसने माना कि सांस्कृतिक घटना के रुप में नहीं परन्तु संरचनात्मक घटना के रुप में जाति व्यवस्था उत्तरी पाकिस्तान में मिलती है । लीच (1960: 5) और ड्यूमान्ट (1958) तथापि मानते हैं कि संरचनात्मक दृष्टि से भी जाति केवल भारत में ही सीमित है । वे कहते हैं कि जाति संरचनात्मक संगठन की एक विशेष किस्म (species) का संकेत करती है जो सर्व-भारतीय सभ्यता के चिरस्थायित्व रुप से जुड़ी हुई है । यलमैन (देखें, लीच,1960) ने बौद्ध सिंहलियों के अध्ययन में पाया कि वहां जाति का सैद्धान्तिक रुप तो है किन्तु व्यवहार में वह नहीं है और यह सिद्धान्त या विचार अन्तर्विवाह, अपवित्रता और पद स्थिति में वहां मौजूद हैं । तथापि ये विचार स्वेच्छा से स्वीकार कर लिए जाते हैं क्योंकि वे धार्मिक आधार पर नहीं बल्कि निकट सम्बन्धी समूह की वरीयता पर आधारित हैं ।

धुर्ये (1961:138-156) ने भारत के बाहर भी जाति के तत्वों का विश्लेषण किया है । इन तत्वों की खोज में उन्होंने मिश्र, पश्चिम एशिया, चीन, जापान, अमेरिका, रोम, तथा जनजातीय यूरोप, आदि का अध्ययन किया और पाया कि आदिवासी और आदि काल की सभी प्रमुख सभ्यताएं भी जन्म के आधार पर भेद को मानते थे । मध्य युग में समस्त यूरोप में आदिवासियों में, जिनमें कलाएँ व शिल्प न तो अधिक थे और न हीं विशिष्ट थे, कुछ वर्ग पाये जाते थे जिनकी प्रस्थिति निश्चित थी । लेकिन जहां कहीं भी पद मान्य थे, उनके प्रतिबन्ध व विशेषाधिकार व्यवसाय के सम्बन्ध में सामान्य थे । जीवन-साथी के चुनाव के सम्बन्ध में जन्म पर आधारित प्रतिबन्ध अपेक्षाकृत कम थे । जनजातीय इंग्लैण्ड, रोम व एशिया की सभ्यताओं में व्यवसाय पैतृक होते थे । निम्न वर्गों को अपने पैतृक व्यवसाय आदि बदलने की अनुमति नहीं थी । अत: एक व्यवसाय से बाहर निकलना लगभग असम्भव था और लड़के को जो अपने पिता के व्यापार को सीखने की सुविधा होती थी, वह प्रत्येक

पीढ़ी को उसी व्यापार में लगाये रहती थी। मध्य एवं उच्च वर्गीय लोगों को अपने व्यवसाय बदलने की अनुमति थी। इसके अतिरिक्त व्यवसायों का वर्गीकरण भी उच्च या निम्न के रुप में मौजूद था। विशिष्ट व्यवसाय सामुदायिक जीवन की एक विशिष्ट इकाई के रुप में होते थे। समाज स्पष्ट पहचान सहित दो, तीन, चार या पांच प्रस्थिति समूहों में बँटा था; जैसे, ब्राजील, साऊदी अरब में दो समूहों में, मैक्सिको, रोम में तीन समूहों में, मिश्र, ईरान आदि में चार समूहों में (मिश्र में योद्धा, पुजारी, तथा शिल्पी व कबीले), तथा जापान में पाँच समूहों में विभक्त थे। इन समूहों में आन्तरिक विवाह निषिद्ध थे। सभी संस्कृतियों में पुजारियों का पद सर्वश्रेष्ठ एवं आदर्श माना जाता था और उनका एक अलग से धार्मिक संगठन होता था। इस प्रकार से एक समाज में स्पष्ट रुप से चिन्हित (marked) प्रस्थिति-समूह, जो कि एक दूसरे से अधिकार तथा अयोग्यताओं के आधार पर विभक्त थे तथा अन्तर्विवाह के निषेधों के आधार पर एक दूसरे से अलग थे, इण्डो यूरोपीय संस्कृतियों की सामान्य विशेषताओं में से हैं।

अब प्रश्न उठता है कि क्या धुर्ये द्वारा किया गया विश्लेषण यह सिद्ध करता है कि जाति केवल भारतीय घटना नहीं है बल्कि दूसरी संस्कृतियों में भी पायी जाती है ? इसका उत्तर होकार्ट, बूगल और श्रीनिवास के दृष्टिकोणों से स्पष्ट होता है जो जाति को भारत की एक अद्वितीय घटना मानते हैं क्योंकि इसका महत्व धार्मिक है। श्रीनिवास (1962) लिखते हैं कि अपवित्रता (pollution) का विचार विभिन्न जातियों के बीच के सम्बन्धों को नियन्त्रित करता है। यह धारणा जाति प्रणाली की पूर्णरुपेण मौलिक धारणा है तथा "कर्म" व "धर्म" की धारणाओं के साथ जाति को एक अद्वितीय संस्था बनाती है। बूगल (1958: 29) (देखें, Dipankar Gupta; Social Stratification, 1991:73) ने लिखा है कि जाति व्यवस्था हिन्दू समाज में गहराई तक प्रविष्ट है जो कि अन्य किसी जगह नहीं है। अन्य सभ्यताओं में जाति की कुछ भूमिका है किन्तु भारत में यह सर्वाधिक है। इन्हीं कारणों से जाति व्यवस्था को भारत की अद्वितीय घटना माना गया है।

होकार्ट (1951:45) मानते हैं कि जातियाँ केवल परिवार है जिन्हें वंशानुक्रम से कर्मकाण्ड (ritual) में विभिन्न पद प्रदान कर दिए गए हैं। सेनार्ट (1930:26) का कहना है कि जाति भारत के लिए अद्वितीय है क्योंकि इसका निर्धारण नृवंशिय (ethnological), भौगोलिक एवं मनोवैज्ञानिक आधार पर होता है जो कि मूल रुप से भारतीय है। हट्टन (1961:46) जटिल उत्पत्ति के कारण ही जाति की अद्वितीयता की चर्चा करता है। इसका कहना है कि जाति अत्यन्त जटिल उत्पत्ति की संस्था है, इतनी जटिल कि इसकी प्रकृति के अनुसार इसे किसी एक क्षेत्र तक ही सीमित होना चाहिए। अतः निःसन्देह यह केवल भारत में ही पाई जाती है। हैरोल्ड गूल्ड (1986: 33) ने भी कहा है कि "जाति पूर्ण रुप से एक एकस्थानी (exclusively) भारतीय घटना है।

कुछ विचारकों की मान्यता है कि हम जाति की अद्वितीयता पर बातचीत कर सकते हैं यदि हम यह विश्लेषण करें कि भारत में क्या जाति हिन्दू धर्म तक ही सीमित है या कि अन्य धर्मों में भी मौजूद है। विलियम क्रूक (1896) का विश्वास है कि यह मानना गम्भीर मिथ्या धारणा होगी कि जाति हिन्दुत्व की ही विशेषता है। आर.के. मुकर्जी (1957:67) का भी विश्वास है कि जाति व्यवस्था भारतीय समाज के किसी धर्म विशेष की विशेषता न होकर एक विशिष्ट भारतीय संस्था है। लेकिन एक विचार यह है कि सांस्कृतिक दृष्टि से जाति एक विशिष्ट हिन्दू संस्था है। भारत में हिन्दुओं के

अतिरिक्त अन्य धार्मिक समूह हैं—मुस्लिम, ईसाई, जैन, पारसी, और सिख। जैनियों और सिखों में जाति प्रथा इसलिए है क्योंकि ये मूल रुप से हिन्दू हैं। मुस्लिमों में शिया और सुन्नी अन्तर्विवाही बन्द समूहों और ईसाइयों में कैथोलिक और प्रोटेस्टेन्ट समूहों को धर्म से कुछ लेना-देना नहीं है जैसे कि हिन्दुओं में जातियाँ जुड़ी हुई हैं। अत: जाति को हिन्दू समाज में जो विचार अद्वितीयता प्रदान करता है वह है जाति को कुछ धार्मिक आदर्शों के साथ जोड़ना, जैसे अपवित्रता (pollution), पुनर्जन्म, पाप, पुण्य, कर्म, धर्म, आदि। हिन्दू समाज के अतिरिक्त इस प्रकार का रुढ़िवादी रवैया अन्यत्र कहीं नहीं स्वीकार किया जाता। डैविस और गार्डनर (1968:16) ने यह सिद्ध करने का प्रयत्न किया है कि अमेरिका जैसे देश में भी पवित्रता (purity) व अपवित्रता का विचार विद्यमान है। उन्होंने इस सन्दर्भ में एक नीग्रो महिला का उदाहरण दिया है जो एक कोट वापस करना चाहती थी जो उसने एक गोरे की दुकान से खरीदा था। वहां सेल्स गर्ल ने उसे वापस स्वीकार करने से इन्कार कर दिया। परन्तु वास्तव में उसने इन्कार अस्वच्छता (uncleanliness) के कारण किया, न कि अपवित्रता (pollution) के डर से। यह विचार अमेरिका में विद्यमान है। इसलिए यह कहा जा सकता है कि जाति केवल भारत की ही अद्वितीय विशेषता नहीं है, अपितु हिन्दू समाज की भी है। जाति को अद्वितीय घटना कहते समय हमें इसके पीछे काम करने वाले आवश्यक सिद्धान्त को खोजना होगा; और यह सिद्धान्त केवल "पवित्रता एवं अपवित्रता" का ही हो सकता है जो कि केवल हिन्दुओं में ही पाया जाता है। होकार्ट (1950:46) का भी कहना है कि एक बार हमने अपने को पुर्वानुमानित विचारों से मुक्त कर लिया तो फिर हमें यह मानना होगा कि जाति का आधार कोई एक मौलिक सिद्धान्त है, और हमें (विचारकों को) इस सिद्धान्त की खोज अपने अन्दर नहीं अपितु उन व्यक्तियों में खोजनी होगी जो जाति व्यवस्था का पालन करते हैं, प्रतिदिन उसका अनुभव करते हैं और इस कारण उन्हें यह सही अनुभूति है कि इस (जाति) में आधारभूत (सिद्धान्त) क्या है। हिन्दू समाज में जाति व्यवस्था की अद्वितीयता रिज़ले के इस सिद्धान्त को काट देती है जो जाति की उत्पत्ति को प्रजातीय कारकों व विजय के संदर्भ में समझाता है। धुर्ये, मजूमदार, हट्टन, मुखर्जी, आदि जाति की उत्पत्ति में प्रजाति को केवल एक कारण नहीं अपितु अनेक कारकों में से एक कारक मानते हैं।

व्यावसायिक सिद्धान्त (Occupational Theory)

जाति प्रणाली की उत्पत्ति के विषय में इस सिद्धान्त के प्रतिपादक नेसफील्ड व उसके समर्थक डैन्जिल इब्बेटसन विश्वास करते हैं कि जाति की उत्पत्ति को प्रजाति या धर्म से कुछ लेना-देना नहीं है, बल्कि पेशा ही जाति व्यवस्था की उत्पत्ति के लिए उत्तरदायी है। नेसफील्ड (Brief View of Caste System of the North Western Provinces and Oudh, 1885: 88) मानते हैं कि एक पेशे की तकनीकी दक्षता वंशानुक्रम से एक पीढ़ी से दूसरी पीढ़ी को दे दी जाती थी तथा लोग एक ही पेशे को लम्बे समय तक अपनाते रहते थे और इस प्रकार "व्यावसायिक संघों" (occupational guilds) का अस्तित्व प्रारम्भ हुआ जिनको बाद में "जाति" कहा जाने लगा। उसके अनुसार, जाति प्रथा में संस्तरण (hierarchy) व्यवसायों से जुड़ी श्रेष्ठता व हीनता की भावना का नतीजा है। उनका मानना है कि किसी भी जाति का उच्च या निम्न दर्जा इस बात पर निर्भर करता है कि तत्सम्बन्धी उद्योग जिसका जाति प्रतिनिधित्व करती है, वह संस्कृति के विकसित या पिछड़ेपन की अवस्था से सम्बद्ध

है। वे धातु शिल्पियों (artisans) का उदाहरण देते हैं जो टोकरी बनाने वालों और धातु का प्रयोग न करने वाले पेशों में लगे लोगों से स्वयं को श्रेष्ठ समझते हैं। यह समझाते हुए कि ब्राह्मणों ने जातीय संस्तरण व्यवस्था में किस प्रकार श्रेष्ठ पद बना लिया, वे कहते हैं कि ब्राह्मण भी "पेशे" की दृष्टि से संस्कारों, बलि देने, यज्ञ, व जप में विशिष्टता लिए हुए थे। क्योंकि उस समाज में सामाजिक जीवन में यज्ञ और बलि का बड़ा महत्व था, इसलिये ब्राह्मण समाज में महत्वपूर्ण और सम्माननीय बन गए। इस प्रकार ब्राहमण ज्ञाति व्यवस्था में प्रथम थे और इसी मॉडल पर अन्य शेष जातियां बनीं (वही: 171-172)। फिर भी, पुरोहितपन प्रारम्भ में ब्राहमणों का एकाधिकार नहीं था। जब वे लोग एक विशिष्ट वर्ग के रुप में संगठित हुए तभी पुरोहितपन पैतृक हुआ। यही कारण है कि समुदाय के अन्य समूह सावधानी एवं रक्षा और विशेषाधिकारों के लिए विभिन्न जातियों में संगठित हो गए। अत: आंशिक रुप से रक्षा के उद्देश्य से और आंशिक रुप से अनुकरण की दृष्टि से अन्य जातियां आनुवंशिक बनीं। दूसरे शब्दों में नेसफील्ड ने जाति उत्पत्ति के दो कारण दिए हैं: (i) पेशा या व्यवसाय, और (ii) जनजाति का संगठन।

नेसफील्ड का समर्थन करते हुए डेन्जिल इब्बेटसन ने भी जाति की उत्पत्ति को तीन कारकों का परिणाम माना है: (i) जनजाति (ii) संघ (guilds) (iii) धर्म। वह कहते हैं कि जनजातियाँ पेशेवर संघों के रुप में विकसित हुई और वे (संघ) धार्मिक रुप से कार्य करने लगे और इस प्रकार सामाजिक विकास की प्रक्रिया में उनका जातियों के रुप में विकास हुआ।

अनेक विद्वानों ने नेसफील्ड और इब्बेटसन के सिद्धान्तों की आलोचना की है। सेनार्ट (Senart) ने एक प्रश्न रखा है कि चूंकि अनेक जातियां एक से अधिक पेशों में लगी हैं, वे अपने नाम किस प्रकार रखती हैं? क्या वे अपने प्रमुख (dominant) व्यवसाय पर नाम रखती हैं? सेनार्ट (Caste in India, 1930) दावा करते हैं कि रुसं में अनेक गाँव ऐसे हैं जहां समूची जनसंख्या एक ही पेशे में लगी होती है; जैसे, जूते बनाने में या बर्तन बनाने, आदि में। ये गाँव केवल समूहों का एकत्रीकरण नहीं हैं जो कि एक ही समुदाय के रुप में उदित हुए बल्कि ऐसे समुदाय के रुप में हैं जो केवल एक ही उद्योग में लगे हैं। व्यवसाय समूहीकरण का कारण ही है, अपितु समूहीकरण ही पेशेवर समुदाय के लिए उत्तरदायी होता है। तब फिर भारत में ऐसा क्यों नहीं है?

डी.एन. मजूमदार (1952:292) ने भी नेसफील्ड के विचारों की आलोचना की है, विशेषकर जातीय संस्तरण की, जिसमें पेशों के आधार पर श्रेष्ठता व हीनता की भावना का विकास बताया गया है। उनकी मान्यता है कि जातियों की प्रस्थिति पेशे की श्रेष्ठता व हीनता पर निर्भर नहीं करती है, बल्कि रक्त की शुद्धता की मात्रा और समूहों के एकाकीपन की सीमा पर निर्भर करती है। हट्टन (1961:43) भी विश्वास करते हैं कि नेसफील्ड का व्यावसायिक सिद्धान्त विभिन्न कृषिक जातियों के सामाजिक स्तर की व्याख्या नहीं करता है। उत्तर भारत में एक कृषिक जाति को उच्च स्तर प्राप्त है, लेकिन दक्षिण भारत में वही जाति भिन्न स्तर की गानी जाती है। विद्वानों ने नेसफील्ड के "अनुरक्षण क्रियाविधि" (defence mechanism) सिद्धान्त की भी आलोचना की है क्योंकि यह वैश्य और शूद्रों के लिए लागू नहीं होती।

इन सभी आलोचनाओं के बावजूद भी हम इस व्यवसाय सिद्धान्त को पूर्णरुपेण अस्वीकार नहीं कर सकते हैं क्योंकि इसका एक समाजशास्त्रीय महत्व है। समाजशास्त्रीय अर्थ में जाति समूह का

अध्ययन सामाजिक स्तरीकरण के विशेष पक्ष का अध्ययन है और जब कार्य का विशिष्टीकरण प्रारम्भ होता है तब प्रत्येक समाज का स्तरीकरण अनेक समूहों में हो जाता है और व्यवसायिक भूमिकाएं इतनी विविध हो जाती हैं कि प्रतिष्ठा और पुरस्कार के लिए भेद करना कठिन हो जाता है। एक ही व्यवसाय के लोग और उनके सगे-सम्बन्धी स्वतंत्रतापूर्वक से बार-बार एक दूसरे के साथ अन्तःक्रिया करते हैं। ये लोग "उप साँस्कृतिक समूहो" का निर्माण करते हैं जैसा कि हैरोल्ड गूल्ड (The Economic Weekly, 1961) ने कहा है, तथा प्रत्येक समूह का भिन्न जीवन स्तर, नैतिक दृष्टिकोण, सामाजीकरण के संरुप और शैक्षिक स्तर भिन्न होते हैं। ये उप-साँस्कृतिक समूह, जिन्हें भारत में जाति कहते हैं, वास्तव में पेशवर समूह हैं जिनको प्रदत्त (ascribed) प्रस्थिति प्राप्त होती है। वे हमारे समाज में दो कारणों से जटिल हो गये। हमारा समाज, जो कि उद्योगविहीन सभ्यता का समाज था, उसमें प्रदत्त-अभिमुख स्तरीकरण था जिसमें भूमिका और भूमिका आभोगी (occupant) एक दूसरे में संविलीन रहते हैं। ऐसा इसलिए है कि उद्योग विहीन सभ्यता में, तकनीक हाथ की एवं पशु शक्ति पर ही आधारित होती है और उत्पादक क्रियाएं नातेदारी समूहों में ही की जाती हैं। इसका अर्थ हुआ कि पेशे अन्तःपारिवारिक सामाजीकरण की प्रक्रिया का अंश हैं ओर इस प्रकार अभिभावक-बालक सम्बन्धों के अन्तरंग भाग के रुप में इनका आन्तरीकरण किया जाता है। पेशे जन्म से "विरासत" में प्राप्त होते हैं और रक्त रेखा (blood line) के रुप में अगली पीढ़ी को हस्तान्तरित कर दिए जाते हैं। इसीलिए वे व्यक्ति के अभिन्न अंग बन जाते हैं। यह विशेष रुप से अनुयोग्य (reprehensible) और पुरोहिती पेशों के लिए सही है। पेशों की आन्तरीकरण की इस प्रक्रिया ने सामाजिक गतिशीलता को भी रोका। संस्कारों की पवित्रता जैसे धार्मिक विचारों के साथ जुड़े होने के कारण वंशागत पेशों ने हमारी समाज व्यवस्था में स्थायित्व को विकसित किया। जब उद्योग रहित सभ्यता का परिवर्तन औद्योगिक सभ्यता में होता है तब पुराने प्रतिमान नवीन परिवर्तित समय के साथ आगे चलते हैं। इसीलिए जाति, जिसकी उत्पत्ति सदियों पूर्व हुई, आज भी आधुनिक भारत में पाई जाती है। फिर भी, जैसे-जैसे हमारे समाज में औद्योगीकरण विकसित परिस्थितियों में पहुंचेगा, इन जातियों का अर्थात् प्रदत्त प्रस्थिति पर आधारित व्यावसायिक समूहों का महत्व घटता जायेगा। अतः हम नेसफील्ड के सिद्धान्त को पूर्णरुपेण अस्वीकार करने की अपेक्षा पेशे को जाति की उत्पत्ति का एक महत्वपूर्ण कारक मान सकते हैं।

केतकर का सिद्धान्त (Ketkars' Theory)

केतकर (1909:16-28) ने जाति की उत्पत्ति प्रारम्भिक जनजातियों से तथा मनुष्यों की मनोवैज्ञानिक पक्षपाती प्रवृत्तियों (prejudicial tendencies) से मानी है। उनका विश्वास है कि जातियां विकसित जनजातियां या परिवर्तित (converted) वर्ग हैं। अनेक जनजातियां जो भारत के विभिन्न भागों में रहती थीं, विभिन्न इकाईयों के रुप में मौजूद थीं और अन्तर्विवाह प्रथा के चलन में आने के बाद वे सब यूरुपियन जनजातियों की तरह एक दूसरे में नहीं मिलीं। इनमें से अनेक जनजातियां आपस में संघर्षरत रहीं क्योंकि उनके सरदारों ने या तो सीमा के प्रश्न पर संघर्ष किया था या फिर एक कबीले के किसी व्यक्ति ने दूसरे कबीले की किसी लड़की का अपहरण कर लिया था। इन संघर्षों के कारण लोग दूसरी जनजातियों में विवाह की अवहेलना करते रहे और हर प्रकार से अपनी ही

जनजाति के सदस्यों के बीच अन्तर्क्रिया करते रहे। केतकर (वही: 26-30) आगे और मानते हैं कि "जाति व्यवस्था की उत्पत्ति" के विषय में बात करने की अपेक्षा, हमें "जाति के विविध लक्षणों की उत्पत्ति" के विषय में बात करनी चाहिए क्योंकि प्रत्येक लक्षण के पीछे उसकी उत्पत्ति का एक इतिहास है न कि पूरी जाति व्यवस्था का, क्योंकि जाति व्यवस्था के विभिन्न लक्षणों के विकास की प्रक्रिया में 3000 वर्ष का समय लगा। इस प्रकार केतकर के अनुसार "जाति की उत्पत्ति" कथन का कोई अर्थ नहीं है, यद्यपि अन्तर्विवाह की अपनी उत्पत्ति है, वंशानुगत पेशे और खानपान के प्रतिबन्धों की अपनी उत्पत्ति का इतिहास है, पुरोहितों की प्रभुता (ascendency) और उनकी प्रथाभाव की अपनी उत्पत्ति है, तथा पवित्रता और अपवित्रता की भी अपनी उत्पत्ति है। इस प्रकार इनमें से प्रत्येक घटना (लक्षण) की उत्पत्ति हो सकती है, लेकिन जब तक "जातियां" जैसे शब्द सामूहिक अभिव्यक्ति के रुप में रहेंगे तब तक "जाति व्यवस्था" की उत्पत्ति के विषय में विचार भी नहीं किया जा सकता।

तत्पश्चात केतकर प्रत्येक लक्षण के "मनोवैज्ञानिक" पक्ष की व्याख्या करते हैं। सबसे पहले वे "जाति व्यवस्था" के सबसे महत्वपूर्ण लक्षण अन्तर्विवाह की मनोवैज्ञानिकता की व्याख्या करते हैं। उनके अनुसार तीन कारकों के कारण अन्तर्विवाह चलन में आया: (i) व्यक्ति के स्वयं के समूह के सदस्यों के प्रति सहानुभूति की भावना के कारण (ii) रक्त शुद्धता बनाए रखने के कारण (iii) तथा यह साथी के साथ सामाजिक सामन्जस्य बनाए रखने में सहयोग करता है (वही:27-29)। वेस्टरमार्क (1891:362) ने भी कहा है कि सहानुभूति स्नेह को मजबूत बनाती है और स्नेह सहानुभूति को; और इसी प्रकार एक सी संस्कृति, जीवन का तरीका, व भावनाएं, आदि स्नेह और सहानुभूति को मजबूत बनाते हैं। केतकर (वही:29) के अनुसार श्रेष्ठता व हीनता की भावना या तो अन्तर्विवाह के कारण है या परिणाम है। किसी प्रजाति के लोग श्रेष्ठता या हीनता की भावना के कारण दूसरी प्रजाति में आपसी विवाह सम्बन्ध नहीं करेंगे। जब भारत के लोग सबसे पहली बार दक्षिण अफ्रीका में जाकर बसे तब उन्होंने वहां के मूल निवासियों के साथ विवाह सम्बन्ध नहीं बनाये क्योंकि वे उनसे अपने आप को श्रेष्ठ समझते थे। इसी प्रकार, चीनी लोगों ने अमेरिका में बसने के बाद वहां के मूल निवासियों के साथ वैवाहिक सम्बन्ध स्थापित नहीं किए क्योंकि वे उनके प्रति पक्षपातपूर्ण भावना से पीड़ित थे। प्रव्रजन (migration) से पूर्व भारतीयों और चीनियों दोनों में ही श्रेष्ठता की भावना नहीं थी। यही संस्तरण का मनोविज्ञान है या अन्तर्विवाह के कारण श्रेष्ठता या हीनता की भावना है। जाति व्यवस्था में पुरोहितों की श्रेष्ठ स्थिति के सन्दर्भ में केतकर की मान्यता है (वही:30) कि पुरोहितों की श्रेष्ठता भारत तक ही सीमित नहीं है बल्कि प्रत्येक समाज में इसको मान्यता प्राप्त है। अतः हिन्दुओं में ब्राह्मणों को उच्च पद दिया जाना कोई आश्चर्यजनक तथ्य नहीं है। सामाजिक अन्तःक्रिया पर प्रतिबन्धों का मनोवैज्ञानिक विश्लेषण करते हुए केतकर ने कहा है कि यदि एक व्यक्ति जाति के आदर्शों से विचलित होकर स्वयं को अपनी ही जाति में अपमानित कर सकता है तो एक सम्पूर्ण जाति स्वयं को समाज में पतित क्यों नहीं कर सकती जब उसके सभी सदस्य जाति-आदर्शों की अवहेलना करते हैं या जब उसके सदस्य "निम्न" पेशों को अपना लेते हैं, या अपने सदस्यों को माँस-मदिरा के प्रयोग की अनुमति देकर, या फिर वधू मूल्य या बहु विवाह (polygamy) की अनुमति देकर? पतित लोगों एवं समूहों को सदैव अपमानजनक दृष्टि से देखा जाता है। इसलिए यदि एक जाति ने ऐसी पतित जाति पर अन्तःक्रिया के प्रतिबन्ध लगा दिए तो क्या ग़लत है? लेकिन क्योंकि यह नियम

सार्वभौमिक नहीं हैं और कुछ जातियां दूसरों की अपेक्षा अधिक सहिष्णु होतीं हैं, इसलिये कुछ जातियां जो जातीय आदर्शों की अवहेलना करती हैं तो निम्न स्थिति में गिनी जाती है किन्तु सभी जातियां नहीं । यह नियम अलग-अलग स्थान पर भिन्न-भिन्न होते हैं (वही:19-21) । अन्त में, जाति पंचायतों के अधिकारों या प्रभुत्व की चर्चा करते हुए केतकर मानते हैं कि यह सभी समूहों के साथ स्वाभाविक है कि वे अपने सदस्यों पर नियंत्रण रखने के उद्देश्य से किसी न किसी संस्था के निर्माण के विषय में सोचते हैं । इसीलिए, जाति पंचायतों की उत्पत्ति भी एक स्वाभाविक घटना है ।

केतकर के सिद्धान्त के आलोचनात्मक मूल्यांकन की आवश्यकता है । उनका मुख्य विचार कि जातियों की उत्पत्ति जनजातियों से हुई, शायद राइस (Rice) के टोटमवाद सिद्धान्त (1829) का स्वाभाविक परिणाम मालूम पड़ता है जिसके अनुसार जाति की उत्पत्ति टोटम तथा निषेधों (taboos) में विश्वास के कारण हुई । बी.एस. गुहा (1924) ने भी राइस के सिद्धान्त के समान ही सिद्धान्त का प्रतिपादन किया । बनर्जी (1930) ने भी बताया है कि जाति की उत्पत्ति आदिकाल के जादू-टोनों में विश्वास के कारण हुई । जनजातियों से जातियों की उत्पत्ति के सिद्धान्त को स्वीकार करने का अर्थ होगा उस तथ्य को स्वीकार करना कि जाति व्यवस्था का विकास आर्यों द्वारा न होकर मूल निवासी द्रविड़ों द्वारा हुआ । यद्यपि स्लेटर (Slator, 1929) तथा पारजिटर (Pargitor, 1922) जैसे विद्वानों का विश्वास था कि जाति आवश्यक रुप से द्रविड़ों की विचारधारा है और इस (व्यवस्था) को अर्ध-सभ्य आर्यों द्वारा अपना लिया गया था, लेकिन इतिहास को साक्ष्य के रुप में लिया जा सकता है कि जाति व्यवस्था पूर्व वैदिक काल में नहीं थी बल्कि इसका विकास उत्तर वैदिक काल में हुआ; अर्थात, पूर्व वैदिक काल के जनजातियों को जाति व्यवस्था की उत्पत्ति के लिए किसी भी हाल में उत्तरदायी नहीं ठहराया जा सकता है । केतकर के इस थीसिस का कोई आधार प्रतीत नहीं होता जब वह कहते हैं कि दूसरी जनजातियों के साथ सामाजिक अन्तःक्रिया पर प्रतिबन्ध अन्तः जनजातियों के संघर्ष का परिणाम था, क्योंकि यदि ऐसा था तो हम इस तथ्य की व्याख्या करेंगे कि जिन जनजातियों से संघर्ष बिल्कुल नहीं था, उनके बीच विवाह, खानपान, आदि पर प्रतिबन्ध क्यों लगे थे ? परन्तु विभिन्न लक्षणों की उत्पत्ति के विषय में मनोवैज्ञानिक मूल्यांकन की भावना के पीछे तर्क है । फिर भी, धार्मिक तथा सामाजिक राजनीतिक कारकों की भूमिका की अवहेलना नहीं की जा सकती है । केतकर द्वारा बताए गए मनोवैज्ञानिक कारक समूचे मानव समाज में समान हैं । अतः, जाति व्यवस्था की जड़ में जो मुख्य तत्व हैं, वे व्यक्ति के मनोवैज्ञानिक लक्षणों से कुछ और हैं । संस्कारों की पवित्रता (ceremonial purity) का ब्राह्मणों का विचार और आर्यों के प्रजातीय श्रेष्ठता को बनाए रखने का विचार, दोनों ही जाति की उत्पत्ति में निश्चित रुप से महत्वपूर्ण कारक हैं ।

सेनार्ट का सिद्धान्त (Senarts' Theory)

सेनार्ट (Caste in India, 1930) ने जाति व्यवस्था की उत्पत्ति का स्त्रोत आर्यों को माना है । उनकी मान्यता है कि जाति व्यवस्था के लक्षण आर्य प्रजाति की सभी शाखाओं में समान रुप से उपयोग और परम्पराओं का अंग हैं और ये समान लक्षण हैं: व्यक्तिगत जीवन, विवाह-भोजन, तथा संस्कारों को नियमित करने का क्षेत्राधिकार, कुछ विशेष आराधना के व्यवहार तथा निगमित संगठन, आदि । भारतीय, यूनानी और रोमवासी सभी तो आर्य हैं और उनकी सभ्यताएं प्राचीनतम हैं (वही:176) ।

सेनार्ट इन तीनों में कुछ समानताएं पाते हैं । जिस प्रकार भारत में तीन प्रमुख समूह है परिवार, गोत्र और जाति, उसी प्रकार जेन (gen), क्यूरिया (Curia) और जनजाति (tribe) रोम में, तथा परिवार, फ्रत्रिय (Pharatria) और फाइल (Phyle) यूनान में हैं । जिस प्रकार गोत्र भारत में बर्हिविवाही समूह है उसी प्रकार रोम में जेन तथा यूनान में फ्रत्रिय भी अपने ही समूह में विवाह सम्बन्ध सीमित रखते हैं । भारतीय ब्राह्मण और रोमन पादरी दोनों ही को अनुलोम (hypergamous) विवाह के अधिकार हैं । उसी प्रकार, जिस तरह भारत में विवाह के बाद स्त्री के गोत्र का परिवर्तन उसके पति के गोत्र में हो जाता है उसी तरह का रिवाज रोम में भी प्रचलित है । भारत के "हुक्का पानी बन्द" (बहिष्कार) रिवाज की तुलना रोम के एक रिवाज (Interdict acquae igni) से की जा सकती है । अन्त में, जैसे भारत में जाति पंचायतें हैं और सरपंच उसका मुखिया और सबसे अधिक शक्तिमान नेता होता है, उसी प्रकार रोम और यूनान में भी इसी प्रकार की शक्तिवान समितियां होती हैं । इस तुलना के आधार पर सेनार्ट मानते हैं कि जाति, प्राचीन आर्यों की संस्थाओं का सामान्य त्रिकसित रूप है । भारत में, तथापि विशेष दशाओं के कारण, जाति ने विशेष रुप धारण किया है ।

लेकिन दैहलमन (Dehlmann) तथा नरमदेश्वर प्रसाद जैसे विद्वानों ने सेनार्ट के सिद्धान्त की आलोचना की है । नरमदेश्वर प्रसाद (1956:27) की मान्यता है कि सेनार्ट से सहमति कठिन है क्योंकि उनके द्वारा दिए गए ऐतिहासिक समानान्तर साक्ष्य उत्पत्ति की व्याख्या नहीं करते हैं । उनका कहना है कि प्राचीन भारत में जाति व्यवस्था थी ही नहीं जैसा कि सेनार्ट ने बताया, बल्कि यह तो ब्राह्मण युग में विकसित हुई । लेकिन नरमदेश्वर प्रसाद की आलोचना व्यवहारिक नहीं है क्योकि सेनार्ट ने स्वयं यह स्वीकारा है कि जाति व्यवस्था वैदिक युग में भारत में नहीं थी । अपनी पुस्तक के प्राक्कथन (Preface, 1930: xiv), में उन्होंने लिखा है कि वैदिक स्त्रोत (मन्त्रों/ प्रार्थनाओं) में जाति का कोई संकेत नहीं मिलता, अर्थात, जाति थी ही नहीं। जाति के प्रारम्भ होने का उल्लेख ब्राह्मण-साहित्य में सेनार्ट के सिद्धान्त के विरुद्ध तर्क हैं: (i) जाति की उत्पत्ति केवल धार्मिक तत्वों के आधार पर नहीं समझाई जा सकती है । ऐसी जटिल संस्था की उत्पत्ति निश्चय ही अनेक तत्वों का ही नतीजा हो सकती है (ii) जाति को गोत्र से भ्रमपूर्वक गलत समझा जाता है ।

हट्टन का "माना" सिद्धान्त (Hutton's Theory of Mana)

हट्टन (1961) ने आदिम अवधारणा (conception) "माना" पर जातियों की उत्पत्ति के लिए ज़ोर डाला है, जिसका समर्थन शरद् चन्द्र राय, राइस, तथा स्मार्ट जैसे विद्वानों ने किया है। हट्टन (1961:184-185) के अनुसार "माना" एक अवैयक्तिक, अलौकिक तथा अदृश्य शक्ति है जो व्यक्तियों, वस्तुओं, व स्थानों में मिलती है । यह विश्वास किया जाता है कि "माना" को व्यक्तियों को हानि पहुंचाने की शक्ति है । जहां पर भी "माना" में विश्वास प्रचलित है वहां एक संरक्षक (protective) उपाय के रुप में "निषेध" में भी विश्वास मिलता है । अत: एक जनजाति के सदस्यों को दूसरी जनजातियों के "माना" से बचाने के लिए उन पर खान-पान, अन्तर्विवाह और पारस्परिक अन्तःक्रिया सम्बन्धी निषेध लगाये गये थे। हट्टन (वही:185) का कहना है कि जनजातियां अपरिचितों के खाने को खतरनाक मानती हैं । अत: दूसरों के साथ सहभोज पर प्रतिबन्ध तथा सम्पर्क रखने पर रोक इस विश्वास पर आधारित है कि ये (सहभोज और सम्पर्क) अपरिचितों के खतरनाक

"आत्मा-पदार्थ" (soul-matter) से संदूषित (infected) हो सकते हैं। यह "आत्मा-पदार्थ" विशेष रुप से संकटपूर्ण होगा अगर इन अपरिचितों में जादूई (magical) शक्ति होगी। ऐसे ही विश्वासों के कारण सहभोज सम्बन्धी निषेध की उत्पत्ति हुई। 1923-24 में नागाओं के अध्ययन में हट्टन को ऐसे गांव मिले जिनके निवासी न केवल अपरिचितों से तोहफा व रुपया लेने पर आपत्ति करते थे, अपितु अपनी भी किसी वस्तु को उन्हें देने के लिए अनिच्छित रहते थे, इस डर से कि कहीं उनके (अपरिचितों के) किसी प्रभाव में न आ जायें। इसी विश्वास के आधार पर नागा लोग मेहमानों को दी गयी व उनके द्वारा प्रयोग की गयी चटाइयों व अन्य वस्तुओं को भी उनके चले जाने के बाद नाश कर देते थे।

सहभोज के निषेधों की तरह ही अन्य निषेध भी लोगों को "माना" से बचाने के लिए लगाए गए। हट्टन (वही:189) का मानना है कि "माना" सिद्धान्त अन्य धर्मों में भी माना जाता है। बौद्धों में यह "इधि" (Iddhi), मुसलमानों में "कुदरत", और हिन्दुओं में "शक्ति" नाम से यह परिचित है। तथापि ऐसा लगता है कि ऋग्वैदिक आक्रमणकारियों के रुप में जब आर्य भारत में आये तो उनमें जो श्रेणीकृत (graded) सामाजिक वर्ग थे उनके सामाजिक और राजनैतिक प्रभाव के कारण ही हमारे उस समाज में सामाजिक प्राथमिकता का सिद्धान्त स्थापित हुआ जो पहले से ही निषेधों के कारण पृथक्कृत (isolated) समूहों में विभाजित था।

डी.एन. मजूमदार (1952) ने हट्टन की "माना" के आधार पर जाति की व्याख्या की आलोचना की है। वे मानते हैं कि दूसरे समाजों में भी जनजातियां "माना" में विश्वास करतीं हैं, लेकिन हमें वहां जाति व्यवस्था नहीं मिलती। भारत में यह (जाति व्यवस्था) प्रजातीय संघर्षों एवं भेदों का फल है। लेकिन यह सोचना गलत होगा कि हट्टन ने केवल "माना" में विश्वास के आधार पर ही जाति की उत्पत्ति समझायी है। वास्तव में उन्होंने जाति को भौगोलिक, सामाजिक, राजनैतिक, धार्मिक और आर्थिक कारकों की अन्तर्क्रिया का फल माना है जिनका ऐसा समुच्चय अन्य कहीं भी नहीं मिलता है। वे लिखते है कि (वही: 88): "यह बात नहीं सुझाई गई है कि जाति व्यवस्था केवल "माना" के विचार से या जादू या निषेधों से उत्पन्न हुई, बल्कि (इस विचार पर बल दिया जा रहा है कि) इन विचारों के बिना जाति व्यवस्था का विकास न हुआ होता। इन कारकों को चिन्हित करते हुए उन्होंने (वही: 190-191) ये कारक बताये हैं: अपवित्रता का विचार, प्रजाति संघर्ष, प्रजाति विजय, रंग भेद, विविध संस्कृतियों का संघर्ष, संघ (guilds), व्यवसायिक एवं शिल्पियों की समितियां, जानबूझ कर बनाई गई आर्थिक व प्रशासनिक नीतियां, बुद्धिजीवियों द्वारा शोषण, भारतीय भूभाग की भौगोलिक पृथकता, पुनर्जीवन, जादू में विश्वास, आदि। इस प्रकार उन्होंने शरद चन्द्र राय (Man in India, Vol 17, No 4:254) जैसे विद्वानों का "विविध कारक सिद्धान्त" (multiple factor theory) का समर्थन किया है। राय की मान्यता है कि जाति एक ओर तो इण्डो आर्य "वर्ण" व्यवस्था का और दूसरी ओर पूर्व द्रविड़ों की जनजातीय व्यवस्था और द्रविड़ों के व्यावसायिक वर्ग व्यवस्था के अन्तःक्रिया का प्रतिफल है। तत्पश्चात इस सबका समावेश "कर्म" सिद्धान्त में हो गया और बाद में पवित्रता (holiness) के निषेध से भी जो कि ब्राह्मणों को आध्यात्मिक शुद्धता के कारण प्राप्त हुआ। आर.के. मुकर्जी (1957:61) भी लिखते हैं कि समय के साथ अनेक कारक मिलकर भारतीय जाति व्यवस्था के विकास में सहायक हुए हैं।

अन्त में जाति की उत्पत्ति के सम्बन्ध में यह कहा जा सकता है कि "विविध कारकों" वाले सिद्धान्त को स्वीकार करते हुए यह मानना अनुचित नहीं होगा कि भारत में जाति व्यवस्था की उत्पत्ति के कारकों में प्रमुख इस प्रकार हैं: प्रजातीय-भिन्नताओं के कारण आर्यों की मूल निवासियों से श्रेष्ठता की भावना, ब्राह्मणों का एकाधिकार पूर्ण पुरोहितपन, पेशों की भिन्नता, और संस्कारों की पवित्रता और अपवित्रता से सम्बद्ध धार्मिक विचार जो कि आरम्भ में शूद्रों (मूल निवासियों) पर लागू किये गये थे और बाद में कुछ पेशों के प्रति वैचारिक अपवित्रता सम्बन्धी विचार के कारण अन्य समूहों पर भी लागू किये गये। जाति की व्याख्या में यद्यपि भौगोलिक तथा दार्शनिक विचारों का महत्व है, फिर भी उन्हें अधिक महत्व नहीं दिया जा सकता। इस सम्बन्ध में यह भी स्मरणीय है कि जाति व्यवस्था के विकास में अनेक कारकों का योग रहा है। समूहों की विखण्डन की प्रवृत्ति, एवं एकता की भावना तथा प्रत्येक जाति में "हम भाव" को कुछ निम्न सामाजिक-राजनैतिक कारकों द्वारा प्रश्रय मिला; जैसे, राज्य द्वारा कठोर सैनिक नियंत्रण का अभाव, कानून और प्रथा सम्बन्धी समान स्तर को लागू करने के लिए शासकों की अनिच्छा, विविध समूहों की भिन्न प्रथाओं को वैध मानने के लिए उन (शासकों) की तत्परता, तथा घटनाओं को अपने आप समायोजन करने के लिए समय देने की उनकी प्रवृत्ति। इन सभी कारकों ने कुछ भिन्नताओं पर आधारित जाति के निर्माण को प्रोत्साहित किया।

REFERENCES

Ahuja, Ram, "The Religion of Bhils", *Sociological Bulletin*, Bombay, March 1965.

Bailey, F.G., *Caste and the Economic Frontier*, Manchester University, Manchester, 1957.

Bailey, F.G., *Tribe, Caste, Nation*, Manchester University, Manchester, 1960.

Barth, Fredrik, "The System of Social Stratification in Swat, North Pakistan", in Leach E.R. (Ed.), *Aspects of Caste in South India, Ceylon and North West Pakistan*, Cambridge University Press, Cambridge, 1960.

Beteille, Andre, *Castes: Old and New, Essays in Social Stratification*, Asia Publishing House, Delhi, 1969.

Blunt, E.A.H., "Report on the Census of the United Provinces of Agra and Oudh," *Census of India*, Allahabad, 1911.

Bougle, C., "The Essence and the Reality of the Caste System", in *Contributions to Indian Sociology*, No. 2, 1958.

Dipankar Gupta, *Social Stratification*, Oxford University Press, Bombay, 1992.

Dube, S.C., *Indian Village* Routledge and Kegan Paul, London, 1955.

Dumont, L., "For a Sociology of India", in *Contributions to Indian Sociology*,

No. 1, The Hague.

Dubois, J. Abbe, *A Description of the People of India*, 1817.

Dutt, N.K., *Origin and Growth of Caste in India*, 1931.

Freed, S., "An Objective Method for Determining the Collective Caste Hierarchy of an Indian Village", *American Anthropologist*, 1963.

Ghurye, G.S., *Caste and Race in India*, Kegan Paul, London (1932) and Popular Prakashan, Bombay, 1969.

Ghurye, G.S., *Caste, Class and Occupation*, Popular Prakashan, Bombay, 1961.

Gould, Harold, "Castes, Outcastes and the Sociology of Stratification," *International Journal of Comparative Sociology*, Karnataka University, September, 1960.

Gould, Harold, *The Hindu Caste System*, Chanakya Publications, Delhi, 1987.

Gould, Harold, *Caste Adoptation in Modernising Indian Society*, Chanakya Publications, Delhi, 1988.

Hutton, J.H., *Caste in India: Its Nature, Function and Origin*, Oxford University Press, Bombay, 1961.

Ibbetson, Denzil, *Punjab Castes,* Lahore, 1916.

Kamble, B.R., *Caste and Philosophy in Pre-Buddhist India*, Parimal Prakashan, Khadkeshwar, Aurangabad, 1979.

Ketkar, S.V., *History of Caste in India*, Ithaca, New York, 1909.

Kroeber, A.L., "Caste", Article in *Encyclopaedia of Social Sciences*, London, Vol. 3, 1939, pp. 254-257.

Leach, E.R., *Aspects of Caste in South India, Ceylon and North-West Pakistan*, Cambridge University Press, Cambridge, 1960.

Mahar, Pauline M., "A Multiple Scaling Technique for Caste Ranking" in *Man in India*, Vol. 39, 1959, pp. 92-107.

Majumdar, D.N., *Races and Cultures of India*, Asia Publishing House, Bombay, 1952.

Majumdar, D.N., *Caste and Communication in an Indian Village*, Asia Publishing House, Bombay, 1958.

Marriott Mckim (Ed.), *Village India*, University of Chicago Press, Chicago, 1955.

Nagendra, S.P., "Traditional Theory of Caste" in Unnithan, T.K.N., *et.al* (Eds.), *Towards the Sociology of Culture*, Prentice Hall, Bombay, 1968.

Narmadeshwar Prasad, *The Myth of the Caste System*, Patna, 1956.

Risley, H.H., *The People of India*, W. Thacker & Co. London, 1915.

Ross, H. Laurence, *Perspectives on the Social Order: Readings in Sociology*, McGraw-Hill Book Co., New York, 1968.

Singh, Yogendra, "Caste and Class: Some Aspects of Continuity and Change", *Sociological Bulletin*, Bombay, Vol. 27, 1968.

Srinivas, M.N., *Religion and Society Among the Coorgs of South India*, Oxford University Press, Bombay, 1952.

Srinivas, M.N., *Caste in Modern India and Other Essays*, Media Publishers, Bombay. 1962.

अध्याय 13

जाति की परिवर्तित संरचना एवं भविष्य
Changing Structure of Caste and its Future

प्रारम्भिक संरचना (The Early Structure)

जाति-व्यवस्था, जिस रुप में वर्तमान में पाई जाती हैं, शताब्दियों की अवधि में विकसित हुई है। जाति-व्यवस्था के विवेचन के लिए हम भारत के इतिहास को चार युगों में बाँट सकते हैं: (1) प्राचीन युग, जिसमें (अ) वैदिक काल, (ब) ब्राह्मण काल, (स) मौर्य काल, (द) मौर्योत्तर (Post Maurya) काल (यानि कि, सांगा, कुषाण व गुप्त काल) तथा (ई) हर्ष वर्धन काल व अन्य काल सम्मिलित हैं (2) मध्य युग, जिसमें (अ) राजपूत काल और (ब) मुस्लिम काल सम्मिलित हैं। (3) ब्रिटिश युग, जिसमें (अ) पूर्व-औद्योगिक काल और (ब) स्वतंत्रता-पूर्व औद्योगिक काल सम्मिलित हैं। (4) स्वतंत्रयोत्तर काल।

***वैदिक या पूर्व-बौद्ध काल** (Vedic or Pre-Budhist Period, 4000-1000 B.C.)*

वैदिक काल में जाति के इतिहास और दर्शन पर हुआ कार्य वैदिक साहित्य में अनुसन्धान का परिणाम है, जिसमें वेद, ब्राह्मण और उपनिषदों का अध्ययन मुख्य रुप से सम्मिलित है। ऐतिहासिक संदर्भ में भारत का इतिहास ऋग्वेद से आरम्भ हुआ। यह माना जाता है कि वैदिक काल का प्रारम्भ 4000 ई.पू. से हुआ और 1,000 ई.पू. तक जारी रहा। (पी.वी. काने के अनुसार)। किन्तु, जाति के विश्लेषण के उद्देश्य से हम वैदिक काल को 1500 ई.पू. से (ऋग्वेद रचना का अनुमानित काल) 322 ई.पू. तक फैला हुआ मान लेते हैं। इस समय में चन्द्रगुप्त ने सत्ता प्राप्त की थी और मौर्य वंश का प्रारम्भ हुआ था जिसमें उपनिषदों के मूल विचारों की रचना एवं उनका उपदेश प्रारम्भ हुआ।

वैदिक काल में जाति-व्यवस्था के विषय में दो विचारधाराएं हैं। एक विचारधारा के अनुसार जाति-व्यवस्था का मूल आकार तो ऋग्वेद के प्रारम्भिक चरण से ही मौजूद था तथा ब्राह्मण, क्षत्रिय, वैश्य जातियों के तीन भाग भी मौजूद थे जिनको तत्कालीन ऋग्वेद समाज में मान्यता भी प्राप्त थी (इस विचारधारा के अनुसार "शूद्र" जाति उस चरण में अस्तित्व में नहीं थी तथा इसकी रचना ऋग्वेद के अन्तिम चरण में आर्यो द्वारा की गई)। दूसरी विचारधारा के अनुसार ये तीनों "जातियां" नहीं थीं, बल्कि "वर्ण" थे जो कि वंशानुगत (hereditary) नहीं थे बल्कि लचीले (flexible) थे। म्यूर जिमर (Muir Zimmer, *Philosophies of India*), बेबर (*The History of Indian Literature*, 1882) और धुर्ये (*Caste and Race in India*, 1932, 143) दूसरी विचारधारा के प्रमुख प्रवर्तक हैं। दूसरी ओर वे लोग हैं जिन्होंने इस विचार को अस्वीकार किया और प्रथम विचार का समर्थन किया है: जैसे, हॉग (Haug, *The Origin of Brahminism*, 1863) कर्न (Kern, Quoted in *Vedic Index*, Vol II, 250), दत्त (Dutt, *Origin and Growth of Caste in India*) और आप्टे (Apte, Bulletin of the Deccan College Research

Institute, Poona, November, 1940)। इनकी मान्यता है कि जाति-व्यवस्था ऋग्वेद काल में भी थी यद्यपि यह विकसित अवस्था में नहीं थी। बी.आर.काम्बले (B.R. Kamble, *Caste and Philosophy in Pre-Budhist India*, 1979: 16) ने हाल में ही बताया है कि ऋग्वेदिक काल में जाति व्यवस्था काफी उन्नत थी और उस समय यह लचीली नहीं थी बल्कि इसने अनेक बाधाएं खड़ी कर दी थीं।

***ब्राह्मण काल** (Brahmanical Period, 1000-600 B.C.)*

ऋग्वेदिक काल के अन्त से उत्तर-वैदिक काल का प्रारम्भ होता है, जिसे ब्राह्मण काल के नाम से भी जाना जाता है। इस काल के साहित्य में "ब्राह्मण" और "उपनिषद्" सम्मिलित हैं। इस युग की अनुमानतः 400 वर्ष की अवधि मानी जाती है, जिसका प्रारम्भ 1,000 ई.पू. से हुआ। इस काल में ब्राह्मणवाद के विकास का दर्शनीय रुप सामने आता है जिसमें ब्राह्मणों को धर्म के साधन द्वारा विशेषाधिकार प्राप्त हुए थे। बड़े राज्यों के उदय ने क्षत्रियों को वैश्यों और शूद्रों के ऊपर श्रेष्ठता प्रदान की, यद्यपि ये (क्षत्रिय) ब्राह्मणों की अपेक्षा अपनी द्वैतीयक स्थिति से असन्तुष्ट ही बने रहे। ई.पू. चौथी शताब्दी के आस-पास ब्राह्मण और क्षत्रिय संघर्ष की स्थिति में आ गए और प्रत्येक एक दूसरे पर अपनी श्रेष्ठता को स्थापित करने में व्यस्त हो गया। जनजातियों के समन्वय, नवीन सीमाओं की उपलब्धि एवं विस्तार, राज्यों के आकार में वृद्धि, तथा युद्धों में राजाओं के कुशल एवं सफल नेतृत्व ने क्षत्रियों की बढ़ती हुई शक्ति को और मजबूत बना दिया। एक ओर क्षत्रियों के बल और शक्ति में वृद्धि और परमाधिकार (prerogatives) की प्राप्ति और दूसरी ओर ब्राह्मणों की असम्भव माँगों के कारण दोनों में संघर्ष की स्थिति बनी। ऐसा होने से विविध सामाजिक समूहों के बीच अपनी स्थिति, विशेषाधिकारों, और निर्योग्यताओं के होते हुए सामाजिक सम्बन्धों की समस्या ने सर्वोच्च महत्व प्राप्त कर लिया। "संहिता" और "ब्राह्मण" साहित्यों में जाति भेद और भी स्पष्ट होकर उदय हुआ। इसके अतिरिक्त, चौथी जाति "शूद्र" आर्यो के समाज का अभिन्न अंग थी यद्यपि उनकी स्थिति निम्नतम थी। इस काल के साहित्य में चार जातियों का सन्दर्भ कई बार मिलता है और इस प्रकार चार "जातियां" स्थापित एवं कठोर हो गईं।

इसलिए, महाकाव्य काल (600-323 ई. पू.) में वर्ग भेद गहराता गया। क्षत्रिय शासकों के आपसी युद्धों का लाभ उठाते हुए ब्राह्मणों ने स्वयं को एक पृथक वर्ग के रुप में संगठित कर लिया। उत्तर-महाकाव्य काल में पुरोहित वंशानुक्रम से होने लगे; फलतः ब्राह्मण रक्त शुद्धता पर बल देने लगे। उन्होंने "गृहसूत्र" (700-300 ई. पू.) और "धर्मसूत्र" (600-300 ई. पू.) लिख कर सामाजिक जीवन को संगठित करने का जागृत प्रयत्न प्रारम्भ कर दिया। "गृहसूत्र" में व्यक्ति के जन्म से मृत्यु (दाह-संस्कार) तक कर्त्तव्यों का सूक्ष्मतम विवरण दिया गया और "धर्मसूत्र" में व्यक्ति के सामाजिक व्यवहार तथा सम्बन्धों की संहिता पर प्रकाश डाला गया। अतः, यह कहा जा सकता है कि जाति व्यवस्था का प्रारम्भ बिन्दु वैदिक काल का अन्तिम चरण (800-500 ई. पू.) और उत्तर-वैदिक काल (500-200 ई. पू.) था। क्योंकि सामाजिक स्तरीकरण (stratification) का आधार श्रम-विभाजन था, इसलिए मूल रुप में जाति व्यवस्था की अपेक्षा वर्ग व्यवस्था थी। जाति व्यवस्था की रचना में प्रजातीय (racial) कारक, व्यवसायिक पूर्वाग्रह, कर्म का दर्शन, तथा पवित्रता व अपवित्रता की

धार्मिक विचारधारा, सभी ने मिलकर योगदान किया है।

मौर्य काल *(Maurya Period, 322-184 B.C.)*

322 ई.पू. में नन्द वंश के पतन के पश्चात् मौर्य काल प्रारम्भ हुआ। इस काल के दो प्रमुख शासक थे, चन्द्रगुप्त मौर्य (322-298 ई. पू.) और अशोक (273-233 ई. पू.)। इस काल में यह सर्वप्रथम अवसर था जब कि सम्पूर्ण भारत राजनैतिक दृष्टि से एक हुआ था और एक व्यक्ति के शासन में आया था। राजनैतिक एकता के फलस्वरुप देश में सांस्कृतिक एकता का उदय हुआ। कौटिल्य की पुस्तक व लेखों से हमें इस काल में सामाजिक संगठन तथा जाति-व्यवस्था की कार्य प्रणाली का कुछ ज्ञान होता है। कौटिल्य जो कि एक ब्राह्मण और चन्द्रगुप्त मौर्य—एक शूद्र शासक—का मंत्री था, ने यह घोषणा करवाई कि शासन के कानून धर्म कानून से ऊपर होंगे और इस प्रकार उसने उन प्रतिबन्धों को शूद्रों से ऊपर से हटवाने का प्रयत्न किया जो ब्राह्मणों द्वारा उन पर थोपे गए थे। चन्द्रगुप्त मौर्य के पौत्र अशोक के समय में ब्राह्मणों के विशेषाधिकारों और अधिकारों को और आघात लगा। अशोक की धार्मिक नीति मुख्य रुप से सार्वभौमिक भ्रातृत्व (universal brotherhood) तथा सहिष्णुता (toleration) पर आधारित थी जिसमें जाति बन्धनों या भौगोलिक बाधाओं का कोई स्थान नहीं था। इस काल में वैदिक संस्कार उखाड़ फेंके गए थे और पशु-बलि पर रोक लगा दी गई थी। इन उपायों के कारण, इस काल में जाति-व्यवस्था एक कट्टर संस्था के रुप में विकास नहीं कर सकी।

उत्तर-मौर्यकाल *(Post-Maurya Period, 184 B.C.-600 A.D.)*

अन्तिम मौर्य शासक अपने ही ब्राह्मण सेनापति पुष्यमित्र सुंगा के द्वारा मार दिया गया था जो 184 ई.पू. में स्वयं शासक बन गया। उसने सुंगा वंश की स्थापना की जिसने 112 वर्ष तक शासन किया (184-72 ई.पू. तक)। पुष्यमित्र ब्राह्मणवाद का प्रबल समर्थक एवं संरक्षक था, जिस कारण शक्तिशाली व लड़ाकू ब्राह्मण प्रतिक्रिया उसके शासन की प्रमुख विशेषता बन गई। अतः सुंगा, कन्व (73-28 ई.पू.) और कुषाण (25 ई. के बाद-327 ई.प.) राजाओं के संरक्षण में ब्राह्मण धर्म के पुनर्जागरण (revival) तथा जाति-व्यवस्था के विकास को प्रेरणा प्रदान की गई। "मनुस्मृति" की सम्भावित तिथि 185 ई.पू. मानी जाती है। इस स्मृति तथा अन्य स्मृतियों के लेखन के माध्यम से वैदिक संस्कारों की पुर्नस्थापना सम्भव हुई और ब्राह्मणों ने शूद्रों पर पुनः अनेक प्रतिबन्ध लगाकर अपनी पुरानी सर्वश्रेष्ठ स्थिति प्राप्त कर ली। "मनुस्मृति" में उल्लेख है कि वह शूद्र जो द्विज का अपमान करता है उसकी जिह्वा काट ली जानी चाहिए; यदि वह किसी द्विज के नाम या जाति का तिरस्कार से उल्लेख करता है, तब दस अंगुली के बराबर लम्बी एक कील् उसके मुंह में ठूंस दी जानी चाहिए; यदि वह अभिमानवश ब्राह्मणों को उनका कर्त्तव्य बोध कराता है, तब राजा उसके मुंह और कानों में उबलता हुआ तेल डलवा देगा। यदि राजा धनाभाव के कारण मृत्यु की अवस्था में होता है तब भी वह वेद पारंगत ब्राह्मण पर किसी प्रकार का कर नहीं लगाएगा। इस प्रकार के उल्लेखों से कानूनी समानता बिल्कुल समाप्त हो गई तथा जाति- व्यवस्था कट्टर व्यवस्था के रुप में स्थापित हो गई और उसका एक नया ढांचा प्रकट हो गया।

यद्यपि ब्राह्मणवाद की पुनर्स्थापना की नींव सुंगा, कन्व और कुषाण वंशों में रखी गयी लेकिन

इसका यथार्थ विकास गुप्त काल (300 ई.प.-500 ई.प.) में हुआ, जिसे हिन्दू पुनर्जागरण का स्वर्ण-युग कहा जाता है। इस काल में ब्राह्मणवाद ही नृजातीय (ethnic) धर्म हो गया और जाति-व्यवस्था को एक नया जीवन मिला। फिर भी, जाति-व्यवस्था का इतना कठोर स्वरुप इस काल में देखने को नहीं मिलता है जितना कि अन्तर्विवाह, अर्न्तभोज तथा धन्धों के सन्दर्भ में, मुस्लिम और ब्रिटिश काल में देखा जाता है। विवाह नियम कुछ लचीले थे और विभिन्न जातियों में भी पारस्परिक विवाह होते थे। पूर्व ऐतिहासिक विचार कि शूद्र को द्विज की सेवा से ही सन्तुष्ट रहना चाहिए, न तो सिद्धान्त रुप में स्वीकार किया गया, न ही व्यवहार में पालन किया गया। इस काल में शूद्रों को कृषक, व्यापारी तथा दस्तकार बनने की अनुमति थी। तथापि, अस्पृश्यता लगभग वर्तमान रुप में ही मौजूद थी। अस्पृश्य लोग प्रमुख बस्तियों के बाहर ही रहते थे और बस्तियों में प्रवेश करते समय लकड़ी जला लिया करते थे ताकि लोग उनके आगमन से सूचित हो जायें और उनके सम्पर्क से बच सकें।

***हर्ष वर्धन तथा अन्य काल** (Harsh Vardhana and other Periods, 606-700 A.D.)*

गुप्त साम्राज्य के पतन के पश्चात उत्तर भारत फिर से छोटे-छोटे राज्यों में बँट गया और आगामी 50 वर्षों में छोटे-छोटे राज्यों का उदय हो गया। लेकिन हर्ष वर्धन के समय में छोटी इकाइयाँ केन्द्रीय आधिपत्य में आ गई और भारत में राजनैतिक एकता पुनः स्थापित हो गई। अतः गुप्त काल की भांति ही इस काल में भी जाति-व्यवस्था की वही संरचना बनी रही। इस काल के भारत की आर्थिक, सामाजिक तथा धार्मिक दशाओं का विस्तृत विवरण हमें चीनी यात्री हुएनसांग (Hieuntsang) के लेखों में मिलता है जो 630 ई.प. में भारत भ्रमण के लिए आया था और 643 ई.प. तक यहां रहा। वह लिखता है कि देश में ब्राह्मणों का वर्चस्व था, सामाजिक संरचना का संचालन जाति से होता था, और जो अस्वच्छ (unclean) व्यवसाय करने वाले व्यक्ति जैसे कसाई, मछुआरे, भंगी होते थे, उन्हें नगर की चार-दिवारी से बाहर रहना पड़ता था।

***राजपूत काल** (Rajput Period, 700-1200 A.D.)*

मध्य काल (700-1757 ई.प.) में राजपूत काल (700-1200 ई.प.) तथा मुस्लिम काल (1200 से 1757 ई.प.) सम्मिलित हैं। सातवीं शताब्दी के मध्य में हर्ष वर्धन की मृत्यु के साथ ही प्राचीन हिन्दू काल समाप्त हुआ और इतिहास का मध्यकाल प्रारम्भ हुआ। हर्ष की मृत्यु के पश्चात भारत फिर से छोटे-छोटे राज्यों में विघटित हो गया और प्रत्येक राज्य पर एक राजपूत शासक विराजमान हो गया। इस प्रकार यह काल (सातवीं शताब्दी के मध्य से बारहवीं शताब्दी के अन्त तक) उत्तर भारत में राजपूत शक्ति का उदय और उत्थान दर्शाता है।

हिन्दुओं में सांस्कृतिक जीवन राजपूत काल के प्रारम्भ में, अर्थात्, इस्लाम के आगमन से पूर्व, प्राचीन काल के अन्त में, यानि कि हर्ष वर्धन काल से, भिन्न नहीं था। इस काल की सामाजिक व्यवस्था को प्रभावित करने वाला सबसे महत्वपूर्ण एवं उल्लेखनीय तथ्य यह था कि देश बाह्य खतरों से मुक्त रहा तथा समस्त विश्व से, विशेषतः पड़ौसी देशों—जैसे चीन, जावा और सुमात्रा—से अलग-थलग रहा। लम्बी अवधि तक विश्व का कोई भी देश शेष विश्व से इतना कटा हुआ नहीं रहा जितना 500 वर्ष तक भारत कटा रहा। इसके दूरगामी प्रभाव हुए। भारतीय सामाजिक व्यवस्था में

परिवर्तन नहीं आया। समाज स्थिर हो गया तथा जाति- व्यवस्था में कठोरताएं बढ़ गई। ब्राह्मणों ने बहुत अधिक विशेषाधिकार प्राप्त कर लिए तथा पूजा-अर्चना में माँस, मदिरा व स्त्री प्रयोग की अनुमति भी प्रदान की गई। शंकराचार्यों द्वारा स्थापित "मठ" विलासी जीवन के केन्द्र बन गए। देवदासी प्रथा ने मन्दिर-वेश्यावृत्ति के विकास को उत्साहित किया जिससे नैतिक संहिता का पतन होने लगा। राजपूत अपने वंश के प्रति निष्ठावान थे और वंश के सम्मान के लिए युद्ध भूमि में मृत्यु को प्राप्त करना व्यक्तिगत विजय समझते थे। अपने वंश व उसके मुखिया के प्रति निष्ठा ने राजपूतों को सम्पूर्ण भारत के हितों के प्रति उदासीन बना दिया। परिणामस्वरुप, जब कभी विदेशी सेनाओं ने भारत पर आक्रमण किया, उनका सामना एकल रुप में ही किया गया, जिसमें एक-एक वंश ही उनके सामने गया जो देश के लिए अत्यन्त घातक सिद्ध हुआ। इस स्थिति में बड़ी संख्या में नई जातियों और उपजातियों का उदय हुआ। ब्राह्मणों ने जाति प्रतिबन्धों को और भी कस दिया तथा जाति संघों की बढ़ती हुई कठोरता से अपने बचाव में लग गए। सम्भवतः विघटन की प्रक्रिया ब्राह्मण जाति से ही प्रारम्भ हुई। प्राचीन ऋग्वेदी व यजुर्वेदी ब्राह्मणों के अतिरिक्त उनकी उपजातियों में वृद्धि होने लगी और वे अपनी क्षेत्रीय सीमाओं से पहचान बनाने लगे, जैसे कन्नौजिया ब्राह्मण, कोंकणी ब्राह्मण, तेलुगू ब्राह्मण, आदि। इस प्रकार क्षत्रियों और वैश्यों में भी विभाजन प्रारम्भ हो गया। उचित अन्तराल में बड़ी संख्या में व्यावसायिक जातियां जिनका आरम्भ में केवल व्यावसायिक संघों (guilds) के रुप में उदय हुआ था, स्पष्ट रुप से जातियां व उप-जातियां समझी जाने लगीं, जैसे जुलाहे, लोहार, बढ़ई, कलाल, मछुए, तथा ग्वाले। प्रत्येक जाति व उपजाति की नजर क्योंकि अपने ही हितों तक सीमित रही, इसलिए देश का राजनैतिक व सामाजिक जीवन बुरी तरह प्रभावित हुआ। इस प्रकार मुसलमानों के आगमन से पूर्व ही हमारे देश में जातियों की बहुलता व जाति नियमों के कठोर पालन के रुप में हमारी सामाजिक संरचना में बड़ा परिवर्तन आ गया था।

***मुस्लिम काल** (Muslim Period, 1200-1757 A.D.)*

इस्लाम के आगमन ने तथा मुस्लिम शासकों के संरक्षण में विकसित हो रहीं मूर्ति पूजा विरोधी प्रवृत्तियों ने भारत में ब्राह्मणवाद को सुरक्षित अनुसरण के लिए निर्विघ्न नहीं रहने दिया। वैसे तो सातवीं शताब्दी में भी मुसलमानों ने भारत में प्रवेश के अनेक प्रयत्न किए थे, किन्तु 711-713 ई.प. की अवधि में ही मौहम्मद बिन कासिम सिन्ध और मुल्तान पर विजय प्राप्त कर सका। फिर भी, अरब से आए मुसलमान इस क्षेत्र में लम्बे समय तक अपना आधिपत्य नहीं बनाए रख सके। इसके बाद महमूद गजनी ने दसवीं शताब्दी (995-1030 ई.प.) में पंजाब पर विजय प्राप्त की। किन्तु भारत में मुस्लिम साम्राज्य की स्थापना 1175 में महमूद गौरी द्वारा की गई। तीस वर्ष की अवधि में ही उसने भारत के अनेक भाग जीत लिए और इस प्रकार मुस्लिम काल का प्रारम्भ हुआ। मुस्लिम काल में भिन्न-भिन्न वंशों (dynasties) में, [अर्थात गुलाम वंश (1206-1290), खिलजी वंश (1290-1320), तुगलक वंश (1320-1412), सैय्यद वंश (1414-1451), लोदी वंश (1451-1525) और मुगल वंश (1526-1757) जिसमें बाबर (1526-1530), हुमायूं (1530-1540) और (1554-1555), अकबर (1556-1605), जहांगीर (1605-1627), शाहजहाँ (1627-1658), औरंगजेब (1658-1707) और उसके उत्तराधिकारी बहादुरशाह

(1707-1857) के शासन काल सम्मिलित हैं] जाति प्रथा और भी कठोर हो गई क्योंकि मुस्लिम लचीले हिन्दू खेमें में न समा सके। इनका इस्लाम धर्म एकेश्वरवादी (monotheistic) (यानि कि यह सिद्धान्त कि केवल एक ही खुदा है) होने के कारण बहुदेववाद (polytheism) के साथ समझौता न कर सका। इसलिए हिन्दू और मुस्लिम एक दूसरे से घुल-मिल न सके। क्योंकि मुसलमानों ने भारत में एक धार्मिक आन्दोलन छेड़ा और हिन्दुओं को इस्लाम अपनाने में लग गए, अतः ब्राह्मणों ने हिन्दुओं के धर्म परिवर्तन के उत्तरदायित्व को सम्हालते हुए उन पर और अधिक कठोर बन्धन लगा दिए, जिससे जाति- व्यवस्था और कठोर हो गई। यद्यपि इस युग में कुछ भक्त सन्तों ने, जैसे, रामानुज, कबीर, नानक, चैतन्य, तुकाराम, तुलसीदास, नामदेव, आदि, ने भक्ति का रास्ता दिखाया, जिसमें मूर्तिपूजा और जाति प्रथा की निन्दा की गई और प्राणी समानता का उपदेश दिया गया, अधिक कर्मकांडवाद का विरोध किया गया, और पुरोहित वर्ग के प्रभुत्व की निन्दा की, फिर भी यह भक्ति आन्दोलन जाति व्यवस्था को विघटित न कर पाया। हिन्दुओं के धार्मिक एवं सामाजिक क्षेत्र में ब्राह्मणों के प्रभुत्व का एक कारण यह भी था कि मन्दिरों पर नियंत्रण ब्राह्मणों के हाथ में था और मन्दिर केवल पूजा-अर्चना के लिए ही उपयोग नहीं होते थे, बल्कि वे राजनैतिक, सांस्कृतिक एवं शैक्षिक गतिविधियों के भी केन्द्र थे। ब्राह्मणों ने जाति भेद को यह घोषणा करके और भी अधिक कठोर बना दिया कि मुसलमानों को तथा उनके लिए काम करने वाले सभी हिन्दुओं को "मलेच्छ" माना जायेगा। इस प्रकार सुनार, लोहार, नाई, धोबी और खाती आदि जातियां निम्न प्रस्थिति वाली जातियां मानी जाने लगीं। पुराणों को पुनः लिखा गया और नये आदेश जारी किए गए, जिससे जाति-व्यवस्था और भी कठोर बन गई।

पूर्व-औद्योगिक ब्रिटिश काल *(Pre-Industrial British Period, 1757-1918 A.D.)*

सत्रहवीं शताब्दी के प्रारम्भ में ईस्ट इण्डिया कम्पनी ने मुगल शासकों से व्यापार सम्बन्धी कुछ विशेषाधिकार प्राप्त कर लिए थे। शीघ्र ही कम्पनी ने मुगलों व मराठों के हाथों से सत्ता भी छीन ली और इस प्रकार 1774 से ब्रिटिश काल प्रारम्भ हो गया और वारेन हेस्टिंग्स भारत के प्रथम गवर्नर जनरल नियुक्त किए गए। ब्रिटिश शासन काल में भौतिक विकास, शेष विश्व से हमारे सम्पर्कों के जुड़ने, सरकार की प्रशासन व सामाजिक-आर्थिक नीतियों, तथा कुछ वैधानिक उपायों के कारण हमारे धार्मिक विचारों, प्रथाओं एवं समाज की जाति संरचना पर भी बड़ा प्रभाव पड़ा। अंग्रेजों ने जाति पंचायतों के दंडनीय अधिकारों को दीवानी व फौजदारी अदालतों को सौंप दिया, जिसके कारण पंचायतों के अधिकार व सदस्यों पर नियंत्रण पर बड़ा प्रभाव पड़ा। 1850 के जाति निर्योग्यता उन्मूलन अधिनियम (Caste Disabilities Removal Act, 1850), 1856 के विधवा पुनर्विवाह अधिनियम, और 1872 के विशेष विवाह अधिनियम आदि ने भी जाति व्यवस्था को गहरा आघात पहुंचाया। कुछ सामाजिक उपायों द्वारा अस्पृश्य जातियों की कुछ निर्योग्यताओं को समाप्त करके अंग्रेजों ने जाति व्यवस्था पर और प्रहार किया। परन्तु ब्रिटिश सरकार ने ये सब कदम प्रशासन की दृष्टि से उठाए थे, न कि जाति-व्यवस्था को समाप्त करने के लिए। धुर्ये (1961: 190) ने भी लिखा है कि ब्रिटिश सरकार के अधिकतर कार्य प्रशासन की दृष्टि से किए गए थे, न कि जाति की कठोरताओं को समाप्त करने के लिए।

ब्रिटिश काल में समाज सुधारकों के कुछ आन्दोलनों ने भी जाति-व्यवस्था पर प्रहार किया। 1820 में राजा राम मोहन राय द्वारा संस्थापित तथा के.सी. सेन एवं देवेन्द्र नाथ टैगोर द्वारा प्रोत्साहासित किये गये ब्रह्म समाज आन्दोलन ने भी जाति विभाजन के बन्धनों को अस्वीकार किया एवं मूर्ति पूजा, पशु बलि, आदि का विरोध किया तथा सार्वभौमिकता (universalism) एवं मनुष्यों के भ्रातृत्व भाव पर बल दिया। 1849 में महाराष्ट्र में प्रार्थना सभा परमहंस सभा के नाम से आरम्भ हुई जो बाद में एक ईश्वरवादी (theistic) संगठन के रुप में जानी जाने लगी। न्यायाधीश रानाडे का समर्थन प्राप्त कर इस समाज ने समाज सुधार पर ध्यान केन्द्रित किया, जैसे, अन्तर्जातीय सहभोज, अन्तर्जातीय विवाह तथा विधवा पुनर्विवाह आदि। बाद में इसी प्रार्थना समाज से भारत सेवक समाज (Society of the Servants of India) का जन्म हुआ, जिसने समाज सुधार को प्रोत्साहन देने में महत्वपूर्ण भूमिका निभाई।

ब्रह्मो समाज तथा प्रार्थना समाज उन पुनर्जागरण सम्बन्धी विचारों के प्रतिफल थे जो पश्चिम से संबंधित थे और जो पश्चिमी तर्कवाद के प्रति भारतीय प्रतिक्रिया का प्रतिनिधित्व करते थे। समाज सुधार के क्षेत्र में दो और आन्दोलन प्राचीन ग्रन्थों एवं भारत के अतीत से प्रेरणा प्राप्त कर प्रारम्भ हुए। ये दो आन्दोलन—"आर्य समाज" और "राम कृष्ण मिशन"— आक्रामक हिन्दूवाद के पुनर्जागरण के लिए उत्तरदायी हैं।

आर्य समाज ने, जिसकी स्थापना स्वामी दयानन्द सरस्वती (1824-1883) ने की थी, सर्वप्रथम हिन्दुओं को आक्रामक होने का उपदेश दिया। आर्य समाज ने "स्मृतियों" एवं "पुराणों" को अस्वीकार कर दिया, बहु-ईश्वरवाद की निन्दा की, तथा "एक वेद", "एक धर्म", तथा "ऐकेश्वरवाद के दर्शन" को स्वीकार किया। आर्य समाज ने जाति तथा इसके द्वारा समुद्री यात्रा पर लगाये गये प्रतिबन्ध का विरोध किया और "सुधी" आन्दोलन प्रारम्भ किया तथा पतितों (outcastes), परिवर्तितों (converts), व बाह्य लोगों को पुनः हिन्दुत्व में लाने का कार्य प्रारम्भ किया। समाज सेवा की उत्कट इच्छा से प्रेरित आर्य समाज आज भी उत्तर भारत में हिन्दुओं के पुनर्उत्थान में महत्वपूर्ण कारक है।

रामकृष्ण मिशन प्राचीन और आधुनिक का समन्वय है। रामकृष्ण परमहंस की मृत्यु के दस वर्ष बाद उनके परम शिष्य स्वामी विवेकानन्द (1861-1902) द्वारा प्रारम्भ किये गये इस मिशन का उपदेश था कि जाति-व्यवस्था उनके लिए है जो ईश्वर से दूर होते हैं; इसलिए इसे समाप्त किया जाना चाहिए। यह शुद्ध वेदान्त सिद्धान्त को मानता है क्योंकि इसका आदर्श एवं उद्देश्य यह है कि व्यक्ति को अपनी सामर्थ्य के अनुरुप आध्यात्मिक विकास करना है। विवेकानन्द की साहसिक घोषणा कि जाति को हिन्दू वाद, धर्म या जन्म आदि से कुछ लेना-देना नहीं है और हिन्दू सभ्यता तथा संस्कृति सर्वश्रेष्ठ हैं, ने विश्व को चकित कर दिया तथा हिन्दुओं में नवीन चेतना का संचार किया, क्योंकि उस समय हिन्दुओं में यूरोपीय सभ्यता और संस्कृति के सामने स्वयं को हीन समझने की भावना व्याप्त थी।

दक्षिण भारत में ब्राह्मण बसवों द्वारा, जो "लिंगायत आन्दोलन" प्रारम्भ किया गया, उसने भी ब्राह्मणों की श्रेष्ठता का विरोध किया तथा मूर्तिपूजा और जाति-व्यवस्था को समाप्त करने का आग्रह किया।

यह सब प्रयत्न और आक्रमण जाति-व्यवस्था की कठोरताओं को समाप्त करने में सफल नहीं हुए, यद्यपि जाति की कुछ संरचनात्मक विशेषताओं पर निश्चय ही इनका प्रभाव पड़ा।

जाति-व्यवस्था को प्रभावित करने वाले तत्व (Factors Moulding the Caste System)

उपरोक्त विश्लेषण के आधार पर यह धारणा नहीं बनानी चाहिए कि समस्त जाति संरचना एक विशेष समय में विशेष स्वरुप लिए हुए थी और बाद में इसमें परिवर्तन किए गए, बल्कि ऐसे कुछ विविध कारकों का उल्लेख किया जा सकता है जो यह बताते हैं कि किस समय और किस स्थान पर उनका क्या प्रभाव पड़ा। लारेंस रॉस (Lawrence Ross, 1968: 407-08) ने इस संबंध में छः कारकों का उल्लेख किया है:

1. आर्यों से पूर्व के भोजन व व्यवसाय सम्बन्धी निषेध (Pre-Aryan Food and Occupational Taboos)

आर्यों के आगमन तथा उत्तर भारत में स्थापित होने से पूर्व भारत के मूल आदि-द्रविड़ों अर्थात् प्रोटोआस्ट्रेलियोड्स (Proto-Australoids) और ऑस्ट्रो एशियाट्क्सि (Austro- Asiatics) ने सह भोजन के विषय में विदेशियों के साथ, विशेष रुप से द्रविड़ भाषी अजनबियों के साथ, अनेक निषेध (taboos) लागू कर दिए थे। यह विश्वास था कि अजनबियों द्वारा छुआ हुआ भोजन व कलाकृतियां "माना" या जादू को निष्प्रभावी कर देगीं और इस प्रकार खाने वालों पर खतरनाक प्रभाव छोड़ेंगी। इन पूर्व-द्रविड़ों के प्रतिनिधि वर्तमान में आसाम के नागा लोग हैं जो अभी भी अजनबियों के साथ भोजन का निषेध करते हैं।

2. जनजातीय एकता (Tribal Cohesion)

मूल जनजातियों ने धीरे-धीरे हिन्दुओं के धार्मिक व सामाजिक व्यवस्थाओं में प्रवेश करना प्रारम्भ कर दिया; फिर भी, उन्होंने अपनी सामाजिक-धार्मिक लोक रीतियों और तरीकों पर आधारित अपनी मौलिक एकता को बनाए रखा। हिन्दुओं ने भी उनके रिवाजों को सहन किया और समझौते की भावना से उनकी प्रथाओं को जारी रखने की अनुमति प्रदान कर दी। इस प्रकार जनजाति अन्तर्विवाही जाति बन गई। सात्मीकरण (assimilation) की यह मन्द प्रक्रिया भारत के अनेक भागों में विकास के विभिन्न अवस्थाओं में देखी गई है।

3. जातीय शुद्धता की आर्यों की इच्छा (The Aryan Desire for Racial Purity)

ई.पू. द्वितीय शताब्दी में जब आर्यों ने भारत में प्रवेश किया तो वे तीन वर्गों में विभक्त थे: यौद्धा वर्ग या शासक वर्ग, पुरोहित वर्ग, एवं सामान्य जन। आरम्भ में एक वर्ग का दूसरे में प्रवेश सम्भव था। आर्यों ने, जो अपनी प्रजातीय शुद्धता (racial purity) बनाए रखना चाहते थे, मूल निवासियों के साथ विवाह का निषेध कर दिया। आज तक भी उच्च जाति के लोगों की चमड़ी निम्न जातियों के अपेक्षाकृत गोरी तथा उनकी तीखी नाक होती है।

4. शिल्पी संघों की निरन्तरता (*Guild Perpetuation*)

उद्योगों के धीमे विकास ने श्रम विभाजन को जन्म दिया। आर्यों ने अच्छे व्यवसाय धारण करके और अपने बच्चों को पारिवारिक परम्परागत धन्धे उपलब्ध करा कर तथा शिल्पी-संघों (guilds) में अन्तर्विवाह पर बल देकर उनके हितों की रक्षा प्रारम्भ कर दी। मूल निवासियों में से कुछ पर भारी शारीरिक श्रम, भंगी का काम, मृत पशुओं को उठाने का काम, आदि लाद दिया। जो लोग इन कार्यों के लिए बाध्य कर दिए गए उन्हें सम्मानित पेशे वाले लोगों के साथ विवाह सम्बन्धों से वन्चित कर दिया गया। इस प्रकार अपने शिल्प या पेशे को तथा अधिकारों को जारी रखने की इच्छा ने जाति को बल प्रदान किया।

5. पुरोहिती श्रेष्ठता तथा धार्मिक मताग्रह (*Priestly Supremacy And Religious Dogmas*)

जब आर्य लोग भारत में आए तो प्रारम्भ में पुरोहितों-पुजारियों ने अन्य वर्गों के लोगों को भी अपने में मिला लिया। फिर भी पुरोहित वर्ग योद्धा (military) वर्ग के आधीन (subordinate) था। धीरे-धीरे ब्राह्मणों ने पुरोहित कार्य पर एकाधिकार जमाकर अपनी श्रेष्ठता प्राप्त कर ली। 550 ई.पू. जब बुद्ध धर्म को राज्य के धर्म के रुप में स्वीकार कर लिया गया तब बुद्ध धर्म ने मुक्ति के मार्ग (salvation) के रुप में जन्म की अपेक्षा गुण (virtue)को बल देकर जाति व्यवस्था का विरोध किया। क्षत्रियों के साथ युद्धों के बाद ब्राह्मणों ने स्वयं को ऊंचा मानकर अनेक मताग्रह (dogmas) लागू कर दिए और अपनी श्रेष्ठता को बनाए रखा। इन मताग्रहों पर पवित्र भाव से विश्वास किया जाता था और युगों तक इन्होंने जाति-बन्धनों के प्रचलन को एक धार्मिक पृष्ठभूमि प्रदान की। धार्मिक विचारों का प्रारम्भ (initiation) छूत की बीमारी के समान फैलने वाला रहा। ब्राह्मणों के स्वार्थ पूर्ण हितों को नागरिक शक्तियों (civil powers) द्वारा समर्थन मिलता रहा। अनेक उपजातियों का नये संस्कारों के साथ उदय हुआ और उन्होने अन्तर्विवाही जाति के रुप में स्थापित होने का दावा किया। इस प्रकार जातियों की संख्या में वृद्धि होती रही। अतः, जाति व्यवस्था में कठोरताओं में भी वृद्धि होती गई।

6. प्रव्रजन (*Migration*)

जब समूह (जातियां/उपजातियां) नये स्थानों को जाने लगे, वे अपनी पैतृक जाति से अलग-थलग पड़ गए क्योंकि आवागमन के साधनों का विकास नहीं हुआ था। पैदल या बैलगाड़ी आदि से ही वे अपने रिश्तेदारों से सम्पर्क बनाए रखते थे। धीरे-धीरे आगे आने वाले वर्षों में उनका भोजन, उनके रीति-रिवाज और संस्कार बदलते रहे। इन विविधताओं ने भी नये जाति समूहों को जन्म दिया।

स्वतंत्रता पूर्व औद्योगिक काल (*Pre-Independence Industrial Period, 1919-1947 A.D*)

अंग्रेजों ने भारत की धार्मिक एवं सामाजिक परम्पराओं के परिवर्तन में बहुत कम कार्य किया। नियोजित सामाजिक परिवर्तन के लिए उन्होंने "हाथ झाड़ो नीति" (Hands off) का सहारा लिया। उन्होंने लोगों को पूजा में स्वतंत्रता एवं धार्मिक निरपेक्षता (religious neutrality) का वायदा

किया। भूमि लगान वसूल करने वालों को जमींदार तथा महाराजा के पद पर बिठा दिया गया। जाति संस्तरण में उच्चस्थ लोगों के अन्य लोगों के संदर्भ में सत्ता व प्राधिकारों को स्वीकृति प्रदान की गयी। ऐसी दशाओं में जाति से सम्बद्ध रीति-रिवाज पनपते रहे। परन्तु कुछ अपवाद भी थे, जैसे, कुछ नागरिक विधान (उदाहरणार्थ जाति निर्योग्यता उन्मूलन अधिनियम) तथा न्यायालयों ने विवाह को नियमित करने के प्रयत्न किए; और जाति पंचायतों की बजाय फौजदारी अदालतें कुछ मामलों में निर्णय लेने लगीं, जैसे, मार-पीट, पर स्त्रीगमन, बलात्कार, आदि। 1872 के विशेष विवाह अधिनियम के द्वारा अन्तर्जातीय विवाह अधिनियम के बावजूद भी ये विवाह संख्या की दृष्टि से महत्वपूर्ण नहीं रहे।

विश्व युद्ध के बाद भारत में औद्योगीकरण में वृद्धि होती गई जिसके कारण लोगों ने गांवों से शहरों में पलायन प्रारम्भ कर दिया और दो कारकों के अतिरिक्त कुछ अन्य कारकों ने भी इस काल में जातीय संरचना को प्रभावित किया। वर्तमान में जाति-व्यवस्था की व्याख्या करने तथा इसकी कठोरताओं के ढीला होने के कारणों की विवेचना करने के पूर्व यह आवश्यक है कि बीसवीं शताब्दी की पहली पांच दशाब्दियों में जाति संरचना में परिवर्तन लाने वाले दो महत्वपूर्ण कारकों तथा औद्योगीकरण व नगरीकरण का वर्णन किया जाये।

औद्योगीकरण (*Industrialisation*)

उद्योगों के विकास ने हस्तशिल्प को समाप्त कर दिया और जीवन-निर्वाह की अनसुनी विधियों का प्रयोग किया जाने लगा। व्यावसायिक गतिशीलता तथा पैतृक गावों से जाने की प्रक्रिया ने जाति के उन मानदण्डों को तोड़ना आरम्भ कर दिया जिनका विवाह से कोई सम्बन्ध नहीं था। औद्योगीकरण से यातायात के नये साधन भी विकसित हुए। परिणामतः बसों व रेलों में बढ़ती हुई भीड़ से विभिन्न जातियों की लाखों की संख्यां में लोगों का एक दूसरे के साथ उठने-बैठने के कारण संस्कारिक पवित्रता (ritual purity) समाप्त सी हो गई। जैसे-जैसे औद्योगिक श्रमिक अपने परिवार गांवों में छोड़ कर शहरों में या औद्योगिक क्षेत्रों में जाकर विभिन्न जातियों के लोगों के साथ एक ही मकान में रहने लगे वैसे-वैसे खाने-पीने के निषेध भी कम प्रभावी होते गए।

फिर भी, औद्योगीकरण का प्रभाव एक समान नहीं हुआ है तथा जाति व्यवस्था की सभी विशेषताएॅ इससे पूर्ण रुप से प्रभावित नहीं हुई हैं। उदाहरणार्थ, इसका विवाह पर तथा जाति के मानदण्डों पर कोई प्रभाव नहीं पड़ा है। इसका कारण सम्भवतः यह है कि सामाजिक मूल्यों की जड़ें बहुत गहरी हैं। लेकिन इसमें सन्देह नहीं कि जातीय संरचना पर औद्योगीकरण का प्रभाव अवश्य पड़ा है।

कुछ विद्वानों का विश्वास था कि औद्योगीकरण से स्वतः ही जाति व्यवस्था समाप्त हो जायेगी और इसके स्थान पर धीरे-धीरे वर्ग व्यवस्था आ जायेगी जो कि पश्चिमी विकसित औद्योगिक समाजों में पाई जाती है। एक सीमा तक यह आशा एवं दूरदृष्टि इस विश्वास से पैदा हुई कि मशीनीकरण तथा उत्पादन में राष्ट्रीय भावना का प्रयोग सामाजिक परिवर्तन का एक स्त्रोत है। लेकिन सामाजिक परिवर्तन से संबंधित यह धारणा केवल आर्थिक परिप्रेक्ष्य प्रस्तुत करती है। सामाजिक परिवर्तन का सामाजिक-संरचनात्मक तथा जनसंख्यात्मक पक्ष भी है। औद्योगिक समाज का पूर्ण

रुपेण बुद्धिसंगत (rational) समाज होना आवश्यक नहीं है।

शहरीकरण (*Urbanization*)

नगरों के विकास, यातायात के विकसित साधनों, तथा संचार के साधनों में उन्नति ने भारत में जाति की कार्य प्रणाली को बदला है। न केवल इसने सहभोज सम्बन्धी (commensal) नियमों को शिथिल किया है, अपितु ब्राह्मणों के अधिकार पर भी प्रश्न चिन्ह लगा दिया है। इस सन्दर्भ में एम.एन. श्रीनिवास (1962: 85-86) ने कहा है कि ब्राह्मणों के शहरों में प्रव्रजन के कारण, गैर ब्राह्मण उन्हें वह सम्मान देने से इन्कार करते हैं जो वे उन्हें पहले दिया करते थे। अन्तर्जातीय खाने-पीने के निषेधों में भी शिथिलता आने लगी है। धुर्ये (1961: 202) ने भी स्वीकार किया है कि जाति-व्यवस्था की कठोरताओं में परिवर्तन नगरों की ओर जाने वाली जनसंख्या के कारण व नगरों के विकास के कारण हुए हैं। किंगस्ले डेविस (1951) ने भी माना है कि शहरों की गुमनामीपन की प्रवृति (anonymity), भीड़भाड़, गतिशीलता, धर्म- निरपेक्षता, तथा परिवर्तनशीलता जाति के कार्यों को असम्भव बनाती है।

नरमदेश्वर प्रसाद ने बिहार की पाँच जातियों में यह पता लगाने के लिए अनुसन्धान किया कि जाति सम्बन्धों पर शहरी-औद्योगिक शक्तियों का क्या प्रभाव होता है। उन्होंने एक ओर तो छपरा जिले के एक गाँव का तथा दूसरी ओर छपरा नगर का, जो एक औद्योगिक क्षेत्र भी था, का अध्ययन किया। जिन पाँच जातियों का अध्ययन किया गया वे थीं—ब्राह्मण, राजपूत, अहीर, धोबी, और चमार। उन्होंने ग्रामीण तथा औद्योगिक-नगरीय क्षेत्र से प्रत्येक जाति के बीस व्यक्तियों का अध्ययन किया। इस प्रकार उन्होंने शहर व गांव में जातियों की कार्य-प्रणाली की तुलना के लिए 200 व्यक्तियों का अध्ययन किया। उन्होंने पाया (1956: 130-134) कि गांव में प्रत्येक जाति भली भांति गुंथा हुआ एक समरुप (homogeneous) समूह है। इसमें अन्तर्भोज का निषेध है, जाति पंचायत पूर्ण शक्तिमान है, जाति भोज अनिवार्य है, सभी जातियां सामाजिक व धार्मिक कार्यों में सहयोग करतीं हैं, अन्तर्विवाह जारी है, और जातीय संस्तरण विद्यमान है। दूसरी ओर शहर में जाति एकता नहीं है, भिन्न-भिन्न जातियों के लोग एक ही कमरे में साथ-साथ भोजन करते हैं, जाति पंचायत कभी-कभी होती है और अस्थाई है, जाति-भोज सर्वव्यापी नहीं है, तथा सामाजिक-धार्मिक आयोजनों में जाति सहयोग भी नहीं है। पाँचों जातियों के पारम्परिक व्यवसायों में परिवर्तन का अध्ययन करते हुए उन्होंने देखा कि जहां शहरी-औद्योगिक क्षेत्र में पूर्णरुपेण विचलन की स्थिति थी, वहां दूसरी ओर ग्रामीण क्षेत्र में आंशिक विचलन था। गांव में अध्ययन किए गए 100 व्यक्तियों में से केवल 19% (अहीर 9, राजपुत 7, ब्राह्मण 3) अपने परम्परागत व्यवसाय से विचलित हो गए थे। यह दर्शाता है कि शहरी-औद्योगिक क्षेत्र में जाति द्वारा प्रदत्त परम्परागत कार्य अब काम नहीं करते। अपने उत्तरदाताओं की अन्तर-जातीय विवाह के सम्बन्ध में अभिरुचियों की तुलना करते हुए उन्होंने पाया कि शहरी व ग्रामीण दोनों ही क्षेत्रों में अधिकतर उत्तरदाता (87% ग्रामीण क्षेत्रों में और 75% शहरी क्षेत्रों में) इसको नापसन्द करते थे। यह सब दर्शाता है कि नगरीकरण का जाति व्यवस्था पर प्रभाव पड़ता है।

स्वातंत्रयोत्तर काल (*Post-Independence Period, 1947-1994 A.D.*)

देश की राजनैतिक स्वतंत्रता के बाद औद्योगीकरण तथा नगरीकरण आदि कारकों के अतिरिक्त अन्य महत्वपूर्ण कारक जिन्होंने जाति-व्यवस्था को प्रभावित किया है वे हैं: विंभिन्न प्रान्तों का विलय (merger), विविध कानूनों का क्रियान्वयन, शिक्षा का विस्तार, सामाजिक-धार्मिक सुधार, पश्चिमीकरण, आधुनिक व्यवसायों का विकास, स्थानीय गतिशीलता, तथा बाजार- अर्थव्यवस्था का विकास, आदि। स्वतंत्रता से पूर्व कुछ राज्य तो जाति-व्यवस्था के दृढ़ केन्द्र थे; लेकिन राज्यों के विलय के बाद तथा पूरे देश के लिए नये संविधान के रचना से, जिसमें धर्म व जाति के भेद के बिना सभी व्यक्तियों के लिए न्याय, स्वतंत्रता व समानता का प्रावधान है, तथा जिसके द्वारा अस्पृश्यता को समाप्त कर दिया गया है, जाति-व्यवस्था इतनी कठोर नहीं रह गई है।

साक्षरता में भी वृद्धि हुई है। 1941 से जब कि साक्षरता का प्रतिशत 16.1 था, 1991 में यह बढ़कर 52% हो गया (पुरुषों में 63.8% तथा महिलाओं में 39.4%)। शिक्षा लोगों को उदार, विशाल दिल वाला, विवेकशील, व जनतांत्रिक बनाती है। शिक्षित लोग जातीय मानदण्डों तथा प्रथाओं का अन्धा पालन नहीं करते हैं। वे न तो रुढ़िवादी होते हैं और न अन्ध-विश्वासी। निस्सन्देह जाति-व्यवस्था आज शहरी क्षेत्रों में कम कठोर हो गई है।

हिन्दुओं में अब इस विचार की कोई मान्यता नहीं है कि व्यक्ति निम्न जाति के व्यक्ति के सम्पर्क में आकर भ्रष्ट हो जाता है। आधुनिक स्थितियों के कारण खान-पान सम्बन्धी निषेध धीरे-धीरे कमजोर पड़ते जा रहे हैं। फिर भी कुछ जातियां बल पकड़ती जा रहीं हैं। बिहार जैसे कुछ राज्यों में निम्न जातियों ने अपनी "सेनाएं" खड़ी कर ली हैं, ताकि उनके निजी हितों की रक्षा हो सके। राजनीति जाति से प्रभावित हो रही है। कुछ जातियों ने राजनैतिक व सामाजिक शक्ति प्राप्त करने के लिए एकीकरण की प्रक्रिया प्रारम्भ कर दी है। जातिवाद की भावना में वृद्धि हुई है। कुछ राज्यों में तो अन्तर्जातीय संघर्षों में वृद्धि हुई है। कुछ जातियों ने दूसरी जातियों के उनसे भी शक्तिशाली हो जाने के डर से अपनी शैक्षिक, आर्थिक तथा धार्मिक स्थिति सबल एवं सुदृढ़ बनाना प्रारम्भ कर दी है तथा घृणित विरोधियों को गिराना प्रारम्भ कर दिया है। दूसरी ओर अनुसूचित जातियों की दशा में सुधार आने लगा है। आरक्षण नीति के अन्तर्गत उन्हें शिक्षा तथा नौकरियों के क्षेत्र में अधिक से अधिक अवसर मिल रहे हैं। यद्यपि अस्पृश्यता को अतीत की घटना नहीं कहा जा सकता है, फिर भी इसका प्रचलन कम हुआ है।

जाति व्यवस्था में मुख्य परिवर्तन (Broad Changes in the Caste System)

यद्यपि इस अध्याय में समकालीन भारत में जाति की परिवर्तित संरचना का पृथक से विश्लेषण किया गया है, फिर भी संक्षेप में वर्तमान समय में जाति की कार्य-प्रणाली के परिणाम निम्नलिखित प्रकार से बताये जा सकते हैं:

- जाति व्यवस्था का पूर्णतः उन्मूलन (समाप्ति) नहीं हो रहा है, बल्कि यह आधुनिक परिवर्तनों के साथ काफी समायोजन कर रही है।
- जाति का धार्मिक आधार ढह गया है।
- विविध प्रकार की प्रतिबन्ध लगाने वाली सामाजिक कार्य-प्रणाली समाप्त हो चली है। अब

जाति नवीन मूल्य पर आधारित व्यक्तिगत स्वतंत्रता पर कोई बन्धन नहीं लगाती है।

- जाति अब व्यक्ति के व्यावसायिक जीवन का निर्धारण नहीं करती है, यद्यपि उसकी सामाजिक प्रस्थिति अब भी जाति के सदस्य होने पर निर्भर होती है।
- अनुसूचित तथा पिछड़ी जातियों को, जिनको जाति व्यवस्था के प्रतिबन्धों के कारण निम्न स्थिति बरदाश्त करनी पड़ी थी, समानता प्रदान करने के प्रयत्न गम्भीरतापूर्वक किये जा रहे हैं।
- अन्तर्जातीय संघर्षों में वृद्धि हो रही है जो कर्मकाण्डी प्रस्थिति के कारण नहीं, अपितु शक्ति प्राप्त करने के लिए होते हैं।
- जातिवाद न केवल सामुदायिक जीवन में जारी है बल्कि एक प्रकार से इसमें वृद्धि ही हुई है।
- गांवों में जजमानी प्रथा कमजोर पड़ी है जिससे अन्तर्जातीय सम्बन्धों पर प्रभाव पड़ा है।
- गांवों में जाति का प्रभुत्व अब उसकी सांस्कारिक (ritual) स्थिति पर निर्भर नहीं है।
- जाति और राजनीति एक दूसरे को प्रभावित करने लगे हैं।
- एक ओर जहां कुछ जाति संगठन मजबूत हुए हैं, दूसरी ओर बड़ी संख्या में जातियों ने सामूहिक एकता तथा उत्तरदायित्व की भावना को खो दिया है।
- जाति अब राष्ट्र के विकास और सामाजिक प्रगति में बाधक नहीं है। जाति-व्यवस्था के बावजूद भी भारत गतिमान है।

जाति के प्रकार्य (Functions of Caste)

किसी भी समाज को भिन्न समूहों (जातियों व वर्गो) में स्तरीकरण की प्रकार्यात्मक (functional) आवश्यकता के अनुसार विभाजित करना एक ऐसी मांग (requirement) है जिसका अनुभव किसी भी समाज की सामाजिक संरचना में व्यक्ति को पदस्थिति देने तथा प्रेरित करने में किया जाता है। प्रकार्यात्मक कार्यविधि के रुप में समाज का प्रेरणा सम्बन्धी कार्य दो स्तरों तक सीमित रहता है: सदस्यों को सामाजिक स्थितियों में वितरण की व्यवस्था करना तथा उन्हें इन स्थितियों के अनुरुप कर्त्तव्यों के पालन के लिए प्रेरित व प्रोत्साहित करना। भारतीय सामाजिक स्तरीकरण की व्यवस्था व्यक्तियों को एक निश्चित प्रस्थिति प्रदान करती है जिससे उनके कर्त्तव्यों एवं अधिकारों का निर्धारण सम्भव होता है।

लारेंस रॉस (Lawrence Ross, 1968: 404) के अनुसार जाति व्यवस्था के प्रमुख कार्य हैं: (1) विभिन्न सामाजिक श्रेणियों/ स्तरों (strata) के बीच संघर्ष का रूपान्तरण (2) हिन्दू संस्कृति का समर्थन (3) अन्तर्वर्गीय आधार पर सामाजिक एकीकरण (4) व्यक्तिगत सामन्जस्य के लिए सुविधाएं देना।

हट्टन (1961: 111-123) ने जाति के कार्यो का विवेचन तीन दृष्टिकोणों से किया है: (i) व्यक्ति की दृष्टि से, (ii) जाति एक समूह/ इकाई की दृष्टि से, और (iii) समाज की दृष्टि से।

व्यक्ति के दृष्टिकोण से (From the point of view of Individual)

जाति व्यक्ति को जन्म से ही एक निश्चित सामाजिक परिवेश प्रदान करती है जिसे धन, गरीबी, सफलता और कठिनाईयां कोई भी नहीं हटा सकते हैं, जब तक वह जाति द्वारा निर्धारित

आचार-संहिता का उल्लंघन न करे। इसके कारण जाति उसे स्थाई या अस्थाई रुप से बहिष्कृत कर सकती है। उसे सम्बन्धों की एक स्थाई व्यवस्था प्रदान की जाती है जो उसके समस्त सम्पर्कों एवं व्यवहारों को नियंत्रित करती है। व्यक्ति की जाति विवाह के विषय में उसकी रुचि को दिशा प्रदान करती है, भोजन आदि तथा कर्मकाण्डी मलिनता (ceremonial uncleanliness) के अनुपालन में रिवाजों के पालन के लिए निर्देश देती है, जन्म, विवाह व मृत्यु के विषय में संस्कारों के पालन की सिफारिश करती है, उसके व्यवसाय का निर्धारण करती है, व्यक्ति के लिए एक क्लब का काम करती है। संक्षेप में, यह संसार में व्यक्ति के व्यवहार को पूर्व निश्चित करती है तथा व्यक्ति को अपनी इच्छा पर बहुत कम छोड़ती है।

जाति समूह/ इकाई के दृष्टिकोण से (From the point of view of Caste as a group/unit)

प्रथम, जाति समुदाय की सदस्यता निर्धारित करती है अर्थात एक जाति अपनी सदस्यता में तब तक वृद्धि नहीं कर सकती जब तक कि उस (जाति) में जन्म दर में वृद्धि न हो। यदि हम एम.एन. श्रीनिवास के इन विचारों को स्वीकार कर लें कि संस्कृतिकरण की प्रक्रिया के द्वारा जाति में बाहर से भर्ती सम्भव है, तो ऐसे भर्ती किए गए सदस्यों की संख्या बहुत ही कम होगी।

द्वितीय, जाति व्यवस्था सामाजिक प्रस्थिति प्रदान करती है तथा प्रत्येक जाति के अन्य जातियों के साथ सम्बन्धों में वरीयता क्रम में आचार-संहिता निर्धारित करती है। लेकिन इस सम्बन्ध में यह स्मरणीय है कि किसी जाति की वास्तविक स्थिति का निर्धारण असम्भव है क्योंकि यह अलग-थलग गांवों व क्षेत्रों में भिन्न होती है। उदाहरणार्थ, नाई जाति की स्थिति किसी गाँव में जातीय संस्तरण के आधार पर पाँचवी हो सकती है, लेकिन दूसरे गाँव में उसका स्थान छठा हो सकता है और फिर किसी अन्य गाँव में चौथा स्थान हो सकता है। इसी प्रकार, एक गाँव में सुनार जाति को यादव जाति से ऊपर स्थान प्राप्त हो सकता है, लेकिन दूसरे गाँव में इसे निम्न स्थान मिल सकता है। इस लचीलेपन के बावजूद भी हम कह सकते हैं कि किसी क्षेत्र में किसी जाति की स्थिति दूसरी जातियों के सन्दर्भ में निश्चित हो सकती है। यह स्थानीय स्तर पर ही हो सकता है।

तृतीय, जाति व्यवस्था अपने सदस्यों को एक समूह के रुप में संगठित रहने योग्य बनाती है। इस एकता का लाभ उठाते हुए जाति अपनी स्थिति को समाज में ऊंचा उठाती है। यद्यपि यह उच्च स्थिति प्राप्त करना सरल नहीं होता और हो सकता है यह कार्य पीढ़ियों में पूर्ण हो सकता हो, फिर भी ऐसा हुआ है और हो रहा है। हट्टन (1961) कहते हैं कि जाति की स्थिति, अपने सदस्यों के खान-पान सम्बन्धी व्यवहार परिवर्तित कर, विवाह सम्बन्धी नियम बदल कर, तथा उच्च जातियों के नाम धारण करके उठ सकती है। उन्होंने इसके कुछ उदाहरण दिये हैं, जैसे बंगाल के "चाण्डाल", आसाम के ब्रिटल बनिए (डोम), विश्वकर्मा ब्राह्मण (शिल्पी), गहलोत राजपूत (चमार), नाई ब्राह्मण (नाई), और उत्तर भारत के यादव (गाय चराने वाले)।

कुछ जनजाति समूहों ने भी समाज में उच्च-स्थान का दावा करना प्रारम्भ कर दिया है; उदाहरणार्थ, पश्चिम भारत में कोली, बिहार में तुरी, तमिलनाडु में पलियां, असम में राभा, और मध्य प्रदेश में मरिया गोण्ड तथा भील। कई व्यावसायिक समूहों को भी हिन्दू समाज में जातियों के रुप

में स्वीकार कर लिया गया है; जैसे, जुलाहा, तेली व शौफर (ड्राइवर)। शौफरों में जो रौल्स रायस कार चलाते हैं वे स्वयं को फोर्ड कार चलाने वाले ड्राइवर से ऊंचा समझते हैं। इसी प्रकार फियट या मारुति कार का शौफर स्वयं को स्टैण्डर्ड कार के शौफर से ऊंचा समझता है। एन्थोवेन (Enthoven, *Origin and Growth of Caste in India*, January, 1932) ने कहा है कि निम्न कर्मचारियों (menials) में से शौफर की जाति उत्पन्न करके, जो मोटर कार की देख-रेख करते हैं, आधुनिक भारत रौल्स रॉयस के शौफरों की जाति के लिए परिपक्व हो गया है जिसके सदस्य फोर्ड कार के ड्राइवरों के साथ भोजन व विवाह निषेधों का पालन करते हैं। अनेक धार्मिक समूहों को भी पृथक जाति के रुप में स्वीकार कर लिया गया है; जैसे, ब्रह्मो समाजी, आर्य समाजी, कबीर पन्थी, आदि। यद्यपि यह समूह हिन्दुत्व की मूल घारा से टूट कर अलग हुए हैं फिर भी वे हिन्दू ही माने जाते हैं। कनिंघम (Cunningham) ने कहा है कि निम्न जातियां शिक्षा के माध्यम से भी अपनी स्थिति को ऊंचा उठा सकती हैं। 1931 में आसाम के जनगणना अधिकारी ने लिखा: "आसाम में किसी समुदाय के सम्मान का मूल्यांकन उस समुदाय के अधिक से अधिक सदस्यों का सरकारी नौकरियों में होने से किया जाता है।" इस प्रकार जाति समुदाय के लिए सामाजिक पैमाने में ऊपर चढ़ने के लिए सीढ़ी का काम करती है।

अन्तिम, जाति संस्कृति (ज्ञान, व्यवहार व निपुणता) को आगे संचारित करती है और उन लोगों को पीढ़ी-दर-पीढ़ी आगे तक पहुंचाती है जो मनुष्य ने संघर्षों के बाद परिस्थिति को नियंत्रित करके प्राप्त किये हैं। इसी प्रक्रिया द्वारा हस्त शिल्प संबंधी रहस्य भी एक पीढ़ी द्वारा दूसरी पीढ़ी को हस्तान्तरित किए जाते हैं। इस सन्दर्भ में जाति व्यावसायिक संघ (guild) की भूमिका निभाती है और इसी रुप में वह अपने (जाति से) बाहर भी सदस्यों के कार्यों को प्रभावी ढंग से नियंत्रित करती है; उदाहरणार्थ, प्रत्येक नगरपालिका अपने सफाई कर्मचारियों पर निर्भर करती है। सफाई कर्मचारियों की हड़ताल का शहरी लोगों के स्वास्थ्य पर प्रतिकूल प्रभाव पड़ता है। जाति की सम्मिलित कार्यवाही से उसके उद्देश्यों की पूर्ति होती है। इस प्रकार की सम्मिलित कार्यवाही चुनाव में भी की जाती है, यद्यपि समुदाय के राजनैतिक जीवन के लिए ऐसी कार्यवाही कभी भी लाभकारी नहीं होती है।

समाज के दृष्टिकोण से (From the point of view of Society)

प्रथमतः, जाति व्यवस्था उन सभी कार्यों को उपलब्ध कराती है जो सामाजिक जीवन के लिए आवश्यक माने जाते हैं। इनमें शिक्षा से लेकर सफाई कार्य अथवा निम्नतम कार्य सम्मिलित हैं। इस प्रकार के प्रावधान धार्मिक सिद्धान्तों की मान्यता के अन्तर्गत होते हैं, जैसे "कर्म" सिद्धान्त कार्यों के न्यायविरुद्ध व अनुचित विभाजन को इस आधार पर स्वीकृत करवाता है कि कार्यों का वितरण सृष्टि (universe) की दैवी व्यवस्था (divine order) का एक अंग है। जाति यह दावा करती है कि यदि कोई व्यक्ति इस जन्म में पुण्य अर्जित कर ले तो अगले जन्म में उसकी प्रस्थिति ऊंची हो सकती है; और यदि कोई इस जन्म में किसी निम्न जाति का सदस्य है तो यह उसके पूर्व जन्म के कर्मों का फल है। इस प्रकार जाति नियंत्रक का कार्य करती है। फलतः दक्षिण भारत के शानन लोगों को धनी होने के बावजूद भी दुमंजिले मकान बनाने की अनुमति नहीं है और न ही स्वर्ण-आभूषण पहनने तथा छाता

प्रयोग करने की अनुमति है। जाति व्यवस्था की प्रकृति ही ऐसी है कि यह पद या व्यवसाय की बाधाओं से ऊपर हटने के लिए किए गए प्रयत्नों को हतोत्साहित करती है। हट्टन (1961: 122) ने माना है कि सत्य तो यह है कि जाति एक अर्ध-आंगिक (quasi-organic) संरचना के रुप में विकसित हो गई है जिसमें जाति पूर्व समाज के साथ उसी सम्बन्ध में होती है जिसमें कि व्यक्ति का अंग उसके पूरे शरीर से जुड़ा रहता है, जिसका वह एक भाग है।

द्वितीयत: ,जाति जननिक (genetic) कार्य भी करती है जिससे समाज में लिंग अनुपात बना रहे। भारत ऐसा देश है जहां पुरुषों की संख्या स्त्रियों से सदा अधिक रहती आई है। सन् 1901 और 1911 में जहाँ प्रति 1000 पुरुषों में स्त्रियों की संख्या 905-908 थी, वहीं 1971 में 911, 1981 में 919 और 1991 में 913 ही थी। हिन्दुओं में प्रति 1000 पुरुषों के अनुपात में स्त्रियों की संख्या 953 है। जाति पुरुषों की संख्या में प्रबलता बनाये रखने में योगदान करती है। वैस्टरमार्क का विचार है कि प्रजाति के मिश्रण के कारण पुरुषों की अपेक्षा स्त्रियों के अनुपात में वृद्धि होती है। ऐसा इस कारण होता है क्यों कि मिश्रित विवाह अधिक कन्याओं को जन्म देते हैं। हट्टन ने कहा है कि इस तथ्य को सिद्ध नहीं किया जा सकता लेकिन ऐसे काफी साक्ष्य हैं जो इस सिद्धान्त का समर्थन करते हैं कि शुद्ध रक्त वाले समाजों में पुरुषों का जन्म अधिक होता है। अपने अन्तर्विवाह के नियम के अन्तर्गत जातिं व्यवस्था जनन विज्ञान (genetics) में मानी गयी "वंश शुद्धता" (pure line) सुरक्षित रखती है। रक्त की शुद्धता की सुरक्षा से अन्य सभी सामान्य गुणों की निरन्तरता स्वयं आ जाती है।

तृतीयत: ,जाति राजनैतिक स्थिरीकरण (stabilization) का कार्य भी करती है, अर्थात् यह राजनैतिक व्यवस्था को परिवर्तन से बचाये रखती है। जाति व्यवस्था के इसी कार्य से प्रभावित होकर एबे डुबाय (Abbe Dubois, *A Description of the People of India*, 1817, Quoted by Hutton in *Caste in India*, 1961) ने माना है कि जाति प्रथा निम्नलिखित के लिए उत्तरदायी है: (अ) भारत की पूर्ण बर्बरता (barbarism) से सुरक्षा, (ब) व्यवस्थित सरकार को निश्चित आधार देना, (स) सरकार के अनियंत्रित होने से बचाव, (द) कलाओं की सुरक्षा के साधन के रुप में, और (इ) विदेशी शासकों के शासनकाल में हिन्दू संस्कृति के स्वरुप को सुरक्षित रख कर। एस.सी.हिल (S.C. Hill, *Origin of Caste System In India*, 1930) का भी यही विचार है। उसने लिखा है कि जहां यूरोप में यह समझा जाता है कि सामाजिक व्यवस्था और राजनैतिक व्यवस्था एक ही हैं वहीं हिन्दू इन दोनों को पृथक मानते हैं। इस प्रकार हिन्दूओं का घनिष्ठ जीवन, जो उनके लिए महत्वपूर्ण है, राजनैतिक स्थितियों से प्रभावित नहीं होता है। वे आगे लिखते हैं कि "क्योंकि भारत का सामाजिक जीवन किसी भी प्रकार की सरकार से स्वतंत्र होता है, इसलिए यह स्थायी रुप से स्थिर रहता है" (वही: 120)। हट्टन (1961: 121) का भी यही मत है कि "भारतीय समाज अनेक आक्रमणों, अकालों, क्रान्तियों, सभी प्रकार की सामाजिक उथल-पुथलों, विदेशी व अन्य धर्मों के विजेताओं, जो कि हिन्दूवाद के प्रतिद्वन्द्वी रहे हैं, के बावजूद भी जीवित रहा है और निस्सन्देह यह सब कुछ जाति व्यवस्था के कारण सम्भव हुआ है जो कि इस्लाम व ईसाई लोगों द्वारा धर्म परिवर्तन किए जाने पर भी जीवित रही है।" इस प्रकार जाति प्रथा ने भारत को सामाजिक स्थिरता प्रदान की है क्योंकि यह विविध संरचनाओं को अपनी संरचना का अभिन्न अंग मानकर अपने में समाहित कर लेती है।

चतुर्थतः ,जाति समाज में एकता लाती है, अर्थात् यह विविध प्रकार के समूहों, संस्थाओं और उप व्यवस्थाओं को एक समग्रता (whole) में जोड़ देती है । हट्टन ने भी कहा है कि जाति का सबसे महत्वपूर्ण कार्य,जिसके कारण संसार भर में जाति व्यवस्था भारत की एक अद्वितीय संस्था मानी जाती है, यह है कि इसने भारतीय समाज को एक सूत्र में बाँधे रखा है तथा विभिन्न प्रतिद्वन्द्वी समूहों को एक समुदाय में संयुक्त किया है । उनकी मान्यता है कि यदि जाति- व्यवस्था के माध्यम से राष्ट्रीय व राजनैतिक समूह भारतीय समाज में समाहित न किये जाते तो वे असमन्वित रह गए होते और राष्ट्र के लिए घातक होते । पराजित और विजेताओं के बीच, विजेता सदैव सर्वोपरि रहे हैं और उन्होंने पराजित समूहों को समाहित करने का प्रयत्न किया है । दूसरी ओर विजित लोग (conquered) सदैव ही रुष्ट व असन्तुष्ट रहे हैं । न तो वे समायोजन करते हैं और न समझौता । अतः विजित और विजेताओं दोनों के बीच सदैव संघर्ष होता रहता है । लेकिन भारत ने विजेता समूहों को सदैव अपने में समाहित किया है और इस प्रकार अपनी स्थिरता को बनाए रखा है । जब यूरोपियन, दक्षिण अफ्रीका में बन्तू (Bantus) समुदाय, और अमेरिका में नीग्रो व गोरे अपनी समस्याओं के समाधान में असफल रहे हैं, भारतीय समाज जाति-व्यवस्था के माध्यम से सफल रहा है । इस प्रकार जाति को लोगों को जोड़ने वाला कहा जा सकता है । गिलबर्ट (Cf. Hutton, 1961: 120) ने भी कहा है कि भारत ने जाति-व्यवस्था को विकसित किया है जो सामाजिक समायोजन की योजना के रुप में यूरोप में संघर्षरत सीमान्त राष्ट्रीयता की व्यवस्थाकी तुलना में अधिक उपयोगी है ।

रामकृष्ण मुखर्जी (1957: 60) ने बताया है कि अंग्रेजों ने जाति प्रथा की मान्यताओं पर गम्भीर कुठाराघात किये, फिर भी सत्य यह है कि ब्रिटिश काल में समस्त ग्रामीण जनसंख्या और अधिकतर शहरी जनसंख्या जाति-व्यवस्था के अनुशासन का पालन करती रही-भले ही वह सहभोज या विवाह से सम्बन्धित हों-और इस प्रकार जाति चेतना समाज में जागृत अवस्था में रही । ऐसी कौन सी शक्ति थी जिसके कारण भारत की ग्रामीण सामुदायिक व्यवस्था को राजनैतिक तथा बाहरी प्रभाव किन्चित मात्र भी प्रभावित नहीं कर सके ? आर.के. मुखर्जी (वहीः 70) इसके उत्तर में कहते हैं कि अपनी स्वायत्ता तथा आत्मनिर्भरता जैसी विशेषताओं और संगठन की सरलता के कारण गांव बाह्य समाज के संदर्भ में स्वतन्त्र इकाई के रुप में बने रहे । आन्तरिक रुप में भी जाति-व्यवस्था ने ही ग्रामीण समाज को स्थिरता प्रदान की । समाज के जाति विभाजन के कारण ही ग्रामीण सामुदायिक व्यवस्था को आन्तरिक व्यवस्था तथा सामाजिक एवं विचारात्मक दृष्टि से दृढ़ता प्रदान की ।

फर्निवल (Furnival) ने भारतीय समाज को बहुल (plural) समाज कहा है जिसमें विविध समूह एक सामाजिक सम्पूर्ण का निर्माण करते हैं, लेकिन प्रत्येक समूह अपनी विशेषताओं को बनाए रखता है । उन्होंने कहा है: "भारत के बहुल समाज की स्थिरता इस कारण है कि जाति-व्यवस्था ने समाज को ऐसी स्थिति प्रदान की है जिसमें कोई भी समूह, भले ही वह प्रजातीय हो या सामाजिक या धार्मिक या व्यावसायिक, पूर्ण समाज में एक भाग की तरह समायोजित हो सकता है और साथ ही अपने विशिष्ट गुणों को बनाए रख सकता है और पृथक व्यक्तिगत जीवन भी जी सकता है ।" शेरिंग (Sherring) (1939: 274) भी इसी विचार के हैं कि जाति समस्त हिन्दू समाज के वर्गों के एक बन्धन के रुप में है । इन सामाजिक कार्यों के सन्दर्भ में हट्टन (1961: 115) ने कहा है कि जाति जो कार्य व्यक्तियों के लिए करती है वही कार्य अन्य समाजों में अन्य संस्थाओं द्वारा किए जाते हैं । इसी

प्रकार जो कार्य जाति-व्यवस्था जाति इकाई के लिए निभाती हैं, वे भी अन्य समाजों में किसी न किसी संस्था द्वारा निभाये जाते हैं। लेकिन जो कार्य जाति ने भारतीय समाज के लिए अब तक किए है और अब भी कर रही है, वे अन्यत्र कहीं नहीं पाए जाते।

जाति व्यवस्था के अवगुण (Demerits of the Caste System)

जाति व्यवस्था की संरचना के विश्लेषण से इसके प्रकार्यात्मक एवं विकार्यात्मक पक्षों से सम्बद्ध कुछ प्रश्न उठते हैं। जाति व्यवस्था के प्रमुख अवगुण या दोष इस प्रकार बताये गये हैं:

*(1) **यह सामाजिक प्रगति में बाधक का कार्य करती है** (It acts as a barrier to social progress)*

दुर्खीम ने कहा है कि श्रम-विभाजन का कार्य व्यक्ति को अधिक स्वतंत्रता प्रदान करना है क्योंकि यह यांत्रिक (mechanical) के स्थान पर सावयविक (organic) अर्थव्यवस्था को प्रतिस्थापित करता है। जाति-व्यवस्था ने ऐसे श्रम-विभाजन की रचना की है जिसने व्यक्ति के लिए स्वतंत्रता को अस्वीकार कर दिया। कठोर जाति-व्यवस्था में व्यक्ति का व्यवसाय संविदा (contract) की अपेक्षा अर्जित (ascribed) प्रस्थिति से ही निर्धारण होता है और हेनरी मेन (Henry Maine) के अनुसार अर्जित प्रस्थिति से संविदा प्रस्थिति में परिवर्तन राजनैतिक प्रगति का आवश्यक तत्व हैं। जाति-व्यवस्था ने इस तरह का परिवर्तन सम्भव नहीं बनाया।

कुछ लोग कहते हैं कि बीसवीं शताब्दी में भारत ने औद्योगिक प्रगति की है, लेकिन यह जाति-व्यवस्था के कारण नहीं बल्कि जाति व्यवस्था के बाबजूद हुई है। औद्योगीकरण एवं तकनीकी परिवर्तन, राजनैतिक व्यवस्था, आर्थिक व्यवस्था तथा मूल्य (या जाति) व्यवस्था से सम्बद्ध हैं। जाति-व्यवस्था आधुनिकीकरण और हमारी प्रगति में बाधक थी। लोगों ने अपने पूर्वजों द्वारा प्रदत्त हस्तशिल्प एवं कुशल कार्य अपनाए। परिवर्तन किया जाना पाप समझा गया। बढ़ई प्राचीन काल से चले आ रहे बसूले का ही प्रयोग करेगा पर आरी मशीन (saw) का नहीं। लकड़ी काटने में भी वह पुराने तरीकों का प्रयोग करेगा न कि आधुनिक मशीनों का। यही हाल सुनार, लोहार, जुलाहे और कृषक का भी था। इस प्रकार जाति ने कोई समझौता नहीं किया (शेरिंग, वही)। पी.एन. बोस की भी मान्यता है कि निस्सन्देह जाति ने व्यक्ति को जंगली अवस्था से ऊपर उठने की दृष्टि तो प्रदान की, लेकिन उन्हें प्रगति पथ पर बीच में ही रोक दिया।

*(2) **यह राजनैतिक एकता में बाधक है** (It thwarts political unity)*

बूगल (Bougle, *Contributions to Indian Sociology*, 2, 1958) के अनुसार हिन्दुओं के लिए देशभक्ति का अर्थ है उनका जाति से लगाव। इसलिए वे एक नहीं हो सकते, केवल उस सांस्कृतिक प्रतिमान के जिससे वे विभाजित होते हैं। हिन्दू जाति से इतने बँधे हुए क्यों हैं ? ऐसा इसलिए है क्योंकि जाति को धर्म की मान्यता प्राप्त है जो यह बताता है कि पूर्णता उसी व्यक्ति को प्राप्त होती है जो जाति के कर्त्तव्यों से विमुख नहीं होता है। गीता में भी इसी बात पर बल दिया गया है कि व्यक्ति का अपना कर्त्तव्य, चाहे कितना दोषपूर्ण क्यों न हो, दूसरे के कर्त्तव्य से कहीं अच्छा होता है, भले ही वह कितनी भली प्रकार क्यों न किया जाये। मनु संहिता में भी यही कहा गया है कि

परम्पराओं का पालन करना तथा कर्त्तव्य निभाना शाश्वत विधान हैं। हिन्दू धर्म में कर्त्तव्य पालन एक धर्म माना जाता है, यह नैतिक दायित्व होता है। इस प्रकार जाति की सामाजिक प्रथाएं धर्म से जोड़ दी गई हैं और कर्म के सिद्धान्त के आधार पर उनको दृढ़ मान्यता प्रदान कर दी गई है।

शेरिंग (वही, 276) ने कहा हैं: "बहुत से हिन्दू जाति के दायित्वों को पूरा करना ही सबसे बड़ा धार्मिक कृत्य मानते हैं तथा अधिकतर हिन्दू जाति अनुशासन को तोड़ना नैतिकता का उल्लंघन नहीं परन्तु पाप समझते हैं। अतः जब तक लोग जाति को अधिक महत्व देते रहेगें, तब तक राष्ट्रीय एकता को आघात लगता ही रहेगा।

(3) यह असामाजिक व्यवहार के लिए एक पर्दे तथा औचित्य का कार्य करती है *(It acts as a screen and justification for persistent anti-social conduct)*

एक कहानी है जिसमें एक मछेरे ने अपनी जाति की प्रथा की व्याख्या करते हुए मछली के प्रति किए गए अपने पाप को उचित ठहराया है। एक दूसरे उदाहरण में एक कसाई द्वारा अपने पैतृक व्यवसाय को अपनाने के लिए समान तर्क दिए गए हैं। संक्षेप में, इसी प्रकार के तर्क अपराधी जातियों द्वारा अपने व्यवहार को उचित ठहराने के लिए दिए जाते हैं। उदाहरणार्थ, "ठग" अपनी जेबें भरने के पश्चात अपनी इष्ट देवी भवानी के सम्मान में, अपने शिकार का गला घोंट कर मार दिया करते थे। वे समझते थे कि उनके शिकार को ईश्वर ने मारा और वे उनके (ईश्वर के) एजेन्ट के रुप में कार्य करते हैं और ईश्वर ने उन्हें यात्रियों की हत्या के लिए ही नियुक्त किया है (Sleeman, J.L. *Thug or a Million Murders*, 1939)। इनके अतिरिक्त दूसरी अपराधी जातियों के सदस्य भी, जैसे कारवा (डाकू), जातीय प्रथा के आधार पर अपने अपराधी कार्यों को न्यायोचित ठहराते हैं। एबे डुबाय (Abbe Dubois) के अनुसार कल्लन जाति के लोग बिना नकाब के डकैती के धन्धे को अपना जन्म सिद्ध अधिकार समझते हैं और इस कार्य को अपने लिए वे अपनी जनजाति के लिए लज्जाजनक नहीं मानते क्योंकि वे उसे पैतृक गुण के रुप में धारण किए रहते हैं। इस प्रकार शर्म या अपमान अनुभव करने की अपेक्षा पूछे जाने पर वे बड़े धैर्य से कहते हैं कि वे डाकू हैं।

(4) यह स्त्रियों के निम्न स्तर के लिए उत्तरदायी है *(It is responsible for the low status of women)*

जाति स्त्रियों पर अनेक बन्धन लगाती है; उदाहरणार्थ, शिक्षा प्राप्त करने पर, धार्मिक चर्चाओं में भाग लेने पर, राजनीति में शामिल होने पर, इत्यादि। जाति तारुण्य की अवस्था (puberty) प्राप्त होने से पूर्व ही लड़कियों के विवाह करने पर बल देती है। यह बाल विधवाओं के पुनर्विवाह पर भी प्रतिबन्ध लगाती है।

(5) जाति-बाह्य व्यक्तियों तथा निम्न जाति के लोगों के प्रति अन्यायपूर्ण व्यवहार तथा उनके निम्न स्तर के लिए उत्तरदायी है *(It is responsible for the low status and unjust treatment of outcastes and low-caste people)*

उच्च जाति के लोगों ने निम्न जाति के लोगों को मानवाधिकारों एवं सुविधाओं से वंचित रखा है। वे निम्न स्तर के सभी लोगों से गुलामों की तरह आज्ञा पालन की आशा रखते हैं और सदैव उन्हें अपने

आधीन ही समझते हैं। वास्तव में, अस्पृश्यों के प्रति दुर्व्यवहार के कारण ही जाति व्यवस्था की सर्वाधिक आलोचना होती है। मोची व रेगर को निम्न प्रस्थिति केवल इसलिए दी गयी है क्योंकि वह चमड़ा कमाता है और मृत जानवरों का व्यापार करता है। कलाल को निम्न प्रस्थिति इसलिए दी जाती है क्योंकि वह शराब का व्यापार करता है जिसका उपयोग निषेधित है। भंगी को निम्न प्रस्थिति इसलिए है क्योंकि वह मल तथा कूड़ा-करकट उठाता है। धोबी गन्दे कपड़े धोता है जिस कारण उसकी प्रस्थिति निम्न है। जाति-व्यवस्था इन सब जातियों को जाति-बाह्य (outcastes) समझती है; यहां तक कि उनके सम्पर्क से भी अपवित्र होने का खतरा होता है। उनकी निम्न स्थिति निषेधों एवं पूर्वाग्रहों का प्रतिफल है। इस प्रकार की बाह्य-जातियों की संख्या 1991 की जनगणना के अनुसार देश की कुल जनसंख्या की 15.7 प्रतिशत अथवा 13.3 करोड़ है। इन लोगों ने स्वयं को नम्रता से भाग्य के भरोसे छोड़ा हुआ है। रॉस (1968: 412) ने कहा है कि हिन्दुओं द्वारा इस जन्म में जाति नियमों के पांलन से अगले जन्म में फल देने का विचार वास्तव में लोगों के लिए अफिम (मादक पदार्थ) का कार्य करता है जिसने निम्न जातियों को धीरे-धीरे निष्क्रिय प्रभाव से नीरस एवं निराशावादी बना दिया है।

जाति व्यवस्था के गुण (Merits of the Caste System)

जहाँ एक ओर भारतीय जाति-व्यवस्था में दोष हैं, वहां दूसरी ओर इसके कुछ अच्छे परिणाम भी हैं। वास्तव में, जाति-व्यवस्था का मूल्यांकन इस बात पर निर्भर है कि हम समाज को स्थिर (static) या गतिशील (dynamic) किस मानंदण्ड से देखते हैं। जाति व्यवस्था के प्रमुख गुण निम्नलिखित रुप में दर्शाए जा सकते हैं:

***(1) हिन्दू जीवन को जाति के धार्मिक आधार द्वारा दृढ़ निरन्तरता प्रदान की गई** (Hindu life was given strong continuity by the religious basis of caste)*

हिन्दू संस्कृति की महत्वपूर्ण विशेषता यह रही है कि इसमें संयुक्त परिवार चिरंतर है जिसकी परम्पराएं एवं रीति-रिवाज धर्म के द्वारा मान्यता प्राप्त हैं और ब्राह्मण उन्हें बनाए रखते हैं। उदाहरणार्थ, हिन्दू परिवारों द्वारा किए जाने वाले श्राद्ध संस्कार धार्मिक मानदण्डों एवं मूल्यों द्वारा पवित्र बनाये जाते हैं और पूजा द्वारा तीन पीढ़ी पूर्व तक के पूर्वजों का तर्पण किया जाता है। इसी प्रकार अनेक दैवी रीतियां एवं परम्पराएं तथा प्रार्थनाएं एवं स्त्रोत सुरक्षित रखे जाते हैं तथा पिता से पुत्र को मौखिक रुप में दिए जाते हैं। उनकी पवित्रता केवल शब्दों पर निर्भर न होकर प्रत्येक शब्द के सही उच्चारण एवं वाचन पर निर्भर होती है। ऐसे लोगों की आवश्यकता थी जो मूल धार्मिक पुस्तकों के अध्ययन में विशेष योग्यता प्राप्त कर सकें, कर्मकाण्ड के सांकेतिक अर्थों को समझ सकें, और इस परम्परा को आगे बढ़ाने में सहायक हो सकें। इस दर्शन साहित्य को मौखिक रुप से पिता से पुत्र को हस्तान्तरित किया गया तथा यह क्रम शताब्दियों तक चलता रहा। इस विशेषज्ञता (specialization) को जारी रखना असम्भव होता यदि इसे वंशानुगत न बनाया गया होता और इसे धार्मिक आधार प्रदान न किया गया होता। यह आधार जाति व्यवस्था द्वारा प्रदान किया गया जिसने हिन्दू विचारों और ज्ञान को पचास शताब्दियों से भी अधिक समय तक जीवित रखा है।

(2) हस्तकौशल और कलाएं पिता-पुत्र के माध्यम से सुरक्षित रखे गए *(Arts and Crafts were preserved through father-son apprenticeship)*

प्रारम्भ से ही भारतीय शिल्प और कला को उत्कृष्ट माना गया है। सिन्धु-घाटी सभ्यता की अवधि में प्रत्येक परिवार में हाथ करघे हुआ करते थे। पुरातत्वविदों (archaeologists) ने बताया कि ये लोग वस्त्र निर्माण में अग्रणी थे। देश की कला और हस्त शिल्प तब तक सुरक्षित रहे जब तक उन्नीसवीं शताब्दी में मशीनों का आगमन हुआ। ज.।ते-व्यवस्था ने ही अपनी व्यावसायिक अन्तर्विवाह व्यवस्था के माध्यम से प्रत्येक शिल्प में आवश्यक कारीगरों की पूर्ति को बनाए रखा।

(3) असंख्य प्रतिस्पर्धी समूहों को संघर्ष के साथ सह-अस्तित्व के लिए भी एक प्रतिमान प्रदान किया गया *(A Pattern was provided to numerous competing groups to coexist side by side with little or no conflict)*

भारत विविध और असंख्य प्रजातियों, धर्म व भाषाई समूहों का घर है। देश ने स्थानीय शासकों के बीच युद्ध देखे हैं तथा विभिन्न सामाजिक समूहों के बीच भयंकर संघर्षों का सामना किया है। तथापि जाति-व्यवस्था ने विषमतायुक्त लोगों को एक दूसरे के साथ संतुष्टपूर्वक रहने का अवसर प्रदान किया जिससे उनमें स्थाई एवं सौहार्दपूर्ण सम्बन्ध भी बने रहे। बौद्धवाद की समाप्ति के बाद 650 ए.डी. के उपरान्त जाति-व्यवस्था में ब्राह्मणों का प्रभुत्व रहा। ब्राह्मणों द्वारा विभिन्न समूहों को व्यवस्था में स्थान देने के लिए जो तरीके प्रयोग में लाए गए, वे समूहों को समाप्त करने की अपेक्षा समझौते के सिद्धान्त पर अधिक आधारित थे। जाति-व्यवस्था ने इस प्रकार अनेक समूहों के बीच संघर्ष को कम किया है।

(4) प्रत्येक जाति में एक दृढ़ सामूहिक एकता तथा उत्तरदायित्व की भावना का विकास हुआ *(A firm group solidarity and a sense of responsibility grew up within each caste)*

जाति व उप-जाति के सभी सदस्य विवाह, मृत्यु संस्कारों तथा सभी त्यौहारों एवं संस्कारों में एक दूसरे की सहायता करते थे। इस प्रकार एक जाति के सदस्य एक दूसरे के निकट आते हैं और उनके बीच एक स्थाई सामाजिक सम्बन्ध विकसित हो जाते हैं। इसके अतिरिक्त जाति के धनी सदस्यों द्वारा निर्धन सदस्यों की सहायता की जाती है तथा उन्हें आवश्यक सुरक्षा भी प्रदान की जाती है। वर्ग अन्तर ने जाति सम्बन्धों को आधुनिक समय तक भी प्रभावित नहीं किया है।

समूहवाद की तुलना में व्यक्तिवाद अधीनस्थ रहा। प्रतिस्पर्धा के अभाव में जाति के प्रति वफादारी में वृद्धि हुई जिसने बलवानों को कमजोरों का शोषण करने का अवसर प्रदान किया। इसमें कोई आश्चर्य नहीं है कि हिन्दुत्व ने सदैव स्थिर जातियों को ऊंचा उठाया और अनुयायी (conformist) सदस्यों का कल्याण भी किया।

(5) जाति की प्रस्थिति ने समाज में व्यक्तियों के कुसमायोजन को कम किया है *(Caste status lessened maladjustment of individuals in the society)*

जाति-व्यवस्था ने व्यक्ति को किसी भी प्रकार की व्यक्तिगत पसन्द की अनुमति प्रदान नहीं की।

उनका व्यवसाय, विवाह, तथा सामाजिक प्रस्थिति पूर्वनिश्चित कर दिये गये। व्यावसायिक आकांक्षाओं की पूर्ति के लिए पुत्र अपने पिता का अनुसरण करता तथा गृहस्थी सम्बन्धी मामलों में पुत्री अपनी माता के पग-चिन्हों पर चलती थी। व्यक्ति के लिए मित्रों और साथियों का निर्धारण भी जन्म से होता था। इस प्रकार जाति व्यवस्था व्यक्ति के लिए समाज के प्रत्येक क्षेत्र में समायोजन में सहायक थी। प्रत्येक व्यक्ति का जीवन पथ क्योंकि पूर्व निश्चित था इससे विविध स्थितियों में वह कुसमायोजन से बच जाता और कुण्ठाओं से उसे छुटकारा प्राप्त हो जाता, यद्यपि इससे उसके व्यक्तित्व के विकास में बाधाएं होती थी।

जाति व्यवस्था की वर्तमान संरचना (Present Structure of the Caste System)

अनेक परिवर्तनों के बावजूद भी भारत में जाति-व्यवस्था का न तो विघटन ही हुआ है और न ही यह समाप्त हो रही है। यह आज भी धर्म मान्य प्रकार्यों को किए जा रही है। हैरोल्ड गूल्ड (Harold Gould, 1987: 156) इस विचार के हैं कि समकालीन नगरीय भारत में जाति आज भी हित-समूहों (interest groups) के जटिल जाल के रूप में विद्यमान है, जबकि ग्रामीण भारत में यह सामाजिक श्रेणियों (social strata) की व्यवस्था के रुप में है जो कि सांस्तरण के आधार पर वर्गीकृत हैं, अन्तर्विवाही (endogamous) हैं, तथा व्यावसायिक और संस्कारिक (ritually) दृष्टि से विशिष्ट है। शहरी एवं ग्रामीण दोनों समुदायों में जाति एक महत्वपूर्ण सामाजिक संस्था है।

गत साढ़े चार दशाब्दियों की अवधि में (1947 से 1994) जाति संरचना में यथेष्ट परिवर्तन हुए हैं। दो महत्वपूर्ण लक्षणों—वंशानुगत सदस्यता तथा संस्तरण—में बिल्कुल परिवर्तन नहीं हुआ है, लेकिन अन्तर्विवाही लक्षण में कुछ परिवर्तन हुए हैं, तथा परम्परागत व्यवसाय, सहभोज प्रतिबन्ध, अपवित्रता और पवित्रता सम्बन्धी विचारों, सामाजिक सम्बन्धों से सम्बन्धित प्रतिबन्धों में, तथा जाति पंचायतों के शक्तियों में महत्वपूर्ण परिवर्तन हुए हैं। जाति व्यवस्था में सबसे महत्वपूर्ण परिवर्तन यह हुआ है कि निम्न जातियों में अपनी दशा सुधारने की लालसा जागृत हुई है और परिणामतः उच्च जातियाँ उन्हें उन्हीं की पुरानी सामाजिक स्थिति में बने रहने में प्रयत्नशील हैं। इससे विभिन्न जातियों के बीच पूर्वाग्रहों एवं संघर्षों का उदय हुआ है। यह संघर्ष उन लोगों के बीच है जो अपने भाग्य में शीघ्र सुधार की माँग करते हैं तथा वे लोग जो यह अनुभव करते हैं कि अत्यधिक की माँग अधिक शीघ्रता से की जा रही है।

इस आधार पर इस प्रश्न के परीक्षण की आवश्यकता है कि क्या जाति व्यवस्था परिवर्तित हो रही है या कमजोर हो रही है या विघटित हो रही हैं ? इस सन्दर्भ में दो विचार हैं: एक दृष्टिकोण के अनुसार जाति-व्यवस्था में तेजी से परिवर्तन हो रहे हैं और यह कमजोर हो रही है, यद्यपि न तो इसका विघटन किया जा रहा है और न ही समाप्त किया जा रहा है। इस विचारधारा में 1950, 1960 व 1970 की अवधि के विद्वान डी.एन. मजूमदार, कुप्पूस्वामी, काली प्रसाद, गार्डनर मर्फी, और मैक्स वेबर सम्मिलित हैं तथा 1980 और 1990 की अवधि के विद्वान आर.के. मुखर्जी, ई.ज़े. मिलर, और एम.एन. श्रीनिवास सम्मिलित हैं। दूसरा दृष्टिकोण यह है कि जाति व्यवस्था में परिवर्तन बहुत मन्द गति से हो रहा है। इस विचारधारा में आई.पी. देसाई, धुर्ये, नरमदेश्वर प्रसाद व कापड़िया जैसे विद्वान और वर्तमान के विद्वान दामले, डयूमोन्ट, आन्द्रे बेतेइ, हैरोल्ड गूल्ड, योगेन्द्र सिंह, एस.सी. दुबे, तथा

टी.एन. मदान हैं।

जाति-व्यवस्था में किस प्रकार तेजी से परिवर्तन आया है, इसकी विवेचना करते हुए डी.एन. मजूमदार ने जातियों के जुड़ने (fusion), विखण्डन (fission) तथा जनजातियों के सात्मीकरण (assimilation) की प्रक्रियाओं की चर्चा की है। कुप्पूस्वामी तथा काली प्रसाद ने जाति व्यवस्था में मौलिक परिवर्तनों की ओर संकेत किया है। इसमें उन्होंने ग्रामीण और नगरीय स्तर पर अलग-अलग परिवर्तन का उल्लेख करते हुए तथा दोनों को इकट्ठा लेकर परिवर्तन का उल्लेख किया है। कुप्पूस्वामी ने मद्रास के छात्रों के दृष्टिकोणों पर अध्ययन में (देखें, कापड़िया, सोशालाजिकल बुलेटिन, सितम्बर 1962) बताया कि बड़े अनुपात में छात्रों ने स्वीकार किया है कि वे जाति व्यवस्था को असह्य (intolerable) मानते थे और इसे समूल समाप्त करने के पक्षधर थे। काली प्रसाद (*Social Integration Research: A Study in Inter Caste Relationship*, Lucknow University, 1954: 3) ने 1952 में हुए साम्प्रदायिक तनावों पर किए गए अध्ययन में अन्तर्जातीय सम्बन्धों का भी अध्ययन किया। इस अध्ययन में निम्न जातियों का प्रतिनिधित्व हरिजनों ने किया। उनके निष्कर्षों से पता चला कि 90% उच्च जाति के लोगों ने निम्न जाति के लोगों को अपने साथ भोजन करने में आपत्ति नहीं की। काली प्रसाद (1954) ने भी अपने अध्ययन में इसी प्रकार के निष्कर्ष निकाले। उसने पाया कि जाति में दरारें तेजी से घट रही हैं। गार्डनर मर्फी (*In The Minds of Men*, 1953: 65) जिन्होंने 1950-52 के बीच भारत में यूनेस्को (UNESCO) द्वारा संचालित सामाजिक तनावों के अध्ययन से निष्कर्ष निकाला कि जाति व्यवस्था अब चुनौती की स्थिति में आ गई है। मैक्स बेबर का दृष्टिकोण था कि सभी जाति सम्बन्ध हिल गए हैं और बुद्धिजीवी ही विशिष्ट राष्ट्रीयता के अग्रदूत हैं। रामकृष्ण मुखर्जी ने लिखा है कि "जाति परिवर्तन की गत्यामकता (dynamics) के सामाजिक एवं आर्थिक दोनों ही पक्ष हैं। आर्थिक पक्ष जाति की व्यवसायिक विशिष्टता से सम्बद्ध है और सामाजिक पक्ष उच्च जातियों के रीति-रिवाजों को अपनाने तथा अपवित्रता वाले अस्वच्छ कार्यों को छोड़ने से सम्बद्ध है। इन दोनों पहलुओं में परिवर्तन मिलते हैं और यही परिवर्तन जाति व्यवस्था में परिवर्तनों की पृष्ठभूमि प्रदान करते हैं।" उन्होंने यह भी कहा कि इन परिवर्तनों से उच्च और निम्न जातियों में संघर्ष बढ़ गया है क्योंकि उच्च जातियों को अपनी प्रस्थिति बनाये रखने का खतरा पैदा हो गया है। उनकी मान्यता है कि जाति व्यवस्था नगरों में बहुत परिवर्तित हुई है तथा सामाजिक अन्तर्क्रिया और खान-पान सम्बन्धी नियम काफी ढीले पड़ गये हैं और निम्न जातियों की नागरिक (civil) और धार्मिक नियोग्यताएँ (disabilities) बहुत कम हो गयी हैं। जाति व्यवस्था में परिवर्तन की चर्चा करते हुए ई.ज़े. मिलर ने कहा है कि "अतीत में अन्तर्जातीय सम्बन्धों में परम्पराओं द्वारा निर्धारित स्पष्ट अधिकार और कर्त्तव्य एवं प्रभुत्व (authority) और अधीनता (subordination) पाये जाते थे, परन्तु आजकल गांव की आर्थिक संरचना में परिवर्तन के कारण अन्तर्जातीय सम्बन्धों का स्वरुप बदल गया है। ग्रामीण अर्थव्यवस्था में निम्न जातियों द्वारा सामाजिक स्तर में ऊंचा उठने के प्रयास के कारण अन्तर्जातीय संघर्ष पैदा हो गये हैं।

मिलर के साथ ब्राइस रियान (Bryce Ryan), एम.एन. श्रीनिवास, एस.सी. दुबे जैसे अन्य विद्वानों ने भी कहा है कि जाति व्यवस्था परिवर्तित हो रही है। एम.एन. श्रीनिवास (1952, पुनःमुद्रित

1985) की मान्यता है कि जातियों के बीच परस्पर अधिकार व कर्त्तव्य अब समाप्त होते जा रहे हैं। व्यक्ति की निष्ठा में परिवर्तन अब गाँव के स्थान पर जाति पर हो रहा है। संस्कृतिकरण एवं पश्चिमीकरण के कारण भी परिवर्तन आ रहा है। ब्राह्मणों के बाद अंग्रेज उत्कृष्ट स्थिति में आ गए यद्यपि वे गोमांस खाते, हिव्स्की पीते, और पाइप पीते थे। लेकिन उनके पास राजनैतिक व आर्थिक शक्ति होने के कारण उनके भय से लोग त्रस्त थे और इसी कारण उनका सम्मान व उनकी प्रशंसा भी होती थी। परिणामतः परम्परागत व्यवस्था पर नई और धर्म निरपेक्ष जाति व्यवस्था थोप दी गई जिसमें अंग्रेज नवोदित क्षत्रियों के रुप में सर्वोपरि हो गए।

लेकिन दूसरे दृष्टिकोण वाले विद्वान (जिनके अनुसार जाति व्यवस्था में परिवर्तन शनैः शनैः हो रहा है तथा कुछ लक्षणों में परिवर्तन तो सतही ही हुआ है) इन परिवर्तनों को समूची जाति-व्यवस्था को विघटित करने वाला नहीं मानते। यद्यपि यह विद्वान जाति के समाप्त होने की बात स्वीकार नहीं करते, तथापि उन्होंने यह स्पष्ट स्वीकार किया है कि आज जाति का वह स्वरुप नहीं रह गया है जो सौ वर्ष या पचास वर्ष पूर्व था। उदाहरणार्थ, देसाई और दामले (1981: 66) ने कहा कि "जाति व्यवस्था के लक्षणों में परिवर्तन का आकार उतना बड़ा नहीं है जितना कि समझा जाता है। इन परिवर्तनों ने जाति-व्यवस्था को समग्र रुप में मौलिक पक्षों को प्रभावित नहीं किया है।"

धुर्ये (1961: 209-210) का विचार था कि जाति व्यवस्था ने अपने कुछ लक्षणों को त्याग दिया है। उनका कहना था कि "जाति अब व्यक्ति के व्यवसाय को निर्धारित नहीं करती, परन्तु उस क्षेत्र का पुरानी शक्ति के साथ निर्धारण करती है जिसमें से व्यक्ति को जीवन-साथी का चुनाव करना है। व्यक्ति को अब भी विवाह और मृत्यु जैसे जीवन के संकटमय समय में सहायता के लिए अपनी जाति पर ही निर्भर रहना पड़ता है।" धुर्ये ने यह भी कहा कि "यद्यपि जाति अब न्याय प्रदान करने वाली इकाई नहीं रही है, परन्तु उसकी अपने सदस्यों पर पकड़ समाप्त नहीं हुई है, क्योंकि वे अब भी जाति के मत से ही नियंत्रित होते हैं (वहीः 190)। धुर्ये का विचार था कि जाति-व्यवस्था की सामाजिक जीवन में कार्यशक्ति अब भी उतनी ही प्रबल है जितनी पहले थी (वहीः 211)।

नरमदेश्वर प्रसाद (1956: 240) ने जाति के प्रकार्यों का दो स्तरों पर विश्लेषण किया: संस्कार/ अनुष्ठान (ritual) के स्तर पर (विवाह, सहभोज, आदि) और विचारधारा के स्तर पर (ब्राह्मणों के प्रति धारणाएं, चुनाव लड़ने के लिए एक हो जाना, आदि)। उसने पाया कि दोनों स्तरों (संस्कार और विचारधारा) पर जाति में परिवर्तन हो रहे हैं। नरमदेश्वर प्रसाद का मानना है कि इन परिवर्तनों के उपरान्त भी जाति-व्यवस्था अब भी पहले के समान ही महत्वपूर्ण है। व्यवस्था (जाति) के अन्दर तो परिवर्तन हो रहे हैं, परन्तु व्यवस्था के बाहर परिवर्तन नहीं हुए हैं।

कापड़िया ("Caste in Transition" in *Sociological Bulletin*, September, 1962: 75) ने जाति के चार लक्षणों पर केन्द्रित करते हुए जाति व्यवस्था के विभिन्न लक्षणों की संक्रमणकारी प्रकृति का अध्ययन किया: जाति पंचायत, सहभोज पर निषेध, उत्सवी पवित्रता (ceremonial purity), और अन्तर्विवाह। जाति पंचायतों के प्रकार्यों का विश्लेषण करते हुए उसने पाया कि जाति पंचायतें जब 1860 और 1910 के दशकों में बहुत शक्तिशाली थी, 1960 के दशक में भी वे सदस्यों के व्यवहार व विचारों को नियंत्रित कर रही थीं, यद्यपि जाति-बहिष्कृति (ex-communication) की प्रक्रिया द्वारा परम्परागत प्रतिमानों को लागू करने का अधिकार

कानूनी आधार पर उनसे छीन लिया गया था। सहभोज निषेध का उल्लेख करते हुए उसने पाया कि यद्यपि यह सत्य है कि गांवों में भी वह सहभोज जिसमें विभिन्न जातियों के लोग (हरिजनों सहित) एक ही पंक्ति में बैठ कर खाना खाते थे, 1960 के दशक में असामान्य (uncommon) नहीं था परन्तु इसका भी प्रमाण है कि शहरों में भी ये अवरोध अब भी मनोवैज्ञानिक दृष्टि से पूर्ण रुप से समाप्त नहीं हुए हैं (वही: 74)। उत्सवी पवित्रता का उल्लेख करते हुए कापड़िया (वही: 77) ने कहा कि इस शताब्दी के पहले दो दशकों तक हिन्दुओं की अपवित्रता (pollution) सम्बन्धी अवधारणा कार्यक्षेत्र में बहुत व्यापक थी और इसका पालन भी अनिवार्य था। इन नियमों का कुछ उच्च जातीय परिवारों में पालन अब भी मिलता है, विशेष कर ग्रामीण और नगरेतर (moffusil) क्षेत्रों में; परन्तु मोटे तौर पर यह कहना गलत न होगा कि ये नियम अब समाप्त हो गये हैं। अन्तर्विवाह के बारे में कापड़िया ने कहा (वही: 77) कि जाति के अन्तर्विवाह सम्बन्धी लक्षण में परिवर्तन पूर्णतः स्पष्ट नहीं है। एक ओर हमें अन्तर्जातीय विवाहों की संख्या में वृद्धि मिलती है, विशेष कर पिछले 20-25 वर्षो में, तो दूसरी ओर जाति में अन्तर्विवाह के स्थायित्व का प्रमाण भी मिलता है।" अतः उसकी (कापड़िया की) मान्यता थी कि जाति (में परिवर्तन) के बारे में लोग कुछ भी कहें, जातिगत निषेधों को स्वीकृति अब भी मिलती है। इस तथ्य का सुस्पष्ट संकेत मिलता है कि जाति समाप्त नहीं हो रही है, तथापि इसमें महत्वपूर्ण परिवर्तन अवश्य हुए हैं।

डयूमोन्ट ने अपनी पुस्तक (*Homo Hierarchicus*, 1971: 217-218) में "जाति व्यवस्था को आजकल क्या होता जा रहा है" ? प्रश्न को उठाते हुए माना है कि समकालीन साहित्य में परिवर्तन को अतिशयोक्ति (exaggerated) रुप में प्रस्तुत किया जा रहा है। एक बात निश्चित है कि जाति समाज, एक समग्र ढांचे के रुप में, नहीं बदला है। समाज में परिवर्तन हुआ है, न कि जाति में। जो परिवर्तन हुआ है वह केवल यह कि जातियों के बीच जो परम्परागत परस्पर निर्भरता थी उसका स्थान अब अभेद्य गुटों द्वारा सार्वभौमिक रुप से ले लिया गया है जो एक दूसरे के साथ प्रतिस्पर्धा में लिप्त हैं। डयूमोन्ट ने इसे "जाति का यथार्थीकरण (substantialization) कहा है (See T.N. Madan's article in Dipankar Gupta's (ed) book, *"Social Stratification"*, 1992: 82)

आन्द्रे बेतेइ (1977: 61-65) ने भी जाति में पाये जाने वाले कुछ परिवर्तनों की व्याख्या की है; उदाहरण के लिए, संरचनात्मक दूरी में, जीवन-शैली में, सहभोज सम्बन्धों में, अन्तर्विवाह में, इत्यादि। अतीत में जातियों में संरचनात्मक दूरी न केवल विभिन्न जीवन शैली के पालन द्वारा रखी जाती थी, अपितु विवाह, सहभोज, और सामाजिक अन्तर्क्रिया, आदि पर विभिन्न प्रकार के निषेधों और प्रतिबन्धों द्वारा भी रखी जाती थी। आजकल, एक उप-जाति के दो उप-खण्डों के बीच संरचनात्मक दूरी छोटी है, अपेक्षाकृत उस दूरी के जो एक उप-जाति के एक उप-खण्ड और दूसरी जाति के एक उप-खण्ड के बीच मिलती है। उन जीवन-शैलियों में भी परिवर्तन मिलते हैं जो परम्परागत व्यवस्था में कुछ विशेष जातियों में स्पष्ट (distinct) थे। परम्परागत व्यवस्था में सहभोज की इकाई जाति सम्बन्ध के आधार पर दृढ़ रुप से परिभाषित की जाती थी। आज के दशकों में इस इकाई का धीरे-धीरे विस्तार हुआ है। आज ब्राह्मण स्वच्छ (clean) शूद्रों के साथ सहभोज कर सकते हैं, परन्तु सामान्य रुप से अशुद्ध (polluting) जातियों के सदस्यों के साथ नहीं खाते।

अन्तर्विवाह की इकाई भी विस्तृत हुई है,यद्यपि यह कुछ सीमित रुप में है। बेतेइ के अनुसार, जाति व्यवस्था में यह सब परिवर्तन भौगोलिक गतिशीलता, पश्चिमी शिक्षा, उन नये व्यवसायों की उत्पत्ति जिनकी सदस्यता जाति के आधार पर नहीं, अपितु सिद्धान्ततः अन्य तत्वों के आधार पर निर्धारित होती है, आधुनिकीकरण की प्रक्रिया, और राजनैतिक कारकों के कारण हुए हैं। तथापि, यह स्पष्ट है कि कुछ जातियों में अन्य जातियों की तुलना में आन्तरिक अन्तर काफी बढ़ गया है। वे जातियां जो पश्चिमीकरण के प्रभाव में रहीं, (जैसे, ब्राह्मण, कायस्थ, नायर, इत्यादि) या वे जातियां जिन्होंने पश्चिमी शिक्षा व मध्यमवर्गीय व्यवसाय को अपनाया और जो अधिकांशः नगरों में पायी जाती हैं, उनमें ये परिवर्तन अधिक पाये जाते हैं। ग्रामीण क्षेत्रों में कृषिक जातियों ने समरुपता (homogeneity) को अधिक स्थिर रखा है और उनमें परिवर्तन कम ही मिलता है।

मार्क्स (*First Indian War of Independence*, 1959: 36) और वेबर (*Religion of India*, 1958: 112) के भारत में औद्योगीकरण के प्रभाव के संदर्भ में विचार एक दूसरे के विरोधी मिलते हैं। मार्क्स का कहना था कि (भारत में) उपनिवेशवाद ने तकनीकी और आर्थिक परिवर्तनों की नींव स्थापित की थी और ये परिवर्तन (अथवा आधुनिक उद्योग) श्रम के उन आनुवंशिक खण्डों को विलय कर देंगे जिन पर जातियां आधारित हैं और जो (जातियां) भारतीय समाज की प्रगति में निश्चित रुप से बाधाएं रही हैं। वेबर की मान्यता थी कि जाति पूंजीपति विकास में मुख्य बाधक रही है तथा यह भविष्य में भी पूंजीवाद की उन्नति में बाधक रहेगी। हैरोल्ड गूल्ड (1988: 158) का निष्कर्ष है कि वास्तविकता इन दोनों मतों (मार्क्स और वेबर) के बीच की है। जाति व्यवस्था पर औद्योगीकरण का प्रभाव वेबर द्वारा मान्य प्रभाव से कहीं अधिक आगे बढ़ गया है, परन्तु जाति की समाप्ति उस स्तर तक नहीं हुई है जितना मार्क्स का विचार था। पारसन्स (*The Social System*, 1952: 185) ने इस वास्तविकता को उस तथ्य से स्पष्ट किया है जिसे वह "अनुकूली संरचनाएं" (adaptive structures) कहता है। इन संरचनाओं ने उन संरचनात्मक तनावों को कम किया है जो लोगों में उस प्रतियोगी दबाव के प्रभाव के कारण पाये जाते हैं जहां सार्वभौमिक विभेद अव्यावहारिक हैं। हैरोल्ड गूल्ड के अनुसार भारत में जाति की यह विशेषता (अनुकूली संरचना) न केवल शहरों में अपितु गांवों में भी सुस्पष्ट है, जहां जाति-व्यवस्था सुरक्षा, एकता तथा कुछ समूहों के प्रति पक्षपातपूर्ण व्यवहार के कार्य करती है।

जाति का भविष्य (Future of Caste)

जाति-व्यवस्था की पकड़ के ढीले होने के कोई संकेत नहीं हैं। विभिन्न जातियों के ऊपर उठने व सामाजिक प्रतिष्ठा प्राप्त करने के दृष्टिकोण में परिवर्तन अवश्य आया है। जाति-व्यवस्था में परिवर्तन निरन्तर और नियमित रुप से हो रहे हैं, किन्तु सभी व्यावहारिक उद्देश्यों के लिए जाति व्यवस्था ज्यों की त्यों बनी हुई है। इसको भंग करने की दिशा में परिवर्तन नहीं हो रहा है। विविध जातियों में एक प्रकार की वर्ग-चेतना का उदय हुआ है। अन्तर्समूह की भावना से प्रेरित होकर वे जाति व्यवस्था को और भी कसकर थामे हुए हैं। आजकल जाति स्वयं को सामाजिक, आर्थिक, और राजनैतिक उद्देश्यों की पूर्ति के लिए संगठित करने के प्रयत्न में संलग्न है। जाति आधार पर चुनाव लड़े जा रहे हैं। अब जाति संगठन भी हैं, जैसे, अखिल भारतीय क्षत्रिय महासभा, अखिल भारतीय माथुर संघ, अखिल

भारतीय भार्गव संगठन, आदि ।

जाति व्यवस्था के भविष्य के विषय में प्रगतिशील हिन्दू तीन दृष्टिकोण प्रस्तुत करते हैं:

(1) ऐसे लोग हैं जो जाति को बुराई मानते है और इसका उन्मूलन चाहते हैं ।

(2) दूसरे वे हैं जो यह सोचते हैं कि जाति का पतन हो चुका है और परम्परागत चार व्यवस्थाओं (orders) को पुनर्स्थापित करने की आवश्यकता है । इस विचारधारा के प्रबल समर्थक महात्मा गाँधी थे (Young India, 1919: 479-88) ।

(3) ऐसे लोग भी हैं जो जाति-व्यवस्था को जारी रखना चाहते हैं लेकिन बिल्कुल अलग ढंग से इसे पुनर्स्थापित करना चाहते हैं । ये लोग उन विभिन्न उप-जातियों को मिलाना चाहते हैं जिनमें आर्थिक समानता तथा साँस्कृतिक एकता विद्यमान है । धीरे-धीरे वे जातियां जो लगभग एक ही सी आधार व विशेषताओं वाली होंगी वे एक हो जायेंगी और अन्त में जाति-विहीन समाज की स्थापना हो जाएगी । ये लोग चाहते हैं कि इस प्रक्रिया की गति धीमी होनी चाहिए क्योंकि यह व्यक्तियों को शिक्षा के लिए यथेष्ट समय प्रदान करेगी और उन जातियों/वर्गों के मत को मानसिक समायोजन द्वारा परिवर्तन के लिए तैयार करेगी जो अपने युगों पुराने रीति-रिवाजों में परिवर्तन नहीं चाहते हैं (देखिए धुर्ये, 1961:305-307) ।

ए.जे.टॉयनबी (A.J. Toynbee), टी.एच. मार्शल (T.H. Marshall), पी.कोदान्दा राव (P. Kodanda Rao), आदि जैसे विद्वानों ने इन तीनों विचारधाराओं का मूल्यांकन किया है । गान्धी जी के विचारों का विवेचन करते हुए वे मानते हैं कि यह अव्यावहारिक है क्योंकि चार व्यवस्थाओं में से व्यक्तियों को एक व्यवस्था में रखने के लिए वह व्यवसाय आवश्यक है जिसका पालन वे कर रहे हैं । आज के समाज में धन्धे/व्यवसाय इतने विशिष्ट और विविध हैं और एक ही परिवार के सदस्य इतने विविध धन्धों में लगे होते हैं कि उन्हें एक व्यवस्था की सदस्यता प्रदान करना असम्भव है । दूसरे, यदि यह व्यवस्था (जातियों को तीन व्यवस्थाओं में से किसी एक में रखना) सम्भव भी हो तो अस्पृश्य जातियों का क्या होगा ? गान्धीजी ने, जो कि अछूत व्यवस्था के विरोधी थे, इन जातियों के लिए सम्मानजनक स्तर का प्रस्ताव किया । लेकिन यह सब उन्हें (अस्पृश्य जातियों को) कहां से उपलब्ध होना है ? जिस व्यवस्था में भी उन्हें सम्मिलित किया जायेगा, वहीं से उनके विरुद्ध स्वर उठेंगे । तीसरे, मान लिया जाये कि चार व्यवस्थाओं वाला वर्गीकरण सम्भव भी हो जाये तो क्या हम इन चारों व्यवस्थाओं के बीच विवाह सम्बन्धों की अनुमति देंगे या निषेध करेंगे ? क्या हम भोज सम्बन्धी प्रतिबन्धों को जारी रखेंगे ? दोनों की ही अपनी समस्याएं होंगी । अतः यह निष्कर्ष रुप में कहा जा सकता है कि समाज की चार व्यवस्थाओं में विभाजन की वापसी अव्यावहारिक है, और यदि इसको लागू भी कर लिया जाये तब भी इससे किसी लाभप्रद उद्धेश्य की पूर्ति न हो सकेगी ।

यदि दूसरा दृष्टिकोण लिया जाये कि उप-जातियों को मिलाकर बड़ी जाति में सम्मिलित कर जाति का धीरे-धीरे उन्मूलन कर दिया जाये तो विद्वानों का कहना है कि ऐसा करना सही समस्या को खो देना है । बम्बई में यह तरीका कई दशकों तक अपनाया गया था लेकिन परिणाम घातक निकले । जिन उप-जातियों को एक बड़े समूह में सम्मिलित किया गया था, उन्होने अपनी अलगपन सम्बन्धी आन्तरिक भावनाओं को अपने साथ बनाए रखा । यह नया समूह दूसरी जातियों के प्रति आक्रामक रवैया अपनाने लगा, विशेष कर उनके प्रति जो उनकी तुलना में उच्च व निम्न स्थिति की थीं । इस

प्रकार विद्वानों का दावा है कि इससे जाति निष्ठा व जातिवाद की भावना का उदय होता है, और यदि हम दूसरा दृष्टिकोण अपनाएं तो जातिवाद को कम करना कठिन होगा और यह ऐसा अस्वस्थ वातावरण तैयार करेगा जिससे पूर्ण राष्ट्रीय चेतना के विकास में बाधा उत्पन्न होगी।

कुछ विद्वानों ने तीसरे दृष्टिकोण का समर्थन किया है कि जाति-व्यवस्था को तत्काल ही समाप्त कर दिया जाना चाहिए। उनका विचार है कि हमें जातिवाद के विरुद्ध संघर्ष करना है और इसे समूल नष्ट करना है। धुर्ये ने इस दृष्टिकोण का समर्थन किया है। लेकिन उन्होंने अपना यह मत 1931 में व्यक्त किया था। उस समय से छः दशाब्दी से भी अधिक समय व्यतीत हो चुका है और भारतीय समाज में स्वतंत्रता के अतिरिक्त जाति-व्यवस्था के विरुद्ध अनेक विधान पारित हो चुके हैं। उदाहरणार्थ, भारत के संविधान के अनुसारः (i) जाति के आधार पर राज्य किसी भी नागरिक के साथ भेद भाव नहीं करेगा (सब जातियों के लिए समान अवसर) (ii) जाति के आधार पर कोई भी नागरिक दुकानों के प्रयोग, रेस्ट्राँ के प्रयोग, सार्वजनिक कुंओं, तालाबों के प्रयोग पर भी प्रतिबन्ध से पीड़ित नहीं होगा। (iii) अस्पृश्यता का निषेध। इसी प्रकार व्यवसाय को अपनाने में कोई प्रतिबन्ध नहीं है। समानता, स्वतंत्रता एवं भ्रातृत्व की भावनाओं को प्रोत्साहन मिला है जिनसे जाति की जड़ ही कट गई है। 1951 में एक विशेष अधिकारी (कमिश्नर) अनुसूचित जाति तथा पिछड़े वर्ग के लोगों की देखभाल के लिए नियुक्त किया गया था। जनगणना में व्यक्ति की जाति का उल्लेख नहीं किया जाता। पिछले कुछ दशकों में इन सब परिवर्तनों के होते हुए भी हम जातिवाद और जाति व्यवस्था की बुराइयों को समाप्त नहीं कर पाए हैं। आशीर्वादम (*A New Social Order*, 1957) के विचार से "अतीत में जाति का कोई भी लाभ या उपयोग क्यो न रहा हो, आज यह प्रगति में बाधा है; इसलिए हमें इसका उत्कट विरोध करना चाहिए"। डी.एन. मजूमदार ने भी 1950-1960 के बीच कहा कि जिस प्रकार अंगुली टूटने पर केवल अंगुली का ही प्रतिस्थापन होता है न कि सम्पूर्ण हाथ का, इसी प्रकार अस्पृश्यता, शोषण, और जाति प्रथा के ऐसे ही अन्य हानिकारक पक्षों को समाप्त कर दिया जाना चाहिए न कि समूची व्यवस्था को।

यह सत्य है कि जाति-व्यवस्था आध्यात्मिक व भौतिक समृद्धि में और राष्ट्रीय एवं सामाजिक समृद्धि में रोड़ा है। जब तक यह सड़ी गली व्यवस्था चलती रहेगी तब तक हम अपने सामाजिक आदर्शों को प्राप्त नहीं कर सकते। इसलिए जितनी जल्दी इसकी मृत्यु की घण्टी बजेगी उतनी ही जल्दी हमारा भविष्य अधिक उज्जवल बनेगा। फिर भी, यह एक सत्य है कि इसे इतनी शीघ्रता से समाप्त नहीं किया जा सकता। इसकी बुराइयों को कम करने के लिए हम केवल कुछ उपाय कर सकते हैं।

प्रश्न उठता है कि जाति को किस प्रकार उखाड़ा जाये या उसे कमजोर किया जाये ? इस सम्बन्ध में कुछ उपाय इस प्रकार से सुझाए जा सकते हैं:

(i) अर्न्तजातीय विवाहों को प्रोत्साहन मिलना चाहिए। इसके लिए व्यक्ति को जीवन-साथी के चुनाव की स्वतंत्रता होनी चाहिए, और लड़के/ लड़कियों को आपसी सम्पर्क के अवसर प्राप्त होने चाहिए, जैसे सह-शिक्षा और सह-कार्य।

(ii) बड़े नगरों व कस्बों में पूर्णतः निगरानीयुक्त युवक-युवतियों के लिए क्लब व मनोरंजन केन्द्रों तथा छात्रावासों की स्थापना होनी चाहिए। इन स्थानों पर वे जाति जैसे विचारों को भूलेंगे

और उस परिधि से बाहर आकर सामाजिक आदान-प्रदान में भाग लेगें।

(iii) जाति और उपजाति को नाम के साथ जोड़ने की प्रथा से असामाजिकता को बल मिलता है, अतः इसे समाप्त किया जाना चाहिए।

(iv) राजनैतिक उद्धेश्यों के लिए जाति का शोषण नहीं होना चाहिए(जैसे वोट मांगना, राजनैतिक पद सौंपना, आदि)। जाति और राजनीति के अपवित्र गठबन्धन न केवल साम्प्रदायिक सौहार्द को ठेस पहुंचाते हैं, बल्कि देश की सुरक्षा को भी हानि पहुंचाते हैं।

(v) ब्राह्मणों को पुरोहित सेवाओं के क्षेत्र की एकाधिकार की अनुमति नहीं दी जा सकती। इस उद्धेश्य से एक केन्द्रीय संगठन प्रान्तीय शाखाओं सहित होना चाहिए जिसमें पुरोहित कर्म की दीक्षा दी जा सके। धार्मिक प्रतिभूतियों (Religious Endowment) पर 1950 में नियुक्त किए गए अय्यर आयोग ने भी इस प्रकार के केन्द्र की स्थापना की सिफारिश की थी।

नर्मदेश्वर प्रसाद द्वारा तीन क्षेत्रों में-औद्योगिक, गैर-औद्योगिक, एवं ग्रामीण-किए गए अध्ययन में जाति-व्यवस्था को कमजोर किये जाने के लिए अपने उत्तरदाताओं से निम्नलिखित उपाय प्राप्त हुए: शिक्षा तथा सभी के लिए समान अवसर (39.1%), अन्तर्जातीय विवाह (35.3%), अस्पृश्यता निवारण (12.2%), तथा समानता के आधार पर लोगों से व्यवहार (13.4%)। किन्तु क्या इन उपायों से जाति व्यवस्था कमजोर होगी या समाप्त हो सकेगी? शायद नहीं। नवम्बर 1992 में मण्डल आयोग की सिफारिशें लागू करने सम्बन्धी अपने निर्णय में उच्चतम न्यायालय ने भी स्पष्ट रुप से यह मन्तव्य प्रकट किया है कि आरक्षण का आधार केवल जाति ही होगा।

जाति की कौन-कौन सी विशेषताएं और कार्य हैं जो समकालीन समाज में जाति-व्यवस्था की निरन्तरता के लिए महत्वपूर्ण हैं। आज के सन्दर्भ में दो कार्य महत्वपूर्ण दिखाई पड़ते हैं: (i) यह शक्ति अर्जन के लिए अवसर प्रदान करती है (ii) यह सामाजिक गतिशीलता को सम्भव एवं व्यावहारिक बनाती है (अगर हम श्रीनिवास के जाति संस्कृतिकरण की सम्भावना के विचार को स्वीकार करें)। आज के समाज में गतिशीलता—व्यावसायिक, आर्थिक, एवं सामाजिक— शिक्षा, प्रशिक्षण, भौतिक संसाधन, उपलब्ध भाई-भतीजावाद का जाल, व्यक्तिगत प्रभाव, सामाजिक सुधार, तथा जाति का दर्जा, आदि पर निर्भर करती है।

हैरोल्ड गुल्ड (Harold Gould, 1988: 162-164) के अनुसार आधुनिकता की ओर अग्रसर होते भारतीय समाज में जाति के कार्यों का अर्जित संरचना के आधार पर तीन स्तरों पर परीक्षण किया जा सकता है—राजनैतिक, आर्थिक और सामाजिक। राजनैतिक स्तर पर गांवों और शहरों दोनों में जाति, सम्प्रदायवाद, और राजनैतिक क्रिया-कलाप सब एक दूसरे से निकट से जुड़े हैं। गुप्त मतदान से युक्त संसदीय प्रजातंत्र का यह अर्थ रहा है कि संख्या (number), साधनों (resources) और सुविधाओं (favours) की जोड़-तोड़ जो बाद में चुनाव में विजयी होने पर की जाती है, आजकल उसी का सबसे बड़ा महत्व है। प्रजातन्त्रीय राजनीति क्योंकि हित-समूहों की प्रतिद्वंदीता है (पद और सत्ता के लिए) इसलिए भारत में यह स्वाभाविक ही है कि यहां ऐसे हित-समूहों का उदय हो रहा है जिनसे समाज की एकता या बिखराव परिलक्षित होता है, जो जातियों और सांस्कृतिक समुदायों को विभाजित करती हैं। जातिवाद राजनैतिक मसलों और राजनैतिक निर्णयों को भी प्रभावित करता है। जाति निवेदन (appeal) के बाद धार्मिक निवेदनों का उदय होता है। यह भारत

में कार्यरत हिन्दू व मुस्लिम राजनैतिक दलों के द्वारा प्रभावित है। इसमें आश्चर्य नहीं है कि जाति शोषण सभी राजनैतिक स्तरों पर होता रहेगा।

आर्थिक स्तर पर यद्यपि यह सत्य है कि नौकरी पेशा और अन्य मजदूरों की आर्थिक गतिशीलता, पुरस्कार वितरण तथा भूमिका के अनुसार भर्ती, आदि का निर्धारण उनकी कार्यशीलता के गुणों और विभिन्न जाति के लोगों द्वारा आधुनिक व्यवसायों को अपनाने पर आधारित होता है, लेकिन यह भी सत्य है कि गांवों में विशेष रुप से उनकी प्रस्थिति विद्यमान जाति संरचना और अन्तर्जातीय सम्बन्धों पर निर्भर होती है। आज भारत में व्यक्ति के स्तर पर आर्थिक समस्या है—पूंजी की, नौकरी की, व रोजगार के अवसरों की- जिसके कारण वह उस नवीन आर्थिक व्यवस्था से अपनी भागीदारी का निर्वाह नहीं कर पाता जो धन और सत्ता का प्रमुख साधन है। अतः, जाति के वे पहलू जो आधुनिक व्यावसायिक व्यवस्था में शक्ति और सम्मान प्राप्त करने के इच्छुक लोगों के लिए आवश्यक हैं, वे हैं जातिवाद और भाई भतीजावाद।

सामाजिक स्तर पर जातियां महत्वपूर्ण स्थान लेती जा रही हैं। जीवन-शैली, समूहों (जातियों) की सम्मान की स्थिति जिनमें विवाह आदि होने हैं, महत्वपूर्ण भूमिका निभा रही हैं। यद्यपि जाति के पुराने रीति-रिवाज, संस्कार, व्यावसायिक प्रकार्य तेजी से समाप्त होते जा रहे हैं, तथापि जाति अन्तर्विवाह अब भी सुरक्षित है और संरचना (जाति) पवित्रता का विचार भी सुदृढ़ एवं सुरक्षित रखा जा रहा है तथा आधुनिक सामाजिक अनुक्रमणिका (Indexing) की आवश्यकता के अनुरुप धारण कर ली गई है। यह भी नोट करने योग्य है कि भारत के अभिजन उच्च जातियों के सदस्य हैं, जबकि निम्न वर्ग सूक्ष्म रुप में जाति के विपरीत समीपता को ही प्रदर्शित करते हैं। इस प्रकार कहा जा सकता है कि आने वाले वर्षों और दशाब्दियों में भी जाति-व्यवस्था एक यथार्थ बनी रहेगी।

REFERENCES

Beteille, Andre,. *Castes:Old and New, Essays in Social Stratification*, Asia Publishing House, New Delhi, 1969.

Beteille, Andre, *Caste, Class and Power*, California University, Berkeley, 1965.

Bose, P.N., *History of Hindu Civilization During the British Rule,* 1944.

Desai, I.P., *The Craft of Sociology and Other Essays*, Ajanta Publications, Delhi, 1981.

Dumont, Louis, *Homeo Hierachicus*, University of Chicago Press, Chicago, 1970.

Dumont, Louis, *Contributions to Indian Sociology*, Vols 1, 7 and 8, Mouton & Co., The Hague, 1958, 1964 and 1965.

Ghurye, G.S., *Caste, Class and Occupation*, Popular Book Depot, Bombay, 1961.

Gould, Harold, *The Hindu Caste System*, Chanakya Publications, New Delhi, 1987.

Gould, Harold, *Caste Adaptation in Modernizing Indian Society*, Chanakya Publications, New Delhi, 1988.

Gupta, Dipankar, *Social Stratification*, Oxford University Press, Bombay, 1992.

Hutton, J.H., *Caste in India: Its Nature, Function and Origin*, Oxford University Press, Bombay 1961.

Kapadia, K.M., *Sociological Bulletin*, Vol. XI, September 1962.

Mukherjee, R.K., *The Dynamics of a Rural Society : A Study of the Economic Structure in Bengal Village*, Akademic Verlog, Berlin, 1957.

Marriott, Mckim (Ed.), *Village India*, University of Chicago Press, Chicago, 1955.

Narmadeshwar Prasad, *The Myth of the Caste System*, Patna, 1956.

Ross H. Laurence, *Perspectives on the Social Order : Readings in Sociology* McGraw-Hill Book Co., New York, 1968.

Singh, Yogendra, *Modernization of Indian Tradition*, Thomson Press, Delhi, 1973.

Srinivas, M.N., *Caste in Modern India and Other Essays*, Media Promoters and Publishers, Bombay, 1962.

Sherring, M.A., *Hindu Tribes and Castes*, Trubner & Co., London, 1872.

Thapar, Ramesh, *Tribe, Caste and Religion in India*, MacMillan India, New Delhi, 1977.

अध्याय 14

अन्तर्जातीय एवं अन्तःजातीय सम्बन्ध और जाति संघर्ष
Inter-Caste and Intra-Caste Relations and Caste Conflicts

अन्तर्जातीय सम्बन्ध (Inter-Caste Relations)

अन्तर्जातीय सम्बन्धों के विश्लेषण के लिए जातियों को तीन समूहों में विभक्त किया जा सकता है: स्वच्छ (clean) जातियां, (ब्राह्मण, राजपूत, कायस्थ, जाट, आदि), अस्वच्छ (unclean) जातियां (तेली, धोबी, नाई, कुम्हार, लोहार, आदि) एवं अस्पृश्य जातियां (भंगी, चमार, पासी आदि)। इन जातियों के बीच सम्बन्धों को चार स्तरों पर अध्ययन किया जा सकता है— सहभोज सम्बन्ध, वैवाहिक सम्बन्ध, व्यावसायिक सम्बन्ध एवं सामाजिक सम्बन्ध। प्रत्येक स्तर पर सम्बन्ध परम्परागत तथा परिवर्तनीय सम्बन्धों के रुप में देखे जा सकते हैं।

सहभोज सम्बन्ध (Commensal Relations)

सहभोज सम्बन्धों का अर्थ उन सम्बन्धों से है जो जाति/व्यक्ति के साथ भोजन करने से सम्बन्धित होते हैं। दैनिक सम्बन्धों में व्यक्ति अपनी जाति के सदस्यों से ही भोजन स्वीकार करते हैं। सहभोज के सम्बन्धों का प्रश्न केवल कुछ विशेष अवसरों पर होने वाले भोज पर ही उठता है। ऐसे अवसरों पर आम प्रचलन यह है कि यद्यपि विभिन्न जातियों के व्यक्तियों को आमंत्रित किया जाता है, लेकिन इसका यह अर्थ कदापि नहीं है कि वे सब एक साथ भोजन करें। स्वच्छ जातियों के सदस्य एक पंक्ति में बैठते हैं, जबकि अस्वच्छ जातियों के लोग दूसरी पंक्ति में अलग से बैठते हैं। दोनों पंक्तियों के बीच यथेष्ठ स्थान छोड़ा जाता है। के.एस. माथुर (1964: 126-127) ने कुछ अपवादों को भी इंगित किया है जिनमें दोनों प्रकार की जातियों के सदस्य एक साथ बैठते हैं। जिस समय स्वच्छ जातियों के सदस्य भोजन कर रहे हों, अस्पृश्य जातियों के सदस्य उनके साथ नहीं बैठेंगे। जब सहभोज का दायरा छोटा होता है, तब भोजन सम्बन्ध विस्तृत हो जाते हैं।

भोजन सम्बन्धों में खाना, मद्यपान तथा धूम्रपान सम्मिलित होते हैं। उच्च जाति का व्यक्ति उस लोटे का प्रयोग नहीं करेगा जो निम्न जाति के सदस्य ने प्रयोग किया हो या जब तक उस लोटे को मिट्टी, राख आदि से साफ न किया गया हो। हुक्का प्रयोग के भी नियम लगभग वही हैं जो भोजन में भाग लेने के हैं। दूसरों के साथ खाना खाने के सम्बन्ध में, यानि कच्चा खाना, पक्का खाना, हरी सब्जी, तथा छिलके वाले फलों के लिए, अलग निषेध (taboos) हैं। कच्चा खाना अत्यन्त शुद्ध माना जाता है, अतः यह अति अशुद्धता के योग्य होता है क्योंकि यह पानी और नमक से बनता है। पक्का खाना कम अशुद्ध होता है क्योंकि इसमें घी का प्रयोग होता है। हरी सब्जियां और फल आदि कम से कम अशुद्ध होते हैं। कच्चे भोजन की स्वीकृति एक तरफा होती है (अर्थात स्वच्छ जाति के सदस्य अस्वच्छ जाति तथा अस्पृश्य जाति के सदस्यों से भोजन नहीं लेते) जबकि पक्के भोजन की स्वीकृति

दो तरफा होती है । इस प्रकार भोजन सम्बन्धी सम्बन्ध दो बातों पर निर्भर करते हैं: (i) देने वाले तथा लेने वाले का सांस्कारिक (ritual) स्तर (ii) दिये जाने वाले तथा प्राप्त भोजन की सांस्कारिक शुद्धता का प्रकार ।

के.एस. माथुर (1964) ने अपने अध्ययन में जो कि उन्होंने विविध-जातियों वाले गांव पर किया, जातियों को पाँच समूहों में विभाजित किया था । समूह एक, दो, और तीन में स्वच्छ जातियों को सम्मिलित किया गया, समूह चार में अस्वच्छ जातियों को और समूह पांच में अस्पृश्य जाति को । निम्न चित्र पांच समूहों में सहभोज सम्बन्धों को दर्शाता है:

चित्र 1

के.एस. माथुर द्वारा अध्ययन किये गये विविध जातियों वाले गांव के पांच समूहों में स्वच्छ और अस्वच्छ जातियों की संरचना तथा सहभोजीय सम्बन्ध

<table>
<tr><td colspan="8">समूह I-ब्राह्मण</td></tr>
<tr><td>राजपूत</td><td>समूह II
(नौ जातियां)</td><td>बनिया</td><td>नाई</td><td colspan="3">समूह III
पांच जातियां</td><td>लोहार</td></tr>
<tr><td>जोगी</td><td>समूह IV
(नौ जातियां)</td><td></td><td></td><td>चमार</td><td>समूह V
चार जातियां</td><td colspan="2">भंगी</td></tr>
</table>

डी.एन. मजूमदार (1958) ने भी उत्तरप्रदेश के लखनऊ के पास के ही एक गाँव मोहना में विभिन्न जातियों के बीच सहभोज सम्बन्धों का अध्ययन 1955 में किया था । गांव में 112 घर थे, जिसमें 15 विविध जातियों के व्यक्ति कुल संख्या में 806 रहते थे । कुल 112 परिवारों में से 23.5% चमार, 21.5% ठाकुर, 18.5% पासी, 10.8% अहीर, 5.8% कुम्हार, 5.6% धोबी, और 3.1% नाई थे । शेष आठ जातियों (बढ़ई, कलवार, गड़रिया, लोहार, ब्राह्मण, भाक्सर, खटिक, और कुर्मी) में 0.1% से 2.5% तक परिवार थे । भाक्सर के अतिरिक्त सभी जातियां जीवन निर्वाह के लिए प्रत्यक्ष या परोक्ष रुप से कृषि पर ही निर्भर थीं । गांव की जमीन का 41.3% भाग ठाकुरों का था, 15.0% पासियों का, 12.6% चमारों का, 9.4% अहीरों का, तथा 8.5% कुम्हारों का था । चित्र 2 में विविध जातियों की संस्तरणात्मक संरचना दी गई है ।

मजूमदार ने देखा कि ब्राह्मण अन्य जातियों से सीधा (कच्चा खाद्य पदार्थ) स्वीकार कर लेते थे अहीर ठाकुरों से भी कच्चा भोजन स्वीकार नहीं करते थे; ठाकुर अहीरों के हाथ से पानी पी लेते थे; लेकिन अहीर ठाकुरों के हाथ का पानी नहीं लेते थे ।

अन्तर्जातीय सहभोज सम्बन्धों के प्रति दृष्टिकोण का अध्ययन करते हुए कुप्पूस्वामी ने 1956 में दक्षिण भारत के 188 ब्राह्मणों तथ। 290 गैर-ब्राह्मणों का अध्ययन किया । उन्होंने पाया कि 81.8% उत्तरदाता किसी भी जाति के व्यक्ति के साथ भोजन करने के लिए तैयार थे; 12.5% हरिजनों को छोड़कर सभी जातियों के साथ भोजन के पक्ष में थे, तथा 3.8% केवल अपनी जाति के सदस्यों के साथ भोजन करने की इच्छा रखते थे ।

चित्र 2

डी.एन. मजूमदार द्वारा उत्तरप्रदेश के मोहना गांव में अध्ययन की गयी जातियों की संस्तरणात्मक संरचना

ब्राह्मण		ठाकुर
अहीर	गड़रिया	कुर्मी
लोहार	कुम्हार	बढ़ई
	नाई/खटिक/कलवार	
पासी	चमार, भाक्सर	धोबी

बी.वी. शाह (1968) ने सहभोज के प्रति दृष्टिकोण का विश्लेषण करते हुए गुजरात के 200 छात्रों का अध्ययन किया और पाया कि 13.5% इसके विरोध में थे; 54.0% अपने माता-पिता के समक्ष इसके विरोध में थे; 14.0% ने कहा कि वे केवल उन्हीं निम्न जातियों के सदस्यों के साथ भोजन करना चाहेंगे जिनमें उनकी जाति से कम से कम सांस्कृतिक अन्तर हों, और 18.5% अपने माता-पिता की उपस्थिति में ही परम्परागत निषेधों को अलग रखने को तैयार थे।

1955 में सहभोज सम्बन्धों पर व्याख्या करते हुए कापड़िया (1959:74) ने कहा: "यह सत्य है कि ग्रामीण क्षेत्रों में भी वह अन्तर्भोज, जिसमें सभी जातियों के सदस्य एक ही पंक्ति में बैठ कर खाते हैं, आजकल अज्ञात नहीं है; किन्तु ऐसे भी उदाहरण हैं जिनसे पता चलता है कि इस प्रकार की अन्तर्बाधाएं शहरी क्षेत्रों में भी मनोवैज्ञानिक रुप से भी पूर्णरुपेण समाप्त नहीं हुई हैं"। अत: कापड़िया ने प्रश्न उठाया कि क्या यह मानना उचित होगा कि हिन्दू समाज में सहभोज निषेध लगभग समाप्त हो गए हैं?

ये सभी अध्ययन लगभग चार दशाब्दी पूर्व किए गए थे। उस समय के बाद अब तक लोग अधिक उदार हो गए हैं तथा अन्य जातियों के सदस्यों के प्रति अधिक खुले मस्तिष्क से विचार करने लगे है; यहां तक कि अस्वच्छ जातियों के प्रति भी उनके दृष्टिकोण में विस्तार हुआ है। जब तक अस्वच्छ जाति के सदस्य अस्वच्छ कार्य नहीं करते, लोग उनके साथ भोजन करने को बुरा नहीं समझते, परन्तु परम्परागत हिन्दू (जिनकी संख्या अधिक नहीं है) आज भी खाने-पीने के निषेधों में विश्वास करते हैं।

वैवाहिक सम्बन्ध (Marital Relations)

अन्तर्जातीय तथा अन्तर्सामुदायिक (inter-community) विवाहों को वैधानिक तथा सामाजिक मान्यता प्रदान कर दी गई है। यद्यपि लोग अन्य जातियों में विवाह करने को अधिक बुरा नहीं मानते, फिर भी बड़ी संख्या में लोग अपनी ही जाति में विवाह करते हैं। यह शायद इसलिए है क्योंकि बच्चों के विवाह आज भी माता-पिता द्वारा तय किए जाते हैं और उनका विश्वास है कि दाम्पत्य सम्बन्ध समान पृष्ठभूमि वाले परिवारों में अधिक सरलता से समायोजित होते हैं। ऐसे भी उदाहरण हैं जहां न केवल बच्चे बल्कि उनके माता-पिता भी जाति से बाहर विवाह तय कर देते हैं। इसके पीछे मुख्य विचार यह है कि विवाह को "अधिक से अधिक पारस्परिक तथ्य" समझा जा रहा है। आज का युवा, जाति को, साथी के चुनाव में अधिक महत्व नहीं देता, बल्कि वह तो ऐसा साथी चाहता या चाहती है

जिसको वह भली-भाँति समझता/ समझती है और जो उसको अधिक से अधिक सन्तुष्टि की अनुभूति प्रदान कर सकता है। ऐसा व्यक्ति उसकी ही जाति का हो भी सकता है या नहीं भी हो सकता है। शुरूआती दौर में लड़के और लड़कियां एक ही कक्षा/ स्कूल में पढ़ते हैं, या एक ही कार्यालय में कार्य करते हैं, या एक ही पड़ौस में रहते हैं, फिर भी एक दूसरे के लिए "अजनबी" होते हुए भी वे थोड़ी बहुत आत्मीयता विकसित करना चाहते हैं ताकि वे एक दूसरे के प्रति आकर्षण विकसित कर सकें। किन्तु माता-पिता अभी भी संस्कारों पर जोर देते हैं और मानते हैं कि जाति और पारिवारिक पृष्ठभूमि से ही व्यक्ति का व्यक्तित्व बनता है और इसी से दोनों साथियों में विवाह के बाद भावात्मक प्रेम उत्पन्न होता है। अत: यद्यपि युवा और वृद्ध दोनों ही दूसरी जातियों के साथ वैवाहिक सम्बन्धों के विरुद्ध नहीं हैं, किन्तु व्यवहार में अभी भी वे विवाह को अपनी ही जाति तक सीमित रखना चाहते हैं।

लगभग साढ़े तीन दशक पूर्व कुप्पूस्वामी, बी.वी. शाह, तथा मार्गरेट कोरमैक जैसे विद्वानों ने अपने कुछ छात्र उत्तरदाताओं को अन्तर्जातीय विवाह के पक्ष में पाया। कुप्पूस्वामी (1957) ने 1956 में 478 छात्रों के अध्ययन में पाया था कि 68.8% छात्र अन्तर्जातीय तथा अन्तर्उपजातीय विवाह के पक्ष में थे, 22.4% छात्र विरोध में, और 8.8% अन्तर्उपजातीय विवाह के पक्ष में, किन्तु अन्तर्जातीय विवाह के विपक्ष में थे। बी.वी. शाह (1968) ने गुजरात में 200 छात्रों के अध्ययन में पाया कि 65% उत्तरदाता जाति तथा उपजाति के अन्दर विवाह के पक्ष में थे; 26% अन्तर्जातीय विवाह के पक्ष में थे और 9% सशर्त अन्तर्जातीय विवाह के पक्ष में थे। कोरमैक ने विभिन्न राज्यों के विभिन्न विश्वविद्यालयों के 500 छात्रों के माता-पिता के दृष्टिकोण के अध्ययन में पाया कि 51.2% माता-पिता इस बात पर सहमत थे कि यदि उनकी जाति से बाहर उपयुक्त व्यक्ति मिल जाये तो अपने बच्चों का विवाह अन्य जाति में कर सकते थे, जब कि 28.5% अन्तर्जातीय विवाह के बिल्कुल विरुद्ध थे। आज अधिकतर लोग अन्तर्जातीय विवाह के पक्ष में हो सकते हैं, किन्तु व्यवहार में वे अपनी ही जाति में विवाह के पक्षधर हैं।

इस प्रकार युवा लोग दो संघर्षमय मानदण्डों के आधार पर कार्य करते हैं—एक स्पष्ट (explicit) और दूसरा अव्यक्त (implicit) मानदण्डों का। दूसरी ओर, आज के माता-पिता, जाति के बाहर वैवाहिक सम्बन्धों के विषय में इतनी अधिक आशंकाओं से पीड़ित हैं जितनी कि एक पीढ़ी पूर्व के माता-पिता थे। ये अध्ययन यह प्रकट करते हैं कि अधिकतर लड़के और लड़कियां अपने माता-पिता की इच्छाओं के विरोध प्रदर्शन में भय, शर्म, आत्मचेतना तथा बेचैनी का अनुभव करते हैं। परिणामस्वरुप, वे अन्य जाति में विवाह के विरुद्ध न भी हों तब भी अपनी ही जाति में विवाह करते हैं।

व्यावसायिक सम्बन्ध (Occupational Relations)

व्यावसायिक सम्बन्ध का अर्थ है नियमित रुप में उत्पादन एवं सेवाओं का आदान-प्रदान। जाति व्यवस्था जातियों को कुछ व्यवसायों के लिए स्वीकृति और कुछ के लिए निषेध प्रस्तुत करती है, लेकिन परम्परागत विशेष योग्यता जातियों की परस्पर निर्भरता निश्चित करती है। अनाज उत्पादन करने वाले परिवारों और उन परिवारों के मध्य, जो इनको विभिन्न वस्तुएं और सेवाएं जुटाते हैं, समूह-अभिमुख और लम्बी अवधि वाले संविदात्मक बंधनों (contractual bonds) में निरन्तरता

चित्र 3

ठाकुर परिवार में जन्म समारोह के समय विभिन्न जातियों के साथ व्यावसायिक सम्बन्ध

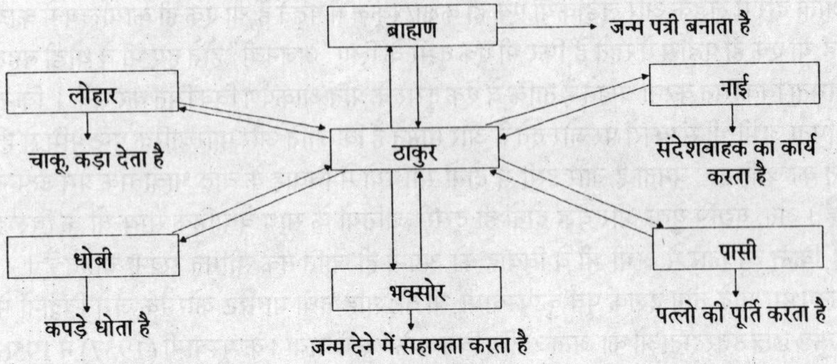

व परिवर्तन सम्बन्धी विश्लेषण जजमानी व्यवस्था वाले अध्याय में किया गया है। इसका सर्वोत्तम विश्लेषण डी.एन मजूमदार ने उत्तर प्रदेश के लखनऊ जिले के मोहना गांव के अध्ययन के आधार पर किया है। चित्र 3 और 4 ठाकुर परिवार में "जन्म" और "मुण्डन" के अवसरों पर व्यावसायिक सम्बन्धों को दर्शाते हैं:

सामाजिक सम्बन्ध (Social Relations)

जातियों में सामाजिक सम्बन्ध जातीय संस्तरण में जाति की प्रस्थिति पर निर्भर होते हैं। जब ग्रामीण लोग समिति या सभा या गप-शप के लिए मिल बैठते हैं, वे सामान्यतः जाति की प्रस्थिति के अनुसार ही बैठते हैं। कुछ लोग चारपाई पर तथा कुछ जमीन पर बैठते हैं। उच्च प्रस्थिति वाली जाति के लोग (ब्राह्मण, राजपूत, आदि) चारपाई के ऊंचे भाग में बैठते हैं जबकि उनसे कम प्रस्थिति वाली जाति के लोग पैरों की ओर बैठते हैं। मध्यम जाति के सदस्य चारपाई के पास ही जमीन पर बैठते हैं, जबकि निम्न जाति के लोग चारपाई से दूर जमीन पर बैठते हैं। जब केवल मध्यम एवं निम्न जातियों के सदस्य उपस्थित हों तो मध्यम जाति के सदस्य जमीन पर ही बैठेंगे। बैठने की व्यवस्था शक्ति और अधिकार सम्बन्धों की सूचक है। ब्राह्मण और राजपूत चारपाई पर बैठते हैं और बोलने में आगे रहते हैं। परिणामतः बैठक में एकमत निष्कर्ष में भी उन्ही का स्थान ऊपर रहता है। उन गांवों में जहां ब्राह्मणों की संख्या कम होती है, वहां उनके हाथ में शक्ति नहीं होती। इस प्रकार किसी अल्प संख्यक उच्च् जाति की निर्णय लेने सम्बन्धी प्रभाव में शिथिलता ही होगी।

विविध जातियों के बीच सामाजिक सम्बन्धों का मूल्यांकन बैठने की विषमता पर ही आधारित नहीं होता, बल्कि अभिवादन, स्वागत, तथा त्यौहारों पर मिलने जुलने के तरीके पर भी आधारित होता है। समाज में विद्यमान जाति रुढ़ियों (caste stereotypes) के आधार पर भी सम्बन्धों को देखा जा सकता है। कुछ रुढ़ियां इस प्रकार हैं: "अहीर साठ बरस तक नाबालिग ही रहता है", "कायस्थ का बच्चा कभी न सच्चा", "बैठा बनिया क्या करे इधर का धान उधर करे", "कुर्मी किसी के लिए वफादार नहीं हो सकता", "सवेरे तेली का मुंह देखने से अन्न नहीं मिलता"। यद्यपि यह रुढ़िबद्ध

चित्र 4

ठाकुर परिवार में मुण्डन संस्कार के समय विभिन्न जातियों के साथ व्यावसायिक सम्बन्ध

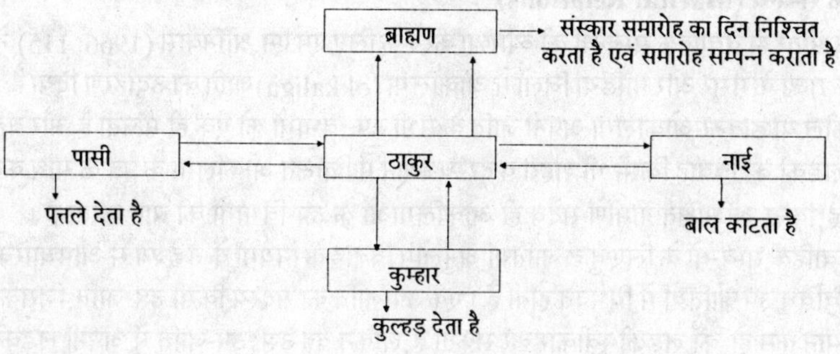

विचार किसी तर्क पर आधारित नहीं हैं, लेकिन एक बार अर्जित करने के बाद ये सरलता से बदले नहीं जा सकते।

गत कुछ दशाब्दियों में विभिन्न स्तरों पर अन्तर्जातीय सम्बन्धों में महत्वपूर्ण परिवर्तन आये है। महत्वपूर्ण परिवर्तन ये हैं:

(i) ब्राह्मण निम्न जाति के सदस्यों से कच्चा भोजन स्वीकार करने में अब संकोच नहीं करते।
(ii) बैठने की व्यवस्था में विषमता सम्बन्धी नियम समाप्त हो रहे हैं।
(iii) कुछ निम्न जातियां ब्राह्मणों को अपने समारोहों में निमंत्रित करती हैं।
(iv) निम्न जातियों के सदस्य उच्च जातियों के सदस्यों के आदेशों का पालन चुपचाप व नम्रतापूर्वक नहीं करते हैं।
(v) निम्न जातियों के सदस्य उच्च जातियों के लिए बेगार नहीं करते हैं।

निष्कर्ष रुप में कहा जा सकता है कि अब उच्च जातियों के लोग निम्न जातियों के प्रति दृष्टिकोणों में अधिक सहिष्णु हो गये हैं। इन परिवर्तनों के लिए उत्तरदायी कारक हैं: शहरी लोगों से सम्पर्क; जमींदारी उन्मूलन, सुधार के सरकारी उपाय तथा निम्न जातियों में अधिकार-चेतना।

अन्तःजातीय सम्बन्ध (Intra-Caste Relations)

एक जाति के सदस्य एक दूसरे के साथ अनेक प्रकार से सहयोग करते हैं, यद्यपि यह सम्बन्ध जाति के आकार, सामाजिक आर्थिक स्तर, तथा औपचारिक उप-विभागों पर निर्भर होते हैं। कुछ जातियां व उप-जातियां इतनी छोटी होतीं हैं कि वे एक छोटे से क्षेत्र में ही सीमित होतीं हैं और सभी सदस्यों के साथ जातीय एवं उप-जातीय सम्बन्धों को बनाए रखती हैं, लेकिन कुछ जातियां व उप-जातियां इतनी विस्तृत होती हैं कि वे दूरस्थ गांवों तक फैली होती हैं जिससे कुछ लोगों से ही सम्बन्ध बनाए रखना उनके लिए सम्भव हो पाता है। मेयर, (1960:51) ने जाति के इस भाग को "प्रभावी जाति" (effective caste) कहा है।

जाति के आकार के अतिरिक्त जाति सम्बन्ध जाति के सदस्यों की शिक्षा एवं धनी होने पर भी निर्भर करता है। शिक्षित व धनी सदस्य अपनी उपजाति के अशिक्षित व गरीब सदस्यों से सम्बन्ध

बनाए रखना नापसन्द कर सकते हैं, फिर चाहे वे उनके निकट रहते हों या दूर के गांवों में रहते हों।

वैवाहिक सम्बन्ध (Marital Relations)

जाति के भीतर ही वैवाहिक सम्बन्धों की व्याख्या करने के लिए एम.एन.श्रीनिवास (1966: 115) ने कर्नाटक राज्य के मैसूर और मॉडिंया जिलों में ओकलिगा (okkaliga) जाति का उदाहरण दिया है। एक वकील या डाक्टर ओकलिगा अपनी जाति के सभी उप-विभागों को एक ही मानता है और वह अपनी लड़की का विवाह किसी भी शहरी व दूरस्थ स्थान में शिक्षित ओकलिगा के पुत्र के साथ कर सकता है, किन्तु अशिक्षित ग्रामीण सदैव ही ओकलिगाओं के उप-विभागों की बात करता है।

वैवाहिक सम्बन्धों के लिए कुछ जातियां अनुलोम विवाह के नियमों के उद्धेश्य से औपचारिक रुप से विविध उप जातियों में विभक्त होती हैं। एक उप-जाति का सदस्य किसी उप-जाति, जिसका स्तर व मान कम हो, की लड़की स्वीकार कर सकता है, लेकिन वह उसी उप-जाति में अपनी लड़की नहीं दे सकता। उदाहरणार्थ, राजस्थान में राजपूत चार उप-जातियों में विभक्त हैं: सूर्यवंशी, चन्द्रवंशी, अग्निवंशी, और नागवंशी। अनुलोम विवाहों के उद्धेश्य से इन वंशों को क्रमश: श्रेणी में रखा गया है। इसका अर्थ है कि सूर्यवंशी अन्य तीन वंशों में से वधू स्वीकार कर सकता है, किन्तु अपनी लड़की इन वंशों में नहीं देता। उत्तरप्रदेश के कान्यकुब्ज ब्राह्मणों ने अपनी जाति को 46 उप-विभागों में बाँटा है और प्रत्येक को कुछ विशेष गुणों से पहचाना जाता है (जैसे वंश में किसी व्यक्ति का मशहूर होना तथा उसका स्वयं का पद, निवास, आदि)। वैवाहिक सम्बन्ध उप-विभागों के संस्तरण पर आधारित होते हैं।

एक ही जाति या उपजाति के भीतर सदस्यों के दैनिक सहयोग के लिए सदस्य उन पर निर्भर करते हैं जो या तो उसी गांव में या आस-पास के गांव में रहते हैं। चाहे सहयोग उत्सव मनाने के लिए आवश्यक हो या सामाजिक, पारिवारिक समारोहों के लिए या राजनैतिक उद्धेश्यों के लिए प्रतिद्वन्द्वी समूहों से लड़ाई के लिए हो, जाति या उपजाति के सदस्य एक दूसरे पर निर्भर रहते हैं। कहीं-कहीं उन पर भी निर्भर रहते हैं जो आर्थिक दृष्टि से मजबूत तथा राजनैतिक दृष्टि से शक्तिशाली होते हैं। इस प्रकार के निकट अन्तर्क्रिया से उपजाति की एकता दृढ़ता से बढ़ती है, लेकिन बड़े जाति के सदस्य इतनी निकटता से एक दूसरे के साथ अन्तर्क्रिया नहीं कर सकते।

गठबन्धन (Alliances)

कभी कभी जाति के भीतर ही उप-जातियों के बीच प्रतिद्वन्द्व दिखाई पड़ता है। राल्फ निकोलस (Ralph Nicholas) ने पूर्वी बंगाल के मिदनापुर जिले के गोविन्दपुर गांव के "महिस्य" जाति के सदस्यों का उदाहरण दिया है जो कि गांव की कुल जनसंख्या का 63% हैं और गांव की जमीन के 66% भाग के मालिक हैं। महिस्यों के उप-विभाग एक दूसरे से राजनैतिक मुद्धों पर जन शक्ति प्राप्त करने के लिए लड़ते रहते हैं।

ये विभाजित समूह गुटों (संघर्ष समूहों) के रुप में अधिक कार्य करते है, अपेक्षाकृत जाति समूह के। के.एन. शर्मा (1963) ने इस प्रकार के समूहों को "संसाधन समूह" (resource group) कहा है जिससे कि उनके सहयोगी (collaborative) भूमिका पर बल दिया जा सके। कभी-कभी इन

समूहों के बीच गठबन्धन थोड़े समय तथा विशेष उद्धेश्य के लिए होते हैं। इस प्रकार गठबन्धनों में परिवार सम्मिलित होते हैं न कि व्यक्ति। कभी-कभी एक ही परिवार के भाई अलग-अलग गठबन्धनों में सम्मिलित हो जाते हैं और एक-दूसरे से पृथक हो जाते हैं जिससे नातेदारी सम्बन्धों पर प्रभाव पड़ता है। अक्सर ऐसे उदाहरण भी देखने को मिलते हैं जिनमें इस प्रकार से पृथक हुए भाई संयुक्त परिवार में सम्पत्ति विभाजन के समय आकर सम्मिलित हो जाते हैं, क्योंकि वे छोटे से भूमि के टुकड़े पर खेती करने में स्वयं को असमर्थ पाते हैं। ऐसे मामलों में वे अपने गठबन्धन वाले समूह को भी छोड़ देते हैं।

उपजाति के भीतर गठबन्धन आमतौर पर कुछ मुख्य परिवारों से मिलकर बनता है, ताकि अन्य परिवारों की चुनौतियों का सामना कर सकें या बैल या धन ऋण के रुप में प्राप्त कर सकें या फिर मुकदमें में उनका समर्थन ले सकें या समूह में ही आवश्यकताग्रस्त व्यक्तियों को सम्मानजनक रोजगार उपलब्ध करा सकें, आदि। यह सम्बन्ध तब स्पष्ट दिखाई देता है जब लोग खेतों पर काम करने के बाद शाम को लौटकर समय बिताने के लिए इकट्ठे होकर "हुक्के" में दम लगाते हैं। इस प्रकार यह गठबन्धन प्रतिदिन मिलने के कारण और भी प्रगाढ़ होते हैं और इस गठबन्धन की शक्ति समय-समय पर प्रस्थिति की सुरक्षा या उन्नति के उद्धेश्य से अग्रसर बनाई जाती है।

गठबन्धन अधिक लचीले होते हैं, किन्तु नातेदारी एकता की अपेक्षा कम स्थाई होते हैं। गठबन्धन किसी समय भी, दसों वर्षों में, महीनों में अचानक बदल सकते हैं क्योंकि सदस्यों को बाँधे रखने के लिए कोई निश्चित सिद्धान्त नहीं होते। फिर भी गांवों में गठबन्धनों में जातियां और उप-जातियाँ काफी महत्वपूर्ण होती हैं।

गठबन्धन की ताकत धन, जन शक्ति तथा गांव के बाहर से प्रभाव लाने की योग्यता पर निर्भर करती है (मेंडलबाम, 1970: 242-246)। धन की सम्पन्नता से गठबन्धन वाला समूह आश्रित परिवारों को सहायता प्रदान कर सकता है, मुकदमों आदि के लिए धन जुटा सकता है, मुकदमा लड़ने के लिए वकील रख सकता है, तथा पुलिस का समर्थन प्राप्त कर सकता है। लेकिन गठबन्धन सदा नकारात्मक दिशा में ही प्रयोग नहीं किए जाते हैं। ऐसे भी उदाहरण हैं जहां गठबन्धन वाले समूह अपने सदस्यों को सिंचाई पम्प, ट्रेक्टर, पेट्रोल, बीज, तथा पशु, आदि का प्रबन्ध करके देते हैं। इस प्रकार के "गठबन्धन" प्रदर्शित करते हैं कि किस प्रकार परिवार अपना धन बढ़ा सकते हैं और अपने गठबन्धित समूह से सम्बन्ध अधिक दृढ़ कर सकते हैं। गठबन्धन-शक्ति का एक और साधन है-*जनशक्ति*। एक गठबंधित समूह में लोगों की जितनी अधिक संख्या होगी समूह उतना ही शक्तिशाली होगा। *बाहरी समर्थन* गठबन्धन का तीसरा प्रमुख तत्व है। यह समर्थन राजनैतिक समूह, धार्मिक सम्प्रदाय या उच्च अधिकारियों से प्राप्त हो सकता है। किसी भी विवाद की स्थिति में पुलिस को अपने पक्ष में कर लेना योग्यता की बात है और हिंसा के भड़कने के समय अत्यन्त ही आवश्यक भी है। गांवों में इस प्रकार के गठबन्धन खूब फले फूले हैं जहां उनके नेता अधिकारियों और न्यायालयों को अपने प्रभाव में लेने में समर्थ होते हैं। गठबंधित समूहों के नेताओं का *शैक्षिक स्तर* भी एक अतिरिक्त कारक के रुप में कार्य करता है। शिक्षित व्यक्ति अधिकारियों, पुलिस तथा अदालतों में काम-काज की अधिक योग्यता रखता है। वह सरलता से पता लगा सकता है कि किस उपयुक्त व्यक्ति से सम्पर्क किया जाये और अपनी भाषा में उससे बात कर सकता है।

जाति/उपजाति के बीच के गठबन्धनों पर अथवा गुटों के अन्दर संघर्षों पर (जातियों व उपजातियों में) कुछ अध्ययन किये गये हैं। इन अध्ययनों से पता चलता है कि वे कारक ज़ो परिवारों को एक संसक्तिशील (cohesive) समूह के रुप में कार्य करने के लिए इकट्ठा रखते हैं वे इस प्रकार हैं: (अ) नातेदारी के बन्धन (ब) आर्थिक लेन-देन, और (स) सदस्यों के बीच सामाजिक दायित्व। ढिल्लों (1955:59-65) ने 1953 में मैसूर के हरिपुरा गांव के वोकलिंगा लोगों में गठबन्धनों का अध्ययन किया और बताया कि उन 664 आर्थिक लेन-देनों (भूमि विक्रय, भूमि गिरवी रखना, कर्जा, आदि) में से, जो उसी गांव में दस वर्षों की अवधि में हुए थे, 302 गठबन्धन वाले समूहों में ही सम्पन्न हुए थे, और केवल 30 दो विरोधी समूहों में हुए थे। शेष लेन-देन अलग अलग परन्तु मैत्री गठबन्धनों में हुए थे। विवाह, मृत्यु, जन्म आदि अवसरों पर अन्तर्पारिवारिक सामाजिक कर्त्तव्यों का पालन भी गठबंधित परिवारों (alliance families) के बीच होता है। यदि विरोधी समूह के सदस्यों को आमंत्रित भी किया जाता है, उनसे काम-काज में मेजबान को सहायता करने के लिये नहीं कहा जाता।

कभी-कभी गठबन्धन वाले समूह तटस्थ रहते हैं। यही नहीं, गांवों में वे एक दूसरे से भले ही लड़ते हों, परन्तु जब दूसरे गांव के समूह आक्रमण करते हैं तब गांव के विरोधी गठबंधित समूह भी एक साथ हो जाते हैं और बाहरी समूहों का सामना करते हैं। ऐसे अवसरों पर जाति/उपजाति की सदस्यता ही उन्हें एक साथ बांधे रखती हैं। दूसरे शब्दों में ऐसे अवसरों पर जाति/उपजाति ही संगठन की एक बांधने वाली शक्ति का काम करती है।

नेतृत्व भूमिकाएं तथा पंचायत स्वरुप (Leadership Roles and Panchayat Patterns)

जाति/उपजाति के बीच सामंजस्य (harmony) बनाए रखने में जाति/उपजाति पंचायतों के नेता महत्वपूर्ण भूमिका निभाते हैं। यद्यपि जाति/उपजाति पंचायतें व उनके नेता अब गांवों में उतने शक्तिशाली नहीं हैं जितने कि पूर्व काल में होते थे फिर भी उनका प्रभाव बिल्कुल समाप्त नहीं हुआ है। प्रारम्भ में नेतृत्व विरासत में प्राप्त होता था, किन्तु अब यह चुनाव से प्राप्त होता है। आजकल पंचायतों द्वारा दण्ड की जो विधियां अपनाई जातीं हैं वे हैं: चेतावनी, उपहास करना (ridicule), भर्त्सना (admonition), अर्थ-दण्ड, तथा बहिष्कार (ostracism) द्वारा दण्डित करना। यदि गांव में उपजाति कोई समारोह आयोजित करती है तो इसका नेता विभिन्न कार्यक्रमों को आयोजित करने का उत्तरदायित्व स्वयं सम्भालता है। नेता ही उपजाति का अधिवक्ता बनता है। वह अपनी जाति/उपजाति के हितों की रक्षा करता है, वह सदस्यों के बीच कड़ी (link) का कार्य भी करता है। प्रभावशाली उपजाति के नेता की प्रमुख विशेषता यह है कि व्यक्तिगत व्यवहार शैली बदल दे, विविध परिस्थितियों के साथ तुरन्त समझौता कर ले तथा बिना व्यक्तिगत स्वार्थ के कार्य करे।

उपजातीय पंचायतें सदस्यों के बीच संघर्षों का समाधान करती हैं, जातीय मानदण्डों का पालन न करने वालों को दण्डित करती हैं, सदस्यों के हित के लिए सामूहिक साहस के कार्यक्रमों को आरम्भ करती हैं, और जन कार्यों तथा गाँव के त्योहारों के लिए धन संग्रह करती हैं। कुछ ऐसी समस्याएं होतीं हैं जिनमें पंचायतों के सदस्यों के अतिरिक्त अन्य कई गांवों के वयोवृद्ध व्यक्तियों की भी आवश्यकता होती है। जाति पंचायतों की कार्य प्रणाली का अध्ययन करते हुए मेयर (1960: 257) ने कहा है कि पंचायत के सदस्य निष्पक्ष होने का प्रयत्न करते हैं। बैठक के प्रारम्भ में प्रभावशाली लोग

कम बोलते हैं, लेकिन वादी प्रतिवादी के पक्ष रखने के बाद वे लोग बैठक को अपने सुझावों के घेरे में ले लेते हैं। कभी-कभी समाधान नहीं भी निकलता है लेकिन सभा स्थगित किए बिना समाप्त कर दी जाती है। यह नेता की दृढ़ता, चरित्र व मिजाज पर निर्भर करता है। निर्णय सामान्यतया सर्वमान्य या सर्वमान्यता के निकट होते हैं। यद्यपि अपराधी पंचायत के निर्णय को किसी सीमा तक मानते हैं, लेकिन ऐसे भी उदाहरण हैं जिनमें वे न्यायालय की शरण में जाना पसन्द करते हैं। गरीब लोग पंचायत के निर्णय मान लेते हैं लेकिन समृद्ध लोग नेताओं एवं वृद्ध लोगों के निर्णय की अवहेलना करने का दु:साहस करते हैं। दूसरी ओर रोचक तथ्य यह भी है कि गरीब लोग पंचायत का प्रयोग कम करते हैं, जबकि धनी लोग अधिक करते हैं। आधुनिक प्रवृत्ति यह है कि पंचायतों पर जाति की निर्भरता कम हो रही है।

अन्तर्जातीय संघर्ष (Inter-Caste Conflicts)

यदि जातियों के बीच सहयोग है तो संघर्ष भी। संघर्ष तब पैदा होते हैं जब: (i) एक जाति दूसरी जाति पर प्रभुत्व जमाती है (ii) जब उच्च जाति के लोग निम्न जातियों का शोषण करते हैं (iii) जब जातियां दूसरी जातियों को गतिशीलता में और राजनैतिक शक्ति प्राप्त करने में बाधा मानती हैं (iv) जब जातियां नवीन आर्थिक अवसरों को प्राप्त करने में असफल होती हैं या उच्च प्रस्थिति प्राप्त नहीं कर पातीं। यद्यपि जाति संघर्ष और जातीय हिंसा ग्रामीण क्षेत्रों में ही पाए जाते हैं, फिर भी शहरी क्षेत्रों में भी आजकल ये पाये जाने लगे हैं। एक ओर जहां गुजरात और महाराष्ट्र में जातीय हिंसा के मामले शहरी क्षेत्रों में सामने आए हैं, वहीं दूसरी ओर बिहार, उत्तरप्रदेश, उड़ीसा, व बंगाल में जातीय हिंसा की घटनाएं ग्रामीण क्षेत्रों में रिपोर्ट की गयी हैं। कुछ विद्वानों ने तमिलनाडु, राजस्थान, मध्यप्रदेश, कर्नाटक, आदि प्रदेशों में राजनीति से प्रेरित जातीय हिंसा की घटनाओं का सन्दर्भ दिया है। हम यहां उपरोक्त चारों कारणों का संक्षिप्त विवेचन करेंगे।

(i) एक जाति का दूसरी जातियों पर प्रभुत्व (Dominance of one caste over others)

भारत में ग्रामीण क्षेत्रों में जाति संघर्ष को समझने के लिए स्थानीय प्रबल जाति (dominant caste) का अन्य जातियों के शोषण का विश्लेषण महत्वपूर्ण है। कभी-कभी आस-पड़ौस के गांवों के बीच एक ही जाति प्रबल होती है। एम.एन. श्रीनिवास (1992:308) के अनुसार जाति प्रबल तब होती है जब यह दूसरी जाति से संख्या में अधिक होती है, जब उसे अत्यधिक आर्थिक व राजनीतिक सत्ता प्राप्त होती है, तथा जब यह स्थानीय जातीय संस्तरण में उच्च सांस्कारिक प्रस्थिति (ritual status) लिए होती है। प्रभुत्व (dominance) के दो अन्य तत्व जाति में शिक्षित व्यक्तियों तथा उच्च व्यवसायी लोगों की संख्या भी है। जब जाति के पास प्रबल होने के सभी तत्व (संख्या, आर्थिक व राजनैतिक शक्ति, उच्च शिक्षा, तथा उच्च संस्कार वाली प्रस्थिति) होते हैं, तब जाति को निर्णायक रुप से "प्रबल" कहा जा सकता है। परन्तु निर्णायक प्रबलता सामान्य नहीं है। एक गांव में प्रबलता के विभिन्न तत्व जातियों में विभाजित रहते हैं। इस प्रकार एक जाति जिसे उच्च संस्कारों वाली प्रस्थिति प्राप्त है, गरीब व कम संख्या वाली हो सकती है, जबकि संख्या में अधिक होने वाली जाति गरीब व संस्कारों की दृष्टि से निम्न प्रस्थिति वाली हो सकती। जब जाति एक प्रकार की प्रबलता का लाभ

उठाती है तो अन्य प्रकार के प्रबलता वाले गुण स्वयं कालान्तर में अर्जित कर लेती है। परन्तु यह तथ्य अस्पृश्य जातियों पर लागू नहीं होते। वे जातियां जिनके सदस्य भूमिहीन श्रमिक या साझी व बहुत छोटे भूस्वामी होते हैं, कई बार प्रबल जातियों के शोषण का शिकार हो जातीं हैं। कभी-कभी अस्पृश्य जातियां भी ऐसी सेवाएं करने से इन्कार कर देतीं है, जैसे उच्च जातियों के घरों से मृत पशुओं को हटाना, गांव में देवी देवताओं के त्योहारों पर ढोल बजाना, तथा विवाह आदि अवसरों पर भोजन की जूठी पत्तलों की सफाई करना, आदि। उच्च जाति के लोग इस बात पर नाराज होते हैं और अस्पृश्य लोगों को पीटते हैं या उनके घरों में आग लगा देते हैं। इस प्रकार प्रबलता प्रभुत्व जमाने के प्रयत्न तथा प्रबलता/प्रभुत्व के प्रतिरोध के कारण जाति संघर्ष प्रारम्भ होते हैं।

(ii) ***उच्च जातियों द्वारा निम्न जातियों का शोषण*** *(Exploitation of Lower Castes by Higher Castes)*

उच्च जातियों का दृष्टिकोण सदैव यही रहा है कि वे अपनी स्थिति प्रबल बनाएं तथा उसे उच्च बनाए रखें। मध्यवर्गीय व निम्न जाति के लोग सदैव ही स्वयं को वंचित (deprived) तथा शोषित मानते हैं। अपनी "मान्यता बनाए रखने" का उच्च जातियों का यह प्रयत्न ही जाति संघर्ष को उत्पन्न करता है। शोषण, आर्थिक परेशानियों के कारण तथा वंचनाओं के कारण उत्पन्न हुए जाति संघर्ष के सबसे अच्छे उदाहरण बिहार में मिलते हैं। ब्राह्मण, भूमिहर, राजपूत, और कायस्थ जातियां सदैव ही उच्च पिछड़ी जातियों जैसे, यादव, कुर्मी और कोरी आदि से तथा धनुक, कुम्हार, लोहार, मुल्ला; तेली व कुम्हार जैसी निम्न पिछड़ी जातियों से संघर्षरत रही हैं। मार्च 1990 तथा अक्टूबर 1994 के बीच बिहार में 30 से भी अधिक जाति हत्याओं की घटनाएं हुईं। गत 15 वर्षों में जो सबसे घृणित नरसंहार हुए वे थे: 12 फरवरी 1992 को गया से 40 किलोमीटर दूर "बारा" गांव में जहां 44 उच्च जाति के भूमिहरों को 1500 पिछड़ी जाति के एम.सी.सी. आक्रान्ताओं द्वारा मौत के घाट उतार दिया गया; 23 दिसम्बर 1991 का नरसंहार जिसमें उच्च जाति के सवर्ण मुक्ति मोर्चे (एस.एल.एफ) के सदस्यों द्वारा 10 निम्न जाति के माओवादी साम्यवादी केन्द्र (एम.सी.सी) के सदस्यों की निर्मम हत्या कर दी; एस.एल.एफ (Diamond) के भूमिहरों द्वारा एम.सी.सी के पिछड़े वर्ग के 10 समर्थकों की हत्या जो कि मीन और बारसिम्हा में की गई; 1987 की दलेलचक-भगुवारा (औरंगाबाद) की उच्च जाति के व्यक्तियों की हत्या; तथा 1987 में चेचानी में सात यादवों की हत्या के बदले के उद्धेश्य से की गई 54 राजपूतों की गोली मारकर हत्या, आदि। इससे पूर्व मई 1977 में बेलची में धनी कुर्मी भूस्वामियों द्वारा आठ हरिजनों को जिन्दा जला दिया गया था, और 1978 में विश्रामपुर में अनेक भूमिहीन श्रमिकों को कुर्मियों द्वारा जिन्दा जला दिया गया था। इसी प्रकार के 1980 दशक के अन्य हत्याकाण्ड जो कि बहुत अच्छी तरह सभी को ज्ञात हैं, इस प्रकार हैं: पारसबीघा और जर्पा में भूमिहरों द्वारा यादवों का नरसंहार, दोहिजा में यादवों द्वारा भूमिहरों की हत्या, तथा कुर्मियों द्वारा बिश्रामपुर, बेनियापट्टी, चन्दादानों, गोपालपुर कलिया, पीपरा और पुपरी में किए गए हरिजनों का नरसंहार (प्रदीप कुमार बोस, 1991: 385)।

बिहार के ग्रामीण क्षेत्रों में बढ़ते हुए जाति-वर्ग तनाव, जाति-वर्ग की निजी सेनाओं के गठबन्धन के फलस्वरुप उदय हुआ। माओस्ट कम्यूनिस्ट सेन्टर (एम.सी.सी) 1970 के प्रारम्भ में एक

नक्सलवादी नेता द्वारा स्थापित किया गया। इस संगठन ने आंध्रप्रदेश के जन संग्राम समूह (People's War Group, यानि PWG) से गठबन्धन किया, यद्यपि इन दोनों संगठनों में वैचारिक भेद हैं। बिहार में जब कभी कठिनाई होती है तब काफी संख्या में एम.सी.सी के प्रतिक्रियावादी छिपने व शरण लेने के लिए आन्ध्र प्रदेश में चले जाते हैं। एम.सी.सी के सदस्य क्रान्तिकारी रास्ते अपनाते हैं जिससे कि वे जाति व वर्ग के शत्रुओं का विनाश कर सकें। एम.सी.सी में मुख्यत: पिछड़ी जाति के लोग सदस्य हैं और गया, औरंगाबाद, हजारी बाग व पालामडा जिलों के सैकड़ों गांवों पर इनका वर्चस्व है। हाल में ही इन्होंने "जन सुरक्षा संघर्ष मंच" की स्थापना की है। एम.सी.सी "रंगदारी कर" भी ठेकेदारों तथा बड़े जमींदारों से दैनिक खर्चे के चलाने के लिए वसूल करती है।

उच्च जातीय भूस्वामियों ने अपने प्रभुत्व पर चुनौती देखकर "सवर्ण मुक्ति मोर्चा" (Savarna Liberation Front यानि SLF) का संगठन किया। एस.एल.एफ को आर्थिक सहायता देने वाले एक सांसद व दो विधायक समझे जा रहे हैं। एस.एल.एफ ने एम.सी.सी को 1992 के बारा हत्याकाण्ड के बदले की कार्यवाही की धमकी भी दी थी। इन नरसंहारों की गम्भीरता के बावजूद भी लोग पुलिस के साथ सहयोग नहीं करते हैं क्योंकि प्रशासन में लोगों का विश्वास उठ गया है।

कुछ लोग बिहार के इन नरसंहारों को जाति संघर्ष की अपेक्षा कृषि सम्बन्धी असंतोष कहते हैं। किन्तु साक्ष्यों से यह सिद्ध नहीं होता क्योंकि उच्च जाति के लोगों ने अधिकतर मध्यम श्रेणी के किसानों की हत्या की है जिनके पास औसतन 5 बीघा तक ही भूमि थी। उच्च जाति के लोग भूमि सुधारों में कम से कम रुचि रखते हैं। वे तो 'जवाहर रोजगार योजना' जैसी योजनाओं में भी बाधा उत्पन्न करते हैं जिसका उद्धेश्य गरीब वर्ग की सहायता करना है। वे उस धन राशि को भी हड़पने का प्रयत्न करते हैं जो निम्न जाति के गरीब लोगों में वितरीत करने के लिए होती है। उच्च जातियों में ऐसे भूस्वामी भी हैं जिनके पास 1,000 एकड़ तक भूमि है। न्यूनतम मजदूरी अधिनियम भी मजाक बन कर रह गया है। बिहार के अधिकतर क्षेत्रों में बन्धुआ मजदूरी (bonded labour) के रूप में गुलामी प्रथा आज भी प्रचलित है जिससे हजारों मजदूरों को शोषण का शिकार तथा नारकीय जीवन भोगना पड़ रहा है। कुछ स्वैच्छिक संगठनों के प्रयत्नों को उच्च जाति के भूस्वामियों द्वारा प्रशासनिक अधिकारियों से मिलकर निरर्थक एवं नष्ट कर दिया जा रहा है।

उपरोक्त विवेचन द्वारा स्पष्ट है कि उच्च जातियों द्वारा निम्न जातियों तथा पिछड़ी जातियों का शोषण, पिछड़ी जातियों द्वारा अदेय सेवा (unpaid labour) करने से इन्कार तथा उनके द्वारा साहूकारों और भूस्वामियों को अपने उत्पादनों को बेचने से इन्कार, निम्न जातियों द्वारा भूस्वामित्व के अधिकारों की मांग, छोटे कामों तथा नजराना देने से इन्कार, आदि, उच्च जाति के भूस्वामियों और महाजनों को हिंसात्मक प्रतिक्रिया के लिए प्रोत्साहित करते हैं; फलत:, जातीय दंगे होते हैं। भूस्वामी, निम्न व पिछड़ी जातियों के विरुद्ध दबाव डालने के लिए जो उपाय अपनाते हैं वे हैं: उन्हें भूमि से बेदखल कर देते हैं, मकान खाली करा लेते हैं, चरागाहों में पशु चरने की अनुमति नहीं देते, तालाबों से पीने का पानी देने से इन्कार करते हैं तथा पूर्णरुपेण सामाजिक बहिष्कार करते हैं (झा,1977:551)। इन जातीय संघर्षों में पिछड़ी जाति के एवं हरिजन लोग एम.सी.सी की ओर अग्रसर हो गए हैं और उच्च जाति एस.एल.एफ की ओर उन्मुख हो गई है।

जून 1992 में राजस्थान के भरतपुर जिले के कुम्हेर कस्बे में जातीय दंगे भड़के जिसमें 14 लोगों की जानें गई और सैकड़ों बेघरबार हो गए । इस नरसंहार में जो समुदाय सम्मिलित थे—उच्च जातीय जाट तथा अनुसूचित जाति के जाटव—उनका एक लम्बा तथा कडुवाहट से भरा रक्त रन्जित इतिहास है । 1 जून,1992 को एक सिनेमा हाल में छोटी सी हाथापाई से दंगे प्रारम्भ हुए जब कि स्थानीय जाटव युवकों के एक समूह ने एक शो में दरवाजा तोड़कर सिनेमा में घुसने का प्रयत्न किया । उनके पास या तो टिकट नहीं थे या उनसे जमीन पर बैठकर फिल्म देखने को कहा गया था । वे युवक गुस्से में हाल से बाहर चले गए और एक क्रुद्ध भीड़ को साथ लेकर लौटे जिसने सिनेमा हाल में तोड़-फोड़ कर दी । दो दिन बाद वही जाटव लड़कों का दल सिनेमा हाल के कुछ कर्मचारियों से निकट के गांव में हाथापाई में उलझ गया और बस अड्डे पर तोड़-फोड़ शुरु कर दी । जाटों पर जाटवों के अत्याचारों की अफवाह प्रारम्भ हो गई । कुछ जाट पहलवानों ने बदला लेने का निश्चय किया । इसी बीच पुलिस ने जाटव कालोनी से विस्फोटक सामग्री भी बरामद की । बाद में दिन के समय सशस्त्र जाट ट्रैक्टरों व ट्रकों में भरकर जाटव कालोनी पर उतर पड़े तथा तीन सौ से अधिक गांवों में आग लगा दी । जाटव कालोनी में यह पागलपन चार घन्टों तक चलता रहा । यह अफआह है कि 46 जाट प्रभुत्व वाले गांवों में विशेष रुप से बुलाई गई सभा के बाद एक हजार सशस्त्र व बलवान जाट इस मिशन पर निकले थे । अगले दिन कुम्हेर से पांच किलोमीटर दूर सेन्थारी गांव पर सशस्त्र जाटों ने आक्रमण किया । उन्होने चार जाटवों की हत्या की और 25 घरों को जला दिया । यह हिंसा पांच दिन तक चलती रही । लगभग सभी राजनीतिक दलों के प्रतिनिधियों ने कुम्हेर का भ्रमण किया और दंगों के लिए एक दूसरे को दोषी ठहराया । राज्य सरकार द्वारा आदेशित सी.बी.आई जाँच भी कराई गयी । स्पष्ट है कि राजनीतिज्ञ अपने हितों की साधना में जाति संघर्ष को जीवित रखना चाहते थे । कोई तीन वर्ष पूर्व आगरा में जाट-जाटवों के बीच बारात के रास्ते को लेकर संघर्ष हुए । कुछ समय पूर्व ऐसी रिपोर्ट थी कि जाटवों की एक बड़ी संख्या सिख धर्म में परिवर्तन की बात सोच रही थी । कुम्हेर, आगरा, आदि में हिंसा की घटनाओं से एक कटु सत्य उदय होता है कि जाति घृणा जीवित है और भारत में पनप रही है ।

(iii) ***गतिशीलता तथा राजनैतिक सत्ता प्राप्ति में बाधाएं*** *(Barriers to mobility and achieving political power)*

एम.एन.श्रीनिवास के अनुसार स्थानीय संस्तरण में जातियों की गतिशीलता की सम्भावना सदैव रही है । गतिशीलता के प्रभावकारी स्त्रोत हैं: संस्कृतिकरण की प्रक्रिया, धन के साधनों की उपलब्धि, दशाब्दी जनगणना में जनगणना अधिकारियों से जाति की स्थिति में परिवर्तन के लिए निवेदन करना, तथा जाति संघ बनाकर जाति समूहों को गतिवान बनाना, आदि । भूस्वामित्व के कारण उच्च जाति के सदस्यों ने न केवल राजनैतिक सत्ता प्राप्त की (जैसे दक्षिण भारत में मराठा, रेड्डी, नायर, कूर्ग और वेलाला जातियों में क्षेत्रीय प्रस्थिति), बल्कि जनजातियों एवं निम्न तथा मध्यम जातियों के लोगों ने भी राजनैतिक शक्ति प्राप्त कर क्षत्रिय प्रस्थिति का दावा किया; उदाहरणार्थ, यादव, कुर्मी, कोरी, बिहार में, पत्तीदार गुजरात में, पाला पूर्वी बंगाल में, भूमीजी व मुण्डा पूर्वी भारत में ने क्षत्रिय होने का दावा किया । अनेक निम्न तथा पिछड़ी जातियों ने उच्च प्रस्थिति प्रतीकों (symbols) जैसे राजनैतिक सत्ता, शिक्षा, तथा नये आर्थिक अवसरों में हिस्सा प्राप्त करने का प्रयत्न किया । उच्च जातियों ने निम्न

जातियों द्वारा चिन्हों के प्रयोग का विरोध किया। इस प्रकार के प्रतीकों का उपयोग करने वाले सिरफिरों को दण्डित करने के लिए उच्च जाति के लोग राजनैतिक अधिकारियों पर विश्वास नहीं कर सके। उनका विश्वास था कि ऐसे निम्न जाति के लोगों को शारीरिक दण्ड देने या जाति बहिष्कार करने का उन्हें "नैतिक अधिकार" है। दस वर्षीय जनगणना की संस्था ने 1901 से महत्वाकांक्षी निम्न जातियों को बड़ी सहायता की। उन्होने सोचा कि जनगणना रिपोर्ट में उच्च स्थिति का दावा करने से उनकी स्थिति में कोई भी विवाद खड़ा नहीं होगा। (श्रीनिवास,1992: 317-320)

उच्च ध्वनि के सुन्दर संस्कृत के नाम रखने की परिपाटी जातियों में विस्तृत रुप से अपनाई जा रही थी। उच्च प्रस्थिति की दावेदारी के लिए परम्पराओं, रिवाजों और पौराणिक कथाओं से उदाहरण दिये गए। इस सबसे जाति संघर्ष बढ़े क्योंकि यद्यपि प्रारम्भ में निम्न जातियों का उद्धेश्य जाति प्रथाओं में सुधार करना था और उच्च स्थिति का दावा करना था, किन्तु स्वतंत्रता के बाद ये जातियां राजनीतिक दबाव समूह बन गए और चुनाव के लिए टिकटें, कैबीनेट में मन्त्री बनना, प्रशासन में उच्च नौकरी, और यहां तक कि राष्ट्रपति पद तक के दावेदार हो गए। गुजरात, दिल्ली, उत्तरप्रदेश, राजस्थान तथा अन्य कई राज्यों में 1970, 1980 और 1990 के दशकों में हुए जाति संघर्ष इन्हीं दावों के परिणाम थे।

संक्षेप में, निम्न तथा पिछड़ी जातियों द्वारा गतिशीलता के लिए अपनाए गए रास्तों का उच्च जातियों द्वारा जमकर विरोध किया गया है। उच्च जातियों द्वारा विरोध के प्रयत्न तथा निम्न जातियों द्वारा गतिशीलता के प्रयत्नों ने उनके बीच संघर्ष उत्पन्न किया है।

(iv) ***आर्थिक अवसरों को प्राप्त करने के लिये प्रतिस्पर्धा तथा उच्च प्रस्थिति के प्रतीक प्राप्त करना*** *(Competition for economic opportunities and acquiring symbols of high status)*

यद्यपि जातीय संस्तरण में प्रत्येक जाति की प्रस्थिति निश्चित है, लेकिन संस्तरण में जाति प्रस्थिति की स्पष्ट परिभाषा के अभाव में जातियों की स्थिति की अस्पष्टता बनी रही है। स्वतंत्र भारत में विभिन्न जातियों के बीच प्रतिस्पर्धा एक सामान्य बात हो गई है। जनता के हाथों में राजनैतिक शक्ति आने से जातियां दबाव समूह बन गई हैं और शक्ति प्राप्ति की होड़ में लग गई हैं। इस प्रवृत्ति ने देश में जाति संघर्ष को प्रोत्साहन दिया है। कभी-कभी दूसरी जातियों के साथ सफलतापूर्वक प्रतिस्पर्धा की इच्छा छोटे खण्डों को एक होने के लिए बाध्य कर देती है और वे एक जाति श्रेणी में बंध जाते हैं। आन्द्रे बेतेइ (1965:134) ने भी इंगित किया है कि "पद व शक्ति के लिए प्रतिस्पर्धा में खण्डों के एक जुट हो जाने की आवश्यकता होती है क्योंकि अकेली एक जाति शक्ति के लिए प्रतिस्पर्धा नहीं कर सकती"। जब छोटे खण्ड एक साथ आ जाते हैं तो वे शक्तिशाली जाति बन जाते हैं। गुजरात में कोली और उत्तरप्रदेश में यादव इस बात के उदाहरण हैं कि वे अपनी राजनैतिक शक्ति को मजबूत करने के लिए एकजुट होकर एक जाति श्रेणी के रुप में संगठित हो गए।

जाति संघर्षों में यह तथ्य प्रमुख है कि यद्यपि संख्यात्मक शक्ति जाति शक्ति का आधार है, किन्तु संगठन इससे भी महत्वपूर्ण है। इस सम्बन्ध में जाति में सामाजिक व आर्थिक स्थिति वाले लोग महत्वपूर्ण भूमिका निभाते हैं। छोटे किसान व कृषि भूमिहीन मजदूर कम शक्तिवान होने के कारण

विशेष सुविधाओं की तो क्या वैधानिक अधिकारों को भी प्राप्त नहीं कर सकते हैं (Andre Beteille, 1992:343)। ऐसे लोग क्रान्तिकारी संगठनों के जाल में फंस जाते हैं और अपने अधिकारों तथा प्रस्थिति के लिए संघर्ष करते हैं। बिहार,उत्तर प्रदेश,व आन्ध्रप्रदेश में हुए जाति संघर्ष इन्हीं का परिणाम हैं।

REFERENCES

Beteille, Andre, *Caste, Class and Power*, University of California Press, Berkely, 1965

Gupta, Dipankar, *Social Stratification*, Oxford University Press, Delhi, 1992.

Kapadia, K.M. *Sociological Bulletin*, March- September, 1959.

Kushner, Gilbert, *Man in India*, January-March, 1967.

Kothari, Rajni, *Caste in Indian Politics*, Orient Longman, New Delhi, 1970.

Kuppuswamy, B., *A Study of Opinion Regarding Marriage and Divorce*, 1957.

Majumdar, D.N., *Caste and Communication in an Indian Village*, Asia Publishing House, Bombay, 1958.

Mathur, K.S., *Caste and Ritual in a Malwa Village*, Asia Publishing House, Bombay, 1964.

Mayer, A., *Caste and Kinship in Central India*, University of California Press, Berkeley, 1960.

Prasad, Narmadeshwar, *Myth of the Caste System in India*, 1956.

Sinha and Sinha, "Caste Stereotypes", *Social Forces*, September 1967.

Shah, B.V., *Social Change and College Students of Gujarat*, 1968.

Srinivas, M.N., "The Dominant Caste in Rampura", *American Anthropologist*, 1959, pp. 1-16.

Srinivas, M.N., *Social Change in Modern India*, Los Angeles, California, 1966.

Srinivas, M.N., "Dominant Caste in Rampura" in Dipankar Gupta (Ed.), *Social Stratification*, Oxford University Press, New Delhi, 1992, pp. 307-311.

अध्याय 15

जजमानी व्यवस्था
Jajmani System

अवधारणा (The Concept)

जजमानी व्यवस्था परम्परागत व्यावसायिक कर्त्तव्यों (occupational obligations) की व्यवस्था है। प्राचीन भारत में जातियाँ एक दूसरे पर आर्थिक रूप से निर्भर होती थीं। एक ग्रामीण व्यक्ति परम्परागत विशिष्ट व्यवसाय उसकी जाति को सौंपी गयी विशेषज्ञता के आधार पर अपनाता था। व्यवसाय के विशिष्टिकरण ने ग्रामीण समाज में सेवाओं के आदान-प्रदान को जन्म दिया। सेवाकर्त्ता (servicing) और सेवित (served) जातियों के बीच यह सम्बन्ध व्यक्तिगत, अस्थाई, सीमित, तथा संविदात्मक (contractual) नहीं था, बल्कि यह जाति-अभिमुख, स्थाई और विस्तृत समर्थन देने वाला था। वह व्यवस्था जिसमें भूमिस्वामी (land owning) परिवार तथा उन भूमिहीन परिवारों में, जो उसे वस्तुएं और सेवाएं प्रदान करते हैं, स्थाई सम्बन्ध मिलते हैं, उसे जजमानी व्यवस्था कहा जाता है।

हैरोल्ड गूल्ड (Harold Gould) ने जजमानी व्यवस्था का वर्णन अन्तर-पारिवारिक अन्तर जातीय सम्बन्ध के रूप में किया है जिसमें संरक्षकों (patrons) तथा सेवाकर्त्ताओं के बीच के सम्बन्ध स्वामी तथा अधीन (superordinate-subordinate) के होते हैं। संरक्षक स्वच्छ जातियों के परिवार होते हैं, जबकि सेवाकर्त्ता निम्न तथा अस्वच्छ जाति के परिवार होते हैं। अतः यह कहा जा सकता है कि जजमानी व्यवस्था एक वितरण व्यवस्था है जिसमें उच्च जाति के भूस्वामी परिवारों को निम्न जाति के लोगों के द्वारा (जैसे खाती, नाई, कुम्हार, लुहार, धोबी तथा चूहरा, आदि) सेवाएं प्रदान की जाती हैं। सेवक जाति के लोगों को 'कमीन' कह कर पुकारा जाता है, जबकि सेवित जातियों को 'जजमान' कहा जाता है। सेवक जातियों को उनकी सेवा के बदले में नकद या वस्तु के रूप में (जैसे, अनाज, पशुओं का चारा, वस्त्र, दूध, दही, मक्खन, आदि) भुगतान किया जाता है।

योगेन्द्र सिंह ने जजमानी व्यवस्था का वर्णन करते हुए कहा है कि यह एक ऐसी व्यवस्था है जो गांवों के अन्तर्जातीय संबंधों में पारस्परिकता पर आधारित संबंध द्वारा नियंत्रित होती है। ईश्वरन (1966: 41) ने जजमानी व्यवस्था (जिसे दक्षिण भारत में मैसूर में "आया" कहा जाता है) के संदर्भ में कहा है कि यह एक ऐसी व्यवस्था है जिसमें सम्पूर्ण सामुदायिक जीवन में प्रत्येक जाति को एक भूमिका निभानी होती है। इस भूमिका में आर्थिक, सामाजिक, एवं नैतिक कार्य होते हैं।

'जजमान' शब्द का प्रयोग मूल रूप से उस असामी (client) के लिये किया जाता था जिसके लिये ब्राह्मण पुजारी धार्मिक पूजा व कर्मकाण्ड (rituals) किया करते थे; किन्तु बाद में ये विशिष्ट सेवाओं को प्राप्त करने वाले व्यक्ति अथवा संरक्षक के लिये प्रयोग किये जाने लगा। बीडलमैन (Beidelman, 1959: 6-7) ने कहा है कि 'सेवादारों' अर्थात् वस्तुएं और सेवाएं प्रदान करने वालों

के लिये 'कमीन' शब्द के अतिरिक्त भिन्न क्षेत्रों में अन्य शब्द जैसे पुरजन, परधान, आदि भी प्रयोग किया जाता है।

जजमानी सम्बन्ध (Jajmani Relations)

कभी-कभी वस्तुओं की आपूर्ति (supply) के आधार पर दो या दो से अधिक जातियों के सम्बन्ध संविदात्मक हो सकते हैं, किन्तु जजमानी नहीं। उदाहरणार्थ, जिस जुलाहे को उसकी बनाई हुई और बची हुई वस्तु के लिये नकद भुगतान किया जाता है, वह प्रथा के अनुसार फसल में से हिस्से का अधिकारी नहीं होता है। वह न 'कमीन' है और न ही खरीदने वाला उसका 'जजमान'। फिर, जजमानी सम्बन्धों में कुछ ऐसी सेवाएं तथा वस्तुएं हो सकती हैं जिनका अनुबन्ध (contract) होता है और पृथक से भुगतान भी। उदाहरण के लिये गांव में रस्सी बनाने वाले जजमानी व्यवस्था के अन्तर्गत किसान को सभी आवश्यक रस्सियों की पूर्ति करते हैं, केवल उस रस्सी के जो कुएँ में उपयोगी होती है और काफी लम्बी और मोटी होती है। किसान को उसके लिए अलग से भुगतान देना होता है।

जजमानी सम्बन्धों में धार्मिक कृत्यों, सामाजिक समर्थन तथा आर्थिक आदान-प्रदान सभी का समावेश है। सेवक जातियाँ जजमान के घर जन्म, विवाह, और मृत्यु के अवसरों पर धार्मिक संस्कारिक समारोहों में कर्त्तव्यों का पालन करते हैं। डी.एन.मजूमदार (1958) ने उत्तर प्रदेश के लखनऊ ज़िले के एक गांव की राजपूत जाति के ठाकुर परिवार का उदाहरण दिया है जिसमें दस विभिन्न जातियों के परिवार जीवन चक्र-पथ के संस्कारों (life-cycle rites) की पूर्ति के लिये ठाकुर परिवार की सेवा में लगे होते हैं। उदाहरणार्थ, बालक के जन्म की दावत के समय ब्राह्मण नामकरण संस्कार कराता है, सुनार नवजात शिशु के लिये स्वर्ण आभूषण उपलब्ध कराता है, धोबी गन्दे कपड़े धोता है, नाई सन्देश वाहन का कार्य करता है, खाती वह पट्टा बनाता है जिस पर बच्चे को नामकरण के लिये बिठाया जाता है, लोहार लोहे का कड़ा बनाता है, कुम्हार कुल्हड़ आदि पानी पीने तथा सब्जियाँ आदि रखने के लिये उपलब्ध कराता है, पासी भोजन के लिये पत्तलें जुटाता है तथा भंगी दावत के बाद सफाई का काम करता है। वे सभी लोग जो इस प्रकार सहयोग करते हैं उपहार रूप में भोजन, वस्त्र और धन प्राप्त करते हैं जो आंशिक रूप से प्रथा पर, आंशिक रुप से जजमान के आर्थिक स्तर पर तथा आंशिक रूप से प्राप्तकर्त्ता के अनुरोध पर निर्भर करता है।

'कमीन' (निम्न जातियाँ) जो अपने 'जजमानों' (उच्च जातियाँ) को विशिष्ट कुशलता एवं सेवाएं प्रदान करते हैं, स्वयं भी दूसरों से वस्तुएं तथा सेवाएं चाहते हैं। हैरोल्ड गूल्ड (1987: 169-70) के अनुसार ये निम्न जातियाँ या तो प्रत्यक्ष रूप से श्रम के आदान-प्रदान द्वारा या धन या वस्तु के रूप में भुगतान के माध्यम से अपनी स्वयं की जजमानी व्यवस्था कर लेते हैं। मध्यम जातियाँ भी निम्न जातियों के समान ही या तो सेवाओं के बदले नकद भुगतान के रूप में या सेवाओं के आदान-प्रदान के रूप में एक दूसरे के प्रति कर्त्तव्यों का पालन करती हैं।

कमीन अपने जजमानों को न केवल वस्तुएं उपलब्ध कराते हैं बल्कि उनके लिये वे कार्य भी करते हैं जो उन्हें (जजमानों को) अपवित्र करती हैं; उदाहरणार्थ, (धोबी द्वारा) गन्दे कपड़ों का धोना, (नाई द्वारा) बालों का काटना, (नायन द्वारा) बच्चे को जन्म दिलाना, तथा (भंगी द्वारा) स्नान गृह/ शौच घर आदि की सफाई करना, आदि। यद्यपि धोबी, नाई, लोहार, आदि स्वयं निम्न जाति में आते हैं फिर भी

वे हरिजनों की 'कमीन' के रूप में सेवा नहीं करते और न ही ब्राह्मण इन निम्न जातियों को अपना जजमान बनाते हैं, तथापि जब निम्न जाति परिवार समृद्ध हो जाते हैं तब वे दूषित व्यवसाय को त्याग देते हैं और संस्कार विशेषज्ञों (ritual specialists) की सेवाएं प्राप्त करने का प्रयत्न करते हैं और इसमें सफल भी हो जाते हैं।

जजमानी सम्बन्ध जातियों की अपेक्षा परिवारों में होते हैं। इस प्रकार राजपूत जाति का परिवार गांव में लोहार जाति के एक विशेष परिवार के धातु के औज़ार प्राप्त करता है, न कि गांव के सभी लोहार जातियों से। इसी विशिष्ट लोहार परिवार को ही फसल पर राजपूत परिवार की फसलों में से एक भाग मिलेगा न कि दूसरे लोहार परिवारों को। लोहार और राजपूत दो परिवारों के बीच यह जजमानी सम्बन्ध स्थायी हैं क्यों कि लोहार परिवार उसी राजपूत परिवार की सेवा करता रहता है जिसकी सेवा उसके पिता और दादा करते थे। राजपूत परिवार भी अपने औज़ार और उनकी मरम्मत उसी लोहार परिवार से कराता है जिससे उसके पूर्वज कराया करते थे। यदि सम्बद्ध परिवारों में से एक परिवार समाप्त हो जाता है तो उस परिवार के वंशज उस स्थान को ग्रहण कर सकते हैं। उदाहरणार्थ, उपर्युक्त प्रकरण में अगर लोहार के परिवार में अधिक पुत्र हैं जिन सभी को उनका जजमान राजपूत परिवार संरक्षण नहीं दे सकता तो कुछ लोहार पुत्र दूसरे स्थानों पर जाकर नये सहयोगी ढूंढ लेते हैं जहां लोहारों की कमी होती है।

ओरेन्सटीन (Orenstein, 1962: 310-14) ने माना है कि गांव के पदाधिकारी/ कर्मचारी या ग्रामीण सेवकों के परिवार (जैसे चौकीदार) गांव में विशेष परिवारों की अपेक्षा सम्पूर्ण गांव से जजमानी सम्बन्धों को मानते हैं। इस प्रकार चौकीदार के परिवार को गांव के प्रत्येक भूस्वामी कृषक परिवार से फसल के समय कुछ न कुछ योगदान प्राप्त होता है। गांव के सेवक गांव की जमीन का कर मुक्त प्रयोग भी कर सकते हैं। कुछ सेवक परिवार व्यक्तिगत परिवारों की अपेक्षा गांव के एक हिस्से (segment) से जजमानी सम्बन्ध बनाये रखते हैं। ऐसे सेवक परिवारों को गांव के उस विशेष भाग में रहने वाले सभी परिवारों की सेवा करने का अधिकार होता है।

जजमानी व्यवस्था के सन्दर्भ में कोलेन्डा (Kolenda, 1963: 11-31) ने कहा है: "हिन्दू जजमानी व्यवस्था को भारतीय गांवों में एक संस्था या सामाजिक व्यवस्था के रुप में देखा जा सकता है, जो कि भूमिकाओं तथा प्रतिमानों (norms) के जाल द्वारा बनी होती है। यह जाल भूमिकाओं तथा सम्पूर्ण व्यवस्था से गुंथा होता है जिसे सामान्य सांस्कृतिक मूल्यों द्वारा वैधता एवं समर्थन प्राप्त होता है।" जजमानी व्यवस्था में जिन महत्वपूर्ण प्रश्नों का विश्लेषण आवश्यक है वे हैं: इस व्यवस्था का कार्य क्या है? इसमें कौन सी भूमिकाएं निहित हैं? इसके प्रतिमान और मूल्य क्या हैं? इस व्यवस्था में शक्ति और अधिकारों का वितरण किस प्रकार होता है? यह व्यवस्था दूसरी व्यवस्थाओं से किस प्रकार सम्बन्धित है? व्यवस्था बनाये रखने की क्या प्रेरणा है? व्यवस्था में क्या परिवर्तन हुए हैं?

प्रकार्य और भूमिकाएं (Functions and Roles)

जजमानी व्यवस्था के कार्यों का विश्लेषण करते हुए लीच (Leach, 1960) ने कहा है कि जजमानी व्यवस्था श्रम विभाजन तथा जातियों के आर्थिक परस्पर निर्भरता को नियमित करती है और बनाये रखती है। वाइजर (Wiser, 1967: 35) के अनुसार जजमानी व्यवस्था भारतीय ग्राम को एक

आत्मनिर्भर समुदाय के रूप में बनाये रखने में सहायक होती है । हैरोल्ड गूल्ड (1987) ने कहा है कि जजमानी व्यवस्था नीच एवं दस्तकारी सेवाओं के बदले में कृषि उत्पादन का वितरण करती है। बीडलमैन (Beidelman, 1959) का मत है कि जजमानी व्यवस्था उच्च जातियों के सम्मान को बनाये रखती है ।

जजमानी व्यवस्था में 'जजमान' और 'कमीन' की दो भूमिकाएं सम्मिलित हैं । 'कमीन' जातियाँ 'जजमान' जातियों के लिये कुछ व्यावसायिक, आर्थिक और सामाजिक सेवाएं प्रदान करती हैं जिसके लिये जजमान निश्चित अन्तराल में या विशेष अवसरों पर उन्हें भुगतान करते रहते हैं । परन्तु इस आपसी विनिमय में सभी जातियाँ आवश्यक रूप से भाग नहीं लेती हैं । उदाहरणार्थ, तेली एक ऐसी जाति है जो सामान्य रूप से इस सेवा विनिमय व्यवस्था में सम्मिलित नहीं होती । कमीन की असामियों (clientele) में उसके गांव तथा आसपास के गांवों के परिवार सम्मिलित होते हैं । कमीन अपने जजमान के प्रति अधिकारों को दूसरे कमीन को दे सकते हैं । इस जजमान-कमीन के भूमिका सम्बन्धों में महत्वपूर्ण बात विभिन्न प्रकार की छूट रियायत देने की है, जैसे मुफ्त भोजन, मुफ्त कपड़े, मुफ्त आवास, लगान मुक्त भूमि, आकस्मिक सहायता, मुकदमे में सहायता, आदि तथा जजमानों द्वारा जीवन की विविध संकटकाल परिस्थितियों में कमीनों का संरक्षण करना भी सम्मिलित है ।

तथापि, जजमानी व्यवस्था सभी गांवों में आदान-प्रदानात्मक (reciprocal) नहीं है । कोलेन्डा (Kolenda, 1963: 11-32) की मान्यता है कि भारत के बहुत से गांवों में इस प्रकार के सम्बन्धों में प्रबल जातियाँ शक्ति सन्तुलन अपनी ओर कर लेती हैं । योगेन्द्र सिंह (1973: 187) भी विश्वास करते हैं कि भारत के गांव आजकल आर्थिक संस्थाओं, सत्ता संरचना और अन्तरजातीय सम्बन्धों के अर्थ में बदल रहे हैं । आर्थिक परिवर्तन का प्रमुख स्रोत भूमि सुधार है जो कि मध्यस्थता उन्मूलन, किरायेदारी सुधार, भूमि चकबन्दी, भूमि के पुनर्वितरण, सहकारी खेती के विकास, तथा भू दान जैसे आन्दोलनों के माध्यम से प्रभावी हुआ है । इन उपायों ने गांवों में जातियों के बीच अन्तः क्रिया, जजमानी व्यवस्था तथा सामाजिक व्यवस्था को प्रभावित किया है ।

प्रतिमान एवं मूल्य (Norms and Values)

देश में लगभग सभी क्षेत्रों में भुगतान की परम्परागत विधि यह है कि भुगतान फसल कटने के समय किया जाता है, जब प्रत्येक भूस्वामी कृषक परिवार विभिन्न 'कमीन' परिवारों को अन्न के नये उत्पादन में से कुछ न कुछ देता है । फिर भी फसल के समय का यह भुगतान कमीन परिवार को प्राप्त होने वाले भुगतानों का एक ही भाग होता है । कमीन अपने मकान बनवाने के लिए स्थान, जानवरों के चरने के लिए स्थान, लकड़ी और उपले के ईधन, औजारों का ऋण, आदि के लिये अपने जजमान पर ही निर्भर करता है । इसके साथ-साथ जजमान विभिन्न समारोहों पर वस्त्र आदि की भेंट भी देता है तथा आपातकाल में ऋण के रूप में धन से भी सहायता करता है ।

वाइज़र (Wiser, 1956) ने कमीन को जजमान से मिलने वाले सत्रह प्रकार के प्रतिफल/लब्धियां (considerations) गिनाये हैं । हैरोल्ड गूल्ड (1985: 140-141) ने भी 1954-55 में उत्तर प्रदेश के फैजाबाद ज़िले के शेरपुर गांव में किये गये जजमानी व्यवस्था पर अपने अध्ययन में

जजमानी बन्धनों में इन 'लब्धियों' को महत्वपूर्ण पाया। इनमें से कुछ 'लब्धियां' इस प्रकार हैं: मुफ्त आवास स्थल, परिवार के लिये मुफ्त भोजन, मुफ्त वस्त्र, पशुओं के लिये मुफ्त भोजन, मुफ्त इमारती लकड़ी, उपले, लगान-मुक्त भूमि, ऋण सुविधाएं, पूरक रोज़गार के अवसर, मुफ्त औज़ारों व जानवरों का उपयोग, मुफ्त चमड़ा, मुकदमें में सहायता, मुफ्त चिता की लकड़ी तथा कच्चे पदार्थों का मुफ्त प्रयोग, आदि। हैरोल्ड गूल्ड ने जजमानों द्वारा 'पूरजनों' की सेवाओं के लिये भुगतान का भी अध्ययन किया। उदाहरणार्थ, ब्राह्मण को हर जजमान परिवार से फसल के समय पर पन्द्रह किलो अनाज मिलता था; जुलाहे को प्रति जजमान पन्द्रह किलो अनाज प्रति फसल और बीस रुपया प्रति माह मिलता था; कुम्हार, नाई, लोहार को प्रति परिवार प्रति फसल आठ किलो अनाज मिलता था; और धोबी को प्रत्येक फसल पर घर में प्रति स्त्री के हिसाब से चार किलो अनाज मिलता था।

एक गांव में एक कमीन परिवार को सभी जजमानों से प्राप्त होने वाले अनाज का उदाहरण देते हुए हैरोल्ड गूल्ड कहते हैं कि उनके गांव में उन्होंने पाया कि एक नाई को पच्चीस एकाकी इकाइयों वाले पन्द्रह संयुक्त परिवारों से (वर्ष 1954-55 में) लगभग 312 किलो अनाज प्राप्त हुआ। विभिन्न जातियों में जजमानी सम्बन्धों को लेकर उन्होंने पाया कि शेरपुर गांव के सभी जजमानों ने एक वर्ष में सभी 'पुरजन' परिवारों को 2039 किलो अनाज दिया था। उस गांव में 228 लोगों की कुल जनसंख्या पर 43 परिवार थे। इनमें से केवल उन्नीस परिवार जजमान परिवार थे जिन्हें सेवाएं प्राप्त थीं और जो अनाज देते थे। इससे ज्ञात होता है कि आर्थिक अन्तर्क्रिया कितनी अधिक थी।

कमज़ोर फसल वाले वर्ष में कृषक जजमान अपने कमीन परिवारों को अधिक अन्न नहीं देता, लेकिन अच्छी फसल पर वह उन कमीन परिवारों को कुछ अतिरिक्त अनाज देने में आनाकानी नहीं करता जिन्होंने उन्हें अच्छी सेवाएं प्रदान की हैं। यदि कमीन जजमान की सेवा में कुछ धोखे वाली बात करता है (जैसे लोहार उसके औजारों की सही मरम्मत नहीं करता या धोबी उसके कपड़े खो देता है या फाड़ देता है) तो जजमान उसे अधिक नहीं देता। इसी प्रकार कमीन भी प्राप्त होने वाले भुगतान के अनुसार ही जजमान की सेवा करता है। एम.एन. श्रीनिवास (1955: 11-13) के अनुसार भी उन जजमानों को अधिक महत्व दिया जाता है जो भुगतान रुपयों में न करके अनाज के रुप में करते हैं।

बीडलमैन (1959) के अनुसार जजमान और कमीन के बीच शक्ति आवंटन (allocation) में सांस्कारिक पवित्रता और अपवित्रता (ritual purity and pollution) महत्वपूर्ण नहीं है। निम्न जाति का व्यक्ति भले ही जजमान हो, उच्च जाति के कमीन से नीचे ही माना जाता है। उच्च जाति की शक्ति भू स्वामीत्व और धन पर आधारित होती है और कमीन के पास यह शक्ति नहीं होती है। हैरोल्ड गूल्ड (1987: 173) ने माना है: कि "मौलिक अन्तर एक ओर भू स्वामी कृषक जातियों में जो सामाजिक व्यवस्था में प्रभुत्व रखती हैं और दूसरी ओर भूमिहीन नीच एवं दस्तकारी जातियों के बीच पाया जाता है"। पोकाक (Pocock, 1963: 79) भी इसी प्रकार कहते हैं: "यदि जजमानी सम्बन्ध एक व्यवस्था नहीं बनाते हैं, तो एक संगठन बनाते हैं। वे एक संस्था के चारों ओर संगठित हैं जो (संस्था) उस क्षेत्र की प्रबल जाति है। जजमान और कमीनों के कर्त्तव्यों, अधिकारों, भुगतानों एवं लाभों के सम्बन्ध में भी प्रतिमान है। जजमान को अपने कमीन के प्रति पितृ भाव रखना चाहिये और उनकी मांगें पूरी करनी चाहिये। कमीन को भी पिता के लिए पुत्र की तरह व्यवहार करना चाहिये। उसे अपने जजमान का उसके गुट सम्बन्धी विवादों में समर्थन करना चाहिये।

जजमानी व्यवस्था का सांस्कृतिक मूल्य यह है कि दान और उदारता धार्मिक कर्तव्य हैं तथा असमानता ईश्वर की देन है। पवित्र, अर्द्ध पवित्र तथा निरपेक्ष हिन्दू साहित्य एवं मौखिक परम्पराएं भी जजमान कमीन सम्बन्धों को उचित एवं अधिकारिक मानते हैं। ग़ल्ती करने वाले जजमानों और कमीनों को दण्ड देने का अधिकार जाति पंचायत को है। साथ-साथ उपरोक्त अनुज्ञाएं (sanctions) यह भी अनुमति देती हैं कि चाहे तो कमीन वांछनीय सेवाएं न करें और जजमान चाहे तो कमीन को दी हुई भूमि वापस ले ले।

उदाहरणार्थ, यदि एक कुम्हार परिवार दूसरे कुम्हार के जजमानों को लेना चाहता है तो प्रभावित कुम्हार परिवार घुसपैठिये को रोकने के लिये अपनी जाति पंचायत से निवेदन करता है और यदि गांव के कुम्हार यह विश्वास कर लें कि उनके जजमान (कृषक) उनके साथ अनुचित व्यवहार कर रहे हैं तो वे गांव के किसान जजमानों का बहिष्कार तब तक करने का प्रयत्न कर सकते हैं जब तक कि वे अपने अनुचित व्यवहार को छोड़ न दें।

जजमानी व्यवस्था : एक शोषण की व्यवस्था (Jajmani System : An Exploitative System)

क्या जजमानी व्यवस्था एक शोषण की व्यवस्था है ? क्या जजमान कम पैसा देकर या कम मात्रा में अन्न देकर या अन्य किसी प्रकार से कमीन परिवारों का शोषण करते हैं ? बीडलमैन (1959) स्पष्ट रूप से जजमान को शोषक और कमीन को शोषित मानते हैं तथा इस व्यवस्था (जजमानी) को सामन्ती (feudal) कहते हैं। उनका विश्वास है कि जजमानी व्यवस्था उच्च जाति के भूस्वामी हिन्दूओं के द्वारा दबाव, नियंत्रण, वैधकरण, तथा डराने धमकाने के प्रमुख साधनों में से एक है। लुईस तथा बारनऊ (Lewis and Barnouw: 1956) इस मत के हैं कि शक्तिशाली एवं धनी जजमानों तथा गरीब भूमिहीन कमीन के बीच बड़े अन्तर के कारण ही कमीन का शोषण होता है ओर उच्च स्तरीय लोग उन्हें दबाकर अपनी शक्ति को बनाये रखते हैं। कुछ विद्वानों का मत है कि जजमानी व्यवस्था में कोई शक्ति या दबाव नहीं है। प्रथम तो कमीन अपनी जीविका के लिये अपने जजमानों पर पूरी तरह निर्भर नहीं होते। वे अपनी वस्तुओं तथा सेवाओं को दूसरे व्यक्तियों या परिवारों को देने के लिये स्वतन्त्र हैं जो उन्हें नकद भुगतान करते हैं। दूसरे, जब कमीन ऐसा अनुभव करते हैं कि उनके साथ अन्याय हो रहा है तो वे अपनी जाति पंचायतों की सहायता लेते हैं जो जजमानों को कमीन (सेवा समूहों) की मांगें स्वीकार करने के लिये बाध्य करते हैं। इसी प्रकार जब भूस्वामी जजमान यह अनुभव करते हैं कि उनका कोई सेवादार कमीन अपने कर्त्तव्यों से विमुख हो रहा है या उनकी (जजमान की) शक्ति व प्रस्थिति को खतरा पैदा हो रहा है, तो जजमान परिवार कमीन का भुगतान रोक कर या किसी अन्य प्रकार से उन पर सामूहिक दबाव डालते हैं। परन्तु यह सामूहिक कार्यवाही समूची जाति के हितों को प्रभावित नहीं करती। तीसरे, जजमान अपने कमीन से परिपालक भाव (paternalistic) से व्यवहार करते हैं और आपत्ति के समय में उनकी सहायता करते हैं। चौथे, जजमानी नियम इतने लचीले होते हैं कि इनका अर्थ किसी भी प्रकार से लगाया जा सकता है तथा सेवा प्रबन्धों में परिवर्तन सम्भव बनाया जा सकता है। फिर भी प्रत्येक जजमानी संबंध में एक समय में कम से कम एक स्तर बना रहता है। अन्त में, उच्च जाति के सदस्य अपवित्र करने वाले विशिष्ठ कार्यों से बचना चाहते हैं।

इसलिये उन्हें कमीन परिवारों पर आवश्यक सेवाओं एवं वस्तुओं के लिए निर्भर रहना पड़ता है। जजमान आदान-प्रदान को परस्पर लाभ का विषय मानकर वे कभी-कभी कमीन की अनुचित मांगें भी सहन कर लेते हैं, जिस प्रकार कमीन समय-समय पर अपने जजमानों का दबाव सहन करते हैं। इसलिये जजमानी व्यवस्था को शोषण की व्यवस्था कहना तर्कसंगत न होगा। राव (1961), कोलेन्डा (1963: 21-29), ओरेन्सटीन (1962), तथा हैरोल्ड गूल्ड (1985) ने भी स्वीकार किया है कि जजमानी व्यवस्था को शोषक व्यवस्था कहना और इस प्रकार एक सामान्य निष्कर्ष निकालना अत्यधिक धुंधला कर देने वाला कथन होगा। हैरोल्ड गूल्ड (1987: 176-177) ने कहा है कि जजमानी व्यवस्था का सामन्ती व्यवस्था के घटक के रूप में विश्लेषण अनुचित व गैर ज़िम्मेदारीपूर्ण तथ्य मालूम पड़ता है। आर्थिक क्रिया के किसी भी नाम के रुप में जजमानी व्यवस्था का विस्तार छोटा है। यह व्यवस्था किसी तर्क संगत आर्थिक प्रयोजन के कारण नहीं चलती बल्कि इसलिये स्थिर रहती है क्योंकि यह सामाजिक प्रस्थिति को बनाये रखने में महत्वपूर्ण होती है तथा सामाजिक अन्तर्क्रिया के इन स्वरूपों का भी अनुरक्षरण करती है जो ग्रामीण हिन्दूवाद के सफल प्रचलन के लिए आवश्यक हैं। जजमान मूलतः एक आर्थिक व राजनैतिक दृष्टि से समरूप वर्ग नहीं है, बल्कि एक धार्मिक-आर्थिक संवर्ग (category) है जो कि भारतीय सभ्यता में अपूर्वता से (uniquely) अपनायी गयी है। जजमान और सेवक जातियों के बीच बन्धन समान धार्मिक- आर्थिक सम्बन्धों का आनन्द लेना है, न कि समाज में धन और शक्ति के स्रोतों के प्रति सामान्य सम्बन्ध का आनन्द लेना।

इस प्रकार कहा जा सकता है कि जजमानी व्यवस्था में जजमान की प्रस्थिति न तो जमींदार वर्ग से मेल खाती है और न ही किसी प्रबल जाति से और न यह किसी विशेष सामाजिक समूह में सदस्यता पर निर्भर करती है, बल्कि भूमि के स्वामित्व या भूमि से उत्पादन (किसी भी साधन) पर निर्भर करती है। मेयर (1960), माथुर (1958) और पोकॉक (1963) की भी मान्यता है कि भूमि का स्वामित्व भारत में जातीय मुक्त (caste free) रहा है जिसका अर्थ है कि किसी भी रूप में जजमान की स्थिति स्थापित करने के लिए जिन साधारण साधनों की आवश्यकता होती है वे जाति संस्तरण में हर जाति के सदस्यों को प्रावैधिक रूप में उपलब्ध होते हैं। हैरोल्ड गूल्ड (1987: 177) के इस कथन को मानते हुए कि जजमान की प्रस्थिति एक सामाजिक श्रेणी (stratum) न हो कर एक धार्मिक-आर्थिक श्रेणी है, यह कहा जा सकता है कि जजमानों को शोषक (एक सामाजिक वर्ग के रूप में) नहीं माना जा सकता। अधिक से अधिक यह कहा जा सकता है कि वर्तमान युग में जजमानों द्वारा कमीन को दिया जाने वाला धन या अनाज इतना कम है कि कमीन को अन्य साधनों से अपनी आय बढ़ाने के लिये बाध्य होना पड़ता है। दूसरी ओर जजमानी स्तर कभी भी भूमि के आधार पर रईस होने (landed aristocracy) तक सीमित नहीं रहा है (यहां तक कि पुरानी व्यवस्था में भी नहीं)। विभिन्न जातियों के लोगों को जजमान बनने के अवसर थे। लेकिन जजमान होना और वर्तमान प्रभावशाली राजनैतिक व्यवस्था का अंग होना स्वयं में सहावसानी (coterminous) नहीं थे। राजनीतिक संस्तरण में सदस्यता तो केवल शक्तिशाली स्थिति प्राप्त करने का साधन थी जिससे जजमान होने में सहायता मिलती थी। यह एकमात्र साधन कभी नहीं रहा।

जजमान होने का अर्थ था रूढ़िवादी हिन्दू होना जिसकी मूल्य व्यवस्था कुछ विशिष्ठ सेवादारों (अथवा सेवाकर्त्ता जातियों) को नियुक्त करना आवश्यक मानती थी। ज़मींदार होने का अर्थ था

शासक वर्ग का सदस्य होना (हैरोल्ड गूल्ड, 1987: 185) । जजमान कमीन का शोषक नहीं था, यद्यपि जमींदार शोषक हो सकता था । जजमान होने की इच्छा रखना न तो सामन्ती स्थिति प्राप्त करने की इच्छा है और न ही कमज़ोर वर्ग के शोषण की इच्छा है, अपितु उन संस्कारों व कर्मकाण्डों का पालन करने तथा उस जीवन पद्धति की इच्छा है जिसमें अपवित्रता से दूर रहना आवश्यक होता है ।

जजमानी प्रथा में परिवर्तन (Changes in Jajmani System)

जजमानी व्यवस्था अन्य व्यवस्थाओं से सम्बन्धित है, जैसे जाति व्यवस्था, धर्म व्यवस्था, भू स्वामित्व व्यवस्था, नातेदारी व्यवस्था और गांव की राजनैतिक संरचना। अतः इन सब व्यवस्थाओं में परिवर्तनों से वर्तमान में जजमानी व्यवस्था की कार्य प्रणाली भी प्रभावित हुई है । गत पाँच-छः दशकों में समाज में मुख्य परिवर्तन जिन्होंने जजमानी व्यवस्था को प्रभावित किया है वे इस प्रकार हैं: गांवों के बुजुर्गों की परिषदों की शक्तियों में कमी होना, कमीन द्वारा की जाने वाली सेवाओं पर फैक्ट्री व्यवस्था व औद्योगीकरण का प्रभाव, जाति व्यवस्था की कठोरता में परिवर्तन, शिक्षा का विस्तार, मध्यम तथा निम्न जातियों के लोगों का व्यवसाय और भौतिक सुख-साधनों की खोज में शहरों की ओर पलायन, जागीरदारी व्यवस्था का समाप्त होना, भूमि सुधारों का लागू होना, शहरी क्षेत्रों में अच्छे रोज़गार मिल जाना, आधुनिक यातायात के साधनों की उपलब्धि के कारण बाज़ार सम्बन्धी लेन-देन सरल हो जाना, आदि। इन सभी कारणों से अधिकतर गांवों में जजमानी व्यवस्था का अधिकारापहरण (supplantation) हुआ है जबकि कुछ गांवों में यह बिलकुल समाप्त हो गयी है । कारीगर अपने माल के लिये पैसा लेना अधिक अच्छा मानते हैं । पैसे वाले किसान नकद भुगतान देकर बाज़ार से अच्छे किस्म की वस्तुएं खरीदना अधिक पसन्द करते हैं । प्रबल जाति (dominant caste) अपने समर्थन के लिये कमीन पर निर्भर रहने की अपेक्षा राजनैतिक सहायता माँगना पसन्द करती है । अतः इसमें कोई आश्चर्य नहीं है कि वर्तमान में जजमानी व्यवस्था बहुत कमज़ोर हो गयी है । इरावती कर्वे तथा वाई.बी.डामले (1963: 151-52) ने 1962 में महाराष्ट्र के पाँच गांवों में किये गये अपने सर्वेक्षण में दो-तिहाई उत्तरदाताओं को (326 में से 222) तथा बोस और जोधा (1965: 118-123) ने पश्चिमी राजस्थान के बाड़मेर ज़िले में 1963 में किये गये अपने सर्वेक्षण में 86% उत्तरदाताओं को (129 में से 111) जजमानी व्यवस्था के पक्ष में पाया क्योंकि उन्हें आर्थिक लाभ, धार्मिक व कर्मकाण्डी सेवाओं की उपलब्धता, गुटीय संघर्षों में कुछ भूस्वामी परिवारों का समर्थन तथा कठिन समय में संरक्षण, आदि लाभ प्राप्त होते थे । फिर भी वास्तविकता यह है कि परम्परागत जजमानी सम्बन्ध अब आजकल बहुत कमज़ोर हो गये हैं । ग्रामीण अर्थ व्यवस्था अब जजमानी व्यवस्था से अधिक नहीं चलती है । बीडलमैन भी इस मत के हैं कि जजमानी व्यवस्था निकट भविष्य में जीवित रहेगी, यह सन्देहात्मक है ।

REFERENCES

Beidleman, Thomas O., "A Comparative Analysis of the *Jajmani* System", *Monograph for the Association for Asian Studies*, No. 8, New York, 1959.

Bose, A.B. and Jodha, N.S., "The *Jajmani* System in a Desert Village" in *Man in India*, Vol. 45, Ranchi, 1965.

Gould, Harold A., "A *Jajmani* System of North India: Its Structure, Magnitude and Meaning" in his book *The Hindu Caste System*, Chanakya Publications, New Delhi, 1987.

Ishwaran, R., *Tradition and Economy in Village India*, Routledge and Kegan Paul Ltd., London, 1966.

Karve, Iravati and Damle, Y.B., *Group Relations in Village Community*, Deccan College Monograph Series, Deccan College, Poona, 1963.

Kolenda, Pauline, "Toward a Model of the Hindu *Jajmani* System", *Human Organization*, Vol. 22, No. 1, Spring 1963.

Leach, Edmund R., *Aspects of Caste in South India, Ceylon and North-West Pakistan*, Cambridge University Press, Cambridge, 1960.

Majumdar, D.N., Book Review of T. Beidelman, *A Comparative Study of the Jajmani System*, *Man*, 1960.

Majumdar, D.N., *Caste and Communication in an Indian Village*, Asia Publishing House, Bombay, 1958.

Orenstein, Henry, "Exploitation or Function in the Interpretation of *Jajmani*", *South-Western Journal of Anthropology*, Vol. 18, 1962.

Pocock, David, "Notes on *Jajmani* Relationships" in *Contributions to Indian Sociology*, No. VI, December, 1962.

Srinivas, M.N., "The Social System of Mysore Village" in *Village India* by Mckim Marriott (Ed.), University of Chicago Press, Chicago, 1955.

Singh, Yogendra, *Modernization of Indian Tradition*, Rawat Publications, Jaipur, 1983.

Wiser, William H. in Gilbert Kushner's article on "A Synthetic Model of Hindu *Jajmani* System", in *Man in India*, January-March Issue, Ranchi, 1967.

Wiser, William H., *The Hindu Jajmani* System, Lucknow Publishing House, Lucknow, 1936.

अध्याय 16

जाति एवं राजनीति
Caste and Politics

जाति और राजनीति के संबंध का दो स्तरों पर विश्लेषण किया जा सकता है: पहला, जाति राजनीति को किस प्रकार प्रभावित करती है और दूसरा, राजनीति जाति पर किस प्रकार प्रभाव डालती है । प्रथम पक्ष को पुनः कई स्तरों पर देखा जा सकता है: जातियों की राजनीति में रुचि; जातियों की राजनैतिक चेतना और राजनैतिक ज्ञान; जातियों का राजनीतिक दलों से तादात्म्य (identification); जातियों का राजनैतिक घटनाओं पर प्रभाव; जातियों की राजनीति में वास्तविक भागीदारी, विशेष रूप से मत देने के व्यवहार के संबंध में; जाति के आधार पर अभिजनों (elite) का उदय; जाति संगठनों के सम्बद्ध हो जाने (involvement) के फलस्वरूप राजनैतिक व्यवस्था में परिवर्तन के प्रकार, अर्थात् जनता के संचालन (mobilisation) के लिए नेतृत्व को आदर्शात्मक एवं संरचनात्मक आधार किस प्रकार मिलता है और स्थानीय मत को कैसे रियायतें दी जाती हैं । दूसरी ओर राजनीति के जाति पर प्रभाव को इस प्रकार देखा जा सकता है कि एक जाति अपने उद्देश्यों की प्राप्ति के लिए अथवा उच्च सामाजिक स्तर प्राप्त करने में राजनीति का किस प्रकार प्रयोग करती है । इस प्रक्रिया को 'जाति का राजनीतिकरण' कहा गया है । सर्वप्रथम हम प्रथम चार कारकों के आधार पर जाति और राजनीति के संबंध का विश्लेषण करेंगे, और उसके बाद शेष तत्वों का विश्लेषण अलग- अलग किया जायेगा ।

जाति एवं राजनीति (Caste and Politics)

राजनीति में जातियों के रुझान (interest) तथा उनकी राजनैतिक मामलों की चेतना के विषय में मूल्यांकन करने के लिए 1970 दशक के प्रारम्भ में अनिल भट्ट द्वारा किये गये अध्ययन को एक वस्तुनिष्ट (objective) आधार माना जा सकता है । भट्ट (1975) ने चार राज्यों-उत्तर प्रदेश, गुजरात, पश्चिम बंगाल और आन्ध्र प्रदेश के उच्च, मध्यम और निम्न जातियों (हरिजनों सहित) के 1713 व्यक्तियों का अध्ययन किया । इनमें से 300 व्यक्ति उच्च जातियों (ब्राह्मण और राजपूत) के थे, 147 अन्य उच्च जातियों (कायस्थ, बनिया, खत्री, वैद्य) के, 356 उच्च मध्य जातियों के, 270 निम्न मध्य जातियों के, 353 निम्न जातियों के, तथा 287 हरिजन थे । ये लोग आय, शिक्षा, व्यवसाय, आवास (ग्रामीण या शहरी) आदि की विभिन्न पृष्ठभूमियों से सम्बद्ध थे । भट्ट के निष्कर्ष इस प्रकार थे:

(i) राजनैतिक रुचि (Political Interest)

उच्च स्थिति की जातियों में निम्न स्थिति की जातियों की अपेक्षा राजनीतिक रुचि का स्तर अधिक ऊंचा होता है । यह बात इस तथ्य से पायी गयी कि 6% मध्य जातियों और 6% निम्न जातियों की तुलना में 10% उच्च जातियों ने राजनैतिक मामलों में उच्च रुचि दर्शायी । दूसरी ओर, 36% निम्न जातियों तथा 44% मध्यम जातियों की तुलना में 55% उच्च जातियों ने मध्यम राजनैतिक रुचि

दर्शायी। अन्त में, 28% मध्यम जातियों तथा 31% निम्न जातियों की तुलना में 24% उच्च जातियों ने निम्न व बहुत कम (low) राजनीतिक रुचि का प्रदर्शन किया। 11% उच्च जातियों, 22% मध्यम जातियों और 27% निम्न जातियों ने राजनैतिक मामलों में कोई रुचि नहीं दर्शायी।

(ii) ***राजनैतिक चेतना*** *(Political Awareness)*

राष्ट्र की प्रमुख राजनैतिक समस्याओं तथा राजनैतिक परिवर्तनों के प्रति चेतना के सम्बन्ध में यह पाया गया कि निम्न जाति के लोगों की चेतना का स्तर निम्न होता है तथा उच्च जाति के चेतना का स्तर उच्च होता है। उच्च जाति के व्यक्तियों में जब 72% व्यक्तियों की राजनीतिक जानकारी (political information) का स्तर ऊंचा था, 20% का मध्यम स्तर था और 8% का निम्न स्तर था; मध्यम जातियों में व्यक्तियों के प्रतिशत का क्रम 52%, 30% और 18% था और निम्न जातियों में क्रमशः 46%, 30% और 24% था। इससे संकेत मिलता है कि निम्न जातियों के कुछ ही सदस्य राजनीति में रुचि रखते हैं।

(iii) ***राजनैतिक दलों के साथ पहचान या तादात्मय स्थापित करना*** *(Identification with political parties)*

जहाँ तक राजनैतिक दलों के साथ तादात्म्य या पहचान का संबंध है, व्यावहारिक दृष्टि से जाति प्रस्थिति एवं पक्षपात के बीच कोई संबंध नहीं है। निम्न स्थिति की जातियों के व्यक्ति भी राजनैतिक दलों का उतना ही समर्थन करते हैं जितना कि उच्च स्थिति की जातियों के व्यक्ति करते हैं। यह देखा गया कि 58% मध्यम जाति और 60% निम्न जातियों के व्यक्तियों की तुलना में 63% उच्च जाति के व्यक्तियों ने राजनैतिक दलों को उच्च अथवा शक्तिशाली समर्थन प्रदान किया। इसके विपरीत, 13% मध्यम जाति तथा 13% निम्न जाति के व्यक्तियों की तुलना में उच्च जाति के केवल 15% व्यक्तियों ने ही राजनैतिक दलों का मध्यम दर्जे का समर्थन किया। जबकि 9% मध्यम जाति और 7% निम्न जाति के व्यक्तियों की तुलना में 7% उच्च जाति व्यक्तियों ने राजनैतिक दलों का बहुत कम समर्थन किया। अन्त में, 15% उच्च जाति, 20% मध्यम जाति तथा 20% निम्न जाति के व्यक्तियों ने राजनैतिक दलों का बिल्कुल भी समर्थन नहीं किया।

इस प्रकार क्योंकि बड़ी संख्या में उच्च, मध्यम और निम्न जाति के व्यक्ति राजनैतिक दलों के प्रबल परिचायक (strong identifiers) थे, यह कहा जा सकता है कि जाति राजनैतिक दलों की पहचान या तादात्म्य को प्रभावित करने वाले कारकों में से प्रमुख है।

(iv) ***राजनैतिक प्रभाव*** *(Political Influence)*

एम.एन. श्रीनिवास ने एक स्थान पर कहा था कि ग्रामीण भारत में प्रबल जातियाँ (dominant castes) (जिनकी सांस्कारिक प्रस्थिति उच्च है, शिक्षा का स्तर ऊंचा है, संख्या में बड़ी हैं और भूमि स्वामित्व व अधिक आय के कारण आर्थिक व राजनीतिक दृष्टि से महत्वपूर्ण प्रभाव डालती हैं) ही आर्थिक, सामाजिक और राजनैतिक शक्तियों का नियंत्रण करती हैं। लेकिन भट्ट ने अपने अध्ययन में पाया कि भारत के गांव में प्रबल जातियां उच्च स्थिति की जातियाँ ही हों ऐसा आवश्यक नहीं है। कई गाँवों में मध्यम और निम्न जातियाँ भी प्रबल हैं। वास्तव में निम्न जातियाँ ही अनेक गांवों में

उतनी प्रबल जातियाँ हैं जितना कि ब्राह्मण,राजपूत और अन्य उच्च जातियाँ हैं। इस प्रकार,उच्च जाति स्तर गाँव के मामलों को प्रभावित करने वाला आवश्यक आधार नहीं है।

जाति संगठन और राजनैतिक व्यवस्था (Caste Organization and Political System)

रजनी कोठारी ने जन कार्यकलापों (public activity) को संगठित करने के विशेष उद्देश्य से जाति और राजनीति के मध्य संबंधों का अध्ययन किया। ऐसा उन्होंने दो प्रकार से किया: (1) राजनीति और जाति के बीच संबंधों की प्रकृति का निरीक्षण करके; (ii) जाति संगठनों के राजनैतिक व्यवस्था में सम्मिलित होने के परिणाम स्वरूप हुए परिवर्तनों के प्रकार का निरीक्षण करके। इस प्रकार उनका अध्ययन-बिन्दू समूची जाति व्यवस्था पर प्रभाव नहीं था,बल्कि जातियों के वोटों के कारण राजनैतिक व्यवस्था पर पड़ने वाले प्रभाव का अध्ययन था।

कोठारी के अनुसार जाति के तीन पक्ष हैं: (i) धर्म निरपेक्ष (secular) (जो किसी एक जाति के अन्दर व विभिन्न जातियों के आपस में संबंधों के संदर्भ में जाति के राजनीति में प्रवेश की प्रासंगिकता की चर्चा करता है। (ii) गठनात्मक (integrative) (जो विभेदीकरण (differentiation) व एकीकरण (integration) की प्रक्रियाओं द्वारा जाति की राजनीति में प्रासंगिकता की चर्चा करता है)। (iii) आदर्शात्मक (ideological) (जो मूल्य संरचना के द्वारा ऊंचा उठता (heightened) है। ये तीनों पक्ष एक साथ कार्य करते हैं।

जाति के इन पक्षों की पृष्ठभूमि में भारतीय समाज ने पश्चिमीकरण तथा जनतांत्रिक राजनीति जैसे प्रभावों को प्रदर्शित किया है। शिक्षा,सरकारी संरक्षण तथा धीरे-धीरे विस्तृत होता मताधिकार (18-21 वर्ष आयु-समूह के व्यस्कों को वोट का अधिकार देना) ऐसे तीन प्रभाव रहे हैं जो जाति प्रथा में भीतर तक प्रवेश कर गये हैं तथा जिन्होंने धीरे-धीरे विभिन्न अवस्थाओं में जाति को अन्तर्ग्रस्त कर लिया है। यह अन्तर्ग्रस्तता जाति व्यवस्था तथा जनतांत्रिक राजनीति के बीच परस्पर लेन-देन के परिणाम स्वरूप ही है।

नवीन संस्थाओं व नये नेतृत्व द्वारा प्रस्तुत आर्थिक अवसर, प्रशासनिक संरक्षण तथा शक्तिशाली पदों ने जातियों को वर्तमान जाल में उलझाया है। इसके बदले में नेताओं को मौलिक समर्थन प्रदान किया गया,जो कि शहरी,केन्द्रों से ग्रामीण क्षेत्रों तक विस्तृत ही हो रहा है। जाति और उसके नेताओं की जनतांत्रिक राजनीति में भागीदारी के कारण दो परिणाम सामने आये। एक तो जाति व्यवस्था ने नेतृत्व को राजनैतिक संचालन (mobilization) के लिए संरचनात्मक और विचारात्मक आधार प्रदान किया और दूसरे, नेतृत्व को स्थानीय जनमत को कुछ लाभ देने तथा राजनैतिक और आर्थिक उद्देश्यों के लिए जातियों का संगठन करने के लिए बाध्य होना पड़ा। इससे जातीय आधार पर एक नये प्रकार के राजनीतिक संगठन का उदय हुआ।

राजनीति में जाति के प्रयोग में विभिन्न अवस्थाएँ (Different Stages in the use of Caste in Politics)

राजनीति में जाति के प्रयोग का विश्लेषण दो विभिन्न अवस्थाओं में किया जा सकता है (कोठारी, 1973:188)। प्रथम अवस्था में बुद्धिजीवी और उच्च जातियाँ राजनीति में सक्रिय हुई; जैसे रेड्डी

(आन्ध्र प्रदेश में), पट्टीदार (गुजरात में), लिंगायत (कर्नाटक में), राजपूत और जाट (राजस्थान में), और कायस्थ (बिहार में); जबकि दूसरी अवस्था में निम्न जातियां और जनसमूह सक्रिय हुआ। प्रथम अवस्था में जाति के केवल तीन घटक सम्मिलित थे: जाति की शक्ति संरचना, आर्थिक लाभों का वितरण औरे जाति चेतना। लेकिन दूसरी अवस्था में जाति के अन्य घटक भी सम्मिलित हो गये, जैसे जाति संघ, जजमान-कमीन निष्ठा, आदि।

पहली अवस्था में फिर तीन उप-अवस्थाओं की ओर भी संकेत किया जा सकता है। पहली उप-अवस्था में शक्ति और लाभों की प्राप्ति के लिए संघर्ष पहले तो संस्थापित (entrenched) जातियों तक ही सीमित था, (अथवा वे जातियाँ जो संख्या की दृष्टि से नहीं परन्तु आर्थिक और राजनैतिक दृष्टि से भारी प्रभाव डालती हैं)। इस अर्थ में यह प्रबल जाति से बिल्कुल भिन्न हैं। दूसरी उप-अवस्था में उन उदीयमान असंतुष्ट जातियों ने शक्ति के लिए स्पर्द्धा आरम्भ कर दी जो कि उच्च भूमिकाओं की कामना रखती थीं। तीसरी उप-अवस्था में प्रतिस्पर्द्धा केवल संस्थापित और उदीयमान जातियों में ही नहीं थी बल्कि उनके भीतर भी थी। इसको हम जाति विभाजन (caste fragmentation) अथवा गुटबन्दी (factionalism) की अवस्था भी कह सकते हैं।

पहली उप अवस्था में नेतृत्व में दरारें (cleavages) पैदा हो गयीं और इस प्रकार बहु-जाति (multi-caste) और बहु-गुट-बन्धनों (multi-factional alignments) का उदय हुआ। इससे राजनीति में विरोधी नेतृत्व (संस्थापित जातियों, उदीयमान जातियों व विभिन्न जाति-गुटों) की समस्या पैदा हुयी। इन नेताओं को बाध्य होकर विस्तृत पहचान के लिए अपील करनी पड़ी। इस प्रकार, राजनीति में जनता की भागीदारी को द्वितीय उप-अवस्था कहा जा सकता है।

दूसरी उप-अवस्था में नेतृत्व में परिवर्तन की आवश्यकता थी। प्रारम्भ में तो नेता को पश्चिमी शासकों तथा पश्चिमी प्रभाव को शासकों से व्यवहार करना पड़ता था, लेकिन बाद में उसे परम्परागत जन समूह से भी व्यवहार करना पड़ा। इस घटना से ब्राह्मणवादी और शासक जातियाँ व्यापारिक तथा कृषक व्यवसायों से व्यक्तियों के द्वारा सीमित संख्या में रह गये, जिनका समस्याओं के प्रति दृष्टिकोण सदा व्यावहारिक रहता था। ये ही लोग राजनीति के नवोदित नेता थे जो कि उन अभिजनों की अपेक्षा जिनके स्थान पर वे आये थे कम शिक्षित, कम आधुनिक और अधिक ग्रामीण पृष्ठभूमि के थे। लेकिन इससे भी अधिक महत्वपूर्ण तथ्य यह है कि वे नवरीतियाँ (innovations) व परिवर्तन संबंधी विचार जिनमें इन नेताओं ने अपनी साख बनायी, वे उन्हें नयी संस्कृति के सचेत अभिस्वीकरण (conscious adoption) द्वारा नहीं, अपितु उनके आनुवंशिक लक्षणों और प्रचलित जीवनशैली में आरम्भिक समाजीकरण से प्राप्त हुए। भारत के राजनैतिक आधुनिकीकरण की दिशा के विश्लेषण में यह बहुत महत्वपूर्ण है। इन्हीं कारणों से भारतीय राजनीति ने नवीन ऊंचाइयाँ प्राप्त की, जिसका अपना ही एक लक्षण था।

तृतीय उप-अवस्था में राजनीति और जाति के बीच संबंधों का विश्लेषण करते हुए यह कहा जा सकता है कि जब प्रथम दो उप-अवस्थाओं में अन्तर्जातीय तथा अन्तःजातीय प्रतिस्पर्द्धा और गुटबाजी की प्रक्रिया अत्यधिक जातीय परक थी, तृतीय उप-अवस्था में पुरानी पहचान कमजोर होना प्रारम्भ हो गयी। विशिष्ट निष्ठावादी संरचना अत्यन्त व्यवहार कुशल सामाजिक तथा राजनैतिक भागीदारी की व्यवस्था से भर गयी। इस (व्यवस्था) में परस्पर संस्कृतियों में मेल, व्यक्तिगत चेतना

और अन्तर्ग्रस्तता (involvement) व अलगाव के वे स्वरूप जो आधुनिक शिक्षा और सामाजिक संप्रेषण की आधुनिक व्यवस्था के परिणाम है, स्वयं सुदृढ़ होते गये।

इस प्रकार आज (i) एक ओर तो जाति पूर्ण रूपेण राजनैतिक समर्थन का आधार नहीं रही और दूसरी ओर वह राजनैतिक अभिव्यक्ति का आधार होती जा रही है। (ii) आधुनिक राजनैतिक व्यवस्था में भाग लेने के कारण अब जाति विघटनकारी प्रभावों में अधिक आ जाती है और साथ में इस एकीकरण के नये रूप भी बदलते जा रहे हैं जो सार्वभौमिक विशिष्ट संबंधों की नयी योजना से पैदा होते हैं। (iii) एक ओर जाति राजनीति के विभाजन और अनुकूलन की संरचना प्रदान करती है और दूसरी ओर ऐसे तत्व प्रदान करती है जो तनाव और कुण्ठाओं को समेट लेते हैं।

अनेक लोग राजनीति में जातिवाद एवं साम्प्रदायिकता की भूमिका के बारे में बात करते हैं। एक धारणा यह विद्यमान है कि जब शिक्षा, औद्योगीकरण और नगरीकरण परम्परागत जाति एवं पन्थवादी (sectarian) निष्ठाओं के प्रभावों को कम कर रहे थे, तो वोट राजनीति ने इनको दृढ़ किया है और उनकी वैधता को स्थापित किया है। इस प्रकार विघटनकारी प्रवृत्तियों का उदय हुआ है जो विद्यमान जनतांत्रिक राजनीतिक व्यवस्था को भंग कर देंगे। लेकिन यह धारणा सही नहीं है। वास्तव में, जाति राजनीति की अन्तःक्रियाओं के परिणाम उनसे ठीक विपरीत हैं जो आमतौर पर समझते जाते हैं। राजनीति का जातिकरण नहीं होता, बल्कि जाति का राजनीतिकरण हो जाता है (कोठारी; वही:20)।

जाति और राजनीति के बीच जो अनुकूलन की प्रक्रिया आज दिखायी देती है, उसके संबंध में तीन निष्कर्ष इस प्रकार निकाले जा सकते हैं। प्रथम निष्कर्ष अभिजन संरचना के संदर्भ में है। इस संबंध में यह कहा जा सकता है कि एक प्रबल अभिजन (dominant elite) का उदय हुआ है जो विभिन्न जातियों से है, लेकिन एक सामान्य धर्मनिरपेक्ष दृष्टिकोण रखते हैं, जो मूल्यों के संदर्भ में समरूप है और विभिन्न समूहों में बंटा हुआ भी होता है। (2) दूसरा निष्कर्ष जाति के नवीन संगठनात्मक स्वरूप से सम्बद्ध है। इस प्रसंग में कहा जा सकता है कि जातियाँ नवीन संगठनात्मक उद्देश्यों के लिए खुले हुए निरपेक्ष (secular) स्वरूप को ही अपनाती हैं। ऐसे स्वरूप अनेक हैं, जैसे (अ) जाति के सदस्यों के वे संघ जो हॉस्टल्स तथा मनोरंजन क्लबों, आदि के रूप में संगठित होते हैं; (ब) जाति संस्थाएं या कान्फ्रेंस जो कि विस्तृत आधार पर जिले तथा राज्य तक के स्वरूप में संगठित होते हैं (स) जाति परिसंग (federations) जो कई जातियों से मिलकर बने होते हैं और जिनका विशेष राजनैतिक उद्देश्य होता है; उदाहरणार्थ, आर्थिक लाभ, नौकरियाँ या विशेष रियायतें प्राप्त करना, उच्च जातियों से संघर्ष करना, राजनीति पार्टियों या सरकार से सौदे बाजी करना, आदि।

(3) तीसरा निष्कर्ष गुटीय संरचना के संदर्भ में है। इस संबंध में कहा जा सकता है कि गुटों के ऊर्ध्वाकार (vertical) संरचना का विकास हुआ है जिसमें अभिजन राजनैतिक रूप से संगठित हुए हैं। गुटों की व्यवस्था इस प्रकार है कि यह न केवल राजनैतिक समूहों बल्कि सामाजिक समूहों को भी विभाजित करती है। इस प्रकार यह एक दूसरे की पहचान की प्रक्रिया को सरल बनाती है।

कोई भी समाज परम्पराओं के अभाव में जीवित नहीं रह सकता और आधुनिकता की चुनौती परम्परा के विनाश में नहीं है, बल्कि आधुनिकता का परम्परावादीकरण (traditionalization) है। जाति और राजनीति के प्रसंग में इसके दो अर्थ हैं: प्रथम, जाति व्यवस्था के नेतृत्व जिनमें निरपेक्ष (secular) तथा एकीकरण की संभावनाएँ हैं, उनको दुष्प्रकार्यवादी (dysfunctional) तथा लोक

प्रबोधन विरोधी (obscurantist) तत्वों की कीमत पर शक्तिशाली बनाया जाये। यह पहले ही से हो रहा है। दूसरे, नवीन दिशाएँ, जो कि निरपेक्ष जनतान्त्रिक राजनीति ने सामाजिक व्यवस्था को प्रदान की है, स्वयं भारतीय परम्पराओं का अभिन्न अंग बन जाये। यह अभी होना है।

रजनी कोठारी के इस कथन का बड़ा महत्व और औचित्य है कि भारत में चुनाव व्यवस्था के कारण जाति परिचय (identification) को एक नया जीवन मिला है। लेकिन समाजशास्त्रीय दृष्टिकोण से हमें याद रखना है कि राजनैतिक शक्ति हथियाने की दौड़ में वे जातियाँ महत्वपूर्ण नहीं है जिन्हें कोठारी ने संस्थापित (entrenched) जातियाँ कहा है, बल्कि केवल वे ही जातियाँ अधिक महत्वपूर्ण हैं जो अधिक संख्या में है; उदाहरणार्थ, राजस्थान में जाट और राजपूत, बिहार में कायस्थ, तमिलनाडु में रेड्डी आदि। छोटी जातियों का महत्व केवल जाति वोट प्राप्त करने की दृष्टि से है, न कि उन्हें शक्ति की राजनीति में घसीटने का है। राजनैतिक व्यवस्था में यह बात महत्वपूर्ण है। अल्पसंख्या में जातियों को (जैसे सुनार, खाती आदि) राजनीति के निर्णायक तत्व नहीं कहा जा सकता। बड़ी जातियाँ जो राजनीति को काफी प्रभावित करती हैं उनका सांस्कारिक (ritual) स्तर भी ऊंचा होता है।

जाति के आधार पर अभिजनों का उदय (Emergence of Elite on Caste Basis)

व्यक्तित्व संबंधी विशेषताएँ, राजनीतिक पार्टियों के सदस्यों का समर्थन, सामाजिक परिस्थिति, और वे सामाजिक समस्याएँ जिनके निवारण के लिए नेतृत्व का उदय होता है, आदि कारकों के साथ जाति भी हमारे समाज में 'राजनैतिक अभिजन' प्रस्थिति के निर्णय में महत्वपूर्ण होती है। सिरसीकर, सचिद्धानन्द, आहूजा, लाल आदि जैसे विद्वानों के द्वारा भारत में राजनैतिक अभिजनों पर कुछ अध्ययन किये गये हैं, जिनमें सभी ने यह दर्शाया है कि अभिजनों के उदय में उच्च जातियों के साथ मध्यम जातियों को भी निम्न जातियों की अपेक्षा अधिक व असाधारण लाभ मिला है। स्वतंत्रता से पूर्व कांग्रेस पार्टी, जो स्वतंत्रता के संघर्ष में व्यस्त थी, में उच्च जातियों को राजनीति में केन्द्रीय महत्व प्राप्त था। परन्तु 1947 की स्वतंत्रता ने मध्यम तथा निम्न जातियों के व्यक्तियों को राजनैतिक सत्ता प्राप्त करने की अपार संभावनाएँ प्रदान कीं। निम्न जातियों के व्यक्ति नेताओं के रूप में उभरे, विशेष रूप से आरक्षण नीति के कारण, जबकि मध्यम जातियों से अभिजनों का उदय उनके शैक्षिक व सामाजिक आर्थिक स्थिति में सुधार के कारण तथा 1950 के बाद से राजनीति में प्रतिस्पर्द्धा के उदय के कारण हुआ। इस प्रकार जाति प्रथा, जिसके केवल सांस्कारिक (ritualistic) एवं परम्परागत कार्य थे, (व्यवसाय व सामाजिक स्थिति निश्चित करने सहित), उसने शहरों, कस्बों और गाँवों में लोगों के राजनैतिक व्यवहार को नियमित करने की नवीन भूमिका को भी धारण कर लिया। इसका यह अर्थ नहीं है कि जाति के परम्परात्मक कार्य बिल्कुल समाप्त हो गये हैं या सांस्कारिक लक्षण समाप्त हो गये हैं या सांस्कारिक लक्षण समाप्त होने के कारण जातियों का धीरे-धीरे विनाश हो रहा है। ब्राह्मण, बनिये या कायस्थ भले ही परम्परागत कार्य न करते हों और उन्होंने नये व्यवसाय, पश्चिमी जीवन शैली, आधुनिक मूल्य और विश्वास अपना लिया हो, लेकिन जहाँ तक उनके व्यक्तिगत और राजनैतिक जीवन का संबंध है, वे अब भी ब्राह्मण, बनिये और कायस्थ बने हुए हैं। सिरसीकर (1977:76) के अनुसार, जाति की धर्मनिरपेक्षता का अर्थ है परम्परागत तत्वों का

आधुनिक जनतांत्रिक राजनीति के साथ बाधा रहित व स्पष्ट समायोजन।

ग्रामीण क्षेत्रों में आर्थिक लाभों का वितरण पंचायती राज में शक्ति संरचना पर निर्भर होता है और गांवों में उभरती हुई सत्ता संरचना में जाति एक महत्वपूर्ण इकाई बन गया है। शहरों में यदि औद्योगिक साम्राज्य किसी एक जाति से संबंध रखता है तो वरिष्ठ प्रबन्धक या शक्ति के पद पर दूसरी जाति के व्यक्ति की नियुक्ति असाधारण व अपवाद स्वरूप ही होती है। विश्वविद्यालयों, कार्यालयों, विद्यालयों तथा सचिवालयों में भी अब जैन, कायस्थ, ब्राह्मण, लिंगायत, रैड्डी, राजपूत, जाट लॉबियों (lobby), आदि की चर्चाएँ सुनने को मिलती हैं, यद्यपि किसी लॉबी वर्ग से सम्बद्ध संस्था या संगठन, जैसे बुर्जुआ वर्ग, मध्यम वर्ग या सर्वहारा वर्ग की चर्चा कभी सुनने को नहीं मिलती। यह देखा गया है कि यदि किसी चुनाव समिति में उच्चस्थ पदाधिकारी, विशेषज्ञ तक संस्थाध्यक्ष या विभागाध्यक्ष एक ही जाति के हों, तो वे अपनी ही जाति के प्रत्याशी को चुनने का मत बना सकते हैं, और ऐसे में वे प्रत्याशी की योग्यता को महत्व नहीं देंगे। यदि सामाजिक व व्यावसायिक जीवन में सक्रिय कार्यकर्त्ता जातिवादी की तरह कार्य करने लगेंगे तो वे ही लोग राजनैतिक जीवन में अजातिवादी की तरह कार्य करने की बात कैसे सोच सकते हैं? परिणाम यह है कि यद्यपि हमारे राजनैतिक अभिजन धर्म निरपेक्षता, जाति निन्दा, जातिवाद, तथा जातिवादी राजनीति की बात करते रहते हैं, लेकिन व्यावहारिक रूप में वे जाति के दबाव में ही कार्य करते हैं क्योंकि नेता के रूप में उनका स्वयं का उदय जाति की ही पृष्ठभूमि पर हुआ है।

प्रतिद्वन्द्वी अभिजनों के बीच संघर्ष में भी दोनों समूहों के नेता अपनी जातियों का समर्थन प्राप्त करने का प्रयत्न करते हैं और परम्परागत विधियाँ अपनाते हैं। महत्वपूर्ण बात यह है कि कोई भी यह अनुभव नहीं करता कि इस प्रकार की विधियों के प्रयोग अलोकतांत्रिक तथा अधर्मनिरपेक्ष स्वभाव के होते हैं।

मतदान व्यवहार पर जाति का प्रभाव (Effect of Caste on Voting Behaviour)

मतदान समय-समय पर व्यक्तियों, जातियों और अन्य समूहों को राजनीति में भाग लेने के अवसर प्रदान करता है। इसलिए इसे केवल राजनैतिक भागीदारी (participation) का प्रारंभिक कार्य माना जाता है। लेकिन इसके महत्व का अंकन कम नहीं किया जाना चाहिए। लिण्डजे गार्डनर (Lindzey Gardner, *Social Psychology*, Vol. 5:316) के अनुसार व्यक्ति के मतदान संबंधी व्यवहार को प्रभावित करने वाले कारक इस प्रकार हैं: प्रचार, चुनाव के मुद्दे (जैसे, मुद्रा स्फीति, भ्रष्टाचार, आतंकवाद से मुकाबला, परिवार नियोजन, आदि), पार्टी के प्रति निष्ठा, जन संचार, प्राथमिक समूह (परिवार, जाति या कार्य समूह), मतदाता की सामाजिक विशेषताएँ (शिक्षा, लिंग, आयु, धर्म, वर्ग, ग्रामीण/शहरी पृष्ठभूमि), मतदाता की व्यक्तित्व संबंधी विविधताएँ [बुद्धि, मूल्य एवं सहज प्रवृत्तियाँ (drives) आदि], तथा मतदाता का झुकाव। मिलर (Miller, 1950), की (Key, 1955) और कैम्बेल (Campbell, 1960) ने व्यक्ति के मतदान व्यवहार को प्रभावित करने वाले चार कारक बताए हैं: जनांकिकी कारक (जैसे धर्म, जाति, वर्ग, निवास), दल के साथ तादात्मीकरण (identification) (अर्थात् क्या तादात्मीकरण बलवान, मध्यम, कमजोर या पूर्णरूपेण अनुपस्थित है), मुद्दा परकता (issue orientation), और प्रत्याशी परकता (candidate orientation)

(प्रत्याशी के प्रति मतदाता का दृष्टिकोण)। नौर्मन पामर (Norman Palmer, 1976:269) ने चार मतदान संबंधी निर्धारक कारकों को दर्शाया है: परिस्थितिजनित (environmental) (सामाजिक व्यवस्था की स्थापना जिसमें मतदान हो रहा है), राजनैतिक (प्रत्याशी, मुद्दा तथा पार्टी पहचान), सामाजिक (परिवार, नातेदारी, जाति, समुदाय), तथा गुटवाद (factionalism)। इस प्रकार हम देखते हैं कि सभी विद्वानों ने मतदान पर सामाजिक निर्धारक तत्वों (determinants) पर बल दिया है। डी.एल.सेठ (D.L. Seth, *Economic and Political Weekly*, January, 1970 : 146) का विचार है कि राजनैतिक विकास [राजनैतिक चेतना, राजनैतिक भागीदारी (participation), एवं राजनैतिक संलग्नता (involvement)] सामाजिक निर्धारक तत्वों के महत्व को कम कर देता है। लेकिन भारत में लोग अभी भी राजनैतिक दृष्टि से विकसित नहीं हुए हैं। भारत में चार महत्वपूर्ण सामाजिक निर्धारक कारक इस प्रकार बताये गए हैं: परिवार और नातेदारी, जाति, गुट, एवं साम्प्रदायिकता। यहाँ हम मतदान में जाति की भूमिका का विश्लेषण करेंगे।

जिस प्रकार जापान में मतदान समूह-निर्धारित (group determinant) है, ब्रिटेन में यह वर्ग-निर्धारित है, अमेरिका में यह प्रजाति-निर्धारित है, उसी प्रकार भारत में जाति-निर्धारित है। जो जातियाँ जातीय-संस्तरण में सबसे नीचे है, उनके लिए मतदान की प्रक्रिया कई प्रकार से एक शक्तिशाली क्रिया हो सकती है। जाति का सामाजिक व आर्थिक स्तर जितना निम्न होगा उतना ही उनके मत का अधिक महत्व होगा। कोहन, मेयर, कोठारी, वर्मा और भाँभरी, रामाश्रय राय आदि अनेक विद्वानों के भारत में गहन अध्ययनों से पता चलता है कि जातियाँ अपनी मत शक्ति के कारण प्रभाव डालने में सक्षम भूमिका निभाती रही हैं और शक्ति सौदे बाजी में लाभ प्राप्त करती रही हैं। ये जातियाँ राजनैतिक संस्थाओं में उच्च जातियों के नेतृत्व को चुनौती देती रहीं है, यद्यपि उन्हें सदैव सफलता प्राप्त नहीं होती है। रजनी कोठारी की भी मान्यता है कि जातियाँ अपनी पहचान बनाए रखती हैं और सत्ता के लिए संघर्ष करती हैं। आन्द्रे बेतेइ (देखें, कोठारी, 1970:291) ने कहा है कि मतदान में जाति निष्ठाओं (loyalties) का शोषण किया जाता है। जातियों को तोड़कर नवीन गठबन्धन भी स्थापित होते हैं। रूडाल्फ (Rudolph) का मत है कि जाति संघों ने जाति को नवीन स्फूर्ति प्रदान की है और भारत में जनतंत्र ने जातियों को महत्वपूर्ण राजनैतिक भूमिका निभाने के योग्य बनाया है। जाति संगम (federations) एक जाति से ही नहीं बल्कि अनेक जातियों से मिलकर बनते हैं। कभी-कभी उनके राजनैतिक उद्देश्य एक समान होते हैं; उदाहरणार्थ, हरियाणा में गूजरों, जाटों और राजपूतों ने 1989 के चुनावों में इसी प्रकार के जाति संगम बना लिए थे।

डी.एल. सेठ (*Economic and Political Weekley*, January 1970:147) ने 1967 में भारत के विविध चुनाव क्षेत्रों के 2287 व्यक्तियों का अध्ययन यह पता लगाने के लिए किया कि मतदान को प्रभावित करने वाले कौन कौन से कारक हैं। उन्होंने अपने अध्ययन में पाया कि केवल 1.0% मामलों में ही मतदान जाति के नेताओं की सलाह से प्रभावित हुआ, 26% मामलों में परिवार के वृद्ध जनों की सलाह को महत्व दिया गया, 20% मामलों में पारिवारिक विचार विमर्श को, और 49% मामलों में मतदाता के स्वयं के निर्णय को महत्व प्रदान किया गया था। 4% मामलों में निर्धारक कारक का निश्चित ज्ञान न हो सका। इसके विपरीत उसी वर्ष पूना में 1000 व्यक्तियों के इसी प्रकार के अध्ययन से ज्ञात हुआ कि जाति ने 58% मतदान प्रभावित किया, 42% मामलों में धन

ने,36% मामलों में पार्टी संगठन ने,21% में पार्टी विचारधारा (ideology) ने तथा 21% मामलों में प्रत्याशी की पृष्ठभूमि ने प्रभावित किया। रामाश्रय राय (देखें, Palmer: 301) ने 1969 में चार राज्यों—बिहार, उत्तर प्रदेश, पंजाब, व पश्चिम बंगाल-में हुए मध्यावधि चुनावों का एक अध्ययन किया। उन्होंने पाया कि 14% मामलों में समूह के दबाव (जाति और परिवार) ने मतदान को प्रभावित किया, जबकि 23% मामलों में प्रत्याशी की ख्याति ने, 38% मामलों में पार्टी निष्ठा ने, और 9% मामलों में विविध कारकों ने; 15% मामलों में सही कारक का पता न लग सका।

चुनाव के लिए प्रत्याशी के चुनने में राजनैतिक दल अक्सर चुनाव क्षेत्र की जाति-संरचना पर अधिक ध्यान देते हैं। उस तथ्य ने अनेक निम्न स्तरीय जातियों को उनकी संख्यात्मक शक्ति के आधार पर राजनैतिक दृष्टि से प्रभावशाली बना दिया है। 1960 व 1970 के दशकों में भारत में सम्पन्न हुए चुनाव पर हुए अध्ययन से ज्ञात होता है कि: (i) मध्य व निम्न जाति के लोग कांग्रेस की ओर झुके हुए थे (ii) उच्च जाति के लोग विरोधी दलों को वोट देने के पक्ष में थे और (iii) अनुसूचित जाति के लोग कांग्रेस के पक्ष में थे। किन्तु 1980 दशक के अन्त में और 1990 दशक के आरम्भ के चुनावों में उपरोक्त सिद्धान्त निरर्थक सिद्ध हुए। कोठारी ने हाल में लिखा है कि राष्ट्रीय राजनीति में जाति का महत्व कम होता जा रहा है। हैरोल्ड गूल्ड (*Economic and Political Weekly*, August, 1977) भी इसी विचार के हैं कि भारत में अब राजनीतिक निर्धारक के रूप में जाति का महत्व कम हो रहा है। परन्तु कुछ विद्वानों की मान्यता है कि दिसम्बर 1994 में दस राज्यों में होने वाले चुनावों में दो तीन राज्यों में जाति का वोटों पर प्रभाव अवश्य दिखाई देगा। आज जो वास्तविक कारक मतदाता को प्रभावित करते हैं उनमें से कोई अचेतन व कुछ सचेत शक्तियाँ हैं, जिन में से कुछ को सरलता से पहचाना जा सकता है, जबकि दूसरी भ्रामक हैं, यद्यपि वे भी समान रूप से महत्वपूर्ण निर्धारक हो सकते हैं।

राजनैतिक अभिजन द्वारा जाति समर्थन का प्रयोग (Use of Caste Support by Political Elite)

जाति विचार (caste thinking) राजनैतिक अभिजन तथा राजनैतिक दलों में गहरी छाप छोड़े हुए हैं। एक पार्टी का ब्राह्मण नेता गैर ब्राह्मण सदस्यों पर कम विश्वास करेगा। सलाह लेने तथा सहयोग लेने में वह अपनी ही जाति के सदस्यों पर अधिक निर्भर करेगा। इसमें आश्चर्य भी नहीं है कि नेता लोग अधिकतर अपनी ही जाति के सदस्यों से घिरे रहते हैं। यह भी इंगित किया गया है कि पण्डित नेहरु भी कौल और सप्रू लोगों से घिरे रहना पसन्द करते थे। माइरन वीनर (Myron Weiner, 1956:262) ने भी भारत में राजनैतिक दलों के भीतर अणुवादी (atomistic) अथवा विभाजित होने की प्रवृत्तियों का संदर्भ दिया है। राजनैतिक पार्टी के भीतर समूह रचना का प्रमुख आधार होने के कारण जाति राजनैतिक पार्टियों को आर्थिक मुद्दों तथा वर्ग रचना के आधार पर संयुक्त होने से बचाए रखती है।

परन्तु यह कहना उचित नहीं होगा कि केवल जाति ही हमारे देश की राजनीति में गुट राजनीति का आधार है। कई बार व्यक्तिगत निष्ठा, वैचारिक अभिमुखीकरण (orientation), क्षेत्रीय पहचान आदि भी राजनैतिक दलों के भीतर कार्यरत रहते हैं। इस अर्थ में कभी-कभी छोटी जातियाँ

भी विखण्डन व एकीकरण की अनन्त प्रक्रिया में सम्मिलित हो जाती है। वास्तव में गुटबाजी राजनीति में कोई असाधारण बात नहीं है। भारत में राजनैतिक दलों में गुटों का इतना महत्वपूर्ण होना उनका जातीय आधार पर संगठन बनाता है। हैरोल्ड गूल्ड के अनुसार (1988:180) वे अत्यन्त व्यक्तित्व वादी होते हैं; वे व्यक्ति के अहं का उनके उद्देश्यों व क्रियाकलापों में पूर्ण विलय मांगते हैं; निष्ठा मूल रूप से व्यक्ति के लिए होती है, न कि विचारों या मुद्दों के लिए; तथा नेता की आधीनता श्रेष्ठता-निकृष्टता सम्बन्धों के स्वरूप पर आधारित होती हैं।

बिहार में राजनीति मुख्य रूप से जाति पर आधारित है। (और अब तो (1994 में) उत्तर-प्रदेश में भी यही स्थिति है)। चाहे वर्तमान (1994) मंत्रिमण्डल हो या पूर्व के मंत्रीमंडल, राजनैतिक नेताओं के आर्थिक संसाधनों एवं संरक्षण की उपलब्धि ने जाति के आधार पर गुटों का मिलाजुला संगठन बनाने का अवसर प्रदान किया। इन गुटों के नेता शक्ति व सत्ता के साथ अभिजनों से व्यक्तिगत बन्धनों के कारण जुड़े थे। फिर, प्रत्येक नेता इन्हीं जाति सिद्धान्तों के आधार पर अपने अनुयायियों से जुड़ा था। इन जातियों व गुटों के सदस्यों में विविधताएँ हो सकती हैं और इनकी सामाजिक पृष्ठभूमि कुछ भी हो, नेताओं को उनसे पूर्ण समर्थन प्राप्त होता है। इस प्रकार जाति की एकजुटता (cohesion) से ही नेता सत्ता में बने रहते हैं। यही बात कर्नाटक, उत्तर प्रदेश, गुजरात, महाराष्ट्र, राजस्थान, मध्य प्रदेश, आदि राज्यों में भी सत्य है। अनुसूचित जाति नेता द्वारा अनुसूचित जाति के सदस्यों को संगठित करना (mobilization), जाट मंत्री द्वारा जाटों को; रेड्डी मुख्यमंत्री द्वारा रेड्डियों को; कुर्मी कृषि मंत्री द्वारा कुर्मियों को संगठित करना यह दर्शाता है कि किस प्रकार एक कुशल संगठनकर्ता राजनीति में जाति का प्रयोग करके अपनी जाति को सार्थक राजनैतिक शक्ति (viable political force) के रूप में परिवर्तित कर सकता है। 'बाबू जी' या 'भैया जी' (सत्ता में मंत्री) के मुख से निकला एक शब्द भी उनकी जाति के सदस्यों के लिए आज्ञा हो जाती है, क्योंकि ये बाबूजी या भैयाजी उनके गांव में स्कूल, औषधालय, आदि खुलवाने का प्रबन्ध करते हैं, उनके बच्चों के लिए नौकरियों का प्रबन्ध कराते हैं, उनके क्षेत्रों में उद्योगों को प्रोत्साहन देते हैं, तथा महिलाओं व कमजोर वर्ग के कल्याणार्थ संस्थाओं का विकास कराते हैं। अपनी सत्ता संबंधी आकांक्षाओं के लिए समर्थन प्राप्त करने हेतु अपनी जाति के सदस्यों को जोड़ने के लिए सभी जाति नेताओं की रणनीतियाँ हर जगह एक जैसी होती हैं। इन रणनीतियों को बनाने में नेताओं का व्यक्तित्व और कार्यशैली यहाँ वहाँ महत्व की हो सकती हैं। किन्तु यह कहना भ्रान्तिपूर्ण (fallacious) होगा कि केवल जाति ही भारतीय राजनीति में अत्यन्त महत्वपूर्ण कारक है। तिरुपति अधिवेशन (अप्रेल, 1992) में कांग्रेस कार्य समिति के दस सदस्यों का चुनाव निश्चय ही जाति के आधार पर नहीं हुआ। विधान सभा और संसद में भी जाति सदैव महत्वपूर्ण आधार नहीं है। यह (जाति) उन अनेक कारकों में से एक है जिनसे भारत में राजनैतिक घटना और व्यवहार को समझते समय सरलता होती है। यह इसलिए है क्योंकि जाति अब भी अधिकतर भारतीयों के आर्थिक, सामाजिक व मानसिक जीवन के परिचालन का एक लक्षण है।

राजनैतिक दलों द्वारा जातियों को संगठित करना (Mobilization of Castes by Political Parties)

राजनैतिक दल जाति समर्थन किस प्रकार जुटाते हैं ? इस संबंध में हम भिन्न-भिन्न क्षेत्रों में कुछ जातियों की कार्य प्रणाली देख सकते हैं, जैसे, राजस्थान, बिहार, तमिलनाडु, गुजरात व उत्तर प्रदेश में।

राजस्थान में रिचर्ड सिसन (देखें कोठारी, 1970:176) ने जाति समर्थन के संदर्भ में (जोधपुर संभाग के नागौर जिले में) कांग्रेस पार्टी के विकास क्रम का विश्लेषण किया। उन्होंने राजनैतिक संगठन तथा जाति के तीन पक्षों पर अपना ध्यान केन्द्रित किया: (i) 1952 से पूर्व जोधपुर राज्य में विभिन्न राजनैतिक समूहों का विकास और संगठन; (ii) प्रथम व द्वितीय आम चुनावों (1952 व 1957) के बीच कांग्रेस पार्टी में राजनैतिक नियंत्रण तथा सामाजिक प्रतिनिधित्व के बदलते स्वरूप और राजनैतिक प्रक्रिया में भाग लेने के स्वरूप पर शक्ति के स्तर एवं सम्मान में संघर्ष का प्रभाव; (iii) जिला स्तर पर पार्टी संगठन में एक जाति की श्रेष्ठता और उसका उत्थान। उन्होंने एक महत्वपूर्ण निष्कर्ष दिया कि, "जातियों के राजनैतिक मेलजोल (cohesion) में एक केन्द्रीय महत्व का कारक है विशेष जातियों में अभिजनों का मेलजोल व एक हो जाने की प्रवृत्ति।" जाटों के विषय में कहा जा सकता है कि वे दूसरी जातियों के समान राजनैतिक दृष्टि से विखण्डित नहीं हुए और जन स्पर्द्धा में भी सम्मिलित नहीं हुए। यही कारण है कि जाट लगातार इस क्षेत्र में राजनैतिक श्रेष्ठता की स्थिति में बने रहे। दूसरी जातियाँ इतनी एकजुट नहीं हो पायीं क्योंकि अभिजन उन्हें विखण्डित करते रहे और आपस में राजनैतिक पदों के लिए लड़ते रहे। फिर भी, सिसन की मान्यता है कि जाटों में समरसता और मेल इतना अधिक न हो पाता यदि "राजनैतिक देय" (political pay off) जैसी स्थिति उनके लिए न रहती, जैसे, नौकरियाँ मिलना, ऋण मिलना, परमिट मिलना, स्कूल, बिजली आदि स्थानीय सुविधाएँ मिलना, तथा स्थानीय प्रशासनिक अधिकारियों की नियुक्ति तथा तबादला कराना, इत्यादि।

बिहार में, रामाश्रेय राय ने 1960 के दशक में बिहार प्रदेश कांग्रेस पार्टी के लिए किए गए भर्ती कार्यक्रम में जाति और राजनीति के सम्बन्धों का विश्लेषण किया। प्रथम उन्होंने बिहार में जातीय स्तरीकरण (stratification) की प्रकृति और राजनैतिक व्यवस्था में उसके प्रभाव का अध्ययन किया। उन्होंने पाया कि उच्च जातियाँ (ब्राह्मण, भूमिहर, राजपूत, कायस्थ आदि) बिहार की कुल जनसंख्या की 13.2% हैं, निम्न जातियाँ 52.1%, अनुसूचित जातियाँ 14.1%, अनुसूचित जनजातियाँ 9.1%, और मुस्लिम 11.5% हैं। इन जातियों के शैक्षिक व व्यावसायिक आधार का मूल्यांकन करने के बाद राय ने उन आन्तरिक व बाह्य शक्तियों का परीक्षण किया जो सामाजिक स्तरीकरण की परम्परागत व्यवस्था के प्रति असन्तोष पैदा कर रहीं थीं। तत्पश्चात उन्होंने कांग्रेस पार्टी में भर्ती पर सामाजिक स्तरीकरण के प्रभाव को खोजा। उन्होंने पाया कि राजनैतिक जागृति के प्रारम्भिक समय में बिहार के राजनैतिक परिदृश्य में एक दो ही उच्च जातियों का वर्चस्व था (कायस्थ और भूमिहर)। इन परम्परागत सुविधा प्राप्त जातियों ने अपने सामाजिक विकास के लिए नवीन अवसरों का पूर्णरूपेण उपयोग किया जिससे असमानताएँ पैदा हुई। शीघ्र ही अधिक संख्या तथा आर्थिक रूप से संस्थापित (entrenched) जातियों की प्रगति करने की आकांक्षाओं के कारण, विशेष रूप से भूमिहरों की आकांक्षाओं के कारण, कायस्थों को आभास हो गया कि उनकी सत्ता छीनी

जा सकती है। अपनी सुविधा प्राप्त स्थिति की सुरक्षा हेतु कायस्थों को भी अनेक जातियों में से एक न एक के कन्धे पर जुआ रखना पड़ा। गठबंधन समूह और फिर इनके विरोध स्वरूप दूसरे गठबंधन समूह बनते रहे, जातियाँ प्रतिस्पर्द्धा में व्यस्त रहीं और दूसरे स्तर के नेतृत्व के उदय के साथ-साथ राजनैतिक क्षेत्र में अनेक जातियों का प्रवेश हो गया। इस प्रकार जबकि बिहार प्रदेश कांग्रेस कार्यकारिणी समिति में 1934 में 77% तथा 1947 में 78% उच्च जातियों के सदस्य थे, 1960 में यह 61% ही रह गए। इसी प्रकार जबकि 1934 और 1947 में निम्न जातियों के सदस्य बिल्कुल नहीं थे, 1960 में 14% हो गए। जबकि 1947 में अनुसूचित जाति शून्य तथा अनुसूचित जनजाति के सदस्यों की संख्या 7% थी, यही संख्या 1960 में क्रमशः 5% और शून्य हो गई। मुसलमानों का प्रतिनिधित्व 1947 की तरह 1960 में भी 14% ही बना रहा। यह दर्शाता है कि असमानताएँ कम होनी प्रारम्भ हो गईं और राजनैतिक दलों का जाति समर्थन के आधार पर कार्य करना प्रारम्भ हो गया। इन प्रवृत्तियों को (जैसे असमानता का कम होना, उच्च जातियों के एकाधिपत्य की समाप्ति आदि) जो संस्तरण में परिवर्तन दर्शाते हैं, का विवेचन करने के पश्चात, राय ने उन विधियों का वर्णन किया जिनसे राजनैतिक प्रक्रियाओं ने अपने आप ही स्तरीकरण व्यवस्था में सुधार कर दिया। राय ने कहा कि "बिहार में कांग्रेस पार्टी में भर्ती के स्वरूप को जाति ने अत्यधिक प्रभावित किया है।" इससे पता चलता है कि जाति समर्थन प्राप्त करके राजनैतिक दल किस प्रकार कार्य करते हैं।

आन्द्रे बेतेइ (देखें, कोठारी, 259) ने भी 1970 के दशक में तमिलनाडु में जातियों के अध्ययन के आधार पर राजनीति में जाति प्रवेश की समस्या का विवेचन किया है। उन्होंने विचार प्रकट किया है कि राजनीति और जाति के बीच के सम्बन्धों में दो प्रकार के परिवर्तन हो रहे हैं: प्रथम, सत्ता एक प्रबल (dominant) जाति से दूसरी जाति के पास खिसक जाती है; और द्वितीय, शक्ति का केन्द्र-बिन्दु जाति व्यवस्था से अन्य विविध शक्ति संरचनाओं, जैसे राजनैतिक दलों और पंचायतों की ओर स्थानान्तरित हो रहा है। प्रक्रिया की समस्याओं पर चर्चा करते हुए बेतेइ की मान्यता है कि राजनैतिक पद धारण करने वालों के लिए आवश्यक है कि वे समर्थन जुटाए रखें ताकि वे पद को प्राप्त कर सकें और उसमें प्रभावी ढंग से कार्य भी कर सकें। भारत जैसे समाज में, जहाँ जनतंत्र सरकार हैं, विशेष संस्थात्मक प्रबन्ध हैं जिनके माध्यम से समर्थन दिया जाता है, वापस लिया जा सकता है, या योजना बनाई जा सकती है। इस प्रकार समर्थन भौतिक लाभों के बदले में दिया जाता है। लेकिन भौतिक लाभ हर प्रकार के समर्थन के बदले में तत्काल या प्रत्यक्ष रूप से नहीं दिया जा सकता। इस कारण से समर्थन जुटाने के लिए विविध प्रकार की निष्ठाओं की आवश्यकता होती है। इस अर्थ में राजनैतिक समर्थन के लिए जाति के प्रति निष्ठा एक शक्तिशाली आधार प्रदान करता है। अन्य बातें समान होने पर लोगों से उम्मीद की जाती है कि वे अपनी ही जाति के सदस्यों का समर्थन करें।

बेतेइ ने यह भी बताया है कि राजनैतिक प्रक्रिया में जाति किस प्रकार प्रवेश करती है। इस संबंध में उन्होंने तीन प्रकार बताए हैं: (i) सामान्य रूप में जाति निष्ठा के लिए अपील करना, जैसे बनियों से बनियों को वोट देने के लिए दबाव डालना (ii) चुनाव की अवधि और अन्य अवधियों में जाति आधार पर समर्थन जुटाने के लिए अन्तर्वैयक्तिक सम्बन्धों के जाल को सक्रिय बनाकर (iii) जातीय हितों को संगठित रूप में उजागर करके। बेतेइ ने यह भी कहा है कि, राजनैतिक प्रक्रिया जाति व्यवस्था पर दोहरा प्रभाव डालती है। जब तक जातीय और उप-जातीय निष्ठा का निरन्तर प्रयोग होता रहता

है तब तक परम्परात्मक संरचना मजबूत होती रहती है और यदि जाति को तोड़ कर नवीन गठबन्धन (alliance) बनें, तो इसकी पकड़ ढीली हो सकती है।

अनिल भट्ट ने इसी विषय पर गुजरात के एक जिले के अपने अध्ययन में बताया है कि आज भी जन-संचालन में वही समस्याएँ हैं जो सात या आठ दशाब्दी पूर्व थीं। जिस प्रकार इस शताब्दी के प्रारम्भ में समाज सुधारकों का विश्वास था कि जन जागृति के अभाव में राजनैतिक क्रियाओं के लिए उनका संगठन संभव नहीं है, उसी प्रकार आज भी राजनीतिज्ञ जाति नेताओं के सुधारों को समर्थन देकर और उन्हें यह जता कर कि उनके लक्ष्यों की प्राप्ति राजनैतिक साधनों से ही हो सकती है, परम्परागत नेताओं का समर्थन जुटाने का प्रयत्न करते हैं।

डोनाल्ड रोजेन्थाल (Donald Rosenthal) ने जाति तथा राजनैतिक भागीदारी (participation) के बीच संबंधों का विश्लेषण करने के लिए 1963-64 में (आगरा व पूना) दो नगरों के नगर परिषदों के लोकप्रिय चुने हुए सदस्यों का अध्ययन किया। उन्होंने परिकल्पना की कि जाति एकजुटता का निर्माण नैरन्तर्य के रूपों (continuum of types) के आधार पर होता है। इस संबंध में उन्होंने संकेत किया कि समुदाय के राजनैतिक जीवन में जाति के आत्मसातकरण (assimilat:on) की तीन अवस्थाएँ होती हैं; जाति एकता, जाति गुटबाजी तथा विविध दरारों पर आधारित अन्तर्जातीय एकता।

हैरोल्ड गूल्ड (1990) ने उत्तर प्रदेश के पूर्वी जिले फैजाबाद में कांग्रेस पार्टी के उदय का अध्ययन करते हुए पाया कि 1905 से आगे विभिन्न चरणों में 1905-1909, 1909-1919, 1919-1935, 1935-1947, 1947-1968 और 1968 से आगे, जिले में कार्यरत दल सामाजिक समरूपता (homogeneity) लिए हुए नहीं थे, बल्कि वे विभिन्न जातियों जैसे ब्राह्मण, कायस्थ, राजपूत, खत्री, बनिए, कुर्मी आदि को संरक्षण देकर कार्य कर रहे थे।

उपरोक्त छः अध्ययनों को एक साथ रखकर यह निष्कर्ष निकाला जा सकता है कि राजनैतिक दल अपने कार्य को सुचारु रूप से चलाने के लिए जातियों का संचालन करते हैं और चुनाव जीतने में उनकी सहायता व समर्थन लेते हैं। चाहें राजनैतिक दल हों या प्रारम्भिक स्तर पर राजनैतिक मंच हों, सदैव ही जाति अभिजन के प्रभुत्व में कार्य करते रहे हैं और यह अब भी जारी है। यह लोक स्थानीय संसाधनों पर अपना अधिकतम नियंत्रण बनाए रखने, जाति समर्थकों को एक घनिष्ट मेलजोल में बाँधे रखने के उद्देश्य से एक दूसरे से स्पर्द्धा करते रहते हैं तथा राजनैतिक व्यवस्था में सक्रिय खिलाड़ी बने रहने के लिए अवसरों को तलाशते एवं विस्तृत करते रहते हैं।

राजनीति में जाति के प्रयोग पर जन साधारण की धारणाएं (People's Perceptions on the use of Caste in Politics)

रजनी कोठारी (1970, 4-7) ने जाति और राजनीति के संबंधों की समस्या का विश्लेषण करते हुए तीन प्रकार के लोगों के तीन विविध दृष्टिकोणों की चर्चा की है। प्रथम, वे लोग जो राजनीति में जाति की भूमिका पर शोक व चिन्ता करते हैं और सोचते हैं कि राजनीति, जाति और जातिवाद से मुक्त होनी चाहिए। कोठारी कहते हैं कि यह सम्भव नहीं है क्योंकि राजनीति का उद्देश्य कुछ उद्देश्यों की प्राप्ति हेतु शक्ति अर्जन करना होता है और शक्ति मौजूदा तथा भावी गठबन्धनों के जोड़-तोड़ से अर्जित

की जाती है तथा उससे स्थिति मजबूत की जाती है। अतः राजनीति में समर्थन जुटाना और अभिव्यक्त करना ही महत्वपूर्ण है। जहाँ राजनीति जन मानस पर निर्भर हो, वहाँ समर्थन जुटाना तथा जन मानस का विश्वास प्राप्त करना ही प्रमुख बिन्दु है। चूंकि भारत में सामाजिक व्यवस्था जाति संरचना और पहचान पर ही संगठित है, अतः भारत में जाति व राजनीति को पृथक नहीं किया जा सकता। अतः 'राजनीति में जातिवाद', 'जाति का राजनीतिकरण' के अतिरिक्त कुछ नहीं है। जाति के राजनीतिकरण की इस प्रक्रिया में जाति व राजनीति दोनों ही परिवर्तित होती रहती हैं। राजनीति को अपना कार्य क्षेत्र बनाने में, जातियों को अपनी पहचान बनाए रखने तथा पद प्राप्ति के प्रयत्नों का अवसर मिलता रहता है। दूसरी ओर, जातिवाद को अपने संगठन के जाल में फाँसकर राजनीति अपने उद्देश्यों को पूर्ण करती रहती है।

दूसरी तरह के लोग (जो जाति और राजनीति के सम्बन्ध की चर्चा करते हैं) वे हैं जो सोचते हैं कि राजनैतिक सम्बन्ध सामाजिक सम्बन्धों का मात्र प्रक्षेपण (projection) है और उनको सामाजिक सम्बन्धों को प्रभावित करने की स्वतंत्र क्षमता नहीं है। इस विचार में राजनीति को एक अस्त्र (instrument) के रूप में देखा जाता है जो समाज का कोई विशेष स्तृत (stratum) अपनी स्थिति को बनाये रखने व उसे संगठित करने के लिए वश में रखता है। अतः राजनीति सामाजिक प्रभुत्व के स्वरूपों को पुनः जागृत करती है, और न तो समाज की वर्तमान संरचना को ओर न ही उनकी परिवर्तित संरचना को प्रभावित करती है। रजनी कोठारी इस विचार की भी आलोचना करते हैं और मानते हैं कि ऐसा दृष्टिकोण विकासीय यथार्थ को समझने के प्रयत्न को धूमिल कर देता है क्योंकि गत्यात्मक स्थिति में जाति और राजनीति जैसी स्थितियों में सदैव अन्तर्क्रिया होती रहती है। जहाँ जाति स्वयं एक राजनैतिक श्रेणी बन जाती है, वहाँ यह चर्चा व्यर्थ है कि जाति राजनीति का प्रयोग करती है या राजनीति जाति का प्रयोग करती है।

अन्त में, तीसरे प्रकार के लोग वे हैं जो या तो जाति या राजनीति या दोनों की स्वायत्तता की घोषणा करते हैं। इस समूह में विद्वानों में विविधताएँ हैं। ऐसे प्रगतिशील अर्थशास्त्री भी हैं जो जाति से सम्बद्ध प्रत्येक घटना को प्रतिक्रियावादी की संज्ञा दे देते हैं, तथा वे सोचते हैं कि यह परिवर्तन आवश्यक रूप से "जाति से वर्ग संबंधों में परिवर्तन" है; ऐसे भारतशास्त्री (Indologists) भी हैं जो जाति को किसी भी राजनैतिक प्रदूषण से बचाना चाहते हैं; ऐसे राजनीति वैज्ञानिक हैं जो समकालीन भारत में जाति को एक महत्वपूर्ण राजनैतिक शक्ति के रूप में मानते हैं, तथा सामाजिक मानवशास्त्री हैं जो यद्यपि राजनैतिक स्वरूपों के महत्व को स्वीकार करते हैं, फिर भी भारतशास्त्रियों के समान, जाति या राजनीति या दोनों ही स्वायत्तता को मानते हुए, जाति व्यवस्था को सुरक्षित रखने को बाध्य हैं। इन लोगों का विचार है कि जब जातियाँ खण्डीय आधार पर और संस्तरण की व्यवस्था के अनुसार व्यवहार करती हैं तब उनका सम्बन्ध जाति व्यवस्था से है, और जब वे राजनैतिक इकाई के रूप में कार्य करती हैं तब उनका संबंध राजनैतिक व्यवस्था से होता है और वे वास्तव में जाति व्यवस्था की भाग नहीं होतीं।

इन सभी समाज वैज्ञानिकों की आलोचना करते हुए कोठारी की मान्यता है कि वे यह देखने में असमर्थ रहे हैं कि जति व्यवस्था तथा राजनैतिक व्यवस्था का कभी भी पूर्ण ध्रुवीकरण (polarisation) नहीं रहा, और यह कि समकालीन परिवर्तन की प्रक्रिया में परिवर्तन वास्तव में

राजनैतिक कार्य प्रणाली के स्तर पर हुआ है । अतः जो अपेक्षाकृत पतन जाति संस्तरण में अपवित्रता के कारक में हुआ और जो जजमान 'कमीन' तथा जजमानी प्रथा में संबंधों में गिरावट आई है, इन सभी में स्वयं जाति व्यवस्था के विनाश के तत्व निहित नहीं है, बल्कि सामाजिक चेतना की परख में खिसकाव और संरचनात्मक अन्तर है, जिनके द्वारा इस प्रकार की चेतना को संगठित व संचालित किया जाता है । जाति स्थिरता पर व्यवस्था के रूप में कोई प्रभाव नहीं पड़ा है । देसाई, कापड़िया, घुर्ये, नरमेदश्वर प्रसाद जैसे भारत के विद्वानों के भी इसी प्रकार के विचार थे ।

जातियों का राजनीतिकरण अथवा सामाजिक गतिशीलता में जातियों द्वारा राजनीति का प्रयोग (Politicization of Castes or Use of Politics by Castes in Social Mobility)

अनेक जातियों ने अपनी दशा सुधारने के प्रयास में राजनीति का प्रयोग किया है । एलीयनर जैलियट (Eleanor Zelliot) के अनुसार राजनीति के प्रयोग का अर्थ है सरकारी लाभ प्राप्त करना और राजनैतिक संस्थाओं एवं विधान मण्डलों में प्रतिनिधित्व प्राप्त करना । इस संबंध में कुछ उदाहरण इस प्रकार हैः महाराष्ट्र के महर, गुजरात के क्षत्रिय, तामिलनाडु के नादर, और आन्ध्र प्रदेश में रेड्डी और कम्मा ।

महाराष्ट्र में महर (एक निम्न जाति) जो राज्य की जनसंख्या के 10% हैं (महाराष्ट्र की कुल 13% अनुसूचित जाति में से), प्रारम्भ में सामाजिक अधोपतन की दशाओं में कार्य किया, किन्तु अन्त में राजनीति को ही अपनी दशा में सुधार करने का अस्त्र बनाया । अम्बेडकर ने उन्हें एक राजनैतिक शक्ति के रूप में संगठित किया और एक अनुसूचित जाति परिसंघ (federation) बनाया जिसको सामाजिक समानता के लक्ष्य को प्राप्त करने के लिए प्रयोग किया गया । ग्रामीण समुदाय में महर की स्थिति परम्परागत रूप में केवल एक सेवक की ही थी जो विविध सेवाएँ प्रदान करता था, जैसे, पहरेदार, सरकारी सन्देशवाहक, गांव के हाल में लगान देने के लिए भूस्वामियों को बुलाना, सड़कों की सफाई करना तथा दूसरे गांवों में मृत्यु समाचार पहुंचाना । महर अस्पृश्य समझे जाते थे क्योंकि उनके कार्य इसी प्रकार के थे । मंदिर, स्कूल, और गांव के कुएँ उनके लिए बन्द होते थे । कपड़े पहनने, आभूषणों के प्रयोग, धातु के बर्तनों का घर में प्रयोग तथा कुछ संस्कारों को अपनाने संबंधी प्रतिबन्ध उन पर लगे हुए थे । इतना होते हुए भी वे हिन्दुओं और सरकारी अधिकारियों के निकट सम्पर्क में बने रहे । संचार के नवीन माध्यमों, न्याय और सरकारी नीतियों के कारण उनकी स्थिति का महत्व कम होता गया । डाक घरों, न्यायालयों और पुलिस में उन्हें सन्देश वाहकों के रूप में स्थान मिला । इसलिए वे कपड़ा मिलों, रेल्वे, जहाज के डॉक पर, सरकारी फैक्टरियों में 1860 के बाद से काम करने लगे । उन लोगों ने शिक्षा प्राप्त करने तथा सामाजिक स्तर को सुधारने के लिए भी प्रयत्न प्रारम्भ कर दिए । ये महर लोग गाँव में रहकर भी अपने ही कर्त्तव्यों की अवहेलना करने लगे । जहाँ एक ओर महर लोगों को आर्थिक अवसरों ने ऊंचे उठने के लिए प्रेरित किया तो दूसरी ओर मिलिट्री सेवाओं में उनके प्रवेश ने भी उनकी आर्थिक व सामाजिक प्रगति के मार्ग खोल दिए । मिलिट्री सेवाओं में उनका रिकार्ड यद्यपि ब्रिटिश काल से पूर्व भी था, परन्तु ब्रिटिश मिलिट्री में प्रवेश से ही महर आन्दोलन को ऐतिहासिक महत्व मिला । इस आन्दोलन से मिलिट्री सेवाओं में प्रवेश से ही स्वतः कोई उत्थान इन लोगों को नहीं मिला, बल्कि वास्तव में मिलिट्री में प्रवेश के कारण पश्चिमी सभ्यता

के विस्तार से पूर्व ही इन लोगों का ब्रिटिश संस्थाओं से सम्पर्क हो गया था। इस प्रकार के सम्पर्क ने नई राजनैतिक व्यवस्था से उनके सामाजीकरण में अत्यन्त सरलता पैदा की। 1893 में पुरानी प्रेसीडेन्सी सेनाओं के उन्मूलन के साथ ही महर लोगों को सेना में भर्ती होने से वंचित कर दिया गया। 1904 में महर लोगों ने बम्बई के राज्यपाल को एक ज्ञापन दिया तथा 1910 में भारत के राज्य सचिव को ज्ञापन भेजा जिसमें पुलिस व सेना में सम्मिलित होने, राज्य सेवाओं में प्रवेश, तथा पब्लिक स्कूलों में प्रवेश के निषेधों की समाप्ति, आदि माँगें रखी गई थीं। यद्यपि उनकी प्रार्थना का कोई उत्तर नहीं दिया गया, लेकिन प्रथम विश्व युद्ध में उनकी भर्ती की गई। द्वितीय महायुद्ध में तो एक महर रेजीमेन्ट भी बनाई गई। अनेक मेहर ईसाई बन गए। अनेक मिलिट्री में काम कर रहे महरों ने कबीर तथा रामदी पन्थ अपना लिया जिसमें समानता पर बल दिया जाता है। इस प्रकार महरों ने हिन्दुत्व के ऊंचे स्तर प्राप्त करने के प्रयास किए। उन्होंने उच्च जातीय संस्कार भी अपना लिए (श्रीनिवास ने इस प्रक्रिया को संस्कृतिकरण कहा है)। 1927 के बाद उन्होंने तीन बार मंदिरों में प्रवेश के प्रयास किए जिससे वे संगठित भी हुए। लेकिन 1936 में महरों ने अम्बेडकर के नेतृत्व में हिन्दुत्व को छोड़ देने का निर्णय लिया। इस प्रकार मंदिर प्रवेश एक राजनैतिक आन्दोलन बन गया जिसमें हिन्दुत्व को पूर्ण रूपेण अस्वीकार कर दिया गया। 1937 के चुनावों में अम्बेडकर ने स्वतंत्र लेबर पार्टी की स्थापना की जिसने महरों को अधिकतम टिकट दिए। उस समय से 1946, 1951 और 1956 के चुनावों में रिपब्लिकन पार्टी के माध्यम से महरों ने महाराष्ट्र में अपने को एक महत्वपूर्ण व शक्तिशाली राजनैतिक शक्ति के रूप में स्थापित कर लिया। परन्तु आधुनिक वर्षों में नेतृत्व के प्रश्न पर महर एकता को आघात लगा है।

गुजरात के कुछ निम्न तथा मध्यम जाति के लोगों ने भी अपने उद्देश्यों की प्राप्ति के लिए राजनीति का प्रयोग किया। रजनी कोठारी और रशिकेष मारु (1973: 70-101) ने भी चर्चा की है कि किस प्रकार गुजरात के आर्थिक रूप में कुछ समुदायों ने 1940 के लगभग एक परिसंघ (federation) बनाया और 1950 तक राजनीतिक शक्ति प्राप्त करने के उद्देश्य से एक संगठन बना लिया। अनेक जातियों ने मिलकर, जिन में राजपूत जैसी उच्च परन्तु भूमिहीन व निर्धन जातियाँ तथा मध्य स्तर की कोली जैसी जातियों व भील जैसी जनजातियाँ सम्मिलित थीं, 'गुजरात क्षत्रिय' सभा के रूप में संगठित हो गई, क्षत्रिय लेबल को बढ़ावा दिया, जन समर्थन के लिए आन्दोलन किया, और युगों से चले आ रहे शक्तिशाली समूह पत्तीदारों से अपनी माँगों के लिए सौदेबाजी की। उन्होंने अपनी स्थिति को ऊंचा उठाने तथा पातीदार-क्षत्रिय गठबन्धन के माध्यम से कांग्रेस के विरुद्ध चुनाव जीतने में भी सफलता प्राप्त की। सामूहिक समर्थन की प्रक्रिया से अनेक जातियाँ क्षत्रिय गुट में स्वीकार कर लीं गईं। राजनीति ने इसमें जोड़ने की शक्ति का कार्य किया। शक्ति के लिए कुछ व्यक्तियों के द्वारा स्पर्द्धा करने की अपेक्षा एक बड़े समूह (जातियों का परिसंघ) ने यह कार्य किया और अपनी स्थिति को अधिक मजबूत बना लिया।

राबर्ट हार्डग्रेव जूनियर (Robert Hardgrave Jr, 1973: 102-126) ने नादरों (तमिलनाडु की जाति) में एकता व सामंजस्य और उनकी एकीकृत राजनैतिक संस्कृति का अध्ययन किया। उन्होंने परिणाम निकाला कि अन्य जातियों के ऊपर आर्थिक निर्भरता समाप्त होने तथा जाति बन्धनों का विस्तृत भौगोलिक क्षेत्र में विस्तार होने के कारण जातियों में नवीन एकता का उदय हुआ है।

जातियों की एकीकृत संस्कृति, सामाजिक, आर्थिक व राजनैतिक उत्थान के लिए विविध संघों को जन्म देती है। तमिलनाडु के नादरों की दलित जाति के साथ भी यही बात पाई गई। उन्नीसवीं सदी के मध्य तक नादरों के लिए मन्दिरों में प्रवेश निषेध था। उन्हें सार्वजनिक कुओं से पानी भरने, छाता लगाने, विशेष गलियों में चलने, स्वर्ण आभूषण पहनने, दूध दोहन, आदि की अनुमति प्राप्त नहीं थी। उनकी महिलाओं को शरीर के ऊपरी भाग को ढकने का निषेध था। किन्तु उन्नीसवीं शताब्दी के मध्य में एक जन आन्दोलन के प्रभाव से दक्षिण क्षेत्र के ग्रामीण नादर अधिकतर संख्या में ईसाई धर्म में परिवर्तित हो गए। अनेक नादरों को भूमि प्राप्त हो गई और उनकी आर्थिक स्थिति में सुधार हो गया। एक बड़ी संख्या में उन लोगों ने उच्च शिक्षा प्राप्त की तथा अच्छी नौकरियाँ भी। जैसे जैसे इस समुदाय की धन संबंधी स्थिति में सुधार हुआ, एक सम्मिलित कोष 'महिमाई' का प्रयोग पूर्ण समुदाय के कल्याण के लिए किया जाने लगा। नवोदित नादरों ने क्षत्रिय प्रस्थिति का दावा किया। नादर समुदाय के जन्म और महानता को बनाने के उद्देश्य से नवीन पुस्तकें और ऐतिहासिक लेख लिखे गये। नादरों ने मन्दिर प्रवेश निषेध को चुनौती दी। नादरों के धनी होने से ईर्ष्यालु होकर तथा उच्च स्थिति प्राप्ति की उनकी चेष्ठाओं से नाराज़ होकर उच्च जातीय हिन्दू लोगों में कटुता का उदय हो गया। नादरों के कल्याण को प्रोत्साहित करने के लिए 1917 में 'नादर महाजन संगम' का गठन हुआ। 1921 की जनगणना में सभी नादरों ने स्वयं को 'नादर-क्षत्रिय' घोषित कर दिया। 1935 में तथा पुनः 1940 और 1952 में नादर समुदाय ने सरकार से प्रार्थना की कि उन्हें 'पिछड़ी जाति' की सूची में रख दिया जाये। चूकिं तमिलनाडु में इस समुदाय का एक बड़ा भाग आर्थिक व शैक्षिक दृष्टि से अत्यधिक उन्नत था, अतः 1952 के पिछड़ी जाति के लिये कमीशन ने केवल 'शानरों' (Shanars) को ही पिछड़ी जाति का माना। आज दक्षिण में नादर लोग आर्थिक एवं राजनैतिक दृष्टि से अत्यधिक सफल समुदाय में से एक समुदाय हो गया है।

अब यह कहा जा सकता है कि वर्तमान समय में केवल जाति ही राजनीति को प्रभावित नहीं करती है, बल्कि राजनैतिक शक्ति और जातीय एकता प्राप्ति के द्वारा एक जाति समाज में उच्च सामाजिक, आर्थिक व राजनैतिक स्थिति प्राप्त करने में सफल होती है। एक ओर तो जातीय संगठनों की भागीदारी राजनैतिक व्यवस्था में परिवर्तन लाती है और दूसरी ओर निम्न जातियाँ भी सामूहिक हितों की प्राप्ति के प्रयास के योग्य हो जाती हैं।

REFERENCES

Bhatt, Anil, *Caste, Class and Politics*, Manohar Book Service, New Delhi, 1975.

Gould, Harold A., "Towards a Jati Model for Indian Politics" in his book *Caste Adaptation in Modernizing India Society*, Chanakya Publications, New Delhi, 1988

Kothari, Rajni, *Caste in Indian Politics*, Orient Longman, New Delhi, 1970.

Sirsikar, V.M., "Caste and Politics" in Ramesh Thapar's (Ed.), *Tribe, Caste and Religion in India*, Macmillan India Ltd., New Delhi, 1977.

अध्याय 17

संस्कृतिकरण तथा पश्चिमीकरण
Sanskritization and Westernization

जाति एवं प्रस्थिति गतिशीलता (Caste and Status Mobility)

'संस्कृतिकरण' एवं 'पश्चिमीकरण' की अवधारणाएं 1952 में एम.एन.श्रीनिवास द्वारा दक्षिण भारत में कुर्ग लोगों के सामाजिक व धार्मिक जीवन के विश्लेषण में विकसित की गई थीं। 20 वीं शताब्दि के मध्य तक जाति का अध्ययन या तो 'वर्ण' के आधार पर होता था या फिर वंशानुक्रम तथा अशुद्धता और शुद्धता की धारणाओं के आधार पर प्रस्थिति के अर्थों में होता था। श्रीनिवास ने जाति-व्यवस्था का विश्लेषण उर्ध्वमुखी गतिशीलता (upward mobility) के अर्थ में किया। उनकी मान्यता थी कि जाति-व्यवस्था इतनी कठोर व्यवस्था नहीं है कि जिसमें प्रत्येक जाति की स्थिति सदैव के लिए एक सी निश्चित हो। गतिशीलता की सम्भावना सदैव रही है। एक निम्न जाति भी एक दो पीढ़ियों के बाद शाकाहारी बन कर तथा मद्यपान व मादक द्रव्यों के सेवन से दूर रह कर संस्तरण (hierarchy) में उच्च स्थिति प्राप्त कर सकती थी। वह ब्राह्मण के रीति-रिवाज, संस्कार, एवं विश्वास अपना लेती थी तथा कुछ अपनी रीतियों को जिन्हें वह अपवित्र मानती थी त्याग देती थी। एक निम्न जाति द्वारा ब्राह्मणों की जीवन-विधि धारण करना सम्भव प्रतीत होता था यद्यपि सैद्धान्तिक दृष्टि से इसका निषेध था (1952: 42)।

जातियों द्वारा अपनाए गए व्यवसाय, उनका खान-पान, एवं उनकी प्रथाओं व रीति रिवाजों से ही (जाति) संस्तरण में उनकी प्रस्थिति निर्धारित होती है। इस प्रकार ऐसे व्यवसाय का वरण जैसे चमड़ा कमाना, कसाई का काम करना, ताड़ी बनाना, आदि, जाति को निम्न स्तर पर रख देता है। मांस व मछली आदि का सेवन कलुषित व अपवित्र करने वाला (defiling) माना जाता है। देवताओं को फल फूल चढ़ाने की अपेक्षा पशु-बलि निम्न कोटि का प्रचलन माना जाता है। इस प्रकार इन प्रथाओं को मानने वाली तथा इस प्रकार के भोजन करने वाली जातियां ब्राह्मणों के आचरण को धारण कर संस्तरण में उच्च प्रस्थिति प्राप्त कर लेती हैं। यह सामाजिक संरचना में एक जाति का उर्ध्वमुखी संचरण (upward moving) है। श्रीनिवास ने इस प्रक्रिया को 'संस्कृतिकरण' कहा है।

संस्कृतिकरण की अवधारणा (The Concept of Sanskritization)

श्रीनिवास ने संस्कृतिकरण की परिभाषा इस प्रकार की है: "एक ऐसी प्रकिया जिसके द्वारा निम्न जातियां उच्च जातियों, विशेष कर बाह्मणों, के रीति रिवाजों, संस्कारों, विश्वासों, जीवन-विधि, एवं अन्य सांस्कृतिक लक्षणों व प्रणालियों को गृहण करती हैं"। वास्तव में, श्रीनिवास संस्कृतिकरण की परिभाषा का समय-समय पर विस्तार करते रहे हैं। आरम्भ में उन्होंने संस्कृतिकरण के बारे में यह कहा कि "यह गतिशीलता की वह प्रक्रिया है जिसमें निम्न जातियां शाकाहारी एवं मद्यपान निषेधी बनकर एक दो पीढ़ियों में जाति संस्तरण में ऊपर की ओर अग्रसर होती हैं" (1962: 42)। बाद में उन्होंने

इसे पुनः परिभाषित करते हुए कहा कि "यह एक ऐसी प्रक्रिया है जिसके द्वारा निम्न जाति, जनजाति या अन्य समूह अपनी प्रथाओं, कर्मकाण्डों (rituals), विचारधाराओं (ideology) एवं जीवन-विधि (way of life) को बदल कर द्विज जाति (twice-born caste) की दिशा में अग्रसर होती है" (1966: 6)। संस्कृतिकरण का यह दूसरा विचार अधिक विस्तृत है क्योंकि श्रीनिवास ने प्रथम परिभाषा में भोजन की आदतों, संस्कारों, तथा धार्मिक प्रथाओं के नकल की बात की है, लेकिन बाद में उन्होंने विचारों के नकल की भी बात की है (जिसमें कर्म, धर्म, पाप, पुण्य व मोक्ष आदि के विचार भी सम्मिलित हैं)।

निम्न जातियों द्वारा उच्च जातियों तथा ब्राह्मणों की प्रथाओं और आदतों की नकल की प्रक्रिया में जब कभी निम्न जातियों के लोग कुछ ऐसे आचरणों को अपनाते है जो वर्तमान विवेकी मानदण्डों के अनुसार अच्छे व प्रकार्यात्मक (functional) समझे जाते हैं, तब वे उन रिवाजों/प्रथाओं को अमान्य मानकर उनके स्थान पर ब्राह्मणों के उन मूल्यों एवं विचारों को गृहण करते हैं जो कि वर्तमान स्तर के अनुसार अपमानजनक (degrading) एवं विकार्यात्मक (dysfunctional) समझे जाते हैं। श्रीनिवास ने मैसूर के अपने अध्ययन से कुछ उदाहरण दिए हैं। निम्न जातियां स्त्रियों के प्रति अभिवृत्तियों, और विवाह, यौन, आदि मामलों में उदार होती हैं। वे तलाक, विधवा-विवाह, तथा यौन परिपक्वता के पश्चात विवाह की अनुमति देती हैं। किन्तु ब्राह्मण यौन परिपक्वता पूर्व (pre-puberty) विवाह को व्यवहार में लाते हैं, विवाह को आविच्छिन्न (indissoluble) मानते हैं, विधवा पुनर्विवाह को रोकते हैं, और विधवा को आभूषण व साज श्रृंगार व अच्छे वस्त्र पहनने से रोकते हैं तथा सिर मुंडवाने की सिफारिश करते हैं। वे वधुओं में कुँवारापन (virginity), पत्नियों में सुचिता/विशुद्धता (chastity), तथा विधवाओं में संयम और आत्म-नियंत्रण के पक्षधर हैं। लेकिन निम्नजाति जैसे-जैसे संस्तरण में उठती है और इसके तरीके अधिक संस्कृतीकृत होते जाते हैं, यह यौन और विवाह विषय पर ब्राह्मणों के आचरण गृहण करने लगती हैं। संस्कृतिकरण का परिणाम स्त्रियों के प्रति कठोरता का व्यवहार होता है। अयुक्तिसंगत (irrational) आचरण अपनाने का एक और उदाहरण यह है कि एक ब्राह्मण और उच्च जातीय हिन्दू पत्नी को आदिष्ट (enjoined) किया जाता है कि वह अपने पति को देवता माने। पत्नी से अपेक्षा की जाती है कि वह अपने पति के भोजन करने के बाद भोजन करे, अपने पति की लम्बी आयु के लिए अनेक व्रत धारण करे, पुत्र प्राप्ति को धार्मिक आवश्यकता माने, इत्यादि। संस्कृतिकरण में निम्न जातियों द्वारा इन्हीं विश्वासों व आचरणों/रीतियों को अपनाना आता है। अतः ये उदाहरण इंगित करते हैं कि संस्कृतिकरण केवल उच्च जातियों, विशेष कर ब्राह्मणों की प्रथाओं, रीतियों, आदतों मूल्यों का अंधा व अविवेकी नकल करना है।

क्या यह कहा जा सकता है कि असंस्कृतिकरण (de-sanskritization) की प्रक्रिया भी सम्भव है ? श्रीनिवास का मानना है कि "यह अकल्पनीय नहीं है कि नकल करने वाली जातियों का असंस्कृतीकरण भी कभी-कभी हो सकता है" (1985: 62)।

संस्कृतिकरण और ब्राह्मणीकरण (Sanskritization and Brahmanization)

श्रीनिवास (1985: 42-43) ने 'संस्कृतिकरण' शब्द को 'ब्राह्मणीकरण' से अधिक प्राथमिकता दी

है। उन्होंने इसके कुछ कारण दिए हैं: (1) संस्कृतीकरण शब्द विस्तृत है, जबकि ब्राह्मणीकरण शब्द संकीर्ण व सीमित है। वास्तव में ब्राह्मणीकरण संस्कृतिकरण की व्यापक प्रक्रिया में शामिल है। उदाहरणार्थ, वैदिक काल में ब्राह्मण सोम रस का पान करते थे, मांस खाते थे, और पशु बलि चढ़ाते थे। लेकिन उन्होंने यह आचरण उत्तर वैदिक काल में त्याग दिया; शायद ऐसा उन्होंने जैन एवं बौद्ध धर्म के प्रभाव में आकर किया। आज अधिकतर ब्राह्मण शाकाहार एवं मद्यनिषेधी हैं; केवल कश्मीरी, बंगाली और सारस्वत ब्राहम्ण मांसाहारी (non-vegetarian) भोजन करते हैं। यदि 'ब्राह्मणीकरण' शब्द का प्रयोग किया जाता है तो यह बताने की आवश्यकता भी पड़ती है कि कौन से ब्राह्मण के विषय में कहा जा रहा है। (2) संदर्भ समूह या संस्कृतिकरण के एजेन्ट सदैव ही ब्राह्मण नहीं होते हैं। वास्तव में ब्राह्मणों ने ही, जिन्हें नियमों की घोषणा का अधिकार सौंपा गया था, दूसरी जाति के सदस्यों को ब्राह्मणों के रीति-रिवाजों और संस्कारों को मानने का निषेध किया था। लेकिन इस प्रकार के निषेधों ने निम्न जातियों को अपने रीतिरिवाजों के संस्कृतिकरण से नहीं रोका। श्रीनिवास ने मैसूर की निम्नजातियों का उदाहरण दिया है जिन्होंने लिंगायतों (जो ब्राह्मण नहीं हैं लेकिन दावा करते हैं कि वे ब्राह्मण के बराबर हैं) की जीवन-शैली अपना ली है। दक्षिण भारत के लोहार स्वयं को विश्वकर्मा ब्राह्मण कहते हैं, जनेऊ धारण करते हैं, और उन्होंने अपने संस्कारों का संस्कृतिकरण भी कर लिया है। फिर भी उनमें से कुछ अब भी मांस खाते हैं और मदिरा सेवन करते हैं जिसके कारण बहुत सी जातियां, यहां तक कि अस्पृश्य जातियां भी उनके हाथ का पानी तक नहीं पीती हैं (1985: 43)। इस प्रकार क्योंकि निम्नजातियों ने देश के विभिन्न क्षेत्रों में क्षत्रिय, वैश्यों और जाटों की नकल की, इसलिए 'ब्राह्मणीकरण' शब्द को सांस्कृतिक व सामाजिक गतिशीलता की प्रक्रिया की व्याख्या करने के लिए उपयुक्त नहीं समझा गया।

संस्कृतिकरण की विशेषताएं (Features of Sanskritization)

संस्कृतिकरण की प्रक्रिया में कुछ तथ्य उल्लेखनीय हैं:

1. संस्कृतिकरण की अवधारणा को आर्थिक एवं राजनीतिक प्रभुत्व से जोड़ दिया गया है अर्थात् स्थानीय प्रबल जाति (dominant caste) की भूमिका को परिवर्तन की सांस्कृतिक संचरण में विशेष महत्व दिया गया है। यद्यपि कुछ समय तक निम्न जातियों ने ब्राह्मणों की नकल की, लेकिन शीघ्र ही स्थानीय प्रबल जाति की नकल की जाने लगी और यह जाति ग़ैर-ब्राह्मण होती थी।
2. संस्कृतिकरण उन जातियों में कभी न कभी अवश्य होता था जिनको आर्थिक व राजनैतिक शक्ति प्राप्त थी लेकिन संस्कारों की दृष्टि से उनकी स्थिति ऊंची नहीं थी अर्थात, उनकी राजनैतिक व आर्थिक स्थिति व कर्मकाण्डी (ritual) स्थिति में बड़ा अन्तर था। ऐसा इसलिए था क्योंकि संस्कृतिकरण के बिना उच्च स्थिति का दावा प्रभावहीन था। जाति-व्यवस्था में सत्ता के तीन प्रमुख केन्द्र हैं: संस्कार, राजनैतिक व आर्थिक। एक क्षेत्र में सत्ता हथियाना दूसरे दो क्षेत्रों में भी सत्ता प्राप्ति में वृद्धि कर देती है। लेकिन श्रीनिवास कहते हैं कि असंगतियां होती ही रहतीं हैं।
3. आर्थिक उन्नति संस्कृतिकरण की आवश्यक शर्त नहीं हैं और ऐसा भी नहीं है कि आर्थिक

उन्नति के साथ संस्कृतिकरण होना आवश्यक है। तथापि, हो सकता है कि कोई समूह (जाति, जनजाति) राजनैतिक सत्ता प्राप्त कर ले और इससे उसकी आर्थिक उन्नति हो और संस्कृतिकरण भी हो। श्रीनिवास (1985: 57) ने मैसूर के एक गांव रामपुरा के अस्पृश्यों का उदाहरण दिया है जिनका अत्यधिक संस्कृतिकरण हो गया है यद्यपि उनकी आर्थिक दशा में कोई परिवर्तन नहीं हुआ। आर्थिक विकास, राजनैतिक शक्ति प्राप्त करना, शिक्षा, नेतृत्व, तथा संस्तरण में ऊंचे उठने की इच्छा, आदि संस्कृतिकरण के सारगर्भित तत्व हैं और संस्कृतिकरण का हर प्रकरण इन सभी या कुछ तत्वों को प्रदर्शित कर सकता है।

4. संस्कृतिकरण दुहरी प्रक्रिया (two-way process) है। ऐसा नहीं है कि निम्न जाति उच्च जाति से कुछ 'प्राप्त' ही करती है, बल्कि उसे कुछ 'प्रदान' भी करती है। हम देखते हैं कि पूरे भारत के हिन्दूत्व के बड़े देवताओं के अलावा ब्राह्मण कुछ स्थानीय देवताओं की भी पूजा करते हैं जो महामारी से रक्षा करते हैं तथा पशुधन, बच्चों के जीवन व अन्न आदि को भी संरक्षण देते हैं। ऐसे प्रकरणों की भी जानकारी है जहां कहीं-कहीं ब्राह्मण अपने किसी ग़ैर ब्राह्मण मित्र के माध्यम से रक्त बलि भी देता है (श्रीनिवास 1985: 60)। यद्यपि स्थानीय संस्कृतियां 'देने' की अपेक्षा 'लेती' अधिक हैं फिर भी संस्कृतिक हिन्दूत्व ने स्थानीय तथा लोक तत्वों को आत्मसात (absorb) कर लिया है। आत्मसात करने की प्रक्रिया इस प्रकार होती है कि लोक परम्पराओं और बड़ी परम्पराओं के बीच निरंतरता (continuity) बनी रहती है।
5. गतिशीलता की इकाई समूह होती है न कि व्यक्ति या परिवार।
6. ब्रिटिश शासन ने संस्कृतिकरण की प्रक्रिया को प्रोत्साहन दिया जब कि राजनीतिक स्वतंत्रता ने इस परिवर्तन की ओर बढ़ने वाली प्रवृत्ति को कमज़ोर बनाया। अब समस्तर क्षैतिजीय (horizontal) गतिशीलता की अपेक्षा ऊर्ध्वांन्धर (vertical) गतिशीलता पर बल दिया जा रहा है।
7. भारत में सामाजिक परिवर्तन की बात संस्कृतिकरण व पश्चिमीकरण के सन्दर्भ में करने का अर्थ है, उसकी व्याख्या प्रमुखतः सांस्कृतिक अर्थों में करना न कि संरचना के अर्थ में। श्रीनिवास (1989: 55) ने भी माना है कि संस्कृतिकरण में जाति-व्यवस्था के अन्तर्गत स्थितीय (positional) परिवर्तन संरचना सम्बन्धी परिवर्तन के बिना ही होता है।
8. संस्कृतिकरण में समूह की उच्च स्थिति की उपलब्धि स्वतः नहीं होती। समूह को अनिश्चित काल तक प्रतीक्षा करनी होती है और इस अवधि में उसे अपने दावे के लिए निरन्तर दबाव बनाए रखना पड़ता है। इस दावे को स्वीकार करने की शुरुआत करने में एक या दो पीढ़ी का समय भी लग सकता है। कई मामलों में जाति का दावा लम्बे अन्तराल के बाद भी स्वीकृत नहीं होता। कई बार ऐसा भी होता है कि यह दावा एक समय या स्थान में सफल न हो, पर दूसरे स्थान व अन्य समय में स्वीकार कर लिया जाये।

संस्कृतिकरण निम्न जाति को उच्च पद प्राप्ति में सहायक न भी हो, तब भी यह उसे मांस खाने, अशुद्ध व्यवसायों को बदलने, मद्यपान बन्द करने, और कुछ सांस्कृतिक परम्पराओं, विश्वासों व देवताओं को अपनाने से तो नहीं रोकता। इस प्रकार गतिशीलता के लक्ष्य को प्राप्त किये बिना भी

संस्कृतिकरण की प्रक्रिया लोकप्रिय बनी रह सकती है।

संस्कृतिकरण के प्रोत्साहन के कारक (Factors Promoting Sanskritization)

संस्कृतिकरण को सम्भव बनाने वाले कारक हैं; औद्योगीकरण, व्यावसायिक गतिशीलता, विकसित संचार व्यवस्था, साक्षरता का प्रसार तथा पश्चिमी प्रौद्योगिकी। इसमें आश्चर्य नहीं कि संस्कृत धार्मिक विचारों का विस्तार ब्रिटिश शासन काल में हुआ। संचार साधनों के विकास के साथ संस्कृतिकरण उन क्षेत्रों में चला गया जो पहले अगम्य (inaccessible) थे और साक्षरता के विस्तार ने इस प्रक्रिया को जाति संस्तरण में निम्न जातियों तक को आभास करा दिया। श्रीनिवास ने एक विशिष्ट कारक का उल्लेख किया है जिस ने निम्न जातियों में संस्कृतिकरण को फैलाने में सहायता की है। यह (कारक) है कर्मकाण्डी (ritual) क्रियाओं से मंत्रोच्चारण की पृथकता जिसके कारण ब्राह्मणों के संस्कार सभी हिन्दू जातियों और अस्पृश्यों को भी सुलभ हो गए। ब्राह्मणों द्वारा जो ग़ैर-द्विज (non twice-born) जातियों पर प्रतिबन्ध लगाये गये थे, उन्होंने केवल वैदिक मंत्रोच्चारण पर पाबन्दी (ban) लगायी थी। इस प्रकार निम्न जाति के लोग भी ब्राह्मणों के सामाजिक आचार विचार को सरलता से अपना सके। इससे संस्कृतिकरण और भी व्यावहारिक बन गया। श्रीनिवास के अनुसार संसदीय प्रजातन्त्र की राजनीतिक संस्था ने भी संस्कृतिकरण की वृद्धि को बढ़ावा दिया है (1985: 49)। भारत के संविधान में मद्यनिषेध, जो कि एक सांस्कृतिक मूल्य है, वर्णित है। कुछ राज्यों ने इसे पूर्ण या आंशिक रूप से लागू भी किया है।

पश्चिमीकरण की अवधारणा (The Concept of Westernization)

इस अवधारणा का सन्दर्भ गैर-पश्चिमी समाज की प्राद्योगिकी, संस्थाओं, विचारधाराओं व मूल्यों में परिवर्तन से है जो लम्बे समय तक पश्चिमी समाज के सांस्कृतिक सम्पर्कों का फल है (श्रीनिवास, 1962: 55)। भारतीय समाज का उदाहरण देते हुए, तकनीकी परिवर्तन, शैक्षिक संस्थाओं की स्थापना, राष्ट्रीयता का उदय, एवं नई राजनीतिक संस्कृति आदि का पश्चिमीकरण भारत में दो सौ वर्षों के ब्रिटिश शासन का ही प्रतिफल कहा जा सकता है।

पश्चिमीकरण के प्रमुख लक्षण इस प्रकार हैं: (1) तकनीकीकरण तथा युक्तिवाद (rationalism) पर बल (2) इस (पश्चिमीकरण) प्रक्रिया पर संस्कृतिकरण का प्रतिकूल प्रभाव नहीं है बल्कि कुछ सीमा तक यह इसको प्रोत्साहित करती है। श्रीनिवास ने पहले कहा था कि संस्कृतिकरण पश्चिमीकरण की भूमिका है। परन्तु बाद में उन्होंने अपना यह विचार बदला और कहा कि यह आवश्यक नहीं है कि पश्चिमीकरण के पूर्व संस्कृतिकरण आये (1985: 60)। लेकिन दोनों प्रक्रियाएं एक दूसरे से जुड़ी हुई हैं। एक को दूसरे के बिना समझना सम्भव नहीं है। हैरोल्ड गूल्ड (Harold Gould) ने भी कहा है कि ब्राह्मणों और अन्य उच्च जातियों के लिए संस्कृतिकरण संस्कृत हो रही निम्न जातियों से दूरी बनाए रखने का एक प्रयत्न है। इस प्रकार एक अर्थ में ब्राह्मण निम्न समूहों से दूर भाग रहे हैं जो उन्हें पकड़ने का प्रयत्न कर रहे हैं।

भारत में पश्चिमीकरण का स्वरूप और गति अलग-अलग क्षेत्रों में तथा जनसंख्या के विविध भागों में अलग-अलग पाई गई है (श्रीनिवास, 1985: 51)। उदाहरणार्थ, जनसंख्या का एक समूह

अपने वस्त्रों, भोजन, व्यवहार, भाषा, खेलकूद, तथा छोटे बिजली मशीनों के उपयोग में पश्चिमीकृत हो गया, जबकि दूसरे समूह ने पश्चिमीकरण के बाह्य प्रभावों से अछूते रहकर भी पश्चिम के विज्ञान, ज्ञान, साहित्य आदि को आत्मसात किया। जैसे, ब्राह्मणों ने वेष भूषा तथा बाह्य रूप (चोटी हटाकर बाल कटवाना) स्वीकार करके, अपने बच्चों को पश्चिमी स्कूलों में भेजकर, सुख-सुविधाओं का उपभोग करके पश्चिमीकरण को स्वीकार किया लेकिन उन्होंने भोजन, नृत्य, शिकार करना तथा अशुद्धता से मुक्ति, आदि को स्वीकार नहीं किया। परन्तु यह अन्तर केवल सापेक्षिक रूप में बल देने का है। यह स्पष्ट अन्तर नहीं है।

श्रीनिवास ने 'पश्चिमीकरण' शब्द को 'आधुनिकीकरण' शब्द की अपेक्षा अच्छा माना है जब कि डेनियल लर्नर, हैरोल्ड गूल्ड, मिल्टन सिंगर और योगेन्द्र सिंह ने 'आधुनिकीकरण' शब्द को उचित माना है। वह 'आधुनिकीकरण' को व्यक्तिपरक तथा पश्चिमीकरण को वस्तुपरक मानता है (सेमीनार, 88, 1986: 2)। आधुनिकीकरण में तथाकथित 'लक्ष्यों की तर्क संगतता' (rationality of goals) को निश्चित नहीं माना जा सकता क्यों कि मानव लक्ष्य मूल्य वरीयताओं (preferences) पर आधारित हैं। अतः तर्कसंगतता (rationality) को सामाजिक क्रिया के लक्ष्यों (ends) के आधार पर न मानकर केवल साधनों (means) के आधार पर पूर्वानुमानित (predict) किया जा सकता है।

विद्वानों द्वारा अवधारणाओं का समर्थन (Scholars' Support to the Concepts)

बर्नार्ड कोहन (Bernard Cohn) और मिल्टन सिंगर (Milton Singer) जैसे विद्वानों ने संस्कृतिकरण की अवधारणा का आनुभाविक (empirical) अध्ययनों के आधार पर उसकी वैधता (validity) का समर्थन किया है। कोहन ने 1950 के दशक में पूर्वी उत्तरप्रदेश के एक गांव का अध्ययन किया था। इस गांव में दो जातियां प्रमुख थीं—प्रबल जाति ठाकुर तथा बड़ी संख्या में अस्पृश्य जाति के चमार। भूमिहीन चमारों ने तो स्थानीय स्कूलों में शिक्षित होकर तथा आय में वृद्धि करके ठाकुर जमींदारों के विवाह और जन्म के समय के संस्कारों को धारण करके संस्कृतिकरण प्रारम्भ कर दिया। दूसरी ओर अनेक ठाकुर जो शहरों में प्रव्रजन (migrate) करके औद्योगिक मज़दूर, क्लर्क, या अध्यापक हो गए थे, उन्होंने अपने धार्मिक दृष्टिकोण, वेशभूषा व आचार व्यवहार में पश्चिमीकरण धारण कर लिया। इस प्रकार जब उच्च जाति जीवन-शैली तथा धार्मिक विश्वासों में पश्चिमीकृत हो रही थी, तब निम्न जाति संस्कृत हो रही थी तथा संस्कारों, विश्वासों, और आचारों के पारम्परिक स्वरूप को धारण कर रही थी।

सिंगर (1967: 66) ने मद्रास नगर के प्रमुख उद्योगपतियों के अध्ययन के आधार पर उच्च और निम्न जातियों की जीवन शैली तथा धार्मिक विश्वासों में परिवर्तन की भिन्न प्रक्रिया पायी जिसे उन्होंने, 'विभागीकरण' (compartmentalisation) कहा। यह प्रक्रिया श्रीनिवास के संस्कृतिकरण व पश्चिमीकरण की प्रक्रियाओं से भिन्न है। उन्होंने पाया कि सांस्कारिक अपवित्रता (ritual pollution) का डर दफ्तरों और फैक्ट्रियों दोनों में ही कम हो रहा है। उदाहरणार्थ, फैक्ट्रियों में विविध जाति के लोग आपस में मुख्य रूप से मिलते जुलते थे, वे एक ही जलपान गृह में भोजन लेते थे, एक ही बस में यात्रा करते थे, व राजनैतिक प्रदर्शनों में एक दूसरे के साथ मुक्त रूप

से भाग लेते थे। ब्राह्मणों तथा अन्य उच्च जातियों में ऐसे व्यवसाय अपना लिए थे जो 'अपवित्र' समझे जाते थे जैसे चमड़ा कमाने का काम। सिंगर ने इस प्रक्रिया को 'विभागीकरण' कहा है। उच्च जातियों में फैक्ट्री में उनके श्रम व अच्छे हिन्दू के कर्त्तव्यों के बीच कोई संघर्ष नहीं था। दोनों (फैक्ट्री और घर की परिस्थितियां) के अलग-अलग क्षेत्र थे और उनके आचार व्यवहार के स्तर भी अलग थे। उदाहरणार्थ, फैक्ट्री में वे पश्चिमी वेषभूषा पहनते, अंग्रेजी बोलते, तथा पश्चिमी तौर तरीके अपनाते थे, लेकिन घर में वे भारतीय वेष धारण करते, स्थानीय भाषा बोलते, और अच्छे हिन्दू जैसा आचरण करते थे। सिंगर ने इसी को 'विभागीकरण' कहा है।

लेकिन सिंगर का दृष्टिकोण कोई नई व्याख्या नहीं देता। व्यक्ति का व्यवहार स्थिति के अनुसार बदलता रहता है, यह एक सर्व विदित तथ्य है। इसका यह अर्थ नहीं है कि यह 'विभागीकरण' है। वास्तव में, यह एक निरन्तरता (continuity) है। कोहन भी अनुभव करते हैं कि भारतीय समाज में विभागीकरण निरन्तरता से भिन्न नहीं है। परन्तु यह स्वीकार किया जा सकता है कि इस निरन्तरता में परम्पराओं की रुढ़िवादिता विद्यमान है। यह सक्रिय और गतिशील निरन्तरता है; और सिंगर इस तथ्य को स्वीकार करते हैं (1967: 68)। लोग नई परिस्थितियों से अनुकूल कर लेते हैं।

अवधारणा की अनुभूति (Perception of the Concept)

संस्कृतिकरण की प्रक्रिया यह संकेत देती है:

(अ) परिवर्तन की एक प्रक्रिया;
(ब) उर्ध्व गतिशीलता, अर्थात् जाति संस्तरण में निम्न जातियों की ऊपर उठने की आकांक्षा;
(स) संस्तरण पर आघात (attack) तथा संस्कृति का समान स्तर बनाना।

जहां तक संस्तरण पर आघात का प्रश्न है, न केवल निम्न जातियां बल्कि जनजातियां और संस्तरण के मध्य क्षेत्रों की जातियां भी उच्च जातियों की प्रथाओं, रीति-रिवाजों, तथा जीवन-शैली को अपनाने का प्रयत्न करती हैं। इस प्रकार ब्राह्मणों की जीवन-शैली और रिवाज़ सभी हिन्दुओं में फैलते हैं। क्या इसको संस्तरण पर आक्रमण और संस्कृति का समानीकरण (levelling) कहा जा सकता है ? हैरोल्ड गूल्ड ने (1961: 965) इसे सांस्कृतिक नकल करना नहीं बताया है, बल्कि सामाजिक आर्थिक वंचन (deprivations) के प्रति विद्रोह एवं चुनौती की अभिव्यक्ति कहा है। कुछ विद्वान मानते हैं कि यह संस्तरण पर आक्रमण है, लेकिन इसे संस्कृति के समानीकरण में सफलता नहीं मिली।

जहां तक 'उर्ध्व गतिशीलता' का सम्बन्ध है, योगेन्द्र सिंह ने इसे संस्कृतिकरण का 'संदर्भित विशिष्ट लक्षण' (contextual specific connotation) कहा है। यह इस कारण कि यह निम्न जाति द्वारा उच्च जाति की सांस्कृतिक नकल करने की प्रक्रिया है, जो राजपूत, जाट, ब्राह्मण, बनिया भी हो सकती है। कुछ स्थानों में तो जन जातियां भी हिन्दू जातियों की प्रथाओं की नकल करने लगी हैं।

अन्त में, जहां तक केवल 'परिवर्तन की प्रक्रिया' का प्रंश्न है, संस्कृतिकरण को एक 'ऐतिहासिक विशिष्ट' लक्षण कहा है। इस अर्थ में इसका सन्दर्भ भारतीय इतिहास में उस प्रक्रिया से है जिसके कारण इतिहास की विभिन्न अवधियों में अनेक जातियों की स्थिति में तथा उसके (भारत के) सांस्कृतिक स्वरूपों में परिवर्तन आए। यह सामाजिक परिवर्तन के आन्तरिक स्त्रोत की ओर भी संकेत करता है।

सामाजिक परिवर्तन समझने में इन अवधारणाओं की उपयोगिता (Usefulness of the Concepts in Understanding Social Change)

भारतीय समाज के विश्लेषण में संस्कृतिकरण की अवधारणा को एक उपकरण के रुप में इसकी उपयोगिता को स्वयं श्रीनिवास ने अत्यधिक सीमित बताया है क्योंकि 'अवधारणा जटिल एवं अयथार्थ है' (वही, 1985: 44)। हम भी इस अवधारणा की कुछ कमियां इंगित कर सकते हैं:

(1) संदर्भ समूह (reference group) सदैव ब्राह्मण जाति नहीं होता, अपितु कई मामलों में वह स्थानीय प्रबल जाति (राजपूत, बनिया, जाट, आदि) होता है, इसलिए संस्कृतिकरण का संदर्भ न केवल हर मॉडल में भिन्न मिलता है (जैसे ब्राह्मण मॉडल, राजपूत मॉडल, बनिया मॉडल, आदि) परन्तु एक ही मॉडल में अलग-अलग क्षेत्रा में भी भिन्नता मिलती है। योगेन्द्र सिंह (1973: 8) के अनुसार यह (भिन्नता का लक्षण) संस्कृतिकरण के विभिन्न 'संदर्भित विशिष्ट' लक्षण में विरोधाभास पैदा करता है।

(2) श्रीनिवास ने शक्ति (power) व प्रभुत्व (dominance) को संस्कृतिकरण की प्रक्रिया से जोड़ दिया है। इससे सामाजिक परिवर्तन के संस्कृतिकरण मॉडल में संरचनात्मक इकाई भी शामिल हो जाती है। श्रीनिवास ने इसको स्पष्ट नहीं किया है। उनका कहना है कि अनेक निम्न जातियाँ अतीत में उच्च स्थितियों तक पहुंची हैं और या वे राजकीय आदेश से या शक्ति हड़प कर प्रबल जातियां बन गई हैं।

(3) 'संस्कृतिकरण' तथा 'पश्चिमीकरण' की अवधारणाएं सामाजिक परिवर्तन का विश्लेषण मुख्यतः संस्कृति के सन्दर्भ में करती हैं न कि संरचना के संदर्भ में। संस्कृतिकरण जाति व्यवस्था में केवल 'स्थिति परिवर्तन' प्रकट है तथा वह संरचनात्मक परिवर्तन इंगित नहीं करता।

(4) ज़ेटरबर्ग (Zetterberg, 1965: 40) इस विचार के हैं कि श्रीनिवास की दोनों अवधारणाएं 'सत्य की दावा करने वाली' (truth asserting) हैं। श्रीनिवास ने स्वयं कहा है कि संस्कृतिकरण एक अत्यन्त जटिल तथा विषमरूपी (heterogeneous) अवधारणा है। इसको एक अवधारणा के रूप में समझने की अपेक्षा अवधारणाओं के एक बन्डल के रूप में समझना लाभदायक होगा। यह विस्तृत सांस्कृतिक प्रक्रिया का केवल एक नाम है।

(5) श्रीनिवास का मॉडल केवल भारत में सामाजिक परिवर्तन को समझाता है जो कि जाति व्यवस्था पर आधारित है। अन्य समाजों के लिए यह उपयोगी नहीं है।

(6) ये अवधारणाएं सांस्कृतिक परिवर्तन के किसी सिद्धान्त की स्थापना नहीं करतीं, यहां तक कि सामान्य परिभाषाएं भी सिद्धान्तहीन हैं। जेटरबर्ग (1965: 40) का कहना है कि ये दोनों अवधारणाएं उपयुक्त या अनुपयुक्त, प्रभावशाली या मूल्यहीन तो हो सकती है, परन्तु सही या गलत कभी नहीं हो सकती।

(7) हार्पर भी इस अवधारणा को एक प्रकार्यात्मक अवधारणा मानता है जो कि परिवर्तन की ऐतिहासिक अवधारणा से बिल्कुल भिन्न है।

(8) योगेन्द्र सिंह (1973: 11) की मान्यता है कि संस्कृतिकरण अतीत तथा वर्तमान में हुए भारत

में सांस्कृतिक परिवर्तन के अनेक पक्षों का विवरण नहीं देता, क्योंकि यह गैर-सांस्कृतिक परम्पराओं की उपेक्षा करता है जो कि सांस्कृतिक परम्पराओं का स्थानीय स्वरूप है । मेकिम मेरियट (1955: 196-9) ने भी भारत के एक ग्रामीण समुदाय के अपने अध्ययन में यही पाया ।

(9) देश के कुछ भागों में (जैसे पंजाब तथा देश विभाजन से पहले का सिन्ध) जातियों द्वारा जो कुछ भी नकल किया जाता था वह सांस्कृतिक परम्पराएं नहीं थीं बल्कि इस्लामी परम्पराएं थीं । पंजाब में सिख धर्म का उदय हिन्दू परम्पराओं और सूफीवाद व रहस्यवाद के आन्दोलनों के संश्लेषण का प्रतिफल है ।

उपरोक्त विवेचन यह प्रकट करता है कि श्रीनिवास के द्वारा विकसित की गई दोनों अवधारणाएं भारत के संपूर्ण परिवर्तन का नहीं अपितु मात्र सीमित परिवर्तन का संकेत देती हैं ।

REFERENCES

Aiyappan, A. and Balratnum, L.K., *Society in India*, S.S.A. Publications, Madras, 1956.

Chanana, Dev Raj, "Sanskritization and Westernization in India's North West", *Economic Weekly*, Vol. 8, No. 9, March 4, 1961, pp. 409-414.

Cohn, Bernard S., "The Changing Status of a Depressed Caste" in McKim Marriott (Ed.), *Village India*, University of Chicago Press, Chicago, 1955.

Gould, Harold, "Sanskritization and Westernization: A Dynamic View", *Economic Weekly*, Vol. 13, June 24, 1961, pp. 945-50.

Ishwaran, K., *Change and Continuity in India's Villages*, Columbia University Press, New York, 1970.

Srinivas, M.N., *Religion and Society Among the Coorgs of South India*, Clarendon Press, Oxford, 1952.

Srinivas, M.N., *Social Change in Modern India*, California Press, Los Angles, 1966.

Srinivas, M.N., *Caste in Modern India and Other Essays*, Media Promoters and Publishers, Bombay, 1962.

Srinivas, M.N., "A Note on Sanskritization and Westernization" in *Far Eastern Quarterly*, 15, pp. 481-496.

Singer, Milton, *Traditional India: Structure and Change*, Philadelphia, 1959.

Singh, Yogendra, *Modernization of Indian Tradition*, Rawat Publications, Jaipur, 1983.

Weiner, Myron, *Modernization: The Dynamics of Growth*, Higginbothans Ltd., Madras, 1967.

Zetterberg, Hans, *On Theory and Verification in Sociology*, Bedminster Press, New York, 1965.

अध्याय 18

अनुसूचित जातियाँ
The Scheduled Castes

आदि (प्राचीन) साहित्य में दलित (Sudras In Early Literature)

दलित (शूद्र) कौन हैं और कब से तथा किन कारणों से उनकी पतन की स्थिति बनी। वैदिक साहित्य जिसमें वेद, 'ब्राह्मण', 'अरण्यक', 'पूर्व उपनिषद' आदि हैं, में ऐसा कोई साक्ष्य नहीं मिलता जिसके आधार पर यह कहा जाये कि शूद्र जाति पूर्व या आदि काल में विद्यमान थी। ऋग्वेद (द्वितीय शताब्दी या लगभग 1500 ई.पू.) में आर्यों में केवल तीन जातियों- ब्राह्मण, क्षत्रिय और वैश्य का ही उल्लेख मिलता है। ऐसा प्रतीत होता है कि 'शूद्र जाति' की रचना आर्यों द्वारा ऋग्वेद के अंतिम चरण में की गई (काम्बले, 1979: 8)। फिर भी, दत्त (1931) और आप्टे (1954) जैसे विद्वान भी हैं जो यह मानते हैं कि 'शूद्र वर्ग' ऋग्वेद में भी ज्ञात थे। यदि 'शूद्र' शब्द का उल्लेख नहीं मिलता तो इसका अर्थ नहीं है कि शूद्र नहीं थे। 'ब्राह्मण' में कई बार 'शूद्र' का उल्लेख ब्राह्मणों के साथ मिलता है, क्षत्रिय और वैश्यों का भी उल्लेख है, यह सब इण्डो आर्यन समाज के अभिन्न अंग थे। 'ब्राह्मण' के मूल ग्रन्थ में शूद्रों (दास) को निम्नतम स्थान प्रदान किया गया और उन्हें ब्राह्मणों के बलि धर्म (sacrificial religion) से पृथक ही माना गया। ऐसा संभवतः इसलिए है कि वे आर्यों से प्रजाति एवं संस्कृति में भिन्न थे और जहाँ तक उनके धर्म का संबंध था वे उनके बिल्कुल विपरीत भी थे। काम्बले (Kamble) के अनुसार वे न केवल आर्यों के देवताओं का विरोध करते थे, बल्कि वे 'बलि' भी नहीं देते थे और न ही पुरोहितों को भेंट आदि ही देते थे। इन दासों के लिए जिन शब्दों का प्रयोग आर्यों ने किया वे हैं: 'अन्यवृत', 'अंश', 'मृध्र्वक'। इस प्रकार सामाजिक विशेषाधिकारों एवं धार्मिक अधिकारों के विषय में शूद्रों को निम्नतम स्थान प्रदान किया गया था। वे न तो 'यज्ञ' कर सकते थे, न ही 'बलि' दे सकते थे। उनको घृणित, अपवित्र और अशुद्ध जीव माना जाता था जिनके स्पर्श से संस्कार अपवित्र हो जाने का भय था। (काम्बले, वहीं, 97)। धुर्ये ने भी कहा है कि जहाँ तक धार्मिक एवं सांस्कारिक जीवन का संबंध था, वैदिक युग में केवल प्रथम तीन 'व्यवस्थाओं' को मान्यता प्राप्त थी। शूद्रों को आर्यों की धार्मिक प्रथाओं का पालन करने से व्यवस्थित ढंग से रोक दिया गया था (1961: 214-15)।

इसका यह अर्थ नहीं है कि शूद्र अस्पृश्य माने जाते थे। यह इस बात से स्पष्ट है कि यज्ञ में एक बढ़ई का स्पर्श भी अपवित्र होता था और इसे पवित्र करने के लिए जल छिड़कने की आवश्यकता होती थी और बढ़ई निश्चित रूप से अस्पृश्य नहीं थे। शूद्रों के अस्पृश्य होने का विचार सम्भवतः 'सूत्र' काल में विकसित हुआ।

यद्यपि ऐसे विद्वान भी हैं जो यह विचार स्वीकार नहीं करते कि आर्य 'बलि' (sacrifice) में शूद्रों का कोई स्थान नहीं था, अथवा वे यज्ञ में भाग नहीं लेते थे। उन्होंने ऐसे उदाहरण भी दिए हैं

जिनमें शूद्रों ने यज्ञ किए हैं (जैसे महाव्रत या उपनयन के संस्कार)। लेकिन विद्वानों ने शूद्रों के निम्न स्थान को स्वीकार किया है।

अस्पृश्यता के पीछे अपवित्रता (pollution) का विचार है। पवित्रता के विचार के संदर्भ में घुर्ये (1968: 216) ने कहा है "800 ई.पू. न केवल घृणित व पतित 'चंडालों' में, बल्कि समाज की चतुर्थ व्यवस्था शूद्रों में भी सांस्कारिक पवित्रता एवं इसका कार्य रूप प्रचलन में था।" अम्बेडकर की मान्यता है (1948) कि जब अशुद्ध (impure) एक वर्ग के रूप में 'धर्म सूत्रों' के काल में अस्तित्व में आया तब अस्पृश्य वर्ग 400 ए.डी. के काफी बाद में उत्पन्न हुआ। अम्बेडकर ने आगे भी कहा है: "यदि मानव विज्ञान ऐसा विज्ञान है जिस पर लोगों की प्रजाति निर्धारण के लिए निर्भर किया जा सकता है तब तो हिन्दू समाज के विविध स्तरों (strata) पर मानवमिति (Anthropometry) का अनुप्रयोग (application) यह असिद्ध (disprove) करता है कि अस्पृश्य व्यक्ति आर्य एवं द्रविड़ प्रजातियों से भिन्न प्रजाति के सदस्य थे। ब्राह्मण और शूद्र एक ही प्रजाति से सम्बद्ध हैं (वही: 62)।" हट्टन (*Caste in India*, 1961: 207) का विचार है कि बाह्य जातियों (exterior castes) की स्थिति का जन्म थोड़ा प्रजातीय, थोड़ा धार्मिक तथा कुछ सामाजिक रिवाजों का प्रतिफल है।

शूद्रों की निम्न आर्थिक स्थिति भी यही दर्शाती है कि समाज के संस्तरण में उनकी निम्न स्थिति थी। ऐसे उदाहरण कम हैं जहाँ शूद्रों के पास पशुधन या धन सम्पत्ति रही हो। अधिकतर वे लोग भूमिहीन खेतिहर मजदूर या घरेलू नौकरों की तरह काम करते थे। एक सूत्र में उल्लेख है, "शूद्रों को अपना निर्वाह केवल उच्च वर्गों की सेवा करके करना पड़ता है।"

हिन्दू साहित्य में देवी देवताओं की भक्ति द्वारा मुक्ति पर बल दिया गया है। 'कर्म' और 'धर्म' का विचार निम्न जातियों को नियंत्रण में रखने के लिए एक सुविधा जनक विचार था। यह कहा गया कि हो सकता है वे इस जीवन में कष्ट भोगें, लेकिन धर्म के आचरण से वे अगले जीवन में लाभ उठाएँ। अतः उत्तरदायित्व व्यक्ति पर है न कि समाज पर। व्यक्तिगत मुक्ति पर बल देने को व्यक्ति को महत्व प्राप्त होता था जो कि वास्तविक जगत में असंभव था, अतः इसीलिए वह व्यक्तिगत स्तर पर शान्त और निष्क्रिय बना रहता था। लेकिन 'कर्म' का अर्थ निम्न जाति समूहों को स्वीकार्य नहीं है जो कि पुनर्जन्म के विचार का तो समर्थन करते हैं लेकिन वे इस बात को स्वीकार नहीं करते कि गत जीवन के बुरे कार्यों के कारण उनका जन्म निम्न जाति में हुआ है।

उपरोक्त विवेचन अनेक तथ्यों की ओर संकेत करता है: (i) शूद्र अनार्य थे और शूद्र शब्द को 'वर्ण' के अर्थ में नहीं समझा जाता था; (ii) उनकी प्रस्थिति धार्मिक, सामाजिक और आर्थिक आदि काल से ही अर्थात् ई.पू. प्रथम शताब्दी से ही निम्न थी; (iii) आदिकालों (वेद, ब्राह्मण व सूत्र) में वे अस्पृश्य नहीं थे; (iv) भारतीय सामाजिक इतिहास में शूद्रों के जन्म (मूल) की समस्या एक रहस्य है तथा एक उलझी हुई पहेली है; और (v) पवित्रता (purity) का विचार ही चाहे व्यावसायिक या सांस्कारिक—ब्राह्मण काल से अस्पृश्यता के विचार एवं प्रचलन का आधार रहा है।

अनुसूचित जातियाँ (The Scheduled Castes)

'अनुसूचित जाति' शब्द साइमन कमीशन द्वारा 1935 में प्रयोग किया गया था जो कि अस्पृश्य लोगों

के लिए प्रयोग में लाया गया। अम्बेडकर के अनुसार आदिकालीन भारत में इन्हें 'भग्न पुरुष' (broken men) या 'बाह्य-जाति' (out castes) माना जाता था। अंग्रेज उन्हें 'दलित वर्ग' (depressed class) कहते थे। 1931 की जनगणना में उन्हें 'बाहरी जाति' (exterior caste) के रूप में वर्गीकृत किया गया था। महात्मा गांधी ने उन्हें 'हरिजन' (ईश्वर के बालक) की संज्ञा से पुकारा। अस्पृश्य जाति में शिक्षित लोगों ने इस नामकरण को स्वीकार नहीं किया क्योंकि वे सोचते थे कि 'हरि के जन' कहकर असमानता को जन्म देने वाली व्यवस्था को समाप्त करने की अपेक्षा उनकी दशा में सुधार लाने के प्रयत्न किए जा रहे थे (Roy Burman, 1977: 82)। भारतीय संविधान के निर्माताओं ने भी साइमन कमीशन द्वारा गढ़े गए शब्द का प्रयोग किया।

साइमन कमीशन ने किसी जाति को अनुसूचित जाति में सम्मिलित करने के लिए 13 आधार बताए हैं। इनमें से कुछ इस प्रकार हैं:

- क्या वह जाति उच्च जाति को अपने स्पर्श या निकटता से अपवित्र करती है ?
- क्या वह जाति मंदिरों में प्रवेश नहीं कर सकती ?
- क्या वह जाति स्कूलों, कुओं और अन्य सार्वजनिक स्थानों के प्रयोग से वंचित की जाती है ?
- क्या उस जाति के लिए ब्राह्मण पुरोहित का कार्य कर सकते हैं ?
- क्या उस जाति के लिए धोबी, दर्जी, नाई, कहार आदि कार्य कर सकते हैं ?
- क्या वह जाति ऐसी है जिसके हाथ से हिन्दू पानी ले सकता है ?
- क्या उस जाति का शिक्षित व्यक्ति सामान्य सामाजिक आदान-प्रदान में उच्च जाति के व्यक्ति के द्वारा समान समझा जाएगा ?
- क्या वह जाति अपने ही अज्ञान, अशिक्षा व गरीबी के कारण 'दलित' है और क्या इनके (अज्ञान, अशिक्षा, गरीबी) न होने से वह सामाजिक रूप से निर्योग्य नहीं हो सकती ?
- क्या वह जाति अपने व्यवसाय के कारण 'दलित' मानी जाती है ?

अनुसूचित जातियों की सूची में कुछ प्रमुख जातियाँ हैं: चुहड़ा, भंगी, चमार, डोम, पासी, रैगर, मोची, राजबन्सी, दोसड़, शानन्, थियान, पेरेयां तथा कोरी।

अनुसूचित जातियों की शक्ति (The Strength of Scheduled Castes)

1935 में अनुसूचित जातियों की कुल संख्या 277 थी और जनसंख्या 5.01 करोड़ थी। 1981 में उनकी जनसंख्या 10.475 करोड़ हो गई, जो कि 1991 में बढ़कर 10.623 करोड़ हो गई (*The Hindustan Times*, April 12, 1991)। 1981 में अनुसूचित जातियों की जनसंख्या समूचे देश की 15.7% थी जो कि 1991 में बढ़कर 16.73% हो गई (Census Report, Paper 1 of 1992)। अनुसूचित जातियों की जनसंख्या उत्तर प्रदेश में 22.3% (समूचे देश की अनुसूचित जाति की संख्या का), पूर्वी बंगाल में 11.4%, बिहार में 9.6%, तमिलनाडु में 8.5%, आन्ध्र प्रदेश में 7.6%, मध्य प्रदेश में 7.0%, राजस्थान में 5.6%, कर्नाटक में 5.3%, पंजाब में 4.3%, और महाराष्ट्र में 4.3% थीं। इस प्रकार अनुसूचित जाति का दो तिहाई (66.4%) हिस्सा केवल 6 राज्यों में रहता है।

समूचे देश में अन्य जातियों की अपेक्षा 1981-91 की अवधि में अनुसूचित जातियों की संख्या

में बड़ी तेजी से वृद्धि हुई है। इस दशाब्दी में समस्त जनसंख्या में 23.79% की वृद्धि हुई थी किन्तु अनुसूचित जातियों में यह वृद्धि 30% थी।

लगभग 48% अनुसूचित जाति के लोग ग्रामीण क्षेत्रों में रहते हैं तथा कृषि मजदूर, साझीदार के रूप में या सीमान्त (marginal) कृषक के रूप में काम करते हैं। लगभग वे सभी व्यक्ति जो सफाई करने, मैला ढोने, चमड़ा कमाने के काम में लगे होते हैं, अनुसूचित जाति में सम्मिलित हैं।

कार्य/व्यवसाय के अर्थ में, 1981 की जनगणना के अनुसार अनुसूचित जाति के लोगों की कुल जनसंख्या 1,047 लाख में से 441.8 लाख (44.2%) मजदूर श्रेणी के हैं। इनमें से 53.8% चमड़े का काम करते हैं, 12.4% जुलाहे का, 7.9% मछुआरे का, 6.8% डोडे चुनने का, 5.2% रस्सी व टोकरी बनाने का, 4.6% धोबी का, 3.7% भंगी का, 1.3% शिल्पी का, 1.3% फल व सब्जी बेचने वाले, 0.9% जूता बनाने वाले, 0.4% शराब बनाने वाले, 0.3% ढोल बजाने वाले, 0.1% बढ़ई व लोहार, तथा 1.3% अन्य छोटे कार्यों में लगे हैं।

लगभग दो तिहाई बन्धुआ मजदूर अनुसूचित जाति के हैं। अनुसूचित जाति के लोगों में शिक्षा बहुत कम है। 1981 में ये लोग केवल 21.4% औसत रूप में शिक्षित थे, जबकि भारत में शिक्षितों का प्रतिशत 41.3% था। इनमें से अधिकतर गरीबी की रेखा से भी नीचे रहते हैं और आर्थिक तथा सामाजिक शोषण के शिकार होते हैं। सिद्धान्त रूप में अस्पृश्यता भले ही समाप्त हो गई हो, लेकिन व्यवहार रूप में ये लोग आज भी भेदभाव के शिकार हैं।

दलितों का अधःपतन (The Degradation of Sudras)

दलितों (शूद्रों) पर ब्राह्मण काल या उत्तर वैदिक काल से ही अनेक प्रकार के प्रतिबन्ध थे। उन्हें यज्ञशाला में जाने की अनुमति नहीं थी। खाती, लोहार और धोबी के बर्तनों को साफ करके दूसरे लोग प्रयोग कर सकते थे, लेकिन शूद्र (चाण्डाल) द्वारा प्रयोग किए बर्तन कोई अन्य प्रयोग नहीं कर सकता था। कौटिल्य (300-400 ई.प.) ने मौर्य युग में इन्हें इतना निम्न माना कि वह इनसे बचने की सलाह देता था। मुस्लिम काल में, पूना, मद्रास, मैसूर आदि स्थानों में शूद्रों पर कुछ प्रतिबन्ध लागू थे, जैसे कि वे सूर्यास्त के बाद नगर में प्रवेश नहीं कर सकते थे क्योंकि उनकी छाया उच्च जातियों को अपवित्र कर सकती थी। ब्रिटिश काल की अवधि में भी 20वीं शताब्दी के पूर्वार्द्ध में मंदिरों में शूद्रों का प्रवेश निषेध था। ग्रामों में उनके लिए पृथक कुएं थे। उनके प्रवेश के संदर्भ में महात्मा गांधी ने 1933 में लिखा था, कि मंदिर प्रवेश ही एक ऐसा आध्यात्मिक कार्य है जो 'अस्पृश्यों' की स्वतंत्रता का सन्देश होगा और उन्हें आश्वस्त करेगा कि वे ईश्वर के सामने जाति से बाहर नहीं हैं (हरिजन, Feb, 1933: 5)'। लेकिन एक वर्ष बाद उन्होंने लिखा कि उनकी कोई इच्छा नहीं है कि शूद्रों के लिए मंदिरों को खोला जाये जब तक हिन्दू जाति का मत इसके लिए पक कर तैयार न हो जाये। उन्होंने कहा कि यह हरिजनों के मंदिर प्रवेश के स्वीकार करने का प्रश्न नहीं है, बल्कि यह हिन्दू जाति के प्रत्येक व्यक्ति का कर्त्तव्य है कि वे शूद्रों के मंदिर प्रवेश को सुनिश्चित करें (Harijan, 23 February, 1934: 10)।

मैला सफाई व्यवसाय के कारण हरिजनों के बहिष्कार के संदर्भ में गांधी जी ने कहा कि पैतृक व्यवसाय स्वाभाविक व्यवस्था हो सकता है लेकिन आदर्श प्रचलन नहीं। उन्होंने कहा कि यह आदर्श

आधुनिक समाज के प्रजातांत्रिक आदर्शों के अनुकूल भी नहीं है। उन्होंने व्यावसायिक गतिशीलता की सीमाओं का भी सन्दर्भ दिया। इस कथन की प्रतिक्रिया स्वरूप अम्बेडकर (1948: 303-304) ने व्यंग्यात्मक रूप में कहा: "एक मेहतर को यह बताने का क्या लाभ है कि एक ब्राह्मण भी मेहतर का काम करने को तैयार है जबकि यह स्पष्ट है कि भले ही ब्राह्मण सफाई का काम करे, वह उन निर्योग्यताओं का शिकार कभी नहीं हो सकता है जो कि जन्मजात मेहतर (भंगी) को भोगनी पड़ती है।" यह सत्य है कि भारत में व्यक्ति उच्च या निम्न प्रस्थिति अपने जन्म से प्राप्त करता है, न कि कार्य से। अत: मेहतरों के झूठे अभिमान के समक्ष निवेदन करना या उन्हें प्रेरित करना और बताना कि सफाई करने का कार्य आदर्श कार्य है और उन्हें शर्मिन्दा नहीं होना चाहिए, वास्तव में इन असहाय वर्गों की हंसी उड़ाना है।

बाह्य जातियों के विरुद्ध लगाए गए कुछ निषेध इस प्रकार थे:

- आदि द्रविड़ सोने-चाँदी के आभूषण नहीं पहनेंगे।
- पुरुषों को घुटने से नीचे तथा कूल्हों (कमर) से ऊपर वस्त्र धारण करने की अनुमति नहीं होगी।
- पुरुष कोट, कमीज या बनियान नहीं पहनेंगे।
- आदि द्रविड़ को अपने बाल कटाने की अनुमति नहीं होगी।
- आदि द्रविड़ को घरों में मिट्टी के बर्तनों के अतिरिक्त कोई अन्य बर्तन प्रयोग करने की अनुमति नहीं होगी।
- उनकी स्त्रियाँ अपने शरीर का ऊपरी भाग नहीं ढकेंगी।
- उनकी स्त्रियों को फूल या मेहन्दी के प्रयोग की अनुमति नहीं होगी।
- पुरुषों को धूप या वर्षा से अपने शरीर को बचाने के लिए छाता प्रयोग करने की अनुमति नहीं होगी और न ही उन्हें चप्पल आदि पहनने की अनुमति होगी।

डी.एन.मजूमदार (1948: 331) ने 1940 की अवधि में दलित जातियों की स्थिति की समीक्षा करते हुए कहा कि ये जातियाँ सब राज्यों में दलित नहीं हैं। एक ही जाति एक क्षेत्र में दलित हो सकती हैं, लेकिन दूसरे क्षेत्र में सामाजिक व राजनैतिक निर्योग्यताओं से पीड़ित नहीं भी हो सकती है। मध्य प्रदेश में एक ही जाति के अधिकार व सामाजिक निर्योग्यताएं आस- पास के जिलों में भी अलग-अलग होते हैं। जहाँ दलित जाति के सदस्यों की संख्या कम होती है वहाँ निर्योग्यताओं में कठोरता है और जहाँ संख्या की दृष्टि से वे बलवान होते हैं वहाँ निर्योग्यताएँ शिथिल होती जाती हैं। जहाँ जातियाँ एक ही नृजातीय मूल (ethnic stock) की होतीं हैं वहाँ सामाजिक निर्योग्यताएँ अधिक नहीं होतीं और केवल उन्हीं पर लागू होतीं हैं जिनका कार्य अपमानजनक या पतित हो। जहाँ उच्च जाति के सदस्यों की संख्या अधिक नहीं है और अधिकतर जनसंख्या दलितों की है, वहाँ समारोह संबंधी अपवित्रता का स्तर भी कम हो जाता है और निम्न जातियों के लिए निर्योग्यताएं भी कम हो जातीं हैं। एक जाति दलित हो सकती हैं, परन्तु उस जाति का वह सदस्य जो धनी हो गया है, जिसके पास सम्पत्ति है और जो जीवन में सफलताएँ प्राप्त कर चुका है, उसे उच्च सामाजिक स्तर में स्वीकार कर लिया जाता है और यहाँ तक कि उच्च जाति (राजपूतों और अर्द्ध-राजपूतों) में से विवाह कर पत्नियाँ रख लेता है।

सत्य तो यह है कि आज भी अस्पृश्यों के प्रति लोगों का दृष्टिकोण परिवर्तित नहीं हुआ है। जहाँ कहीं राजकीय विभागों व विभिन्न राज्य समर्थित एजेन्सियों द्वारा उनकी दशा सुधारने के उपाय एवं कल्याण कार्य प्रारम्भ किए गए हैं, वहीं समाज के शत्रुओं द्वारा सामाजिक तोड़फोड़ की कार्यवाही की गई है (Roy Burman, 1977: 86)। उदाहरणार्थ, कुछ स्कूलों में अनुसूचित जाति के छात्रों को पृथक कर दिया जाता है और एक ही कक्षा में पृथक बैंचों या कोने में बैठाया जाता है। कुछ समय पूर्व एक राज्य के एक सरकारी विभाग के प्रधान द्वारा एक सूचना जारी की गई कि दो अक्टूबर को उस विभाग के अनुसूचित जाति सदस्यों एवं विभाग के अन्य कर्मचारियों के लिए एक सहभोज की व्यवस्था की जाये। सहभोज की व्यवस्था निः सन्देह की गई, लेकिन उच्च जाति के कर्मचारियों ने अनुसूचित जाति कर्मचारियों से कहा कि क्योंकि यह एक विशिष्ट अवसर था, अतः वे उन्हें पहले भोजन कराना चाहेंगे और उन्हें भोजन स्वयं परोसेंगे भी। जब अनुसूचित जाति कर्मचारी भोजन कर चुके तो उनसे कहा गया कि वे आराम करें और शेष लोग स्वयं सेवा करके भोजन कर लेंगे। एक दूसरे राज्य में एक छात्रावास में अनुसूचित जाति तथा शेष हिन्दू जाति के छात्र एक साथ रहते थे, किन्तु उन्हें पृथक कमरे देकर पृथक कर दिया गया। शेष छात्रों के भोजन पात्र कर्मचारियों द्वारा साफ किए जाते थे, लेकिन अनुसूचित जाति के छात्रों को अपने बर्तन स्वयं साफ करने पड़ते थे। चार वर्ष पूर्व (1989 में) जवाहर लाल नेहरू विश्वविद्यालय, नई दिल्ली में अनुसूचित जाति छात्रों द्वारा सामान्य मैस (common mess) में भोजन करने के विषय पर एक हड़ताल हुई। यह स्थिति कुछ भी नहीं है अगर इसकी तुलना कई राज्यों में अनुसूचित जातियों के कृषि श्रमिकों और उनकी पत्नियों के साथ अपमानजनक शोषक व्यवहार से की जाये। इसमें कोई आश्चर्य भी नहीं है कि तभी बिहार में अपने 'शोषकों' को दण्डित करने के उद्देश्य से उच्च व निम्न जाति हिन्दुओं द्वारा पृथक-पृथक सेनाओं का गठन किया गया है। कुछ वर्ष पूर्व ही बिहार में हुए नर संहार वर्तमान स्थिति की ओर संकेत करने के लिये काफी है।

बिहार के लोगों का हरिजनों के प्रति दृष्टिकोण का आभास सिन्हा और सिन्हा (Social Forces, 1967) द्वारा पटना विश्वविद्यालय के 200 छात्रों द्वारा किए गए एक जैसे उत्तरों से होता है। कुल छात्रों में से 68.0% ने चमार, डोम व भंगियों को पिछड़ा हुआ बताया, 56.0% ने उन्हें (चालाक) कुटिल बताया, 54.0% ने अकर्मण्य, 52.5% ने शरीर से अस्वच्छ, 52.0% ने शराबी और 47.5% ने उन्हें कुरूप बताया। ऐसे ही दृष्टिकोणों के कारण यह कहा गया है कि जब तक अनुसूचित जाति के लोगों पर विशेष ध्यान न दिया जायेगा तथा उनके आर्थिक सामाजिक स्थिति को ऊंचा न उठाया जायेगा, तब तक ये लोग राष्ट्र को उपलब्ध सामान्य सुविधाओं का लाभ नहीं उठा सकते। गांधी जी का भी मत यही था कि जब तक हम हरिजनों को अपने भाइयों जैसा नहीं मानते तब तक हम विश्व बन्धुत्व की बात नहीं कर सकते। अस्पृश्यता समाप्त करने के लिए चलाया जाने वाला सम्पूर्ण आन्दोलन इसी विश्व बन्धुत्व की स्थापना के लिए एक आन्दोलन है, इसके अतिरिक्त कुछ नहीं।

सुधारवादी एवं कल्याणकारी कार्यक्रम (Ameliorative And Welfare Programmes)

महात्मा गांधी ने यद्यपि हरिजनों की समस्याओं को 1924 से ही उठाया था, किन्तु उससे पूर्व भी कुछ

प्रयत्न किए गए थे। उनमें से प्रमुख प्रयत्न था 1916-1922 के बीच दलित वर्ग में शिक्षा को प्रोत्साहन देना। अस्पृश्यता निवारण के लिए कुछ कार्य एवं योजनाएं बनाई गई थीं तथा दुकानों एवं पूजा स्थलों में उनके प्रवेश के उद्देश्य से कई कार्यक्रम चलाए गए थे। महात्मा गांधी के प्रोत्साहन से 1922 में चलाए गए बारदोली कार्यक्रम में भी अस्पृश्यों के उत्थान का ही उद्देश्य था। 1932 में अस्पृश्यों की सामाजिक निर्योग्यताओं के निवारण हेतु 'हरिजन सेवक संघ' संगठित किया गया था।

स्वतंत्रता प्राप्ति के पश्चात् भारत के संविधान में भी अनुसूचित जातियों (और साथ में अनुसूचित जनजातियों एवं पिछड़ी जातियों) की सामाजिक निर्योग्यताओं के निवारण हेतु तथा विविध हितों को प्रोत्साहित करने के उद्देश्य से कुछ प्रावधान किए गए थे। महत्वपूर्ण प्रावधान हैं: अस्पृश्यता निवारण, सामाजिक अन्याय तथा विविध प्रकार के शोषण से बचाव, धार्मिक संस्थाओं में सभी व्यक्तियों का प्रवेश, कुँओं, तालाबों, रेस्टोरेन्टों तथा दुकानों में प्रवेश, वर्जनाओं का निवारण, शिक्षा संस्थाओं में प्रवेश प्राप्त करने का अधिकार, राज्य कोष से सहायता राशि प्राप्त करना, सेवाओं में उनके लिए राज्यों को आरक्षण देने की अनुमति, लोक सभा एवं विधान सभाओं में उन्हें समुचित प्रतिनिधित्व प्रदान करना, उनके हितों के रक्षार्थ तथा कल्याण कार्यों को प्रोत्साहित करने हेतु पृथक सलाहकार समितियों एवं विभागों की स्थापना, बेगार श्रम (forced labour) का निषेध तथा अनुसूचित क्षेत्रों के नियंत्रण, प्रशासन आदि के लिए विशेष प्रावधानों का निश्चय करना, आदि। अम्बेडकर ने इन कार्यों को "राजनैतिक दान" (political charity) की संज्ञा दी।

अनुसूचित जातियों के हितों की रक्षार्थ "अनुसूचित जाति एवं जनजाति राष्ट्रीय आयोग" के रूप में एक कार्य व्यवस्था (machinery) का सृजन किया गया है। यह आयोग अनुसूचित जातियों, जनजातियों के उत्थान के लिए नीतियों एवं प्रकरणों पर कार्य करने हेतु सलाहकार समिति के रूप में गठित किया गया है। उसमें सामाजिक मानवशास्त्र, सामाजिक कार्य तथा अन्य समाज विज्ञानों के विशेषज्ञ सम्मलित हैं। इसके प्रमुख कार्य इस प्रकार हैं:

- अस्पृश्यता की सीमा तथा उससे उत्पन्न सामाजिक भेदभाव एवं वर्तमान उपायों की प्रभावशीलता का अध्ययन करना।
- अनुसूचित जातियों और जनजातियों के सदस्यों के प्रति किए गए अपराधों एवं सामाजिक आर्थिक परिस्थितियों का अध्ययन करना।
- समाज की मुख्य धारा में एकीकरण को सुनिश्चित करने के उद्देश्य से अनुसूचित जाति जनजाति के विकास के विविध पक्षों का अध्ययन करना।

आयोग में एक अध्यक्ष तथा ग्यारह सदस्य होते हैं। इसका कार्यकाल तीन वर्ष है। अनुसूचित जाति एवं जनजाति के कल्याण कार्यों की देखभाल के लिए प्रत्येक राज्य में पृथक विभाग है। उनका प्रशासनिक संगठन प्रत्येक राज्य में भिन्न है। इन लोगों के कल्याण के प्रोत्साहन का कार्य कुछ स्वैच्छिक संगठन भी करते हैं। अखिल भारतीय स्तर के कुछ प्रमुख संगठन हैं: हरिजन सेवक संघ, दिल्ली; हिन्दू भंगी सेवक संघ, नई दिल्ली; और भारतीय आदिम जाति सेवक संघ, नई दिल्ली।

पंचवर्षीय योजनाओं में अनुसूचित जाति एवं जनजाति के कल्याण पर विशेष ध्यान दिया गया है। प्रत्येक योजना में विशेष कार्यक्रमों के आकार पर निवेश में वृद्धि ही होती रही है। प्रथम योजना (1951-56) का व्यय 30.04 करोड़ रुपए से बढ़कर द्वितीय योजना (1956-61) में 79.41 करोड़

रुपया हो गया, तृतीय योजना (1961-66) में 100.40 करोड़, चतुर्थ योजना (1969-1974) में 172.70 करोड़, पंचम योजना (1974-1979) में 296.19 करोड़, छठी योजना (1980-85) में 1337.21 करोड़, तथा सातवीं योजना (1985-90) में 1521.42 करोड़ रुपया हो गया। इन लोगों के कल्याणार्थ राज्य सरकारें भी अच्छी धनराशि व्यय करती रही हैं।

केन्द्र द्वारा प्रायोजित योजनाओं में से इनके कल्याणार्थ चलाई जाने वाली योजनाओं में से कुछ इस प्रकार हैं: (1) विविध सेवाओं में अनुसूचित जाति एवं जनजातियों के प्रतिनिधित्व में सुधार लाने हेतु विविध प्रतियोगितात्मक परीक्षाओं (IAS, IPS) के लिए ट्रेनिंग एवं कोचिंग; (2) उच्च शिक्षा प्राप्त करने हेतु मेट्रिक परीक्षा के उपरान्त आर्थिक सहायता के रूप में छात्रवृत्ति प्रदान करना; (3) स्कूलों, कॉलेजों तथा विश्वविद्यालयों में पढ़ने वाले अनुसूचित छात्रों एवं छात्राओं को आवासीय सुविधा प्रदान करने हेतु छात्रावासों का निर्माण; (4) अनुसूचित जाति एवं जनजाति के विकास एवं समस्याओं के अध्ययन में रत प्रसिद्ध समाज विज्ञान अनुसंधान संस्थाओं को आर्थिक सहायता प्रदान करना; (5) अनुसूचित जाति एवं जनजाति के छात्रों को मेडिकल तथा इंजीनियरिंग कोर्स के पाठ्य पुस्तकें प्रदान करना; (6) भारत से बाहर उच्च अध्ययन के लिए छात्रवृत्ति तथा यात्रा व्यय अनुदान प्रदान करना।

अनुसूचित जाति एवं जनजातियों के विकास को तेजी से प्राप्त करने के लिए किए जा रहे उपरोक्त उपायों के अतिरिक्त भी संविधान ने विभिन्न स्तरों पर विधान संस्थाओं में उनके समुचित प्रतिनिधित्व तथा शैक्षिक संस्थाओं एवं नौकरियों में उनके लिए आरक्षण का प्रावधान भी किया है। अनुसूचित जातियों के लिए 15.0% का आरक्षण है। यह सीमा कई राज्यों में बढ़ा भी दी गई है।

यद्यपि पृथक मतदाताओं का सिद्धान्त स्वीकार नहीं किया गया था, किन्तु चुनाव क्षेत्र इस प्रकार विभाजित कर दिए जाते हैं जिससे समय-समय पर अनुसूचित जाति व जनजाति के उम्मीदवार चुनाव में भाग ले सकें। आरक्षित सीटों की संख्या से जनसंख्या में उनके अनुपात का पता लगता है।

सरकारी सेवाओं में उनके लिए विशेष स्थान आवंटित रहता है। आरक्षण केवल भर्ती में ही नहीं है, बल्कि उच्च पदों पर पदोन्नति के लिए भी लागू होता है। उनके प्रतिनिधित्व को सुनिश्चित करने के उद्देश्य से आयु सीमा छूट, योग्यता स्तर में छूट तथा अनुभव में छूट भी उनको दी जाती है। 15 नवम्बर, 1992 के आरक्षण प्रकरण पर अपने निर्णय में उच्चतम न्यायालय ने कहा कि पदोन्नति में कोई भी आरक्षण नहीं हो सकता, किन्तु केन्द्रीय सरकार ने कुछ समय तक और इस आरक्षण को जारी रखने का निर्णय लिया। उच्चतम न्यायालय ने यह भी घोषणा की कि कुछ तकनीकी पदों, जैसे वैज्ञानिक विभाग, चिकित्सा विज्ञान में, इंजीनियरिंग में, रक्षा अनुसन्धान, शिक्षा में प्रोफेसर, एयर इण्डिया व इण्डियन एयर लाइन्स में पायलट आदि के पदों के लिए आरक्षण नहीं दिया जाना चाहिए।

क्या इन सभी उपायों ने उनके उत्थान में योगदान किया है ? कुछ लोगों का मत है कि जब तक जाति व्यवस्था की संरचना जारी रहेगी, अस्पृश्यों की स्थिति में सुधार नहीं हो सकेगा। अनुसूचित जातियाँ, एक न एक आर्थिक व राजनैतिक दृष्टि से प्रबल जातियों को स्वीकार करके (जो उच्च संस्कारिक स्थिति भी धारण किए रहती हैं), स्वयं के संस्कृतिकरण में अपनी शक्ति लगाती हैं और उस को आदर्श मानकर अपनी जीवन शैली को भी उठाने का प्रयत्न करती रहती हैं। वे अपने सामाजिक रिवाज छोड़ देती हैं, जैसे, बाल विवाह, विधवा विवाह आदि, मांसाहारी भोजन प्रवृत्ति छोड़

देती हैं और अपनी स्त्रियों को बाहरी काम काज करने से रोकती हैं, लेकिन उन्हें मिलता क्या है ? उनकी सामाजिक स्थिति वैसी ही बनी रहती है। यदि वे अपना व्यवसाय बदल भी लें तो उनकी व्यावसायिक गतिशीलता से उनकी सामाजिक गतिशीलता में कोई अन्तर नहीं आता। वे अपने अधिकारों को सुनिश्चित करने के लिए स्थानीय शक्ति संरचना में कमजोर ही रह जाती हैं। वे आर्थिक असुरक्षा से पीड़ित रहती हैं और इसीलिए गरीब भी।

1948 में यह देखकर कि सरकार द्वारा अनेक कल्याण योजनाओं के चलाने के बावजूद भी अस्पृश्यों की दशा में कोई सुधार नहीं हुआ, अम्बेडकर ने अस्पृश्यता विरोधी संघ (बाद में, हरिजन सेवक संघ) के महासचिव को यह सुझाव रखते हुए पत्र लिखा कि सहकारिता, पुस्तकालयों, स्कूलों व व्यायामशालाओं पर अपनी शक्ति को लगाने की अपेक्षा संघ को ऐसी योजनाओं पर ध्यान केन्द्रित करना चाहिए जैसे (अ) नागरिक अधिकारों की सुरक्षा, (ब) समान अवसरों को सुनिश्चित करना, (स) सामाजिक मेलजोल सुनिश्चित करना, आदि (Ambedkar, 1948: 134-40; Roy Burman, 1977: 89 भी देखें)। अम्बेडकर के पत्र का कोई उत्तर नहीं प्राप्त हुआ। शायद उनके विचार उस समय के गांधी जी के विचारों से मेल नहीं खा रहे थे, क्योंकि गांधी जी सोचते थे कि उपनिवेशवाद के विरुद्ध संघर्ष में यह राष्ट्रीय एकता के लिए घातक सिद्ध होगा और आश्चर्य की बात तो यह है कि स्वतंत्रता के 48 वर्षों के पश्चात् भी लोगों के दृष्टिकोण तथा अनुसूचित जाति की स्थिति में कोई परिवर्तन नहीं हुआ है। इसी उपेक्षा व पीड़ा के कारण अनेक हरिजन बौद्ध या ईसाई बनने को बाध्य हुए हैं।

एल. इलायापेरुमल (L. Elayaperumal) सांसद की अध्यक्षता में अप्रेल 1965 में भारत सरकार द्वारा "अस्पृश्यता: अनुसूचित जाति का आर्थिक व शैक्षिक विकास" पर एक कमेटी नियुक्त की गई थी। इस समिति ने जनवरी, 1969 में अपनी रिपोर्ट प्रस्तुत की जिसमें यह संकेत दिया गया था कि अस्पृश्यता मध्य प्रदेश, गुजरात, उत्तर प्रदेश और राजस्थान में चरम सीमा पर थी। किन्तु त्रिपुरा, असम, नागालैण्ड, मणिपुर और केरल आदि में अनुसूचित जातियों के साथ अच्छा व्यवहार किया जाता था। इस समिति की प्रमुख सिफारिशें इस प्रकार थीं: (यह सिफारिशें 1994-95 में भी उतनी ही उपयुक्त हैं जितनी 1969 में थी)

(1) 1955 के अस्पृश्यता अपराध अधिनियम में अपराधियों को अधिकतम दण्ड की अपेक्षा कम से कम दण्ड का प्रावधान करने के लिए विधान संशोधन प्रस्तुत करना। न्यूनतम दण्ड जो प्रस्तावित किया गया वह था 50 रुपए का अर्थ दण्ड या तीन माह की कैद, यदि अपराध न्यायालय में सिद्ध हो जाता है।

(2) शैक्षिक संस्थाओं को सीधे अधिकार दिये जायें कि वे अनुसूचित जाति के छात्रों को छात्रवृत्ति प्रदान कर सकें बजाय इसके कि यह छात्रवृत्ति उन्हें सेन्ट्रल सोशल वैलफेयर बोर्ड (Central Social Welfare Board) या हरिजन कल्याण विभाग-केन्द्रीय या राज्य स्तर पर-द्वारा प्रदान की जाये।

(3) आर्थिक क्षेत्र में, कुछ भूमि, बैल, कृषि यंत्र आदि अनुसूचित जातियों को देने के अतिरिक्त कोई कार्यक्रम नहीं था। इस उद्देश्य से आवंटित धनराशि का उपयोग मध्य प्रदेश, महाराष्ट्र और आन्ध्र प्रदेश के अतिरिक्त नहीं किया गया। समिति की सिफारिश थी कि राजस्थान व

मध्य प्रदेश में जो भूमि उपलब्ध हो उसे अनुसूचित जातियों में आवंटित कर दी जाये और भूमिहीनों को प्राथमिकता दी जाये ।

(4) अनुसूचित जातियों के सदस्यों के लिए लघु उद्योगों के लिए बिना जमानत उचित ब्याज पर ऋण उपलब्ध कराया जाये । इस उद्देश्य की पूर्ति के लिए एक वित्त निगम की स्थापना की जाये ।

(5) सेवाओं (Services) में स्थिति और भी खराब थी । 12.5% स्थान उचित रूप से नहीं भरे गये थे यद्यपि अनुसूचित जाति के योग्य उम्मीदवार उपलब्ध हैं । अतः केन्द्रीय व राज्य स्तर पर उच्चाधिकार प्राप्त समितियों का गठन किया जाये ।

(6) प्रत्येक चयन बोर्ड व भर्ती समितियों में ऐसा अधिकारी होना चाहिए जो अनुसूचित जाति का हो जो कि अनुसूचित जाति के सदस्यों के हितों की रक्षा कर सके ।

विकास नीतियाँ (Development Strategies)

छठी पंचवर्षीय योजना (1980-85) की अवधि में अनुसूचित जातियों के विकास के लिए एक त्रिपक्षीय विषद नीति योजना बनाई गई थी । यह तीन योजनाओं का सम्मिश्रण थी: (i) केन्द्रीय मंत्रालयों एवं राज्य सरकारों की विशेष उपादान योजनाएं (Special Component Plans), (ii) राज्यों में अनुसूचित जाति के लिए विशेष उपादान योजनाओं को विशेष केन्द्रीय सहायता (Special Central Assistance), (iii) राज्यों में अनुसूचित जाति विकास निगम (Scheduled Caste Development Corporations) ।

विशेष उपादान योजनाएं (SCPs) विकास योजनाओं को चिन्हित करती हैं जो कि अनुसूचित जातियों को लाभ पहुँचाएगी, सभी प्रकार के विभाजनीय कार्यक्रमों से धनराशि में वृद्धि करेंगी तथा इन कार्यक्रमों से लाभान्वित होने वाले परिवारों की संस्था का निर्धारण करेंगी । इसका समग्र रूप से उद्देश्य अनुसूचित जातियों की आय में वृद्धि करना है । विशेष उपादान योजनाओं के कार्य क्षेत्र के अन्तर्गत मूल सेवाओं, सुविधाओं तथा सामाजिक व शैक्षिक विकास के अवसरों को भी लाना है । छठी पंचवर्षीय योजना (1980-85) की अवधि में 4,481 करोड़ रुपए एस.सी.पी. के लिए निर्धारित किए गए थे । 1990 तक केवल आठ मंत्रालयों ने ही अनुसूचित जातियों के लिए एस.सी.पी. बनाई थीं । एस.सी.पी. को अनुसूचित जातियों के लिए विशेष केन्द्रीय सहायता देना राज्य योजनाओं के साथ अतिरिक्त सहयोग कार्यक्रम है ।

विशेष योजनाओं के लिए व्यस्थित स्वरूप निर्धारित नहीं किया गया है । राज्य इस अतिरिक्त सहायता को आय स्त्रोतों में वृद्धि एवं योजनाओं के आर्थिक विकास में उपयोग करते हैं ताकि अधिक से अधिक संख्या में अनुसूचित जातियों को गरीबी की रेखा से ऊपर उठाया जा सके । उदाहरणार्थ कहा जा सकता है कि 1980-81 और 1988-89 की अवधि में योजना की निर्धारित धनराशि में 4% और 7% की विविधता प्रतिवर्ष आई जबकि विशेष केन्द्रीय सहायता (Special Central Assistance) में प्रतिवर्ष 100 करोड़ से 175 करोड़ रुपए की भिन्नता पाई गई ।

अनुसूचित जाति विकास निगम, राज्यों में अनुसूचित परिवारों एवं वित्तीय संस्थाओं के बीच आर्थिक विकास संबंधी बैंक योग्य (bankable) योजनाओं के बीच तालमेल बैठाने का कार्य करते

हैं। ये निगम इन परिवारों को ऋण सहायता दिलाने में सुविधा प्रदान करते हैं। इस प्रकार धन का प्रवाह इन परिवारों को सुनिश्चित होता रहता है। ये निगम तीन केन्द्रीय प्रदेशों एवं 18 राज्यों में स्थापित किए गए हैं। राज्य सरकारों को इन निगमों की शेयर पूँजी में निवेश हेतु 49: 51 के अनुपात में अनुदान केन्द्र सरकार द्वारा दिए जाते हैं। उदाहरणार्थ, 1980-81 और 1989-90 की अवधि में राज्य सरकारों का योगदान प्रतिवर्ष 14 करोड़ से 19 करोड़ रुपए के बीच था, तब केन्द्र सरकार द्वारा प्रदत्त धनराशि 13 करोड़ व 15 करोड़ प्रति वर्ष के बीच थी। ये निगम 12 हजार रुपए तक की ऋण राशि भी देते हैं। परम्परागत व्यवसायों, जैसे कृषि, पशुपालन तथा घरेलू उद्योग के लिए वित्तीय सहायता प्रदान करने के अतिरिक्त ये निगम विविध व्यवसायों को भी वित्तीय सहायता देते हैं, जैसे, छोटी दुकानों को, उद्योगों को, तिपहिए वाहनों आदि को। कुछ निगम कुओं के लिए तथा सिंचाई के साधनों को उपलब्ध कराने के लिए भी व्यवस्था करते हैं। उनमें से कुछ अपने लाभार्थियों को दक्षता व व्यवसाय में कुशलता प्राप्त करने हेतु ट्रेनिंग सुविधाएँ भी प्रदान करते हैं।

अनेक राज्यों में सूखे शौचालयों को पानी वाले शौचालयों में बदलने के लिए सुलभ शौचालय योजना चलाई गई ताकि सफाई कर्मचारियों को मैला ढोने से मुक्ति मिल सके और वे उसके स्थान पर अन्य कोई व्यवसाय कर सकें।

अनुसूचित जातियों के विरुद्ध अपराध (Crimes Against Scheduled Castes)

अनुसूचित जातियों एवं अनुसूचित जनजातियों का राष्ट्रीय आयोग नियमित रूप से रिपोर्ट देता रहा है कि अनुसूचित जातियों और अनुसूचित जनजातियों के विरुद्ध अपराधों में निरन्तर वृद्धि हो रही है। अधिकतर अनुसूचित जाति की स्त्रियाँ उच्च जाति के पुरुषों के द्वारा किए गए बलात्कार का शिकार होती हैं। अनुसूचित जाति के पुरुषों का भी विविध प्रकार से शोषण होता है; उनकी भूमि हड़प ली जाती है, उन्हें कम मजदूरी दी जाती है और उनका उपयोग बन्धुआ मजदूर की भांति किया जाता है। इस प्रकार के शोषण को रोकने के लिए केन्द्रीय सरकार द्वारा विस्तृत कार्यक्रम तथा उपाय बनाकर राज्यों को प्रेषित कर दिए गए हैं ताकि आवश्यक कार्यवाही की जा सके। इस सम्बन्ध में राज्य सरकारों द्वारा निम्नलिखित कदम उठाए गए हैं:

- अनुसूचित जातियों से सम्बन्धित कृषि मजदूरी संबंधी झगड़ों को सरकार को अवगत कराने के लिए अधिकारियों व कर्मचारियों को चुस्त बनाना।
- अनुसूचित जातियों को उनको आवंटित भूमि अधिग्रहण करने में सहायता करना।
- अनुसूचित जातियों की भूमि पर अपराधपूर्ण उल्लंघन के प्रकरणों में पुलिस अधिकारियों को दखल देने के लिए विशेष निर्देश देना। पुलिस को निर्देशित किया जाता है कि वे अनुसूचित जातियों के विरुद्ध मामलों को विशेष अपराध के मामले मानें और उन पर तुरन्त मुकदमा चलवाने का प्रबन्ध करें।
- अनुसूचित जाति के कृषि श्रमिकों को न्यूनतम निर्धारित मजदूरी दिलाने में सहायता करना।
- अनुसूचित जातियों से संबंधित मामलों को विशेष प्रकार की अदालतों का गठन करके, शीघ्र निर्णय दिलाना।
- अनुसूचित जाति के आवासीय क्षेत्रों के दौरे के समय उनके साथ समय व्यतीत करने के लिए

अधिकारियों को निर्देशित करना ।

- पुलिस उप महानिरीक्षण के अधीन यह सुनिश्चित करने के लिए विशेष अनुसूचित जाति प्रकोष्ठ (cells) गठित करना, कि अनुसूचित जातियों के विरुद्ध अपराधिक मामले ठीक से पंजीकृत हो रहे हैं, उनकी तत्काल जाँच पड़ताल हो रही है और प्रभावी रूप से अपराधियों को दण्डित किया जा रहा है ।
- मुख्य मंत्री की अध्यक्षता में अनुसूचित जातियों के कल्याण कार्यों की देखभाल के लिए राज्य स्तरीय समितियों का गठन करना ।

पुलिस द्वारा दर्ज किए गए अनुसूचित जातियों के विरुद्ध अपराधों की संख्या में वृद्धि इस तथ्य से स्पष्ट हैकि 1955 में 180 मामले पंजीकृत किए गए थे, जबकि 1960 में इनकी संख्या 509, 1972 में 1515, 1979 में 13,884 और 1987 में 19,342 हो गई थी । 1955 के अस्पृश्यता अपराध अधिनियम का पुनर्नामांकन 1976 में "नागरिक अधिकार सुरक्षा अधिनियम" कर दिया गया ।

अनुसूचित जातियों के विरुद्ध दर्ज किए गए मामलों से सर्वाधिक संख्या उत्तर प्रदेश में, तत्पश्चात् मध्य प्रदेश,बिहार, केरल, राजस्थान, कर्नाटक, महाराष्ट्र, और गुजरात में है । उदाहरणार्थ, ऐसे दर्ज किए गए कुल मामलों में से 1987 में 29.5% उत्तर प्रदेश में, 27.8% मध्य प्रदेश में, 15.5% बिहार में, 6.4% केरल में,5.5% राजस्थान में थे । इनमें से भी 10.1% मामले हिंसा के, 7.3% आगजनी के, 3.1% बलात्कार के, और 2.8% हत्या के थे ।

जहाँ तक अनुसूचित जातियों के विरुद्ध अत्याचारों और हत्याओं का सम्बन्ध है, मई 1977 की बिहार के एक गांव बेलछी की घटना अविस्मरणीय है । 1978 और 1992 के बीच इसी प्रकार के प्रकरण उत्तर प्रदेश, राजस्थान, बिहार, मध्य प्रदेश में दर्ज किए गए थे । इसी प्रकार के अत्याचारों के कारण इन जातियों के इस्लाम व ईसाई धर्म में परिवर्तन के मामले भी समय समय पर प्रकाश में आए हैं । इस प्रकार के धर्म परिवर्तन का एक उदाहरण, फरवरी, 1981 में तामिलनाडु के मीनाक्षीपुरम् में हुआ जिसमें लगभग 1000 हरिजनों को इस्लाम में परिवर्तन किया गया ।

कल्याण योजनाओं का मूल्यांकन (Evaluation of Welfare Schemes)

ऐसा समझा जाता है कि गत चार दशाब्दियों में अनुसूचित जातियों ने बहुत कम प्रगति दर्शायी है । इन लोगों के कल्याण व विकास के लिए बनाई गई योजनाओं का दिखावा अधिक रहा है । वित्तीय प्रोत्साहनों एवं शैक्षिक आरक्षण आदि ने इन लोगों को कम ही लाभान्वित किया है । शिक्षा का उनके जीवन-शैली से कोई सम्बन्ध नहीं है । ऐसे कोई प्रयत्न नहीं किए गए हैं कि उनमें ऐसी योग्यताओं का विकास किया जाये जो शैक्षिक सफलता की आधार होती हैं (दुबे: 1990) । स्कूल, कॉलेज/ विश्वविद्यालय स्तर पर बीच में पढ़ाई छोड़ने वालों (drop-outs) के अनुपात में चौंकाने वाली स्थिति है । विश्वविद्यालय और कॉलेज स्तर के अध्यापक शिकायत करते हैं कि अनुसूचित जाति तथा जनजाति के छात्र कक्षा में तभी आते हैं जबकि उनकी छात्रवृत्ति के चैक तैयार होकर उन्हें मिलने होते हैं और समाज कल्याण विभाग से प्राप्त होते हैं । बहुधा वे कक्षा से अनुपस्थित रहते हैं । यद्यपि कक्षाओं में उनकी उपस्थिति अत्यन्त न्यूनतम रहती है, फिर भी वे परीक्षा में बैठते हैं क्योंकि विश्वविद्यालय परीक्षा से पूर्व अंतिम क्षणों में उपस्थिति की न्यूनता को क्षमा कर देता है । उनकी प्राप्त

शिक्षा का स्तर अत्यन्त शोचनीय रहता है। यह तथ्य विविध व्यावसायिक कोर्स की प्रवेश परीक्षाओं के परिणामों से स्पष्ट होता है। एक उदाहरण दर्शाता है कि 1989 में मध्य प्रदेश में एक व्यावसायिक कोर्स के लिए प्रवेश परीक्षा में बहुत कम अनुसूचित जाति, जनजाति के छात्र उत्तीर्ण हो पाए। अतः उनके लिए न्यूनतम योग्यता अंक बहुत कम कर देने पड़े। इंजीनियरिंग में अध्ययन के लिए सामान्य छात्रों के लिए योग्यता अंक 50 थे जबकि अनुसूचित जाति व जनजाति के छात्रों के लिए आवश्यक अंक केवल 35 ही थे। परिणामतः 15% अंक प्राप्त करने वाले अनुसूचित जाति व जनजाति के छात्रों को भी प्रवेश देना पड़ा (*The Hindustan Times*, September 3, 1990)

क्या अनुसूचित जातियाँ वास्तव में उपेक्षित हैं या अति परिपुष्ट हैं? (Are Scheduled Castes Really Neglected or Pampered)

यदि यह स्वीकार भी कर लिया जाये कि 1947 तक सामाजिक मापदण्डों में अनुसूचित जातियों की उपेक्षा की जाती थी तथा उन्नति के सभी अवसरों से उन्हें वंचित रखा जाता था, तो प्रश्न यह है कि क्या स्वतंत्रता प्राप्ति के पश्चात् भी वे उपेक्षित हैं या अति परिपुष्ट (pampered) और अति प्रिय लोग हैं? वास्तविक स्थिति के विषय में क्या सत्य है? अनुसूचित जातियों को दो कारणों से कष्ट उठाना पड़ा: (i) ब्राह्मणों एवं अन्य धर्मान्धों द्वारा प्रतिबन्धों का लगाना (ii) स्कूलों तथा सार्वजनिक स्थानों में उनके प्रवेश को निषेध करके समाज द्वारा अत्याचार। अनुसूचित जातियों से संबंधित कुछ तथ्य इस प्रकार हैं:

सेवाओं (employment) में (1 Jan, 1980) भारतीय प्रशासनिक सेवा में सेवारत कुल व्यक्तियों में अनुसूचित जातियों का प्रतिशत 9.9%, भारतीय पुलिस सेवा (IPS) में 9.8%, भारतीय विदेश सेवा (IFS) में 16.48%, केन्द्रीय अधीनस्थ सेवा में 13.1%, केन्द्रीय सरकार के कार्यालयों में 13.29%, सार्वजनिक संस्थानों में 18.71%, निजी क्षेत्र संस्थानों में 11.50%, तथा घरेलू उद्योगों व हस्त शिल्प क्षेत्रों में 19.7% था (*The Illustrated Weekly of India*, January 2-8, 1993: 19-23)।

शिक्षा में कुल अनुसूचित जाति के बच्चों की 20% जनसंख्या में प्राइमरी स्तर पर उनकी प्रवेश संख्या 12.50% थी, सेकेण्डरी स्तर पर 13.89%, हाईस्कूल स्तर पर 16.0%, तथा उच्च सैकेण्डरी स्तर पर 6.75% थी। स्नातक स्तर पर कुल छात्रों में से 6.91% अनुसूचित जाति के थे तथा स्नातकोत्तर स्तर पर 7.64% थे। उनका उत्तीर्ण प्रतिशत उच्च सैकेण्डरी स्तर पर 52.58% था जबकि औसत उत्तीर्ण प्रतिशत 61.88% था; स्नातक स्तर पर सामान्य 57.1% के विपरीत यह 35.01% था, स्नातकोत्तर स्तर पर 75.83% सामान्य औसत के विपरीत इनका प्रतिशत 69.83% था। व्यावसायिक स्नातक कोर्सों में अनुसूचित जाति के छात्रों की कार्यशीलता और भागीदारी कमजोर नहीं थी। विविध कोर्सों में कुल छात्रों में से बी.ई. में अनुसूचित जाति के छात्र 14.40% तथा एम.बी.बी.एस. में 11.24% थे। उनका एम.बी.बी.एस. में उत्तीर्ण प्रतिशत 35.0% था जबकि औसत सामान्य प्रतिशत 62.0% था और बी.ई. में सामान्य औसत 59.42% के विपरीत 33.44% था (वही: 20)।

ग्रामीण उद्योगों के कुल मालिकों में से 20.3% अनुसूचित जाति के थे और कुल शिल्पियों में

उनका प्रतिशत 20.25% था।

बैंक ऋण के संबंध में भी कुल संभावित ऋण लेने वालों में से 20.7% अनुसूचित जाति के थे और कुल ऋण प्राप्त कर्त्ताओं में से उनका प्रतिशत 12.7% था। लम्बी अवधि के कुल ऋण प्राप्त कर्त्ता में से अनुसूचित जाति की संख्या 7.4% थी। गृह आवासीय योजना में भी 7.65% लाभार्थी अनुसूचित जातियाँ ही थीं।

इससे यह स्पष्ट है कि अनुसूचित जातियों के सदस्य सामान्य शिक्षा व रोजगार सुविधा का लाभ नहीं उठाते हैं। कुछ तो इसलिए कि गरीबी के कारण माता-पिताओं में बच्चों को स्कूल भेजने के प्रति उदासीनता होती है क्योंकि वे उन्हें धन अर्जन में सहायक के रूप में प्रयोग करते हैं; और कुछ इस कारण कि उनमें यह भावना होती है कि औपचारिक शिक्षा उनकी आर्थिक संभावनाओं को अच्छा बनाने में कम सहायक होती हैं; और कुछ इस कारण कि उनके नेता उन्हें उनकी शोचनीय दशा से बाहर निकालने का प्रयत्न नहीं करते।

अनुसूचित जातियाँ अधिकतर गाँवों तक ही केन्द्रित रहती हैं और 95% कृषि पर ही निर्भर हैं। अधिकतर गाँवों में उन्हें आवासीय पृथकता को सहन करना पड़ता है। जिन्होंने व्यवसाय बदल लिए हैं उन्हें प्रस्थिति निर्योग्यताओं का कम सामना करना पड़ता है। कहीं-कहीं वे अपनी अनुवांशिक पहचान के कारण पीड़ित होते हैं (सच्चिदानन्द, 165-166)। इसलिए उनकी दशा में सुधार का सामाधान कठिन है। राजनैतिक दृष्टि से उन्हें अपने मताधिकार के मूल्य का ज्ञान है, फिर भी वे अपनी विस्तृत व्यवस्था में परिवर्तन नहीं कर सके हैं ताकि इस प्रक्रिया से उनकी सामाजिक, आर्थिक व राजनैतिक समानता प्रभावी हो सके।

अन्य पिछड़ी जातियाँ/ वर्ग (Other Backward Castes/Classes)

अनुसूचित जातियों/जनजातियों के लिए आरक्षण की सुविधा स्वतंत्रता के पश्चात् भारतीय संविधान द्वारा दी गई थी, किन्तु अन्य पिछड़ी जातियों/ वर्गों के लिए आरक्षण 7 अगस्त 1990 को जनता दल सरकार द्वारा घोषित किया गया। 27% स्थानों को 3,742 पिछड़ी जातियों और वर्गों के लिए सुरक्षित किया गया। यह मण्डल आयोग की सिफारिशों के अनुपालन में किया गया। आयोग ने 31 दिसम्बर, 1980 को अपनी रिपोर्ट प्रस्तुत की थी। 1982 में इस पर लोक सभा तथा राज्य सभा दोनों में ही चर्चाकी गई थी। तत्पश्चात् यह प्रकरण परीक्षण हेतु सचिवों की एक समिति को भेज दिया गया था। यह प्रकरण संसद के दोनों सदनों में कई बार विचारार्थ प्रस्तुत किया गया किन्तु कोई भी निर्णय न लिया जा सका। मण्डल आयोग की सिफारिशों की अचानक घोषणा तत्कालीन प्रधानमंत्री वी.पी. सिंह का राजनैतिक निर्णय कहा गया जो कि उन्होंने इससे संबंधित उठने वाले मामलों की गहराई का अध्ययन किए बिना ही लिया था। उन्होंने जाति और जाति सूचकों (indicators) के चयन में आने वाली गति, तीव्रता, एवं औचित्य को प्रभावित किए बिना ही यह निर्णय लिया था।

मण्डल आयोग द्वारा विशिष्ट जातियों/ वर्गों को पिछड़ा मानने की पहचान के लिए किस आधार (criteria) को माना गया था ? आयोग ने तीन सूचकों का प्रयोग किया था: सामाजिक, शैक्षिक और आर्थिक (Gauri Shankar, *The Hindustan Times*, October 24, 1990)। सामाजिक सूचकों के चार आधार थे, शैक्षिक सूचकों के तीन तथा आर्थिक सूचकों के चार थे। इस प्रकार कुल

ग्यारह सूचक थे। प्रत्येक सूचक को जो गुरूभार (weightage) दिया गया वह मनमाना (arbitrary) तथा विवेकहीन था। सामाजिक सूचकों को 3 अंकों का गुरूभार, शैक्षिक सूचकों को 2 अंकों का, तथा आर्थिक सूचकों को एक अंक का गुरुभार निर्धारित किया गया। जिन जातियों को 50% अंक प्राप्त हुए, अर्थात् 11 अंक या ऊपर, उन्हें पिछड़ी जातियों की सूची में रखा गया।

मण्डल आयोग की सिफारिशों को लागू करने के निर्णय ने छात्रों में विस्तृत आक्रोष पैदा कर दिया। समूचे देश में आन्दोलन भड़क गए। बहुत से परिवारों को अपने बच्चों को शिक्षा दिलाने में अनेक कठिनाइयों का सामना करना पड़ता है। लाभप्रद नौकरी प्राप्त करने की संभावनाएं पहले से ही बहुत मन्द हैं क्योंकि देश में बेरोजगारी अत्यधिक है। बहुत से छात्र बेरोजगारी या अर्द्ध रोजगार की संभावनाओं से डरे हुए रहते हैं। अतः ऐसी स्थिति में सरकार का चुनावी निर्णय कि नौकरियों में 27.0% का अतिरिक्त आरक्षण निश्चय ही युवकों में कुण्ठा पैदा करने का यथेष्ट कारण था।

इससे पूर्व भी न्यायमूर्ति एम.एस. बेग की अध्यक्षता में अल्पसंख्यक आयोग ने मण्डल आयोग की सिफारिशों के आधार पर पिछड़ी जातियों को मान्यता देने के विरुद्ध अपनी रिपोर्ट में सावधान किया था। जब जनता दल सरकार ने मण्डल आयोग की सिफारिशों को लागू करने की घोषणा की तो किसी भी राजनैतिक दल ने इसका खुला विरोध नहीं किया। दलों ने अस्पष्ट रुख अपनाया यद्यपि अधिकतर दलों में जाति की अपेक्षा आर्थिक आधार के पक्ष में समर्थन दिया। केवल राष्ट्रीय मोर्चा सरकार ही इस बात पर अड़ी रही कि मण्डल आयोग की सिफारिशें किसी भी परिस्थिति में रद्द नहीं की जायेंगी। सान्त्वना के रूप में इसने मण्डल आयोग द्वारा प्रस्तावित 27% आरक्षण के साथ आर्थिक आधार पर भी 5 से 10% का आरक्षण सरकारी नौकरियों में प्रस्तावित किया। यह भी एक सत्य है कि राष्ट्रीय मोर्चा मण्डल आयोग की रिपोर्ट के विषय पर आन्तरिक मतभेदों का सामना कर रहा था।

मण्डल आयोग की सिफारिशों को स्वीकार करने में सरकार के वास्तविक उद्देश्य को चुनौती देते हुए छात्र तोड़-फोड़, आन्दोलन, तथा आत्मदाह तक पर उतारु हो गए। 19 सितम्बर, 1990 (जबकि दिल्ली कॉलेज के एक छात्र का आत्मदाह का प्रकरण प्रथम बार सामने आया) से 16 अक्टूबर, 1990 की अवधि में 160 युवकों ने सरकारी घोषणा के विरुद्ध आत्मदाह का प्रयत्न किया। वे सभी 25 वर्ष से कम आयु के थे और उनमें से अधिकतर विद्यालय/ विश्वविद्यालय के अध्ययनरत छात्र थे अथवा बेरोजगार युवक थे। उनमें से अधिकतर ने जनता के समक्ष आत्मदाह का प्रयत्न किया जबकि कुछ ने जहर खा लिया या चुपचाप आत्महत्या का अन्य साधन चुन लिया। देहली में ही 26 दिनों के भीतर 17 आत्मदाह के प्रयत्न किए गए और इसी प्रकार के प्रयत्न पंजाब में होशियारपुर, उत्तर प्रदेश में जौनपुर व लखनऊ में, राजस्थान में कोटा में और बिहार में पटना में भी किए गए। ये सभी युवक व छात्र निम्न मध्यम वर्ग के ही थे। मण्डल विरोधी लहर का गरीबों व धनी संभ्रान्त लोगों पर कोई प्रभाव नहीं पड़ा। सभी आत्मदाह व आत्महत्या के मामलों ने छात्रों में अतिनाटकीय आत्महत्या पत्र छोड़े थे। कुछ छात्र कुछ स्थानों पर पुलिस गोली से मारे गए थे, अनेक घायल हो गए थे; जबकि हजारों की संख्या में पकड़े गए थे। छात्रों ने हजारों सरकारी वाहन फूंक डाले, निजी बसों, कारों व रेलों को क्षतिग्रस्त किया। यद्यपि सरकार द्वारा हानि के ठीक-ठीक आंकड़े कभी नहीं दिए गए, लेकिन अनुमान किया गया कि कुल हानि कई करोड़ों में हुई होगी। यह व्यवस्था के प्रति आक्रोश और कुण्ठा

थी, उसने युवकों में निराशा को ही जन्म दिया कि शिक्षा उन्हें अच्छी नौकरियों के अवसर प्रदान करेगी।

वी.पी. सिंह व चन्द्र शेखर की सरकारों के पश्चात् जब 1991 में नरसिंह राव की कांग्रेस सरकार केन्द्र में आयी तब इसने 25 सितम्बर, 1991 को एक अधिसूचना जारी की कि केन्द्रीय सरकार की नागरिक सेवाओं (civilian jobs) के लिए प्रस्तावित 27% आरक्षण में से, (जो कि शैक्षिक व सामाजिक रूप से पिछड़े वर्गों के लिए आरक्षित थे) इन्हीं वर्गों में से 'गरीब वर्ग' को वरीयता दी जाएगी। इस प्रकार 10% उन के लिए अतिरिक्त आरक्षण की व्यवस्था हो गई जो कि ऐसे आरक्षण के घेरे में नहीं आते थे।

मण्डल आयोग की सिफारिशों को लागू करने के प्रकरण उच्चतम न्यायालय में भी ले जाए गए जिसने 15 नवम्बर, 1992 के अपने निर्णय में नौकरियों में आरक्षण की नीति का समर्थन किया और 27% आरक्षण के सरकारी निर्णय को यथावत रखा; लेकिन नरसिंह राव सरकार के 10% अतिरिक्त आरक्षण के निर्णय को रद्द कर दिया। उच्चतम न्यायालय के निर्णय की प्रमुख विशेषताएं निम्न थीं:

(1) आरक्षण के लाभार्थियों की पहचान के लिए जाति का आधार स्वीकार कर लिया गया।
(2) आरक्षण की उच्चतम सीमा 50% तक निर्धारित कर दी गई।
(3) आरक्षण में से 'क्रीम वाली सतह' (creamy layer) निकाली जाने की सिफारिश की गयी।
(4) कुछ तकनीकी स्थानों के लिए आरक्षण उचित नहीं माना गया।
(5) केन्द्रीय सरकार को सामाजिक, आर्थिक आधार पर विशेष रूप से पिछड़े वर्ग में भी उन्नतिशील लोगों को बाहर करना होगा।
(6) प्रोन्नति (promotion) में कोई आरक्षण नहीं हो सकता।
(7) कम व अधिक भर्ती की जाँच करने के लिए केन्द्र व राज्य सरकारों द्वारा स्थायी आयोगों का गठन करना चाहिए जो पिछड़े वर्ग में सम्मिलित किए जाने के लिए किए दिए आवेदन पत्रों की भी जाँच करेगा।

ऐसी आशा की जाती थी कि उच्चतम न्यायालय मण्डल आयोग की रिपोर्ट पर कुछ रोक लगायेगा, किन्तु वास्तव में न्यायालय के निर्णय ने पहले से ही जटिल समस्या को और भी अव्यवस्थित व जटिल बना दिया है। उच्चतम न्यायालय ने भावी दावेदारों तथा मुकदमेबाजों के लिए रास्ते खोल दिए हैं। साथ ही मण्डल फार्मूला को परिवर्तन करने के सरकारी प्रयत्नों की संभावना भी समाप्त कर दी है। ऐसी स्थिति में मण्डल आयोग की रिपोर्ट के पक्ष और विपक्ष में चर्चा करना अनुपयुक्त न होगा।

मण्डल आयोग की रिपोर्ट के पक्ष में तर्क (Arguments in Favour of Mandal Commission Report)

मण्डल आयोग की सिफारिशों के पक्ष में निम्नलिखित तर्क दिए गए:

- इनसे समाज के उस वर्ग के संतोष के लिए संविधान द्वारा दिए गए आदेशों की पूर्ति होती है, जो लम्बे समय से असन्तुष्ट थे।
- यह हमारा सामाजिक व नैतिक दायित्व है कि हम यह सुनिश्चित करें कि समाज में दलित व

पीड़ित वर्ग के लोग धनी व समृद्ध लोगों के बराबर हों। उन्हें विश्वास की आवश्यकता है।

- आरक्षण केवल सरकारी सेवाओं के लिए होगा और इन सेवाओं में देश की कुल जनसंख्या का केवल 1% ही है। उस 1% के लिए भी पिछड़े वर्गों के लए 27% का अतिरिक्त आरक्षण दे दिया गया है। इसलिए आरक्षण का लोगों पर विपरीत प्रभाव नहीं पड़ेगा।
- आरक्षण के लिए सिफारिशें जाति के आधार पर नहीं हैं जैसा कि गलत विश्वास किया जा रहा है। उदाहरणार्थ, बिहार में राजपूत इस सूची में सम्मिलित नहीं किए गए हैं लेकिन गुजरात के राजपूत सम्मिलित हैं। बिहार के पटेल हैं जबकि गुजरात के पटेल सम्मिलित नहीं हैं; और उत्तर प्रदेश तथा बिहार के यादव सूची में हैं, लेकिन हरियाणा के यादव सम्मिलित नहीं हैं। इस प्रकार प्रत्येक राज्य में परिस्थिति के आधार पर सूची बनी हैं।
- पिछड़ी जातियों की राष्ट्रीय जनसंख्या (अनुसूचित जातियाँ सम्मिलित) जो कि 62% है, उसका वर्ग एक (Class I) सरकारी सेवाओं और सार्वजनिक क्षेत्र सेवाओं में केवल 4% ही प्रतिनिधित्व है। यह कमजोर वर्गों के साथ सरासर अन्याय है जिसका निराकरण अत्यन्त आवश्यक है।
- आरक्षण विरोधियों द्वारा एक और तर्क योग्यता के प्रश्न पर आधारित है। यहाँ इस बिन्दु पर उनकी मान्यता यह है कि योग्यता (merit) उच्च जातियों में ही होती है तो उन्हीं को यह अनुमति होनी चाहिए कि वे ही नागरिक सेवाओं को संभालने एवं निम्न जातियों को सभ्य बनाने का भार वहन करें जैसा कि साम्राज्यवादी काल में माना जाता था। क्या यह तर्क न्यायसंगत और ठोस है ? क्या भारत को स्वायत्त सरकार की अनुमति देने के पीछे अंग्रेजी शासन की उदासीनता का कारण इसी प्रकार के तर्क पर आधारित नहीं था ? क्या हमने उसे स्वीकारा था ? यदि उस समय इस तर्क को हमने भ्रामक होने की संज्ञा दी थी तब आज निम्न जातियों व वर्गों के विरुद्ध इसी प्रकार के तर्क किस प्रकार स्वीकार कर सकते हैं ? तर्क और भी दिये जाते हैं कि इस देश में रोजगार केवल योग्यता के आधार पर दिया जाता है, तब क्या हमने निम्न जातियों को योग्यता प्राप्त करने के अवसर प्रदान किए हैं ? यदि हमारा राज्य प्रत्येक नागरिक को एक ही समान दर्जे पर रखता है और पिछड़े वर्ग को समान अवसरों से वंचित रखता है तो यह दलितों को दलित ही बनाए रखने के अतिरिक्त कुछ नहीं है ? इन दलितों को आरक्षण देना हमारी अर्न्तमनन के लिए एक चुनौती है जिससे हममें से अधिकतर लोग बचते हैं या विरोध करते हैं।

मण्डल आयोग की रिपोर्ट के विरुद्ध तर्क (Arguments Against the Mandal Report)

मण्डल आयोग की रिपोर्ट पर विविध पक्षों द्वारा कटु आलोचनाएं प्रस्तुत की गई हैं। पाँच प्रमुख तर्क निम्न के विरुद्ध थे: (i) पिछड़ी जाति/ वर्ग को परिभाषित करने के आधार के विरुद्ध, (ii) जनसंख्या के निरन्तर वृद्धि के मनमाने आँकड़ों के आधार पर बहुत पुराने आंकड़ों की सहायता से जनसंख्या को दर्शाने के विरुद्ध, (iii) अन्य पिछड़ी जातियों/ वर्गों की पहचान से संबंधित आंकड़ों की हेराफेरी, (iv) एकत्रित आंकड़ों में त्रुटियों एवं निरपेक्ष निदर्शन (sampling) प्रणाली के विरुद्ध, (v) पारिभाषिक विसंगतियों, विशेषकर जाति और वर्ग शब्दों के प्रयोग में त्रुटियों के विरुद्ध।

इन तर्कों का निम्न प्रकार से विस्तार किया जा सकता है:

(1) पिछड़ेपन की परिभाषा केवल जाति के आधार पर की गई है। जाति प्रथा में निहित जाति पूर्वाग्रहों (prejudices) एवं भेदभावों (discriminations) को जारी रखने के उद्देश्य से यह किया गया। विशेष प्रावधान सभी गरीबों के लिए जाति भेदभाव के बिना केवल आर्थिक आधार पर किए जाने चाहिए। जाति आधार के अतिरिक्त अनेक विद्वानों ने धर्म, आय, व्यवसाय तथा किसी स्थान में आवास के आधारों को भी पिछड़ेपन की पहचान के लिए प्रयोग करने पर बल दिया।

(2) यद्यपि 'जाति' को परिभाषित करने में काफी कठिनाइयाँ आईं, 'वर्ग' की कोई परिभाषा नहीं की गई और समाजशास्त्रीय दृष्टि से जाति और वर्ग दो पृथक क्षेणियाँ हैं। इसलिए मण्डल आयोग की रिपोर्ट में 'अन्य पिछड़ी जातियाँ' का प्रयोग किया गया है न कि 'अन्य पिछड़े वर्ग' का जैसा कि आवश्यकता थी।

(3) अन्य पिछड़ी जातियों/वर्गों की पहचान के लिए प्रयोग के आधार त्रुटिपूर्ण, सनकपन, व राजनीति से प्रेरित थे। यह विशुद्ध वैज्ञानिक विधि पर आधारित नहीं था। मण्डल आयोग ने जातियों/वर्गों के सामाजिक, शैक्षिक और आर्थिक पिछड़ेपन को निर्धारित करने के लिए जो ग्यारह सूचक लिये थे, वे एक अच्छे सूचक की प्रमुख विशेषताओं को सन्तुष्ट नहीं करते। उदाहरणार्थ, विवाह से संबंधित सामाजिक सूचक किसी जाति या वर्ग से नहीं बंधे हैं। यह एक पुरानी सामाजिक बुराई है जो सभी जातियों और वर्गों में प्रचलित है। इसलिए किसी जाति या वर्ग में अन्तर करने के लिए इसको एक सूचक के रूप में नहीं लिया जाना चाहिए था। महिलाओं की काम में भागीदारी से संबंधित सामाजिक सूचक को आर्थिक सूचक माना जा सकता है क्योंकि महिलाओं को अपने परिवार की आय में वृद्धि करने के लिए काम करना पड़ता है और वह एक सामान्य प्रवृत्ति भी है कि महिलाएं गांवों में अपने परिवार को सहयोग करने की दृष्टि से कृषि कार्यों में लग जातीं हैं और यह किसी जाति या वर्ग से संबंधित तथ्य नहीं है।

इसी प्रकार किसी व्यक्ति को शैक्षिक दृष्टि से पिछड़ा तब मानना चाहिए था जब उसका पिता या पितामह में से कोई भी प्राइमरी स्तर से अधिक शिक्षा प्राप्त न कर सका हो। ऐसे व्यक्ति को सामाजिक दृष्टि से पिछड़ा हुआ माना जाना था यदि वह तीन 'द्विज' वर्णों में से एक नहीं है, अर्थात् न तो वह ब्राह्मण है, न वैश्य और न क्षत्रिय है, या उसकी पैतृक आय गरीबी की सीमा रेखा से नीचे हो, अर्थात् 71 रुपए प्रति व्यक्ति प्रतिमाह से कम हो। क्या यह सभी पूछताछ विस्तृत रूप से की गई थी ? साक्ष्य कोई संकेत नहीं करते।

सबसे खेदजनक पक्ष है आर्थिक सूचकों का चयन, जहां प्रति परिवार आय पूर्ण रूप से छोड़ दी गई है। पारिवारिक सम्पत्ति और ऋण उपभोग उनके व्यय की ओर संकेत करते हैं, लेकिन यह इस बात पर निर्भर करता है कि उनके परिवार बड़े हैं या छोटे या वे ऋण लेकर भी सामाजिक परम्पराओं का निर्वाह करते हैं।

अंतिम आर्थिक सूचक पीने के पानी के प्रकरण को लिया जाता है जो कि किसी जाति या वर्ग से सम्बद्ध नहीं बल्कि बाहरी कारक से हैं। इस प्रकार क्योंकि पिछड़े वर्ग/जाति की

पहिचान ठीक सूचकों पर आधारित नहीं है, अतः आरक्षण को विस्तृत करने के प्रयत्न स्वीकार्य नहीं हो सकते।

(4) 'पिछड़े' वर्ग की परिभाषा व पहिचान वैज्ञानिक नहीं है। जहाँ मण्डल आयोग ने 3,742 वर्ग 'पिछड़े' रूप में पहिचाने थे, वहीं दूसरी ओर प्रथम पिछड़े वर्ग कालेलकर समिति ने 2000 के आसपास पिछड़े वर्गों की पहिचान की थी। अतः या तो कालेलकर समिति की पहिचान के आंकड़े गलत थे या अन्य समुदायों द्वारा लाभ प्राप्त करने के उद्देश्य से बाद में कोशिश प्रारम्भ कर दी गई और पिछड़े वर्ग में सम्मिलित होने के प्रयत्न होने लगे। एक अन्य निष्कर्ष यह भी हो सकता है कि कालेलकर समिति की रिपोर्ट प्रस्तुत होने के पश्चात् अच्छी संख्या में अन्य समुदाय 'पिछड़े' बन गए। इसलिए राज्य सरकारों की सलाह इनकी पहिचान करने में आवश्यक थी। उदाहरणार्थ, जबकि केरल सरकार ने स्वयं 79 जातियों की 'पिछड़े' रूप में पहिचान की थी वहीं मण्डल आयोग ने 208 की सिफारिश की। इसी प्रकार उड़ीसा सरकार ने एक भी जाति को स्पष्ट रूप से पिछड़ी नहीं कहा वहीं मण्डल आयोग ने 224 की पहिचान की। इस प्रकार मण्डल आयोग ने राज्य सरकारों की सलाह लेना आवश्यक नहीं समझा।

(5) जनसंख्या के जाति वर्गीकरण के लिए प्रायोजना (projection) 1931 की जनगणना पर आधारित थी। उस समय का भारत का आर्थिक, सामाजिक एवं जनसंख्यात्मक मानचित्र बिल्कुल भिन्न था। जाति की पहिचान परम्परागत व्यवसाय के आधार पर होती थी। 1931 के पश्चात् जनगणना में जातियों की सूची बनाने का कार्य रोक दिया गया था और 1931 तथा 1990 के बीच औद्योगीकरण, नगरीकरण, शैक्षिक उन्नति, प्रव्रजन, और गतिशीलता की तीव्र वृद्धि के कारण अनेक परिवर्तन हुए हैं। इस प्रकार मण्डल आयोग के द्वारा 1980 में पुरानी जनगणना को आधार मानने के कारण बिल्कुल ही विकृत चित्र दिया गया। स्वतंत्रता के पश्चात् हुए भूमि सुधारों ने विविध जातियों के सामाजिक तथा शैक्षिक स्थिति में प्रशंसनीय परिवर्तन हुआ है और वे ग्रामीण अभिजन (elite) के एक अंग बन गए हैं। बिहार व उत्तर प्रदेश के कुर्मी व यादव इसके अच्छे उदाहरण हैं। कुछ राज्यों में गूजर, कोरी और लोढ़ आदि भी कृषि स्वामी बन गए हैं।

शहरी जनसंख्या 1931 में 12% से बढ़कर 1984 में 24% हो गई। नगरीय क्षेत्रों में आय का स्तर और व्यवसाय काफी हद तक सामाजिक स्थिति को प्रभावित करते हैं, अपेक्षाकृत परम्परागत जाति संस्तरण में स्थिति के। कृषि अर्थ व्यवस्था से रचनात्मक औद्योगिक व्यवसायों में परिवर्तन अधिक महत्वपूर्ण होते जा रहे हैं और ग्रामीण व्यवसायों में गिरावट आई है। अन्य पिछड़ी जातियों की 1980 में कुल संख्या का 52% के आलोक में आयोग ने इन परिवर्तनों को ध्यान में नहीं रखा। 1990 में जब सरकार ने मण्डल आयोग की रिपोर्ट स्वीकार करके घोषणा करने का निर्णय लिया तब तक नगरीकरण में 4% की वृद्धि हो चुकी थी और जनसंख्या के व्यवसाय के आधार पर वितरण में और अधिक परिवर्तन हो चुके थे और 1931 की जनगणना पर आधारित स्थितियाँ और भी यथार्थ से परे हो गई थीं।

नगरीकरण तथा व्यावसायिक परिवर्तनों के साथ, उच्च शिक्षा क्षेत्र में भी ठोस परिवर्तन

हुए हैं; विश्वविद्यालयों एवं कॉजेलों में छात्रों की संख्या में वृद्धि 1951 में 1.03 लाख से 1978-79 में 36.75 लाख और 1991-92 में 53.43 लाख तक हो गई। अनुसूचित जाति व जनजाति के छात्रों की संख्या में वृद्धि दर्शाती है कि पिछड़े वर्गों में छात्रवृत्ति अनुदान प्रदान करके उच्च शिक्षा को प्रोत्साहन दिया है और यह विस्तार अत्यधिक उल्लेखनीय रहा है। 1990 में अनुसूचित जाति व जनजाति के छात्रों की उच्च शिक्षा प्राप्त करने वालों की कुल संख्या 3.96 लाख थी जबकि 1950-51 में 4000 थी। 1931 और 1990 के बीच के इन परिवर्तनों की उपेक्षा कैसे की जा सकती थी।

(6) मण्डल आयोग द्वारा एक और धारणा (assumption) यह थी कि गैर हिन्दूओं के बीच अन्य पिछड़ी जातियों व वर्गों का अनुपात वही था जो हिन्दूओं में था। गैर हिन्दू अन्य पिछड़ी जातियों का अनुपात 8.40% माना गया था जो कि उनकी वास्तविक जनसंख्या का 52.0% है। लेकिन आयोग द्वारा मानी गई रिपोर्ट के अनुसार यह संख्या हिन्दू अन्य पिछड़ी जातियों में 43.70% है न कि 52.0%। 8.40% तथा 52.0% दोनों ही संख्याएँ मनमानी हैं। यह रिपोर्ट की मूलभूत पद्धतिशास्त्रीय त्रुटि है। 43.70% का आंकड़ा कैसे लिया गया? यह संख्या कुल हिन्दू जनसंख्या (83.84%) में से अनुसूचित जाति/ जनजाति की संख्या (22.56%) तथा अन्य उन्नत हिन्दू समुदायों की संख्या जो कि 17.58% है घटाकर ली गई। इस विधि से जो आंकड़े प्राप्त हुए वे हैं 43.70%। यह कार्यविधि संबंधी भ्रान्ति (methodological fallacy) है।

(7) सामाजिक-शैक्षिक क्षेत्र में प्रयुक्त निदर्शन (sampling) सर्वेक्षण अत्यन्त त्रुटिपूर्ण था। इसमें दो गांवों की चयन तथा प्रत्येक जिले से नगर ब्लाक का चयन सम्मिलित था। चयनित निदर्शन जो केवल जनसंख्या को आधार मानकर लिया गया हो उसकी वस्तुनिष्ठता शंकनीय है।

(8) पिछड़ेपन के आधार के निर्धारण में आर्थिक आधार को महत्व दिया जाना अपर्याप्त था। जाति और वर्ग के वर्गीकरण के लिए मण्डल आयोग द्वारा निर्धारित 22 बिन्दुओं में से केवल 4 बिन्दु आर्थिक आधार को दिए गये थे। यह दर्शाता है कि वर्ग का पिछड़ापन, समूह की आर्थिक स्थिति को मान्यता दिये बिना ही निश्चित किया गया था।

(9) भारतीय संविधान ने 'पिछड़ा वर्ग' की परिभाषा नहीं दी है, लेकिन इसमें एक आयोग की नियुक्ति का प्रावधान है जो पिछड़े वर्ग की दशाओं का अन्वेषण करे। किन्तु यह सरकार को आदेशित नहीं करता कि सरकार आयोग से पिछड़े वर्ग की पहिचान का कार्य भी करे। मण्डल आयोग के अध्यक्ष जो कि स्वयं पिछड़ी जाति के सदस्य थे और अपने राजनीतिक जीवन में अपने पक्षपात पूर्ण रवैये के लिए प्रसिद्ध थे, ने सूचकों (indicaters) की पहिचान करने की भूमिका तथा पिछड़ी जाति वर्ग की पहिचान करने की भूमिका में पक्षपात पूर्व रवैया अपनाया था। क्योंकि विस्तृत जांच पड़ताल तथा सर्वेक्षण नहीं किया गया था और उचित आधार प्रयोग में नहीं लाया गया था, इसलिए जाति/ वर्ग के चयन के लिए मण्डल आयोग के आदेश का पालन स्वीकार नहीं किया जा सकता।

यहां तक कि आयोग ने भी स्वीकर किया है कि सामाजिक और शैक्षिक दृष्टि से वर्गों

का सूचीकरण (listing) पिछड़े के रुप में मनमाना था और इसमें केवल मानने योग्य (tenable) दृष्टिकोण का गुण रखता था और इससे अधिक कुछ नहीं।

(10) जनसंख्या की लगातार वृद्धि की दर और प्रतिशत किस प्रकार लिये गये ? सीधे 27% कैसे निश्चित कर दिया गया ? सरकार से आशा की जाती है कि आरक्षण की समग्रता को ध्यान रखे जिसमें अनुसूचित जातियों, अनुसूचित जनजातियों, विकलांगों भूतपूर्व सेवारत विस्थापितों तथा अन्य विशेष श्रेणियों के लोग भी सम्मिलित हैं। इन सब का आरक्षण यदि मन्डल द्वारा बताये गये 27% में जोड़ दिया जाये तो यह 59% से ऊपर संख्या चली जायेगी। शेष प्रतिशत इतना कम रह जायेगा कि युवक व छात्र जो इनसे सम्बद्ध हैं, आन्दोलन के लिए बाध्य होगें क्यों कि यह आरक्षण नौकरियों के लिए मार्ग अवरुद्ध करता है।

(11) मण्डल आयोग की रिपोर्ट 10 वर्ष तक बिना कार्रवाई किये पड़ी रही। जब कभी ऐसी रिपोर्ट को लम्बें समय के पश्चात निकाला जाता है तो उसे बदली हुई आवश्यकताओं के अनुरुप जांच कर ठीक किया जाना चाहिए तथा स्वीकृति की दशा में प्रभाव के अर्थ में मूल्यांकन कर लिया जाना चाहिए। यह एक निश्चित समय के भीतर किया जाता है। जिस सरकार ने मण्डल आयोग की सिफारिशों को लागू करने की घोषणा की, उसने इस प्रक्रिया का पालन करने की चिन्ता नहीं की और परिणाम यह हुआ कि आयोग की रिपोर्ट की कमियों ने आन्दोलन और हिंसा को जन्म दिया।

(12) संविधान में दिया गया है कि एक वर्ग को पिछड़े (वर्ग) की श्रेणी में नहीं रखा जा सकता अगर राज्य के अन्तर्गत सेवाओं में उसका उचित व यथेष्ट प्रतिनिधित्व हो। यह कार्य कोई सरल कार्य नहीं है क्योंकि सम्बन्धित आंकड़े उपलब्ध नहीं होते हैं, सिवाय इसके कि कुछ राज्यों में पिछड़े वर्ग की सूची के आधार पर कुछ आंकड़े एकत्रित कर लिए जायें।

(13) मण्डल आयोग की रिपार्ट के लागू करने का एक परिणाम यह होगा कि क्योंकि रिपोर्ट 27% आरक्षण में से प्रत्येक पिछड़ी जाति का भाग पृथक रुप से नहीं दर्शाती है, इसलिए 27% के आरक्षण में पिछड़ी जातियों में से भी प्रभावशाली जातियां ही छाई रहेंगी। इन प्रभावशाली जातियों से भी कुछ परिवार ही अपने अन्य अभागे भाइयों की कीमत पर लाभ उठाते हुए समृद्धि की ओर अग्रसर होंगे। अनुसूचित जातियों एवं जनजातियों के लिए पूर्व में बनाई गई आरक्षण नीतियों का भी यही अनुभव है। मण्डल आयोग की रिपोर्ट में एक परिवार के सदस्यों की सीमा नहीं निर्धारित की गई हैं जिन्हें आरक्षण का लाभ प्राप्त होना है। आरक्षण का लाभ उठाने से वंचित रखने के लिए अनुसूचित जातियों एंव जनजातियों के समृद्ध सदस्यों के लिए कोई आर्थिक आधार निश्चित नहीं किया गया है।

महत्व का प्रश्न यह है कि क्या प्रत्येक वर्गीकृत पिछड़े वर्ग से यथेष्ट (adequate) प्रतिनिधित्व लिया जाना है ? यदि पिछड़ी जातियों को समग्रता रुप में लिया जाय और यह पता चले कि कुछ समूहों ने यथेष्ट प्रतिनिधित्व से अधिक एकाधिकार जमा लिया है, तो क्या यह सामाजिक न्याय होगा ? यदि पृथक समूहों को लिया जाये और चयन का आधार जाति हो तो क्या यह सम्भव है कि 3500 जातियों के लिए चक्रीय सूची बनाई जाये जो कि सेवाओं में प्रतिनिधित्व को लगातार घुमाता ही रहे ? सामाजिक न्याय की बात करने से पूर्व इन सभी का समाधान आवश्यक है।

मण्डल आयोग की रिपोर्ट के विरुद्ध दिए गए कुछ और तर्क इस प्रकार हैं:

- इसके क्रियान्वयन में अति शीघ्रता की गई। लोगों को तैयार किया जाना चाहिए था क्योंकि कुछ वर्गो को उपेक्षा की भावना का अनुभव करने की सम्भावना तो थी ही, यहां तक कि पार्टी के भीतर भी रिपोर्ट पर चर्चा नहीं की गई थी। राष्ट्रीय मोर्चा सरकार के अन्य संघटकों को भी जनता दल द्वारा अन्धकार में रखा गया था। इस प्रकार रिपोर्ट का क्रियान्वयन बिना आम सहमति के किया गया था।
- पिछड़े वर्ग के लिए आरक्षण कोटा (निर्धारित मात्रा) रखते समय आर्थिक स्थिति की सीमा निश्चित नहीं की गई थी। एक निश्चित आय से ऊपर एक परिवार को आरक्षण का अधिकारी नहीं माना जाना चाहिए था।
- पिछड़े वर्गो को सुविधा एवं छूट के नाम पर प्रशासनिक कुशलता खतरे में पड़ गई। संविधान की भी मान्यता यही है कि आरक्षण जारी रहना चाहिए, किन्तु प्रशासनिक क्षमता को गिरा कर नहीं।
- आरक्षण केवल एक पीढ़ी के लिए मान्य होना चाहिए था।

इस प्रकार कल्पना, भ्रान्तियों, उपयुक्त ऑकड़ों का अभाव सूचना तंत्र में त्रुटियों, मनमाना पन, आत्मपरकता, विसंगतियों (anomalies) और अच्च स्तरीय सामान्यीकरण आदि के आधार पर किया जाना चाहिए। आन्दोलन की तीव्रता के झटके के कारण, छात्रों द्वारा आत्मदाह के मामलों के कारण तथा राजनैतिक दलों की, प्रेस तथा जनता की मण्डल आयोग की रिपोर्ट के विरुद्ध आलोचना के कारण वी. पी. सिंह सरकार ने संकट को टालने की दृष्टि से कुछ प्रस्ताव रखे। यह घोषणा की गई कि (अक्टूबर 1990में) आरक्षण शिक्षा, विज्ञान, रक्षा तथा उच्चतम स्थानों के लिए लागू नहीं होगा। रिपोर्ट उन राज्यों में भी लागू नहीं होनी थी जिन्होंने इसे अस्वीकार कर दिया था, जैसे गुजरात, मध्य प्रदेश, उड़ीसा और पूर्वी बंगाल।

भारत की युवा पीढ़ी को यह समझना है कि आरक्षण नीति ही केवल संघर्षनीय नहीं है। यथार्थ समस्या है राजनैतिक अभिजन के स्वार्थपूर्ण, भ्रष्ट और अमान्य विचारों की जिन्होंने समूचे समाज को ही भ्रष्ट कर दिया है और देश को खस्ता हाल स्थिति में लाकर खड़ा कर दिया है। मण्डल आयोग की रिपोर्ट के विरुद्ध तथा आरक्षण नीति के विरुद्ध संघर्ष करने के स्थान पर उन्हें सम्पूर्ण राजनैतिक व्यवस्था के विरुद्ध संघर्ष करना है। यदि उन्हें अपना भविष्य सुरक्षित रखना है और यदि वे राष्ट्र के अभिजन बनना चाहते हैं तो उन्हें वर्तमान आत्म केन्द्रित राजनैतिक अभिजात वर्ग के विरुद्ध आवाज उठानी है। उन्हें अपने दृष्टिकोण को अन्य पिछड़ी ज़ातियों के आरक्षण की समस्या पर ध्यान केन्द्रित करने की अपेक्षा समाज की मूल समस्याओं पर विस्तृत दृष्टिकोण अपनाना है।

आरक्षण नीति (The Reservation Policy)

अनुसूचित जातियों सहित विशेषाधिकार हीन लोगों के लिए सुविधाओं एवं विशेषाधिकारों की माँग अधिकार का विषय है, न कि उदारता या लोकोपकार का। सभी आयोगों तथा समितियों ने जिन्होंने इस मुदूदे पर विचार किया है, जैसे मिलर समिति (पूर्व राज्य मैसूर द्वारा नियुक्त) या कालेलकर आयोग (भारत सरकार द्वारा 1955 में नियुक्त) स्वीकार किया है कि क्षतिपूर्तिपूर्ण भेदभाव

(compensatory discrimination) की आवश्यकता है। कुछ न्यायालयों ने भी इस प्रकरण की जाँच की है। एक न्यायाधीश ने संकेत किया है कि आरक्षण की नीति ने आत्म प्रवंचना (self denigration) को जन्म दिया है जिससे प्रत्येक जाति और समुदाय स्वयं को दूसरे से अधिक पिछड़ा होने की होड़ में लगा है। एक और मामले में अच्चतम न्यायालय के भूतपूर्व मुख्य न्यायाधीश न्यायमूर्ति चन्द्रचूड़ ने सिफारिश की थी कि आरक्षण नीति का पुनरावलोकन प्रत्येक पांच वर्ष के पश्चात होना चाहिए जिससे कि राज्य, विसंगतियों को सुधार ले तथा लोग आरक्षण की नीति के व्यावहारिक प्रभाव को जनता के समक्ष बहस में अभिव्यक्त कर सकें। उच्चतम न्यायालय ने 15 नवम्बर 1992 को अपने निर्णय में जाति के आधार पर आरक्षण नीति का अनुमोदन किया। आज जिस समस्या पर चर्चा हो रही है वह यह है कि क्या आरक्षण नीति या रक्षात्मक भेदभाव न्याय को सुनिश्चित करने तथा सामाजिक रुप से दलित तथा आर्थिक शोषण के शिकार दलित लोग के लिए तर्कपूर्ण और लाभप्रद योजना है ?

प्रथम तर्क यह है कि शैक्षिक संस्थाओं और सरकारी सेवाओं में आरक्षण स्वयं बहुत बड़ी उपलब्धि नहीं कर सकता। वास्तव में, यदि इसे अधिक संख्या में लोगों तक पहुंचाया जाये तब यह प्रति उत्पादक भी सिद्ध हो सकता है (Dubey: 1990)। आरक्षण, शामक (palliatives) का अच्छा उदाहरण है और कोई भी निश्चित परिवर्तन तब तक नहीं आ सकता जब तक कि ऐसे उपायों के साथ-साथ राष्ट्र के उत्पादन सम्बन्धों में संरचनात्मक परिवर्तन नहीं होता। सबसे महत्वपूर्ण है भूमि सुधारों का यथार्थ रुप में आना (become a reality) शैक्षिक व्यवस्था में सुधार किए जाने से भी सामाजिक समूह से उच्च स्तरीय सेवाओं के लिए प्रत्याशी उपलब्ध हो सकते हैं।

दूसरा तर्क यह है कि हमारा देश पहले से ही विविध समूहों में विभक्त है। आरक्षण तो जनसंख्या को कृत्रिम रुप से और विभक्त करेगा। प्रारम्भ में आरक्षण विशेष परिस्थितियों में 15 वर्ष तक के लिए स्वीकार किया गया था, लेकिन सदैव के लिए उसका जारी रखना स्वार्थी एवं पृथकतावादी तत्वों को जन्म देता रहेगा जिससे जाति युद्ध तथा देश की एकता को खतरा हो सकता है। कुछ समय पूर्व यह आदेश जारी किया गया था कि किसी भी नौकरी के लिए प्रार्थना पत्र में कोई भी व्यक्ति जाति का उल्लेख नहीं करेगा। किन्तु यदि आरक्षण नीति को अनुसूचित जाति/ जनजाति/ अन्य पिछड़ी जातियों/ वर्गों के लिए जारी रखना है, तब तो अभ्यर्थियों को अपने प्रार्थना पत्रों में जाति का उल्लेख करना पड़ेगा, अन्यथा उसकी पहचान कैसे होगी ? इससे हिन्दू समाज टुकड़ों में बँट जाएगा।

तीसरा तर्क यह है कि स्वंतत्रता प्राप्ति के पश्चात जब आरक्षण नीति लागू की गई थी उस समय प्रशासनिक व्यवस्था में बहुत कम संख्या में अनुसूचित जाति व जन जाति के लोग थे। बाद में श्री जगजीवन राम ने अपने रेल मंत्रित्व काल में पदोंन्नतियों में भी आरक्षण जारी करा दिया जिससे कि अनुसूचित जाति व जनजाति के लोग अपने उच्च अधिकारियों से भी उच्च पदों पर प्रोन्नत हो गए। इससे नागरिक सेवाओं का न केवल राजनीतिकरण हुआ, बल्कि इसने प्रशासनिक कुशलता को भी प्रभावित किया। फिर जिस प्रकार देश के विभाजन के समय प्रशासनिक सेवाओं में मुसलमान पाकिस्तान के लिए तथा गैर-मुसलमान भारत के लिए काम करते थे, उसी प्रकार आरक्षण नीति के कारण अधिकारी गण अपनी जाति के लिए अब कार्य कर रहे हैं। यदि यह व्यवस्था दस पंद्रह वर्ष

और चलती रही तो बड़ी अव्यवस्था हो जायगी । यही समय है जब कि समाज व आरक्षण से लाभार्थी दोनों ही आरक्षण को त्याग दें । समाज को भी ऐसी स्थितियां पैदा करनी चाहिए जहां प्रतियोगिता के माध्यम से योग्यता के आधार पर सभी सेवाओं और प्रवेश में चयन हो सकें जिसमें सभी प्रत्याशियों को सुअवसर मिल सकने की निश्ंचितता हो ।

चौथा तर्क यह है कि गत 47 वर्षो के अनुभव से यह ज्ञात होता है कि आरक्षण नीति ने वांच्छित परिणाम नहीं दिये हैं । संख्या और राज्य विधान सभाओं में कम संख्या में अनुसूचित जाति/ जनजाति के प्रतिनिधि अपने चुनाव क्षेत्रों की परेशानियों को ठीक से रख नहीं पाते हैं । सेवाओं और शिक्षा संस्थाओं के आरक्षण से कुछ ही जातियों और जनजातियों को लाभ हुआ है । आरक्षण ने संघर्षों और तनावों को भी जन्म मिला है । 1970 और 1980 के दशकों व 1990 दशक के प्रारम्भिक वर्षो में देश ने व्यापी हिंसा की लहरों को अनुभव किया । बजट के वित्तीय आंवटन, जो कि अनुसूचित जातियों और जन जातियों के विकास के लिए निश्चित किए जाते है, उनको अनावश्यक योजनाओं में खर्च किया जाता है ।

आरक्षण को वर्तमान में पिछड़ी जातियों/ जनजातियों के उत्थान के लिए नहीं परन्तु राजनैतिक दल और नेता वोट बैंक के रूप में ही प्रयोग कर रहे हैं । उच्चतम न्यायालय के इस निर्णय के उपरान्त भी कि आरक्षण की उच्चतम सीमा 50 प्रतिशत से अधिक नहीं होनी चाहिए, तमिलनाडु ने इसे अपने राज्य में 69 प्रतिशत रखा है, कर्नाटक ने 73 प्रतिशत और उत्तर प्रदेश ने 62 प्रतिशत । उत्तराखण्ड (उत्तर प्रदेश) में पिछड़ी जातियों के लिए 27 प्रतिशत आरक्षण रखा गया है, यद्यपि इस क्षेत्र में इन जातियों की संख्या 2 प्रतिशत ही है । आन्ध्र प्रदेश और बिहार 80 प्रतिशत आरक्षण की मांग कर रहे हैं । मेघालय व नागालैण्ड जैसे पूर्वोत्तर राज्यों में पहले से ही 80 से 85 प्रतिशत तक आरक्षण की व्यवस्था लागू है । कुछ नेता (केन्द्रीय मंत्री तक) तो मुसलमानों के लिए 10 प्रतिशत आरक्षण की मांग कर रहे हैं । इसाइयों के लिए भी आरक्षण कोटे की मांग उठ रही है । बिहार ने "क्रीमी सतह" व्यक्तियों की हास्यप्रद परिभाषा सितम्बर 1994 में दी है (i) उन उद्योगपतियों की सन्तान जिनके उद्योग में दस करोड़ रुपये से अधिक लगा हुआ है, जो पांच वर्ष से अधिक समय से उत्पादन कार्य कर रहा है, जिनकी पत्नियां कम से कम स्नातक हैं, और जिनके पास शहर में कम से कम एक मकान है (ii) उन सरकारी अधिकारियों की सन्तान जो वर्ग एक (class I) के आफिसर के रूप में नौकरी में आये हों, जिनको एक माह में 10,000 रुपये से अधिक वेतन मिलता हो, और जिसकी पत्नी स्नातक हो (iii) उस डाक्टर, वकील आदि पेशेवर व्यक्ति की सन्तान जिसकी तीन वर्षों में औसतन आय दस लाख रुपये प्रति वर्ष से अधिक हो और जिसके पास शहर में दस लाख रुपये से अधिक की सम्पत्ति हो । उच्चतम न्यायालय ने 7 नबम्बर, 1994 को इस परिभाषा की निन्दा करते हुए राज्य सरकार को नोटिस जारी किया (हिन्दुस्तान टाइम्स, नवम्बर 8, 1994) ।

इन सब बातों का परिणाम आपसी घृणा व वैमनस्य के रूप में भयानक रूप में सामने आ रहा है । यदि यह मान लिया जाता है कि कुल आरक्षण 70 प्रतिशत रहेगा तो क्या शेष 30 प्रतिशत व्यक्ति यह मान जायेंगे कि उन्हें संविधान के अनुसार "बराबर के अवसर" मिल रहे हैं ? अतः क्या आरक्षण सामाजिक विषमता दूर कर सकेगा अथवा जातिवाद को और बढ़ावा देगा ?

एक विचारधारा है जो कि आरक्षण के पक्ष में हैं । इस विचारधारा के पक्षधर मानते है कि

गान्धीजी के नेतृत्व वाली पार्टी द्वारा भारतीय जन के साथ किए गए वायदों और स्वतंत्रता के पश्चात स्थापित सामाजिक व्यवस्था में चौड़ी खाई है। समाज के शक्तिशाली वर्ग द्वारा शक्तिहीन वर्ग का दबाया जाना समाप्त नहीं हुआ है। वास्तव में स्थिति बिगाड़ दी गई है। सामाजिक न्याय व समानता का स्वप्न अभी भी प्राप्त करना है। विकास के लाभ सर्वोच्च स्तर की 20% जनसंख्या तक ही पहुंचे है। राज्य शक्ति की धुरी (levers) को मध्यम वर्गीय अंग्रेजी बोलने वाला वर्ग नियमित कर रहा है। यह वर्ग देश के शासक वर्ग के रुप में उदय हो रहा है। आरक्षण नीति को अपना कर सरकार केवल नव सामाजिक व्यवस्था की स्थापना का कार्य करेगी जो समाज दलितों को न्याय एवं अवसरों की समानता सुरक्षित करने में सहायक होगी।

प्रजातंत्र तथा योजना, इन दो संस्थाओं से आशा की जाती थी कि ये भारत के निर्माण में सहायक होंगी। लेकिन वांच्छित परिणाम देने में वे असफल रहीं। इस असफलता के लिए केवल संस्थाओं को ही उत्तरदायी ठहराना उचित नहीं है। दोषी है कार्यविधि या शक्तिवान लोग जिनके द्वारा कार्यविधि को विकृत कर दिया गया है। मध्यम वर्गीय उच्च जातियों के स्वार्थों के कारण ही हमारे देश में दोहरे विकास की व्यवस्था का उदय हुआ जिसमें सत्ता के निकट रहने वाले सभी लाभ उठा रहे है और निम्न स्तरीय लोग विकास प्रक्रिया के ठोस उपलब्धियों से वन्चित रह जा रहे है। सत्ता में कुछ अभिजन जो ग्रामीण लोगों के, विशेष रुप से कृषकों तथा पिछड़े लोगों के कल्याण के लिए प्रतिबद्ध हैं, उन्होंने इन लोगों के असन्तोष को समाप्त करने के लिए ऐसे कार्यक्रमों की घोषणा की जिनसे गरीबों को कुछ आशा मिल सके। एक ऐसी विचारधारा भी है (इसमें उच्चत्तम न्यायालय के कुछ न्यायाधीश भी सम्मिलित हैं) जो आरक्षण की पक्षधर है, लेकिन जाति की अपेक्षा आर्थिक आधार की आवश्यकता पर बल देती है। लगभग सभी राजनैतिक दलों ने आर्थिक आवश्यकता के आधार के विचार का समर्थन किया है। उनकी मान्यता है कि इससे सभी वर्गो और जातियों के निर्धन और योग्य लोगों को समाज में उठने में सहायता मिलेगी। अलाभार्थी (disadvantaged) समूहों को संरक्षण की आवश्यकता है, किन्तु इसे सभी के लिए सदैव के लिए बढ़ाया नहीं जा सकता। निर्धनों को विशेष महत्व दिया जाना चाहिए, लेकिन उनकी प्रगति पर दृष्टि रखने की आवश्यकता है। जैसे ही पता चले कि उन्हें आरक्षण की बैसाखी की आवश्यकता नहीं हैं, वैसे ही सभी सेवाएं सभी के लिए उपलबध करा देनी चाहिए।

आरक्षण नीति के विरुद्ध भले ही कितने तर्क सैद्धान्तिक दृष्टि से क्यों न दिए जाएं, व्यवहार में सभी पार्टियाँ इसका समर्थन करती रहेंगी क्योंकि उन्हें इस प्रकरण से चुनावी लाभ मिलते रहते हैं।

इस प्रकार युवा वर्ग को 'उन्नत' व 'पिछड़ी' जातियों के प्रकरण को उठाने की अपेक्षा राजनैतिक पार्टियों के स्वार्थ के विरुद्ध और समाज में व्यक्तियों तथा युवाओं के तर्क संगत हितों के प्रकरण को उठाना चाहिए। वे यह सुनिश्चित करने के लिए आरक्षण नीति में संशोधन के लिए कुछ सुझाव रख सकते हैं कि केवल कुछ जातियों व परिवारों को लाभान्वित होने की अपेक्षा पिछड़ी जातियों के योग्य व्यक्तियों की बड़ी संख्या को इसका लाभ प्राप्त हो। दूसरे, योग्यता और कुशलता के बीच कोई भी समझौता मान्य नहीं होना चाहिए। तीसरे, उन्हें पिछड़ी जाति के छात्रों और युवकों को इस प्रकरण पर अपने साथ लेना चाहिए और उन्हें उनके उदेश्य से आश्वस्त करने के योग्य होना चाहिए।

निष्कर्ष (Conclusion)

यदि अनुसूचित जातियों को विद्रोह के लिए उठना है, जैसा कि वे अनुभव करते हैं कि केवल हिंसा से ही उनकी आवाज सुनी जाती है, तब तो राष्ट्र को इसके लिए भारी मूल्य चुकाना होगा। हमारी सरकर और जनता को इन लोगों को सम्मानजनक जीवन जीने के लिए अच्छे व्यवहार का अवसर देना होगा। इसी प्रकार आरक्षण के अच्छे बुरे प्रभावों पर बहस करने से बहुत कुछ प्राप्त होने वाला नहीं है। इससे समस्या और गम्भीर ही होगी और देश के टुकड़े होंगे। शक्ति प्राप्त अभिजन, सरकार, राजनैतिक दल, और जनता को कारणों को खोजने के लिए गहराई में जाना पड़ेगा कि आरक्षण स्पष्ट रुप से क्यों आवश्यक हो गया है और इस घातक प्रथा को समाप्त करने के लिए क्या करना आवश्यक है।

REFERENCES

Ambedkar, B.R., *The Untouchables*, Amrit Book Co., New Delhi, 1948.

Ambedkar, B.R., *Who Were the Sudras*? Thacker and Co., Bombay, 1946.

Beteille, Andre, "The Harijans in India", in *Castes: Old and New*, Asia Publishing House, Bombay, 1969.

Chauhan, B.R., "Scheduled Castes and Scheduled Tribes", *Economic and Political Weekly*, January 1969, pp. 257-263.

Commissioner for Scheduled Castes and Scheduled Tribes, *Annual Reports*, 1961-85, Government of India Press, New Delhi.

Gandhi, M.K., *The Removal of Untouchability*, Navjivan Publishing House, Ahmedabad, 1954.

Government of India, Department of Social Welfare, *Report of the Committee on Untouchability*, Economic and Educational Development of the Scheduled Castes and Concerned Documents *(Elayaperumal Report)*, Government of India Press, New Delhi, 1969.

Ghurye, G.S., *Caste and Class in India*, Popular Book Depot, Bombay, 1957.

Ghurye, G.S., *Caste, Class and Occupation* (Ninth Chapter on Scheduled Castes), Popular Book Depot, Bombay, 1961.

Kabra, G.B., *Development of Weaker Sections*, Inter-India Publications, New Delhi, 1984.

Kamble, B.R., *Caste and Philosophy in Pre-Buddhist India*, Parimal Prakashan, Aurangabad, 1979.

Kapadia, K.M., *Marriage and Family in India*, Oxford University Press, New Delhi, 1966, and 1972.

Majumdar D.N., *Races and Cultures of India*, 1948.

Oomen, T.K. "Strategy for Social Change: A Study of Untouchability, *Economic and Political Weekly*, June 22, 1968, pp. 933-936.

Parvathama, C., "The Case for the Indian Untouchable", *United Asia*, September-October, 1962.

Roy Burman, B.K., "The Problem of Untouchables" in Ramesh Thapar's (Ed.), *Tribe, Caste and Religion in India*, Macmillan India Ltd., New Delhi, 1977, pp. 82-93.

Saberwal, Satish, *Status, Network and Mobility in a Punjab Industrial Town*, Indian Institute of Advanced Study, Simla, 1970.

Sachchidananda, *The Harijan Elite*, Thomson Press, Faridabad, 1977.

अध्याय 19

सामाजिक परिवर्तन और विकास
Social Change and Development

सामाजिक परिवर्तन की अवधारणा (The Concept of Social Change)

सामाजिक सम्बन्धों के स्थापित स्वरूपों, सामाजिक मूल्यों, संरचनाओं, अथवा उप-व्यवस्थाओं में परिवर्तन ही सामाजिक परिवर्तन कहलाता है। सामाजिक परिवर्तन समग्र अथवा आंशिक हो सकता है, यद्यपि अधिकांशतः यह आंशिक ही होता है। जिस प्रकार परीक्षा प्रणाली में परिवर्तन शिक्षा प्रणाली में आंशिक परिवर्तन माना जाता है, उसी प्रकार मंदिरों में अस्पृश्यों के प्रवेश वर्जित करने वालों को दण्ड के विधान का क्रियान्वयन, विवाह-विच्छेद की वैधानिक अनुमति, अल्पायु विवाह पर रोक सम्बन्धी विधान, आदि को समाज में आंशिक परिवर्तन कहा जा सकता है। बैंकों का राष्ट्रीयकरण, कोयले की खानों का राष्ट्रीयकरण, आदि समाज की आर्थिक प्रणाली में आंशिक परिवर्तन के उदाहरण हैं, क्योंकि यह परिवर्तन अन्य क्षेत्रों में निजी सम्पत्ति के स्वामित्व की व्यवस्था के साथ-साथ विद्यमान रहता है। कठिनाई तो समाज के समग्र परिवर्तन या सामाजिक व्यवस्था में परिवर्तन को पहिचानने में आती है। यदि हम कहें कि समाज के न केवल कुछ पक्षों में बल्कि प्रत्येक पक्ष में परिवर्तन हो गया है तो इसे 'समग्र' परिवर्तन कहा जायेगा, लेकिन ऐसा कभी नहीं होता है। इसी प्रकार परिवार व्यवस्था, विवाह व्यवस्था, बैंकिंग व्यवस्था, जाति व्यवस्था या फैक्टरी व्यवस्था के कुछ पक्षों में परिवर्तन हो सकता है, लेकिन इनमें से किसी भी व्यवस्था में समग्र परिवर्तन कभी नहीं होता। कोई भी सामाजिक व्यवस्था समग्र रूप में कभी परिवर्तित नहीं होती। सामाजिक परिवर्तन सदैव अथवा अधिकांशतः आंशिक ही होता है।

पर्सी कोहेन (Percy Cohen, 1979:176) ने कहा है कि समाज में लघु (minor) अथवा वृहत (major) या मौलिक (fundamental) परिवर्तनों में अन्तर किया जा सकता है। समाज या सामाजिक व्यवस्था के मूल अथवा महत्वपूर्ण लक्षणों में परिवर्तन को 'वृहत' परिवर्तन कहा जाता है। यदि जेल को सामाजिक व्यवस्था के रूप में लें तो इसकी महत्वपूर्ण विशेषताएँ हैं, कैदियों को ट्रेनिंग देना, निवासियों के लिए भोजन, मनोरंजन एवं स्वास्थ्य रक्षा का प्रबन्ध करना, जेल मानदण्डों को तोड़ने वाले अपराधियों को दण्ड देना, अपराधियों को मित्रों व परिवारजनों से सम्पर्क कराना तथा जेल से भागने को रोकने के लिए प्रबन्ध करना, आदि। अब मान लिया जाये कि समस्त सुरक्षा दल हटा लिए जाते हैं और कैदियों को दिन के समय बाजार जाने की स्वतंत्रता दे दी जाये, लेकिन रात को जेल में रहना आवश्यक हो तो जेल व्यवस्था में यह परिवर्तन जेल के अन्य पक्षों को भी प्रभावित करेगा। ऐसा होने पर इसको जेल व्यवस्था में मूलभूत और वृहत परिवर्तन कहा जायेगा। इसी प्रकार अन्तर्जातीय संबंधों में सामाजिक एवं सहभोज संबंधी प्रतिबन्धों को हटा लिया जाए तो इसे जाति व्यवस्था में 'प्रमुख' परिवर्तन कहा जायेगा। सामाजिक व्यवस्था में मूल लक्षणों को पृथक करना

कठिन नहीं होता। उदाहरणार्थ, जनतांत्रिक राजनैतिक व्यवस्था में चुनाव व्यवस्था एक लक्षण है। यदि चुनाव परिणामों से चुनाव व्यवस्था में परिवर्तन न हो, किन्तु चुनाव व्यवस्था में परिवर्तन चुनाव परिणामों को प्रभावित करते हों तो यह कहा जायेगा कि चुनाव व्यवस्था राजनैतिक व्यवस्था का मूल लक्षण है।

विकास की अवधारणा (The Concept of Development)

सामाजिक विकास एक ओर मानव आवश्यकताओं और आकांक्षाओं के बीच और दूसरी ओर सामाजिक नीतियों और कार्यक्रमों के बीच अच्छा सामंजस्य स्थापित करने के लिए एक नियोजित संस्थात्मक परिवर्तन की प्रक्रिया है। यह समाज में व्यक्तियों के लिए आर्थिक प्रगति को अच्छी जीवन स्थितियों में परिवर्तित करता है। यह गरीबी, निरक्षरता, अज्ञानता, असमानता, विवेकहीनता तथा समाज में प्रचलित दमन, आदि के विरुद्ध एक युद्ध घोषणा है। इसका उद्देश्य न केवल निर्बलों तथा विशेषाधिकार वंचितों का उत्थान करना है, बल्कि सभी नागरिकों के जीवन की गुणवत्ता को सुधारना है। यदि सामाजिक विकास की पूर्वावश्यकता सभी नागरिकों की अपने समाज निर्माण में भागीदारी है, तो लोगों का यह भी विशेषाधिकार है कि सामान्य प्रयत्नों में भागीदारी के लाभों का भी वे आनन्द लें।

सामाजिक विकास का स्वरुप निश्चित करने में चार बातें निहित हैं: (i) समाज में लोगों की आवश्यकताओं का आंकलन (ii) समाज में कुछ संरचनात्मक परिवर्तनों को प्रारम्भ करना, जिसमें कुछ पुरानी प्रथाओं का उन्मूलन, कुछ नयी परम्पराओं की रचना, व कुछ विद्यमान संस्थाओं को बदलना सम्मिलित है, (iii) संस्थाओं को व्यक्तियों के प्रति उत्तरदायी बनाना जिससे कि वे कुछ चुने हुए व्यक्तियों व समूह के लिए नहीं, अपितु समाज के सभी खण्डों के हित के लिए कार्य कर सकें; (iv) निर्णय लेने की प्रक्रिया में लोगों को सम्मिलित करना, अर्थात् नियोजन को निम्नतम स्तर (grass root level) तक ले जाना।

सामाजिक विकास के अभिकल्प (design) तैयार करने की विधि में निम्न सम्मिलित हैं: (i) नीति नियोजन, अर्थात् उद्देश्य निश्चित करना, तथा वरीयताएं एवं रणनीतियाँ तैयार करना, (ii) कार्यक्रम बनाना (programming), अर्थात् संसाधनों (resources) को जुटाना, (iii) क्रियान्वयन (administering), अर्थात् निर्णय लेने की प्रक्रिया में जनता की भागीदारी; (iv) संगठन (organisation), अर्थात् लोगों की सेवाओं तथा संसाधनों में लाभ उठाने के लिए और आवश्यकता पड़ने पर व्यवस्था को बदलने के लिए तैयार करना और (v) मूल्यांकन (evaluation), अर्थात् उद्देश्यों और क्रियान्वयन के बीच की दूरी को मापना तथा भविष्य की योजनाओं के लिए प्रतिपुष्टि (feedback) देना।

सामाजिक विकास के महत्वपूर्ण निदर्शक व संकेतक (Indicators) हैं: (i) जीवन स्तर में परिवर्तन; (ii) गरीबी उन्मूलन; (iii) शिक्षा में विस्तार; (iv) रोजगार के स्तर में वृद्धि, (v) सामाजिक न्याय अर्थात् अवसरों का समान वितरण; (vi) कमजोर समूहों का उत्थान; (vii) जीवन की विविध कठिनाइयों और विषमताओं से सुरक्षा; (viii) समाज कल्याण सुविधाओं में सुधार; (ix) असमानताओं का उन्मूलन-क्षेत्रीय, प्रखण्डीय तथा सामाजिक; (x) स्वास्थ्य संरक्षण एवं विकास;

(xi) पर्यावरण संरक्षण; और (xii) विस्तार कार्यक्रमों में सभी की भागीदारी, जिसमें गुण तथा संरचनात्मक दोनों प्रकार के परिवर्तन सम्मिलित हों ।

सामाजिक विकास के परिरूप (Models of Social Development)

निम्नलिखित दो परिरूप किसी भी समाज के विकास के लिए बताये गए हैं:

*(i) **पूँजीवादी परिरूप** (Capitalist Model)*

इस परिरुप की मूल भावना है उद्यमकर्ता (उद्योग व व्यापार आरम्भ करने), श्रमिक (श्रम बेचने), व्यापारी (वस्तुएँ खरीदने व बेचने) व व्यक्ति (खरीदने व उपभोग करने) को स्वतंत्रता देना । परन्तु यह विचारधारा समानता के मूल्य को स्वीकार नहीं करती और असमानताओं को यह व्यक्ति के आलस्य से सीधे संबंधित मानती है ।

*(ii) **समाजवादी परिरूप** (Socialistic Model)*

यह परिरूप जनतंत्रीकरण (democratization) के पक्ष में नहीं हैं । यह ऐसे राज्य का पक्षधर है जहाँ कामगरों (श्रमिकों) का प्रभुत्व हो । समाजवादी परिरूप या तो रूसी या चीनी मॉडल का हो सकता है । रूसी मॉडल का आधार है नगरीकरण आधारित भारी उद्योगों का विकास, जबकि चीनी मॉडल ग्रामीण आधारित उद्योगों के विकास को प्राथमिकता देता है ।

भारत में अपनाया गया विकास का विकल्प परिरूप (Alternate Model of Development Adopted in India)

उपरोक्त वर्णित परिरूपों से भारत का सामाजिक विकास का परिरूप बिल्कुल भिन्न है, क्योंकि यह समाजवादी आदर्शों पर आधारित है जिसे 'जनतांत्रिक समूहवाद' (democratic collectivism) कहा जाता है । यह संघर्ष पर आधारित नहीं है, बल्कि मतैक्य (consensus) पर आधारित है । यह समायोजन के द्वारा जनतांत्रिकरण है । पूँजीवादी प्रारूप के विपरीत यह जन सामान्य के लिए विवेकशून्य नहीं है, और रूसी तथा चीनी प्ररिरूप के विपरीत यह व्यक्ति के दमन पर आधारित नहीं है । इसका उद्देश्य "समाजवाद आदर्शों के समाज" का निर्माण करना है । यह राज्य और व्यक्ति दोनों के हितों की रक्षा करता है । इसका उद्देश्य समान न्याय, जन सामान्य की भागीदारी, तथा समाज की एकता स्थापित करना है । निजी सम्पत्ति का उन्मूलन करना इसका उद्देश्य नहीं है, बल्कि मूलभूत और प्रमुख उद्योगों को सार्वजनिक स्वामित्व देने पर बल देना है । भारत में समाजवाद में वह आदर्शात्मक केन्द्रीयता (ideological centrality) नहीं है, जो चीन में है ।

स्वतंत्रता प्राप्ति के समय कांग्रेस पार्टी में दो विचारधाराएं थीं । एक समाजवाद की पक्षधर और दूसरी विरोधी । फिर भी, भविष्य के लिए समाजवाद को एक विकास मॉडल के रूप में अपनाया गया, ग्रामीण समाज की पुनः संरचना के लिए आधार माना गया, तथा औद्योगिक उत्पादन के साधनों के नियंत्रण के लिए राज्य के अधिकारों में विस्तार के सिद्धान्त का अनुशरण किया गया । निजी साहस के क्षेत्र में सरकार की नीति और औद्योगिक विकास में सरकार की भूमिका आदि को 'औद्योगिक विकास और निर्मितीकरण अधिनियम' (Industrial Development And Regulation

Act) द्वारा स्पष्ट किया गया है, जिसमें प्रावधान रखा गया है कि केन्द्र सरकार से प्राप्त लाइसेंस के बिना न तो किसी नवीन औद्योगिक इकाई की स्थापना की जा सकती है और न ही किसी वर्तमान उद्योग क्षेत्र में कोई विस्तार किया जा सकता है। परन्तु यह नियम 1992 में सरकार की उदारीकरण (liberalisation) की नीति के कारण शिथिल हो गया है।

भारत में सामाजिक परिवर्तन के उद्देश्य (Goals of Social Change in India)

भारत की राजनैतिक स्वतंत्रता के समय अनेक बुद्धिजीवियों ने अनुभव किया कि भारत आधुनिकीकरण के क्षेत्र में असफल हो गया है, क्योंकि यह पूँजीवादी साम्राज्यवाद का शिकार रहा है, न कि यहाँ विकास की संभावनाएँ कम हैं। सामाजिक-सांस्कृतिक परिवर्तन, जिसको हमने 47 वर्ष पूर्व प्रारम्भ किया था तथा जिसको भविष्य के लिए हमने अपना उद्देश्य बनाया है, संरचनात्मक परिवर्तन के उद्देश्य से किया है। इससे जन आकांक्षाओं और आवश्यकताओं की पूर्ति में सहयोग मिलेगा। गणतंत्र की स्थापना के प्रारम्भिक दस वर्षों में जिन सामूहिक उद्देश्यों की योजना हमने बनाई थी वे थी: राजनैतिक, सामाजिक, आर्थिक व सांस्कृतिक।

सामाजिक उद्देश्य थे: समानता, न्याय, स्वतंत्रता, युक्तिकरण और व्यक्तिवाद। आर्थिक उद्देश्यों में वितरण संबंधी न्याय, तथा आर्थिक धर्म दर्शन (theology) के स्थान पर आर्थिक युक्तिकरण सम्मिलित थे। राजनैतिक उद्देश्य थे, ऐसी राजनैतिक व्यवस्था की स्थापना करना जहाँ शासक जनता के प्रति उत्तरदायी हो, राजनैतिक सत्ता का विकेन्द्रीकरण हो तथा अधिकाधिक लोगों को निर्णय की प्रक्रिया में सम्मिलित किया जा सके। हमारा सांस्कृतिक उद्देश्य था पवित्रता से धर्म निरपेक्षता की नीति। हमारे सत्ताधारी अभिजनों (power elite) ने इस सम्बन्ध में निम्न उद्देश्य बनाए:

एक शक्तिशाली केन्द्रीय राज्य की रचना

यह इसलिए आवश्यक था क्योंकि ऐतिहासिक दृष्टि से भारत में राजनैतिक सत्ता का विखण्डन हो चुका था। स्वतंत्रता के पश्चात् यह भय था कि धार्मिक, भाषायी, जातीय, जनजातीय, वर्गवादी आदि शक्तियाँ सत्ता का और भी विखण्डन कर सकतीं हैं। केन्द्र में शक्तिशाली तथा राज्यों को आदेश देने वाली सरकार ही ऐसे प्रयत्नों को रोक सकेगी।

अर्थ व्यवस्था को आधुनिक बनाना

यह प्रति व्यक्ति आय में वृद्धि करने, देश को आत्म निर्भर बनाने, तथा स्वदेशी पूँजी क्षेत्र बनाने के लिए आवश्यक था।

समाजवादी समाज की स्थापना करना

यह निजी पूँजीपतियों की भूमिका को प्रतिबन्धित करने के लिए आवश्यक था, न कि उनको समाप्त करना तथा प्रमुख उद्योगों के जन स्वामित्व पर बल देना था।

जातियों, क्षेत्रों, एवं वर्गों में असमानताओं को कम करना

मूलभूत मानव अधिकारों का संरक्षण करना जैसे, स्वतंत्र-भाषण का अधिकार, स्वतंत्र धार्मिक अभिव्यक्ति का अधिकार, राजनैतिक भागीदारी का अधिकार, आदि।

एक ऐसे समाज की स्थापना करना जहाँ व्यक्ति निस्वार्थ, त्याग, सहयोग तथा आदर्शवाद की ओर प्रेरित हों।

सामाजिक परिवर्तन के अध्ययन संबंधी उपागम (Approaches to the Study of Social Change)

योगेन्द्र सिंह ने सामाजिक परिवर्तन पर अपने प्रारम्भ के लेखों में (1969:11) भारत में सामाजिक परिवर्तन के अध्ययन की प्रकृति और प्रक्रिया पर तीन उपागमों की चर्चा की थी: दार्शनिक-ऐतिहासिक और आध्यात्मिक (metaphysical) उपागम, राजनैतिक-ऐतिहासिक उपागम, सामाजिक मानव शास्त्रीय और समाजशास्त्रीय उपागम।

दार्शनिक-ऐतिहासिक उपागम के स्रोत भारतीय एवं पश्चिमी दोनों ही बताये गए हैं। भारतीय दर्शन और धर्म ने परिवर्तन के दार्शनिक सिद्धान्त का प्रतिपादन किया जिसकी विशेषता थी समाज में काल चक्रीय गति (विलय-प्रलय, सतयुग-कलियुग), जो समय-समय पर अवतारों के द्वारा खण्डित किया गया तथा पुनः सक्रिय किया गया। इस सिद्धान्त का आधार कर्म-धर्म और मोक्ष में विश्वास है। एक समय था जब इस सिद्धान्त पर दृढ़ विश्वास किया जाता था, लेकिन अब यह विलुप्त होता जा रहा है, क्योंकि इसका व्यवस्थित विश्लेषण सम्भव नहीं है। ऐतिहासिक उपागम से सामाजिक परिवर्तन का अध्ययन भारतीय इतिहास के आलेखों (records) द्वारा होता है; उदाहरणार्थ, जाति प्रथा में परिवर्तन या स्त्रियों की स्थिति में परिवर्तन का अध्ययन विविध युगों के ऐतिहासिक आलेखों के आधार पर किया जाता है, जैसे मौर्य काल, गुप्त काल, ब्राह्मणिक काल, मुगल काल, ब्रिटिश काल तथा स्वातंत्रयोत्तर काल। इस उपागम की सीमा यह है कि ऐतिहासिक आलेख सभी उपलब्ध नहीं हो पाते हैं या फिर साक्ष्य विश्वसनीय नहीं होते। परिणामतः इस उपागम पर निर्भर रहने से समाजशास्त्रीय सामान्यीकरण भ्रामक हो सकता है। सामाजिक मानव शास्त्रीय उपागम अन्य दोनों उपागमों की अपेक्षा अधिक व्यवस्थित समझा जा सकता है। इस उपागम में गहन क्षेत्रीय कार्य (intensive field work) या सहभागिक अवलोकन (participant observation) विधि का योग किया जाता है। इस प्रकार के उपागम में सैद्धान्तिक प्रस्थापनाएं (propositions) मानवजातीय आंकड़ों (ethnographic data) की व्याख्या करते हैं जो या तो अध्ययनकर्ता के स्वयं के या दूसरों के क्षेत्रीय कार्य के परिणाम होते हैं। एम.एन. श्रीनिवास (1985:137) का विचार है कि कुछ सप्ताह या कुछ माह सूचनादाताओं के साथ दुभाषिए के माध्यम से रहने से अध्ययन किए जाने वाले लोगों के विषय में विश्वसनीय दृष्टिकोण प्राप्त नहीं किया जा सकता हैं। सामाजिक मानवशास्त्रियों से आशा की जाती है कि वे उन लोगों के बीच कम से कम साल डेढ़ साल व्यतीत करें, उनकी भाषा में निपुणता प्राप्त करें, और जितना अवलोकन कर सकें उतना करें। ब्रिटिश मानवशास्त्री संस्कृति को महत्व नहीं देते बल्कि समाज, सामाजिक संरचना और सामाजिक संबंधों को अधिक महत्व देते हैं। वे अब 'तुलनात्मक विधि' (comparative method) का भी प्रयोग करते हैं जिसमें

विविध समाजों का अध्ययन सम्मिलित है। यह जानते हुए कि समाज की विभिन्न संस्थाएं परस्पर संबंधित हैं, सामाजिक मानवशास्त्री विशिष्ट संस्था के साथ सभी सम्बद्ध संस्थाओं का अध्ययन करता है। इस मानवशास्त्रीय उपागम की सीमा यह है कि यह सूक्ष्म स्तर (microcosm) के आधार पर स्थूल स्तर (macrocosm) के विषय में सामान्यीकरण का प्रयत्न करता है। यह निर्विवाद कल्पना सार्वभौमिकता एवं समरुपता पर आधारित है। लेकिन भारत में विषमता और विविधता अधिक है। इस प्रकार एक गाँव के किसी संस्था (जैसे, परिवार, जाति आदि) के परिवर्तन को दो समय-अवधि के बीच अध्ययन करके हम इस सामान्य निष्कर्ष पर नहीं पहुंच सकते कि दूसरे गांवों में या समूचे भारत में इसी प्रकार के परिवर्तन होते हैं। सामाजिक मानवशास्त्रीय उपागम की त्रुटियाँ समाजशास्त्रीय उपागम द्वारा कम कर दी गई हैं। समाजशास्त्रीय उपागम में आनुभविक (empirical) जांच पड़ताल वृहद् स्तर पर की जाती है और सामान्य निष्कर्ष प्राप्त किए जाते हैं।

सामाजिक परिवर्तन पर अपने बाद के लेखों में योगेन्द्र सिंह (1977) ने भारत में सामाजिक परिवर्तन के विषय में पाँच उपागमों की चर्चा की है। ये हैं: उद्विकासीय उपागम, सांस्कृतिक उपागम (संस्कृतीकरण, पश्चिमीकरण, लघु व महत् परम्पराएँ, संकुचितीकरण और सार्वभौमीकरण), संरचनात्मक उपागम (प्रकार्यात्मक तथा द्वन्द्वात्मक मॉडल पर आधारित), आदर्शगत व विचारात्मक उपागम, तथा एकीकरण उपागम।

उद्विकासीय उपागम (Evolutionary Approach)

इस उपागम में एक लम्बी श्रृंखला में छोटे-छोटे परिवर्तनों के द्वारा सरल से जटिल मन्द गति से होने वाले विकास का अध्ययन किया जाता है। प्रत्येक परिवर्तन व्यवस्था को थोड़ा सा बदलता है; लेकिन लम्बे समय बाद परिवर्तनों का समग्र प्रभाव नवीन जटिल स्वरूपों को जन्म देता है। उद्विकासीय उपागम में विविध विद्वानों ने चार उप-पद्धतियों का प्रयोग किया है: एकरेखीय (unilinear), सार्वभौमिक (universal), चक्रीय (cyclical), एवं बहुरेखीय (multi linear)। एक रेखीय उप पद्धति विभिन्न चरणों (stages) में परिवर्तन की व्याख्या करती है और मानती है कि प्रत्येक चरण पहले से अच्छा और ऊंचा है। सार्वभौमिक उप-पद्धति चरणों में परिवर्तन में विश्वास नहीं करती, बल्कि यह सरल से जटिल परिवर्तन की ओर संकेत करती है। यह उप-पद्धति बढ़ते हुए अन्तर (differentiation) व एकीकरण (integration) की भी पक्षधर है। चक्रीय उप-पद्धति लयबद्ध परिवर्तन का संकेत देती है। बहुरेखीय उप पद्धति पर्यावरण के साथ अनुकूलन की प्रक्रिया पर बल देती है।

संघर्ष उपागम (Conflict Approach)

मार्क्सवादी संघर्ष उपागम के अनुसार आर्थिक परिवर्तन, सामाजिक समूहों तथा समाज व्यवस्था के विविध अंगों के बीच गहन संघर्षों के माध्यम से अन्य परिवर्तनों को जन्म देता है। डी.पी. मुखर्जी, ए.आर. देसाई तथा एम.एन. दत्ता, जैसे कुछ सिद्धान्तवादियों ने कहा है कि वृहद् अर्थ में संघर्ष ही सामाजिक परिवर्तन का कारण होना चाहिए। इसके पीछे तर्क यह है कि यदि समाज में मतैक्य (consensus) हो और यदि विविध खण्डों में एकीकरण हो तो परिवर्तन के लिए बहुत कम दबाव

रह जायेगा। अतः परिवर्तन समूहों या सामाजिक और सांस्कृतिक व्यवस्थाओं के विभिन्न भागों के बीच संघर्ष के फलस्वरूप ही होना चाहिए।

सांस्कृतिक उपागम (Cultural Approach)

इस उपागम में समाज के बदलते हुए सांस्कृतिक तत्वों का विश्लेषण करके परिवर्तन का अध्ययन किया जाता है। इसी उपागम के अन्तर्गत एम.एन. श्रीनिवास ने संस्कृतिकरण व पश्चिमीकरण की प्रक्रिया के माध्यम से परिवर्तन का अध्ययन किया; रोबर्ट रेडफील्ड ने लघु और महत् परम्पराओं में परिवर्तन के माध्यम से; तथा मैकिम मैरियट ने संकुचितीकरण व सार्वभौमीकरण (parochialization and universalization) की प्रक्रिया के माध्यम से परिवर्तन अध्ययन किया। संस्कृतिकरण (श्रीनिवास, 1973) परिवर्तन की वह प्रक्रिया है जिसमें निम्न जाति के लोग जाति संस्तरण में उच्च जातियों के रीति रिवाज, कर्म, विचारधाराएं तथा उनकी जीवन शैली को अपना कर अपनी प्रस्थिति को उठाना चाहते हैं। परम्परागत सामाजिक संरचना में यही सांस्कृतिक गतिशीलता की प्रक्रिया है। उच्च जातियाँ सदैव ब्राह्मण नहीं होती हैं; वे क्षत्रिय, वैश्य और अन्य भी हो सकती है। पश्चिमीकरण गैर-पश्चिमी समाज द्वारा पश्चिमी समाज की तकनीक, संस्थाओं, आदर्शों व मूल्यों को अपनाना है। कुछ विद्वान इस विचार के हैं कि पश्चिमीकरण तथा संस्कृतिकरण दोनों ही प्रक्रियाएं भारत में सामाजिक-सांस्कृतिक परिवर्तन के उप-शाखाओं को स्पष्ट नहीं करती। संस्कृतिकरण जाति-व्यवस्था में किसी व्यक्ति या समूह की प्रस्थिति में परिवर्तन का द्योतक है; यह समाज या सामाजिक व्यवस्था में परिवर्तन को नहीं बताता। योगेन्द्र सिंह (1974:9) ने भी माना है कि आधुनिक भारत में होने वाले सामाजिक परिवर्तन का संस्कृतिकरण तथा पश्चिमीकरण के संदर्भ में वर्णन करना संरचनात्मक अर्थ की अपेक्षा सांस्कृतिक अर्थ में वर्णन करना है।

रोबर्ट रेडफील्ड (1955), जिन्होंने लघु और महत् परम्पराओं की अवधारणाओं की सहायता से मक्सिको के समुदायों के सामाजिक परिवर्तन का विश्लेषण किया था, का अनुसरण करते हुए मैकिम मेरियट (1955) तथा मिल्टन सिंगर (1959) ने भी भारत में सामाजिक परिवर्तन का इसी अवधारणात्मक संदर्भ में अध्ययन किया। लघु परम्पराएं वे स्वदेशी प्रथाएं, देवी-देवता, तथा रीतियाँ व संस्कार हैं जो कि लोक स्तर पर पाए जाते हैं। वे ग्रामीण समुदाय के स्तर पर पाये जाते हैं तथा उनका विकास आन्तरिक होता है। जो परम्पराएं बाहरी सम्पर्कों के कारण विकसित होती हैं और अभिजन स्तर पर मिलती हैं, महत् परम्पराएं कहलाती हैं। सांस्कृतिक परिवर्तनों की व्याख्या करते हुए मिल्टन सिंगर ने कहा है: (अ) महत् परम्पराओं का विकास लघु परम्पराओं के साथ निरन्तर रहा है; (ब) भारत में सांस्कृतिक निरन्तरता का कारण लोगों द्वारा सामान्य सांस्कृतिक चेतना में सहभागिता तथा सामान्य मानसिक दृष्टिकोण है; (स) सामान्य सांस्कृतिक चेतना का निर्माण पवित्र पुस्तकों तथा पवित्र वस्तुओं से होता है; (द) अतीत के साथ भारत की सांस्कृतिक निरन्तरता इतनी सुदृढ़ है कि स्वीकार्य परिवर्तनों में भी प्राचीन परम्पराओं को नहीं छोड़ा जाता। इस प्रकार, यद्यपि आधुनिक प्रभाव भारत के सामाजिक व सांस्कृतिक जीवन के अनेक पक्षों को प्रभावित कर रहे हैं, तथापि उन्होंने भारत के मूल ढांचे व स्वरूप को नष्ट नहीं किया है। मैकिम मैरियट ने लघु परम्पराओं के मूल तत्वों का महत् परम्पराओं की ओर उठने की प्रक्रिया को सार्वभौमिकरण कहा है। दूसरी ओर, महत् परम्पराओं का

नीचे की ओर लघु परम्पराओं तक पहुंचने की प्रक्रिया को संकुचितीकरण कहा है। इस प्रकार सार्वभौमीकरण तथा संकुचितीकरण दोनों ही प्रक्रियाएं सांस्कृतिक परिवर्तन की व्याख्या करती हैं।

संरचनात्मक उपागम (Structural Approach)

यह उपागम सामाजिक सम्बन्धों के जाल तथा सामाजिक संरचना में परिवर्तन का अध्ययन करता है (जैसे जाति, नातेदारी, फैक्टरी, प्रशासनिक संरचना, आदि)। इन सामाजिक संरचनाओं और सम्बन्धों की तुलना अन्तः सांस्कृतिक दृष्टि से (intra-culturally) तथा सांस्कृतिक दृष्टि पार कर (cross-culturally) भी की जाती है।

योगेन्द्र सिंह (1977:17) के अनुसार परिवर्तन के संरचनात्मक विश्लेषण में सम्बन्धों के संरुपण (patterned relationships) में नये सामंजस्य के गुणात्मक प्रकृति का अध्ययन निहित है। उदाहरणार्थ, जब जीवन-साथी का चयन बच्चे स्वयं करते हैं, न कि उनके माता-पिता, तब वैवाहिक सम्बन्धों की गुण सम्बन्धी प्रकृति निश्चय ही भिन्न होगी। भारत में परिवर्तन के विश्लेषण में इस उपागम का प्रयोग कुछ मुश्किल से ही किया गया है, जबकि सांस्कृतिक उपागम का प्रयोग अधिक किया गया है।

एकीकृत उपागम (Integrated Approach)

योगेन्द्र सिंह (1973:22-27) मानते हैं कि उपरोक्त कोई भी उपागम भारत में सामाजिक परिवर्तन का व्यापक परिप्रेक्ष्य प्रस्तुत नहीं करता। अतः उन्होंने सामाजिक परिवर्तन से सम्बद्ध विभिन्न विचारों को मिला कर एक नये पैराडाइम व उपागम का विकास किया जिसको उन्होंने एकीकृत उपागम कहा है। इस उपागम में उन्होंने (अ) परिवर्तन की दिशा (एकरेखीय या चक्रीय), (ब) परिवर्तन का सन्दर्भ (लघु या वृहद् संरचनात्मक स्तर के द्वारा), (स) परिवर्तन का स्रोत (अर्थात् आन्तरिक अथवा बाह्य सम्पर्क द्वारा), और (द) परिवर्तित होने वाली घटना का सारभूत क्षेत्र (अर्थात सांस्कृतिक या सामाजिक संरचना), आदि को मिला दिया है।

नियोजन तथा सामाजिक परिवर्तन (Planning and Social Change)

किसी निश्चित क्रिया के प्रति प्रतिबद्धता नियोजन कहलाती है। यह सामाजिक संस्थाओं का नवीन सामाजिक, आर्थिक और राजनैतिक स्थितियों से समायोजन है। यह आवश्यक नहीं है कि नियोजन तर्क संगत ही हो क्योंकि यह सदैव विश्वसनीय वैज्ञानिक सूचनाओं पर आधारित नहीं होता है। उदाहरणार्थ, यदि भारत में निर्धनता उन्मूलन के लिए केवल उत्पादन की वृद्धि पर ही बल दिया जाये और जनसंख्या विस्फोट के नियंत्रण के पक्ष की उपेक्षा की जाती है तब ऐसे नियोजन को तर्कसंगत कैसे कहा जा सकता है। सामाजिक नियोजन के निम्न उद्देश्य होते हैं: (i) सामाजिक संगठन में परिवर्तन (ii) सामुदायिक कल्याण जैसे शिक्षा सुविधाओं में सुधार करना, नौकरी के अवसरों में वृद्धि करना, सामाजिक कुरीतियों को समाप्त करना, आदि

रीमर (Riemer) के अनुसार नियोजन की तीन प्रमुख विशेषताएं हैं (अ) उद्देश्यों का पूर्व निर्धारण और मूल्यों की घोषणा, (ब) मूर्तता (concreteness) अथवा विषय सामग्री की निश्चितता निर्धारित करना, (स) विविध कुशलताओं तथा विविध पेशे की ट्रेनिंग में समन्वय स्थापित करना।

योजना की सफलता के लिए कुछ बातें ध्यान में रखना आवश्यक है: (i) योजना का आविर्भाव (stem) लोगों के द्वारा होना चाहिए,(ii) लोगों की भागीदारी अत्यन्त आवश्यक है,(iii) योजना के प्रारम्भ करने के लिए सामाजिक कार्यकर्त्ताओं को आगे आना चाहिए,न कि योजना बनाने वालों को,(iv) प्राथमिकताएं पूर्व निश्चित करनी चाहिए,(v) निर्णय करने में मध्यस्थता उस व्यक्ति के द्वारा की जानी चाहिए जो तकनीकी ज्ञान रखता हो और जो दक्षता प्राप्त पेशेवर व्यक्ति हो क्योंकि उसमें विकल्प ढूँढ़ने की क्षमता होती है।

भारत में 1940 के दशक में एम. विश्वेशरैया द्वारा आर्थिक नियोजन का प्रतिपादन किया गया था। द्वितीय विश्व युद्ध के अवसर पर (1938-39) एक अखिल भारतीय योजना बनाने के उद्देश्य से भारतीय राष्ट्रीय कांग्रेस ने राष्ट्रीय योजना समिति की नियुक्ति की। लेकिन बम्बई योजना (टाटा-बिड़ला योजना) ने ही भारत के लोगों को नियोजन चेतना प्रदान की। 1943 में भारत सरकार ने एक वाइसराय काउन्सिल की कमेटी, जिसे पुनर्निर्माण कमेटी ऑफ काउन्सिल (Reconstruction Committee of Council) के नाम से जाना जाता है, की स्थापना की (जिसकी सहायता प्रान्तीय नीति समितियों ने की) जिसका उद्देश्य पुनर्निर्माण की योजना तैयार करना था। 1944 में योजना तथा विकास विभाग का भी निर्माण किया गया। परन्तु, उस समय सरकारी योजनाएं निश्चित आर्थिक लक्ष्यों को प्राप्त करने के लिए नहीं बनाई गई थीं। उनका सम्बन्ध केवल जीवन स्तर उठाने, लोगों की क्रयशक्ति बढ़ाने, कृषि मूल्यों को स्थिर करने, उद्योगों का विकास करने, धन सम्बन्धी विषमता को दूर करने, तथा पिछड़े वर्गों को उठाने के प्रकरणों से था। विविध प्रान्तों से अपनी-अपनी योजनाएँ बनाने के लिए कहा गया था। उनके लिए न तो कोई संसाधन बजट था और न ही किसी प्राथमिकता का ही उल्लेख था। इस प्रकार कहा जा सकता है कि भारत की स्वतंत्रता प्राप्ति तक प्रेरित सामाजिक परिवर्तन सम्भव न था। क्योंकि: (i) पर्याप्त नियोजन द्वारा विकास की प्राथमिकताओं को पूर्व निश्चित नहीं किया गया था,(ii) उत्पादन तथा राष्ट्रीय आय की आवश्यकता से संबंधित पर्याप्त आंकड़े तैयार नहीं किए गए थे,(iii) विकास उद्देश्यों के लिए केवल सीमित विदेशी विनिमय ही उपलब्ध था,(iv) निजी उद्यमी औद्योगिक विकास में बड़ी पूँजी निवेश करने में कम उत्साही थे क्योंकि सरकारी नीतियाँ उनके लिए सहायक नहीं थीं,(v) विदेशों से कच्चा माल, मशीनें और प्रमुख वस्तुएं आयात करने की सुविधा नहीं थी,(vi) जनसंख्या वृद्धि को रोकने के गंभीर प्रयत्न नहीं किए गए,(vii) प्रान्तीय तथा केन्द्रीय समितियों के बीच नियोजन प्रक्रिया में तालमेल नहीं था,(viii) विश्व युद्धों के कारण मुद्रा स्फीति में वृद्धि होती जा रही थी, और (ix) प्रशासनिक प्रक्रिया का विकास मुख्यत: राज्य के पुलिस कार्यों के उद्देश्य से किया गया था। नौकरशाही को विकास योजनाओं में रुचि लेने की ट्रेनिंग नहीं दी जाती थी।

स्वतंत्रता के पश्चात् भारत सरकार ने सन् 1950 में सभी राज्यों और केन्द्रीय योजनाओं में तालमेल बैठाने के उद्देश्य से योजना आयोग की नियुक्ति की। यह आयोग (i) प्राथमिकताओं को निश्चित करने (ii) देश के संसाधनों के संतुलित नियोजन के लिए (iii) देश के भौतिक, पूँजी एवं मानव संसाधनों का मूल्यांकन करने (iv) समय-समय पर प्रगति का मूल्यांकन तथा पुन: समायोजन की सिफारिश करने (v) उन कारकों का पता लगाने के लिए जो आर्थिक प्रगति में बाधा डालते हैं, आदि कार्य करने के लिए था।

अपने प्रारम्भ होने से अब तक योजना आयोग ने आठ पंच वर्षीय योजनाएं तैयार की हैं तथा प्रत्येक योजना विशेष उद्देश्य पर केन्द्रित की गई हैं। उदाहरणार्थ, अप्रेल, 1951 में जब प्रथम पंच वर्षीय योजना प्रारम्भ की गई तो इसका प्रमुख केन्द्र बिन्दु कृषि विकास था। द्वितीय योजना में भारी उद्योगों पर बल दिया गया, जबकि शेष 6 योजनाएं कृषि व औद्योगिक विकास दोनों पर केन्द्रित थीं। प्रेरित परिवर्तन के लिए अन्य प्राथमिकताएँ थीं: परिवार नियोजन, रोजगार के अवसरों में वृद्धि, 5 या 7% वार्षिक राष्ट्रीय आय में वृद्धि, मूल उद्योगों का विकास (लोहा, इस्पात, शक्ति, रसायन), मानव संसाधनों का अधिकतम प्रयोग, आर्थिक शक्ति का विकेन्द्रीकरण, आय वितरण की असमानताएं कम करना, सामाजिक न्याय तथा समानता प्राप्त करना, आदि। यह कहा जा सकता है कि भारत में नियोजन का मुख्य उद्देश्य लोगों के जीवन स्तर को ऊंचा उठाना तथा उनके लिए समृद्ध जीवन के लिए अवसर प्रदान करना रहा है।

किन्तु क्या भारत में नियोजन से नियोजित परिवर्तन का उद्देश्य प्राप्त हो सका है? 44 वर्ष के नियोजन की अवधि में आर्थिक विकास की दर 3.5% रही है। यद्यपि यह विश्व की आय में 4% की वृद्धि की तुलना में बुरी नहीं है, किन्तु विकासशील देशों की 7% से 10% की वृद्धि की अपेक्षा अच्छी नहीं है। 1951 से 1994 की अवधि में भारी राष्ट्रीय आय में केवल 3.5% की ही वृद्धि सम्भव हो पायी है।

यद्यपि सरकार का दावा है कि 1972-1994 के बीच गरीबी की रेखा से नीचे लोगों की संख्या में 15% की कमी हुई है, किन्तु चूकिं रोजगार कार्यालयों में बेरोजगार लोगों के पंजीकरण की संख्या में वृद्धि 1952 में 4.37 लाख से 1971 में 50.99 लाख, 1981 में 178.3 लाख, 1990 में 346.3 लाख और 1991 में 363.0 लाख (India Today, May 31, 1992:296) हुई, इसलिए हम इस निष्कर्ष पर नहीं पहुंच सकते कि नियोजन के लक्ष्य प्राप्त कर लिए गए हैं तथा लोगों के जीवन में सुधार का लक्ष्य प्राप्त कर लिया गया है। इसमें कोई आश्चर्य नहीं कि आज अधिक से अधिक लोग कुंठित हैं और आन्दोलनों की संख्या में प्रतिवर्ष वृद्धि होती जा रही है। नियोजन को तिल्लांजलि देने से पूर्व हमें सावधानी पूर्वक देखना होगा और तभी निर्णय लेना उचित होगा।

रोनाल्ड लिप्पिट (Ronald Lippet, 1958:96-99) के अनुसार कहा जा सकता है कि यदि विकास कार्यक्रम को सफल बनाना है तो कुछ सिद्धान्तों को क्रियान्वित करना होगा। इसके कुछ महत्वपूर्ण सिद्धान्त हैं: (i) विकास प्रस्ताव व प्रक्रिया परस्पर मेल होना चाहिए, (ii) विकास के लक्ष्य समुदाय के लिए सार्थक मूल्य वाले होने चाहिए, (iii) नियोजकों को सामुदायिक सांस्कृतिक मूल्यों तथा विश्वासों का समुचित ज्ञान होना चाहिए, (iv) विकास प्रक्रिया में समुदाय की भी सक्रिय भागीदारी होनी चाहिए, (v) विकास समूचे समुदाय के संदर्भ में होना चाहिए और (vi) विकास की विविध एजेन्सियों के बीच सम्प्रेषण एवं सहयोग आवश्यक है। जापान, जर्मनी सहित देश जिन्होंने प्रगति की है, वे देश हैं जहाँ न तो कोई योजना आयोग है और न ही कोई योजना। क्या भारत को भी वही रास्ता अपनाना चाहिए?

भारत में सामाजिक परिवर्तन की प्रकृति एवं दिशा (Nature and Direction of Social Change In India)

क्या हमने अपने सामूहिक लक्ष्य प्राप्त कर लिए हैं ? 20वीं शताब्दी के पूर्वार्द्ध तक भारतीय समाज को परम्परागत समाज समझा जाता था। यद्यपि ब्रिटिश सरकार ने हमारे देश को औद्योगिक बनाने का प्रयत्न किया और अनेक सामाजिक व आर्थिक परिवर्तन लाने की भी कोशिश की, लेकिन लोगों के जीवन में गुणात्मक सुधार करने तथा जीवन स्तर उठाने में उनकी कोई रुचि नहीं थी। राजनैतिक स्वतंत्रता प्राप्ति के बाद क्या हम अपने समाज का आधुनिकीकरण करने में सफल हुए हैं ? यदि हाँ, तो परिवर्तन का स्वरुप क्या रहा है ? इस प्रश्न के उत्तर के लिए यह समझना आवश्यक है कि एक परम्परागत समाज क्या है और आधुनिक समाज क्या हैं ?

परम्परागत समाज वह है जिसमें (i) व्यक्ति की प्रस्थिति उसके जन्म से निश्चित व निर्धारित होती है, अर्थात् व्यक्ति सामाजिक गतिशीलता के लिए संघर्ष नहीं करता है; (ii) व्यक्ति का व्यवहार प्रथाओं व रिवाजों से संचालित होता है और लोगों के व्यवहार में पीढ़ी दर पीढ़ी थोड़ा ही परिवर्तन आता है; (iii) सामाजिक संगठन का आधार संस्तरण होता है; (iv) व्यक्ति अपनी पहिचान प्राथमिक समूह से बनाता है तथा परस्पर अन्तर्क्रिया में नातेदारी सम्बन्ध महत्वपूर्ण होते हैं; (v) प्रस्थिति की अपेक्षा व्यक्ति को सामाजिक सम्बन्धों की स्थापना में अधिक महत्व दिया जाता है; (vi) लोग, रुढ़िवादी होते हैं; (vii) अर्थव्यवस्था सरल होती है तथा जीविका से परे आर्थिक उत्पादन अपेक्षाकृत कम होता है; और (viii) समाज में मिथकीय विचार प्रभावशील होते हैं।

इसके विपरीत आधुनिक समाज वह है जिसमें (i) समाज में व्यक्ति की प्रस्थिति उसकी स्वयं की योग्यता एवं सामर्थ्य से निर्धारित होती है; (ii) व्यक्ति का व्यवहार रिवाजों की अपेक्षा कानून से अधिक नियंत्रित होता है; (iii) सामाजिक संरचना का आधार समानता होता है; (iv) द्वैतीयक सम्बन्ध प्राथमिक सम्बन्धों से अधिक महत्वपूर्ण होते हैं; (v) समाज में व्यक्ति की प्रस्थिति अर्जित होती है और सामाजिक जीवन में तथा सामाजिक सम्बन्धों में इसका अधिक महत्व होता है; (vi) लोग नवीनता में विश्वास करते हैं; (vii) अर्थन्यवस्था जटिल तकनीक पर आधारित होती है; और (viii) समाज में तार्किक विचारों का बोलबाला होता है।

तब क्या इसका अर्थ यह हुआ कि परम्परावाद तथा आधुनिकता दो चरम सीमाएॅ हैं और ये दोनों एक साथ नहीं चल सकतीं ? योगेन्द्र सिंह तथा एस.सी. दुबे जैसे विद्वानों का मत है कि दोनों का सह-अस्तित्व हो सकता है। परम्परावाद को स्वीकारने का यह अर्थ नहीं कि आधुनिकता को अस्वीकार कर दिया जाता है। इसका सरल सा अर्थ है, आधुनिकता की शक्तियों पर नियंत्रण। इसी प्रकार आधुनिकता को स्वीकार करने का यह अर्थ नहीं है कि परम्परावाद को पूर्ण रूपेण अस्वीकृत कर दिया जाये। इसका अर्थ है कि परम्परावाद के केवल उन तत्वों को रखा जाये जिनको समाज द्वारा प्रकार्यात्मक माना जाये। इस दृष्टिकोण के आधार पर हमें यह पता लगाना है कि किस सीमा तक भारतीय समाज परम्परागत और किस सीमा तक यह आधुनिक हो गया है।

यह कहना गलत न होगा कि भारत में सामाजिक परिवर्तन की प्रकृति ही ऐसी है कि इसमें आधुनिक व परम्परा का समन्वय स्पष्ट दिखाई देता है। एक ओर तो हमने उन विश्वासों, प्रथाओं और संस्थाओं की उपेक्षा की है जिनकी आवश्यकता अनुभव नहीं की गई, तो दूसरी ओर हमने उन मूल्यों

को अपनाया है जिनको हमने अपने मौलिक उद्देश्यों को प्राप्त करने में सहायक समझा है।

ब्रिटिश काल की तुलना में, आज व्यक्तिगत स्वतंत्रता अधिक है, सामाजिक पैमाने में उन्नति के अधिक अवसर प्राप्त हैं, हम परम्परागत सामाजिक प्रथाओं को छोड़ने में तथा नयी संस्थात्मक संरचनाओं के निर्माण में अधिक विवेकी हो गए हैं, गरीबी की रेखा से नीचे रहने वाले लोगों की संख्या में कमी हुई है, गणतंत्र बनने के बाद गत चवालीस वर्षों में प्रति व्यक्ति आय में 92% की वृद्धि हुई है; तथा पिछड़े व निम्न जाति के लोगों के लिए उच्च सामाजिक स्थिति की उपलब्धि अब कोई भ्रम नहीं रह गया है।

सैंतालीस वर्षों में भारत की अर्थ व्यवस्था में प्रति वर्ष 3.5% की वृद्धि, प्रति व्यक्ति प्रति वर्ष आय में 1.4% की वृद्धि, कृषि में 2.7% की वृद्धि, तथा औद्योगिक विकास में 1.0% की वृद्धि हुई है। दूसरी ओर, मुद्रा स्फीति दर 9.8% रही है, कुल ऋण की राशि की देनदारी (1993 में) 2.66 लाख करोड़ रुपए है, निर्यात कम हो गया है, ग्रामीण क्षेत्रों में लगभग 32% लोग तथा शहरी क्षेत्रों में 15% लोग गरीबी की रेखा से नीचे रह रहे हैं। विश्व के कुल गरीबों की संख्या का 34.2% भारत में रहते हैं।

क्या हमने साम्प्रदायिक सौहार्द प्राप्त कर लिया है ? क्या हम स्त्रियों को पुरुषों की समानता पर ले आए हैं ? क्या हम अस्पृश्यों की स्थिति में सुधार कर सके हैं ? क्या हम विभिन्न वर्गों में से उपेक्षा की भावना को निकाल सकने में समर्थ हुए हैं, जैसे कृषक, औद्योगिक श्रमिक, दैनिक वेतन भोगी, आदि ? क्या हम सम्पत्ति के विशेषाधिकारों को निम्न वर्ग के लोगों के पक्ष में लाने में समर्थ हो सके हैं ? क्या हम समतावादी समाज होने का दावा कर सकते हैं ?

विद्यमान वृहत असन्तोष हमारे समाज में अनेक बढ़ते हुए विरोधाभासों (contradictions) का परिणाम है। कुछ प्रमुख विरोधाभास इस प्रकार हैं: हमारी भूमिकाएं तो आधुनिक हो गई हैं किन्तु हमारे मूल्य अभी भी परम्परागत हैं; हम समतावाद (egalitarianism) दर्शाते हैं किन्तु हम भेद-भाव (discrimination) का व्यवहार करते हैं; हमारी आकांक्षाएँ बहुत ऊंची हो गई हैं किन्तु उनकी प्राप्ति के साधन या तो उपलब्ध नहीं हैं या पहुंच से बाहर हैं; हम राष्ट्रवाद की बात तो करते हैं लेकिन हम क्षेत्रवाद को प्रोत्साहन देते हैं; हम दावा करते हैं कि हमारा गणतंत्र समानता लाने के लिए समर्पित है किन्तु यह जाति व्यवस्था के शिकंजे में जकड़ा हुआ है; हम तर्कशील होने का दावा करते हैं किन्तु हम अन्याय व पक्षपात को भी भाग्यवादी भावना से स्वीकार करते हैं; हम उदारीकरण की नीति की घोषणा करते हैं लेकिन फिर भी अनेक नियंत्रण लागू करते हैं; हम व्यक्तिवाद का समर्थन करते हैं लेकिन हम समूहवाद को लागू करते हैं; हम आदर्शवादी संस्कृति का उद्देश्य बनाते हैं लेकिन हम भौतिक संस्कृति के पक्षधर हैं; अनेक नये कानून लागू किए जाते हैं तथा पुराने कानूनों में सुधार/संशोधन किए जा रहे हैं लेकिन ये कानून किसी को लाभ नहीं पहुंचाते, केवल वकील ही उससे लाभान्वित होते हैं। विधान अनेक हैं किन्तु न्याय बहुत कम, कार्यक्रम व सरकारी कर्मचारी अनेक हैं किन्तु जन सेवा कम, अनेक योजनाएँ हैं किन्तु कल्याण कम, सरकारी तंत्र अधिक है तथा प्रशासन कम है।

इन सभी विरोधाभासों का परिणाम यह है कि हमारे समाज में असन्तोष बढ़ता जा रहा है। भ्रष्ट तंत्र तथा अप्रतिबद्ध राजनैतिक अभिजन तथा उप-अभिजन जो अपने निजी स्वार्थों में रुचि लेते हैं

जिन्हें देश के भविष्य की कोई चिन्ता नहीं होती, उन्होंने विकास का विरोध किया, निहित स्वार्थी समूहों, आर्थिक एकाधिकारियों और धर्मान्ध धार्मिक नेताओं तथा निष्क्रिय अधिकारियों आदि ने भी जमकर विरोध किया क्योंकि वे अपनी अपार शक्ति को कम होते नहीं देख सकते थे ।

भारत के संविधान द्वारा प्रदत्त मौलिक अधिकार व्यक्ति की स्वतंत्रता स्वीकार करते हैं, जबकि दूसरी ओर निदेशात्मक सिद्धान्त राज्य को निर्देशित करते हैं कि वह सामाजिक न्याय, आर्थिक न्याय तथा राजनैतिक न्याय के आधार पर जन कल्याण कार्यों को आगे बढ़ाए । इसके लिए वह भौतिक संसाधनों का व्यवस्थित वितरण सुनिश्चित करें तथा पूँजी को कुछ हाथों में केन्द्रित होने से बचाएँ । इस प्रकार मौलिक अधिकार तथा निर्देशात्मक सिद्धान्त दो अलग- अलग परम्पराओं का प्रतिनिधित्व करते हैं । मौलिक अधिकार न्यायोचित है, किन्तु सिद्धानत नहीं है । संविधान के 25वें संशोधन के द्वारा व्यक्तिगत स्वतंत्रता (यानि कि मौलिक अधिकारों) से भी ऊपर निदेशात्मक सिद्धान्तों को (यानि कि समाजवाद के प्रति प्रतिबद्धता) प्रधानता दे दी गई । जयप्रकाश नारायण ने चेतावनी दी थी कि समाजवाद की प्राप्ति के लिए बनाए गए मौलिक अधिकारों का निराकरण (abrogation) भारतीय जनतंत्रीय संस्थाओं का विनाश होगा । किन्तु 1975 में इन्दिरा गांधी द्वारा आपात स्थिति की घोषणा ने मौलिक अधिकारों को प्रतिबन्धित कर दिया । इस प्रकार भारतीय समाजवाद संकट में पड़ गया क्योंकि 1975 में आपात कालीन घोषणा न्याय पर आधारित सामाजिक व्यवस्था बनाने के लिए क्रियान्वित नहीं की गई थी, बल्कि सत्ता में विद्यमान राजनैतिक अभिजनों के स्वार्थों की सिद्धि के लिए की गयी थी । परिणामस्वरुप, 41 वर्षों तक सत्ता में रहने के बाद 1988 के चुनाव में कांग्रेस पार्टी से सत्ता छिन गई । 1984 के संसदीय चुनावों में जब राजीव गांधी सत्ता में आए तब तक समाजवादी विचारधारा अपना अस्तित्व ही खो चुकी थी । जनता दल ने भी अपने दो वर्षों की सत्ता की अवधि में इस पर कोई ध्यान नहीं दिया । 1992 के प्रारम्भ में नरसिंह राव सरकार ने तथा अप्रैल 1992 में कांग्रेस पार्टी ने अपने त्रिपुरा अधिवेशन में अर्थ व्यवस्था के उदारीकरण, उद्योगों में लाइसेंस प्रणाली समाप्त करने, बड़ी निजी फर्मों के विस्तारीकरण की अनुमति, सब्सिडी समाप्त करने, विदेशी पूँजी निवेश को प्रोत्साहन, बीमार उद्योगों के राष्ट्रीयकरण की नीति समाप्त करने, तथा अर्थ व्यवस्था को विस्तृत एवं खुली प्रतिस्पर्द्धा, आदि की घोषणा की । इस प्रकार 1992 में समाजवाद को सरकारी तौर पर अपनी मृत्यु का सामना करना पड़ा और भारत ने विकास की नई पद्धति का चयन किया । सत्तर वर्ष बाद 1991 में रूस में साम्यवाद की भी मृत्यु हो गई । आज भारत में समाजवाद का पक्षधर कोई भी नहीं है । राजनैतिक सत्ता में भारत के शिक्षित वर्ग का एक बड़ा भाग तथा शैक्षिक संस्थाओं में लगे युवकों को समाजवादी दृष्टिकोण से कोई सहानुभूति नहीं है । देखना शेष है कि नई उदारवादी नीतियाँ तथा स्पर्द्धात्मक गैर समाजवादी नीतियाँ कहाँ तक भारत को लक्ष्य प्राप्ति तक पहुँचाएंगी ?

सामाजिक परिवर्तन में बाधाएं (Hinderances to Social Change)

यह सत्य है कि भारतीय समाज परिवर्तित हो रहा है और विकास की कुछ दिशाएं स्पष्ट होती जा रही हैं, फिर भी सत्य यह है कि हम उन सभी लक्ष्यों की प्राप्ति में सफल नहीं हो पाए हैं जो हम चाहते थे । हमारे लक्ष्यों की प्राप्ति में क्या बाधाएँ रहीं हैं ? गुन्नार मिरडल (Gunnar Myrdal) जैसे कुछ पश्चिमी विद्वानों ने सुझाया है कि भारत की आर्थिक कमजोरी का कारण लोगों में तकनीकी कुशलता

की कमी नहीं है बल्कि साहस, स्थिति सुधारने की इच्छा तथा श्रम का सम्मान करने में कमी है। इस प्रकार के विचार तर्कहीन व पक्षपात पूर्ण हैं और कुछ पश्चिमी व भारतीय विद्वानों द्वारा इनको चुनौती दी गयी है। इन विद्वानों में मौरिस (Morris, 1967), मिल्टन सिंगर (1966, 1969), टी.एन.मदान (1968), योगेन्द्र सिंह (1973), और एस.सी. दुबे आदि हैं। ग्रामीण भारत के क्षेत्रों में किए गए विविध अध्ययनों से पता लगा है कि ग्रामीण लोगों में सुधार के लिए तीव्र इच्छा है। वे लोग कठिन परिश्रम करने के लिए अपनी व्यर्थ की तथा हानिपूर्ण प्रथाओं को बदलने के लिए और प्रलोभन तथा मानव कमजोरियों से ऊपर उठने के लिए तैयार हैं। विकास संबंधी प्रयासों में बाधक मानवीय कारक नहीं हैं, बल्कि राजनैतिक परिस्थितियाँ, सामाजिक संरचनाएं तथा आर्थिक कठिनाइयाँ हैं। इस सम्बन्ध में निम्न कारकों का विश्लेषण आवश्यक है।

परम्पराओं की शक्तियाँ *(Forces of Tradition)*

समाज में परिवर्तन तभी संभव है जब कि नए कार्यों को करने की विधियों को स्वीकार करने के प्रति अभिरुचि उत्पन्न की जाए। परम्पराओं से लगाव तथा नवीन विचारों की अस्वीकृति सामाजिक परिवर्तन में बाधा उत्पन्न करते हैं। सांस्कृतिक एकत्रीकरण की मात्रा तथा अन्य समाजों से सम्पर्क की मात्रा किसी भी समाज में सामाजिक परिवर्तन की सीमा निर्धारित करते हैं। सांस्कृतिक एकत्रीकरण की मात्रा के कारण आविष्कारों की सम्भावना तथा अन्य संस्कृतियों की नवीन विशेषताओं का प्रारम्भ सीमित हो जाता है जो इस बात पर निर्भर करता है कि परम्परा को त्यागने की तत्परता कितनी है। दूसरी संस्कृतियों के सम्पर्क में आने से जो कुछ ज्ञात होता है वह विस्तारित हो जाता है, यही सामाजिक परिवर्तन का स्रोत है। पृथक (isolated) समाज परिवर्तन का अनुभव कम करते हैं लेकिन जो समाज मिलते जुलते रहते हैं वे तेज परिवर्तन का अनुभव करते हैं। जो समाज बिल्कुल परिवर्तित नहीं हो तो उसमें लोग स्वतंत्रता पूर्वक मेलजोल से इन्कार करते हैं तथा दूसरों के रीति रिवाज, ज्ञान, तकनीकी एवं विचार धाराओं में भागीदारी करने में उत्साह नहीं दिखाते। यह इन्कार इसलिए होता है कि वे अपनी परम्पराओं को पवित्र मानते हैं। उनकी मान्यता है कि परम्पराओं के गुण पवित्रता के संचरण (transmission) से आते हैं।

परम्परा से प्रेषित प्रतिमान इसलिए स्वीकार नहीं किए जाते कि वे विद्यमान होते हैं, बल्कि इसलिए क्योंकि वे किसी स्थिति में नियमों की आवश्यकता को पूर्ण करते हैं। वे समाज में स्थायित्व का काम करते हैं। अतः वह भूमिका जो परम्परागत प्रतिमान (norms), आर्थिक तथा तकनीकी रूप से परिवर्तित होते हुए समाज में निभा सकते हैं, कुछ इस बात पर निर्भर करती है कि समाज के परम्परा से प्रभावित व्यवहार क्या स्थान रखता है। और यहाँ परम्परा और आधुनिकता के अटूट क्रम (continuum) के बीच विभाजन रेखा खींची जा सकती है। यह कारण है कि परम्परागत समाज में परम्परात्मक मूल्यों को महत्व दिया जाता है क्योंकि वे अतीत से अर्जित किए जाते हैं; लेकिन आधुनिक समाज में परिवर्तन की दशाओं का स्वागत होता है क्योंकि वे वर्तमान समस्याओं का समाधान प्रस्तुत करते हैं।

जाति व्यवस्था *(Caste System)*

जाति प्रथा न्याय व समृद्धि दोनों की ही प्राप्ति में बाधक रही हैं । किंगस्ले डेविस (1951:216) का कथन सत्य था कि आनुवंशिक व्यवसाय का विचार,मुक्त अवसरों के विचार,मुक्त प्रतिस्पर्द्धा,बढ़ती हुई विशेषज्ञता,तथा व्यक्ति की गतिशीलता जो गतिशील औद्योगिक अर्थव्यवस्था से संबंधित है, के बिल्कुल विपरीत है ।

विकास योजनाओं के विशेष रूप से ग्रामीण क्षेत्रों में असफल होने का कारण गुटबाजी भी होता है । गुटों की रचना का आधार जाति या उपजाति की सदस्यता होता है । कई क्षेत्रों में जहाँ कृषक एक जाति के होते हैं,दूसरी जाति के लोग उनके साथ कोई सहयोग नहीं करते क्योंकि उन्हें किसी लाभ की आशा नहीं रहती है । उन क्षेत्रों में जहाँ कृषक सत्ताधारी हैं वहाँ भी विकास कार्यक्रम विस्तृत स्वीकृति प्राप्त करने में असफल रहते हैं । कोई भी कार्यक्रम जो एक जाति की सहायता के लिए होता है दूसरी जातियों द्वारा उसका विरोध किया जाता है जो समाज में उनकी स्थिति से ईर्ष्या करते हैं या दूसरों की कीमत पर अपनी स्थिति के हित के लिए उत्सुक रहते हैं । जाति की तरह ही अन्तः जाति गुटबाजी भी सामाजिक परिवर्तन में बाधक होती है ।

प्रारम्भ में अन्य जातियों के लोगों के साथ अन्तर्क्रिया में जाति प्रथा के बन्धन गतिशीलता तथा औद्योगीकरण की अनुमति प्रदान नहीं करते थे,किन्तु आज राजनीति में इसके प्रयोग से शासक जन्मे हैं जो रचनात्मक दिशा में कार्य करते हैं । विलियम कैप (1963:64) ने भी संकेत दिया है कि हिन्दू संस्कृति तथा हिन्दू सामाजिक संगठन भारत में विकास की कम दर के निर्णायक कारक हैं । मिल्टन सिंगर (1966:505) इस दृष्टिकोण को स्वीकार नहीं करते । उनकी मान्यता है कि ऐसा कोई पर्याप्त साक्ष्य नहीं है जो यह दर्शाता हो कि हिन्दू संस्कृति तथा जाति व्यवस्था ने भारत के विकास में कोई बाधा उत्पन्न की है । उन्होंने कैप के निष्कर्षों को अनुमान पर आधारित मूल्यांकन माना है जो उन्होंने धार्मिक ग्रन्थों में निहित विचारों को गलत समझकर लिए हैं ।

निरक्षरता, अज्ञानता तथा भय *(Illiteracy, Ignorance and Fear)*

निरक्षरता के कारण उत्पन्न अज्ञानता भय उत्पन्न करती है जो सामाजिक परिवर्तन में बाधा डालती है । प्रथा के अनुसार कार्य करना सुरक्षित होता है क्योंकि उनका परीक्षण हो चुका होता है । एक और बात यह है कि नया अनजान होता है, अतः उससे बचना ही ठीक होता है । यदि आविष्कार जो वर्तमान भौतिक संस्कृति से सम्बद्ध हैं,और जिनकी अधिक आवृति होती है तो लोग उसके आदी हो जाते हैं और परिवर्तन के प्रति वैमनस्य भाव कम हो जाता है । इसके विपरीत,यदि भौतिक संस्कृति से सम्बद्ध आविष्कार अधिक व जल्दी जल्दी न हो तो परिवर्तन कम होता है और भय का कारण भी । जब निरक्षरता संस्करण को प्रोत्साहन देती है, तब शिक्षा समानता के विचार पर बल देती है । यह विवेक को भी प्रोत्साहन देती है । शिक्षित लोग सभी प्रकार की इच्छाओं को जन्म देते हैं तथा उनकी प्राप्ति के साधन भी विकसित करते हैं ।

मूल्य *(The Values)*

सामाजिक परिवर्तन में मूल्यों की भूमिका विवाद का विषय है । उदाहरणार्थ, हीगल (Hegel) का

विचार था कि सामाजिक परिवर्तन विचारों की अभिव्यक्ति का परिणाम है । मार्क्स का विचार था कि लम्बी अवधि के सामाजिक परिवर्तन पर मूल्यों का कोई प्रभाव नहीं होता है । उन्होंने सोचा कि सामाजिक परिवर्तन आर्थिक शक्तियों की अन्तर्क्रिया का प्रतिफल होता है, जो कि वर्ग संघर्ष में प्रकट होता है । अधिकतर भारतीय समाजशास्त्री सहमत हैं कि मूल्य, व्यक्ति और सामूहिक व्यवहार दोनों को प्रभावित करते हैं और इस प्रकार सामाजिक प्रक्रिया को भी प्रभावित करते हैं । अनेक लोग अनुभव करते हैं कि मूल्य परिवर्तन का परिणाम होते हैं; अतः मूल्यों को सामाजिक परिवर्तन में प्राथमिक कारक नहीं मानना चाहिए । जाति प्रथा के मूल्य (संस्तरण, अपवित्रता, अन्तर्विवाह) भारतीय समाज के परिवर्तन में बहुत बाधक थे । जब लोगों ने तकनीकी तथा औद्योगीकरण को स्वीकार कर लिया तभी भौगोलिक गतिशीलता के बाद सामाजिक गतिशीलता सम्भव हुई । भाग्यवाद ने भी कठिन परिश्रम तथा सामाजिक परिवर्तन में बाधा उत्पन्न की । अकाल, बाढ़, भूकम्प, निर्धनता, बेरोजगारी सभी ईश्वरीय प्रकोप के परिणाम समझे जाते थे । औद्योगिक समाजों में लोगों ने सिद्ध कर दिया है कि प्रकृति पर नियंत्रण सम्भव है तथा अवांछनीय स्थिति निराशाजनक बाधा नहीं है, बल्कि मनुष्य की शक्ति को चुनौती है ।

स्वजातिवाद (ethnocentrism) भी लोगों को दूसरी संस्कृतियों अथवा नवीन विचारों को स्वीकार करने से रोकता है । भारतीयों के मस्तिष्क में जातिवाद इतनी गहरी जड़ें जमा चुका है कि यद्यपि वे सांस्कृतिक सापेक्षवाद (cultural relativism) के दर्शन के प्रति सचेत होते हैं फिर भी वे दूसरों के विचारों को अपने विचारों के प्रकाश में मूल्यांकन करने के शिकार हो ही जाते हैं । स्वाभिमान व इज्जत का विचार लोगों को दूसरों के विचारों को स्वीकार करने से रोकते हैं । वे समझते हैं कि वे इतने विद्वान व विचारवान हैं कि दूसरों के विचार उनके लिए कोई महत्व नहीं रखते; इसलिए उन्हें छोड़ देना चाहिए ।

सत्ताधारी अभिजन (The Power Elite)

हमारे देश के लगभग सभी विद्वानों ने माना है कि सरकार भारतीय समाज में परिवर्तन लाने वाली प्रमुख एजेन्सी रही है और सामाजिक परिवर्तन का एक अच्छा भाग सरकारी एजेन्सियों द्वारा ही प्रेरित और निर्देशित हुआ है । सरकार में सुधारवादी कार्य सत्ता में अभिजनों पर निर्भर होता है । पेरेटो (Pareto) ने इन्हें शासकीय अभिजन (governing elite) कहा है । सभी अभिजन समुदाय के कल्याण या समाज के विकास के लिए प्रतिबद्ध नहीं होते । अनेक अभिजनों के कार्य स्वार्थों पर आधारित होते हैं । इस लेखक ने (1975: 65-66) 'स्व' (self) तथा 'जन' (public) के हितों में कार्य कर रहे अभिजनों को चार समूहों में वर्गीकृत किया है: उदासीन (indifferent) (S-,P-), छलयुक्त (manipulative) (S +, P-), प्रगतिशील (progressive) (S-, P +), तथा विवेकी (rationalist) (S +, P +) । समाज में प्रगति राजनैतिक सत्ता-प्राप्त राजनैतिक अभिजनों पर ही निर्भर करती है । स्वतंत्रता के प्रथम बीस वर्षों में हमारे राजनैतिक अभिजन राष्ट्रवादी व विवेकी थे, जबकि शेष 27 वर्षों में वे विवेकहीन तथा क्षेत्रवादी हो गए हैं । क्योंकि छलयुक्त और उदासीन अभिजनों का प्रभाव प्रगतिशील व विवेकी अभिजनों पर बना रहा, इसलिए हमारे समाज का विकास अवरुद्ध हो गया । राजनैतिक अभिजन की तरह ही हमारे अफसरशाह नवीनतावादी (innovativc)

की अपेक्षा सांस्कारिक (ritualistic) अधिक हैं; हमारी न्याय पालिका उदार होने की अपेक्षा अधिक परम्परावादी है; हमारी पुलिस कानून की अपेक्षा सत्ता के नेताओं के प्रति अधिक प्रतिबद्ध है। अतः चूंकि हमारे नीति निर्माता तथा कानून पालक जन कल्याणकारी विकास की आवश्यकता नहीं समझते, इसलिए विकास उपेक्षित रहा है।

जन संख्या विस्फोट *(Population Explosion)*

जनसंख्या के विस्फोट के कारण निर्धारित लक्ष्यों की प्राप्ति की संभावनाएं अवरुद्ध हो जाती हैं। हमारी जनसंख्या के लगभग 47.3 हजार व्यक्ति प्रतिदिन बढ़ रहे हैं, या 170 लाख प्रति वर्ष, या 1700 लाख व्यक्ति एक दशाब्दी में। अनुमान है कि 1350 लाख लोगों की वृद्धि के लिए हमें 20 लाख टन अन्न, 25000 मी. कपड़ा, और 2500 लाख मकान, 1.35 लाख प्राइमरी स्कूल व सैकेण्डरी स्कूल, 4000 अस्पताल, 1500 प्राथमिक स्वास्थ्य केन्द्र, 2 लाख अस्पताल में बिस्तर, 50 हजार डाक्टरों की आवश्यकता प्रतिवर्ष है (*India Today*, Sept. 16-30, 1979: 53)। इस प्रकार अधिक जनसंख्या गरीबी रोकने के प्रयासों और तीव्र विकास की राह में रुकावट डालती है।

निष्कर्ष रूप में कहा जा सकता है कि जहाँ तक भारत में सामाजिक परिवर्तन की दिशा का प्रश्न है सांस्कृतिक निरन्तरता प्रचुर मात्रा में रही है। साथ ही आधुनिक मूल्यों, प्रथाओं तथा संस्थाओं में परिवर्तन भी आया है। परम्परात्मक स्वरूप स्थिर नहीं रहा है तथा आधुनिक व्यवहार सामान्यतः लम्बी अवधि तक चलते रहने के कारण कार्य प्रणाली में ही समाविष्ट हो गया है।

REFERENCES

Ahuja, Ram, *Political Elites and Modernization*, Meenakshi Prakashan, Meerut, 1975.

Cohen, Percy S., *Modern Social Theory*, Heinemann Educational Books, London, 1968.

Desai, A.R., *Social Background of Indian Nationalism*, Popular Book Depot, Bombay, 1959.

Eisenstadt, S.N., (Ed.), *Patterns of Modernity* (Vol. II), Frances Publishers, London, 1987.

Ishwaran, K., *Change and Continuity in India's Villages*, Columbia University Press, New York, 1970.

Kapp, William, *Hindu Culture, Economic Development and Economic Planning in India*, 1963.

Lippit, Ronald, *Dynamics of Planned Change*, Harcourt, 1958.

Mandelbaum, David G., *Society in India.*

Marriott, McKim, *Village India*, University of Chicago Press, Chicago, 1955.

Mukherjee, D.P., *Diversities*, People's Publishing House, Bombay, 1958.

Redfield, Robert, "The Social Organization of Tradition", *Far Eastern Quarterly*, Vol. 15, 1955-56, pp. 13-21.

Singer, Milton (Ed.), *Traditional India: Structure and Change*, Philadelphia, 1959.

Singh, Amar Kumar (Ed.), *Modernization in India: Studies in Socio-cultural Aspects*, Asia Publishing House, Bombay, 1969.

Singh, Yogendra, "Process and Problems of Social Change in India", *Rajasthan University Studies in Sociology*, Jaipur, 1969.

Singh, Yogendra, *Modernization of Indian Tradition*, Rawat Publications, Jaipur, 1983.

Singh, Yogendra, *Social Stratification and Social Change in India*, Manohar Publication, New Delhi, 1977.

Srinivas, M.N., *Religion and Society Among the Coorgs of South India*, Clarendon Press, Oxford, 1952.

Srinivas, M.N., *Caste in Modern India and Other Essays*, Media Promoters and Publisher, Bombay, 1962.

अध्याय 20

आधुनिकीकरण
Modernization

आधुनिकीकरण के विविध आयाम (dimensions) हैं। इसको समाज, समूह या व्यक्ति के स्तर पर समझा जा सकता है। इसको आर्थिक आधुनिकीकरण, राजनैतिक आधुनिकीकरण, सामाजिक आधुनिकीकरण, तकनीकी आधुनिकीकरण, सैन्य आधुनिकीकरण, पुलिस आधुनिकीकरण, शैक्षिक आधुनिकीकरण, प्रशासनिक आधुनिकीकरण, आदि के रूप में भी समझा जा सकता है। इस प्रकार इस अवधारणा का प्रयोग विस्तृत रूप में किया गया है।

अर्थशास्त्री आधुनिकीकरण को समाज में प्रति व्यक्ति उत्पादन (output) में उल्लेखनीय वृद्धि लाने के लिए प्राकृतिक संसाधनों के नियंत्रण की तकनीक के प्रयोग में आने वाले मानव प्रयत्नों के अर्थ में समझते हैं। समाजशास्त्री इसका विवेचन जीवन की गुणवत्ता में आए अन्तर के अर्थ में करते हैं जो कि आधुनिक समाज की विशेषता है। वे नये कार्यों को करने के लिए नई संरचनाओं को खोजते हैं या पुरानी संरचनाओं को नए कार्य सौंपते हैं। वे आधुनिकीकरण प्रक्रिया के विकार्यात्मक (dysfunctional) परिणामों का भी अध्ययन करते हैं, जैसे मानसिक बीमारी, हिंसा, सामजिक अशांति व असन्तोष, क्षेत्रवाद और प्रदेशवाद, तथा जाति और वर्ग संघर्ष, आदि। राजनीतिक वैज्ञानिक जैसे जैसे आधुनिकीकरण होता जाता है, राष्ट्र की समस्याओं तथा सरकार बनाने की ओर ध्यान केन्द्रित करते हैं। वे इस विषय में भी चिन्तित रहते हैं कि सत्ता की भागीदारी के लिए राजनीति में नवागन्तुकों के प्रयत्नों के प्रति राजनैतिक अभिजन किस प्रकार प्रतिक्रिया करते हैं तथा सत्ता पर एकाधिकार करने वालों पर नजर रखना कि वे क्या कर रहे हैं (Myron Weiner, 1966: 33)।

ईजेन्टाड (Eisenstadt, 1969: 1) के अनुसार आधुनिकीकरण समकालीन दृश्य की सबसे प्रभावी विशेषता है, क्योंकि अधिकतर राष्ट्र आजकल इसकी पकड़ में हैं। विविध देशों में आधुनिकीकरण की प्रक्रियाएं एवं विशेषताएं कुछ अर्थों में सामान्य और कुछ अर्थों में भिन्न हैं। ऐतिहासिक दृष्टि से (सामाजिक, आर्थिक व राजनैतिक व्यवस्था में परिवर्तन की प्रक्रिया के रूप में) आधुनिकीकरण का विकास विश्व के विभिन्न क्षेत्रों में विभिन्न परम्परागत समाजों की विविधता से हुआ है। पश्चिमी यूरोप में समाजों का विकास सामन्ती (feudal) राज्यों से हुआ, पूर्वी यूरोप में निरंकुश राज्यों से, अमरीका, कनाडा और आस्ट्रेलिया में उपनिवेशवाद, तथा आवसन (immigration) से, लेटिन अमेरिका में अल्पतन्त्रीय (oligarchic) विजित उपनिवेशवादी समाजों से, जापान में केन्द्रीय सामन्ती राज्य से, चीन में निरन्तर चलने वाली साम्राज्यवादी व्यवस्था के टूटने से, एशिया और अफ्रीका के अधिकतर देशों में औपनिवेशिक संरचना से, कुछ समाजों में (विशेषकर एशिया) केन्द्रीय राजतंत्रीय (monarchical) समाजों से, और कुछ में जनजातीय संरचना और परम्पराओं से (समाज का) विकास हुआ। ईजेन्टाड का कहना है कि इन समाजों में

आधुनिकीकरण की प्रक्रिया के विविध प्रारम्भिक बिन्दुओं ने उनके विकास क्रम के विशिष्ट बाह्य रूपों तथा रास्ते में आने वाली समस्याओं को प्रभावित किया है ।

आधुनिकीकरण की अवधारण की संदिग्धता, तथा प्रसार का फल यह हुआ है कि आधुनिकीकरण को विविध प्रकार व स्वरूपों में सामाजिक परिवर्तन से पहचाना जाने लगा है, जैसे पश्चिमीकरण, औद्योगीकरण, प्रगति, विकास आदि । इसके अतिरिक्त विशेष पक्षों पर बल दिया जाना भी आधुनिकीकरण के आवश्यक तत्वों में से रहा है। अतः यह आवश्यक है कि 'आधुनिकीकरण' शब्द की परिभाषा सूक्ष्म रूप में तथा वस्तुपरक अर्थ में की जाये ।

अवधारणा (The Concept)

आधुनिकीकरण कोई दर्शन या आन्दोलन नहीं है जिसमें स्पष्ट मूल्य व्यवस्था हो । यह तो परिवर्तन की एक प्रक्रिया है (Gore, 1982: 7) । प्रारम्भ में आधुनिकीकरण शब्द का प्रयोग "अर्थ व्यवस्था में परिवर्तन और सामाजिक मूल्यों एवं प्रथाओं पर इसके प्रभाव" के संदर्भ में किया जाता था । इसका वर्णन ऐसी प्रक्रिया के रूप में किया जाता था जिसने समाज को प्रमुख रूप से कृषि प्रधान समाज से, प्रमुख रूप से औद्योगिक अर्थ व्यवस्था वाले समाज में परिवर्तित कर दिया है । अर्थ व्यवस्था में इस प्रकार के परिवर्तन के परिणाम स्वरूप समाज में मूल्यों, विश्वासों एवं मानदण्डों में भी परिवर्तन आने लगा (गोरे, वही:7) । आजकल आधुनिकीकरण शब्द को वृहत् अर्थ दिया जाता है । इसको एक ऐसा सामाजिक परिवर्तन माना जाता है जिसमें विज्ञान और तकनीकी (technology) के तत्त्व शामिल होते हैं ।

इसमें युक्तिपूर्णता (rationality) निहित है । एलाटास (Alatas, 1972: 22) के अनुसार आधुनिकीकरण एक ऐसी प्रक्रिया है जिसके द्वारा सम्बद्ध समाज द्वारा स्वीकृत विस्तृत अर्थों में अधिक अच्छे व सन्तोषजनक जीवन के अंतिम लक्ष्य को प्राप्त करने के उद्देश्य से आधुनिक वैज्ञानिक ज्ञान को समाज में पहुँचाया जाता है । इस परिभाषा में 'आधुनिक वैज्ञानिक ज्ञान' में निम्न बातें सम्मिलित हैं: (i) प्रस्तावित व्याख्याओं (suggested explanations) की प्रमाणिकता सिद्ध करने के लिए प्रयोगों की सहायता लेना, (ii) उन नियमों की कल्पना करना जिनको तार्किक व प्रयोगात्मक (experimental) आधार पर समझाया जा सकता है, जो (व्याख्या) कि धार्मिक मत व दार्शनिक व्याख्या से भिन्न हो, (iii) तथ्यों की विश्वसनीयता को निश्चित करने के लिए निश्चित विधियों का प्रयोग, (iv) अवधारणाओं एवं चिन्हों का प्रयोग और (v) सत्य के लिए सत्य की खोज करना ।

ईजेन्टाड (Eisenstadt, 1969: 2) के अनुसार आधुनिकीकरण सामाजिक संगठन के संरचनात्मक पक्ष और समाजों के सामाजिक जनसंख्यात्मक, दोनों पक्षों की व्याख्या करता है । कार्ल ड्यूश (Karl Deutsh, American Political Sciencc Review, September 1961: 494-95) ने आधुनिकीकरण के अधिकतर सामाजिक जनसंख्यात्मक पक्षों को स्पष्ट करने के लिए, 'सामाजिक गतिमानता' (social mobilization) शब्द का प्रयोग किया है । उन्होंने सामाजिक गतिशीलता की परिभाषा इस प्रकार की है: "ऐसी प्रक्रिया जिसमें पुरानी सामाजिक, आर्थिक और मनोवैज्ञानिक प्रतिबद्धताओं के समूह मिटा दिये जाते हैं व तोड़ दिए जाते हैं और लोग नवीन प्रकार

के सामाजीकरण और व्यवहार प्रतिमानों के लिए तैयार रहते हैं।"

रस्टोव और वार्ड (Rustow And Ward, 1964) की मान्यता है कि आधुनिकीकरण में मूल प्रक्रिया मानवीय मामलों में आधुनिक विज्ञान का प्रयोग है। पाई (Pye, 1969: 329) के अनुसार आधुनिकीकरण व्यक्ति व समाज के अनुसन्धानात्मक व आविष्कारशील दृष्टिकोण का विकास है जो तकनीकी तथा मशीनों के प्रयोग में निहित होता है तथा जो नये प्रकार के सामाजिक सम्बन्धों को प्रेरित करता है। टायनबी (Toynbee, 1962: 24) जैसे विद्वानों का मानना है कि आधुनिकीकरण तथा पश्चिमीकरण में कोई अन्तर नहीं है। वे लिखते हैं कि मान्य 'आधुनिक' शब्द कम-मान्य शब्द 'पश्चिमी' का प्रतिस्थापन्न है। विज्ञान और जनतंत्र के परिचय के लिए 'पश्चिमी' के स्थान पर 'आधुनिक' शब्द के प्रयोग का उद्देश्य बाह्य स्वरूप को बचाना मात्र है, क्यों कि यह तथ्य व्यक्तियों के लिए स्वीकार करने योग्य नहीं है कि उनकी अपनी पैतृक जीवन शैली उस वर्तमान स्थिति के अनुकूल नहीं है जिसमें वे अपने को पाते हैं लेकिन ऐसे विचारों को पूर्ण रूपेण अनुचित एवं पक्षपातपूर्ण बताया गया है।

'आधुनिकीकरण' को 'औद्योगीकरण' से भी संभ्रमित (confused) नहीं मानना है। औद्योगीकरण का सन्दर्भ उन परिवर्तनों से है जो कि उत्पादन की विधियों, शक्ति चालित (power driven) मशीनों के प्रवेश के फलस्वरूप आर्थिक व सामाजिक संगठनों, तथा परिणामस्वरूप फैक्ट्री व्यवस्था के उदय से है। थियोडरसन (Theodorson, 1960: 201) के अनुसार औद्योगीकरण के निम्न लक्षण हैं: (i) कारीगर या शिल्पी के घर या दुकान में हस्त उत्पादन के स्थान पर फैक्ट्री केन्द्रित मशीनी उत्पादों की प्रतिस्थापना, (ii) प्रमाणिकीकृत वस्तुओं (standardized goods) का बदले जाने वाले भागों (interchangeable parts) से उत्पादन (iii) फैक्ट्री मजदूरों के एक वर्ग का उदय जो मजदूरी के लिए कार्य करते हैं और जो न तो उत्पादन किए गए माल और न ही उत्पादन के साधनों के मालिक होते हैं (iv) गैर-कृषि धन्धों में लगे लोगों के अनुपात में वृद्धि और (v) असंख्य बड़े नगरों का विकास। औद्योगीकरण लोगों को वे भौतिक वस्तुएं उपलब्ध कराता है जो पहले कभी उपलब्ध नहीं थीं। आधुनिकीकरण, दूसरी ओर, एक लम्बी प्रक्रिया है जिससे मस्तिष्क का वैज्ञानिक दृष्टिकोण पैदा होता है।

जेम्स ओ कोनेल (James O' Connell, 1965: 554) ने आधुनिकीकरण की प्रक्रिया के विश्लेषण में इसको तीन पहलुओं में विभाजित किया है: (i) आविष्कारात्मक (inventive) दृष्टिकोण, अर्थात् वैज्ञानिक भावना जिससे निरन्तर व्यवस्थित तथा आविष्कारात्मक ज्ञान प्राप्त होता हो, जो कि घटना के कारण और परिणाम से संबंधित हो, (ii) नए तरीकों और उपकरणों का आविष्कार, अर्थात् उन विभिन्न विधियों की खोज जो अनुसन्धान को आसान बनाये, और उन नई मशीनों का आविष्कार जो जीवन के नये प्रतिमान को आवश्यक बनाते हों। आधुनिक विज्ञान द्वारा प्रस्तुत व्याख्या धार्मिक संस्कारों को अनावश्यक बनाती है, और (iii) सामाजिक संरचनाओं का लचीलापन और पहचान की निरन्तरता अर्थात्, व्यक्तिगत और सामाजिक संरचनात्मक दोनों स्तरों पर निरन्तर परिवर्तन को स्वीकारने की इच्छा और साथ ही व्यक्तिगत तथा सामाजिक पहचान सुरक्षित रखने की योग्यता। उदाहरणार्थ, बहुपत्नी परम्परागत समाज में वैवाहिक रीति-रिवाज बुजुर्गों के चारों ओर केन्द्रित थे, किन्तु मजदूरी प्रथा के प्रचलन और श्रमिकों की गतिशीलता से युवा

पीढ़ी को आर्थिक उपलब्धियों ने पत्नियों के लिए प्रतिस्पर्द्धा को बाध्य कर दिया।

जेम्स ओ कोनेल (1965: 549) के अनुसार परम्परागत समाज से आधुनिक समाज में जो परिवर्तन होते हैं, वे इस प्रकार हैं:

- आर्थिक विकास में वृद्धि होती है और वह आत्मनिर्भर हो जाता है।
- धन्धे अधिक विशिष्ट और कुशल (skilled) हो जाते हैं।
- प्रारम्भिक धन्धों में लगे लोगों की संख्या कम होती जाती है, जबकि द्वैतीयक तथा तृतीयक धन्धों में लगे लोगों की संख्या बढ़ती जाती है।
- पुराने कृषि यन्त्रों तथा विधियों के स्थान पर ट्रेक्टरों और रासायनिक उर्वरकों का प्रयोग बढ़ता है।
- वस्तु विनिमय (barter system) के स्थान मुद्रा व्यवस्था ले लेती है।
- उन समुदायों के बीच जो पहले एक दूसरे से अलग होते थे और स्वतंत्र होते थे, अन्तः निर्भरता (inter-dependence) आ जाती है।
- नगरीकरण की प्रक्रिया में वृद्धि होती है।
- प्रदत्त प्रस्थिति अर्जित प्रस्थिति को स्थान देती है।
- समानता धीरे-धीरे संस्तरण का स्थान लेती है।
- स्वास्थ्य सुधार तथा अच्छी मैडिकल देखभाल के कारण जीवन की अवधि लम्बी होती जाती है।
- यातायात तथा संचार की नवीन विधियों द्वारा भौगोलिक दूरियाँ कम होती जाती हैं।
- वंशानुगत नेतृत्व का स्थान चुनाव द्वारा नेतृत्व ले लेता है।

इस सम्बन्ध में 'परम्परा', 'परम्परावाद' तथा 'परम्परागत समाज' शब्दों को समझना आवश्यक है। 'परम्परा' शब्द का अर्थ अतीत में चले आ रहे विश्वासों एवं प्रथाओं से है। 'परम्परावाद' मानसिक दृष्टिकोण (psychic attitude) है जो प्राचीन विश्वासों और प्रथाओं को अपरिवर्तनीय मानकर उनको शोभायुक्त व गौरवान्वित करता है। यह परिवर्तन और विकास के विपरीत है। परम्परावादी लोग परम्परा को स्थाई मानते हैं। उनका कहनां है कि परम्परात्मक मूल्यों और प्रथाओं को मानना और सुरक्षित रखना इसलिए आवश्यक है क्योंकि अतीत में उन्हें उपयोगी पाया गया था। अतः वे उन नवीनताओं के दुश्मन हैं जो पुरानी प्रथाओं का उल्लंघन करती हैं।

एडवर्ड शिल्स (Edward Shils, *Tradition and Liberty in Ethics*, 1965: 160-61) के अनुसार परम्परा या परम्परापरक अभिमुख क्रिया (tradition- alistically-oriented action) "परम्परात्मक मानदण्डों का उनकी परम्परात्मक प्रकृति के प्रति जागरूक रहते हुए स्वेच्छा से उनकी निश्चयपूर्वक अभिपुष्टि करना (deliberate affirmation) है।" परम्परात्मक मानदण्ड पवित्र भाव से पुण्य रूप में उदित होते हैं। यदि यह मानदण्ड अतीत की किसी पवित्र वस्तु से जुड़े हों तो उनके परिवर्तन का अधिक विरोध होगा, अपेक्षाकृत उन मानदण्डों के जिनका आधार पवित्र वस्तु से सम्बन्धित न हो।

परम्परात्मक ढंग से संप्रेषित (transmitted) मानदण्ड इस कारण स्वीकार किये जाते हैं

क्योंकि: (i) उनके न मानने में मान्यता व अनुशास्ति (sanctions) का प्रश्न उठता है, (ii) दी गई स्थिति में वे नियमों की आवश्यकता की पूर्ति करते हैं और इस प्रकार समाज में स्थिरीकरण (stabilization) का कार्य करते हैं, (iii) उनमें पवित्रोन्मुखता होती है, (iv) उनका संप्रेषण अतीत से होता रहा है, और (v) भय और अज्ञानता के कारण भी लोग अतीत के प्रति श्रद्धावान रहते हैं और परिवर्तन का विरोध करते हैं।

आर.एन. बेल्लाह (R.N. Bellah, *Values and Social Change in Modern Japan*, 1961: 15) के अनुसार परम्परागत समाज की विशेषताएँ हैं: मौखिक परम्पराओं की प्रधानता, नातेदारी पर आधारित संगठन, प्रदत्त प्रस्थिति, तथा संस्तरित सामाजिक व्यवस्था। इसके विपरीत 'आधुनिक समाज' की विशेषताएँ हैं: मशीनी तकनीक, राष्ट्रीय व धर्म निरपेक्षता के विचार तथा अत्यन्त उच्चता की विविधता पूर्ण संरचनाएं। सरल शब्दों में यह कहा जा सकता है कि जहाँ परम्परागत समाज रीति-रिवाजों व प्रथाओं से बंधा होता है और संस्तरित (hierarchical), प्रदत्त प्रस्थिति वाला, तथा अनुत्पादक (unproductive) होता है, वहीं आधुनिक समाज समानतादादी (egalitarian), उपलब्ध परक (achievement oriented), तथा उत्पादन परक (production-oriented) अर्थ-व्यवस्था पर आधारित होता है।

परम्परागत समाज गतिहीन होता है। उच्च गतिशीलता वाले समाज में जिसे मुक्त समाज भी कहा जाता है, व्यक्ति मार्ग में आने वाले अवसरों तथा अपनी योग्यता व संभावनाओं का लाभ उठाते हुए अपनी प्रस्थिति में परिवर्तन कर सकता है। दूसरी ओर, बन्द या गतिहीन समाज में व्यक्ति जन्म से मृत्यु तक एक ही प्रस्थिति में रहता है। आधुनिकता से हमारा तात्पर्य मुक्त समाज की रचना से या नई संस्थाओं की रचना की सीमा से, और उस परिवर्तन को स्वीकारने से है जो संस्थाओं, विचारों तथा समाज की सामाजिक संरचना से सम्बद्ध है। शिल्स (Shils) की मान्यता है कि परम्परागत समाज किसी भी अर्थ में पूर्णतः परम्परागत नहीं होता और आधुनिक समाज किसी भी प्रकार परम्पराओं से मुक्त नहीं होता।

विशेषताएं (The Characteristics)–

कार्ल ड्यूश (Karl Deutsh, 494: 95) ने आधुनिकता के एक पक्ष (अर्थात् सामाजिक-जनसंख्यात्मक या जिसे वह सामाजिक गतिशीलता भी कहते हैं) का संदर्भ देते हुए इंगित किया है कि इसके कुछ सूचक (indices) इस प्रकार हैं: यंत्रों के माध्यम से आधुनिक जीवन के प्रति विगोपन या अनावृत्ति (exposure), शहरीकरण, कृषि धन्धों में परिवर्तन, साक्षरता तथा प्रति व्यक्ति आय में वृद्धि।

इजेन्टाड (Eisenstadt, 1969: 3) के अनुसार सामाजिक संगठन (या आधुनिकीकरण) के संरचनात्मक पक्षों के मुख्य सूचक (indices) हैं: विशिष्ट भूमिकाएं (specialized roles) उन्मुक्त विचरण वाली (free floating) होती हैं (अर्थात्, उनमें प्रवेश व्यक्ति के प्रदत्त लक्षणों से निर्धारित नहीं होता है), तथा धन व शक्ति जन्म के आधार पर निश्चित नहीं होते (जैसा कि परम्परागत समाजों में होता है)। यह मार्केट जैसी संस्थाओं से, (आर्थिक जीवन में), मतदान से, और राजनीतिक जीवन में पार्टी कार्यों से सम्बद्ध होते हैं।

मूर (Moore, 1961: 57-82) ने बताया है कि आधुनिक समाज के विशेष आर्थिक, राजनैतिक और सांस्कृतिक लक्षण होते हैं। आर्थिक क्षेत्र में आधुनिक समाज के लक्षण निम्न हैं: (i) अत्यन्त उच्च स्तरीय तकनीकी का विकास जो ज्ञान के व्यवस्थित खोज से होता है, जिसका अनुसरण प्राथमिक व्यवसाय (कृषि) में कम और द्वैतीयक (उद्योग, व्यापार) और तृतीयक (नौकरी) व्यवसायों में अधिक होता है; (ii) आर्थिक विशिष्टताओं की भूमिकाओं का विकास, (iii) प्रमुख बाजारों, जैसे वस्तुओं का बाजार, श्रम बाजार, तथा मुद्रा बाजार के क्षेत्र व जटिलता का विकास।

राजनैतिक क्षेत्र में आधुनिक समाज कुछ अर्थों में प्रजातांत्रिक या कम से कम जनवादी (populistic) है। इसके लक्षण हैं: (i) शासकों के अपने समाज से बाहर शक्ति के सन्दर्भ में पारम्परिक वैधता में गिरावट, (ii) शासकों की उन शासितों के प्रति एक प्रकार के वैचारिक उत्तरदायित्व (ideological accountability) की स्थापना जो राजनैतिक सत्ता के वास्तविक धारणहारी होते हैं, (iii) समाज की राजनैतिक, प्रशासनिक, वैधानिक एवं केन्द्रीय शक्ति की सीमाओं का विकासशील विस्तार, (iv) समाज में अधिक से अधिक समूहों में संभावित शक्ति का निरन्तर फैलाव और अन्नतः सभी प्रौढ़ नागरिकों में तथा नैतिक व्यवस्था में फैलाव और (v) किसी भी शासक व्यक्ति या शासक समूह के प्रति प्रदत्त राजनैतिक प्रतिबद्धता में कमी होना।

सांस्कृतिक क्षेत्र में आधुनिक समाज के लक्षण हैं: (i) प्रमुख सांस्कृतिक और मूल्य व्यवस्थाओं के प्रमुख तत्वों जैसे, धर्म, दर्शन और विज्ञान में बढ़ता हुआ अन्तर, (ii) धर्म निरपेक्ष शिक्षा और साक्षरता का विस्तार, (iii) बौद्धिक विषयों पर आधारित विशिष्ट भूमिकाओं के विकास के लिए जटिल संस्थात्मक व्यवस्था, (iv) संचार साधनों का विकास, (v) नवीन सांस्कृतिक दृष्टिकोण का विकास जिसमें प्रगति व सुधार पर बल, योग्यताओं की अभिव्यक्ति और प्रसन्नता पर बल, व्यक्तिवाद का नैतिक मूल्यों के रूप में मानने पर बल तथा व्यक्ति की कुशलता और सम्मान पर बल दिया जाता है।

विस्तृत रूप में आधुनिकीकरण के प्रमुख लक्षण इस प्रकार हैं:

- वैज्ञानिक भावोन्माद (temper)
- कारण (reason) और तर्कवाद
- धर्मनिरपेक्षता
- उच्च आकांक्षाएं तथा उपलब्धि परकता (achievement orientation)
- मूल्यों, मानदण्डों और अभिरुचियों में सम्पूर्ण परिवर्तन
- नवीन प्रकार्यात्मक संस्थाओं की रचना
- मानव संसाधनों में निवेश (investment)
- विकास परक अर्थ व्यवस्था
- नातेदारी, जाति, धर्म या भाषा परक हितों की अपेक्षा राष्ट्रीय हित
- मुक्त (open) समाज
- गतिशील व्यक्तित्व

आधुनिकीकरण के परिमाप (Measures of Modernization)

आधुनिकीकरण के परिमापों के विषय में व्याख्या करते हुए रस्टोव और वार्ड (Rustov and Ward, 1964: 4) ने इनमें परिवर्तन के इन विशेष पक्षों को सम्मिलित किया है: (i) अर्थव्यवस्था का औद्योगीकरण तथा उद्योग, कृषि, दुग्ध उद्योग (dairy farming), आदि में वैज्ञानिक तकनीकी धारण करके उन्हें अधिकाधिक उत्पादक बनाना; (ii) विचारों का धर्म निरपेक्षीकरण; (iii) भौगोलिक एवं सामाजिक गतिशीलता में उल्लेखनीय वृद्धि; (iv) तकनीकी तथा वैज्ञानिक शिक्षा का प्रसार; (v) प्रदत्त प्रस्थिति से अर्जित प्रस्थिति में परिवर्तन; (vi) भौतिक जीवन स्तर में वृद्धि; (vii) अर्थ व्यवस्था में निर्जीव शक्ति (inanimate energy) का जैविक (animate) शक्ति से अधिक उपयोग; (viii) प्राथमिक उत्पादन क्षेत्र की अपेक्षा द्वैतीयक तथा तृतीय उत्पादन क्षेत्रों में अधिक श्रमिकों का कार्य करना (अर्थात्, कृषि व मत्स्य कार्यों की अपेक्षा निर्माण और नौकरी आदि व्यवसायों में अधिक श्रमिक); (ix) तीव्र शहरीकरण; (x) उच्च स्तरीय साक्षरता; (xi) प्रति व्यक्ति उच्च राष्ट्रीय उत्पादन; (xii) जन संचार का निःशुल्क विस्तार; (xiii) जन्म के समय उच्च जीवन अपेक्षा (expectancy)।

आधुनिकीकरण की पूर्व आवश्यकताएं (Pre-Requisites of Modernization)

परम्परावाद से आधुनिकीकरण में परिवर्तन होने से पूर्व समाज में आधुनिकीकरण की कुछ पूर्व आवश्यकताएं मौजूद होनी चाहिए। ये हैं: (i) उद्देश्य की जानकारी तथा भविष्य पर दृष्टि, (ii) अपनी दुनिया से परे भी अन्य समाजों के प्रति जागरूकता, (iii) अति आवश्यकता का भाव, (iv) विविध भूमिकाओं एवं अवसरों की उपलब्धता, (v) स्वयं लादे गए कार्यों एवं बलिदानों के लिए भावनात्मक तत्परता, (vi) प्रतिबद्ध, गतिशील एवं निष्ठावान नेतृत्व का उदय (नर्मदेश्वर प्रसाद, 1970: 19)

आधुनिकीकरण बड़ा जटिल है क्योंकि इसमें न केवल अपेक्षाकृत नए स्थाई ढाँचे की आवश्यकता होती है, बल्कि ऐसे ढाँचे की भी जो स्वयं को निरन्तर बदलती दशाओं एवं समस्याओं के अनुकूल बना ले। इसकी सफलता समाज की आन्तरिक परिवर्तन की सामर्थ्य पर निर्भर करती है।

इजेन्टाड (Eisentadt, 1965: 659) की मान्यता है कि आधुनिकीकरण के लिए एक समाज के तीन संरचनात्मक लक्षण होने चाहिए: (i) (उच्च स्तरीय) संरचनात्मक अन्तर, (ii) (उच्च कोटि की) सामाजिक गतिशीलता, और (iii) अपेक्षाकृत केन्द्रीय तथा स्वायत्तता धारी संस्थात्मक संरचना।

सभी समाज आधुनिकीकरण की एक सी प्रक्रिया स्वीकार नहीं करते हैं। हर्बर्ट ब्लूमर (Herbert Blumer, 1964: 129) के विचार को मानते हुए पांच तरीके बताये जा सकते हैं जिनमें एक परम्परागत समाज आधुनिकीकरण की प्रक्रिया के प्रति प्रतिक्रिया व्यक्त कर सकता है। ये हैं:

*(1) **अस्वीकारात्मक अनुक्रिया** (Rejective Response)*

एक परम्परागत समाज आधुनिकीकरण को अस्वीकार कर सकता है। यह अनेक प्रकार से विविध स्तरों पर हो सकता है। शक्तिशाली समूह, भूसामन्तशाही, सरकारी स्वल्पतन्त्र (oligarchy), मजदूर संघ तथा धर्मान्ध लोग अपने हितों की रक्षा के लिए आधुनिकीकरण को हतोत्साहित कर सकते हैं। सामाजिक पूर्वाग्रह (prejudices), परम्परागत जीवन के कुछ स्वरूपों, विश्वासों व प्रथाओं में दृढ़ आस्था तथा विशेष रुचि कुछ लोगों को आधुनिकीकरण की प्रक्रिया को अस्वीकार

करने और परम्परात्मक व्यवस्था को बनाए रखने के लिए बाध्य कर सकते हैं।

(2) ***विकल्पयुक्त अनुक्रिया*** *(Disjunctive Response)*

प्राचीन और नवीन के बीच सन्धि (conjunction) अनुक्रिया अथवा आधुनिकीकरण तथा परम्परात्मकता के बीच सह-अस्तित्व (co-existence) तब होता है जब आधुनिकीकरण की प्रक्रिया परम्परागत जीवन को प्रभावित किये बिना ही निस्पृह (detached) विकास के रूप में चलता रहता है। इस प्रकार आधुनिकीकरण तथा परम्परात्मक व्यवस्था में कोई संघर्ष नहीं होता क्योंकि प्राचीन व्यवस्था को कोई खतरा नहीं होता। आधुनिकीकरण के लक्षण परम्परात्मक जीवन के साथ-साथ रहते हैं।

(3) ***आत्मसाती अनुक्रिया*** *(Assimilative Response)*

इस अनुक्रिया में परम्परागत व्यवस्था द्वारा आधुनिकीकरण की प्रक्रिया का आत्मसातीकरण निहित है जो कि जीवन के स्वरूप और संगठनात्मक पक्ष पर कोई प्रभाव नहीं डालता। इसका उदाहरण बैंकिंग व्यवस्था में बैंक कर्मचारियों द्वारा कम्प्यूटर विचारधारा को स्वीकार करना है, अथवा गाँवों में किसानों द्वारा कृत्रिम उर्वरकों और ट्रेक्टरों का प्रयोग करना है। दोनों ही उदाहरणों में आधुनिकीकरण की प्रक्रिया परम्परात्मक व्यवस्था या उसके मूलभूत ढाँचे को प्रभावित किए बिना आती है।

(4) ***समर्थक अनुक्रिया*** *(Supportive Response)*

इसके अन्तर्गत नवीन व आधुनिक बातें स्वीकार की जाती हैं क्योंकि उनसे परम्परात्मक व्यवस्था को बल मिलता है। उदाहरणार्थ, पुलिस या सेना में आधुनिकीकरण की प्रक्रिया पुलिस की कार्य क्षमता तथा सेना की शक्ति में वृद्धि करती है। विविध परम्परात्मक समूह और संस्थाएं परम्परागत हितों को जारी रखने के लिए आधुनिकीकरण द्वारा प्रदत्त अवसरों का प्रयोग करते हैं तथा परम्परागत स्थिति को दृढ़ता से बनाए रखते हैं। आधुनिकीकरण परम्परात्मक हितों को आगे बढ़ाए रखने के लिए संसाधन और सुविधाएं उपलब्ध करा सकता है।

(5) ***विघटनकारी अनुक्रिया*** *(Disruptive Response)*

इस अनुक्रिया में परम्परात्मक व्यवस्था को कई बिन्दुओं पर समायोजन द्वारा खोखला बनाया जाता है जो कि आधुनिकीकरण द्वारा उत्पन्न स्थितियों के कारण किया जाता है।

साधारणतया ये पांचों अनुक्रियाएँ विविध संयोजनों (combinations) द्वारा परम्परागत व्यवस्था के विविध बिन्दुओं पर होती रहती है। अनुक्रियाएं वरीयताओं (preferences), रुचियों (interests), तथा मूल्यों (values) से प्रभावित होती रहती हैं।

माइरन वीनर (Myron Weiner, 1966: 8) के अनुसार आधुनिकीकरण को सम्भव बनाने वाले प्रमुख साधन (instruments) इस प्रकार हैं:

(1) ***शिक्षा*** *(Education)*

शिक्षा राष्ट्रीयता का भाव जागृत करती है तथा तकनीकी नवीनताओं के लिए आवश्यक दक्षता और

अभिरुचियाँ पैदा करती है । एडवर्ड शिल्स ने भी आधुनिकीकरण की प्रक्रिया में शिक्षा की भूमिका पर बल दिया है । परन्तु आर्नोल्ड एण्डरसन (Arnold Anderson) की मान्यता है कि औपचारिक (formal) शिक्षा ही केवल अध्यापन कुशलता के लिए पर्याप्त नहीं है । कभी कभी विश्वविद्यालय स्तर की शिक्षा व्यर्थ हो सकती है, क्योंकि यह डिग्रीधारियों की संख्या में तो वृद्धि कर देती है, किन्तु आधुनिक दक्षता तथा अभिरुचियों से पूर्ण लोगों की संख्या में वृद्धि नहीं करती ।

(2) ***संचार (संप्रेषण)*** *(Communication)*

जनसंचार के साधनों का विकास (टेलीफोन, टी.वी., रेडियो तथा फिल्म आदि) आधुनिक विचारों को प्रसारित करने का एक महत्वपूर्ण साधन है । केवल खतरा यह है कि यदि इन पर सरकारी नियंत्रण हो तो यह एक ही प्रकार की विचारधारा को प्रसारित करेंगे । प्रजातंत्र में प्रेस अपने विचारों की अभिव्यक्ति के लिए स्वतंत्र होता है ।

(3) ***राष्ट्रीयता पर आधारित विचारधारा*** *(Ideology Based on Nationalism)*

बहुल (plural) समाजों में राष्ट्रवादी विचारधाराएं सामाजिक दरारों (social cleavages) के एकीकरण के लिए अच्छा साधन होती हैं । वे लोगों के व्यवहार परिवर्तन हेतु राजनैतिक अभिजन की भी सहायता करती हैं । परन्तु बाइन्डर (Binder) की मान्यता है कि अभिजनों की विचारधारा आधुनिक हो सकती है, लेकिन यह आवश्यक नहीं है कि इससे विकास को भी सुविधा प्राप्त हो ।

(4) ***करिश्माई (चमत्कारी) नेतृत्व*** *(Charismatic Leadership)*

एक करिश्माई (चमत्कारी) नेता लोगों को आधुनिक विचार, विश्वास, रीति-रिवाज तथा व्यवहार अपनाने के लिए प्रेरित करने में अच्छी स्थिति में होता है क्योंकि लोग उसे श्रद्धा व निष्ठा से देखते हैं । भय यही रहता है कि ऐसा नेता कहीं राष्ट्रीय विकास के स्थान पर व्यक्तिगत यश के लिए आधुनिक मूल्यों एवं अभिरुचियों का प्रयोग न करने लगे ।

(5) ***अवपीड़क सरकारी सत्ता*** *(Coercive Government Authority)*

यदि सरकारी सत्ता कमजोर है तो यह आधुनिकीकरण की प्रक्रिया के उद्देश्यों को प्राप्त करने के लिए बनी नीतियों को क्रियान्वयन (implementation) में सफलता प्राप्त न कर सके, किन्तु यदि सरकार मजबूत है तो यह लोगों को विकास के उद्देश्य से व्यवहार एवं अभिरुचियों को अपनाने के लिए बाध्य कर सकती है और इसके लिए अवपीड़न (coercion) का सहारा भी ले सकती है । परन्तु माइरन वीनर का मत है कि एक तानाशाही शासन की ढाल के नीचे राष्ट्रीयता देश को विकास की ओर ले जाने के स्थान पर देश के बाहर आत्महत्या का विस्तार स्वरूप (suicidal expansion) सिद्ध हो सकती है । इस सन्दर्भ में बुश प्रशासन (अमेरिका में) के राजनैतिक अभिजनों की नीतियों का उद्धरण देना गलत नहीं होगा जो कि उन्होंने ईराक आदि के लिए बनाई थीं । रूस की श्रेष्ठता समाप्त हो जाने के बाद अमेरिका की सरकारी सत्ता ने अविकसित एवं विकासशील देशों को आधुनिकीकरण के नाम पर पीड़ित करने की नीति अपनानी प्रारम्भ कर दी ।

माइरन वीनर (1966: 9-10) ने समाज के आधुनिकीकरण के लिए मूल्यों, अवसरों एवं

अभिरुचियों में परिवर्तन की बात भी कही है। अनेक अर्थशास्त्रियों ने भी इस विचार का समर्थन किया है। उन्होंने उत्पादन की प्रक्रिया में उन संस्थात्मक रुकावटों की ओर संकेत किया है जो विनियोजन (investment) की दर में कमी करती हैं। इस प्रकार की संस्थात्मक रुकावटों के उदाहरण हैं: भूस्वामित्व (land tenure) व्यवस्था जो कि किसानों को बढ़ते हुए उत्पादन के लाभ से वंचित करती है, ऐसे कर जो देश के एक भाग से दूसरे भाग में वस्तुओं की आने जाने की गति कम करते हैं तथा नौकरशाही नियम।

भारत में पश्चिम का और आधुनिकीकरण का प्रभाव (The Impact of the West and Modernization in India)

अलाटास (Alatas, 1972: 121) के अनुसार भारत पर पश्चिमी प्रभाव का पाँच चरणों में विवेचन किया जा सकता है। प्रथम चरण सिकन्दर की विजय के साथ प्रतिरोधी सम्पर्क है जो कि बाद की शताब्दियों से वाणिज्य व व्यापार से शक्तिपूर्ण आदान प्रदान के रूप में सदियों तक चलता रहा। दूसरा चरण पन्द्रहवीं शताब्दी के अन्त से प्रारम्भ हुआ जब वास्कोडिगामा कालीकट में अपने जहाजों के साथ 1498 ई.पू. में आया। कुछ ही वर्षों में पुर्तगालियों ने गोआ पर अधिकार कर लिया। लेकिन इन पश्चिमी लोगों का प्रभाव अपेक्षाकृत कम रहा। तृतीय चरण प्रारम्भ हुआ जब ईस्ट इण्डिया कम्पनी ने अठारहवीं शताब्दी के प्रारम्भ में अपना शासन प्रारम्भ किया और बाद में अठारहवीं शताब्दी के मध्य तक ब्रिटिश साम्राज्य भारत में स्थापित हो गया। भारत में पश्चिमी संस्कृति के विस्तार का यह प्रथम कदम था। चतुर्थ चरण प्रारम्भ हुआ उन्नीसवीं शताब्दी के प्रारम्भ तथा औद्योगिक क्रान्ति के आगमन से। अंग्रेजों द्वारा कच्चे माल के रूप में आर्थिक शोषण से प्रारम्भ हुआ और तभी से सांस्कृतिक तथा सामाजिक क्षेत्रों में भी पश्चिमी संस्कृति का वर्चस्व प्रारम्भ हुआ। पांचवाँ और अंतिम चरण प्रारम्भ हुआ 1947 में भारत की राजनैतिक स्वतंत्रता के साथ।

हमारी सामाजिक व्यवस्था तथा हमारी संस्कृति पर प्रभाव के अर्थ में पश्चिमी संस्कृति की क्या छाप पड़ी है ? इसको संक्षेप में इस प्रकार बताया जा सकता है:

(1) बैंक व्यवस्था, लोक प्रशासन, सैन्य संगठन, आधुनिक औषधियाँ, कानून आदि जैसी पश्चिमी संस्थाओं को देश में प्रारम्भ किया गया।

(2) पश्चिमी शिक्षा ने उन लोगों के दृष्टिकोण को विस्तृत किया जिन्होंने आजादी व अधिकारों की बात शुरू की। नवीन मूल्यों, धर्म निरपेक्ष व न्याय संगत भावना तथा व्यक्तिवाद, समानता व न्याय के विचारों के समावेश ने बड़े महत्व का स्थान ले लिया।

(3) वैज्ञानिक नवीनताओं की स्वीकृति ने जीवन स्तर को ऊंचा उठाने की आकांक्षाओं को ऊंचा उठाया और लोगों के लिए भौतिक कल्याण उपलब्ध कराया।

(4) कई सुधार आन्दोलन हुए। अनेक परम्परागत विश्वास तथा व्यर्थ की प्रथाएं त्याग दी गई, तथा अनेक नए व्यवहार स्वरूप अपनाए गए।

(5) हमारी तकनीकी, कृषि, व्यवसाय और उद्योग आधुनिक किए गए जिससे देश का आर्थिक विकास एवं कल्याण हुआ।

(6) राजनैतिक मूल्यों के संस्तरण की पुनर्रचना की गई। प्रजातंत्र स्वीकार करने के बाद सभी

रियासतें भारतीय राज्य में सम्मिलित कर ली गई तथा सामन्तों और जमींदारों के अधिकार और शक्ति समाप्त हो गई ।

(7) विवाह, परिवार और जाति जैसी संस्थाओं में संरचनात्मक परिवर्तन आए और सामाजिक तथा धार्मिक जीवन में नए सम्बन्ध बनने लगे ।

(8) रेल्वे, बस यात्रा, डाक सेवा, हवाई एवं समुद्री यात्रा, प्रेस, रेडियो और दूरदर्शन आदि संचार माध्यमों के आने से मानव जीवन के अनेक क्षेत्रों में प्रभाव पड़ा है ।

(9) राष्ट्रीय भावना में वृद्धि हुई है ।

(10) मध्यम वर्ग के उदय ने समाज के प्रमुख मूल्यों में परिवर्तन कर दिया है ।

अलाटास (Alatas) ने भी पश्चिमी संस्कृति के प्रभाव को हमारी संस्कृति और सामाजिक व्यवस्था में चार प्रकार के परिवर्तनों के आधार पर समझाया है: निरस्नात्मक (eliminative) परिवर्तन, योगात्मक (addictive) परिवर्तन, समर्थन (supportive) परिवर्तन, तथा संश्लेषात्मक (synthetic) परिवर्तन । निरस्नात्मक परिवर्तन वे हैं जिनसे सांस्कृतिक विशेषताएँ, व्यवहार के स्वरूप, मूल्य, विश्वास आर संस्थाएं लुप्त हो जाती हैं । उदाहरणार्थ, हम युद्ध में प्रयोग आने वाले शस्त्रों में पूर्ण परिवर्तन, सती प्रथा का उन्मूलन आदि ले सकते हैं । योगात्मक परिवर्तनों में जीवन के विभिन्न पहलुओं से संबंधित नयी सांस्कृतिक विशेषताओं, संस्थाओं, व्यवहार स्वरूपों तथा विश्वासों को अपनाना सम्मिलित है । इस प्रकार के जोड़ लोगों की संस्कृति में पहले विद्यमान नहीं थे । हिन्दू समाज में विवाह-विच्छेद की व्यवस्था, पिता की सम्पत्ति में पुत्री को भाग देना, पंचायतों में चुनाव प्रथा आदि इस प्रकार के परिवर्तन के कुछ उदाहरण हैं । समर्थक परिवर्तन वे हैं जो पश्चिमी सम्पर्क में आने से पूर्व समाज में विद्यमान विश्वास, मूल्य या व्यवहार स्वरूपों को अधिक मजबूत करते हैं । इसका एक मात्र उदाहरण है कर्ज व्यवहार में हुण्डी का प्रयोग । संश्लेषात्मक परिवर्तन वे हैं जो वर्तमान में विद्यमान तत्वों से नए स्वरूपों की रचना करते हैं और साथ ही नए स्वरूपों को भी अपनाते हैं । इसका उदाहरण उस परिवार की रचना है जो आवास की दृष्टि से तो एकाकी है परन्तु कार्य (function) की दृष्टि से अब भी संयुक्त है जो माता-पिता तथा सहोदरों के प्रति सामाजिक दायित्वों को पूरा करता है । दहेज प्रथा की निरन्तरता बनाए रखना, किन्तु दहेज की धन राशि लेने देने पर प्रतिबन्ध लगाया जाना तथा बच्चों का माता-पिता के साथ जीवन साथी के चयन में सहयोग करना संश्लेषात्मक परिवर्तन के दो अच्छे उदाहरण हैं ।

पश्चिमी प्रभाव के कारण परिवर्तन का उपरोक्त विभाजन केवल विश्लेषण के उद्देश्य से है, लेकिन एक दूसरे से उनको अलग करना सम्भव नहीं है । एक ही प्रकार के परिवर्तन के भीतर हम दूसरे प्रकार के परिवर्तनों के तत्व भी देख सकते हैं । उदाहरणार्थ, वस्त्र उद्योग के प्रारम्भ करने में समर्थक तत्व देखे जा सकते हैं क्योंकि यह कपड़े के उत्पादन को सुविधा प्रदान करता है । परन्तु साथ ही क्योंकि इससे हाथकरघा (handloom) उद्योग को आघात लगा है, तो यह कहा जा सकता है कि इसमें हटाने योग्य अथवा निरस्नात्मक परिवर्तन के तत्व भी काम करते हैं । खुले कारागृहों (wall-less prisons) का आरम्भ भी एक और उदाहरण है जिसमें तीन विविध प्रकार के परिवर्तन कार्य करते हैं । इसी प्रकार, शिक्षा व्यवस्था, बैंकिंग व्यवस्था, विवाह व्यवस्था आदि में परिवर्तन मिलते हैं ।

अब प्रमुख प्रश्न है कि: पश्चिम के सम्पर्क के बाद भारत कहाँ पहुंच गया है ? क्या भारत ने प्रगति की है ? क्या इसने लोक कल्याण में योगदान किया है ? क्या इस प्रश्न का निरपेक्ष उत्तर सम्भव है ? क्या ऐसे विश्लेषण में आत्मपरकता (subjectivism) तथा दार्शनिक पक्षपात (philosophical partiality) को हटाया जाना सम्भव है ? कुछ विद्वान मानते हैं कि भारत को द्वितीय महायुद्ध के पश्चात् अनेक समस्याओं का सामना करना पड़ा, जैसे आर्थिक पिछड़ापन, बड़ी संख्या में लोगों का गरीबी की रेखा से नीचे जीवनयापन करना, बेरोजगारी, जीवन के सभी क्षेत्रों में धर्म का प्रभुत्व, ग्रामीण ऋण, जातीय संघर्ष, साम्प्रदायिक दुर्भावना, पूँजी की कमी, तकनीकी दक्षता वाले दक्ष कार्मिकों की कमी, आदि। इन समस्याओं का समाधान भी पश्चिमी प्रभाव ने दिया है। लेकिन अन्य विद्वानों की मान्यता है कि पश्चिमी प्रभाव ने भारत को इन समस्याओं के समाधान में कोई सहायता नहीं की। यदि कुछ समस्याओं का समाधान हुआ है तो कई दूसरी समस्याएँ खड़ी हुई हैं और भारत उन्हें पश्चिम के नमूने पर सुलझाने का प्रयत्न नहीं कर रहा है। भारत स्वदेशी ढंग से उन्हें सलझाने का प्रयास कर रहा है। देश की स्वतंत्रता के बाद ही औद्योगिक विकास में वृद्धि, शिक्षा का विस्तार, ग्रामीण विकास, जनसंख्या पर नियंत्रण आदि पाया गया है। इस प्रकार पश्चिमी शासन की मुक्ति से और न कि पश्चिमी सम्पर्क से भारत में आधुनिकीकरण सम्भव हुआ है।

वास्तविकता यह है कि जीवन के कुछ क्षेत्रों में पश्चिमी प्रभाव को स्वीकार करके हम सही हो सकते हैं। आधुनिक मेडिकल साइंस, आधुनिक तकनीकी, प्राकृतिक प्रकोपों का सामना करने के आधुनिक उपाय, देश को बाहरी खतरों से सुरक्षा प्रदान करने के आधुनिक तरीके, आदि भारत के इतिहास में पश्चिम के अद्वितीय योगदान के रूप में गिने जायेंगे। लेकिन, भारत इनके साथ-साथ लोगों के उत्थान के लिए अपनी परम्परागत संस्थाओं, प्रथाओं और विश्वासों का भी प्रयोग कर रहा है। इस प्रकार पश्चिमी प्रभाव के बाद भी तथा विविध व्यवस्थाओं के आधुनिकीकरण के बाद भी भारत, भारत ही रहेगा। भारतीय संस्कृति आने वाले कई दशकों तक सुरक्षित रहेगी।

भारत में आधुनिकीकरण की प्रक्रिया (Process of Modernization in India)

पूर्व पृष्ठों में किया गया विश्लेषण दर्शाता है कि परम्परा और आधुनिकता में एक अटूट क्रम पाया जाता है जिसमें एक ओर परम्परा और दूसरी ओर आधुनिकीकरण है। निरन्तरता की इस रेखा पर किसी भी समाज को किसी भी बिन्दु पर रखा जा सकता है। अधिकतर समाज किसी न किसी प्रकार की संक्रमण की स्थिति में रहते हैं।

स्वतंत्रता के समय भारतीय समाज में भी गहरी परम्पराएं थीं, किन्तु यह आधुनिक भी होना चाहता था। ऐसे लोग व ऐसे नेता थे जो कि परम्परागत जीवन शैली ही पसन्द करते थे, लेकिन दूसरी ओर ऐसे लोग भी थे जो भारत का आधुनिक उदय देखना चाहते थे जिसमें अतीत का लगाव न हो। लेकिन कुछ ऐसे भी थे जो परम्परा एवं आधुनिकता के बीच सामंजस्य के पक्षधर थे। उनका कहना था कि परम्परागत व्यवस्था एक सीमा तक आधुनिकीकरण को स्वीकार कर सकती है व अपना सकती है। इसी प्रकार एक आधुनिकीकृत व्यवस्था एक निश्चित सीमा तक ही परम्परात्मक विचारों को सहन कर सकती है। इस प्रकार वे सह-असतित्व चाहते थे। लेकिन प्रथम दो विचारधाराओं के प्रतिपादकों ने माना कि सह अस्तित्व बहुत लम्बी अवधि तक नहीं चल सकता। एक ऐसा बिन्दु

अवश्य आता है जबकि परम्परा असह्य हो जाती है। आखिर में परिवर्तन की कौन सी प्रक्रिया हमने अपनाई ?

हमने अपने समाज को विविध स्तरों पर आधुनिक बनाने का निश्चय किया। जीवन के कौन से पक्ष आधुनिकीकरण के लिए चुने गए और किस तरीके से ? सामाजिक स्तर पर हम सामाजिक सम्बन्धों को समानता तथा मानवीय गौरव के आधार पर बनाना चाहते थे। ऐसे सामाजिक मूल्य चाहते थे जो सामाजिक गतिशीलता को सुनिश्चित करें, जाति निर्योग्यताओं को दूर करें, स्त्रियों की दशा में सुधार करें, आदि। आर्थिक स्तर पर हम तकनीकी विकास तथा न्याय वितरण (distributive justice) चाहते थे। सांस्कृतिक स्तर पर हम धर्म निरपेक्षता, तर्कवाद और उदारवाद चाहते थे। राजनैतिक स्तर पर हम प्रतिनिधि सरकार, जनतांत्रिक संस्थाएं, उपलब्धि-परक शक्ति संरचना (achievement-oriented power structure), तथा देश की सरकार में भारतीय जन की अधिक आवाज व भागीदारी चाहते थे। समाज को आधुनिक बनाए जाने के लिए जो माध्यम चुने गए (तर्कवाद और वैज्ञानिक ज्ञान पर आधारित) वे थे: नियोजन, शिक्षा, (जो अज्ञानता के अंधकार को दूर कर सके), विधान, विदेशों से सहायता, उदारवाद की नीति अपनाना, आदि।

जहाँ तक आधुनिकीकरण की प्रक्रिया का सम्बन्ध है, विस्तृत रूप में कहा जा सकता है कि गुणात्मक दृष्टिकोण से भारत में आधुनिकीकरण इन प्रक्रियाओं से गुजर रहा है:

आर्थिक संरचनात्मक स्तर पर, पुरानी पारिवारिक एवं सामुदायिक उपकरणीय अर्थव्यवस्था (tool economy) के स्थान पर यांत्रिक औद्योगिक अर्थ व्यवस्था को अपनाने की प्रवृत्ति बढ़ रही है। यह जजमानी प्रथा जैसी परम्परागत व्यवस्था को तोड़ने के लिए भी उत्तरदायी है।

राजनैतिक संरचनात्मक स्तर पर, शक्ति संरचना में परिवर्तन लाया जा रहा है। अर्द्ध सामन्ती समूह-परक (group-oriented) शक्ति संरचना का उन्मूलन कर के और उसके स्थान पर जनतांत्रिक शक्ति संरचना की स्थापना कर के जो कि आवश्यक रूप से व्यक्ति-परक (individual-oriented) होती है।

सांस्कृतिक स्तर पर मूल्यों के क्षेत्र में परिवर्तन पवित्र मूल्य व्यवस्था से धर्म निरपेक्ष मूल्य व्यवस्था में परिवर्तन के द्वारा लाया जा रहा है।

सामाजिक संरचनात्मक स्तर पर अर्जित प्रस्थिति भूमिका की अपेक्षा परम्परागत प्रदत्त भूमिका व प्रस्थिति में कमी आई है।

योगेन्द्र सिंह (1973: X) का मत है कि भारत में आधुनिकीकरण की एक अनोखी विशेषता यह है कि परम्परागत संरचना में परिवर्तन अपना कर परिवर्तन लाया जा रहा है, न कि संरचना में विखण्डन के द्वारा।

जबकि यह सत्य है कि परम्परागत समाज की अधिकतर विशेषताएं आधुनिक समाज में उपयुक्त नहीं बैठती, फिर भी आधुनिकता जनता पर थोपी नहीं जा सकती। आधुनिकीकरण पेशे के अनुसार निर्देशित (professionally directed) होना चाहिए। परम्परागत संस्थाओं की विशेषताओं को विकास की प्रक्रिया में उपयुक्त समायोजन के साथ रोके रखा जा सकता है। कोई भी समाज तनाव मुक्त तभी रह सकता है जबकि यह बन्द हो तथा गतिशील समाज न हो।

विकासशील समाज तनाव और प्रतिरोधों के भीतर होने के आधार पर कार्य करता है। तनाव आधुनिकता व परम्परा के बीच निहित संघर्षों के कारण बना रहता है। तनाव अतीत की धरोहर होते हैं जो कि आर्थिक विकास के दबाव के कारण बने रहते हैं। बहुधा विकास की प्रक्रिया में कुछ तनाव सुलझ जाते हैं। स्थायित्व और संरक्षण की शक्तियों तथा परिवर्तन और आधुनिकीकरण की शक्तियों के बीच दोहरा सम्बन्ध होता है। विकासशील समाज इन समस्याओं का सामना चतुरता से करता है। अतः परिवर्तन और आधुनिकीकरण की चुनौतियों का जैसे, क्षेत्रवाद, प्रान्तीयता, अशिक्षा, प्रव्रजन (migration), मुद्रा स्फीति, पूँजी की कमी, रक्षा खर्च में कमी के उद्देश्य से पड़ौसी राष्ट्रों से सामंजस्य, राजनैतिक भ्रष्टाचार, नौकरशाही की अकुशलता, और अप्रतिबद्धता आदि का सामना धैर्य पूर्वक एवं विधि पूर्वक तरीके से तर्कशील अभिस्वीकरण (adoptive) प्रक्रियाओं द्वारा करता है। परम्परागत समाज के टूटने से व्यक्तिगत स्वतंत्रता में वृद्धि, सत्ता का समतलीकरण, व निर्णय लेने में जन समूहों का योगदान अधिक होने लगता है। आधुनिकीकरण की प्रक्रिया में सामाजिक संरचना के प्रतिरोधों को हटाना सम्मिलित है। साथ ही साथ केवल सभी स्तरों पर आर्थिक, सामाजिक, राजनैतिक व सांस्कृतिक विकास का नियोजन ही लोगों को आधुनिक विचारों एवं मानदण्डों में भागीदारी के लिए प्रेरित करेगा और महत्वपूर्ण सामाजिक समूहों- बुद्धिजीवियों, राजनैतिक अभिजनों, नौकरशाही एवं तकनीकी विशेषज्ञों को नियोजित परिवर्तनों को स्वीकार करने के लिए बाध्य करेगा।

आधुनिकीकरण की समस्याएं (Problems of Modernization)

आधुनिकीकरण की कुछ समस्याएं निम्नवत हैं:

(1) आधुनिकीकरण का प्रथम विरोधाभास यह है कि एक आधुनिक समाज को तुरन्त हर प्रकार से बदल जाना चाहिए, लेकिन ऐसे नियमित एवं विकास का समन्वित स्वरूप का अनुमानित नियोजन नहीं हो सकता। अतः एक प्रकार की सामाजिक हलचल पैदा हो ही जाती है। उदाहरणार्थ, जन शिक्षा व्यवस्था की मांग है कि दक्ष (trained) व्यक्तियों को उनकी ट्रेनिंग तथा उनके ज्ञान के अनुकूल व्यावसायिक भूमिका में लगा देना चाहिए। लेकिन सभी शिक्षित लोगों को काम दिलाना सदैव सम्भव नहीं होता है। इससे शिक्षित लोगों में निराशा एवं असंतोष पैदा होता है।

(2) दूसरी समस्या यह है कि आधुनिकीकरण की अवधि में संरचनात्मक परिवर्तन असमान होता है। उदाहरणार्थ, उद्योग आधुनिक बनाए जा सकते हैं लेकिन परिवार व्यवस्था, धर्म व्यवस्था आदि रुढ़िवादी ही बने रहते हैं। इस प्रकार की निवृत्तियाँ व अविच्छिन्नताएँ और परिवर्तन के स्वरूप, स्थापित सामाजिक और अन्य संरचनाओं को प्रभावित करते हैं और अन्तराल (lags) व गत्यवरोध (bottlenecks) पैदा करते हैं। इसका दूसरा उदाहरण है भारत में मताधिकार की आयु 21 से कम करके 18 वर्ष कर देना। यह आधुनिकता में प्रवेश का एक कदम हो सकता है, किन्तु इसने एक संकट पैदा कर दिया है क्योंकि निर्वाचक समूह इस अनुमान पर निर्भर करता है कि उनमें नागरिकता की परिपक्व भावना होगी तथा नीतियों में भागीदारी की योग्यता होगी।

(3) तीसरी समस्या है कि सामाजिक व आर्थिक संस्थाओं का आधुनिकीकरण परम्परागत जीवन शैली के साथ संघर्ष पैदा करता है। उदाहरणार्थ, प्रशिक्षित डॉक्टर परम्परागत वैद्यों के लिए खतरा हो जाते हैं। इसी प्रकार मशीनों द्वारा निर्मित वस्तुएं घरेलू श्रमिकों को रोजी रोटी से वंचित कर देती हैं। इसी तरह बहुत से परम्परावादी लोग उन लोगों के विरोधी हो जाते हैं जो आधुनिकता स्वीकार करते हैं। फलत: परम्परावादी और आधुनिक तरीकों में संघर्ष असंतोष का कारण हो जाता है।

(4) चौथी समस्या यह है कि अक्सर लोग जो भूमिकाएं धारण करते हैं, वे आधुनिक तो होती हैं, किन्तु मूल्य परम्परात्मक रूप में जारी रहते हैं। उदाहरणार्थ, मेडिसिन और सर्जरी में ट्रेनिंग लेने के बाद भी एक डॉक्टर अपने मरीज से यही कहता है, "मै इलाज करता हूँ, ईश्वर ठीक करता है।" यह दर्शाता है कि उसे अपने पर विश्वास नहीं है कि वह बीमारी का सही निदान कर सके बल्कि स्वयं पर आरोप लगाने की बजाय वह उन तरीकों की निन्दा करता है जिनमें उसका जीवन-मूल्यों को विकसित करने के लिए सामाजीकरण किया गया है।

(5) पाँचवीं समस्या यह है कि उन साधनों के बीच जो आधुनिक बनाती हैं और उन संस्थाओं व व्यवस्थाओं में जिनको आधुनिक होना है सहयोग की कमी है। कई बार इससे सांस्कृतिक विलम्बना (cultural lag) की स्थिति पैदा हो जाती है तथा संस्थात्मक संघर्ष होते हैं।

(6) अंतिम समस्या यह है कि आधुनिकीकरण लोगों की आकांक्षाओं को बढ़ाता है, लेकिन सामाजिक व्यवस्थाएं उन्हें आकांक्षाओं की पूर्ति के लिए अवसर प्रदान करने में असफल रहती हैं। ये कुण्ठाएँ वंचनाएँ और सामाजिक असंतोष पैदा करती है।

व्यक्ति का आधुनिकीकरण (Modernization of Man)

आधुनिकीकरण का उद्देश्य समाज के सभी लोगों के लिए सभ्य व उचित जीवन स्तर प्राप्त कराना है। इसमें आर्थिक, सामाजिक, राजनैतिक तथा सांस्कृतिक परिपक्वता का विचार भी सम्मिलित हैं। इससे अधिक, इसमें मनुष्य के स्वभाव का पूर्ण परिवर्तन वांछित है ऐसा परिवर्तन जो कि एलेक्स इकिल्स (Alex Inkeles, 1966: 158) के अनुसार साध्य के लिए साधन नहीं हैं, बल्कि विकास प्रक्रिया का साध्य स्वयं है।

किन्तु, 'आधुनिक व्यक्ति' कौन है ? उसकी पहचान कैसे हो ? आधुनिक व्यक्ति वह है जो विचार और सहानुभूति के परम्परागत तरीके त्याग दे, जिसका मस्तिष्क नए विचारों को स्वीकार करने के लिए खुला हो, जो विवेकशील तथा धर्म निरपेक्ष हो और जो समानता, न्याय व स्वतंत्रता में विश्वास रखता हो।

आधुनिक मनुष्य की बाह्य विशेषताओं का आन्तरिक विशेषताओं से भिन्न होने के संदर्भ में एलेक्स इकिल्स की मान्यता है कि आधुनिक व्यक्ति के एक कृषक के रूप में कार्य करने की सम्भावना कम है और उसके द्वारा रोजगार ढूँढ़ने की सम्भावना अधिक है-ऐसे जटिल उत्पादक व्यवसाय व रोजगार को जो आधुनिक तकनीकी व ऊर्जा के प्रयोग पर आधारित हो या फिर बड़े निजी या सार्वजनिक उपक्रम को जो उसको समाज में उच्च पद व प्रस्थिति प्रदान कर सके। वह ऐसे नगर में रहना अधिक पसन्द करता है जहाँ उसको निकट में ही सभी साधन उपलब्ध हो सकें, जैसे यातायात,

बाजार, बच्चों के स्कूल, मेडिकल एवं डाक सुविधाएँ, जो उसकी पहुँच के भीतर हों और ऐसे घर में रहना पसन्द करता है जो उसे आधुनिक भौतिक सुख साधन उपलब्ध कराता हो। वह क्लब तथा अन्य संगठनों का सदस्य होना पसन्द कर सकता है जो उसके लिए अभिव्यक्ति, पहचान तथा गतिशीलता के अवसर प्रदान कर सके। संचार एवं संप्रेषण के लिए अधिक खुला होने के कारण वह सामाजिक विकास एवं राजनीति में अधिक रुचि ले सकता है। अपने प्राथमिक नातेदारों के जाल में फंसे रहने की अपेक्षा अव्यक्तिगत वातावरण की ओर अधिक आकर्षित होता है जहाँ वह ऐसे लोगों के सम्पर्क में आए जो उसके व्यवसाय या अन्य संकट के समय उसकी सहायता कर सकें। ये सभी गुण यद्यपि 'आधुनिकता' नहीं है, लेकिन यह मनुष्य के जीवन क्षेत्र के साथ हैं जो आधुनिक मनुष्य से टकराते हैं। यद्यपि आधुनिक वातावरण के लिए मनुष्य का 'खुला' होना निश्चित ही परम्परागत मनुष्य में परिवर्तन करने में योगदान कर सकता है, और फिर उस वातावरण में नवीन मूल्यों, व्यवहार स्वरूपों की उससे अपेक्षा की जायेगी, लेकिन आधुनिक व्यक्ति की आन्तरिक विशेषताएँ उसके सोचने, काम करने व अनुभूति के तरीके आदि, उसे वास्तविक आधुनिक बनाने में महत्वपूर्ण हैं। आधुनिक मनुष्य की आन्तरिक विशेषताएं क्या हैं ? एलेक्स इकिल्स (वही, 161-165) ने इनमें से कुछ विशेषताओं को इस प्रकार पहचाना है:(1) आधुनिक व्यक्ति को नवीन अनुभवों के लिए तैयार रहना चाहिए और नवीनताओं तथा परिवर्तन के लिए खुला होना चाहिए। (2) उसमें बड़ी संख्या में आने वाले मामलों में तथा समस्याओं के विषय में अपनी धारणा बनाने की प्रवृत्ति होनी चाहिए जो उसके भीतरी व बाहरी पर्यावरण में उदय होती हों। व्यक्ति जितना अधिक शिक्षित होता है उतनी ही अधिक इन चुनौतियों का प्रत्युत्तर देने की तत्परता उसमें होती है। इसके विपरीत एक परम्परागत व्यक्ति अपने चारों ओर के विषयों में कोई रुचि नहीं लेता जो उसे घेरे रहते हैं और प्रभावित भी करते हैं। (3) एक आधुनिक व्यक्ति अतीत की अपेक्षा वर्तमान और भविष्य की ओर अधिक उन्मुख होता है। वह अपने मामलों के संगठन में अधिक व्यवस्थित और नियमित होता है। (4) एक आधुनिक व्यक्ति अधिक नियोजन-उन्मुख होता है और जीवन का सामना करने के लिए एक साधन के रूप में इसमें विश्वास रखता है। (5) एक आधुनिक व्यक्ति प्रभावकारी शक्ति में विश्वास करता है और सीखने के लिए तैयार रहता है ताकि पर्यावरण से प्रभावित होने की अपेक्षा वह पर्यावरण पर अधिकार करे और अपने उद्देश्यों और लक्ष्यों की ओर अग्रसर हो सके। (6) आधुनिक व्यक्ति महान गुणक (calculator) होता है और मनुष्य के नियंत्रण के भीतर तर्कसंगत एवं नियमानुकूल चलाने वाले विश्व में विश्वास करता है। (7) आधुनिक व्यक्ति दूसरों के प्रति अपने व्यवहार में अधिक सम्मान एवं प्रतिष्ठा का प्रदर्शन करता है। (8) एक आधुनिक व्यक्ति को विज्ञान व तकनीकी में अधिक आस्था होती है। (9) एक आधुनिक व्यक्ति जनतंत्र व न्याय के समान वितरण के प्रति अधिक आस्थावान होता है।

आधुनिक व्यक्ति की विशेषताओं की इस सूची को बढ़ाया जा सकता था, किन्तु यह इस विचार को समझने के लिए काफी है कि आधुनिकीकरण को व्यक्तिगत स्तर के साथ-साथ सामूहिक व सामाजिक स्तर पर किस प्रकार समझा जाए।

REFERENCES

Alatas, Syed Hussain, *Modernization and Social change*, Angus and Roberstson, Cremorne, Sydney, Australia, 1972.

Blumer, Herbert, "Industrialization and the Traditional Order", in *Sociology and Social Research*, Vol. 48, January 1964.

Conell, James, *A Concept of Modernization*, South Atlantic Quarterly, Vol. 64, 1965.

Desai, A.R., *Essays on Modernization of Underdeveloped Societies*, Thackers, Bombay, 1971.

Dube, S.C., "Modernization and Its Adaptive Demands of Indian Society", in Gore, M.S. (Ed.), *Sociology of Education in India*, Bombay, 1986.

Dube, S.C., *Modernization and Development*, Vistaar Publications, New Delhi, 1988.

Eisenstadt, S.N., "Transformation of Social, Political and Cultural Orders in Modernization", *American Sociological Review*, Vol. 30, October 1965.

Eisenstadt, S.N., *Modernization: Protest and Change*, Prentice-Hall of India, New Delhi, 1969.

Foster, George M., *Traditional Cultures and the Impact of Technological Change*, Harper and Row, 1962.

Gore, M.S., *Education and Modernization in India*, Rawat Publications, Jaipur, 1982.

Lerner, Daniel, *The Passing Away of Traditional Society*, Free Press, 1958.

Myrdal, Gunnar, *Asian Drama*, Middlesex, Penguin, 1968.

Narmadeshwar Prasad, *Change Strategy in a Developing Society*, Meenakshi Prakashan, Meerut, 1970.

Pye, A.E., *Towards a Communication Theory of Modernization*, Bombay, 1969.

Rudolph L. and Susanne, *The Modernity of Tradition*, Orient Longmans, Bombay, 1969.

Rustow, D.A. and Ward, R.E. (Eds.), *Political Modernization in Japan and Turkey*, Princeton University Press, New Jersey, 1964.

Shah A.B. and Rao, C.R.M (Eds.), *Tradition and Modernity in India*, Bombay, 1986.

Singer Milton (Ed.), *Traditional India: Structure and Change*, Philadalphia, 1959.

Weiner, Myron, *Modernization: The Dynamics of Growth*, Higginbothoms Ltd, Madras, 1967.

अध्याय 21

आर्थिक विकास तथा सामाजिक परिवर्तन
Economic Development and Social Change

एक अंग्रेज अर्थशास्त्री विक्स्टीड (Wickstead) ने एक बार कहा था कि कोई भी व्यक्ति न तो सन्त, न कवि, और न प्रेमी तब तक हो सकता है जब तक कि उसके पास कुछ खाने को न हो। राष्ट्रों के विषय में भी यही कहा जा सकता है कि राजनैतिक विकास, सांस्कृतिक उपलब्धियां एवं परिवर्तन और सामाजिक प्रगति केवल न्यूनतम जीवन स्तर प्राप्त करने से ही सम्भव है, या हम यह भी कह सकते हैं कि सामाजिक प्रगति आर्थिक विकास पर ही संम्भाव्य है। प्रश्न यह है कि आर्थिक विकास क्या है ? आर्थिक विकास की पूर्वाकांक्षाएं क्या हैं, या कौन से तत्व उसके वृद्धि में योगदान करते हैं ? भारत सहित विश्व के अविकसित क्षेत्रों में आर्थिक उन्नति में क्या बाधाएं हैं ? समाजशास्त्रीय पक्षों एवं आर्थिक विकास की सामाजिक समस्याओं को समझने से पूर्व हमें उपरोक्त कुछ महत्वपूर्ण प्रश्नों को समझना आवश्यक है।

आर्थिक विकास की अवधारणा (Concept of Economic Development)

विस्तृत अर्थ में कहा जा सकता है कि "आर्थिक विकास वास्तविक आय में प्रति व्यक्ति वृद्धि है जो भले ही किसी भी साधन से हो" राबर्ट फैरिस (Robert Farris, 1964: 889)। बाच (Bach, 1960: 167) ने इसको इस प्रकार बताया है: "अर्थव्यवस्था में वस्तुओं के पूर्ण उत्पादन व सेवाओं में वृद्धि।" डेविड नोवाक (David Novack, 1964: 51) ने आर्थिक वृद्धि की एक पुरानी परिभाषा की चर्चा की है जिसके अनुसार "यह वस्तुओं एवं सेवाओं के प्रति व्यक्ति उपभोग (consumption) में निरन्तर एवं अत्यधिक वृद्धि है।" आर्थिक वस्तुओं का अत्यधिक उपभोग तभी सम्भव है जबकि आर्थिक वस्तुओं का उत्पादन भी अत्यधिक हो। आजकल उत्पादन नई तकनीकी के प्रयोग पर निर्भर है। संकीर्ण अर्थों में कहा जा सकता है कि आर्थिक विकास "आर्थिक वस्तुओं के उत्पादन व वितरण में जड़ या निर्जीव शक्ति (inanimate power) और अन्य तकनीकों का विस्तृत प्रयोग है" राबर्ट फैरिस (Robert Faris, वही:889)। इन अर्थों में आर्थिक विकास व्यावहारिक रूप में औद्योगीकरण का पर्याय कहा जा सकता है। लेकिन यह कहना ठीक नहीं कि आर्थिक विकास केवल औद्योगीकरण है क्योंकि उत्पादन में शक्ति और तकनीकी के प्रयोग के अतिरिक्त, श्रम गतिशीलता, विस्तृत शिक्षा व्यवस्था आदि भी सम्मिलित है।

जेफ और स्टेवर्ट (Jaffe and Stewart, 1951), जिन्होंने आर्थिक विकास को 'आर्थिक उत्पादन का तर्कसंगतिकरण' (rationalization) कहा है, उन्होंने प्रति व्यक्ति आय तथा अन्य कारकों जैसे, उच्च साक्षरता, जन्म के अवसर पर जीवन की ऊंची सम्भावनाएं, निम्न प्रसव दर, कृषि में संलग्न श्रम शक्ति का निम्न अनुपात, तथा प्रति व्यक्ति बिजली किलोवाट का उच्च उत्पादन, आदि के आधार पर विकसित और अविकसित देशों का द्वि-भाजन (dichotomy) प्रस्तुत किया है। इनके

अतिरिक्त इस वर्गीकरण में एक तृतीय श्रेणी भी जोड़ी जा सकती है—वे देश जो विकसित और अविकसित देशों के बीच हैं अर्थात् विकासशील देश। प्रति व्यक्ति आय के अर्थ में अमेरिका, कनाडा, आस्ट्रेलिया, पश्चिमी यूरोप (इटली, फ्रांस, जर्मनी और इग्लैण्ड) विकसित देश माने जाते हैं। दूसरी ओर, दक्षिण अफ्रीका, मैक्सिको, और अधिकतर दक्षिणी और पूर्वी यूरोपीय देश विकासशील देश माने जाते हैं। प्रति व्यक्ति आय की दृष्टि से भारत अभी भी अविकसित देश है।

जेफ और स्टेवर्ट का कहना है कि उपरोक्त विशेषताओं (विकसित देशों की) को प्राप्त करने के लिए आर्थिक विकास प्रत्येक वस्तु में शीघ्र परिवर्तन समावेश करता है। लेकिन रॉबर्ट फेरिस का विश्वास है कि यह निष्कर्ष (आर्थिक विकास के लिए हर वस्तु शीघ्र प्राप्त करना) न्याय संगत नहीं है। उनका विचार है कि यद्यपि इसका अनुमानित माप प्रति व्यक्ति आय में वास्तविक वृद्धि माना जायेगा, लेकिन अन्य सभी परिवर्तन आवश्यकता के स्तर पर निर्भर होंगे।

आर्थिक विकास की पूर्वापेक्षाएं एवं बाधाएं (Pre requisites and Barriers to Economic Development)

किसी भी समाज के आर्थिक विकास में योगदान करने वाले कारक सामान्यतः इस प्रकार समझे जाते हैं: प्राकृतिक संसाधन (resources), धन संचय (capital accumulation), प्राद्योगिकी (technology), शक्ति के स्त्रोत, जनशक्ति, श्रमिक, जनसंख्या की विशेषताएं, और उसका आर्थिक संगठन तथा सामाजिक पर्यावरण। पूर्वापेक्षाओं के विषय में राबर्ट फैरिस (1964: 890) ने कहा है कि आर्थिक विकास की पूर्वापेक्षाएं ये हैं: (i) मूल्य या विचारधारा, (ii) संस्थाएं या आदर्शात्मक ग्रन्थियाँ (normative complexes) अर्थात् व्यवहार के नियमों की अथवा व्यवहार सम्बन्धी सामान्यतः स्वीकृत आदेशों (prescriptions) की सर्वसम्मत स्वीकृति तथा उनका पालन, (iii) संगठन (नीतियां), अर्थात् क्या सरकार निजी क्षेत्र को प्रोत्साहन देना चाहती है या सरकारी क्षेत्र को या दोनों को ही, (iv) लाभ/सम्मान से सम्बन्धित प्रेरणाएं/प्रोत्साहन।

नोवाक (Novack, 1964: 156) की मान्यता है कि कम विकास के प्रमुख आधार ये हैं: धन का अभाव, निम्न औद्योगिक जनसंख्या, तथा प्राकृतिक संसाधनों की कमी। दूसरी ओर आर्थिक विकास की पूर्वापेक्षाओं में पूँजी, तकनीकी के गुण, और प्राकृतिक संसाधन सम्मिलित हैं। उन्होंने माना है कि अविकसित क्षेत्रों में आर्थिक विकास में जो कारक बाधा डालते हैं वे हैं: (i) पर्याप्त मात्रा में नवीन खोज (innovation) में कमी, (ii) समतावादी कृषि सुधारों में कमी, (iii) कार्य अनुशासन में कमी, (iv) जनसंख्या वृद्धि, और (v) विदेशी विनिमय में कमी।

जैकब वाइनर (Jacob Viner, See Jean Meynaud, 1963) ने आर्थिक विकास में छः बाधाओं की व्याख्या की है। ये हैं: भौतिक वातावरण का अनुकूल न होना, कार्यशील जनसंख्या की निम्न कोटि, तकनीकी ज्ञान की कमी, पूंजी की कमी, जनसंख्या की तीव्र गति से वृद्धि, तथा कृषि संरचना में दोष।

यूरोप में प्रोटेस्टेन्ट सुधारों ने पूँजीवाद के उदय एवं विकास के लिए समाज का दृष्टिकोण एवं संस्थाओं में परिवर्तन द्वारा रास्ता खोल दिया था। इसी आधार पर "प्रोटेस्टेन्ट नैतिकता" का विकास हुआ जो आर्थिक विकास के लिए हितकर था। इस यूरोपीय घटना के विषय में लिखते हुए मैक्स

वेबर ने पूंजीवादी समाज की उन संस्थाओं पर बल दिया है जो पश्चिम में तेजी से आर्थिक विकास के साथ मिलती हैं: (1) निजी स्वामित्व और उत्पादन के साधनों पर नियंत्रण। (2) बाधाएं और सरकारी मूल्य निर्धारण। (3) गणना सम्बन्धी नियमों का शासन जिससे लोगों को पहले ही पता चल जाता है कि किन नियमों के अन्तर्गत उन्हें आर्थिक जीवन चलाना है। (4) मजदूरी के लिए व्यक्तियों को काम करने की स्वतंत्रता। (5) मजदूरी व कीमतों की बाजार व्यवस्था के द्वारा आर्थिक जीवन का वाणिज्यीकरण (commercialism) जिससे उत्पादन के साधनों को संचालित व आवंटन (allocate) किया जा सके। (6) सट्टेबाजी व जोखिम उठाने की प्रवृति (जिन्हें पूर्वगत सामंती समाजों में व्यापक रूप से प्रतिबंधित किया हुआ था)। परन्तु कुछ विद्वानों ने इस धारणा में कमियाँ बताई हैं।

भारत में आर्थिक विकास में बाधाएं (Obstacles to Economic Development in India)

उपरोक्त उल्लिखित कारक भारत के आर्थिक विकास के रास्ते में बाधक तत्वों को समझने में सहायक हो सकते हैं। थामस शी (Thomas Shea, See Jean Meynaud, 1963) के अनुसार भारत में चार महत्वपूर्ण बाधाएं हैं: जाति, भूमि पट्टे (land tenure) का स्वरुप, जनसंख्या वृद्धि, और सम्पत्ति कानून (जो कृषि-भूमि को टुकड़े-टुकड़े करता है)।

ए.आर. देसाई (1959: 130) ने जो मूल बाधाएं बताई है वे हैं:(क) अतीत से वंशानुक्रम में प्राप्त सामाजिक एवं संस्थात्मक रचना एवं मूल्य (अर्थात् जाति व्यवस्था) और (ख) पिछड़ी हुई निष्ठा के लिए लगाव।

यद्यपि जाति-व्यवस्था भारत के संविधान के द्वारा सैद्धान्तिक और न्यायिक दृष्टि से समाप्त कर दी गई है, लेकिन वास्तविक जीवन में इसका महत्व, आर्थिक विकास पर इसका असर, सम्पत्ति सम्बन्धों के स्वरूप व उपभोग के स्वरूप पर इसका प्रभाव, और आर्थिक, राजनैतिक, सामाजिक एवं सांस्कृतिक क्षेत्रों में शक्ति-संरचना के संरूप पर इसके प्रभाव को अभी तक ठीक से नहीं समझा गया है। इसलिए इसका गम्भीर रूप से कम अनुमान लगाया गया है। जाति लोगों की गतिशीलता रोकती है जो कि गतिवान आर्थिक विकास के लिए अति आवश्यक है। यह कुछ समूहों को कुछ व्यवसाय करने से रोकती है तथा कुछ आर्थिक व्यवहार के स्वरूपों को व उपभोग के कुछ स्वरूपों को रोकती है। यह देखा गया है कि अर्थव्यवस्था, प्रशासन और सांस्कृतिक कामकाज में नियंत्रण के बहुत से पद भारत में कुछ ही जातियों के एकाधिकार (monopoly) में हैं। वास्तव में, कुछ ही जातियां भारत के लोगों के भाग्य को नियंत्रित करती हैं जिससे क्षेत्रीय व जातीय तनाव व सामाजिक अशान्ति उत्पन्न होती है। यही अशान्ति विशेषाधिकार प्राप्त समूहों (privileged groups) में स्वयं के बीच तथा उनके और अल्प विशेषाधिकृत समूहों के बीच कटु स्पर्धात्मक संघर्ष को जीवित रखती है तथा इसका कारण भी है। स्वस्थ राष्ट्रीय अर्थव्यवस्था पर इसका प्रतिकूल प्रभाव पड़ता है।

एक दूसरा समाजशास्त्रीय प्रभाव यह भी है कि पिछड़ी हुई निष्ठाएं समाज में जमी रहती हैं जिनके फलस्वरूप गुटवाद (factionalism) तथा भारतीय जन का तुच्छ अहं वाले छोटे-छोटे समूहों में विभाजन होता है जो कि विकसित राष्ट्रीय चेतना के लिए हानिकारक है। कुछ प्रकार की

निष्ठाएं (जाति निष्ठा के अतिरिक्त) जो भारत में सदैव बनी रहती हैं वे हैं: नातेदारी निष्ठा, क्षेत्रीय पहचान तथा धार्मिक लगाव। इस प्रकार के विभाजन समाज में एकता की भावना को और समाज के सदस्यों के बीच की पहचान में रोक लगाते हैं। ऐसे पर्यावरण में पाया जाने वाला आदर्शात्मक दबाव (normative pressure) व्यक्ति के व्यवहार तथा सम्बन्धों पर भी प्रतिकूल प्रभाव डालता है।

देसाई (वही: 131-132) का मानना है कि यह संकीर्ण स्थानीय मानसिकता (parochial mentality) पुराने प्रकार की संस्थाओं के साथ कई प्रकार से आर्थिक विकास में बाधा उत्पन्न करती है: (i) यह भाई भतीजावाद (nepotism) को प्रोत्साहन देती है; (ii) यह अनुत्पादक निवेश (investment) तथा गलत उपभोग के स्वरूपों जैसी हानिकारक प्रथाओं को पैदा करती है; (iii) इससे कार्य, कार्य कुशलता, व्यवसाय, तथा साधनों के आवंटन (allocation) के प्रति दृष्टिकोण में विकृति उत्पन्न होती है; (iv) यह उन मान्यताओं एवं लोक रीतियों (mores) के विकास में बाधा उत्पन्न करती है जो कि आधुनिक समय की आर्थिक विकास की मूल आवश्यकताएं हैं, जैसे, कानून पर आधारित लोकरीतियाँ व अनुशास्तियाँ (sanctions), व्यक्तित्व के लिए आदर तथा समान नागरिकता का विचार।

योगेन्द्र सिंह (1973) ने भारत में आर्थिक विकास में बाधाएं इस प्रकार बताई हैं: (i) अनुभवातीतता (transcendence) (जिसके अनुसार पारम्परिक मूल्यों की वैधता को चुनौती नहीं दी जा सकती), (ii) पूर्णता (holism) (जिसके अनुसार व्यक्ति और समाज (समूह) के बीच सम्बन्ध इस प्रकार का पाया जाता है कि व्यक्ति अपने हित, अधिकार एवं आकांक्षाओं को समाज-कल्याण से नीचे रखता है। इसका अर्थ व्यक्ति की तुलना में समूहवाद को प्राथमिकता देना भी है)। (iii) संस्तरण (जाति व्यवसाय व सामाजिक प्रस्थिति में स्तरीकरण) (iv) निरन्तरता (कर्म एवं पुनर्जन्म में विश्वास, आदि)।

आर्थिक विकास की अवस्थाएं (Stages in Economic Development)

रोस्टोव (Rostow, 1960: 4) ने आर्थिक विकास की पाँच अवस्थाएं बताई हैं: (i) परम्परात्मक समाज (ii) उत्थान (take off) की पूर्व दशाएं (iii) उत्थान (प्रारंभ) (iv) तकनीकी परिपक्वता की प्रवृत्ति (v) उच्च जन-उपभोग।

परम्परात्मक समाज मूल रूप में कृष्टि प्रधान होता है। इसके सदस्य भाग्यवादी, अन्धविश्वासी तथा बाहरी संसार के प्रति अनभिज्ञ होते हैं। ऐसे समाज में परिवार, जाति, गांव, या नृजाति (ethnic) समूह की निष्ठा की इकाई होते हैं। परम्परात्मक (कृषक) समुदाय आत्मनिर्भर नहीं होते, बल्कि बाजार के लिए, धर्म के लिए, दर्शन के लिए तथा सरकार के लिए भी कस्बों या शहरों पर निर्भर रहते हैं क्योंकि इन समुदायों में नेतृत्व का विकास कम ही होता है। कृषकों के लिए निर्णय बाहर से किये जाते हैं। बहुधा वे यह जान भी नहीं पाते हैं कि ये निर्णय किस प्रकार एवं उनके लिए क्यों लिए गये हैं। यद्यपि वे बहुत प्रयत्न करते भी हैं, किन्तु वे निर्णय में बाह्य प्रभाव से मुक्त नहीं हो सकते हैं। इससे न केवल जीवन के प्रति भाग्यवादी (fatalistic) दृष्टिकोण का जन्म होता है बल्कि बाहरी लोगों के प्रति संन्देह तथा नये विचारों के प्रति सतर्कता भी पैदा होती है। बाहरी संसार के प्रति अविश्वास उन्हें उनके

पड़ौसियों से जोड़ने नहीं देता। विस्तृत परिवार स्वयं को अपने पड़ौसियों की बेईमानी से बचाने में लगा रहता है। परम्परात्मक समाज के अन्दर एकता का यह एक खण्ड (segment) है। इस (परम्परात्मक) समाज में साधनों के सीमित होने, विशेष रुप से भूमि के सीमित होने के कारण उत्पादन भी सीमित ही होता है।

तत्पश्चात धीरे-धीरे परिवर्तन की प्रक्रिया प्रारम्भ होती है। इस अवस्था में उत्थान (take off) की पूर्व दशाओं का विकास किया जाता है। प्रायः ये पूर्व दशाएं विकसित समाज द्वारा बाहर से घूसपैठ के कारण उत्पन्न होती हैं। ये घूसपैठ नवीन विचारों और भावनाओं को प्रेरित करते हैं और लोग विश्वास करने लगते हैं कि आर्थिक प्रगति अच्छी भी है और सम्भव भी। कुछ लोग शिक्षा प्राप्त करना प्रारम्भ करते हैं तो कुछ नेताओं का उदय होता है और निवेश के नये क्षेत्र व्यापार और वाणिज्य के रूप में प्रकट होते हैं। यह सब कुछ धीरे-धीरे होता है क्योंकि स्थापित मूल्यों एवं परम्पराओं में परिवर्तन कठिनाई से होता है। संस्थाओं और मूल्यों में परिवर्तन प्रारम्भ होने से पूर्व कुछ सामाजिक परिवर्तन और आर्थिक विकास की पूर्वापेक्षाओं (prerequisites) का होना आवश्यक है। ये है: उद्देश्य के प्रति जागृति, भविष्य के प्रति दृष्टि, अविलम्बिता की भावना, भूमिकाओं और अवसरों की विविधता की आवश्यकता, आत्मारोपित कार्यभार (self-imposed tasks) व त्याग का बौद्धिक समालोचन एवं उसके लिए भावात्मक तैयारी तथा गतिशील नेतृत्व का उदय।

प्रारम्भिक अवस्था (take off stage) में विकास के मार्ग में आने वाले प्रतिरोधों को दूर किया जाता है और विकास एक सामान्य दशा बन जाती है। पूँजी का एकत्रीकरण शुरू हो जाता है, कृषि और उद्योग में तकनीकी विकास पाया जाता है तथा राजनैतिक समूह का उदय होता है जो अर्थव्यवस्था के आधुनिकीकरण को गम्भीरता से लेता है। नये उद्योगों का तेजी से विस्तार होता है तथा अधिक विस्तार के उद्देश्य से लाभ का पुनर्निवेष किया जाता है। काम करने वाले श्रमिकों की संख्या में वृद्धि के साथ-साथ उनके पारिश्रमिक में भी वृद्धि होती है।

प्रारम्भिक अवस्था के बाद ठोस वृद्धि का अन्तराल आता है। इस अन्तराल में आर्थिक प्रक्रिया द्वारा नवीन तकनीक के विस्तार के लिए प्रेरक अपना कार्य प्रारम्भ कर देते हैं। नये उद्योग अपने विस्तार व उत्पादन कार्य में तेजी प्रारम्भ कर देते हैं। परिपक्वता के रुझान (drive to maturity) का एक महत्वपूर्ण पहलू यह है कि जो वस्तुएं पहले आयात की जाती थीं, अब उनका उत्पादन देश में ही किया जाता है। प्रांरभिक अवस्था के चालीस वर्षों बाद कहीं परिपक्वता प्राप्त होती है।

बड़े पैमाने पर उपभोग (mass consumption) के युग में टिकाऊ उपभोक्ता सेवाओं तथा वस्तुओं की ओर झुकाव हो जाता है। अमेरिका इस अवस्था से निकल चुका है जब कि यूरोप और जापान इसके सुख का लाभ उठाना प्रारम्भ कर रहे हैं। क्योंकि इस अवस्था से ऊपर अभी कोई देश नहीं पहुंचा है, यह कहना असम्भव होगा कि अगली अवस्था क्या होगी (वही: 10-11)।

क्या सामाजिक परिवर्तन आर्थिक विकास से पूर्व या पश्चात होता है (Does Social Change Precede or Follow Economic Development)

एक विचार यह है कि आर्थिक विकास के बिना सामाजिक व्यवस्था में परिवर्तन सम्भव नहीं है, जब कि दूसरा विचार है कि समाज में कार्यरत संस्थाओं में परिवर्तन के कारण आर्थिक विकास सम्भव

होता है। फ्रेन्कल (Frankel, see Jean Meynaud) के अनुसार आर्थिक विकास और सामाजिक परिवर्तन दोनों परस्पर निर्भर होते हैं, अर्थात् प्रत्येक एक दूसरे का कारण व परिणाम दोनों ही होता है।

यदि तकनीकी परिवर्तन के प्रभावों की बात कही जाये तो हमें सोचने की एक सामान्य गलती करने से सावधान रहना चाहिए कि "किसी कार्य को करने के ज्ञान" में परिवर्तन को "उस कार्य को वास्तव में करने" में परिवर्तनों से अलग किया जा सकता है। यह विचार कि तकनीकी परिवर्तन एक बाह्य शक्ति (exogenous force) है जो समाज के सुस्थापित दैनिक कार्यकलापों को परिवर्तित करती है, इसी गलत प्रकार से सोचने और बोलने के कारण पैदा होता है। भ्रामक विश्वास यह है कि सामाजिक क्रियाएं दो पृथक भागों में होती हैं: पहले (भाग) में जानने की 'प्रक्रिया' होती है, और दूसरे (भाग) में इस ज्ञान के प्रयोग की प्रक्रिया निहित होती है। इसी प्रकार की बात सामाजिक परिवर्तन व आर्थिक विकास के विषय में कही जा सकती है, अर्थात् क्या पहले से दूसरी प्रक्रिया पैदा होती है या दूसरी से पहली प्रक्रिया। जैसा कि ऊपर संकेत किया गया है, सामाजिक परिवर्तन न तो आर्थिक विकास से पहले होता है न बाद में। दोनों ही एक दूसरे से अन्तः सम्बद्ध हैं। उदाहरणार्थ, जब कृषि से उद्योग में (जैसे सीमेंट उद्योग, या चीनी उद्योग, या कागज़ उद्योग, या स्टील उद्योग) परिवर्तन होता है तो अभिरुचियों और कार्य की आदतों से विकास भी होता है। यदि हम किसी उद्योग के प्रारम्भ को शुद्ध मशीनी (मिकैनिकल) प्रक्रिया मान लें जिसके कुछ सामाजिक परिणाम होंगे तो हम यह देखने में असफल रहेंगे कि इस प्रक्रिया का जो भी प्रतिफल या परिणाम है वह परिवर्तन की सतत् (continuous) प्रक्रिया है। इस प्रकार, यदि उद्योग में कार्यरत लोग स्वतंत्र घर में रहते हों या कुपोषण के शिकार हों, शिक्षा के अभाव में हों या मनोरंजन के साधनों से वंचित हों तो यह उद्योग की ओर झुकाव सम्बन्धी परिवर्तन का परिणाम नहीं होगा बल्कि इस प्रक्रिया की पूर्णता के असफल होने का परिणाम होगा। उत्पादन में वृद्धि (जैसे सीमेन्ट, कागज़, स्टील) की प्रत्यक्ष प्रक्रिया में भी अधिकतम (optimum) कुशलता नहीं प्राप्त की जा सकती जब तक कि तत्सम्बन्धी सभी आर्थिक व सामाजिक क्रियाएं विकसित नहीं की गई हैं। वास्तव में, कोई भी उद्योग प्रारम्भ भी नहीं किया जा सकता जब तक कि पूर्व दृष्टिकोणों, आदतों तथा सामाजिक संगठन के स्वरूप में कुछ परिवर्तन न हो चुका हो।

एक और उदाहरण लिया जाये जिसे केवल तकनीकी परिवर्तन माना जाये। यह मानें कि एक ऐसे भूमि और पशु धन स्वामित्व वाले (भारतीय) समुदाय की उत्पादकता में वृद्धि करनी है जो अपने स्वयं के उपभोग या बिक्री के लिए दूध, मक्खन आदि का उत्पादन कभी नहीं करते। यह आशा की जाती है कि यह समुदाय न केवल इन वस्तुओं के उत्पादन का स्वयं उपभोग करेगा बल्कि कुछ अतिरिक्त व बची हुई वस्तुओं को मार्केट में बेच कर अपनी आय बढ़ाने के लिए भी प्रयास करेगा। प्रारम्भ में तो ऐसा लगेगा कि इसमें केवल उत्पादन के नये तरीकों को आरम्भ करने तथा औज़ारों और मशीनों के प्रयोग की समस्या आयेगी, किन्तु वास्तव में इसमें सामाजिक विश्वासों और प्रथाओं में भारी परिवर्तन की बात निहित है। यहां मान लें कि हम केवल यह विचार करें कि इस प्रकार के तकनीकी परिवर्तन को कार्यान्वित करने के लिए कौन से दूरगामी सामाजिक परिवर्तन लाने होंगे। आय के साधन के रूप में पशुओं का उपयोग (भूमि स्वामित्व के अतिरिक्त) समुदाय की सामाजिक

व आर्थिक संरचना में मौलिक परिवर्तन की पूर्व कल्पना करता है। समुदाय के सदस्यों के परम्परागत मूल्यों में भी पुनर्विचार ज़रुरी है। अतः परम्परागत विश्वासों में इस परिवर्तन की पूर्वकल्पना करना आवश्यक है कि किसके द्वारा व कैसे भूमि पर कृषि की जाये, अर्थात् स्त्रियों या पुरुषों द्वारा और स्वयं के लिए कार्य कर रहे व्यक्तियों द्वारा या दूसरों के द्वारा। इससे व्यवहार के नये स्वरुपों व दृष्टिकोणों के पैदा होने का पूर्वानुमान किया जा सकता है जो समुदाय के परस्पर व सामाजिक सम्बन्धों को नियमित करेंगे। इन्हीं के साथ ऐसे समूहों के उदय होने की भी पूर्वाधारणा है जो न सिर्फ डेरी उत्पादन में रुचि लेंगे परन्तु नवीन उत्पादकों के लिए यातायात, वितरण, वित्त प्रबन्धन, व मार्केट से खरीदने व बेचने सम्बन्धी कार्यों में भी सहायक होंगे। इसके लिए राजनैतिक संरचना—स्थानीय, प्रान्तीय व राष्ट्रीय—की स्थापना की भी आवश्यकता होगी जो कि सम्पूरक (complementary) आर्थिक क्रियाओं की स्थापना के लिए उपयुक्त होगी। इसके अलावा इस बात की भी पूर्वाधारणा ज़रुरी होगी कि समुदाय उन वैधानिक, राजनैतिक व प्रशासनिक संस्थाओं के विकास की अनुमति देगा जो उन व्यक्तियों के अधिकारों व कर्तव्यों में तालमेल करने के लिए आवश्यक होंगी जो नयी परस्पराश्रित अर्थव्यवस्था से ग्रस्त है।

सामाजिक समायोजन की इस लम्बी सूची का उद्देश्य यह दर्शाना है कि जिस परिवर्तन को हम तकनीकी परिवर्तन कहें, वह समूचे सामाजिक ढांचे के अनेक मोर्चों पर परस्पर निर्धारित (mutually determined) व निर्धारक (determining) विकास की प्रक्रियाओं का केवल एक पहलू है। इस सन्दर्भ में यह सुनिश्चित करने का प्रयत्न निरर्थक होगा कि कौन सा परिवर्तन नवीन व कारण है और कौन सा प्रभाव है। फ्रेन्केल ने कहा है कि जब हम एक परिवर्तन को कारण और दूसरे को प्रभाव के रुप में लेते हैं, तब हम परिवर्तन की प्रक्रिया को केवल विविध बिन्दुओं से देखते हैं।

आर्थिक विकास की समाजशास्त्रीय समस्याएं (Sociological Problems of Economic Development)

संरचनात्मक परिवर्तन के बिना आर्थिक विकास सम्भव नहीं है। सिंगर (H.W.Singer, See Jean Meynaud, Ibid: 157) जैसे विद्वानों ने माना है कि अविकसित देशों में आर्थिक विकास के लिए औद्योगीकरण अत्यन्त आवश्यक है। ग़रीब अविकसित देशों में 60% से 80% जनसंख्या कृषि में संलग्न रहती है। उन देशों की राष्ट्रीय आय व प्रति व्यक्ति आय अत्यन्त निम्न होती है। अतः, ऐसे देशों के आर्थिक विकास के लिए दो ही विकल्प रह जाते हैं: (i) वर्तमान कृषि प्रधान ढाँचे में सुधार करके (यानि कि वर्तमान ढाँचे के अन्तर्गत निम्न उत्पादन को बढ़ा कर) और (ii) समूचे ढांचे को बदलकर, अर्थात् कृषि से हटकर औद्योगिक विकास के लिए लग जाना। निश्चय यह करना है कि कौन सा विकल्प चुनौतीपूर्ण है। सही विधि यह है कि दोनों पर ही बल दिया जाये।

दो प्रश्न हैं: (i) कृषि सुधार किस प्रकार सस्ते में व सरलता से लाया जा सकता है ? (ii) मौजूदा उद्योगों को किस प्रकार सुधारा जा सकता है ? कृषि में सुधार भूमि पट्टेदारी व्यवस्था में सुधार करके तथा सिंचाई सुविधाओं को अधिक उपलब्ध करा कर ही सम्भव है। औद्योगिक सुधार विस्तृत पैमाने पर उपकरणों को जुटा कर या नये स्थान-निर्धारण करके सम्भव है। सिंगर (देखें जीन मीनाड, वही: 158) ने आगे और भी कहा है कि कृषि से उद्योग में परिवर्तन में औद्योगीकरण के मूल्य को तीन प्रकार

से कम किया जा सकता है: (i) नगरीकरण को हतोत्साहित करके, अर्थात उद्योगों को गांवों में स्थापित करके जिससे कि जल व यातायात संसाधनों आदि की मांग कम हो। इससे नगरों की ओर पलायन भी कम होगा। (ii) ऐसे उद्योगों पर केन्द्रित करके जिनमें कम पूँजी की आवश्यकता होती हो। (iii) ऐसी तकनीकी का प्रयोग करके जिसमें अधिक श्रम व कम लागत लगती हो। यह दर्शाता है कि वर्तमान ढाँचे में सुधार तथा ढाँचे में परिवर्तन का प्रयत्न सम्भव है।

विल्बर्ट मूर (Wilbert Moore, 1964) ने उद्योगों के सामाजिक व आर्थिक ढाँचे पर प्रभाव को इस प्रकार दर्शाया है: (i) कृषि से निर्माण (manufacture) व सेवाओं (services) की ओर प्रतिगमन, (ii) व्यावसायिक विशिष्टीकरण, (iii) श्रम विभाजन, (iv) विशिष्ट क्रियाओं के बीच तालमेल, (v) श्रम गतिशीलता, (vi) बैंकों की रचना, (vii) बाज़ार विस्तार, (viii) उपभोग में परिवर्तन, और (ix) सामाजिक सम्बन्धों के जाल में परिवर्तन।

ए.आर. देसाई (A.R.Desai, 1959: 127) ने भारत में आर्थिक विकास की चार समाजशास्त्रीय समस्याओं की ओर ध्यान आकर्षित किया है: (1) पुराने सामाजिक संगठन को बदल कर और नये सम्बन्धों के जाल को विकसित कर (2) पुरानी संस्थाओं में परिवर्तन लाकर या उनका त्याग करके तथा नये प्रकार की सामाजिक संस्थाओं का विकास करके (3) पुराने प्रकार के सामाजिक नियंत्रण के तरीकों को समाप्त करके या उनमें बदलाव लाकर तथा सामाजिक अधिकार की नयी विधियों और उपायों का विकास करके (4) सामाजिक परिवर्तन की पुरानी एजेन्सियों पर पुनर्विचार करके तथा सामाजिक परिवर्तन के नये कारकों/साधनों का विकास करके।

अंग्रेजों ने भारत को अविकसित ही रखा। उनके समय में जो कुछ भी औद्योगिक विकास हुआ, वह प्रमुखतः ब्रिटिश पूँजीवाद की आवश्यकता के अनुरुप ही हुआ। भारी उद्योगों को पनपने की अनुमति नहीं दी गई। जहां ब्रिटिश लोगों ने भारत की अर्थव्यवस्था को विकसित होने से रोका, वहीं उन्होंने सामाजिक संगठन, संस्थाओं तथा भारतीयों के सामाजिक दृष्टिकोणों पर भी आघात किया। परम्परागत आत्मनिर्भर ग्रामीण समुदाय जो कि पंचायतों, जाति, पंयुक्त परिवार के माध्यम से कार्यशील था और रीति-रिवाजों से शासित होता था, को बुरी तरह ध्वस्त कर दिया। यही नहीं, इसके स्थान पर नयी सामाजिक कार्य प्रणाली, नये दृष्टिकोणों या नयी संस्थाओं का विकास नहीं किया गया। इन सभी के अभाव में नये कानूनों के लागू होने से तत्कालीन सामाजिक सम्बन्धों में विघटन होने लगा। सहयोग व समन्वय के पुराने सिद्धान्तों के स्थान पर प्रतियोगिता का सिद्धान्त आ गया जिसने सामाजिक संरचना में भंवर जैसी गतिशीलता पैदा कर दी।

स्वतंत्रता के पश्चात् सरकार ने पंच-वर्षीय योजनाओं के माध्यम से अर्थ व्यवस्था के पुनर्निर्माण का कार्य प्रारम्भ किया। आर्थिक विकास ने एक ओर तो समाजशास्त्रीय समस्याओं (अर्थात् सामाजिक सम्बन्धों, सामाजिक संस्थाओं, सामाजिक नियंत्रण और सामाजिक परिवर्तन की एजेन्सियों की समस्याएं) को जन्म दिया जो कि नकारात्मक स्वभाव की थीं और दूसरी ओर सकारात्मक प्रकार की समस्याओं को भी। नकारात्मक समाजशास्त्रीय समस्याएं पुरानी सामाजिक संस्थाओं की स्थिरता का परिणाम हैं, जैसे निरंकुश संयुक्त परिवार और परम्परात्मक धार्मिक संस्थाएं, आदि। सामाजिक नियंत्रण के पुराने स्वरूपों, जैसे अप्राकृतिक मान्यताएं, निरंकुश मानदण्ड तथा परिवार, जाति, जनजाति, धार्मिक व अन्य प्रचलित मान्यताओं के कारण भी समस्याएं उत्पन्न हुई

हैं। इसके अतिरिक्त ये समस्याएं उस पुराने दृष्टिकोण के कारण भी पैदा हुई हैं जो मूलतः धार्मिक, भाग्यवादी व लोकतंत्र-विरोधी हैं। अन्ततः इनका उदय अशिक्षा, बेकारी, भ्रष्टाचार, जातिवाद और ग़रीबी के कारण भी हुआ है। सकारात्मक प्रकार की समस्याओं का उदय इन नीतियों के कारण हुआ: (i) औद्योगीकरण, (ii) व्यावसायीकरण (commercialization), (iii) द्रव्यीकरण (monetization) (यानि कि धन अर्थव्यवस्था का आरम्भ)। औद्योगीकरण ने पुरानी श्रम-विभाजन व्यवस्था को उखाड़ फेंका है, तथा नये प्रकार के अनुशासन व नयी जीवन प्रणाली की मांग करते हुए नये व्यवसायिक स्वरूपों को जन्म दिया है। आधुनिकीकरण ने, फिर चाहे वह कृषि में हो या उद्योग में, व्यक्ति को उसकी सामाजिक इकाईयों के परम्परात्मक प्रक्रियाओं व प्रविधियों से पृथक कर दिया है और व्यक्ति अपनी परिवार की कुशलता और विशिष्टता से वन्चित रह गया है। व्यापारीकरण या व्यावसायीकरण ने भी अनेक समस्याओं को जन्म दिया है। इससे शक्ति व सत्ता में परिवर्तन आया है। कृषकों और उत्पादकों के स्थान पर भू-स्वामी एवं उद्योगपति एवं प्रशासक, शासक-समूह हो गए हैं। गावों में राजनैतिक शक्ति का केन्द्र बुजुगों के स्थान पर साहूकार, व्यापारी, ज़मींदार तथा अधिकारियों के हाथों में हो गया है। द्रव्यीकरण ने भी अनेक समस्याओं को जन्म दिया है। इसने भूमि के मूल्यों में भारी उतार-चढ़ाव पैदा कर दिए हैं, खाद्य पदार्थों के मूल्यों में विस्तार किया है, द्रव्य भ्रम (money illusions) अधिक पैदा कर दिया है, तथा ग़ैर खाद्य पदार्थों पर अधिक अनुपात में व्यय को प्रोत्साहन दिया है। इन खतरों के अतिरिक्त द्रव्यीकरण की अर्थव्यवस्था के प्रवेश के साथ व्यक्ति परिवार के भीतर भी अधिक एकाकी (atomistic) होता जा रहा है और परिवार सम्बन्धों का विनाश हो रहा है। इस प्रकार इन तीनों प्रक्रियाओं (औद्योगीकरण, व्यावसायीकरण तथा द्रव्यीकरण) ने असंख्य समाजशास्त्रीय समस्याओं को जन्म दिया है।

भारत में आर्थिक विकास, योजना और सामाजिक परिवर्तन (Economic Development, Planning and Social Change in India)

यदि हम ब्रिटिश काल के भारत के आर्थिक विकास की तुलना नेहरु युग (लगभग बीस वर्षों का), इन्दिरा-राजीव युग (बीस वर्ष), और गत छः वर्षों (वी.पी.सिंह, चन्द्रशेखर तथा नरसिंह राव सरकारों) की तुलना करें तो हम कह सकते हैं कि स्वतंत्रता के पश्चात का आर्थिक विकास एक क्रान्तिकारी परिवर्तन है। ब्रिटिश औपनिवेशिक शासन काल के दो सौ वर्षों में (1757-1947) आर्थिक विकास 1% से भी कम रहा। यह इतना दयनीय था कि इसने भारत को मात्र कच्चे माल की पूर्ति करने वाला ही बना कर रख दिया और भारत पश्चिम के लिए निर्यात बाज़ार ही बन कर रह गया। औद्योगिक क्षेत्र ब्रिटिश पूंजी के अधीन हो गया तथा जो औद्योगिक क्षेत्र का भागभारतवासियों के हाथ में था, वह भी ब्रिटिश ऐजेन्सियों द्वारा प्रबन्ध किया जाता था। कृषि अर्थव्यवस्था में बेचारा कृषक जमींदारों व साहूकारों के चंगुल में फंस गया। बचत और निवेश (investment) बहुत कम था। प्रोद्यौगिकी निम्न स्तर की थी। पिछड़े क्षेत्रों के विकास द्वारा प्रादेशिक सन्तुलन रखने की कोई विचारधारा नहीं थी। भारत के निर्माण कार्यों के लिए विदेशी पूँजी उपलब्ध नहीं थी। निम्न आय से बचत भी न्यून ही होती है जिससे निम्न निवेश, निम्न विकास क्रम, और निम्न आय होती है। निर्धनता के कुचक्र का सिद्धान्त और निराशा की कमी समाप्त न होने वाला चक्र औपनिवेशिक काल की अर्थव्यवस्था के

उपयुक्त ही था।

स्वतंत्रता के पश्चात नई सरकार के समक्ष दो प्रकार के कार्य थे: औपनिवेशिक अर्थव्यवस्था का विनाश और उसके स्थान पर आधुनिक, स्वतंत्र और आत्मनिर्भर अर्थव्यवस्था के निर्माण के लिए आधार तैयार करना। देश की नवीन अर्थ व्यवस्था एवं राष्ट्रवाद का दस्तावेज (blue print) समाज का समाजवादी स्वरूप 1955 के कांग्रेस के अबाड़ी अधिवेशन (नेहरु युग में) द्वारा और 1969 के बंगलौर अधिवेशन (इन्दिरा युग में) द्वारा उपलब्ध कराया गया। इस तथ्य से इन्कार नहीं किया जा सकता कि नेहरु मॉडल के समाजवाद ने हमारी अर्थव्यवस्था को चार दशाब्दियों—1950, 1960, 1970 और 1980 में काफी सुधार दिया, यद्यपि एक ऐसी विचारधारा भी है जो इसका खण्डन करते हुए कहती है कि इस अर्थव्यवस्था का प्रदर्शन ताइवान, थाइलैण्ड, हांग-कांग, सिंगापुर, दक्षिण कोरिया, आदि की अर्थव्यवस्था की तुलना में नगण्य रहा। अब हमारे पास लाखों की संख्या में उद्योगों के आधुनिक उपक्रम हैं जो पहले केवल मुट्ठीभर ही थे; अब हमारे पास उद्योग सम्बन्धी व तकनीकी कुशलताओं का अच्छा भण्डार है; हमारे पास भिलाई, राउरुकेला जैसी बड़ी जन-योजनाएं हैं; हीराकुण्ड जैसे बड़े बाँध हैं; विकासशील संसार में हमारे पास सर्वोच्च बचत दर है; 1990-94 में हमारी विकास दर 5% प्रति वर्ष थी; हमने निर्यात की दर को डॉलर में 17% प्रतिवर्ष बनाए रखा है; अवासीय (non- resident) भारतवासियों द्वारा जमा किये धन में बीस गुणा वृद्धि की है, अन्तर्राष्ट्रीय मुद्रा बाज़ार में असामान्य विश्वसनीयता प्राप्त की है; तथा ग़रीबी की रेखा के नीचे रहने वाली जनसंख्या में कमी (1980 में 51% से 1994 में 24%) भी अर्जित की है। इस विकास के बावजूद भी यह भी एक तथ्य है कि हमारे सामने मुद्रास्फीति (inflation) तथा उच्च ऋण की समस्याएं भी हैं। 30,000 लाख डॉलर से भी ऊपर व्यापार घाटे का शेष है तथा बजट घाटा तो अरबों में है।

प्रमुख अर्थशास्त्रियों के अनुसार वी.पी. सिंह तथा चन्द्रशेखर सरकारों की नीतियों ने सन् 1988 से 1991 तक की अवधि में देश की अर्थव्यवस्था को नकारात्मक रूप से प्रभावित किया था। नरसिंह राव ने 1992 के प्रारम्भ में समाजवादी व्यवस्था को त्याग कर एक नये मॉडल की अर्थ-नीति प्रारम्भ की जो उदारीकरण, बाजारीकरण व निजीकरण के दर्शन पर आधारित थी (जिसे अब नेहरुवादी पूंजीवाद कहा जाता है)। कांग्रेस सरकार का दावा है कि इससे हमारे आर्थिक विकास को बड़ा प्रोत्साहन मिलेगा। सरकार की मान्यता है कि इस नई नीति का मूल तत्व यह है कि यह सरकारी व निज़ी दोनों ही उद्यमों में विश्वास पैदा करेगी और मिश्रित अर्थव्यवस्था तथा बहु जनतंत्र (plural democracy) में विश्वास बढ़ाएगी।

अप्रैल 1992 के तिरुपति अधिवेशन में कांग्रेस ने एक नया आदर्श विचारात्मक प्रस्ताव पारित किया जो कि केन्द्र-से-बाएं से केन्द्र-से-दाएं को स्थानान्तरण का था। नेहरु के नाम पर नेहरु को त्यागने की यह तरकीब थी। यह नया मॉडल विभिन्न क्षेत्रों में दी गई आर्थिक सहायता (subsidy) को काटना, परमिट-लाइसेन्स समाप्त करना, इग्ज़िस्ट (exist) नीति लागू करना, देश को बहुराष्ट्रीय कार्पोरेशन के लिए खोलना, आयात नियंत्रण हटाना, आदि बिन्दुओं पर ध्यान केन्द्रित करता है। इस प्रकार उनके कथन ऊपरी तौर पर समाजवादी बने रहे, जब कि नीतियों के मूल में पूँजीवादी भावना का उदय हो गया है।

ऐसे विद्वान भी हैं जो यह विश्वास नहीं करते हैं कि वर्तमान सरकार की आर्थिक नीति वास्तव में भारतीय अर्थव्यवस्था को पुनर्जीवित करेगी। उनकी मान्यता है कि हमारी अर्थ- व्यवस्था फिर से पनप सकती है यदि आयात पर रोक लगा दी जाये, निर्यात को प्रोत्साहन दिया जाये, टैक्स व्यवस्था को विस्तृत किया जाये, काले धन को निकाला जाये, रक्षा व्यय में कटौती की जाये, प्राकृतिक साधनों के दोहन पर अधिक ध्यान दिया जाये, वस्तुओं के लिए बड़ा बाज़ार बनाया जाये, भूमि सुधारों में परिवर्तन लाया जाये, आदि। ये विद्वान यह भी विश्वास करते हैं कि देश को आन्तरिक साधनों पर निर्भर रहना चाहिए न कि बाह्य साधनों पर।

समाजशास्त्रीय दृष्टिकोण से यह कहा जा सकता है कि आर्थिक विकास—नेहरु व उदार मॉडल दोनों—ने हमारी सामाजिक संरचनाओं को हमारी इच्छा के अनुसार प्रभावित किया है। हम अपने समाज के मूल्यांकन के लिए किसी भी समाजशास्त्रीय मॉडल का प्रयोग करें— विकासवादी (evolutionary) (समाज के उद्विकास को विभिन्न अवस्थाओं में परखना), संघर्षवादी (सत्ता के लिए प्रतिस्पर्द्धा व निरन्तर संघर्ष पर बल), प्रकार्यात्मक (functional) (सामाजिक संरचना में प्रत्येक संस्थात्मक व्यवहार के अन्य सभी इकाईयों के लिए परिणामों का विश्लेषण) आदि; इससे यह स्पष्ट होगा कि सामाजिक सम्बन्धों, संस्थाओं, सामाजिक व्यवस्थाओं, सामाजिक संरचनाओं, सामाजिक मानदण्डों, आदि में परिवर्तन हो गया है। आज भारत के लोग उतने रुढ़िवादी नहीं हैं जितने एक शताब्दि पूर्व थे। भूतकाल से जो नैतिक मूल्य और मानदण्ड समाज में प्रचलित थे उनके प्रति वे कट्टरवादी नहीं हैं। आज लोग व्यक्तिगत स्वतंत्रता की ओर व्यक्तिगतरूप से संघर्ष करते हैं और सामूहिक सुरक्षा प्राप्त करने का प्रयत्न करते हैं। उनके दृष्टिकोण व विचारों में भी परिवर्तन आया है। वे अनुभवों की कामना करते हैं। वे अन्य समाजों से न केवल तकनीकी ज्ञान बल्कि सांस्कृतिक तत्व भी लेने का प्रयत्न करते हैं। उनमें नवीनता के लिए रचनात्मक इच्छा है। वे सामाजिक परिवर्तन के परिणामों से चिन्तित नहीं हैं। वे राजनैतिक अभिजन के विरुद्ध ग़रीबी उन्मूलन अभियान की असफलता तथा बेकारी, भ्रष्टाचार, मुद्रास्फीति, भाई भतीजावाद, आतंकवाद, जातिवाद और क्षेत्रवाद आदि को समाप्त करने के कारण आन्दोलन कर सकते हैं। फिर भी वे जानते हैं कि भारत की सामाजिक व्यवस्था में असन्तुलन कभी नहीं आ सकता। भारतीय संस्कृति रुचियों एवं हितों की विविधता के बावजूद न केवल जीवित रहेगी बल्कि विकसित भी होती रहेगी। आर्थिक विकास के माध्यम से सामाजिक परिवर्तन, सामाजिक संरचनाओं एवं व्यवहार को दिशा प्रदान करता रहेगा, भले ही यह परिवर्तन परम्परात्मक (traditional) हो या परिवर्तन सम्बन्धी (transitional) हो।

REFERENCES

Desai, A.R., *Rural Sociology in India*, Vora and Co., Bombay, 1959.

Hoselitz, Bert, *Sociological Aspects of Economic Growth*, Current Thought Series, Vakils, Feffer & Simons, Bombay, 1960.

Hunt, Chester, *Social Aspects of Economic Development*, Randour House, New York, 1962.

Meynaud, Jean, *Social Change and Economic Development*, UNESCO Publication, 1963.

Moore, Wilbert, "Social Aspects of Economic Development" in Robert Faris (Ed.), *Handbook of Modern Sociology*, Prentice Hall, Englewood Cliffs, New Jersey, 1964.

Narmadeshwar Prasad, *Change Strategy in a Developing Society*, Meenakshi Prakashan, Meerut, 1970.

Novack, David, "Sociological Approach to Economic Development" in Novack David (Ed.), *Development and Society: The Dynamics of Economic Change*, 1964.